Hrsg.: Heinrich Greving

Kompendium der Heilpädagogik
Band 2
I–Z

1. Auflage

Bestellnummer 04877

Bildungsverlag EINS
a Wolters Kluwer business

Haben Sie Anregungen oder Kritikpunkte zu diesem Buch?
Dann senden Sie eine E-Mail an 04877@bv-1.de
Autoren und Verlag freuen sich auf Ihre Rückmeldung.

www.bildungsverlag1.de

Bildungsverlag EINS
Sieglarer Straße 2, 53842 Troisdorf

ISBN 978-3-427-**04877**-0

Inhaltsverzeichnis

Band 1

Vorwort

Dieses Kompendium ist eine grundlegende Einführung in die wichtigsten Begriffe und Themen der Heilpädagogik, so wie sich diese aktuell als Handlungswissenschaft versteht und darstellt. Die Auswahl der Begriffe erfolgte somit nach den Prinzipien der Aktualität und Vollständigkeit sowie nach der Relevanz für die heilpädagogische Profession und Professionalisierung. Die Auswahl der beteiligten Autoren folgte dem Gedanken der systematischen Stringenz. Das bedeutet, die Autorin bzw. der Autor beschreibt einen Begriff, den er begründet (oder mitbegründet) bzw. zu dem er intensiv geforscht und publiziert hat. Der Leser hält somit ein Lexikon in Händen, in welchem die meisten Begriffe von den Autoren beschrieben werden, welche sie auch in der Wissenschaft der Heilpädagogik geprägt haben. Bestimmt wird die Leserin oder der Leser den einen oder anderen Begriff vermissen. Dieses ist vor allem dem Umfang des vorliegenden Werkes geschuldet. Sollten Hinweise oder Wünsche auf eine Erweiterung (oder auf andere Modifikationen und Verbesserungen) bestehen, so bitte ich die Leser, mir diese unter der unten wiedergegebenen Internetadresse mitzuteilen. Hierfür schon einmal einen herzlichen Dank.

Die Gliederung der einzelnen Begriffe ist in allen Fällen dieselbe. So kann sich der Leser im Vergleich der einzelnen Aufsätze und Inhalte besser zurechtfinden:

Nach einer Darlegung der Etymologie, also der Wortgeschichte und Wortbedeutung, wird die eigentliche Geschichte des jeweiligen Stichwortes in der Beziehung zur Heilpädagogik dargelegt. Im Anschluss hieran werden die aktuelle Relevanz und die theoretischen Ansätze der jeweiligen Thematik ausgeführt (in einigen Beiträgen findet der Leser zudem noch einige Ausführungen zu möglichen Problem- bzw. Erfahrungsfeldern wieder). Zum Abschluss wird ein Ausblick auf die mögliche Weiterentwicklung des Begriffes skizziert. Jeder Beitrag schließt ab mit einem kommentierten Literaturverzeichnis, in dem die wichtigsten Publikationen zu diesem Thema erläutert werden (ein komplettes Literaturverzeichnis findet sich am Ende des Bandes).

Dieses Kompendium ist in zwei Bände aufgeteilt. In diesem zweiten Band werden die Buchstaben I bis Z behandelt.

Zur besseren Lesbarkeit wurden männliche und weibliche Bezeichnungen abwechselnd verwendet.

Hinweise zu diesem Buch schicken Sie bitte an 04877@bv-1.de

Heinrich Greving

Identität

Barbara Jeltsch-Schudel

Etymologie

Identität kommt vom Lateinischen „idem“ und bedeutet (eben) derselbe, der Nämliche, Gleiche (Menge, 2003, S. 256). Der Begriff wird einerseits in mehreren Sprachen verwendet (französisch: identité, italienisch: identità, englisch: identity) und andererseits von unterschiedlichen Wissenschaften, wenngleich auch nicht in der derselben Bedeutung.

In der Logik und Mathematik bspw. bezeichnet „Identität“ eine zweistellige Relation, „nämlich diejenige, in der der Gegenstand allein zu sich selber steht“ (Ritter/Gründer 1976, S. 143). In der Philosophie, insbesondere seit dem aufklärerischen Utilitarismus, dagegen wird Identität mit der Person und ihrer Denkfähigkeit in Zusammenhang gebracht (Haeberlin 2001, S. 191). Vernunft und Erinnerungsvermögen sind zentrale Elemente des Verständnisses der „personalen Identität“ in der modernen analytischen Philosophie (Quante, 1999).

Ebenfalls verwendet wird Identität in der Psychoanalyse; Freud prägte den Begriff der Ich-Identität im Zusammenhang mit seinem Modell des psychischen Apparates. In der Soziologie und der Sozialpsychologie fand der Begriff der Identität Eingang, durch die Konzeption von G. H. Mead (siehe Abschnitt Geschichte).

Von der Heil- und Sonderpädagogik rezipiert wurde vor allem die Begriffsverwendung, welche auf Mead zurückgeht und im anglosächsischen wie im deutschen Sprachraum weiterentwickelt wurde. Daneben finden sich auch vereinzelte Verbindungen zum psychoanalytischen Begriffsverständnis (bspw. durch Ahrbeck, 1992).

Identität wird in der Fachliteratur der für die Heilpädagogik relevanten Nachbarwissenschaften in verschiedenen Wort-Zusammensetzungen verwendet. So stößt man auf Identitätsentwicklung (dies bei verschiedenen Autorinnen und Autoren), Identitätsarbeit (Keupp u. a., 1999), Identitätsbalance (z. B. Habermas, 1970; Krappmann, 1976; Hausser, 1983), Identitätskrisen (Erikson, 1978), Identitätskonstruktion (Keupp u. a., 1999), Patchwork-Identität (Keupp u. a., 1999) und weitere mehr (siehe Abschnitte Geschichte sowie Aktuelle Relevanz und theoretische Ansätze).

Geschichte

Meads Verständnis der Identität

Als grundlegender, im deutschen Sprachraum immer wieder aufgenommener Ansatz hat jener von G. H. Mead zu gelten (Mead, 1991, englisches Original aus dem Jahr 1934). Im amerikanischen Pragmatismus wurzelnd, basiert Mead seine Überlegungen auf einer *Handlungstheorie*. In seiner Argumentation geht er von der Geste aus, die vom einen Individuum durchgeführt und von einem anderen wahrgenommen und beantwortet wird. Gesten dienen der Verständigung, sind also interaktiv, müssen aber nicht unbedingt sprachlich, sondern können auch Gebärden sein. Die vokale Geste ist aber dennoch wichtig und zwar deshalb, weil sie dem Subjekt ermöglicht, sich selber zum Objekt zu machen. Diese Fähigkeit – die Selbstreflexivität – ist nach Mead dem Menschen vorbehalten (Mead, 1991, S. 179) und kann sich nur durch Kommunikation mit dem anderen, also im gesellschaftlichen Prozess entwickeln und entfalten.

Diese angedeuteten Elemente der Mead'schen Konzeption verweisen darauf, dass Individuum und Gesellschaft komplex miteinander verschränkt sind. Diese Verschränkung fasst Mead in einer Struktur der Identität, die in zwei miteinander verbundene, interagierende und voneinander abhängige Aspekte unterteilt ist, dem „I" und dem „Me". Dass I kann gewissermaßen als der personale Teil, das Me als der gesellschaftliche Teil der Identität verstanden werden. Beide Teile sind für das Subjekt insofern wichtig, als sie ihm die Kommunikation mit anderen Menschen ermöglichen: aus der eigenen Sicht und aus der Übernahme der Sicht der anderen. Die Identität kann sich nur in der Interaktion mit anderen Menschen entwickeln. Deshalb wird im Bezug auf Mead und seine Schüler auch vom „symbolischen Interaktionismus" gesprochen.

Identität und Stigma

Wie Mead unterscheidet Goffman (1975) einzelne Identitätsaspekte. Neben die personale und die soziale Identität setzt er die Ich-Identität. Eine weitere wichtige Komponente seiner Konzeption ist das Stigma. Den Zusammenhang zu den drei Identitätsteilen umschreibt Goffman folgendermaßen:
„Der Begriff soziale Identität erlaubt uns, Stigmatisierung zu betrachten. Der Begriff persönliche Identität erlaubt uns, die Rolle der Informationskontrolle im Stigma-Management zu betrachten. Die Idee der Ich-Identität erlaubt uns zu betrachten, was das Individuum über das Stigma und sein Management empfinden mag, führt uns dazu den Verhaltensregeln, die ihm hinsichtlich dieser Dinge gegeben werden, besondere Aufmerksamkeit zu widmen." (Goffman, 1987, S. 133)

Goffmans Überlegungen zu Stigma, Stigmatisierung und Stigma-Management wurden und werden in der Behindertenpädagogik verschiedentlich rezipiert.

Identitätsbalance

Krappmann differenziert die drei Teile der Identität (in Anlehnung an Mead und an Goffman) etwas anders aus: Die persönliche Identität verkörpert eine vertikale Zeitdimension, gleichsam die zusammengefassten Ereignisse im Leben des Individuums; die soziale Identität steht für die horizontale Zeitdimension, umschreibt die gleichzeitig nebeneinander aktualisierbaren Rollen; die Ich-Identität erbringt die Balance-Leistungen des Individuums (Krappmann, 1976, S. 315 ff.).

Damit erfolgt eine entscheidende Erweiterung der Mead'schen Konzeption, indem ein Identitätsteil gleichsam die anderen koordiniert und damit das Subjekt als aktiv und zugleich als kontinuitäts- und konsistenzbereit und -fähig ausweist.

Diese Überlegung einer Balance, also der Herstellung eines Gleichgewichts findet sich auch bei Habermas:
„Wir halten eine soziale Identität aufrecht, indem wir jeweils mit den Gegenspielern relevanter Bezugsgruppen im Hinblick auf normierte Verhaltenserwartungen ‚identisch' zu sein versuchen und gleichwohl Anstrengungen unternehmen, um diese ‚Identität' mit anderen als eine Scheinnormalität (phantom normalcy) sichtbar zu machen; gleichzeitig halten wir eine persönliche Iden-

tität aufrecht, indem wir gegenüber allen relevanten Bezugsgruppenmitgliedern den sozialen Abstand einer ausdrücklichen Nicht-Identität wahren und gleichwohl Anstrengungen unternehmen, diese Nicht-Identität als eine fiktive Einzigartigkeit (phantom uniqueness) sichtbar zu machen." (Habermas, 1970, S. 386)

Eine etwas andere Ausdifferenzierung der „Identitätsbalance" beschreibt Hausser (1983). Er fasst Identität als einen Balanceakt des Individuums zwischen situativer Erfahrung und übersituativer Verarbeitung auf. Diese Balance wirke sich auf das Erleben, das Verhalten und das Handeln des Individuums aus. Dadurch, dass das Individuum sich vor allem in Situationen erfahre (Selbstwahrnehmung), sein Verhalten bewerte (Selbstbewertung) und sein Handeln und dessen Konsequenzen absehe (personale Kontrolle), entstehe subjektive Betroffenheit und Bedeutsamkeit. Diese wiederum stehe in Wechselwirkung mit übersituativen Merkmalen (Selbstkonzept, Selbstwertgefühl und Kontrollüberzeugung) (vgl. hierzu Hausser 1983, S. 104–105). Dieses Modell ist im Sinne einer Identitätsregulation homöostatisch angelegt, d. h., es zeigt die Bezüge verschiedener Identitätselemente zueinander, kann jedoch nicht auf die lebenslange Entwicklung eines Individuums bezogen werden.

Identitätskrisen

Der zeitlichen Dimension tragen dagegen die Ansätze Eriksons und seiner Schüler Rechnung. Der Ausgangspunkt von Erikson (1978) ist nicht die Vorstellung verschiedener Identitätsteile, die untereinander balanciert werden müssen, sondern er ist zunächst orientiert am Menschenbild und Entwicklungsverständnis der Psychoanalyse. Dieses geht von einer Vorstellung von Entwicklungsphasen aus, welche einander folgen. Eriksons Konzept fasst daher die Entwicklung der Identität ebenfalls in Phasen; dabei sind die einzelnen Phasen als Krisen angelegt. Für jede Phase postuliert Erikson eine entwicklungsfördernde und eine entwicklungsgefährdende Lösung. Die genauere Betrachtung der einzelnen Identitätskrisen zeigt, dass Erikson der psychoanalytischen Auffassung des Menschen eine gesellschaftliche, mithin sozialpsychologische Dimension hinzufügt. Er ist jedoch nicht der Gruppe des symbolischen Interaktionismus zuzuordnen.

Aktuelle Relevanz und theoretische Ansätze

Verschiedene Modellvorschläge

Die skizzierte historische Linie zeigt, dass die Grundfragen, welche an die Identität und ihre Entwicklung immer wieder gestellt werden, das Subjekt und die Gesellschaft betreffen. Die Idee, Identität aus verschiedenen Teilen zu konzipieren, wurde immer wieder aufgenommen und weiterentwickelt. Immer wieder wurde die zentrale Frage diskutiert, ob es eine koordinierende Instanz, also gewissermaßen einen Identitätskern gebe. Denn dieser Identitätsteil muss Leistungen des Ausbalancierens von Gegensätzen oder gegensätzlichen Anforderungen erbringen, welche aus zeitlichen (lebenslaufbezogenen) und räumlichen (die gleichzeitigen sozialen Kontexte betreffenden) Zusammenhängen erwachsen.

Mit einem integrativen Modell versuchen sowohl Frey (1983) als auch Hausser (1983) die drei verschiedenen Aspekte der Identität, personale und soziale sowie die Ich-Identität etwas anders zu fassen:

- Identität als das Ergebnis externer Typisierungs- und Zuschreibungsprozesse (externer Aspekt): umfasst soziale und persönliche Identifizierung durch andere.
- Identität als das Ergebnis interner Typisierungs- und Zuschreibungsprozesse (interner Aspekt): meint einerseits die Ebene, auf der sich die Person aus der Perspektive ihrer Umwelt definiert, also die Wahrnehmung des Fremdbildes durch das Individuum, und andererseits die Selbstinterpretation, also die Selbstwahrnehmung, durch das Individuum.
- Identität als die spezifische Integrationsleistung einer Person (Integrations- und Balanceaspekt): bezeichnet den Akt, in dem das Individuum divergierende (oder übereinstimmende) Erfahrungen der beiden anderen Aspekte ausbalanciert und integriert und damit handlungsfähig wird sowie seine Identität nach außen präsentieren kann (siehe Cloerkes, 1997, S. 160 ff.).

Dieses Modell ermöglicht, dass Innen- und Außenperspektive fokussiert werden können. Während im psychoanalytischen Ansatz die Innenperspektive oder der personale Teil der Identität stärker ausgearbeitet wurden, gewichteten die Vertreter des symbolischen Interaktionismus den sozialen Teil oder die Außenperspektive stärker und differenzierten sie aus.

Die Herstellung der Identität findet also in Spannungsfeldern statt. Es stellen sich dem Subjekt deshalb verschiedene Probleme, die sich in drei Punkte fassen lassen:

- die Relation zwischen Außen- und Innenperspektive (Realitätsproblem) und damit verbunden zwischen Subjekt und Gesellschaft,
- die Relation zwischen verschiedenen Elementen innerhalb der Innenperspektive (Konsistenz- und Kohärenzproblem bzw. Teilidentitäten; Syntheseleistungen der Identitätsarbeit),
- Stabilität und Wandel dieser Elemente (Kontinuitätsproblem) sowie Herstellung und Darstellung einer einmaligen, einzigartigen Identität (Individualitätsproblem), bspw. durch Erzählen in einem sozialen Kontext, der Anerkennung ermöglicht (vgl. Frey/Hausser, 1987, S. 17 und erweitert anhand von Keupp u. a., 1999).

Diese Problemstellungen sind zentral für die Identitätsherstellung und -darstellung, sie sind also Themen, mit denen sich jedes Individuum ein Leben lang auseinander setzen muss.

Identitätskonstruktionen und Identitätsarbeit

Ein postmodernes Identitätsverständnis möchte nicht nur die Zeitdimension gleichsam als Linearität des eigenen Lebenslaufes thematisieren können, sondern zugleich die lebbaren Realitäten des Subjekts differenzierter miteinschließen: dass Identitätsarbeit auch bedeutet, multiple Identitäten in multiplen Realitäten zu leben (siehe hierzu insbesondere Keupp, 1988, S. 131–151), sich also eine *Patchwork-Identität* zusammenzustellen (Keupp u. a., 1999).

Identitätsarbeit wird so zu einer Konstruktion, welche sich in vier Typen einteilen lässt die (Keupp u. a., 1999, S. 217 ff.):

- *„Über die Reflexion situationaler Selbsterfahrungen und deren Integration entstehen Teilidentitäten.*

- *Über die Verdichtung biografischer Erfahrungen und Bewertungen der eigenen Person auf der Folie zunehmender Generalisierung der Selbstthematisierung und der Teilidentitäten entsteht das Identitätsgefühl einer Person.*
- *Der dem Subjekt bewusste Teil des Identitätsgefühls führt zu einer narrativen Verdichtung der Darstellung der eigenen Person, den biografischen Kernnarrationen.*
- *Alle drei Ergebnisse der Identitätsarbeit schließlich münden in dem, was wir im Weiteren als Handlungsfähigkeit bezeichnen. Diese hat eine innere und eine äußere Komponente und markiert die Funktionalität der Identitätsarbeit für das Handeln eines Subjekts." (Keupp u. a., 1999, S. 217)*

Diese vier Konstruktionen ermöglichen die Syntheseleistung der Identitätsarbeit. Diese muss eine Kohärenz herstellen, das Verhältnis von Autonomie und Anerkennung regulieren und die Frage der Authentizität im Sinne einer Selbstpositionierung, lösen. *„Kohärenz, Anerkennung, Authentizität, Handlungsfähigkeit, Ressourcen und Narration sind wichtige Bausteine des Modells alltäglicher Identitätsarbeit." (Keupp u. a., 1999, S. 270)*

Identität und Behinderung

Die bisherigen Ausführungen zur Identität, basieren vor allem auf dem Verständnis des symbolischen Interaktionismus und seinen Fortführungen. Sie schaffen keinen expliziten Bezug zu „Behinderung". Ohne hier diesen unklaren Begriff diskutieren zu wollen, sei auf das Verständnis der „Internationalen Klassifikation der Funktionsfähigkeit, Behinderung und Gesundheit (ICF) der Weltgesundheitsorganisation (WHO)" (2002) verwiesen, welchem ein bio-psycho-soziales Menschenbild zugrunde liegt. Diese drei Aspekte des Menschenbildes wie auch die in einem Modell gefassten Komponenten der ICF lassen sich mit den skizzierten Identitätsmodellen in Beziehung setzen. In der bisherigen kurzen Diskussion des Identitätsverständnisses dürfte deutlich geworden sein, dass die Verschränkung von Subjekt und seiner sozialen Umgebung bzw. der Gesellschaft für die Identitätsentwicklung und Identitätsarbeit eines Menschen konstitutiv sind. In der Interaktion mit anderen entwickelt sich Identität, in der Interaktion mit der sozialen und dinglichen Umgebung manifestiert sich Behinderung. Mit anderen Worten: Behinderung ist nicht an einem Menschen festzumachen.

Dennoch gibt es Menschen, welche unter den Bedingungen einer Behinderung ihre Identität entwickeln und ihre Identitätsarbeit leisten. Ihr Bedingungsgefüge mag sich von jenem anderer Menschen unterscheiden, genauso wie sich jenes von Menschen unterscheidet, welche in unterschiedlichen Zeiten und an verschiedenen Orten leben. Mit anderen Worten: Identität – ihre Entwicklung und ihre Veränderung – ist in ihren Grundzügen für alle Menschen gleich, auch wenn diese sich voneinander in hohem Maße unterscheiden. Diese Feststellung ist nicht trivial, weil in der Geschichte der Behindertenpädagogik die Annahme einer Krüppelseele (kritisch dazu: Weiss, 2000), einer beschädigten Identität (Bittner, 1973) oder die Vorstellung einer besonderen Welt des Blinden (Garbe, 1959, S. 68) diskutiert wurden.

Ein Bedingungsgefüge, in dem Behinderung ein Faktor ist, weist für die Identität des jeweiligen Menschen einige Gewichtungen auf, die zur Kenntnis genommen werden müssen:
Die *soziale Abhängigkeit* von Menschen mit Behinderungen ist per se höher, da diese in gewissen Lebensbereichen bzw. zur Erfüllung bestimmter (auch lebenspraktischer) Auf-

gaben und Erfordernissen allenfalls lebenslang Unterstützung benötigen. Neben von professioneller Seite angebotenen Unterstützungsfunktionen sind die eigenen bzw. selber aufgebauten sozialen Netzwerke von eminenter Bedeutung. Soziale Abhängigkeit auf der einen Seite, die Erfordernis von Selbstbestimmung auf der anderen:
„Identität, menschliches Glück, menschliche Lebenserfülltheit beruhen auf dem Ausgewogensein, der Balance zwischen einem der eigenen Verantwortlichkeit angemessenen Maximum an Unabhängigkeit (Freiheit) und einem Minimum an notwendiger, bedürfnisbefriedigender Abhängigkeit. Prozesse der Schaffung, Erhaltung und Lösung von Abhängigkeiten sind in diesem Spannungsfeld zu sehen." (Hahn, 1981, S. 70)

Diese Balance zu finden liegt logischerweise nicht allein in der Verantwortung der Pädagogen oder sonstigen Helfenden, sondern bedarf der Definitionsmacht aller Beteiligten. Neben der sozialen Abhängigkeit sind es auch *Einschränkungen* verschiedenster Art: die Zugänglichkeit zu unterschiedlichen Lebensbereichen (Bildungsangebote, Arbeitsmarkt) ist erschwert oder verunmöglicht, verschiedene Rollenoptionen (Partnerschaft, Elternschaft) sind schwierig oder unmöglich zu verwirklichen und die Teilhabe an Errungenschaften unserer Zivilisation und Kultur ist ebenfalls bedeutend schwieriger (nicht zuletzt durch architektonische Barrieren).

Für die Identitätsentwicklung des einzelnen von einer Behinderung betroffenen Menschen scheint es aber noch eine weitere gravierende Besonderheit zu geben: die *Pädagogisierung seines ganzen Lebens*. Erziehung findet im Normalfall in der Kindheit statt und wird als Selbsterziehung dem Erwachsenen selber überantwortet. Behinderte Menschen erleben jedoch, dass sich ihre Erziehung auch ins Erwachsenenalter ausdehnt, weil ihre Behinderung nicht wie das Kindsein verschwindet, sondern das ganze Leben persistiert. Die Behinderung wird als dauerhafte Erziehungsbedürftigkeit gewertet. Daher wird über Behinderte verfügt, obwohl sie als erwachsene und mündige Menschen durchaus selbstbestimmt leben könnten (siehe Radtke, 2000). Dadurch kann ein Circulus vitiosus entstehen, der die Entwicklung des Selbstbewusstseins und der eigenen Handlungsfähigkeit hemmt und verunmöglicht bis hin zur hinlänglich bekannten erlernten Hilflosigkeit.

Identitätsthemen aus der Sicht Betroffener

Im Rahmen einer Studie (Jeltsch-Schudel, Die Identität, 2004) wurde eine kleine Stichprobe Erwachsener mit Seh-, Hör- und Körperbehinderungen rückblickend über ihre eigene Biografie unter dem Aspekt der Identitätsentwicklung befragt, dies mehrere Male und in größerem zeitlichen Abstand, mittels verschiedener Interviewformen.
Die Auswertung der vielen lebensgeschichtlichen Daten ermöglichte es, die Bedingungsgefüge der Identitätsentwicklung Einzelner genauer zu analysieren und Informationen über die jeweils subjektive Art und Weise der Alltagesgestaltung und Behinderungsbewältigung zu erhalten.

Vier übergreifende (im Sinne von alle Befragten betreffende) Identitätsthemen konnten herausgearbeitet werden:

- **Bindungen und Beziehungen:**
  Themen, die Beziehungen bzw. soziale Kontakte beinhalten, finden sich bei allen Informantinnen und Informanten. In ihren konkret-individuellen Ausformulierungen sind sie insofern unterschiedlich, als sie verschiedene Aspekte von sozialen Beziehungen berücksichtigen. Nicht nur verschiedene Bezugsperso-

nen werden erwähnt, sondern auch die eigene Person einbezogen in die Reflexion darüber, wie Kontakte aufgenommen und wie Beziehungen erlebt, erfahren und gestaltet werden. Nicht zuletzt ist auch die Beziehung zu sich selber ein Thema.
Am Beispiel der Kontaktnahme soll dies verdeutlicht werden:
„Kontakte aufzunehmen, erweist sich als Problem. Häufig sind Ängste vorhanden, Ausgrenzungserlebnisse vorausgegangen. Kontaktnahmen scheinen besonders für (seh-) behinderte Frauen schwierig zu sein: so erzählt Esther Stein davon, dass es ihr kaum gelungen sei, in ihrer Ausbildung mit Kolleginnen Kontakte zu knüpfen, weil eine schnelle Blickverständigung für sie nicht möglich sei. Auch Agnes Keller tat sich als Jugendliche schwer, von sich aus mit einem Gleichaltrigen Kontakt aufzunehmen; vielmehr verhielt sie sich abwartend und passiv. Eigene Aktivität muss daher entwickelt werden, um Kontakte zu schaffen und Beziehungen aufrechtzuerhalten." (Jeltsch-Schudel, Identität, 2004, S. 146)

– **Andersartigkeit:**
Das Erleben der eigenen Andersartigkeit und damit verbunden ein Leben in verschiedenen Welten kann als Ausdruck einer fundamentalen Gefühlslage der behinderten Informantinnen und Informanten verstanden werden. Damit ist einerseits gemeint, dass sie sich anders als andere (z. B. Gleichaltrige) erleben, dass sie ausgestoßen werden, andererseits aber auch, dass sich zugehörig und integriert fühlen. Weder das eine noch das andere fällt einem einfach zu, sondern kann durch eigenes Verhalten und Handeln beeinflusst werden. In der Identitätsentwicklung und -arbeit können unterschiedliche Aspekte gewichtet werden: Zum einen können Anpassungen bzw. teilweises Aufgeben eigener Besonderheiten und Bedürfnisse zu *Zugehörigkeit* und (einseitiger) Integration führen, zum anderen kann *Eigenständigkeit* um den Preis einer gewissen Isolation gepflegt werden.
Diese gegensätzlichen Gewichtungen mit all ihren Facetten unterscheiden sich jedoch in verschiedenen Kontexten und verändern sich auch in unterschiedlichen Lebensphasen.
Aus der Sicht Betroffener lassen sich folgende Anschauungen gewinnen:
„Mitmachen konnte Kim Odermatt in seiner Peer-Group zwar in allen Unternehmungen, es blieb aber ihm überlassen, wie er es schaffte. Dies ließ ihn eine Außenwelt erleben, in der er sich anpasste und mithielt und gleichzeitig eine Innenwelt, in der er sich seiner Behinderung (und damit der Andersartigkeit) sehr bewusst war.
Etwas anders erlebte es Esther Stein, die den Eindruck hatte, an verschiedene Orte zu gehören. Sie fühlte sich weder ausschließlich als Mitglied der Gruppe Sehbehinderter noch zugehörig zu den Sehenden, sondern irgendwo dazwischen. Ähnlich erging es Hilda Reber, die sich der Gehörlosen-Welt ihrer Eltern nicht zuzählte, ebenso wenig sich als gleich wie die normalhörenden Gleichaltrigen empfand; auch mochte sie sich in ihrer Jugendzeit nicht mit anderen Schwerhörigen identifizieren." (Jeltsch-Schudel, 2004, S. 147)

– **Handlungsmöglichkeiten:**
Handeln in einem interaktiven Kontext bedeutet nicht nur Aktivität im Sinne von Aktion, sondern auch Reaktion sowie Rückzug oder Passivität. Um verschiedene Handlungsweisen, also die ganze Palette von selbst initiierter Tätigkeit bis hin zur Passivität, verwirklichen zu können, sind Handlungsspielräume die Voraussetzung. Diese können in der Spannweite von *Selbst- bis Fremdbestimmung* liegen, mithin der erlebten Abhängigkeit, aber auch in den

Handlungsmöglichkeiten, die Menschen mit Behinderungen zu Verfügung stehen. Hierbei spielen vorhandene Kompensationsmöglichkeiten eine Rolle. Die zur Verfügung stehenden Spielräume können indes nicht auf die Handlungsmöglichkeiten der behinderten Menschen reduziert werden, vielmehr umfassen sie auch einen beziehungsmäßigen Anteil. Damit ist gemeint, dass diese Handlungsspielräume von den Kooperationspartnern gemeinsam verantwortet, sich gegenseitig zugemutet werden müssen, also interaktiv bestimmt werden. Insofern sind eigene Handlungsfähigkeit und Handlungsspielräume verknüpft mit Selbstbewusstsein und Selbstvertrauen.
Für das Erleben seiner eigenen Handlungsfähigkeit müssen Betroffene Einsätze leisten und sind häufig auf sich gestellt:
„Die Irritation, die dadurch entsteht, dass die eigene Handlungsfähigkeit in Frage gestellt ist, kennt auch Iso Berger. Besonders schwierig ist es für ihn, wenn er (auch bedingt durch seine Sehbehinderung), Situationen nicht kontrollieren kann und vielmehr selber das Gefühl hat, kontrolliert zu werden, ohne es genau erkennen zu können. Dennoch hat sich gerade Iso Berger zur Devise gemacht, dass er kämpfen will im Leben. Verschiedenes will er dabei erreichen; nicht zuletzt setzt er sich im Rahmen von Selbsthilfevereinigungen für bessere Lebensbedingungen für andere Blinde und Sehbehinderte ein. Daher ist er auch bereit, Veränderungen anzunehmen und sich Herausforderungen zu stellen. In ähnlicher Weise suchte Kim Odermatt, besonders als Jugendlicher, nach Grenzerfahrungen, testet immer wieder aus, wie viel er trotz seiner Körperbehinderung zu leisten imstande sei." (Jeltsch-Schudel, Identität, 2004, S. 148)

– **Behinderung:**
Die eigene Person und die Behinderung, die seit frühester Kindheit zur Person gehört, können nicht auseinander genommen werden. Die Behinderung gehört mit dazu und der Umgang mit ihr ist nur zum einen Teil Sache der betroffenen Person. Die soziale Umgebung ist daran beteiligt, ob ein Kind seine Behinderung in seiner Identitätsentwicklung als Teil seiner selbst erlebt oder als etwas Bedrohliches, zu Versteckendes erfährt. Der Umgang mit sich selber und seiner Behinderung wird dann formulierbar, wenn ein Bewusstsein seiner selbst und damit die Fähigkeit zur Selbstreflexion vorhanden sind. Die *Bedeutsamkeit und der Stellenwert der Behinderung* verändern sich im Laufe des Lebens, nicht zuletzt auch entsprechend den Erfahrungen von Akzeptanz oder Stigmatisierung, die die Betroffenen in ihrer Biografie machen.
„Kim Odermatt sieht die Untrennbarkeit von Behinderung und Person so: seine Behinderung ist ein Teil, der zu ihm gehört, den er schätzt und der ihn stört. Damit bringt er die Ambivalenz auf den Punkt. Er kann sich nicht vorstellen, Kim Odermatt zu sein, ohne seine Körperbehinderung. Die Behinderung als Teil seiner Identität, so stellt Iso Berger fest, kann auch funktionalisiert werden. So können eigene Handlungsweisen, für die man die Verantwortung nicht übernehmen möchte, auf die Behinderung geschoben werden. [...] Die Entwicklung der körperlichen Identität ist eng verbunden mit dem Erfahren einer Schädigung. Die Erkenntnis, dass der eigene Körper anders, unvollkommener oder weniger funktionsfähig ist als jener anderer Kinder, war besonders bei Kaspar Pfister und Kim Odermatt eine wichtige und schmerzliche. Während Kim Odermatt ihr einen Platz in seinem Innern zuwies und nach außen mit den Peers mithielt, kam die Erkenntnis für Kaspar Pfister schlagartig, als er, der vorher im Rahmen einer Institution mit anderen behinderten Kindern gelebt hatte, nach seiner Rückkehr ins Elternhaus mit nichtbehinderten Jugendlichen konfrontiert und von ihnen ausgegrenzt wurde." (Jeltsch-Schudel, Identität, 2004, S. 149)

Diese vier herausgearbeiteten Identitätsthemen zeigen verschiedene Facetten der Identitätsentwicklung und Identitätsarbeit von Menschen mit Behinderungen. Sofern Fachpersonen (der Heil- und Sonderpädagogik) willens sind, Betroffene als Experten bspw. ihrer eigenen Identität und deren Entwicklung zu verstehen, können sie aus diesen Identitätsthemen Anregungen für ihre professionelle Tätigkeit gewinnen.

Ausblick

Thesenartig seien einige Anregungen für die (heil- bzw. sonder-)pädagogische Arbeit unter der besonderen Berücksichtigung der Identität – verstanden zugleich als Ziel und als Prozess – genannt (siehe Jeltsch-Schudel, Identität, 2004):

- Kinder mit Behinderungen brauchen pädagogische Unterstützung besonders in der Auseinandersetzung mit ihrer Behinderung und in Übergangssituationen.
- Die Zusammenarbeit mit Eltern und anderen Familienangehörigen kann eine wesentliche präventive Funktion für die Identitätsentwicklung behinderter Kinder haben, sofern die Fachleute das Familiensystem in seiner Funktionalität mehr unterstützen und informieren als es zu pathologisieren und zu belehren.
- Für den Aufbau eines kohärenten und kontinuierlichen Selbst ist ein möglichst hohes Maß an Selbstbestimmung unabdingbar. Pädagogische Aufgabe ist es, in kooperativen Situationen den Partnerinnen und Partnern so viel Selbstbestimmung wie möglich einzuräumen und so wenig Fremdbestimmung wie nötig einzusetzen.
- Erwachsene Menschen mit einer Behinderung sollen selbstbestimmt die für sie notwendige und von ihnen gewünschte Hilfe anfordern können. Eine Pädagogisierung des ganzen Lebens steht dem entgegen und ist daher nicht anzustreben.
- Da kooperative und kommunikative Situationen durch Handlungsdruck gekennzeichnet sind, müssen geeignete Vorkehrungen geschaffen werden, die es den Fachpersonen erlauben, ihre Arbeit zu reflektieren und adäquate Verstehensleistungen zu erbringen. So können sie ihr Handlungsrepertoire vergrößern, um insbesondere kritische kommunikative und kooperative Situationen angemessen meistern zu können.

Die letzte These greift einen bislang nicht thematisierten Aspekt auf: die professionelle Identität von Fachpersonen. Identität, so wurde hier dargelegt, beruht letztlich auf Interaktion. Es war vorwiegend von der sich entwickelnden Person die Rede – der Partner bzw. die Partnerin in der Interaktion ist in der pädagogischen Beziehung die Fachperson. Teilt sie das dargestellte Verständnis der Identität als Interaktion, ist sie gezwungen, ihre eigene Identität mithin ihre eigene Person als Teil des Interaktionssystems zu verstehen und zu reflektieren.

Kommentierte Literaturhinweise

Hintermair, Manfred: Identität im Kontext von Hörschädigung. Heidelberg, Median-Verlag, 1999.
Der Autor setzt sich in diesem Buch mit dem Verständnis der Identität im Sinne von Keupp auseinander, indem er dieses Verständnis im Bezug auf Kinder und Jugendliche mit Hörbehinderungen untersucht und beschreibt. Dabei interessiert ihn die konkrete Identitätsarbeit von Menschen im Kontext ihrer je spezifischen Wahrnehmungs- und Lebensbedingungen.

Keupp, Heiner u. a.: Identitätskonstruktionen – Das Patchwork der Identitäten in der Spätmoderne. Hamburg, Rowohlt, 1999.
Der Autor und seine Forschungsgruppe untersuchen seit Jahren die Entwicklung der Identität. Durch die Forschungsarbeiten entstand ein Identitätsmodell mit verschiedenen Dimensionen und Perspektiven. Der Begriff der Identitätsarbeit entstand in diesem Forschungskontext.

Strittmater, Roswit: Soziales Lernen – Ein Förderkonzept für sehbehinderte Schüler, Frankfurt am Main, Peter Lang, 1999.
Die selber betroffene Autorin arbeitet aufgrund ihrer eigenen Erfahrungen und ihrer Arbeit als Lehrperson verschiedene Blockaden der Entwicklung sehbehinderter Kinder und Jugendlicher heraus. Sie entwickelt Ansätze zu deren Bewältigung und Ideen, wie diese an betroffene Kinder und Jugendliche weitervermittelt werden können.

Kindertagesstätte

Elke Biene-Deißler

Etymologie

Der Name „Kindertageseinrichtungen" gilt als Sammelbegriff für alle außerschulischen Formen öffentlicher institutioneller Betreuung, Bildung und Erziehung von Kindern. Die Bezeichnung dieser Einrichtungstypen wird nicht bundeseinheitlich verwendet. In diesem Beitrag wird darum auf eine Begriffsdifferenzierung verzichtet.

Eine Grobeinteilung orientiert sich am Alter der Kinder:

- Krippen (Kinder unter drei Jahren),
- Kindergärten (Kinder zwischen drei und sechs Jahren),
- Horte (Kinder im Schulalter bis 14 Jahren).

Der Begriff „Kindertagesstätte" verweist auf eine ganztägige Versorgungsmöglichkeit. Vielfältige Mischformen sind anzutreffen, die sich auf das gesamte Altersspektrum beziehen. Es gibt Halbtags- und Ganztagseinrichtungen auch mit Teilzeitplätzen. Kinder mit (körperlicher, geistiger und/oder seelischer) Behinderung erfahren ihre Förderung in einschlägigen Einrichtungen oder in solchen, die eine gemeinsame Erziehung von Kindern mit und ohne Behinderung konzeptioniert haben. Zur näheren Bezeichnung werden – nicht immer – die Adjektiva „integrativ" und „heilpädagogisch" (oder auch noch: „Sonder-") vor die Einrichtungsbezeichnung gesetzt. Heilpädagogische Tagesgruppen/Tageskliniken verstehen sich als Einrichtungen, die eine „heilpädagogische Gesamtmaßnahme" anbieten und die einen Verbleib des Kindes in seiner Familie ermögliche wollen.
Neben den öffentlichen und freien Trägern gibt es – mit wachsender Tendenz – Elterninitiativen.

Die Bundesregierung nahm 2004 teil an der OECD-Vergleichsstudie zum Ausbau und zur Qualität der Tagesbetreuung und Förderung in der frühen Kindheit („Starting strong II"). Die Teilnahme setzte einen Hintergrundbericht als Grundlage für die OECD-Untersuchung voraus. Diesem Bericht in der Fassung vom 22. November 2004 ist Grundsätzliches zur Aktualität der Kinderbetreuung in Deutschland zu entnehmen. Zur Bedeutung von Tageseinrichtungen wird dort formuliert:
[Sie] „erfüllen nicht nur abstrakte gesellschaftliche Funktionen hinsichtlich einer besseren Balance von Familie und Erwerbsleben, sondern konkrete Aufgaben den Kindern gegenüber. [...] Einen maßgeblichen Bezugspunkt bilden dabei das Kindeswohl und die Interessen und Bedürfnisse des Kindes. [...] Kinder werden nicht als bloße Adressaten von Lernthemen angesehen, sondern als Ko-Konstrukteure ihrer Kompetenzen – ihrer Bildung." (BMFSF7, 2004, S. 16)

Zur **Rechtsgrundlage** (früh-)kindlicher Betreuung ist festzuhalten, dass das System der Tageseinrichtungen kompetenzrechtlich zum Bereich der „öffentlichen Fürsorge" gehört. Die Gesetzgebung liegt bei Bund und Ländern, die Finanzierungslast bei den Ländern und Kommunen. Inhalte der gesetzlichen Regelung finden sich überwiegend im Kinder- und Jugendhilfegesetz (KJHG), das in den östlichen Bundesländern zum 1. Oktober 1990 und in den westlichen zum 1. Januar 1991 in Kraft trat (Sozialgesetzbuch Achtes Buch (SGB VIII) Kinder- und Jugendhilfe). Hier werden Struktur und Aufgaben der Kinder- und Jugendhilfe auf der Grundlage des Subsidiaritätsprinzips (Vorrang der elterlichen Erziehungsverpflichtung, Vorrang freier Träger und ihres Angebots) festgelegt. Beschrieben wird im KJHG unter anderem das Recht des Kindes auf Schutz vor Gefahren; das Recht auf Unterstützung und Inobhutnahme in akuten Krisensituationen. Insbesondere der § 35a spricht die Hilfsangebote vornehmlich für seelisch behinderte Kinder an.

Aktuelle Regelungen finden sich im Gesetz zum qualitätsorientierten und bedarfsgerechten Ausbau der Tagesbetreuung für Kinder (Tagesbetreuungsausbaugesetz – TAG), das der Bundestag am 27. Dezember 2004 beschlossen hat.
Das SGB IX formuliert Leistungen der Behindertenhilfe.

Der Begriff **Betreuung** weist auf die nötige Gewissenhaftigkeit des Erziehers hin. Er übernimmt die Verantwortung, die Lebensräume der Kinder so zu gestalten, dass sich die ihm anvertrauten Kinder akzeptiert, geschützt und geborgen fühlen können. So ist es möglich, die kindlichen Selbstgestaltungskräfte anzuregen. Er sorgt sich verlässlich um die physischen und psychischen Grundbedürfnisse des Kindes (vgl. Köhn, Heilpädagogische Erziehungshilfe, 2003, S. 243).

Der Begriff **Bildung** umfasst im Deutschen den Prozess des Bildens und das Produkt dieses Prozesses. Im aktuellen Verständnis wird der Eigenanteil der Kinder (Jugendlichen und Erwachsenen) betont: Sich-Bilden im Prozess der Aneignung von Wissen und Können. Darüber hinaus wird Bildung zunehmend als ein sozialer, interaktiver Lernprozess verstanden, der die gesellschaftlichen Bedingungsfaktoren „Komplexität" und „Unsicherheit" als Quelle nutzt, um Entwicklungs- und Lernziele wie Kooperationsbereitschaft, Flexibilität, Eigeninitiative (z. B.) auf der Basis einer „Orientierungskompetenz" zu realisieren (siehe Fthenakis, 2004).

Erziehung „ist eine Haltung und keine spezifische Tätigkeit" formuliert Kobi (Grundfragen, 2004, S. 73), „Erziehung ist ein gemeinsam vollzogener Gestaltungsprozess" (Kobi, Grundfragen, 2004, S. 74) und „Erziehung ist [...] etwas kultürlich Aufgegebenes" (Kobi, Grundfragen, S. 91f.). Kobi verweist auf M. Buber: „Erziehung bedeutet, eine Auslese der Welt durch das Medium einer Person auf eine andere Person einwirken zu lassen (Kobi, Grundfragen, 2004, S. 41). „Der Erzieher sammelt die aufbauenden Kräfte der Welt ein. In sich selber in seinem welterfüllten Selbst scheidet er, lehnt ab und bestätigt." (Kobi, Grundfragen, 2004, S. 45)

Das einzelne zu erziehende Kind muss unverwechselbar wahrgenommen werden – mit all seinen *Eigen*tümlichkeiten. Kobi fährt fort:
„Wo ein Mensch akzeptiert und erst genommen wird einfach aufgrund seines Daseins und seiner Personhaftigkeit, gleichgültig, ob er irgendwelchen Normen entspricht oder nicht [...], wo also der konkrete Mensch wichtiger ist als das Menschen-Bild, da bietet sich auch dem Menschen mit Behinderung eine Überlebenschance." (Kobi, Grundfragen, 2004, S. 81)
Deutlich wird: Die Begriffe „Betreuung", „Bildung" und „Erziehung" weisen hin auf unterschiedliche, sich ergänzende Aspekte im pädagogischen Prozess.

Behinderung (als Sammelbegriff) umschreib das Phänomen der individuellen und zugleich sozialen Erschwernis, die Entwicklung und Lebensgestaltung einer Person – gemessen an einer Wertnorm – relativ andauernd und erheblich beeinträchtigt; für die soziale Umwelt stellt das Phänomen eine Besonderheit dar, die wiederum Verzerrungen und Brüche in der gemeinsamen Kommunikation provozieren kann.

Nach Kobi gerät hier das dialogische Prinzip (vgl. Buber, 1982) in die Gefahr, durch Rollenfixierungen und Hierarchien aufgehoben zu werden. Er spricht von einem Behinderungszustand und meint damit, dass

- *Merkmale* (z. B. Verhalten, Leistung eines Individuums),
- *Selbstbild* (Erlebnisse eines als behindert geltenden Menschen),
- *Normen* (Erwartungen, Haltungen in einer Gesellschaft) und
- *die Normalisierungsbemühung* (institutionalisierte Hilfen)

untereinander in einer dynamischen Verbindung stehen, die Behinderung als Zustand über die kausal zu sehende Verursachung hinaus gestaltend erzeugt und zu einem stabilen „lebendigen System" werden lässt (vgl. Kobi, Grundfragen, 2004, S. 113–17).

Die Weltgesundheitsorganisation (WHO) verabschiedete 2001 folgende Klassifikation von Behinderung mit diesen drei Einteilungen:

- *„Beeinträchtigung der körperlichen Funktionen, der geistigen Fähigkeiten oder der seelischen Gesundheit,*
- *Störungen der Aktivität und*
- *Störungen der Partizipation (sozialen Teilhabe).*

Letztere gelten auch als Folgeerscheinung aus den zugrunde liegenden Funktionsbeeinträchtigungen." (vgl. Speck, 2003, S. 197)

Der Behinderungsbegriff gerät zunehmend wegen seiner Unbestimmtheit und seiner entwertenden Botschaft in Misskredit. Die Empfehlungen der Kultusminister-Konferenz auf Länderebene (vgl. Drave u. a., 2000) sprechen nicht mehr von Behinderungsarten, sondern von Förderschwerpunkten: z. B. körperliche und motorische Entwicklung; emotionale und soziale Entwicklung; geistige Entwicklung.
Mit P. Moor (1994, S. 44) muss verstärkt gefragt werden: Was tut man *für* das Fehlende, wie tun wir es zusammen: Fähigkeiten, Fertigkeiten aufbauen; Sinn finden – und nicht: Was ist *gegen* einen Fehler zu unternehmen.

Der Begriff **Heilpädagogik** ist weiterhin mit der Aussage von Moor (1994, S. 44) zu füllen, sie sei die Theorie und Praxis der Erziehung unter erschwerenden Bedingungen. Heilpädagogisches Handeln gilt Kindern (Jugendlichen) sowie ihrem sozialen Bezugsfeld. Sie sind miteinander und oft gegeneinander in Not geraten, weil sich das Kind nicht altersgemäß entwickeln konnte und/oder aus soziokulturellen und psychischen Gründen in seinem Verhalten als fehlentwickelt gilt und/oder sich entsprechend erlebt. Die Heilpädagogin wird über den besonderen Förderbedarf eines Kindes hinaus in einem diagnostisch orientierten Prozess der Beziehungsgestaltung die individuelle Problematik eines Kindes und seiner Bezugspersonen *verstehen* wollen, um dann in einem dialogischen Prozess individualisierte Erziehungshilfe anzubieten.

Geschichte

Das Ende der Moderne, ein allgemeiner, weltweiter „Gezeiten-Umbruch" zwingt zum Innehalten und Verweilen und verbietet ein weiteres Verdrängen der gesellschaftlichen Krise. Nicht erst seit gestern wissen wir, dass die „Grenzen des Wachstums" (Meadow, 1973, S. 197) und die inneren Grenzen der Menschheit wohl erreicht sind. Schon Peccei (vgl. 1981, S. 78–80) benennt: Bevölkerungsexplosion, Zerstörung der Biosphäre, Krise der Weltwirtschaft, tief greifende soziale Übel, anarchische wissenschaftlich-technische Entwicklung, Mangel an moralischer und politischer Führung. Als bedrohliche Folge formuliert er die Zunahme von Krankheit, Hunger und Armut, den

Zerfall des Gemeinschaftsbewusstseins, isolierende Selbstbezogenheit als Ausdruck psychischer Störungen. Beklagt werden Sinnleere, Angst vor der Zukunft und Vereinzelung (vgl. Speck, 2003, S. 26). Die bisherigen Bewältigungsstrategien endeten in einer Sackgasse. Die Spaßgesellschaft hat sich verabschiedet, die Desorientierung ist geblieben.

Schauen wir auf die Bedingungen des Aufwachsens in unserer Gesellschaft, so stellen wir fest (vgl. BMFSJF, 2002): Die Familie hat ihre zentrale Bedeutung als Ort der Milieuprägung und Wertebildung verloren; veränderte Lebensformen haben sich ausdifferenziert, Medien und neue Informations- und Kommunikationstechniken sowie Peer Groups dominieren. Mobilität und Migration, neue Lebensentwürfe von Frauen und Müttern nehmen erheblichen Einfluss auf die Sozialisation von Kindern. Wir beobachten gleichermaßen Prozesse der Pluralisierung wie der Individualisierung. Eine Vielfalt von Wert- und Menschenbildern und damit von Lebensstilen gehört zur verwirrenden und prägenden Wirklichkeit von Kindern, die oft genug virtuell, terminiert und damit gestückelt Leben vollziehen (müssen).

Es stellt sich die Frage: Haben und/oder sind Kinder eine positive Zukunftsperspektive? Die Lebenseinstellung des *Laissez-faire* bewirkte (unter anderem) seit den 1980er-Jahren eine relative Bedeutungslosigkeit der Familienpolitik. Deupmann (2005, S. 19) zeigt auf, dass Kinder in den letzten Jahren kein wesentliches Thema der jeweiligen Politik gewesen sind.

Neben den demographischen Fakten (Alterung der Bevölkerung) sind es die Ergebnisse der PISA-Studie (2000), die die deutsche Bevölkerung alarmieren. Die Forderungen nach verbesserter Bildung bzw. nach besseren Bildungschancen entwickeln einerseits politische „Blüten“, andererseits wird vermehrt nach überzeugenden Lösungen in Wissenschaft und Praxis gesucht (siehe auch: Wustmann, 2003; Tietze, Viernickel, 2003).

Das Studium der aktuellen Situation von Kindern macht deutlich, dass Kinder mit einer körperlichen, geistigen oder seelischen Behinderung nur eine kurze, eher randständige Erwähnung finden (z. B. 11. Kinder- und Jugendbericht, 2002; OECD-Studie zur Politik der frühkindlichen Betreuung, Bildung und Erziehung, 2004 und dem dazugehörigen Hintergrundbericht des Bundesfamilienministeriums, 2004).

Das Erleben von Ausgrenzung gab Eltern von behinderten Kindern den Anstoß, in den letzten Jahrzehnten wiederholt selbst initiativ zu werden. Sie gründeten 1958 die „Lebenshilfe für das geistig behinderte Kind e. V.“.
Anfang der 1960er-Jahre wurde im BSHG die Unterstützung zur Eingliederungshilfe für Personen „mit schwach entwickelten geistigen Kräften“ festgelegt.
In den 1970er-Jahren wurden rehabilitative Einrichtungen wie Frühförderung, Kindergarten, Tagesstätte, Heim, Werkstatt ausgebaut.
Die 1980er-Jahre waren dann geprägt vom Normalisierungsgedanken und in der Konsequenz durch das Thema: „Integration“.

Wieder waren es die betroffenen Eltern, die darauf drängten, dass ihre Kinder mit (drohender) Behinderung in den Regeleinrichtungen Kindergarten und Schule gemeinsam mit Kindern ohne Behinderung leben und lernen können. Dieses gleichberechtigte Miteinander wurde als eine gesellschaftspolitische Aufgabe formuliert. Die Selbst- und Fremdwahrnehmung von betroffenen Familien sollte aus ihrem Sonderstatus herausgeholt werden.

Im vergleichbaren Zeitraum veränderten sich auch die institutionellen Bedingungen für Kinder, die als verhaltensgestört gelten und in der Regel emotional-sozial beeinträchtigt sind.
Ende der 1960er-Jahre begann unter dem Einfluss der „Studentenbewegung" eine heftige Kritik an der Situation in den Heimen, die eine Reform und einen Abbau dieser Institution bewirkte. Die Kinderladen-Bewegung prägt die 1970er- und 1980er-Jahre; gleichzeitig begann der Ausbau von „offenen Hilfen": Außenwohngruppen, (heilpädagogische) Tagesgruppen, integrierte Fördereinrichtungen entstanden (vgl. Myschker, 1983).

Die Jugendminister-Konferenz sorgte mit ihren Beschlüssen 1985 und 1989 dafür, dass der Ausbau der integrativen Betreuung und Förderung von Kindern weiterentwickelt wurde.

Die Verabschiedung des SGB VIII (KJHG) sowie die Novellierung und Einführung des § 35a – Eingliederungshilfe für seelisch behinderte Kinder und Jugendliche – sorgte noch einmal zu Beginn der 1990er-Jahre für eine Diskussion des Themas „Integration" und gleichzeitig für den Ausbau eines differenzierten Angebots im Bereich Kindergarten und Kindertagesstätten.

Im Jahre 2002 fasste die Jugendministerkonferenz einen Beschluss, in dem noch einmal betont wird, „dass die integrative Erziehung den Zielen des Erziehungs-, Bildungs- und Betreuungsauftrages der Kindertageseinrichtungen wie auch dem Eingliederungsauftrag gleichermaßen entsprechen muss und kann." (Textor, 2002, online)

Festzuhalten bleibt:
„Integration" bleibt gleichermaßen aktuell wie brisant und wurde in jüngster Zeit durch den Gedanken der „Inklusion" noch einmal erweitert.

Aktuelle Relevanz und theoretische Ansätze

Kinderpolitik gehört dringend auf einen der ersten Plätze einer Prioritätenliste der politisch Handelnden, sie muss aus dem Minderheiten-Dasein herausgeholt sein. Bedürfnisse und Interessen von Kindern, spezifischer Unterstützungs- und Förderbedarf müssen genauso fokussiert werden wie die erhöhten Anforderungen an die unterschiedlichen Familienformen.

Ein großzügig ausgebautes Betreuungssystem mit pädagogisch hochwertiger Qualität darf keine Utopie bleiben. Kindern muss die Möglichkeit gegeben werden, nicht nur erwünscht zu sein, sondern auch – über die Familie hinaus – Kompetenzen zu entwickeln, Autonomie in sozialer Bezogenheit verantwortlich zu leben. Hier wird die Notwendigkeit einer verstärkten konkreten Werte-Orientierung angedeutet und damit gleichzeitig auch eine anspruchsvolle, vielschichtige Aufgabe für die pädagogischen Mitarbeiterinnen in Tagesstätten für Kinder. Der skizzierte Epochenumbruch zeitigt eine umfängliche Veränderung, die einerseits verwirrt, Angst macht, aber dennoch die Voraussetzung für eine Weiterentwicklung beinhaltet. Gerade die Wahrnehmung von (allgemeiner) Verfremdung/Entfremdung provoziert beim Pädagogen notwendig Prozesse der Selbstvergewisserung und Neuorientierung, um die „aufbauenden Kräfte der Welt" (Buber, 1960, S. 28) neu zu justieren und in interpersonalen Beziehungsformen angemessen kommunizieren zu können.

Die aktuelle Kindheitsforschung erkennt zunehmend das Kind als Subjekt und die Eigenlogik kindlicher Handlungsweisen an. Entwicklungspsychologie und Ethologie formulierten in den 60er- und 70er-Jahren des 20. Jahrhunderts bezogen auf das Thema Kind/Kindheit vornehmlich lerntheoretisch orientierte Aussagen zu sozialen Verhaltensweisen, die als „erwünscht" oder „nicht erwünscht" galten und kategorisiert wurden nach „angemessen gelernt, falsch gelernt, nicht gelernt". Normalität war die Maßangabe, die sich aus der Wertperspektive der Erwachsenen definierte. Auch Erziehungsziele orientierten sich an operationalisierten Lerneinheiten, die (Um-)Lernen im Sinne von Anpassung an ein Normgefüge ermöglichen sollten (vgl. Dittrich u. a., 2001, S. 22).

Die aktuelle Kinderforschung wendet sich zunehmend ab vom „Objekt Kind". Vermehrt gilt die forschende Aufmerksamkeit dem Lebenslauf, der Biografie des Kindes.
Das Subjekt „Kind" wird in seiner „konstruktiven" Auseinandersetzung mit der jeweiligen personalen und materiellen Umwelt ernst- und wahrgenommen.

Aufgrund aktueller Forschungserkenntnisse (Lichtenberg, 1983, 1989; D. Stern, 1999, USA; aufgearbeitet von M. Dornes, 2000, BRD) gesteht der theoretische Diskurs dem Kind früh entwickelte Kompetenzen zu. Das kompetente Kind hat nach Waters/Scroufe (1983) eine weitgehend aktive Rolle im Prozess der Aneignung von Welt:

„Das Individuum ist fähig, Ressourcen aus der Umwelt und der eigenen Person zu nutzen, um ein gutes Entwicklungsergebnis zu erreichen" (Oerter, 1999, S. 127).

Insbesondere die Bindungsforschung (Bowlby, Das Glück, 1982; Grossmann/Grossmann, 1999; Bindungstheorie, 2003) belegt die frühe Autonomie und die Dialogfähigkeit des Kindes sowie seine aktive Mitgestaltung der Umwelt (siehe auch Schäfer, Bildungsprozesse, 1995).

Youniss prägt den Begriff vom „ko-konstruktiven" Erwerb von Kompetenzen (1994). Er betont damit den sozialen Aspekt der Konstruktion, die immer im Beziehungsgeflecht und in subjektiv bewertender Auseinandersetzung geschieht. Individuelle Bedeutungsgehalte haben einen Sinnzusammenhang, der im weiteren Handlungsprozess reproduziert wird.

Dittrich, Dörfler und Schneider weisen aufgrund ihrer Forschungsergebnisse in Kindertagesstätten auf die große Bedeutung von Interaktion und Kommunikation mit Gleichaltrigen hin:
„In ko-konstruktiven Prozessen verständigen sich die Kinder über Sachverhalte und über ihre Beziehungen. [...] Konfliktprozesse (sind) ein Beitrag zu Selbstbildungsprozessen im Rahmen von Auseinandersetzung und Aushandlung unter Kindern." (Dittrich/Dörfler/Schneider, 2001, S. 26)

Problem- und Erfahrungsfelder

Das Kind (mit Behinderung, psychischer Beeinträchtigung) lebt in der Kindertagesstätte in einem Beziehungsviereck: Kind – Eltern – Erzieher – Kindergruppe.

In dieser außerfamilialen Auseinandersetzung hat das Kind neben seinen regelhaften Entwicklungsaufgaben (Havighurst, 1956) zusätzliche Anforderungen auf der individuellen, interaktionalen und kontextuellen Ebene zu erfüllen, die in der Regel intensivierte Lernprozesse fordern, um den Übergangsprozess (Transition) von einer Lebenskultur (Familie) in die andere (Institution) bewältigen zu können. Diese spezifischen Sozialisationserfahrungen werden im Transitionskonzept (bezogen auf Kinder in Tageseinrichtungen und ihre Bezugspersonen) von Griebel und Niesel (2000) erforscht und dargestellt.

Wichtige diagnostische und pädagogische Hinweise für die Bewältigung von Übergansprozessen bietet die Bindungstheorie (Bowlby, 1982); der Stressansatz (Lazarus, 1995) wurde von Haefele und Wolf-Filsinger (1994) auf den Eintritt in den Kindergarten angewendet.

Für die Betrachtung des Kindes im Schulalter, das in unterschiedlichen Lebenswelten interagiert, eignet sich der ökopsychologische Ansatz von Bronfenbrenner (Ökologie, 1989). Auch sei das kontextuelle System-Modell genannt (Pianta/Walsh, 1996; Pianta/Kraft-Sayre, 2003), das die Kompetenzen des Kindes, die Einflüsse aus der Umgebung, die Verbindung zwischen unterschiedlichen Umgebungen und die Entwicklung all dieser Einflüsse im Fluss der Zeit integriert (vgl. Griebel/Niesel, 2004, S. 87).

Insbesondere im Prozess der Eingewöhnung, aber auch für die Dauer des Aufenthaltes in einer Einrichtung, braucht das Kind in seiner selbstaktiven Auseinandersetzung die Unterstützung seiner Eltern (in der Regel besonders die seiner Mutter), die ebenfalls einen Übergang zu bewältigen haben. Erleben, Verhalten und Handeln gleichermaßen des Kindes wie seiner Eltern muss von den Pädagogen feinfühlig wahrgenommen und – abgestimmt im Team – beantwortet werden. Erzieher wie Eltern müssen sich im Sinne von Ko-Konstruktion auf der interaktionalen Ebene über die jeweilige Rolle im Beziehungssystem verständigen. Ereignisse und Reaktionen auf der kontextualen und interaktionalen Ebene der Kindergruppe werden ebenfalls als soziale Konstruktionen verstanden, die den Lernprozess des Individuums mitgestalten.

Das Team einer Tagesstätte sollte interdisziplinär zusammengestellt sein; unterschiedliche Fachkompetenzen sind gefragt, wenn es um ein qualitativ überzeugendes, vielfältiges Erziehungsangebot geht, das auch Hilfen für das Kind mit Beeinträchtigung anbieten kann. Der Heilpädagoge in einer Kindertagesstätte versteht sich als „Experte“ für eine Erziehung unter erschwerenden Bedingungen (vgl. Moor, 1994, S. 44), von denen Eltern und ihr Kind betroffen sind. Gestörte Beziehungsverhältnisse finden ihren Ausdruck in erheblichen Auffälligkeiten im Verhalten und in psychischen/psychosomatischen Störungen. Das sind z. B. ausgeprägt gehemmtes, depressives, ängstliches, aggressives oder hyperaktives Verhalten; Schlaf-/Ess-Störungen, Leistungshemmungen.
Die Heilpädagogin wird in kollegialer Kooperation (förder-)diagnostisch, begleitend (Angebot in konzentrierten Lernprozessen) und beratend tätig werden (vgl. Köhn, Erziehungshilfe, 2003).

Zum institutionellen Auftrag gehört die Erarbeitung (und Überprüfung) eines pädagogischen Handlungskonzeptes. Inhalte hierbei:

1. Auswahl, Kombination und Differenzierung der fachlich relevanten Theorien
2.1 Umsetzung in Handlung:
2.1.1 bezogen auf den Adressatenkreis (Kind – individuell/Gruppe; Eltern)
2.1.2 bezogen auf die Arbeit in/mit Institutionen (Arbeit im Team, Zusammenarbeit mit anderen Einrichtungen)

2.1.3 bezogen auf die individuelle Person des Pädagogen (Stimmigkeit von Person und Angebot)
2.2 bezogen auf methodisch orientierte Arbeit in
2.2.1 *Diagnostik* (Verstehenwollen im Sinne einer Konstruktion, die nach der Sinngestalt kindlicher Deutungsmuster individueller Lebenslagen, Lebenswelten sucht und ermitteln möchte, was das Kind braucht)
2.2.2 *Begleitung* (des Kindes/der Gruppe im Spiel, in Förderangeboten, in Konflikten, im Alltagsgeschehen der Lebenspraxis, in Schularbeitshilfen, in Fest- und Feiergestaltung)
2.2.3 *Beratung* (der Eltern, sonstiger Adressaten mit besonderer Fragestellung)
2.3 bezogen auf Evaluationsprozesse
- Fachdidaktik
- Teamkompetenz
- Leitungs-/Organisationskompetenz
- Arbeit mit Eltern, Institutionen
- Fortbildung

(vgl. Gröschke, 1997, S. 110–121; siehe auch Köhn, Erziehungshilfe, 2003)

Die Beziehungsangebote der Begleitung lassen sich unter folgenden Stichwörtern kurzgefasst fixieren:

- **Schützen und Versorgen** (im Sinne von Betreuen: Sicherung der Grundbedürfnisse);
- **Annehmen und Wertschätzen** (Jedes Verhalten macht für die Person einen (aktuellen) Sinn, oft irrational als Suche nach Anerkennung und Selbstvergewisserung);
- **Nachdenken und Vorleben** (biografisches Gewordensein, aktuelle Lebensweltbezüge des Individuums ebenso reflektieren wie das eigene pädagogische Handeln mit seiner Vorbild-Funktion);
- **Fördern und Heilsam-Wirken** (für das Fehlende differenzierte Angebote bereithalten und Möglichkeiten schaffen, bisherige Erfahrungen von deutlicher Benachteiligung bearbeiten zu können);
- **Fordern und Ermutigen** (Selbstwirksamkeitskräfte ansprechen, ihnen Raum geben, angemessene Erwartungen auf Anstrengung stellen; äußeren Halt bieten, Aushalten von kritischen Ereignissen ermöglichen, Minierfolge sehen und bestätigen);
- **Entfaltungsraum geben und Strukturieren** (nicht allen das Gleiche – aber jedem das Seine ermöglichen; pädagogisches Handeln für das Kind überschaubar, berechenbar halten – aber nicht „verregeln“, die Eigenart muss reflektiert werden; Erwartungen klar formulieren; gemeinsame Planung; Routinen, Signale schaffen).

Das intra-institutionelle Beziehungsgeschehen ist jedoch nur ein Aspekt, der die Qualität der Arbeit bestimmt. Auch die mittelbar beteiligten Gruppierungen wirken gestaltend auf die Güte, den Wert professionellen Handelns: relativierend – akzentuierend – dynamisierend.

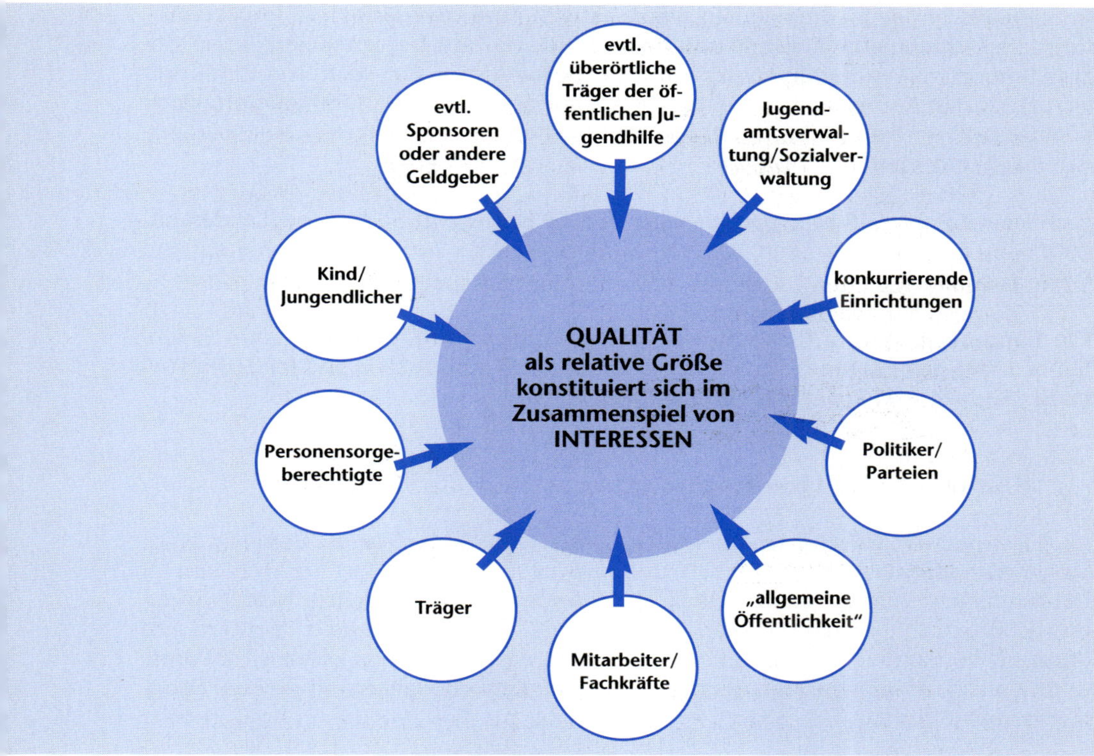

Qualität als relative Größe (Merchel, 1999, S. 28)

K

Ausblick

Die Institution „Kindertagesstätte“ muss sich deutlicher als Bildungsstätte verstehen (siehe neues Berliner Bildungsgesetz).

Erinnert sei: Der Bildungsbegriff beinhaltet kognitive Wissensvermittlung plus Werte-Orientierung und Sozialkompetenz. Nachdenklich machen in diesem Kontext Bildungspläne auf Länderebene, die für die Kindertagesstättenarbeit die Themen „Sprachförderung“ und „Übergang in die Grundschule“ betonen (PISA-Effekt). Wichtig ist, dass hier nicht vorschnell konzeptionell einseitig Fokussierungen unterlaufen.

Ein Paradigmenwechsel wird in der Bildungsarbeit notwendig, der sich auf die Aufgabenverteilung zwischen Familie, Schule und Kindertagesstätte bezieht.

Der Pädagoge in diesem Arbeitsfeld braucht eine qualitativ deutlich verbesserte Ausbildung und berufsbegleitende einschlägige Fort- und (Weiter-)bildungen, die seine beruflichen Kompetenzen erweitern; angesprochen seien hier: Gesprächsführung, Konfliktmanagement: Umgang mit familiären Krisen, Armut, Medienarbeit, multikulturelle Arbeit, Projekt-Arbeit.

Insbesondere sei die reflexive Kompetenz benannt, welche die Pädagogin sensibel und wachsam hält für das eigene biographische Gewordensein und die tagesaktuelle Befindlichkeit, um dem kompetenten, selbst-aktiven Kind zuverlässig und respektvoll – im Dialog – durch eine fragende und bestätigende Haltung begegnen zu können (soziale Kompetenz). Aufmerksam müssen dann die kindlichen Botschaften entschlüsselt werden (soziale Kompetenz), um entscheiden zu können, welche „Nährstoffe" ihm jetzt bereitgestellt werden sollten, damit Blockierungen und Problemlagen bearbeitbar werden (Sachkompetenz).

Fachberatung als regelmäßige, dauerhafte Unterstützung (vgl. Sächsisches Landesamt, 2001) und Supervision sollten Standard werden – genutzt zur Qualitätssicherung und Weiterentwicklung.

Das Bundesministerium für Familie, Senioren, Frauen und Jugend stellte am 2. September 2005 den 12. Kinder- und Jugendbericht vor (Laufzeit 2003 bis 2005). Die Thematik: Bildung und Erziehung außerhalb der Schule.

Kommentierte Literaturhinweise

Deupmann, Ulrich: Die Macht der Kinder. Frankfurt am Main, S. Fischer, 2005.
Der Autor analysiert, diagnostiziert und prognostiziert die Lage im kinderarmen Deutschland. Der Lebensstandard im 21. Jahrhundert kann nur gehalten werden, wenn die Geburtenzahlen wieder steigen. Nach Deupmann ist der Wunsch nach Kindern durchaus vorhanden, die Verhältnisse jedoch so, dass er nicht realisiert wird. Politik und Gesellschaft seien gefragt, um nötige Schritte rasch und betont einzuleiten. Deupmann zeigt Wege auf.

Dittrich, Gisela/Dörfler, Mechthild/Schneider, Kornelia: Wenn Kinder in Konflikt geraten. Eine Beobachtungsstudie in Kindertagesstätten. Neuwied, Berlin, Luchterhand, 2001.
Die Autorinnen führten ein Projekt durch, in dem sie Konflikte von Kindern im Prozess beobachteten und die Motivation wie Bedeutung, die Kinder selbst ihren Auseinandersetzungen geben, entdecken wollten. Teilnehmende Beobachtung und Videoaufzeichnungen sind die Basis zur Auswertung von Konfliktszenen; der Leser findet sie dokumentiert. Die Untersuchungsergebnisse werden strukturiert nach unterschiedlichen Merkmalen/Themen anschaulich vorgestellt. Der Dialog zwischen Forschung und Praxis ist ein weiterer Schwerpunkt dieses Buches.

Griebel, Wilfried/Niesel, Renate: Transitionen. Fähigkeiten von Kindern in Tageseinrichtungen fördern, Veränderungen erfolgreich zu bewältigen. Weinheim/Basel, Beltz, 2004.
Kinder müssen heute viele Übergänge – möglichst konstruktiv – bewältigen. Für die Übergänge von der Familie in den Kindergarten, in die Schule und die Tagesstätte bietet dieses Buch eine Fülle von Erkenntnissen und pädagogischen Konsequenzen. Aktuelle Theorie-Grundlagen und empirische Forschungsergebnisse werden bezogen auf das Transitionsmodell und auf Transitionsprogramme. Berücksichtigt werden Kinder, Eltern und Mitarbeiter in Kindertageseinrichtungen.

Kommunikation

Peter Rödler

Etymologie

Kommunikation (lat. communicare „teilen, mitteilen, teilnehmen lassen; Anteil nehmen, gemeinsam machen, vereinigen") bezeichnet im weitesten Sinne das in der Regel wechselseitige Übermitteln von Signalen. Dies gilt in dieser allgemeinen Fassung für alle Systeme, d. h. für menschliche wie nichtmenschliche Lebewesen ebenso wie für Maschinen.

Eine allgemein anerkannte Definition des Begriffs existiert nicht. In dieser allgemeinen Beschreibung wird aber deutlich, dass bei „Kommunikation" vor allem der funktional-technische Aspekt im Vordergrund steht, während sich „Sprache" (siehe Beitrag „Sprache") durch den semantisch-inhaltlichen Aspekt auszeichnet.

Geschichte

Wenn Kommunikation im Bereich des Lebendigen aus dem Austausch von Daten zur Abstimmung des gemeinsamen Überlebens besteht, so existiert dieses Phänomen, seit Einzeller begannen, kooperative Verbünde zu bilden. Die Geschichte der Kommunikation ist von der Evolution des Lebens nicht zu trennen. Diese nachzuzeichnen würde den hier gegebenen Rahmen ebenso sprengen wie der Versuch, die Geschichte der Kommunikationstheorie als Wissenschaft auszuführen. Ich beschränke mich in diesem Abschnitt wie in den folgenden deshalb konsequent nur auf solche Informationen, die im Kontext von Heilpädagogik relevant sind.

Mit dem Beginn von Erziehung im aufgeklärten Sinne (signifikanter Punkt: Der Erziehung des „Wilden aus Aveyron" durch Itard) ging es auch um die Frage der Grundlegung von Kommunikation und Sprache. Die Bereitschaft, vom Klienten ausgehend *bedeutungsvolle* Kommunikationssituationen zu schaffen, ist hier von Anfang an sichtbar. Ebenso zeigt sich das Bemühen, das nicht-vorhandene Sprechen durch alternative Kommunikationssysteme, Gesten, Gegenstände, Bilder, Buchstaben, Schrift zu ersetzen. Letztere bleiben allerdings noch weitgehend, das zeigt auch obige Aufzählung, an die formale Konvention gebunden. Dies gilt auch für die Nachfolger Itards, Seguin und Montessori. Den Höhepunkt der Bedeutung von Sprache und Kommunikation innerhalb der Pädagogik bedeutet dann die „dialogische Pädagogik" von Martin Buber. Innerhalb dieser Theorie wird das (mit-)menschliche Verhältnis zur Welt letztlich kommunikativ grundgelegt. Mit dieser Fokussierung auf das spezifisch menschliche Verhältnis zu und in der Welt der Menschen wird aber nur der sprachliche Bereich dieses Verhältnisses ausgearbeitet. Die Kommunikation wird hier als Tatsache gesetzt (siehe auch Watzlawick für das menschliche Verhältnis: „Man kann nicht nicht kommunizieren!") und die Frage nach den Möglichkeiten und Mitteln der Kommunikation ausgeklammert.

Im Zusammenhang mit der immer umfassenderen Beschulung auch schwerstbeeinträchtigter Kinder in den 1970er-Jahren stellte sich diese Frage dann aber umso deutlicher. Es zeigte sich sehr schnell, dass die Kommunikationsfähigkeit vieler Kinder weit über das von ihnen auf der Basis von konventionellen Kommunikationsmitteln gezeigte Maß hinausging. In der Folge geriet die Entwicklung von die Kommunikation unterstützenden Mitteln und alternativen Kommunikationssystemen in den Vordergrund des Interesses. Institutionellen Ausdruck erhielt diese Entwicklung mit der Gründung von ISAAC (International Society for Augmentative and Alternative Communication) international 1983 und der entsprechenden deutschen Sektion 1990.

Eine Erweiterung dieser Bemühungen um unterstützte (UK) und alternative (AK) Kommunikation, bedeutet die „Gestützte Kommunikation" (Facilitated Communication – FC) die Ende der 1970er-Jahre von Rosemary Crossley entwickelt wurde. Diese Methode wurde in Deutschland vor allem durch die Veröffentlichung des Buches „Ich will kein inmich mehr sein" von Birger Selin bekannt. Allerdings wurde in Folge dieses Buches diese Methode anfangs dermaßen euphorisch und idealisiert aufgenommen, dass die Schwierigkeiten in der jeweiligen Verifizierung der Mitteilung und, bei unbedachter Anwendung, ihre wirklich gefährlichen Folgen übersehen wurden. Diese bestehen z. B. im Zusammenhang durch Reaktionen auf vermutete Mitteilungen über Missbrauch von Klientinnen, die man nicht gerichtsfest verifizieren kann. In der Gegenreaktion bestehen nun in vielen Veröffentlichungen *grundsätzliche* Vorbehalte gegenüber dieser Methode. Dies wird jedoch den Menschen nicht gerecht, die gestützt kommunizieren lernten und sich heute eindeutig, weil schon über weite Strecken ungestützt, äußern.

Im Zusammenhang mit der Entwicklung dieser drei Stränge von Kommunikationshilfen wurde aber auch zunehmend deutlich, dass eine alleinige Konzentration auf die funktionale, technische Seite der Kommunikation wenig hilfreich ist und diese Mittel erst in gestalteten Begegnungs- und Sprachräumen ihre Wirkung entfalten können. Damit bewegt sich in neuerer Zeit das Pendel des Interesses auch in diesem Bereich wieder mehr zurück zu den grundsätzlicheren Fragen von Sprache (siehe Beitrag „Sprache").

Aktuelle Relevanz und theoretische Ansätze

„Als kommunikatives Verhalten bezeichnen wir als Beobachter solches Verhalten, das im Rahmen sozialer Koppelung auftritt; als Kommunikation bezeichnen wir jene Koordination des Verhaltens, die aus der sozialen Koppelung resultiert." (Maturana/Varela, 1987, S. 210)

Queren wir diese Definition über die Kommunikation im Bereich des Lebendigen mit der unter Etymologie beschriebenen Definition größter Allgemeinheit, so können wir sagen, dass Kommunikation dann vorliegt, wenn Daten zwischen Systemen ausgetauscht werden, die auf einer höheren Ebene irgendetwas miteinander zu tun haben. Auch wenn die Daten *innerhalb* der verschiedenen Systeme sehr verschiedene Bedeutung haben können, d. h., für die verschiedenen Systeme durchaus verschiedene Informationen repräsentieren können, wird die *kommunizierte Information* aus eben diesem höheren Zusammenhang – im Bereich des Lebendigen eben dem jeweiligen Zustand des jeweiligen sozialen Systems – heraus erschlossen.

So gewinnen z. B. auf der maschinellen Ebene die zwischen Computern ausgetauschten Daten erst dann kommunikative Bedeutung, wenn sie in Bezug auf die Aufgaben eines Netzwerkes verstanden werden. Bei der Mensch-Maschine-Kommunikation wird

z. B. der Wert der E-Mails als Information eben erst dann real, wenn der Empfänger sich vorübergehend in eine Interaktion mit dem PC einlässt, diesem seine Wünsche mitteilt und die E-Mails so abruft oder auch nicht (SPAM). Das Gleiche gilt für die menschliche Begegnung. Die lautierten Worte werden erst zur Rede, der Blick wird erst zur Kommunikation, wenn durch ihn eine Reaktion ausgelöst wird, eine soziale Situation entsteht. Das muss nicht immer bewusst und auch nicht immer positiv sein, das Gegenüber kann nicht zuhören, dem Blick begegnen, in ihm versinken, ihm Stand halten, ihm ausweichen oder ihm „kalt" begegnen. Im letzten Fall wird *innerhalb* des sozialen Systems eine Abgrenzung kommuniziert. Allerdings wird hier auch deutlich, dass Kommunikation, wenn Menschen sich überhaupt wahrnehmen, *in jedem Fall* stattfindet, da der gemeinsame soziale Raum für das Menschsein konstitutiv ist (siehe den Beitrag „Sprache"); „Man kann nicht nicht kommunizieren" (Watzlawick, passim).

Der Unterschied in den obigen Beispielen besteht denn auch nicht in der Qualität der Kommunikation, sondern in der Qualität der beteiligten Partner/Systeme. Diese generieren ihre Informationen als *lebendige* (autopoietische) *Systeme* in jedem Moment im Kontakt mit der Umwelt neu, während die *nicht lebendigen Systeme* in der Art ihrer Informationserzeugung zum Teil direkt durch ihre Nutzer, wenn sie sie auch gebaut/programmiert haben, determiniert sind.

Im Spiegel dieser allgemeinen Einführungen zeigt sich die Kommunikation auf das Innerste mit dem übergeordneten System, das die Kommunikation eigentlich erst zu einer solchen macht, verbunden. Konzentrieren wir uns mit dem Fokus der Heilpädagogik auf diese Problematik, so rückt das spezifische soziale System, das die Welt der Menschen auszeichnet, in den Mittelpunkt: die Sprache, die aber hier an anderer Stelle behandelt wird.

Es wird dort auch deutlich werden, dass Bewusstheit keine notwendige Bedingung der Teilnahme an diesem sozialen System ist. Bewusstheit entsteht als Reflexivität eigentlich erst aus der Interaktion im Sprachraum. Damit ist aber zumindest für den Bereich der menschlichen Kommunikation zu sagen, dass für Kommunikation Bewusstheit *nicht* notwendige Voraussetzung ist.

Im Spiegel der hier gezeigten theoretischen Grundlagen von Kommunikation entsteht so auch ein genauerer Blick auf Menschen, die im Bereich der Kommunikation beeinträchtigt sind, und die hier entstehenden heilpädagogischen Aufgaben:

Alle *funktionellen* Probleme, die Menschen in der unmittelbaren Teilnahme an konventioneller Kommunikation beeinträchtigen können – vom Stottern bis zum „Lock-in-Syndrom" als massivster körperlicher Beeinträchtigung – können als *Sprechbeeinträchtigungen* verstanden werden. Heilpädagogische Hilfe findet hier in eben diesem funktionellen Bereich durch Unterstützungen und Hilfen oder kompensatorische Alternativen statt. Diese werden im folgenden Abschnitt dargestellt.

Alle Prozesse innerhalb des übergeordneten Prozesses, der die Welt der Menschen bildet (Sprache), welche die Teilnahme von Menschen an diesen Prozessen behindern, können als *Sprachbehinderungen* verstanden werden. Dies gilt in gleicher Weise für Prozesse der expliziten Beschränkung oder des Ausschlusses aufgrund von individuellen oder Gruppenmerkmalen und auf diese aufbauenden Stigmatisierungen, implizite Prozesse der Mystifizierung und Klischeebildung wie auch einfach die – noch – mangelnde Kompetenz des *Sprachraums* (!), einem Menschen einen artikulationsfähigen Ort zu bieten. Die heilpädagogische Aufgabe ist hier zum einen gegen die Stigmatisierungen und Klischeebildungen, denen ihre Klientel unterworfen ist, vorzugehen und zum anderen dazu beizutragen, die Qualität des gemeinsamen Sprachraums so zu steigern, dass auch umfassend beeinträchtigte Menschen mit ihren Interessen gehört werden können (siehe hierzu den Beitrag „Sprache").

Es ist wichtig, in diesem Zusammenhang zu bedenken, dass in der Praxis in der Regel Mischformen aus den verschiedenen hier aufgezeigten Aspekten vorliegen. Der heilpädagogische Auftrag kommt zu den Aufgaben hinzu, die zu den verschiedenen Aspekten aufgezeigt wurden.

Problem- und Erfahrungsfelder

Der letzte Abschnitt hat eine Aufteilung der heilpädagogischen Aufgaben in die der funktionellen Unterstützung und Hilfe auf der einen Seite und die aus dem Bereich der Sprache auf der anderen verdeutlicht. Aus dieser Logik folgend beschränkt sich dieser Abschnitt zur Kommunikation auf die funktionellen Aufgaben. Der außerordentlich wichtige zweite Aufgabenbereich wird in dem Beitrag „Sprache" behandelt.

Unter funktionellem Gesichtspunkt können wir sagen, dass Menschen heute sowohl mit dem Körper direkt (z. B. Gestik, Mimik), indirekt über ein Zeichensystem (z. B. Sprechen, Gebärdensprache) oder körperunabhängig, medienabhängig (z. B. Schrift, Bild, Filme, Klangaufnahmen etc.) kommunizieren. In allen diesen Bereichen kann es aufgrund peripherer (Sinnes-) oder zentraler (Wahrnehmungsverarbeitungs-)Beeinträchtigungen zu Auswertungs- bzw. Ausdrucksproblemen kommen. Gleichzeitig können diese verschiedenen Bereiche aber auch wechselweise zur Unterstützung bzw. Kompensation eines gestörten Bereiches benutzt werden. Dabei ist allerdings zu bedenken, dass die verschiedenen hier erwähnten Kommunikationskanäle sehr unterschiedlich stark konventionalisierte Zeichen benutzen, so dass sich der interpretative Aufwand und damit die Quelle des Missverständnisses in den verschiedenen Bereichen sehr voneinander unterscheiden: Eine nonverbale Kommunikation ist in dieser Hinsicht sehr viel störanfälliger als eine voll entwickelte sprechende Verständigung.

Entsprechend dieser Überlegungen haben sich die „unterstütze Kommunikation" und die „alternative Kommunikation" als heilpädagogische Aufgabenbereiche entwickelt. Die „gestützte Kommunikation" bildet einen Teil der unterstützten Kommunikation mit einem eigenen Charakter und wird unten extra dargestellt. Welche Möglichkeiten der Unterstützung bzw. welche alternativen Kommunikationsmöglichkeiten werden nun heute innerhalb heilpädagogischer Maßnahmen verwendet?

Beginnen wir mit den *körpereigenen Ausdrucksmöglichkeiten*, so sind die Beispiele von Mimik und Gestik als nonverbale alternative Kommunikationsmöglichkeiten selbstverständlich. Es existieren aber noch andere Körperphänomene, die zum Aufbau einer alternativen Kommunikation nutzbar sind. So sind, entsprechend sorgfältige Angebotsplanung, Beobachtung und Dokumentation vorausgesetzt, z. B. bei Patienten im Wachkoma auch Hautwiderstandsmessungen, die Beobachtungen von Massenbewegungen (oft im Zusammenhang mit Ablehnung) oder das Zucken von Lidern oder Fingern als Ausdrucksformen zu erschließen, wobei der interpretative Anteil und damit eine starke Fehlerquelle hier sehr hoch ist.

Der Einsatz *unterstützender oder alternativer Kommunikationssysteme* ermöglicht durch seine konventionellen oder konventionalisierbaren Anteile ein höheres Maß an Validität der Kommunikation. Hierzu zählen:

- Fotos,
- Bildsymbole,
- Piktogramme (PECS) und
- Buchstabentafeln

als zunehmend abstrakte und damit umfassender einsetzbare Kommunikationsmittel. Wirklich konventionelle Zeichensysteme sind:

- Schriftsprache,
- Gebärdensprache (als alternative oder unterstützende (sprachbegleitende) Gebärde),
- Lorman (Tastalphabet für taubblinde Menschen),
- Braille (Punktschrift für Blinde) und
- Bliss (eine ausgefeilte Sprache mit eigener Grammatik auf der Basis konventionalisierter Piktogramme und spezieller grammatischer Zeichen).

Als *technische Kommunikationshilfen* stehen zur Verfügung:

- Hörhilfen,
- Großschrift-Lesegeräte (bzw. heute entsprechende Einstellung an PCs),
- spezielle autonome Talkersysteme vom Gerät mit zwei bis vier Phrasen, um einfachste Entscheidungen oder Wünsche zu ermöglichen, bis hin zum Alphatalker, der auf der Basis eines 128-Tasten großen Eingabefeldes und mehreren ansteuerbaren Ebenen eine riesige Wort-/Phrasenmenge organisieren und lautieren kann und
- PC-gestützte Talkersysteme mit Unterstützungssoftware wie z. B. „Eye-Mouse" (Cursor folgt Augenbewegung, Zwinkern löst Klickfunktion aus) und „virtual scanning keyboard".

Darüber hinaus gibt es zu den autonomen und PC-gestützten Talkern spezielle Eingabegeräte wie:

- Kopfzeiger,
- Kopfschalter
- externe Eye-Trackingsysteme oder
- Alphawellensteuerung.

Bei Eingabegeräten für massiv körperlich beeinträchtige Menschen, die nur eine digitale Entscheidungsmöglichkeit zulassen (Kopfschalter/Alphawellensteuerung), bieten die Talkergeräte den so genannten Scanning-Modus an. Hier aktivieren sich in einer für den Nutzer handhabbaren Geschwindigkeit Buchstaben, Buchstabengruppen, spezifische Piktogramme oder Piktogramme, die für ein ganzes Wortfeld stehen. Die Nutzerin muss dann nur warten, bis das gewünschte Symbol aktiv ist, und dann mit dem Eingabegerät den Impuls auslösen. Dies geschieht bei dem Kopfschalter mit einer Kopfbewegung, bei der Alphawelleneingabe (bei „Lock-in-Syndrom"-Patienten) durch eine eingeübte gezielte Entspannung, die den Anteil der Alphawellen im EEG, das kontinuierlich abgenommen wird, ansteigen lässt.

Ein Problem tritt bei der Nutzung der „Eye-Mouse" als Eingabesystem auf. Wie gesagt, folgt hier der Cursor den Augenbewegungen und ein Zwinkern löst die Klickfunktion. In Verbindung mit einem Keyboard am Bildschirm lassen sich so prinzipiell alle Programme bedienen und Texte schreiben. Es entsteht dabei aber das Problem, dass die Eingabe (Cursorsteuerung) und die Ausgabe (Kontrolle des geschriebenen Textes) auf *derselben* Fläche stattfindet. So kommt es zu einer Vermischung des Vorganges in der Weise, dass der Cursor durch eine Unkonzentriertheit oder weil das Auge kurz in den geschriebenen Text blickt, abschweift, das Auge den Fehler bemerkt und hinter dem irre laufenden Cursor herschaut, der damit in seinem Abschweifen noch mehr beschleunigt wird. Dieses negative Biofeedback kann nur korrigiert werden, indem der Nutzer sich komplett neu auf den gewünschten Ort konzentriert, ohne den Cursor anzuschauen. Dies macht das Verfahren sehr mühsam.

Bei der Auswahl der jeweiligen Hilfen und Mittel sind die folgenden unterschiedlichen Charakteristika zu bedenken:
Bei den Talkersystemen sind zu unterscheiden:

- Buchstabierensysteme, bei denen der spontane Wortschatz letztlich unbegrenzt ist, die aber sehr langsam in der Eingabe sind, und
- wort- oder bildbezogene Systeme, die zwar eventuell einen großen und individuell erweiterbaren, aber eben nicht spontan unendlich großen Wortschatz haben, dafür aber entsprechend schnell anzusteuern sind.

In neuerer Zeit versuchen Neuentwicklungen von PC-Talkern, hier die Vorteile beider Verfahren in der Weise zu verbinden, dass ein Talker, der mit einem Buchstabiersystem arbeitet, mit einer flexiblen, individualisierbaren und eventuell kontextsensitiven Wortergänzungssoftware ausgestattet wird. Die ermöglicht, die Freiheit des Buchstabierens mit der Geschwindigkeit der Auswahl nur weniger Zeichen bis zur finalen Auswahl zu verbinden.

Bei der Auswahl von Kommunikationssystemen sind zu unterscheiden:

- Systeme, bei denen der Inhalt *direkt* erschlossen werden kann (Bilder, Gebärdensprache soweit nicht buchstabiert wird, Bilderschrift), und
- Systeme, bei denen der Inhalt über einen mehr oder weniger großen Aufwand der Synthese erschlossen werden muss (Bliss, Sprache, Buchstabenschrift).

Im Zusammenhang mit der Gebärdensprache muss noch auf einen Konflikt in der Heilpädagogik hingewiesen werden, der aber heute eigentlich überwunden sein sollte: Der Konflikt, ob man gehörlose Kinder wegen der größeren Autonomie alleine das „von den Lippen lesen" lehren solle, da die Gebärden als paralleles System störend die Qualität des Lernens in diesem Bereich erschwerten, oder ob von Anfang an beide Systeme gelehrt werden sollten. In diesen konfliktbegleitenden Untersuchungen konnte gezeigt werden, dass gebärdende Kinder durch diese Kommunikationsform keineswegs im Lernen des Lippenlesens behindert werden, sondern im Gegenteil durch die höhere Effektivität der Kommunikation in der gebärdenden Umgebung schneller bedeutungsvolle Kommunikationserfahrungen machen, so schneller semantische Strukturen aufbauen, die dann wiederum beim Lippenlesen als zusätzliche innere Hilfen zur Verfügung stehen.

Ein weiteres in den letzten Jahren ausgesprochen kontrovers diskutiertes Thema ist das der gestützten Kommunikation (FC). Hier wird das Schreiben am Computer bei Menschen mit autistischen Verhaltensweisen dadurch unterstützt, dass ihnen in einer weit ausholenden Bewegung die Hand mit dem gestreckten Zeigefinger über eine präparierte

Tastatur, bei der ein Lochbrett verhindert, dass zwei Tasten gleichzeitig gedrückt werden, geführt wird und sie so zu einem kontrollierten Tippen angeleitet werden. Der Stützer führt dabei *anfänglich* (!) das Handgelenk. Es ist klar, dass damit alle Möglichkeiten der Einflussnahme und unbewussten Steuerung durch die Stützerin gegeben sind!

So konnte in Laborversuchen, in denen gestützt schreibende Menschen zu Texten Stellung nehmen sollten, die die Stützer nicht kannten, keine Eigenleistung der gestützt schreibenden Menschen nachgewiesen werden! Andererseits gibt es nicht wenige Menschen, die auf diese Weise das Schreiben gelernt haben. Bei diesen ist nach Stütze am Ellenbogen nun nur noch eine rhythmische Berührung an der Schulter oder ein Anschlag der Hand in der Ausgangsstellung ganz oben von der Stütze geblieben oder sie haben sogar völlig autonom schreiben gelernt. Der *völlige* Ausfall *aller* Probanden in der erwähnten Untersuchung weist dabei also eher auf die Tatsache hin, dass sich in dieser Testsituation kein für die Schreibenden Sinn bildender Kontext ergab.

Es zeigt sich in diesem Zusammenhang als außerordentlich wichtig, dass diese Kommunikationshilfe nicht als per se therapeutisch missdeutet werden darf. Ein selbstkritisches, durch Supervision oder andere Stützer kontrolliertes und vor allem in bedeutungsvolle Kontexte eingebettetes Angebot der gestützten Kommunikation als *eine* (nicht die einzige!) Option in einem geteilten Kontext durch Kommunikation wirksam werden zu können, kann sich für einige Menschen mit autistischen Verhaltensweisen aber als ein wirklich entscheidender Weg zu mehr Partizipation erweisen.

Was hier für die gestützte Kommunikation gefordert wird, gilt allerdings nicht nur für diese, sondern für *jegliche* (!) Arbeit mit nicht konventionell kommunizierenden Menschen. Hier ist der interpretative Anteil der Pädagogin immer so hoch, dass sich schnell Effekte der Self-fullfilling-Prophecy ergeben. Dies ist bei dieser Arbeit nur durch das kontinuierliche Offenlegen der Interpretationen und damit verbundenen Erwartungen, Dokumentation der Praxis und Supervision zu verhindern.

Bei all den hier gezeigten funktionellen Hilfen darf darüber hinaus aber auch nicht vergessen werden, dass alle Hilfen nur insofern für den Anwender dienlich sind, als sie in einem gemeinsamen, möglichst wechselseitig belebten Raum der Sprache eingebettet sind.

Ausblick

Unter heilpädagogischen Aspekten liegt die Zukunft der Überlegungen für die Arbeit mit kommunikationsbeeinträchtigten Menschen sicher in der Nutzung der Computertechnik zur Entwicklung komfortablerer Kommunikationshilfen. Hier gilt es insbesondere, mit minimalen Mitteln bedienbare Buchstabiersysteme mit Sprachausgabe zu entwickeln, um die Begrenztheit des spontanen Wortschatzes der piktogramm- oder bildbasierten Sprachsysteme zu überwinden. Die Zukunft liegt hier bei einem System intelligenter, individualisierbarer und eventuell kontextsensibler Wortergänzung in Zusammenarbeit mit einer Augensteuerung, das das Problem der negativen Biofeedback-Wirkung einer reinen Eye-Mouse überwindet.

In Bezug auf die Arbeit mit Menschen, die scheinbar nicht kommunizieren, liegt die Zukunft weniger in neuen funktionellen Kommunikationshilfen, sondern eher in einem Verständnis der spezifisch menschlichen Kommunikation, der Sprache (siehe Beitrag „Sprache“) in ihrer Eigenart. Auf der Basis dieses Verständnisses sollte es dann in interdisziplinärer Zusammenarbeit gelingen, ganze Lebensräume im Hinblick auf einen konkreten Menschen bedeutungsvoll zu gestalten und so zu einem Kommunikationsangebot werden zu lassen.

Kommentierte Literaturhinweise

Maturana, Humberto R./Varela, Francesco J.: Der Baum der Erkenntnis. München, 1987.
Dies ist ein außerordentlich wichtiges Grundlagenwerk zum Verständnis des Lebens, der Kommunikation und der Sprache.

„Unterstützte Kommunikation – ISAACs Zeitung“. Von dem Verband ISAAC herausgegebene Zeitung. Arolsen.
Dies ist das Standardjournal für die aktuelle Information in Theorie und vor allem Praxis. Es enthält viele Berichte und Stellungnahmen von unterstützt oder alternativ kommunizierenden Menschen.

Kristen, Ursi: Praxis unterstütze Kommunikation – eine Einführung. Düsseldorf, Bundesverband für Körper- und Mehrfachbehinderte e.V., 1994
Kristen bietet eine sehr gut lesbare Einführung in die unterstützte Kommunikation.

Sevening, Heinz: Materialien zur Kommunikationsförderung von Menschen mit schwersten Formen cerebraler Bewegungsstörungen. Düsseldorf, Verlag Selbstbestimmtes Leben, k. A.
Dieser Titel ist anregend vor allem für ganz basale Kommunikationshilfen für sehr schwer beeinträchtigte Menschen.

Crossley, Rosemary: Gestützte Kommunikation. Weinheim, Beltz, 1997.
Crossleys Titel ist das Standardwerk der gestützten Kommunikation, geschrieben von der Erfinderin.

Eichel, Elisabeth: Gestützte Kommunikation bei Menschen mit autistischen Störungen. Dortmund, Projekt-Verlag, 1996.
Eichel behandelt gestützte Kommunikation unter dem Aspekt und vor allem auch dem theoretischen Bezug zum Autismus.

Biermann, Adrienne: Gestützte Kommunikation im Widerstreit. Berlin, Wissenschaftsverlag Volker Spiess, 1999.
Biermann bietet eine kritische empirische Studie zur gestützten Kommunikation.

Zieger, Andreas: Selbstorganisation und Subjektentwicklung ontologische und ethische Aspekte neuropädagogischer Förderung schwerstbehinderter Menschen. Behindertenpädagogik 1992, Heft 2, Seite 118.
Zieger schreibt zur neuropädagogischen Gestaltung der Arbeit mit schwerstbeeinträchtigten Menschen.

Kompetenz Martin Stahlmann

Etymologie

Der Begriff „Kompetenz" im Sinne von zuständig, befugt, geht zurück auf das seit dem 18. Jahrhundert aus der Juristensprache stammende Adjektiv „kompetent" (lat. competens). Es setzt sich zusammen aus dem lateinischen Grundverb „petere" (zu erreichen suchen, streben nach) und dem Präfix „com" im Sinne von „zusammen". In der Kombination ergeben sich Bedeutungen wie z. B. zusammentreffen, zusammenlangen, zutreffen, zukommen. Das Substantiv „Kompetenz" (Zuständigkeit, 17. Jahrhundert) ist zurückzuführen auf das lateinische Competentia (Zusammentreffen). Zu vermuten ist, dass mit „Kompetenz" das Zusammenfallen von gesellschaftlicher Position und Entscheidungsmacht in einer Person umschrieben wird.
Die zweite Bedeutung des Begriffs im Sinne von Fähigkeit, Vermögen, Eignung ist vermutlich aus der ersten Bedeutung abgeleitet. Beide Bedeutungen sind in unterschiedlicher Ausprägung für die Theorie und Praxis der Heilpädagogik von Bedeutung. Wenngleich die Frage der Zuständigkeit in der Praxis der Heilpädagogik immer wieder einen wichtigen und kritischen Aspekt darstellt, wird der Begriff der Kompetenz in der Fachliteratur in der Regel im Sinne der zweiten Bedeutung verwendet. Auf diese zweite Bedeutung wird im Folgenden näher eingegangen, weil er professionstheoretisch von weiter reichenderer Bedeutung ist.

Geschichte

Wann der Begriff den Weg in die Erziehungswissenschaft genommen hat, lässt sich nur schwer herausfinden. Sicher ist, dass Kompetenzen in der Bedeutung von Fähigkeiten in der Entwicklungspsychologie, Pflegewissenschaft und Sprachphilosophie und -wissenschaft etwa seit Anfang des letzten Jahrhunderts thematisiert wurden. Dabei ging es um den Erwerb und die Anwendung technisch-instrumenteller sowie sozial-kommunikativer Grundqualifikationen, wie sie bspw. von Noam Chomsky für die Sprache, Jean Piaget (Kognition), Lawrence Kohlberg (Moral) und Jürgen Habermas (Kommunikation) beschrieben wurden. Erst seit Ende des 20. Jahrhunderts wird der Begriff der Kompetenz in vielen anderen Bereichen der Erziehungswissenschaft verwendet. So benutzt ihn Heinrich Roth im Kontext pädagogischer Anthropologie im Sinne einer Konkretisierung des Begriffs der Mündigkeit, hier bereits die später allgemein übliche Einteilung in Sach-, Sozial- und Selbstkompetenz entwerfend (1971). Zudem wird er verwendet vom Deutschen Bildungsrat 1974, bei den Empfehlungen für die Bildungsarbeit in Kindertagesstätten des Landes Niedersachsen von 1976 oder in der Stellungnahme der Deutschen Gesellschaft für Erziehungswissenschaft zur Diskussion und Beratung einer Neuordnung des Diplomstudienganges Erziehungswissenschaft 1978. Innerhalb der Disziplingeschichte der Sozialarbeit/Sozialpädagogik ist besonders hinzuweisen auf den Doppelband Handlungskompetenz (herausgegeben von Siegfried Müller u. a., 1984), der ausführlich und kontrovers die Frage der Handlungskompetenz in der sozialen Arbeit thematisiert. Seitdem hat der Begriff eine rasante Verbreitung erfahren und wird in vielen Feldern der Erziehungswissenschaft gebraucht. Mittlerweile wird neben Fach-, Methoden-, Selbst- und Sozialkompetenz auch von Handlungskompetenz, Sachkompetenz, personaler Kompetenz oder Humankompetenz, Informationskompetenz, interkultureller Kompetenz, Internet-Kompetenz, Lese- und Schreibkompetenz, Kompetenz und Performanz in der Sprachwissenschaft, Medienkompetenz, Kompetenzkompetenz, Kompetenzmanagement, ökologischer Kompetenz und Demokratiekompetenz gesprochen. Die Ursachen für die schon fast inflationäre Verwendung des Kompetenzbegriffs sind vielfältig, lassen sich aber auf drei Grundmuster konzentrieren:

1. Im Kontext der Schulpädagogik ist z. B. auf die gestiegene Bedeutung der Fähigkeiten von Schülern in einer komplexer gewordenen, globalisierten Welt hinzuweisen. Die Kompetenzfrage wurde nicht zuletzt durch die vielen Schulstudien, die um die Jahrtausendwende für viel Diskussion gesorgt haben (TIMSS, PISA, IGLU), aufgeworfen. So wies der Koordinator der internationalen Pisa-Studie in Paris, Andreas Schleicher, darauf hin, dass die OECD bereits 1999 die Ablösung detaillierter Lehrpläne zugunsten kompetenzbezogener Bildungsziele diskutierte. Erhofft wurde und wird mit diesem bildungstheoretischen Zuschnitt, dass die Schülerinnen besser auf Studium, Ausbildung und Berufswelt vorbereitet werden.

2. In der Berufspädagogik, wo der Begriff ähnlich prominent verwendet wird, geht es um einen Paradigmenwandel von der Qualifikation zur Kompetenz. Grundidee ist, dass einmal erworbene formale Qualifikationen, wie z. B. Berufsabschlüsse, den Anforderungen der Arbeitswelt auf Dauer nicht mehr entsprechen. Demgegenüber scheinen Kompetenzen einen höheren Wirkungsgrad zu entfalten, da sie sowohl auf verschiedene Arbeitsbereiche und -felder als auch auf verschiedene Positionen innerhalb der Arbeitsbereiche übertragbar sind. Bereits der Deutsche Bildungsrat (zur Neuordnung der Sekundarstufe II, 1974) wies auf die Differenz zwischen formaler Qualifikation im Sinne von Verwertbarkeit von Lernerfolg gegenüber der Kompetenz mit Fokus auf die inhaltliche Qualifizierung des Lernenden hin.

3. In der Psychologie, Heil- und Sonderpädagogik, Pflegewissenschaft und Erziehungswissenschaft wird seit Ende des letzten Jahrhunderts eine Sichtweise favorisiert, die sich zwar, ausgehend von Defiziten und Problemen eines Klienten, mit Förderung, Bildung, Erziehung und Begleitung beschäftigt, diese aber mehr und mehr unter dem Fokus der vorhandenen Stärken, Fähigkeiten (Kompetenzen!) und Ressourcen bearbeitet und versucht, diese zu stärken (Empowerment). Diese in der Heilpädagogik durchaus nicht neue Perspektive („Nicht gegen den Fehler, sondern für das Fehlende" (Moor, 1965, S. 22), betrifft vor allem Kinder, Menschen mit Behinderungen oder Krankheiten und Senioren.

4. Parallel zu diesen Entwicklungen ist auch innerhalb der Ausbildung und Praxis psychosozialer Berufe (also auch der Heilpädagogik) der Kompetenzbegriff eingeführt worden und fokussiert dort insbesondere die Fertigkeiten und Fähigkeiten von professionellen Heilpädagoginnen sowie ganzheitliche und subjektorientierte Perspektiven.

Die Attraktivität des Kompetenzbegriffs ist insgesamt zurückzuführen auf das Scheitern formaler Begriffe, die angesichts des Entwicklungstempos der Gesellschaft offensichtlich nicht mehr in der Lage sind, Fähigkeiten und Eignungen angemessen zu beschreiben. So geht bspw. der Qualifikationsbegriff davon aus, dass es eine mehr oder weniger direkte formale Entsprechung von Arbeitsplatz und Qualifikation gibt. Eine solche Deckungsgleichheit lässt sich insbesondere in den sozialen Berufen nicht (mehr) herstellen. Zwar ist es immer schon schwergefallen, professionelles heilpädagogisches Handeln in wenigen übersichtlichen Fähigkeiten oder Fertigkeiten darzustellen, geschweige denn auf einen für alle gültigen Wissens- und Könnenskanon zu reduzieren. Die Unmöglichkeit eines solchen Unterfangens wird aber in der reflexiven Moderne (Ulrich Beck) virulent. Dies ist erstens der zunehmenden Professionalisierung innerhalb der Heilpädagogik geschuldet, zweitens zurückzuführen auf die komplexer werdende berufliche Wirklichkeit und liegt drittens in der Sache selbst begründet, denn das moderne Verständnis von Erziehung, Bildung und Rehabilitation nimmt Abschied von eindimensionalem Expertenwissen und favorisiert mehrdimensionale, partizipatorische und emanzipatorische Handlungsmuster.

Je problematischer es also geworden ist, gleichsam sozialtechnologisches Wissen und Können für die sozialen Berufe im Sinne von Qualifikationen zu realisieren, desto attraktiver wurde es, den weniger krisenanfällig scheinenden Begriff der Kompetenzen ins Feld zu führen.

Gegen diese Entwicklung gibt es allerdings auch kritische Stimmen, von denen vier an dieser Stelle bereits angeführt werden:

1. Die Einführung des Kompetenzbegriffs in die Erziehungswissenschaft könne auch als verzweifelter Versuch gedeutet werden, das von Luhmann/Schorr (1979) beschriebene Technologiedefizit der Pädagogik in den Griff zu bekommen. Ob das gelungen sei, dürfe bezweifelt werden, da es sich um zwei nicht kompatible Perspektiven auf die Erziehungswissenschaft handele.
2. Mit Blick auf die Geschichte der Heilpädagogik und ihre Nestoren dürfe auch nicht unterschlagen werden, dass weder Heinrich Hanselmann (1885–1960) noch Paul Moor (1899–1977) die heutige Debatte nachvollziehen könnten. Wie vielen Pädagogen ihrer Zeit sei es ihnen primär um die *Beziehung* (den pädagogischen Bezug (Nohl)) zwischen Erzieher und Zögling gegangen, um einfühlsames Verstehen, schlicht um eine innere Einstellung und Haltung des Erziehers zum Menschen. Begriffe und Techniken können da schon fast stören, wie eine Aussage Paul Moors vermuten lasse:
   „So viel Kenntnisse und Techniken müssen auch wieder überwunden werden." (Moor, 1947, S. 58)
   Die Implementierung des Kompetenzbegriffs könne von diesem Hintergrund als überbordende Modernisierung der Heilpädagogik kritisiert werden.
3. Zudem wird angemerkt, dass es sich lediglich um semantische Spielereien handele, die aber an der Sache selbst, der Betreuung, Förderung, Bildung und Erziehung von Menschen mit Behinderungen nicht viel änderten.
4. Außerdem bestehe die Gefahr, dass Kompetenzmodelle die strukturelle Differenz zwischen Theorie und Praxis nivellierten und als normative Handlungsanleitungen die Praktikerinnen vor schlicht unlösbare Probleme stellten. Kompetenzmodelle, so die Kritik, könnten eine Art Handlungssicherheit suggerieren, die de facto nicht gegeben sei. Unter anderem aus diesem Grund wird von verschiedenen Seiten eine Aufgabe der Kompetenzmodelle gefordert.

Alle vier Einwände sind ernst zu nehmende Beiträge, die in der gesamten Kompetenzdebatte mit zu berücksichtigen sind.

Definition

Obwohl der Begriff „Kompetenz" weit verbreitet ist, gibt es in der einschlägigen Literatur keine einheitliche Definition, dafür aber verschiedenste Differenzierungen. **Allgemein betrachtet kann Kompetenz als Verfügung über Handlungsmuster** (Beispiel für Kommunikationskompetenz: Gesprächsführung nach Rogers) **beschrieben werden. Diese setzen sich unter anderem aus Kenntnissen, Erkenntnissen und Erfahrungen zusammen** (Elemente der Gesprächsführung, Rollenspiele). **Sie beschreiben beruflich relevante Fähigkeiten und Fertigkeiten einerseits sowie die Verbindung von Wissen und Können andererseits** (Praxis und Theorie der Gesprächsführung). Zu beachten ist, dass es zunächst um das *prinzipielle Vermögen* der professionellen Heilpädagogen geht, (noch) nicht um das praktische Tun selbst.

In einer Zusammenschau lassen sich verschiedene Kompetenzen unterschiedlichen Kompetenzachsen zuordnen (s. u.). Eine bezüglich der Erziehungswissenschaft ältere Differenzierung unterscheidet bspw. Wahrnehmungs-, Interaktions- und Kommunikations- sowie Reflexionskompetenz. Die derzeit am weitesten verbreitete Variante beschreibt die Grundkompetenzen Fach-, Methoden-, Sozial- und Selbstkompetenz, denen wiederum unterschiedliche Teilkompetenzen zugeordnet sein können. Oft werden die Kompetenzachsen wieder zusammengeführt in eine komplexe Handlungskompetenz. (Mitunter steht auch die Handlungskompetenz am Anfang, aus der dann die verschiedenen Teilkompetenzen abgeleitet werden.)

Zwei Beispiele sollten dies verdeutlichen: So kann heilpädagogische Handlungskompetenz aufgeschlüsselt werden in:

- Sozialkompetenz: Teamfähigkeit, Fähigkeit zum Beziehungsaufbau etc.;
- Selbstkompetenz: Fähigkeit zur Selbstreflexion, Fort- und Weiterbildungsbereitschaft etc.;
- Methodenkompetenz: Kenntnisse und Fähigkeit der Anwendung verschiedener Methoden, Fähigkeit, verschiedene Methoden entsprechend den Erfordernissen einzusetzen etc.;
- Fachkompetenz: Verfügen über heilpädagogisches Grundwissen sowie heilpädagogisches Spezialwissen.

Eine weitere Sichtweise unterscheidet

- Fachkompetenzen (subjekt-related competences): Orientierungswissen (das ist Erklärungswissen, Handlungswissen) und
- fachunabhängige Kompetenzen (generic competences) wie z. B. soziale Kompetenz, Selbstkompetenz, ethische Kompetenz, interkulturelle Kompetenz, Gender-Kompetenz, Medienkompetenz und Methodenkompetenz.

Jenseits dieser unterschiedlichen Herangehensweisen kann allgemein formuliert werden, dass Kompetenz in der Heilpädagogik die Fähigkeit beschreibt, wissenschaftliche Theorien (das „Allgemeine") auf praktische Anforderungen (das „Besondere") anzuwenden (Deduktion) bzw. umgekehrt aus dem Besondern mit Hilfe des Allgemeinen Handlungsmuster zu generieren (Induktion).

Zwar ermöglichen Kompetenzen die effektive Auseinandersetzung mit konkreten Handlungssituationen, sie sind aber noch nicht mit der Handlung selbst gleichzusetzen. So verstanden sind Kompetenzen gleichsam prinzipielle Fähigkeiten, die sich erst in der Praxis beweisen müssen.

Auf dem Wege zum Erwerb dieser Kompetenzen werden im Laufe des Studiums bzw. der Ausbildung eine ganze Menge an Theorien, Verfahren, Techniken, Wissen etc. kennen gelernt: Theoretisches Wissen über Entwicklungspsychologie, Heilpädagogik, Soziologie, diagnostische Verfahren, Therapieansätze, Psychomotorik, heilpädagogische Übungsbehandlung, Spielpädagogik, Stegreiftheater, Zirkuspädagogik, Bewegungspädagogik, Erlebnispädagogik, Musiktherapie, Interaktionstraining, Transaktionsanalyse, Themenzentrierte Interaktion, Psychodrama, klientenzentrierte Methoden etc.

Trotzt dieser Vielfalt und Unschärfe in Ausprägung, Definition und Dimensionen des Kompetenzbegriffs lassen sich aktuell zwei übergeordnete Entwicklungslinien ausmachen: Zum einen geht es um die Weiterentwicklung des subjektiven Potenzials des Heilpädagogen zum selbstständigen und selbstreflexiven Handeln in unterschiedlichen Arbeitsbereichen. Dieses subjektive Handlungsvermögen ist nicht allein an Wissenserwerb gebunden. Es umfasst auch die Aneignung von Orientierungsmaßstäben und die kontinuierliche Weiterentwicklung der Persönlichkeit.

Zum anderen haben alle Kompetenzbegriffe sowohl praxeologische (*welche* Fähigkeiten braucht eine professionelle Heilpädagogin) als auch ausbildungstheoretische (*wie* kann man diese Fähigkeiten ausbilden) Implikationen.

Mit beiden Aspekten wird – im Gegensatz zum bloßen Erlernen und Erwerben von Fertigkeiten bzw. Qualifikationen – die *Fähigkeit zur Selbstorganisation des konkreten Individuums* in den Mittelpunkt des Interesses gerückt (siehe Erpenbeck/Heyse, 1999).

Aktuelle Relevanz und theoretische Ansätze

Dies führt zu der Frage, welche theoretischen Ansätze in diesem Zusammenhang von Bedeutung sind. Auch hier gilt: *die eine* Theorie gibt es nicht. Im Gegenteil fließen bei einer Formulierung von Kompetenzen unterschiedlichste Theoriestränge zusammen. Hierzu zählen unter anderem Kompetenztheorie, Professionstheorie, Curriculumtheorie, Arbeitsmarkt- und Qualifikationsforschung und natürlich die entsprechenden Inhalte der jeweiligen Fachwissenschaften (Heilpädagogik, Psychologie, Soziologie). Ohne auf die einzelnen theoretischen Konzepte an dieser Stelle eingehen zu können, seien wenigstens die jeweiligen Forschungsfragen erläutert:

- Die Kompetenztheorie beschäftigt sich mit dem persönlichen Potenzial aktualisierbarer Fertigkeiten und Fähigkeiten (hier bezogen auf berufliche Anforderungen).
- Die Curriculumtheorie wendet sich der Frage zu, *wie* Kompetenzen gelehrt werden können (Lehrplan).
- Die Professionstheorie diskutiert die Frage, welche Kompetenzen zum Anforderungsprofil eines professionellen Heilpädagogen gehören.
- Arbeitsmarkt- und Qualifikationsforschung thematisieren die faktische Relevanz von Fähigkeiten, Fertigkeiten bzw. Kompetenzen auf dem Arbeitsmarkt bzw. in konkreten Arbeitssituationen.

Die Tatsache, dass die vier genannten theoretischen Ansätze in ihrer Kombination von besonderer Bedeutung für die Kompetenzentwicklung sind, weist auf zentrale Problemstellungen und Forschungsfragen hin. So geht es um die immer wieder neu zu diskutierende Frage nach der „guten Heilpädagogin", um das Problem, ob das, was gerade vor Ort gebraucht wird (Arbeitsmarktforschung), auch gelehrt werden soll (Curriculumtheorie) oder ob es gleichsam überzeitliche und übergreifende Kompetenzen geben soll, die unabhängig von der unmittelbaren Tagespolitik von Bedeutung sind bzw. sein sollen.

Problem- und Erfahrungsfelder

Mit diesen Grundsatzfragen müssen sich Ausbildung und Praxis zunächst auf den Ebenen des Wissens und Könnens sowie der Praxis und Theorie auseinander setzen. Die Beantwortung dieser Fragen hat sodann unmittelbar Auswirkung auf die Ausformulierung von konkreten Kompetenzen sowie die Gestaltung ihrer Vermittlung. Es lassen sich folgende pragmatische und strukturelle Problemfelder herausarbeiten:

1. Es ist wohl kaum möglich, alles das, was als berufsrelevantes Wissen und Können aufgefasst wird, innerhalb eines achtsemestrigen Studienganges oder einer dreijährigen Ausbildung zu vermitteln. Damit eingeschlossen ist die Erkenntnis, dass die Menge an berufsrelevantem Wissen stetig steigt und dass die so genannte Halbwertzeit dieses Wissens stetig kürzer wird.

2. Zu berücksichtigen ist ferner, dass in der Ausbildung von Heilpädagogen zumindest prinzipiell auf alle möglichen Arbeitsfelder vorbereitet werden soll: von der Frühförderung über Kindertageseinrichtungen und Schulen bis hin zu Tätigkeiten im Erwachsenenbereich (Breitbandausbildung). Hinzu kommt, dass (viele) Heilpädagoginnen in ihrer beruflichen Laufbahn in verschiedenen Arbeitsfeldern und auf den unterschiedlichsten Positionen tätig sein werden (diskontinuierliche Berufsbiographie). Hieraus ergibt sich ein zweites Problem: Es ist wenigstens schwierig, alle potenziellen Arbeitsfelder, Funktionen und Positionen, denen Heilpädagogen im Laufe ihres Arbeitslebens begegnen werden, angemessen und gleichberechtigt in der Ausbildung zu berücksichtigen.

3. Ein weiteres Problem ist die jeder Ausbildung zugrunde liegende Annahme, man könne in der Ausbildung *überhaupt* auf Praxis vorbereiten. Diese Annahme setzt voraus, dass Praxis so genau bekannt ist, dass man gleichsam standardisierte Handlungsmuster – oder in unseren Worten Kompetenzen – ableiten und in der Ausbildung im Verhältnis 1:1 erlernen könnte. Praxis aber ist vielfältig und komplex. Sie unterliegt institutionellem und personellem Wandel, ist gesellschaftlich bedingt und historisch gewachsen. Eine solche „widerspenstige" Praxis entzieht sich jedem Versuch der Standardisierung. Zudem ist Praxis geprägt durch strukturelle Paradoxien und Widersprüche wie z. B. zu helfen, „ohne dass dabei die Fähigkeit, es selbst zu tun, destruiert wird" (Oevermann, 1996); unter partikularen Bedingungen Universalität und „Ganzheitlichkeit" zu sichern oder in nicht-normalen Situationen Normalität herzustellen. Zudem besteht ein genereller Widerspruch zwischen fiskalisch-monetärem Verwaltungshandeln und pädagogischem Handeln. Schließlich ist zu berücksichtigen, dass, wenn Theorie ausschließlich von Praxis ausgehen würde, sich Ausbildung auf bloße Anpassung reduzieren würde und kaum neue Impulse für die Praxis fruchtbar gemacht werden könnten. Im umgekehrten

Fall würde Erziehung als verantwortetes *Handeln* problematisch. So besteht die Gefahr, dass Kompetenzmodelle die strukturelle Differenz zwischen Theorie und Praxis nivellieren und als normative Handlungsanleitungen die Praktikerinnen vor schlicht unlösbare Probleme stellen. Kompetenzmodelle, so die Kritik (s. o.), könnten eine Art Handlungssicherheit suggerieren, die de facto nicht gegeben sei.

4. Zudem ist das Zusammenspiel von (drohender) „Behinderung" als Ausgangspunkt heilpädagogischen Wirkens und Methoden als Anwendung heilpädagogischen Könnens so vielschichtig geworden, dass es kaum möglich ist, *die eine* Methode für *die eine* Fragestellung als absolut richtig anzusehen. Tatsächlich zeichnen sich die Problemlagen, mit denen wir es zu tun haben, durch eine hochgradige Komplexität aus, in der gesellschaftliche, soziale und individuelle Faktoren zusammenwirken. Entsprechend der WHO-Auffassung von „Behinderung" entziehen sich Fragestellungen, die Menschen mit Behinderungen mitbringen, ja die „Behinderungen" selbst einer mono-kausalen Betrachtungsweise. Die neue Definition ist nicht mehr defizitorientiert und medizinisch angelegt, sondern fokussiert Aspekte der Aktivitätsmöglichkeiten sowie der Partizipation und berücksichtigt zudem kontextuelle Gegebenheiten. Im Vordergrund steht die Möglichkeit der Teilhabe an den verschiedenen Lebensbereichen. Daher unterliegen entsprechende Fragestellungen mehr denn je einem interdisziplinären und multiprofessionellen Aushandlungsprozess, an dem die Adressaten idealiter im Sinne einer Partizipation und Koproduktion der Hilfe mit beteiligt sind. Nicht von ungefähr wird seit einiger Zeit in der Heilpädagogik im Kontext von Selbstbestimmung und gleichberechtigter Teilhabe am Leben in der Gesellschaft von einem Wandel von der Fürsorge zur Dienstleistung bzw. von der Versorgung zur Beratung (Theunissen) oder vom Betreuer zum Begleiter (Hähner) gesprochen.

Zusammenfassend kann als Kernproblem kompetenzorientierten Denkens in der Heilpädagogik die Frage herausgearbeitet werden, wie unter Bedingungen prinzipieller Unsicherheit, Kontingenz und Unberechenbarkeit in der heilpädagogischen Praxis professionelles Handeln möglich ist bzw. wie eine Handlungsorientierung entworfen und vermittelt werden kann, die *nicht* als technisch-instrumentelle Handlungsanleitung missverstanden werden kann.

Ausblick

Eine Lösung aus diesem Dilemma könnten so genannte Meta-Kompetenzen sein. Meta-Kompetenz beschreibt als eine Art selbst regulierter Wissenserwerb die Fähigkeit, sich in kurzer Zeit neue Wissensinhalte anzueignen – eine Kompetenz *über* die Art und Weise, *wie welche* Basiskompetenzen anzueignen und einzusetzen sind. Dazu ist es notwendig, Vielfalt, Kontingenz und Heterogenität selbst zum Gegenstand der Reflexion (in der Aus-, Fort- und Weiterbildung) zu machen. Die oben beschriebenen Kompetenzen bleiben zwar nach wie vor relevant, erhalten aber einen anderen Status. Meta-Kompetenzen sind unter dieser Perspektive als spezielle Fähigkeiten des Individuums zu umschreiben, die Entscheidungen unter Unsicherheit ermöglichen. Sie heben damit ab auf die Selbstorganisationsfähigkeit des Individuums und sind nach unserem Verständnis Selbstorganisationsdispositionen des Individuums. Diese kommen zum Tragen bei „Handlungen, deren Ergebnisse aufgrund der Komplexität des Individuums,

der Situation und des Verlaufs (System, Systemumgebung, Sys-temdynamik) nicht oder nicht vollständig voraussagbar sind.“ (Erpenbeck/Heyse, 1999, S. 157). In diesem Kontext spielen – wie zu zeigen sein wird – Werte eine entscheidende Rolle, denn:
„Werte sind Ordner, welche die sozial-kooperativ-kommunikative menschliche Selbstorganisation bestimmen oder zumindest stark beeinflussen.“ (Erpenbeck/Heyse, 1999, S. 147)

Im Folgenden sollen kurz vier Meta-Kompetenzen skizziert werden, die für die Heilpädagogik von besonderer Bedeutung sein können (vgl. Stahlmann, 2005). Vorausgeschickt werden muss, dass diese Meta-Kompetenzen auf den oben skizzierten Basis-Kompetenzen aufbauen, sich sozusagen als übergeordnete Klammer verstehen lassen:

1. **Hermeneutische Meta-Kompetenz:**
   Aus zwei Gründen soll zu Beginn eine Fähigkeit vorgestellt werden, die als hermeneutische Kompetenz (Auslegekunst – ars interpretandi) bezeichnet werden kann. Zum einen weil es sich hier um einen Übergang von/zu den Basis-Kompetenzen (z. B. Diagnostik) handelt, an die sich die hermeneutische Meta-Kompetenz gleichsam nahtlos anschließt. Zum anderen, weil sich an dieser Stelle der Kern heilpädagogischer Professionalität abzeichnet – zumindest wenn wir der entsprechenden Theoriediskussion folgen wollen. Heilpädagoginnen sollten demnach ganz in der Tradition der Geisteswissenschaft: „Die Natur erklären wir, das Seelenleben verstehen wir.“ (Wilhelm Dilthey) in der Lage sein, den Einzelfall oder den „Gruppenfall“ in seiner Komplexität zu *verstehen*. Diese „stellvertretende Deutung“ macht nach Ulrich Oevermann den Kern einer pädagogischen Professionalität aus. Es geht darum, den roten Faden einer Biographie, einer Lebensgeschichte, kurz: den *subjektiven Sinn* zu erfassen und stellvertretend zu deuten, d. h., den Einzelfall in seiner Singularität zu erfassen *und* universelles Wissen auf ihn anwenden zu können (siehe Oevermann, 1996). Dabei greifen Informationserhebung (Diagnostik, Beobachtung etc.) und Interpretation ineinander und ergeben eine Dialektik von Allgemeinem und Besonderem. Dabei gilt, dass auch die elementarste Bearbeitung von Quellen an einen schon vorhandenen Deutungszusammenhang gebunden ist und umgekehrt das Allgemeine ohne das Besondere leer und hohl wird. Das bedeutet für die Fachleute: Sie müssen sich über ihre eigenen Interpretationsfolien klar werden und erkennen, auf welcher Folie sie immer schon Sachverhalte und Personen wahrnehmen. Dieses Verfahren ist durch den konstitutiven Widerspruch von universeller Regelanwendung und hermeneutischem Fallverstehen gekennzeichnet, gleichzeitig aber als Prinzip stellvertretender Deutung nichts weniger als *das* Merkmal professioneller Handlungsstruktur. Ulrich Oevermann nennt diese Art Pädagogik „mäeutisch“, vergleichbar den reformpädagogischen Ansätzen von Maria Montessori (Hilf mir, es selbst zu tun!) und Martin Wagenschein (siehe Oevermann, 1996). Eine professionalisierte Pädagogik zeichnet sich daher durch die Existenz bzw. Entwicklung einer Kunstlehre im Sinne einer mäeutischen Pädagogik aus. Mit dem Modell des „pädagogischen Takts“ – als „Regent der Praxis und Diener der Theorie“ (Herbart, 1986 (zuerst 1802) S. 56) versuchte schon Johann Friedrich Herbart (1776–1841) die Gleichzeitigkeit von Theorie- und Fallverstehen zu fassen:
   "Nun schiebt sich aber bei jedem noch so guten Theoretiker, wenn er seine Theorie ausübt, [...] zwischen die Theorie und die Praxis ganz unwillkürlich ein Mittelglied, ein gewisser Takt nämlich, eine schnelle Beurteilung und Entscheidung [...]." (Herbart, 1986, S. 56)

Herbart beschreibt hier, wie sich ein Interaktionsprozess mit den Adressaten vollzieht. Das Individuum kann demnach nur *gefunden,* nicht (allein aus der Theorie) *deduziert* werden. Paul Moor spricht später von der Notwendigkeit, das *Drinstehen eines Menschen in seinem einzigartigen und einmaligen Leben* zu sehen. Techniken nützen dann gar nichts mehr.

„[...], weil sie dahin überhaupt nicht reichen und nie reichen können; dann steht er [der Pädagoge, M.S.] vor einem Fall als derjenige, der trotz all seiner Vorbildung und trotz all seiner Erfahrungen zunächst überhaupt nichts weiß, gerade von dem nichts wissen kann, was der „Fall" weiß, genauer: Was er lebt, worin er drin steht." (Moor, 1947, o.S.)

Die hermeneutische Meta-Kompetenz in der Heilpädagogik setzt, so lässt sich zusammenfassen, einen bestimmten Blick auf den Menschen voraus und ist daher nicht wertfrei. Ausgangspunkt und Voraussetzung dabei ist im Sinne eines Respekts vor der Autonomie der Lebenspraxis der Klienten, dass die Adressaten heilpädagogischen Könnens nicht Objekte unserer Bemühungen sind, sondern Subjekte, ausgestattet mit bestimmten Rechten und Rechtsansprüchen auf heilpädagogische Leistungen. Im Sinne einer „wertgeleiteten Heilpädagogik" (Haeberlin, 1996) dürfen sie Respekt, Solidarität, Achtung, pädagogische Bescheidenheit und Zurückhaltung erwarten. Diese Metakompetenz eröffnet die Chance, Ressourcen, die ein Individuum, eine Gruppe oder eine Familie hat, zu erkennen. Auf theoretischer Ebene können vor diesem Hintergrund Verbindungen zu einer ganzheitlichen, systemischen, alltagsnahen und lebensweltorientierten Sichtweise auf den Menschen gezogen werden.

2. **Heuristische Meta-Kompetenz:**
   Angesichts der Fülle an Informationen und Wissen rückt eine Kompetenz in den Mittelpunkt des Anforderungsprofils von Heilpädagogen, welche mit dem Stichwort *Auswahl-Kompetenz* (heuristische Kompetenz) umschrieben werden kann. Heuristik (griech.: finden/entdecken – ars inveniendi (lat.: Kunst des Findens)) ist die Lehre der Untersuchung der Mittel und Methoden des Aufgabenlösens. Ausgangspunkt für die Notwendigkeit einer solchen Kompetenz ist die Tatsache, dass es in der Heilpädagogik nicht mehr *eine* bekannte, klare Lösung für eine Fragestellung gibt, sondern immer mehrere Möglichkeiten auszuloten sind. Gleichzeitig verfügen wir über einen großen Pool an methodischen Arbeitsweisen und theoretischen Perspektiven, die uns unterschiedliche Zugänge zu diesen Fragestellungen ermöglichen. Es gilt nun, einen Weg unter den sich hierdurch eröffnenden Optionen zu *finden respektive dialogisch zu gestalten.* Heilpädagogen sollten daher in der Lage sein, aus der Fülle von sich ständig wandelnden theoretischen Konzepten, Methoden, Therapien und Pädagogiken diejenigen auszuwählen, die für den konkreten Fall passend sein können. Diese Auswahl findet idealiter nicht am grünen Tisch statt, sondern unter Beteiligung sowohl verschiedener Fachrichtungen (interdisziplinär und multiprofessionell) als auch – primär und im Sinne einer Koproduktion der Hilfeleistung – der Klienten selbst (Partizipation).

3. **Mediative Meta-Kompetenz**
   In vielen Arbeitsbereichen tritt die professionelle Heilpädagogin nicht als die Expertin auf, die auf alle Fragen eine Antwort weiß, sondern als Gestalterin von Lebenszusammenhängen, Begleiterin, mithin Assistentin von Menschen mit Behinderungen und Vermittlerin zwischen verschiedenen Lebenswelten und Netzwerken. An dieser Stelle wird die mediative Kompetenz von noch größerer Bedeutung werden, als sie es ohnehin schon ist. Bei dem Begriff „Medi-

ation" handelt es sich um einen eingedeutschten Terminus, dessen lateinischer Ursprung „mediare" (= „in der Mitte sein") bedeutet. „In der Mitte" eines Hilfsnetzes befindet sich oft auch der Heilpädagoge als Mediator bzw. „Vermittler" (engl.: to mediate = vermitteln). Er hat dann die Aufgabe, Parteien, die auf unterschiedliche Weise miteinander im Bezug stehen, unter Beteiligung der Betroffenen zu einer einvernehmlichen Lösung zu verhelfen bzw. die verschiedenen Hilfen zu koordinieren. So kann es bspw. sein, dass im Rahmen einer interdisziplinären Frühförderung medizinische (Logopädie und/oder Physiotherapie), sozialarbeiterische und heilpädagogische Leistungen so miteinander verknüpft werden müssen, dass für Kind und Familie gleichermaßen Hilfe und Entlastung gewährleistet werden können. Diese Facette der Meta-Kompetenzen berührt unmittelbar Fragen der Interdisziplinarität, der Multiprofessionalität und des Kompetenztransfers. Es gilt sozialwissenschaftliches, sozialpolitisches und juristisches Wissen, Verwaltungswissen, ökonomisches, organisatorisches, psychologisches, pädagogisches, ethisch-moralisch sonder-/heilpädagogisches Wissen miteinander zu verknüpfen und eine sinnvolle Vernetzung sozialer Hilfen in einer Weise anzuvisieren, die eine „fürsorgliche Belagerung" verhindert. Diese Meta-Kompetenz kommt unter anderem im Kontext von Hilfeplangesprächen nach § 36 SBG VIII, Gesamtplänen nach § 58 SBG XII und § 10 SBG IX zum Tragen.

4. **Berufsbiographische Meta-Kompetenz**
Die Anforderungen an das einzelne Subjekt in der Gesellschaft der reflexiven Moderne sind unter anderem mit den Stichworten „Individualisierung" und „Pluralisierung" vielfach beschrieben worden. In diesen Sinnzusammenhang gehört die hier abschließend zu beschreibende *berufsbiographische Meta-Kompetenz*. In ihr fließen heilpädagogische Haltung und die vorgenannten Meta-Kompetenzen zusammen. Genau hier manifestieren sich die *speziellen Fähigkeiten des Individuums, die Entscheidungen in Situationen der Unsicherheit ermöglichen*. Die biographische Meta-Kompetenz hebt damit ab auf die Selbstorganisationsfähigkeit des Individuums und auf eine auf Werten basierende spezifische heilpädagogische Haltung.
Sie meint *zum einen* die Fähigkeit, sich in einer pluralisierten, fragmentierten und komplexen Welt zu orientieren, und beschreibt das Vermögen, aktuelle Wissensbestände an biographische Sinnressourcen anzuschließen und sich mit diesem Wissen neu zu assoziieren. Hierzu gehört auch der Umgang mit bedrohter bzw. gebrochener Berufsbiographie und beruflicher Identität: Immer mehr Menschen erleben innerhalb ihres Lebenslaufes Brüche und Krisen. Arbeitslosigkeit, Scheidung, Berufswechsel etc. kann Menschen in Krisen stürzen und neue Herausforderungen mit sich bringen (so genannte diskontinuierliche Berufsbiographien). Bezogen auf die Sozialpädagogik/Sozialarbeit sprach Hans Thiersch in diesem Zusammenhang von sozialpädagogischer Handlungskompetenz als Fähigkeit zu kontrollierter Schizophrenie, Michael Winkler von der Fähigkeit, systematisch Fragen zu stellen (vgl. Müller, 1984, S. 212).
Berufsbiographische Meta-Kompetenz meint *zum anderen* die Fähigkeit, eine ethisch-moralisch begründete Position innerhalb der Heilpädagogik beziehen zu können, kurz: *Verantwortung* übernehmen zu können (vgl. Haeberlin, 1996). Handlungstheoretisch und im Sinne der politischen Philosophin Hannah Arendt gewendet, bedeutet dies, zu erkennen, dass die Sphäre menschlicher Pluralität, in der wir alle handeln, sich durch die Abwesenheit von Beständig-

keit und Eindeutigkeit auszeichnet. Diese Sphäre ist ohne Ende und muss immer wieder neu hergestellt, verteidigt, vielleicht auch erstritten werden. Dies setzt die Fähigkeit voraus, sich hierauf einzulassen und immer wieder neu zu beginnen. An dieser Stelle erschließt sich die moralisch-ethische Dimension der Übernahme von Verantwortung. Denn gerade die Zerbrechlichkeit menschlicher Angelegenheiten (Hannah Arendt) bedingt die Notwendigkeit gegenseitiger Achtung, deren Grundbedingung Verantwortung ist.

Die Verwiesenheit aufeinander, die konstitutive Pluralität menschlichen Seins, fordert die Moral als Verantwortung des Selbst für den anderen. Nur auf diese Weise ist die zerbrechliche Identität eines jeden zu sichern und aufrechtzuerhalten. Die Verantwortung des Ich für ein Du ist, so hat Martin Buber dargelegt, als Basis des Erziehungsaktes, verstanden als ein dialogisches Verhältnis, entscheidend.

Heilpädagogen sind nach diesen Überlegungen nicht sozialtechnologische Ausführende oder Anwender irgendeiner Methode, sondern *entwerfende, gestaltende Fachleute*. Sie sind sich darüber im Klaren, dass Handeln – also auch und besonders professionelles heilpädagogisches Handeln, – ein Wagnis ist: sie wissen eben nicht genau, was passieren oder am Ende ihrer heilpädagogischen Bemühungen herauskommen wird. Eben diese Offenheit, berufstypische Widersprüche und Ambivalenzen aushalten zu können, ist wesentlicher Kern der berufsbiographischen Meta-Kompetenz.

Dreh- und Angelpunkt der berufsbiographischen Meta-Kompetenz ist die Fähigkeit zur Reflexion, ohne die eine berufsbiographische Orientierung und damit der Umgang mit einer sich stets wandelnden beruflichen Identität nicht gelingen kann. Gemeint ist damit die Fähigkeit, über Fähigkeiten nachzudenken, eigene Stärken und Schwächen zu realisieren und eine gelassene Bescheidenheit zu entwickeln. Ohne Reflexionsfähigkeit gelingt es nicht, hermeneutische, mediative und heuristische Meta-Kompetenz zu realisieren. Berufsbiographische Meta-Kompetenz beschreibt daher die Fähigkeit, all diese Meta-Kompetenzen zu einem subjektiv sinnvollen Ganzen zusammenzusetzen und sie in einer komplexen Handlungskompetenz wirksam werden zu lassen. Auf eine Formel gebracht: Heilpädagogische Professionalität zeichnet sich dadurch aus, dass Fachleute nicht (mehr) als Spezialisten oder Experten fachlich funktional aus Kompetenz heraus handeln, sondern – ganz im Sinne von Ondracek/Trost (1998) als spezialisierte Generalisten kompetent aus Meta-Kompetenzen heraus handeln können.

Kommentierte Literaturhinweise

Combe, Arne/Helsper, Werner (Hrsg.): Pädagogische Professionalität. Untersuchungen zum Typus pädagogischen Handelns. Frankfurt am Main, Suhrkamp, 1996.

Dieser Titel bietet eine Zusammenschau verschiedener Facetten pädagogischer Professionalität von der Schulpädagogik bis zur Sozialarbeit, leider werden Heilpädagogik/Sonderpädagogik dabei nicht berücksichtigt.

Erpenbeck, John/Heyse, Volker: Die Kompetenzbiographie. Münster, Waxmann, 1999.

In Bezug auf die aktuelle Debatte um Fragen der Kompetenztheorie ein wichtiges Buch, wenngleich es sich nicht auf den Bereich der Sozialen Arbeit/Heilpädagogik bezieht, sondern allgemein argumentiert, hier aber Grundlagen erarbeitet.

Gröschke, D.: Praxiskonzepte der Heilpädagogik. 2. neubearb. Aufl., 1997.
Bezüglich der Theorie und Praxis der Heilpädagogik ein Klassiker.

Herbart, Johann Friedrich: Erste Vorlesung über Pädagogik (1802). In: Ders.: Systematische Pädagogik: Johann Friedrich Herbart. Eingeleitet, ausgewählt und interpretiert von D. Benner. Stuttgart, Dt. Studien Verlag, 1986.

Müller, Siegried/Otto, Hans-Uwe/Peter, Hilmar/Sünker, Heinz (Hrsg.): Handlungskompetenz in der Sozialarbeit/Sozialpädagogik. 2 Bände. Bielefeld, AJZ-Druck und -Verlag, 1984.
Dieses Werkt ist ein Klassiker bezüglich der Frage der Handlungskompetenzen in der sozialen Arbeit.

Ondracek, Peter/Trost, Alexander: Berufsidentität und Berufsfeld von Diplom-Heilpädagogen. Ein Beitrag zum Selbstverständnis der Heilpädagogik. In: Sonderpädagogik 28 (1998)3, 132–139.
Ein sehr guter Aufsatz, der eine Positionierung der Heilpädagogik im Spektrum der Professionen versucht.

Stahlmann, M.: Der Schlüssel zum Erfolg – Metakompetenzen in der Heilpädagogik. In: BHP (Hrsg.): Von der Frühförderung bis zur Geragogik. Heilpädagogische Handlungsfelder zwischen Tradition und Innovation. Tagungsband 2005.
In diesem Aufsatz werden erste Überlegungen zu dem Thema diskutiert und in einen größeren Zusammenhang gestellt.

Otto, Hans-Uwe/Thiersch, Hans (Hrsg.): Handbuch Sozialarbeit Sozialpädagogik. Neuwied, Luchterhand, 2001.
Dies ist der Klassiker und die Grundlage für Theorie und Praxis der sozialen Arbeit.

Pudzich, Volker/Stahlmann, Martin: Auf dem Bildungsweg begleiten. Kiel, BHP Verlag, 2003.
Eine Konzeption berufsbegleitender Weiterbildung zur staatlich anerkannten Heilpädagogin/zum staatlich anerkannten Heilpädagogen, in der inhaltlich-fachlich als auch strukturell Theorie und Praxis der Heilpädagogik und der Ausbildung diskutiert werden.

Krise/Krisenintervention

Ernst Wüllenweber

Etymologie

Krise

Das Griechische Substantiv „krisis“ bedeutet Beurteilung, Entscheidung, Urteil, Scheidung (vgl. Bollnow, 1959, S. 27 f.). In seiner lateinischen Verwendung bezieht sich crisis verstärkt auf Krankheiten und wird mit zwei Bedeutungen assoziiert: Gefahr (Tod) und Chance (Leben, Heilung), was in der ursprünglichen medizinischen Verwendung als Wendepunkt oder Zuspitzung (bei einem Fieberanfall) eines Krankheitsverlaufs deutlich hervortritt (Strobel, 1978, S. 39).

Intervention

Intervention wird in psychosozialen Zusammenhängen nicht selten als Sammelbegriff für Methode, Handeln oder Hilfe (vgl. Gängler, 2000, S. 131) verwendet. Trotz seiner häufigen Verwendung wird der Terminus nur selten definiert und explizit erörtert. Dies ist verwunderlich, da mit den Arbeiten von Fuerst (1982) aus psychologischer, Hörmann (1988) aus medizinischer, van Beugen (1972) aus sozialpädagogischer, Müllensiefen (1997) aus sozialarbeiterischer, von Kardoff (1988) aus allgemein theoretischer Perspektive und Wüllenweber (2001) aus heilpädagogischer Perspektive hinreichende Präzisierungen vorliegen. Ulich definiert wie folgt:

„Intervention: Dies ist der gezielte und direkte Eingriff in Lernprozesse, also z. B. der Versuch der Verhaltensänderung bei Verhaltensauffälligkeiten, Leistungsversagen u. a.“ (Hurrelmann/Ulich, 1991, S. 515)

Und Huber und Schlottke schreiben:
„Intervention bedeutet Eingreifen, wenn eine Störung bereits manifest ist.“ (Huber/Schlottke, 1993, S. 669). Auch van Beugen konkretisiert die Bedeutung von Intervention:

„Trotz der sich leicht ergebenden Assoziation mit direktivem Eingreifen glauben wir, dass dieser Begriff recht genau das wiedergibt, was wir meinen: das Eingreifen in die spontane Interaktion zwischen Dienstleistungssystem und Klientsystem durch bewusstes verbales oder nicht-verbales Verhalten des Dienstleistungssystems, wodurch Modifikationsmechanismen in Gang gesetzt werden.“ (van Beugen, 1972, S. 154)

Krisenintervention

Entsprechend dem Krisen- und dem Interventionsbegriff ist auch Krisenintervention eher ein unscharfer Fachterminus. Allgemein betrachtet bezieht sich Krisenintervention auf alle Unterstützungsformen von professionellen Helfern für Menschen in einer Krise. Verfolgt man die Diskussion zur Krisenintervention in Psychiatrie, Psychologie, Sozialarbeit und Pädagogik jedoch genauer, so ist die Tendenz erkennbar, den Terminus als allgemeinen Sammel- oder Oberbegriff ohne deutlichen inhaltlichen Bezug zu verwenden. So ist bspw. eine Abgrenzung von Krisenintervention zu psychosozialer Intervention nicht erkennbar.

Geschichte

Neben der Alltagssprache hat der Krisenbegriff in verschiedenen Wissenschaften zu intensiver Beschäftigung mit spezifischen Fragestellungen geführt. Zu diesen Wissenschaften zählen z. B. die Ökonomie (Krystek, 1987), die Politik (Jänicke, 1983) und die Geschichtswissenschaft (Prisching, 1986), die Soziologie (Bühl, 1984), die Psychiatrie (Remschmidt, Adeleszat,1992; Schnyder/Sauvant, 1996; Beck/Meyer, 1994), die Sozialarbeit (Aguilera/Messik, 1977; Balzer/Roll, 1981; Golan, 1983), die Pädagogik (Bollnow, Existenzphilosophie, 1959; Schuchardt, 1990; Weiterbildung 1990) und die Psychologie (Ulich, 1987). In den Sozialwissenschaften wurde der Krisenbegriff insbesondere hinsichtlich der folgenden Themen einbezogen:

- Familienkrisen: Auffallend häufig werden familiäre Problematiken unter dem Begriff der Krise besprochen (Busch/Nave-Herz, 1996). Beiträge zu speziellen Familienkrisen finden sich z. B. bei Kiefl/Kummer (1992) zu den Auswirkungen der Geburt eines Kindes bei Perrez (1979), zu Trennungskrisen und bei Dittmann und Klatte-Reiber (1993) zur veränderten Familiensituation nach der Geburt eines Kindes mit Down-Syndrom.
- Krisen durch Arbeitslosigkeit wurden z. B. bei Ulich u. a., 1985; Schindler/Wetzels, 1989 behandelt.
- Krankheit und Krise finden sich z. B. bei Ferring (1987).
- Krisen und gesellschaftlichen Umbruch beschreiben z. B. Schwarzer & Jerusalem (1994).

Über die zuvor genannten Wissenschaften hinaus haben sich verschiedene Theorierichtungen mit krisentheoretischen Fragen beschäftigt, insbesondere der Marxismus (Schweppenhäuser u. a., 1989), die Systemtheorie (Canova, u. a., 1990), die Evolutionstheorie (Prisching, 1986), der symbolische Interaktionismus (Stryker, 1980), die kritische Theorie (Habermas, 1973) und die Psychoanalyse (Bauriedl, 1985).

Seit 2000 hat das Interesse an der behindertenpädagogischen Krisenintervention stark zugenommen, vor allem durch die Veröffentlichungen von Wüllenweber, 2000; Wüllenweber/Theunissen, 2001 und 2004, und Theunissen, 2003.

Aktuelle Relevanz und theoretische Ansätze

Aus der krisentheoretischen Literatur lassen sich verschiedene Grundthemen ableiten.

Krise und Zeit

Von Krisen wird im Hinblick auf eine schwierige Lage ebenso gesprochen wie im Hinblick auf eine schwierige Zeit. Im Gegensatz zur schwierigen Lage wird die Bedeutung der Zeit für das Verständnis von Krisen zwar regelmäßig betont, jedoch selten explizit bearbeitet. Pohl (1977) und Ulich (1987) differenzieren den Krisenprozess in eine Zeit vor, während und nach der Krise. Dabei wird vor allem die Zeit währen der Krise hinsichtlich ihrer Dauer diskutiert. Ciompi (1996, S. 16) spricht von wenigen Tagen bis einigen Wochen als Dauer einer Krise. Aguilera und Messik (1977, S. 36) und auch Golan (1983, S. 70) führen an, dass die akute Phase einer Krise vier bis sechs Wochen andauert. Auch Lindemann (vgl. Ulich, 1987, S. 22 f.), spricht von einer Krisendauer von sechs Wochen. Heim (1996, S. 37) verweist darauf, dass es eine gängige Annahme sei, eine Krise sei nach zwei bis drei Monaten überwunden, dass diese Annahme empirisch jedoch nicht belegt sei.

Eine Krise wird also nicht als kurzfristiges Phänomen betrachtet, umgekehrt wird in der einschlägigen Literatur eine Krise nicht als Dauerzustand akzeptiert. Eine Krise besteht also nicht für wenige Augenblicke oder einige Stunden und auch nicht über viele Jahre, ein Jahrzehnt oder gar ein Leben lang. Die Zeit während einer Krise ist somit als kurz- (einzelne Tage), mittel- (einige Wochen) oder langfristige (mehrere Monate bis einzelne Jahre), in jedem Fall temporäre Periode zu definieren.

Krise als Chance

Krisen werden nicht nur als Belastung, Bedrohung oder Gefahr gesehen, zumeist wird auch die gegenteilige Perspektive betont: Krisen werden auch als Chance betrachtet. Rückblickend erkennen Betroffene, dass sie durch die Bewältigung der Krise einen besseren Lebensweg gefunden haben, mitunter sogar, dass sie einen drohenden Zusammenbruch oder eine Erkrankung vermieden haben. Ohne Krise wäre es ihnen nicht möglich gewesen, die Richtung in ihrer Lebensführung zu korrigieren. Die Krise wird im Nachhinein als notwendiges Warnsignal akzeptiert. R. Schneider (1998), Ringel (1993) und Tepperwein (1998) führen zu diesem Aspekt zahlreiche Beispiele an. Für die Politikwissenschaft spricht Jänicke (Krisenbegriff, 1973) diesbezüglich sogar von einem optimistischen Krisenbegriff.

Beendigung von Krisen

An verschiedenen Stellen, so bei Prisching (1986), Altemeyer-Baumann und Herzer (1992), Ritter-Gekeler (1992) und Ulich (1987) werden drei Varianten der Beendigung einer Krise genannt:

- Positive Variante: Entwicklung zu einer neuen Situation, die sich in wesentlichen Aspekten positiv von der Situation vor dem Beginn der Krise unterscheidet.
- Neutrale Variante: Wiederherstellung der Situation, die vor der Krise bestand.
- Negative Variante: Fehlentwicklung durch die Krise bis hin zu einer psychischen Störung oder einem Zusammenbruch.

Krise und Einstellung

Vor allem in der psychologischen Literatur wird der Krisenbegriff an der subjektiven Bewertung und dem Belastungserleben der Betroffenen festgemacht. Damit ist die Benennung einer Krise auch abhängig vom Grad der Dramatisierung einer Problemlage durch den Betroffenen (vgl. Bühl, 1984, S. 8 f.), was einige Probleme aufwirft. So stellt Bühl fest, dass gedachte Krisen keine Krisen sein können und dass Krisen sich auch nicht herbeireden lassen. Vielmehr müsse mit einer Krise auch eine ernsthafte Belastung und Herausforderung verbunden sein (Bühl, 1984, S. 10 f.).

Die subjektive Einstellung nimmt darüber hinaus einen hohen Rang bei der Bewältigung einer Krise ein. In diesem Bewertungsprozess bestimmen Betroffene die eigene Einstellung neu, indem sie z. B. entscheiden, welche Bedeutung einer Problematik beigemessen werden soll. Die Neubestimmung der Einstellung kann in manchen Fällen zum entscheidenden Aspekt bei der Bewältigung der Krise werden. Sie kann mitunter nur durch die Änderung der Einstellung gelöst werden.

Krise und Konflikt

Die Begriffe Krise und Konflikt gelten als ein unzertrennliches Paar, und häufig wird der eine Terminus mit dem anderen gleichgesetzt. Nicht nur in der Alltagssprache, sondern auch in der wissenschaftlichen Literatur nehmen es die Autoren bisweilen nicht so genau. Aber man muss hier differenzieren, denn Krisen und Konflikte sind unterschiedliche Sachverhalte.

Der Krisen- und der Konfliktbegriff haben völlig unterschiedliche Ursprünge. Der Ursprung des Konfliktbegriffs liegt in der philosophischen und in der politischen Theoriebildung, wohingegen – wie bereits betont – der Krisenbegriff ursprünglich medizinisch geprägt wurde.

Konflikte können als unterschwellige oder manifeste Gegensätzlichkeiten zwischen Personen und Interessen (soziale Konflikte) oder im psychischen Erleben (psychische Konflikte) verstanden werden. Ist ein Konflikt also durch einen Antagonismus als entscheidendes Kriterium charakterisiert, so gelten für eine Krise Überforderung und starke Belastung als Grundkriterien (siehe Wüllenweber/Theunissen, 2001).

Während eine Krise definitionsgemäß immer eine schwerwiegende Problematik beschreibt, können Konflikte sowohl von geringer Bedeutung als auch lebensbedrohend sein. Zudem ist eine Krise weder als kurzfristiges noch als andauerndes, sondern als vorübergehendes Geschehen charakterisiert. Hingegen kann ein Konflikt sehr kurzfristig aber auch lebenslang bestehen.

Trotzt dieser eindeutigen Abgrenzung sind Krisen und Konflikte in verschiedener Weise aufeinander bezogen. So können Konflikte zu Krisen führen und Krisen können Konflikte auslösen. In diesem Sinne unterscheidet Kaiser (1971) zwischen konfliktfreien und konfliktbedingten Krisen. Danach können einige Krisen gänzlich ohne Konflikte verlaufen während andere Krisen durch Konflikte ausgelöst werden. Zudem können im Verlauf einer Krise Konflikte ausgelöst werden, die ohne Krise nicht entstanden wären, wie z. B. bei einer Ehekrise. Sie kann zum Konflikt um das Sorgerecht für die Kinder oder um Vermögensfragen führen.

Problem- und Erfahrungsfelder

Krisenintervention als Handlungsansatz

Es fällt nicht leicht, ergiebige Definitionen von Krisenintervention zu finden. Viele Definitionen sind allgemein gefasst und reflektieren den unspezifischen Status von Krisenintervention in der Spannbreite psychiatrischer, psychotherapeutischer, pädagogischer und sozialarbeiterischer Ansätze. Andere Definitionen hingegen fokussieren auf ein spezielles Problemfeld, wie z. B. die Suizidverhütung, und bilden deshalb nicht das ganze Spektrum der Hilfen ab. So definiert Sonneck:
„Krisenintervention ist jene Form psychosozialer Betreuung und Behandlung, die sich mit Symptomen, Krankheiten und Fehlhaltungen befasst, deren Auftreten in engerem Zusammenhang mit Krisen steht." (Sonneck, 1985, S. 21)

Krisenintervention als genereller und individueller Ansatz

Betrachtet man die Beiträge zur Krisenintervention in Psychiatrie, Psychotherapie, Heilpädagogik und Sozialarbeit im Überblick, so kristallisieren sich einige grundsätzliche Merkmale von Krisenintervention heraus. Diese können in einen generellen und einen individuellen Ansatz differenziert werden. Krisenintervention als genereller Ansatz (vgl. Heekerens 1988, S. 179) beinhaltet:

1. ein dringliches und damit schnelles Handeln,
2. Flexibilität im Hilfearrangement,
3. Variabilität in der Methode,
4. Fokussierung in der Zielbestimmung,
5. zeitliche Begrenzung.

Über diese generellen Aspekte hinaus fußt Krisenintervention auf einer individualisierten Ausrichtung. Es wird auf verschiedenste Hilfen zurückgegriffen, die auf den jeweiligen Fall bezogen die effektivste Unterstützung erwarten lassen.

Aufgabenbereiche von Krisenintervention

In der einschlägigen Literatur werden folgende Aufgabenbereiche von Krisenintervention thematisiert:

- Krisenintervention zur Bewältigung psychosozialer Belastungen und Notlagen,
- Krisenintervention zur Beeinflussung eskalierender Symptome bei psychischen Störungen und psychiatrischen Erkrankungen,
- Krisenintervention zur Beherrschung von Verhaltensstörungen,
- Krisenintervention zur Prävention einer psychischen Erkrankung,
- Krisenintervention zur Vermeidung einer Einweisung in die Psychiatrie,
- Krisenintervention zur Vorbereitung auf eine Psychotherapie,
- Krisenintervention zur Suizidprävention.

Methoden von Krisenintervention

Krisenintervention stellt kein in sich abgeschlossenes Konzept dar und wird dementsprechend nicht speziell mit einer Kriseninterventionsmethode identifiziert. Bei der Krisenintervention greift jede Disziplin auf ihre methodischen Ansätze zurück, so z. B. die Sozialarbeit auf psychosoziale Beratung, die Sozialpädagogik auf Heimerziehung, Krisenunterkünfte oder Erlebnispädagogik und die Psychotherapie auf deren klassische Formen bis hin zur so genannten Krisentherapie (Everstine/Everstine, 1985) oder Kurztherapie (Aguilera, 2000).

Zudem ist die Bestimmung der Methodik abhängig von der methodischen Ausrichtung der einzelnen Helfer (vgl. Freytag, 1990, S. 198). Die aufgrund der jeweiligen Fachdisziplin und der individuellen Ausrichtung bevorzugten Methoden erfahren jedoch in der Regel eine Modifizierung in Bezug auf die erwartete kurzfristige Wirksamkeit. Hieraus ergeben sich z. B. eine Flexibilisierung des Settings und eine problembezogene Fokussierung.

Krisenintervention als Versorgungssystem

Die Hilfen zur Krisenintervention fügen sich zu einem Versorgungssystem, welches durch die Koordination und Kooperation verschiedener Fachdisziplinen und unterschiedlicher Ebenen (stationär und ambulant) geprägt ist.

Die verschiedenen Arten von Krisenintervention lassen sich wie folgt differenzieren:

- psychiatrisch orientierte Krisenintervention: z. B. ambulante, stationäre oder psychopharmakologische Krisenintervention, Diagnostik (Beck/Meyer, 1994; Schnyder/Sauvan, 1996; Zimmermann, 2001);
- psychologisch-psychotherapeutisch orientierte Krisenintervention: z. B. Psychoanalyse, Gesprächstherapie, Gemeindepsychologie, Krisentherapie (Everstine/Everstine, 1985);
- sozialarbeiterisch orientierte Krisenintervention: z. B. psychosoziale Beratung, Case Management, aufsuchende Sozialarbeit (Balzer/Rolli, 1981; Schwabe, 2001);
- sozialpädagogisch orientierte Krisenintervention: z. B. in der Jugendhilfe, in der Heimerziehung, in Kinder- und Jugendnotdiensten (Jansen u. a., 1993; Thiesmeier, 1993);
- behindertenpädagogisch orientierte Krisenintervention: allgemein Schuchardt (1985) und bei Menschen mit geistiger Behinderung Wüllenweber (2000), Wüllenweber & Theunissen (2001; 2004).

Krisenprävention

In der krisentheoretischen Literatur wird auch immer wieder die Prävention angesprochen. Diese lässt sich gliedern in:

- Vorhersagbarkeit: Wie kann man die Gefahr einer Krise voraussehen?
- Früherkennen: Wie kann die Entstehung einer Krise frühzeitig erkannt werden?
- Vorbereitung: Wie kann man sich auf die Bewältigung einer Krise vorbereiten?

Vorhersagbarkeit und Früherkennung von Krisen

Die Relevanz der Bemühungen um Vorhersagbarkeit und um frühzeitige Erkennung manifestiert sich in der Entwicklung von Maßnahmen zur Krisenprophylaxe. Es soll möglich werden, frühzeitig Maßnahmen zu ergreifen, um die Entstehung einer Krise zu verhindern oder zumindest deren Dauer und Auswirkungen einzugrenzen.

Die Ziele Vorhersagbarkeit und frühzeitige Erkennung von Krisen sind mit zwei Problemen – einem praktischen und einem grundsätzlichen – konfrontiert. Von einer pragmatischen Warte aus betrachtet ist es schwierig, aus der Fülle menschlicher Problemstellungen solche herauszufiltern, die zu einem späteren Zeitpunkt zu einer besonderen Belastung oder Gefahr werden können. Menschen sind zwar mehr oder weniger auf die Beobachtung solcher kritischer Entwicklungen ausgerichtet, eine zu starke Ausrichtung kann jedoch zu übergroßer Ängstlichkeit führen. Es stellt sich für das Individuum die Frage, ob z. B. einem Ehestreit, der neuen beruflichen Aufgabe, den finanziellen Plänen oder einer anderen aktuellen Lebensfrage bzw. Problemlage mehr Aufmerksamkeit geschenkt werden soll. Es wird schwerlich möglich sein, in allen Punkten die mögliche weitere Entwicklung zu antizipieren und sich auf Probleme vorzubereiten, um so eine Krise zu verhindern. Von einer grundsätzlichen Perspektive aus betrachtet wird das Vorhaben einer Vorhersagbarkeit und frühzeitigen Erkennung von Krisen noch komplizierter. Auch wenn soziales Geschehen und individuelle Reaktionsweisen einer gewissen Regelhaftigkeit unterliegen, so sind diese doch nicht durch einfache Reiz-Reaktions-Vorstellung antizipierbar, sondern bleiben letztlich entwicklungsoffen.
Trotz der Schwierigkeiten in der Vorhersage und Früherkennung von Krisen wurden verschiedenste Ansätze mit dieser Zielsetzung entwickelt. Diese gründen auf den Erfahrungen in der Rekonstruktion von Krisenverläufen, die zeigen, dass Krisen nicht zu-

fällig oder grundlos auftreten, sondern dass sich rückblickend teilweise bereits sehr frühzeitige Anzeichen aufzeigen lassen. Dies hat zur Bestimmung von Risikofaktoren geführt, die sich bei der Analyse vorausgegangener Krisen als relevant erwiesen haben.

Vorbereitung auf Krisen

Neben Fragen der Vorhersagbarkeit und Früherkennung wurden Ansätze zur Vorbereitung auf Krisen entwickelt. Diese zielen auf die Analyse und Behebung von spezifischen Schwachstellen und Risikofaktoren (vgl. Krystek 1987, S. 107).

Für die Sozialwissenschaften ist der Ansatz der Vorbereitung auf Krisen von Filipp (1983) aufgegriffen worden. Die Autorin unterscheidet zwischen ereignis-, personen- und kontextzentrierter Prävention.
„Ereigniszentrierte Prävention ist besonders dort angezeigt, wo Lebensereignisse regelhaft oder mit hoher Wahrscheinlichkeit eintreten. Dies ist immer dort gegeben, wo Lebensereignisse aus sozialen und/oder biologischen Gründen nahezu universell und damit für die meisten Menschen aus zu antizipieren sind." (Filipp, 1983, S. 225)

Bei der ereigniszentrierten Prävention geht es darum, sich auf diese Lebensereignisse gedanklich und durch die Festlegung bestimmter Maßnahmen vorzubereiten. Bei der personenzentrierten Prävention geht es um den Aufbau von Kompetenzen und Widerstandsfähigkeit gegen mögliche Krisen, bevor diese eingetreten sind. Die Bewältigungskompetenz für Krisen soll vorbereitend aufgebaut werden. Bei der kontextzentrierten Prävention wird das soziale Umfeld ins Blickfeld der Prävention gerückt. Es geht um Fragen, wer wie wirkungsvoll helfen kann, ein Aspekt, der später im Abschnitt über soziale Netzwerke und soziale Unterstützung ausführlich behandelt wird.

Krisenmanagement

Eng mit Krisenintervention verbunden ist die Frage der Organisation der Hilfen und der Kooperation der Beteiligten. Diese Thematik wird unter dem Begriff „Krisenmanagement" besprochen. Dieses zielt auf systematische und fokussierte Steuerungsmaßnahmen zur Krisenbewältigung in beruflichen Zusammenhängen.

Das Krisenmanagement wurde im Rahmen von psychologischer, psychiatrischer, sozialarbeiterischer und pädagogischer Krisenintervention bisher nur am Rande thematisiert, seine Bedeutung scheint jedoch zunehmend erkannt zu werden. In diesem Zusammenhang zeigt sich aber auch eine Tendenz, Krisenmanagement mit Krisenintervention (weitgehend) gleichzusetzen. Hieraus resultiert die Gefahr, die hilfreiche Funktion von Krisenmanagement als Steuerungsfunktion aller Aspekte und Entwicklungen bei Krisen und Krisenintervention aus dem Auge zu verlieren.

Krisenmanagement kommt die Aufgabe der Prozesssteuerung zur aktiven und systematischen Bewältigung einer Krise zu. Unabhängig davon, aus welcher betrieblichen Rolle heraus die Aufgabe des Krisenmanagements übernommen wird, ergeben sich einige generelle Aufgaben in der Prozesssteuerung:

- Identifikation und Deskription der Krise für die Beteiligten,
- Ursachenanalyse und Klassifikation der Krise,
- Planung, Initiierung, Koordination und Kontrolle der verschiedenen Maßnahmen zur Krisenbewältigung,
- Evaluation der eingeleiteten Maßnahmen.

Ausblick

In den letzten Jahren ist es um den Krisenbegriff als eigenständiges begrifflich-theoretisches Konstrukt eher ruhig geworden, das Interesse zielt verstärkt auf die pragmatischen Konzepte der Krisenintervention, -prävention und des -managements.

Kommentierte Literaturhinweise

Aguilera, Donna C.: Krisenintervention. Grundlage – Methoden – Anwendung. Bern, Huber, 2000.
Dieses Buch bietet die Grundlagen zur Krisenintervention in der sozialen Arbeit und in der Psychologie.

Wüllenweber, Ernst/Theunissen, Georg: Handbuch Krisenintervention. Bd. 1, Hilfen für Menschen mit geistiger Behinderung. Theorie, Praxis, Vernetzung. Stuttgart, Kohlhammer. 2001.

Wüllenweber, Ernst/Theunissen, Georg: Handbuch Krisenintervention. Bd. 2, Praxis und Konzepte zur Krisenintervention bei Menschen mit geistiger Behinderung. Stuttgart, Kohlhammer, 2004.
Die beiden Bände des Handbuchs bieten grundlegende Texte zur Theorie, Praxis, Vernetzung und Konzepten in der Behindertenhilfe.

Konstruktivismus Winfried Palmowski

Etymologie

Begriffe wie „Konstruieren“ oder „Konstruktion“ sind uns allen geläufig, und wenn auch nicht alle, die diese Wörter benutzen, genau dasselbe meinen, so existiert doch ein Kernverständnis (eine Denotation) dieser Termini. Irgendetwas wird zusammengebaut oder auf eine bestimmte Art und Weise ineinandergefügt, etwa bei der Konstruktion einer Brücke. Bei einer Rekonstruktion (etwa der Frauenkirche in Dresden) versucht man, die ursprüngliche Bauweise möglichst detailgetreu zu ermitteln. Das Wort „Konstruktivismus“ geht auf den Wortstamm zurück: Das Verb „struere“ bedeutet im Lateinischen aufbauen, schichten. „Construere“ bedeutet demnach: zusammenbauen, zusammenschichten.

Im „Konstruktivismus“ geht es demnach um das Zusammenbauen. Der Begriff bezieht sich damit zunächst auf den Prozess und weniger auf den Inhalt. Da er als Erkenntnistheorie verstanden und bezeichnet wird, geht es insgesamt um das Konstruieren von Wissen und Erkenntnis oder anders formuliert: um die Erzeugung unserer Vorstellungen von Welt und Wirklichkeit. Die grundlegende Frage der Wissenschaftstheorie heißt:
„Was ist Wissen, z. B. im Unterschied zum Glauben oder subjektiven Überzeugtsein? Was verstehen wir unter ‚Erkenntnis‘ und was können wir als Erkenntnis gelten lassen? Können wir überhaupt etwas wissen oder haben wir immer nur Meinungen?“ (Schnädelbach, 2002, S. 17)

Die Antwort aus konstruktivistischer Sicht lautet – in ihrer einfachsten Form – dass wir unsere Wirklichkeit(en) nicht vorfinden und entdecken, sondern erfinden, konstruieren. Die Tragweite dieser Sichtweise ist immens und reicht von ihrer grundsätzlichen wissenschaftstheoretischen Bedeutung bis in unmittelbare Praxisrelevanz. Beispielsweise erhalten viele unserer Alltagstheorien und Sichtweisen durch sie einen anderen Fokus.

Sie kommt etwa in folgenden Sätzen zum Ausdruck:

- Wir können nie sagen, wie ein Ereignis „wirklich“ gewesen ist, sondern immer nur, woran wir uns erinnern.
- Wir können immer nur mitteilen, was wir wahrnehmen, aber nicht das, was ist. Wir können keine Aussage machen, die unabhängig von unseren Wahrnehmungen ist. „Alles, was gesagt wird, wird von einem Beobachter gesagt“ (Maturana, 1998, S. 25).

Demnach können wir auch nicht sagen, wie ein (behindertes) Kind wirklich ist, sondern nur, wie wir es erleben und bewerten.

- Indem wir unsere Wahrnehmungen versprachlichen (in Sprache gießen), verändern wir sie. (Versuchen sie einmal einen Traum genau so zu erzählen, wie sie ihn wirklich erlebt haben!)
- Über den Prozess des Miteinander-Redens verständigen wir uns auf in etwa gleiche Vorstellungen von Bezeichnungen und Wortbedeutungen und damit von Wirklichkeit.

Geschichte

Die zentrale Frage des Konstruktivismus ist wohl so alt wie das Nachdenken der Menschen über sich, die Welt und die Möglichkeiten und Grenzen gesicherter Erkenntnis. Sie findet sich bereits in Platons „Höhlengleichnis", und durch die Geschichte hindurch haben sich immer wieder Philosophen und andere Denker mit der Frage auseinander gesetzt, inwieweit Gewissheit erlangt werden kann, wie die Welt und die Wirklichkeit „wirklich" ist, ungefiltert und unbeeinflusst durch unsere Wahrnehmung. Viele von ihnen haben diese Möglichkeit von Erkenntnis verneint (eine Übersicht findet sich bei Ernst von Glasersfeld, 1997, S. 56 ff.).

Immanuel Kant dürfte mit seiner Philosophie einer der Vorbereiter gegenwärtiger konstruktivistischer Sichtweisen gewesen sein. In seiner „Kritik der reinen Vernunft", schreibt er, dass wir „von keinem Gegenstand als Ding an sich selbst, sondern nur sofern es Objekt der sinnlichen Anschauung ist, d. i. als Erscheinung, Erkenntnis, haben können" (Kant, 2003, S. 122). Nach Detlef Horster war die zentrale Frage Kants und seiner Vorgänger: „Wie kann es trotz unterschiedlicher Wahrnehmung der Welt sein, dass wir uns dennoch über sie verständigen können?" (Siebert, 1999, S. 53). In dieser Formulierung sind die Sichtweisen des radikalen Konstruktivismus, des sozialen Konstruktionismus und die ihrer Bezogenheit angesprochen.

In der Psychologie und Pädagogik muss auf Jean Piaget verwiesen werden. Er wird im deutschsprachigen Raum zwar vorrangig als Entwicklungspsychologe gesehen, aber möglicherweise beruht dies zumindest zum Teil darauf, dass sein Buch „La construction du reell chez l'entfant" (1932), in der Übersetzung „Der Aufbau der Wirklichkeit beim Kinde" lautet. Ernst von Glasersfeld (1997, S. 98 ff.) hat auf die stark konstruktivistische Ausrichtung im Denken Piagets aufmerksam gemacht.

Insofern hat das konstruktivistische Denken eine lange Geschichte. Seine gegenwärtige Aktualität kann damit begründet werden, dass es als Erkenntnistheorie äußerst kompatibel ist mit anderen Grundmustern der Postmoderne (Welsch, 1992).

Aktuelle Relevanz und theoretische Ansätze

Aktuelle Relevanz

Konstruktivistisches Denken und konstruktivistische Sichtweisen in ihren verschiedenen Ausformungen haben in den letzten Jahren eine zunehmende Rezeption erfahren. Dies gilt für ihre Bedeutung als Erkenntnistheorie für wissenschaftstheoretische Positionierungen bis hin zur unmittelbaren Relevanz für sich verändernde Praxis in folgenden Bereichen:

- im klinischen Bereich als Baustein von systemisch-konstruktivistischer Beratung und Therapie (z. B. Schlippe/Schweitzer, 1996),
- im institutionellen Sektor als Grundlegung für neue Formen von Organisationsentwicklung (z. B. Wimmer, 1992; Königswieser/Exner, 1998),
- für pädagogische, insbesondere schulische Kontexte (z. B. Voß, 1996 und 1998; Arnold/Siebert, 1997; Siebert, 1999; Meixner/Müller 2001; Kösel 1993; Reich, 1998; Simon, 1997) sowie für
- das Gebiet der Sonderpädagogik (z. B. Werning, 2002; Palmowski/Heuwinkel, 2002; Balgo/Werning, 2003; Lindemann/Vossler, 1999).

Im Folgenden werde ich nur die beiden Aspekte vertiefen:

- Konstruktivismus als Wissenschaftstheorie (als einer möglichen Grundlage oder Grundlegung wissenschaftlicher Sonderpädagogik) und
- Sonderpädagogik und Konstruktivismus.

Konstruktivismus als Wissenschaftstheorie

Konstruktivistische Sichtweisen als wissenschaftstheoretische Orientierung betonen die Bedeutung des Beobachters und der Vorwegannahmen (Theorien), die seinem Beobachtungsinteresse zugrunde liegen. Objektivität, wertfreie Beobachtung und Beschreibung (Deskription), das Entdecken von Vorgefundenem und die Behauptung, „eine Annäherung an Wahrheit ist möglich“ (Popper, 1984, S. XXV) werden in Frage gestellt. Einen privilegierten Zugang zur Wirklichkeit gibt es auch für die Wissenschaft nicht. Konsens ist kein Kriterium für Wahrheit.

„Objektivität ist die Wahnvorstellung, Beobachtungen könnten ohne Beobachter gemacht werden.“ (Foerster, 1997, S. 11)

Diese Absage an Ontologie, gesichertes Wissen und Wahrheit ist nicht neu. Als Wegbereiter können Thomas Kuhn und Paul Feyerabend angesehen werden.

K

Thomas Kuhn (1967) hat in seiner „Struktur wissenschaftlicher Revolutionen“ darauf hingewiesen, dass Aussagen über den Wahrheitsgehalt eines Paradigmas nicht möglich sind.

„Wie bei politischen Revolutionen gibt es auch bei der Wahl eines Paradigmas keine höhere Norm als die Billigung durch die maßgebliche Gesellschaft.“ (Kuhn, 1967, S. 131) „Der Wettstreit zwischen Paradigmen kann nicht durch Beweise entschieden werden.“ (Kuhn, 1967, S. 196)

Paul Feyerabend verweist in seinen Schriften immer wieder auf das „Primat der Theorie“. Tatsachen werden immer nur vor dem Hintergrund einer bestimmten Theorie sichtbar „nackte Tatsachen an sich“ gebe es nicht und eine der Aufgaben von Wissenschaft sei es, immer wieder die selbst erstellten Regeln wissenschaftlichen Arbeitens zu brechen.
Wissenschaft ist für ihn kein Verfahren, welches sich auf Erfahrung stützt, sondern genau diese konsequent in Frage stellt.

„Wir müssen schließen, dass die Wissenschaft ihren Ausgang nicht von der Erfahrung nimmt. Sie begann damit, dass man gegen die Erfahrung argumentierte, und sie überlebte, indem man die Erfahrung zur Schimäre erklärte.“ (Feyerabend, 1998, S. 58)
„Wichtige wissenschaftlichen Prinzipien wurden gegen die Erfahrung (oder später gegen experimentelle Ergebnisse) eingeführt, nicht in Übereinstimmung mit ihr.“ (Feyerabend, 1998, S. 95)

Aus konstruktivistischer Sicht macht es demnach wenig Sinn, eine Theorie beweisen oder widerlegen zu wollen. Das Wahrheitskriterium ist weder nützlich noch ist es wissenschaftlich logisch. Folgende drei Überlegungen sprechen für diese Annahme:

1. Es ist unmöglich, eine metatheoretische und objektive Position (in der Vogelperspektive) einzunehmen, weil man nicht keine Theorie haben kann.
2. Es ist unsinnig, eine Theorie zu kritisieren aus der Position und mit den Maßstäben einer anderen Theorie (wie es seinerzeit die Vertreter der Psychoanaly-

se und der Lerntheorie vorexerziert haben, vgl. etwa Eysenck, 1956). Die jeweils andere Theorie kann dann nur falsch sein. Ralf Nüse und andere (1995) untersuchen den radikalen Konstruktivismus aus der Sicht kognitiver Konstruktivisten, Bettina Girgensohn-Marchand (1994) aus naiv realistischer Perspektive: Logischerweise können sie nichts anderes entdecken als Unstimmigkeiten, weil sie die Kriterien ihres eigenen Ansatzes anlegen.

3. Eine Theorie aus sich selbst heraus zu kritisieren ist nur möglich in Bezug auf Einzelaussagen, (die bspw. nicht logisch abgeleitet sind oder in inhaltlichem Widerspruch zu anderen Aussagen stehen). Eine Theorie kann sich nicht selbst widerlegen, da ihr Ausgangspunkt immer eine – nicht beleg- oder widerlegbare – Setzung darstellt.

Diese scheinbare Paradoxie, dass Theorien sich weder beweisen noch falsifizieren lassen, beruht auf der problematischen Ausgangsidee, dass das Wichtigste einer Theorie ihr Wahrheitsgehalt sei. Der aber lässt sich nicht ermitteln. Mehr Sinn macht es demnach, nach der Nützlichkeit – nützlich wofür und für wen – von Aussagen zu fragen (vgl. Palmowski/Heuwinkel, 2002, S. 68).

Sonderpädagogik und Konstruktivismus

Innerhalb der Sonderpädagogik spielen konstruktivistische Sichtweisen bisher nur eine marginale Rolle. Die überwiegende Mehrheit der Standpunkte, wie sie etwa in Veröffentlichungen deutlich wird, orientiert sich an personenbezogenen Theorien, die das Verhalten eines Menschen mit in seiner Person liegenden Mechanismen erklären (mechanistisches Menschenbild) und an einem (impliziten) naiven Realismus: Behinderung ist ein Faktum und kein Phänomen, es ist!

Diese Grundlegung (auch wenn sie unreflektiert und implizit erfolgt), führt zu zwei bedeutsamen Konsequenzen:

- Der Ansatzpunkt für (sonder-)pädagogisches Handeln ist der andere, das pädagogische Bemühen besteht im Wesentlichen in Versuchen, den anderen unmittelbar zu beeinflussen und zu verändern.
- Die Sicht auf Behinderung führt unmittelbar zur Wahrnehmung von Defiziten. Wenn – wie es der naive Realismus unterstellt – die Wahrnehmung von Wirklichkeit mit der tatsächlichen von uns unabhängigen Wirklichkeit übereinstimmt, dann haben nur Menschen ohne Behinderung einen vollständigen Zugang zu dieser Wirklichkeit und die Wirklichkeit behinderter Menschen muss demnach – je nach Art und Schweregrad – beeinträchtigt sein. Folgerichtig bestand und besteht sonderpädagogisches Bemühen in der zentralen Aufgabe, Menschen mit einer Behinderung so weit wie nur irgend möglich an die Wirklichkeit der „Normalen“ heranzuführen.

Auszug aus einem Gespräch mit Sandra, einer blinden Schülerin (15 Jahre alt):
„Interviewer: Wobei ich immer noch denke, ich hab ja jetzt viele Jahre sehen können, und selbst wenn ich jetzt die Augen zumache, dann hab ich ja doch ganz viele innere Bilder im Kopf, ich kann mir eine Straße vorstellen, ich kann mir ein Kaufhaus vorstellen, eine Rolltreppe, ...
S.: Ich kanns mir doch auch vorstellen (energisch).
I.: Ja, das wollte ich dich fragen, stellst du dir das mit Bildern vor, also visuell, so als wenn du sie richtig gesehen hättest, oder stellst du sie dir eher so vor, wie du sie auch wahrnimmst?
S.: So wie ich sie wahrnehme, ich habe sie ja nicht gesehen.

I.: Ja, also, wenn du dir eine Rolltreppe vorstellst, dann spürst du das Gummiband, was da hoch läuft oder das Metall oder das komische Vibrieren, spürst du wie die Stufen wieder flacher werden? Ja, so?
S.: Ja, so wie sie ist!"
(Palmowski/Heuwinkel, 2002, S. 204)

Wie die Wirklichkeitskonstruktionen von Menschen mit Behinderungen aussehen können, stand bisher kaum im Fragehorizont von Pädagogik und Sonderpädagogik. „Wir wissen in der Schulpädagogik über das Konstruieren von Welten bei Kindern zu wenig. Wir sind letztlich auch gar nicht daran interessiert" (Siebert, 1999, S. 71).

„Was wissen wir schon von dem, was im Innern dieser Menschen eigentlich vor sich geht!" (Speck, 1990, S. 126), schreibt Otto Speck über Menschen mit geistiger Behinderung.

Dietrich Eggert geht noch einen Schritt weiter, er schreibt:
„Über das Wesen der geistigen Behinderung wird also von ‚außen' spekuliert. Vielleicht muss deshalb fast jede der geschilderten Theorien noch unbefriedigend bleiben. Man könnte daraus das Desideratum ableiten, in Zukunft weniger ‚tangentielle' (Kobi) Theorien zu formulieren, sondern das Denken des geistig behinderten Menschen über sich selbst in dieser Welt, in der er zusammen mit anderen Menschen eine wertvolle soziale Rolle einnimmt, zum Ausgangspunkt einer mit ihm zusammen neu zu gestaltenden Forschung und Theoriebildung zu nehmen. Auf diese Weise könnte man zu einer Theorie ‚von innen heraus' gelangen, die dann befriedigend ist, wenn sie auch das menschliche Miteinander verbessern kann." (Eggert, 1999, S. 58)
Auch Eggert verweist – in seiner letzten Aussage – auf das Nützlichkeitskriterium.

Aus konstruktivistischer Sicht sind die beiden zentralen begrifflichen Kategorien der Sonderpädagogik, nämlich „Behinderung" und „Normalität" Konstrukte, die Unterscheidungen ermöglichen, die wiederum zu unterschiedlichen Handlungskonzepten führen. Diese Konstrukte sind sowohl individuell unterschiedlich (nicht jeder versteht unter „Behinderung" dasselbe) als auch sozial ausgehandelt und sie widersetzen sich – auch bei Vertretern, die der Sprache eine Abbildfunktion von Wirklichkeit zuschreiben – jeder operationalen Bestimmung (vgl. Hanselmann, 1928; Link, 1998; Weinmann, 2003). Es geht nicht mehr um die Beschreibung, Erklärung und Behandlung von Behinderung(en) in einem ontologischen Verständnis, sondern um die Entstehung von Behinderung durch die entsprechende Begrifflichkeit. Renate Walthes hat diesen Sachverhalt in der Umformulierung eines der Metaloge (erfundener Gespräche zwischen Tochter und Vater) von Gregory Bateson (1996, S. 73) folgendermaßen beschrieben:
„T: Papi, was ist eigentlich eine Behinderung?
[...]
V: Eine Behinderung, meine Liebe, ist ein Erklärungsprinzip.
T: Wenn es ein Erklärungsprinzip ist, was erklärt es dann?
V: Alles, mein Schatz. Alles was man damit erklären will. Behinderung ist ein Erklärungsprinzip für Situationen, in denen die Verständigung der Personen nicht so verläuft wie gewünscht oder erwartet und dieses Missgeschick der Verständigung einer Person ursächlich zugeschrieben wird, die vielleicht deutlich anders ist als die meisten, indem man sagt, sie sei behindert." (Walthes, 1997, S. 89)

Wirklichkeit wird in diesem Verständnis nicht über Sprache abgebildet, sondern über Sprache erzeugt, Sprache ist demnach nicht informativ sondern formativ. Behinderung

ist dann eine Konvention, die sprachlich ausgehandelt wird. Behinderung ist eine Kategorie des Beobachters (Palmowski, 1997) oder der Beobachter.
„Selbst wenn es einen Zugang zur Realität gäbe, so müsste doch die Versprachlichung der Erfahrung der Realität den Regeln des sozialen Diskurses folgen". (Baecker u. a., 1992, S. 118 f.)

Theoretische Ansätze

Innerhalb des Konstruktivismus gibt es verschiedene Ausformungen und Schwerpunktsetzungen. Die beiden wichtigsten Konzepte sind

- der radikale Konstruktivismus (Maturana/Varela, 1987; Glasersfeld, 1997; Foerster, 1998),
- und der soziale Konstruktionismus (Berger/Luckmann, 1969; Knorr-Cetina, 1984; Gergen, 1996, 2002).

Die besondere Bedeutung dieser beiden Sichtweisen verstärkt sich noch, wenn man die beiden Positionen nicht als sich gegenseitig ausschließend, sondern als in einem Ergänzungsverhältnis zueinander stehend begreift. Sie sollen hier in knapper Form vorgestellt werden.

Der radikale Konstruktivismus

Die zentrale Aussage des radikalen Konstruktivismus besteht im Hinweis auf die „Subjektgebundenheit aller Erfahrung und allen Wissens" (Schmidt, 1997, S. 12). Dieser – auf den ersten Blick simple Sachverhalt – betont, dass wir immer nur über das Auskunft geben können, was wir wahrgenommen haben, und dass wir keine Möglichkeit haben, festzustellen, inwieweit das Wahrgenommene identisch ist mit „dem Ding an sich". Wir haben keinen unmittelbaren Zugang zur Realität, sondern sind immer an unsere Wahrnehmungen gebunden.

Seine theoretische Begründung erfuhr der radikale Konstruktivismus vor allem durch die biologischen bzw. neurophysiologischen Arbeiten der chilenischen Biologen Humberto Maturana und Francesco Varela (1987, 1997, 1998), in Deutschland vor allem weiter geführt durch den Gehirnforscher Gerhard Roth (1992, 1994, 1997), die wissenschaftstheoretisch orientierten Schriften von Ernst von Glasersfeld (1997, 2000, 2001, 2002) und die Veröffentlichungen des Kybernetikers und „Neugierologen" Heinz von Foerster (1987, 1998, 2000).

Diese Sichtweise stellt viele Dinge auf den Kopf. Aussagen verraten häufig mehr über den Sprechenden als über das Besprochene. Wenn Objektivität nicht mehr gegeben ist, kann – etwa bei der Feststellung des sonderpädagogischen Förderbedarfs – kein „Gutachten" mehr geschrieben werden, sondern nur noch eine „Stellungnahme" (Müller, 2004). Der Kollege, der feststellt: „in meiner Klasse sind alle Schüler verhaltensgestört!", sagt damit einiges über seine Beziehung zu seinen Schülern und über sein Verständnis von Verhaltensstörungen, aber er sagt nichts über seine Schüler. Ein anderer Beobachter könnte zu einer gänzlich anderen Einschätzung kommen und ein anderer Zuhörer, dem er seine Beobachtung mitteilt, auch etwas anderes hören.

„Ich zeige jemandem ein Bild und frage ihn, ob es obszön sei. Er sagt ‚ja'. Ich weiß jetzt etwas über ihn, aber nicht über das Bild." (Foerster, 1987, S. 57)

„Man merkt dann: Eigenschaften, die man in den Dingen zu finden glaubt, liegen im Beobachter." (Foerster, 1987, S. 55)

Der radikale Konstruktivismus betont demnach die individuelle Erzeugung von Wirklichkeit durch jeden Einzelnen. Jeder Mensch lebt sozusagen in einer Welt, zu der nur er selbst Zugang hat.

Für die Pädagogik ergeben sich daraus zwei zentrale Konsequenzen:
„Wir müssen die Verantwortung für unsere Wirklichkeit übernehmen. Wir können nicht mehr sagen: Die Welt ist eben so, sondern wir müssen sagen: Wir machen die Welt so.
Wir müssen tolerant werden und die Entscheidungen des anderen, wie er die Welt sehen will, respektieren; denn es sind keine objektiven Maßstäbe erkennbar, aus denen ich ableiten könnte, dass ich einen höheren Anspruch auf Wahrheit habe als der andere." (Rotthaus, 1989, S. 12 f.)

Diese Denkfigur ist in besonderer Weise von Bedeutung für den Kontext Sonderpädagogik. Menschen mit Beeinträchtigungen (vgl. z. B. Quack-Klemm u. a., 1994; Radtke, 2000; Saal, 1980, 1992; Schönwiese, 1997; Zöller, 1989) haben immer wieder darauf hingewiesen, dass ihre Wirklichkeiten nicht so seien, wie viele Nicht-Behinderte in ihren Vorurteilen annehmen, dass sie sein müssten. Wer seine diesbezüglichen Voreingenommenheiten in Frage stellen möchte, dem sei die Satire „ich bin unheilbar" von Rudi Sack empfohlen (Sack, 1997).

Der soziale Konstruktionismus

Der soziale Konstruktionismus, als dessen Hauptvertreter Ken Gergen gilt, betont die kontinuierliche Verständigung auf gemeinsame Vorstellungen von Wirklichkeit durch den unablässigen Prozess des Miteinander-Redens innerhalb einer signifikanten Gruppe. Konsensuelle Vorstellungen sind hier das Ergebnis von Aushandlungsprozessen. Der zentrale Prozess ist das (miteinander) Sprechen, das zentrale Medium ist die Sprache. Dies bedeutet auch, dass die Möglichkeiten zur Konstruktion von Wirklichkeiten an die (jeweils benutzte) Sprache gebunden sind.

Wenn Fräulein Smilla zwanzig verschiedene Begriffe für das hat, was wir als Schnee bezeichnen, dann kann sie mit Hilfe dieser Begriffe – durch die Erzeugung von Unterscheidungen, die uns nicht möglich sind – auch andere, in diesem Falle differenziertere Wirklichkeiten winterlicher Landschaften erzeugen, als wir dies können.

Ludwig Wittgenstein prägte die bekannte Formel: *„Die Grenzen meiner Sprache* bedeuten die Grenzen meiner Welt." (Wittgenstein, 1984, S. 67)

Sprache hat demnach in diesem Verständnis nicht mehr die Aufgabe der Abbildung von Wirklichkeit, sie ist nicht mehr informativ, sondern formativ, sie ist das zentrale Medium zur Konstruktion, zur Erzeugung gemeinsamer Wirklichkeitsvorstellungen. Dieser Gedanke macht auch verständlich, dass Sprache nichts Statisches oder Festgelegtes ist, sondern sich selbst in einem kontinuierlichen Prozess der Veränderung befindet.

„Der Schluss, zu dem ich aufgrund all dieser Überlegungen gekommen bin, ist der, dass die Sprache uneindeutig ist, dass es gut ist, dass sie uneindeutig ist, und dass jeder Versuch, sie festzunageln, das Ende des Denkens, des Liebens, des Handelns, kurz des Lebens wäre." (Feyerabend, 1998, S. 116)

Der Sachverhalt wird noch etwas komplizierter, wenn wir uns verdeutlichen, dass unsere Erfahrungen und die Versprachlichung dieser Erfahrungen nicht identisch sind. Wenn wir miteinander reden, teilen wir dem anderen nicht unsere unmittelbare Erfahrung (oder Wirklichkeitskonstruktion) mit (zu der der andere keinen unmittelbaren Zugang haben kann), sondern die Versprachlichung dieser Erfahrung.

Ludwig Wittgenstein hat diesen Gedanken in der Metapher vom „Käfer in der Schachtel“ verdeutlicht. Der Käfer wäre die unmittelbare Erfahrung eines Menschen, die Schachtel die sprachliche Fassung dieser Erfahrung. Zugang haben wir demnach immer nur zu den Schachteln, aber niemals zu deren Inhalt:
„Angenommen es hätte jeder eine Schachtel, darin wäre etwas, was wir ‚Käfer' nennen. Niemand kann je in die Schachtel des andern schaun; und jeder sagt, er wisse nur vom Anblick seines Käfers, was ein Käfer ist, da könnte es ja sein, dass jeder ein anderes Ding in seiner Schachtel hat.“ (Wittgenstein, 1984, S. 373)

Er konkretisiert diesen Gedanken am Beispiel des Schmerzes (als Käfer) und der Versprachlichung des Schmerzes (als Schachtel), die nicht identisch sind und es auch gar nicht sein können.

„Wenn Sprache wahrhaftig als öffentlicher Ausdruck der persönlichen Welt des einzelnen diente, gäbe es kein Mittel, einander zu verstehen.“ (Gerngen, 1996, S. 356)

Insgesamt führt die sozial konstruktionistische Perspektive zu einem sensibleren und behutsameren Umgang mit Sprache. Wenn Sprache Wirklichkeiten erzeugt, wäre das Bemühen um eine „depathologisierende“ und „profizitorientierte“ (Balgo, 1997, S. 125) Sprache zwingende Konsequenz.

Das in der Sonderpädagogik so fatale „Etikettierungs-Ressourcen-Dilemma“ (eine Person muss erst sprachlich negativ etikettiert werden, bevor sie in den Genuss der Bereitstellung zusätzlicher Ressourcen kommt) könnte dann aufgelöst werden.

Für die Pädagogik ergibt sich aus dieser Sichtweise die gemeinsame Verantwortung für eine gemeinsam erzeugte Vorstellung von Realität (innerhalb der lokalen Gemeinschaft) und ein hohes Ausmaß von Toleranz gegenüber anderen Lebensformen (z. B. von Behinderung), Kulturmustern und Vorstellungen, die in anderen Sprachen angelegt sind. Man könnte auch sagen: Eine Konsequenz des sozialen Konstruktionismus ist kosmopolitisches Denken (siehe Eco, 1989).

Konstruktivismus und Konstruktionismus im Vergleich

Insofern ergänzen sich in diesem Punkt der radikale Konstruktivismus und der soziale Konstruktionismus und ergeben eine sehr nützliche Gesamtplattform für pädagogisches Denken und Handeln, Verantwortung und Toleranz.

In der Zusammenschau beider Konzepte kann man den Schluss ziehen, dass wir sozusagen in zwei Welten leben. Die eine Welt ist die unserer unmittelbaren Erfahrungen, unserer individuellen Konstruktionen, zu denen niemand Zugang hat, außer uns selbst. Darüber gelagert existiert eine zweite Wirklichkeitsebene, die wir durch Sprache und Sprechen erzeugen und die wir miteinander teilen.

	Radikaler KONSTRUKTIVISMUS	Sozialer KONSTRUKTIONISMUS
Wirklichkeit	Jeder Mensch konstruiert sich seine Wirklichkeit (subjektive Wirklichkeit); Aussagen über eine objektiv existierende Wirklichkeit können nicht getroffen werden, da es keinen privilegierten, beobachterunabhängigen Zugang zu dieser gibt. Wirklichkeit wird erzeugt aufgrund subjektiver Erfahrungen (Konstruktionen biologischer, psychologischer oder kognitiver Art).	Menschen konstruieren Wirklichkeiten in kommunikativen Prozessen in spezifischen kulturellen und historischen Kontexten. Aussagen über eine objektive beobachterunabhängige Wirklichkeit können vom Menschen nicht getroffen werden. Wirklichkeit wird erzeugt in menschlichen Beziehungen, welche als Sprach- und Bedeutungssysteme verstanden werden (Konstruktionen sprachlicher Art; sprachlich i. w. S.).
Individuum	Das Individuum gilt als autonomes, operational geschlossenes, sich selbst erzeugendes und aufrechterhaltendes System, das in der strukturellen Koppelung mit seiner Umwelt lediglich verstört werden kann.	Das Individuum kann als Schnittstelle von Beziehungen beschrieben werden und gilt als eine soziale Konstruktion: „Er ist so, wie die anderen – und er selbst – ihn sich vorstellen." (Gergen, 1996, S. 195)
Wissen	Ausgangspunkt der Beobachtung ist das Individuum, sein Gehirn und seine Art, eine Welt zu erschaffen. Wissen ist die individuelle Konstruktion und Aufrechterhaltung von Unveränderlichkeiten. Im Mittelpunkt steht die Brauchbarkeit/Gangbarkeit (Viabilität) des Wissens. Die Bedeutung dessen, was gesagt wird, wird individuell erzeugt. Der Hörer bzw. die Hörerin bestimmt die Bedeutung einer Aussage.	Ausgangspunkt der Beobachtung sind die Sprachskripte und Mythen einer Sprecher-Innengemeinschaft. Wissen entsteht im sozialen Diskurs, d. h., die Kommunikationen einer sozialen Gruppe und der Prozess der Wissensproduktion sind bedeutsam. Individuelles Wissen ist Nebenprodukt des sozialen Austausches. Die Bedeutung dessen, was gesagt wird, wird gemeinsam erzeugt in Kooperation in Sprache.
Wahrnehmung	Konstrukte und Wahrnehmungen werden durch die strukturelle Koppelung mit der Umwelt hervorgebracht. Die Strukturen eines Systems bestimmen, was wahrgenommen wird und was nicht (Erfahrungen, Vorstellungen etc.). Wahrnehmung ist ein aktiver Prozess, der im Gehirn erzeugt wird und nicht von den Sinnesorganen ausgeht. Dabei spielen die Unterscheidungen, die ich als Beobachterin vornehme, eine entscheidende Rolle.	Wahrgenommen werden sozial konstruierte Erklärungen von Phänomenen, die durch die Beschreibungssprache vorstrukturiert sind. Wahrnehmung ist ein aktiver und kontextabhängiger Prozess innerhalb bestimmter Sprachgemeinschaften.
Theorien	Theorien spiegeln nicht *die* Wirklichkeit, sondern sind viable Konstrukte des Individuums als Beobachter, wobei Beobachter und Beobachtetes untrennbar miteinander verbunden sind. Neben den subjektiven Wirklichkeiten entstehen konsensuelle Wirklichkeiten durch strukturelle Koppelung (Pluralität an Wirklichkeiten).	Theorien spiegeln nicht die Wirklichkeit, sondern sind Kunstprodukte, die im sozialen Diskurs entstehen. Sie gelten als relationale Konstruktionen mit situationsspezifischer und beschränkter Gültigkeit. Pluralität an Wirklichkeiten, die in Kooperation in Sprache entstehen.

	Radikaler KONSTRUKTIVISMUS	Sozialer KONSTRUKTIONISMUS
Sprache	Sprache lässt eine konsensuelle Wirklichkeit entstehen, da sie es dem Individuum ermöglicht, sich mit anderen strukturell zu koppeln. Sprache ist mehr als der Austausch von Informationen. Sprache kommt einer konsensuellen Koordination der Verhaltenskoordination gleich.	Sprache schafft Wirklichkeit; Sprechen bedeutet, eine Welt zu erschaffen. Entscheidend ist die Art und Weise des Miteinander-Sprechens für die Erschaffung von Welt. Sprache ist mehr als ein Kommunikationsmedium. Sprache kommt einer kontextabhängigen, sozialen und relationalen Handlung gleich.
Erkenntnis	Erkenntnis ist ein aktiver, individueller Prozess des Konstruierens von Wirklichkeit.	Erkenntnis ist ein aktiver Prozess, der in Kooperation mit anderen Menschen in Sprache vollzogen wird.
Ethik	Konstruktion der Wirklichkeit liegt in der Verantwortung des/der Einzelnen und impliziert Toleranz gegenüber den Wirklichkeitskonstruktionen der anderen.	Konstruktion der Wirklichkeit liegt in der Verantwortung des kommunalen Systems, was die Verantwortung jedes Einzelnen impliziert.
Emotionen	Gefühle sind subjektiv konstruiert. Diese subjektiven Konstruktionen resultieren aus bisher gemachten Erfahrungen des/der Einzelnen und sozialen Übereinstimmungen darüber, welche Konstruktionen wann, für wen und wie passend (viabel) sind.	Diese sozialen Konstruktionen beruhen auf bestimmten Sprachskripten, die uns wiederum zur Verfügung stehen, um zu bestimmten Beziehungen einzuladen. Gefühle gelten als soziale und relationale Handlungen.

Vergleich zwischen radikalem Konstruktivismus und sozialem Konstruktionismus (Schildberg, 2005, S. 209 ff.)

Problem- und Erfahrungsfelder

Problematische Aspekte

„Der konstruktivistische Diskurs ist keineswegs frei von Brüchen, Unstimmigkeiten und Paradoxien. So wird die These, dass die reale Welt uns kognitiv unzugänglich bleibt, traditionell empirisch und gleichsam objektiv ‚bewiesen' [...].
Außerdem ist die Als-ob-Annahme, d. h. die Unterstellung, unsere konstruierte Welt sei die reale Welt, eine lebensnotwendige Illusion." (Siebert, 2003, S. 72)

Eine zirkuläre Schleife, die sich nicht lösen lässt, steckt auch in folgendem Hinweis: Begreifen wir unsere Wirklichkeiten als Konstruktionen, dann schließt dies auch die konstruktivistische Erkenntnistheorie selbst mit ein. Auch der Konstruktivismus ist eine Konstruktion und der Hinweis, dass dies so sei, ebenfalls.

Die in realistischen Erkenntnistheorien zentrale Annahme der Möglichkeit der Annäherung an Wahrheit wird hier abgelöst durch das Kriterium der Nützlichkeit. Damit wird zwar das Problem einer (un-)möglichen Wahrheitserkenntnis irrelevant, doch stellt sich jetzt die Frage nach den Bedingungen der Nützlichkeit, die sich auch nur im sozialen Diskurs immer wieder neu und immer wieder anders beantworten lässt, sich aber einer operationalen Bestimmung entzieht. „Schließlich handelt es sich bei Nützlichkeitsurteilen um individuelle oder soziale ‚Errechnungen' in einem konstruktivistischen Sinne." (Schiepek, 1991, S. 17)

Im sozialen Konstruktionismus scheint nicht genau geklärt, was mit dem Begriff „Sprache“ gemeint ist. Einerseits bedeutet dieses Wort die verbale Sprache, ihr Vokabular, ihre Grammatik, ihre Logik etc., andererseits betont Ken Gergen aber auch, dass Sprache alles sein kann, z. B. die Körperhaltung, die Kleidung. „Was Sprache ist, bestimmt der Kontext!“ (mündl. Mitteilung). Dieser letztgenannte Aspekt scheint für sonderpädagogische Kontexte von besonderer Bedeutung, da man es hier mit sehr unterschiedlichen Sprachvorstellungen (z. B. der Gebärdensprache) und -verständnissen (aktiver und passiver Sprachgebrauch) zu tun haben kann.

Erfahrungsfelder

Eine Erkenntnistheorie führt nicht zu unmittelbaren Handlungsanweisungen, Techniken oder Programmen. Für die konstruktivistische Sichtweise wäre ein solches Vorhaben ein Widerspruch in sich. Konstruktivistisches Denken führt zu einer Haltung, die jeden als Experten seiner selbst anerkennt.
Das Grundanliegen in Prozessen

- der Erziehung (Palmowski, 2003),
- der Beratung (Palmowski, 2002),
- der Unterrichtung (Balgo/Werning, 2003)
- der Förderung (Haupt, 1998) und anderer Bereiche

besteht in dem Versuch, den anderen darin zu begleiten, ihn zu ermutigen und Räume zur Verfügung zu stellen, in denen die Betroffenen ihre eigenen, für sie passenden Lösungen oder Lern- und Veränderungsprozesse selbst organisieren können.

K

Im Erziehungsprozess geht es weniger um den gezielten Versuch oder programmatische Maßnahmen der Sozialisierung von Kindern und Jugendlichen, sondern um ihre Begleitung beim Hineinwachsen und Sich-Aneignen von Kultur. Erziehung geschieht durch Beziehung. Pädagogik wird zur Wissenschaft von der Beziehung.

Beratungsgespräche dienen dazu, Raum und Zeit zur Verfügung zu stellen, in denen es den Klienten möglich wird, für sie passende Lösungen zu erfinden. Die wichtigste Aufgabe des Beraters besteht in der Moderation und in der Schaffung einer „lösungsfreundlichen“ Kommunikationsform, unter anderem durch „angemessen ungewöhnliche Fragen“ (Andersen, 1990, S. 178).

Unterricht lässt sich nur noch in einer individualisierten Form vorstellen, in der jeder Schüler seinem Tempo, seiner Lernart und seinem Lernziel gemäß sein eigenes Lernprojekt betreibt. Der (Sonder-)Pädagoge wird zum Experten der Organisation der Selbstorganisation der Schüler.

Sonderpädagogik entwickelt ein dialogisches Selbstverständnis, „vom Betreuer zum Begleiter“ (Hähner, 1999). Kinder werden nicht mehr behandelt, sondern Ziele und Wege werden mit ihnen verhandelt. Kooperation tritt an die Stelle von „Operation“.

Ausblick

Die Bedeutung konstruktivistischen Denkens und Handelns für die (Sonder-)Pädagogik wird in Zukunft noch zunehmen. Denkbar wäre eine Forschungsrichtung, die bisher nur in Ansätzen vorliegt (Palmowski/Heuwinkel, 2002). Akzeptiert man die konstruktivistische Grundannahme, dass unsere Vorstellungen von Wirklichkeit unsere ganz subjektiven oder im sozialen Diskurs gemeinsam erzeugten Wirklichkeiten sind, dann macht es sehr viel Sinn, der Frage nachzugehen, in welchen Wirklichkeiten Menschen leben, die aufgrund einer Beeinträchtigung andere Wirklichkeiten konstruieren und Wirklichkeiten anders konstruieren, als wir dies tun. Die Perspektive des Konstruktivismus entzieht uns jede Möglichkeit, zu behaupten, unsere Wirklichkeitsvorstellungen seien vollständiger, richtiger, oder wahrer als die unserer behinderten Mitmenschen – sie sind nur anders. Wie wir von deren Konstruktionen eine annäherungsweise Vorstellung erlangen können, war bisher aber kaum Thema des sonderpädagogischen Diskurses. Und es geht nicht nur um ein akademisches Interesse. Diese Perspektive könnte von großer Bedeutung werden für ein verändertes sonderpädagogisches Handeln: In dem Maße, in dem es gelingen kann, Zugänge zu finden und mit seinen eigenen Realitäten anzukoppeln an die von (beeinträchtigten) Kommunikationspartnern, könnten sich neue, andere und zusätzliche Anknüpfungspunkte für (sonder-)pädagogisches Handeln und gemeinsame Lebensbewältigung ergeben.

Kommentierte Literaturhinweise

Glasersfeld, Ernst von: Radikaler Konstruktivismus, Ideen, Ergebnisse, Probleme., Suhrkamp, Frankfurt am Main, 1997.
Ernst von Glasersfeld bietet hier die fundierteste deutschsprachige Aufarbeitung der zentralen Themen des radikalen Konstruktivismus. Ein sehr informatives, aber nicht immer leicht zu lesendes Buch, in dem sich neben geschichtlichen und begrifflichen auch ein pädagogisch relevantes Kapitel findet: Kapitel 10: Die Förderung des begrifflichen Konstruierens bei Schülern.

Gergen, Kenneth: Konstruierte Wirklichkeiten, Eine Hinführung zum sozialen Konstruktionismus. Stuttgart, Kohlhammer, 2002.
Einerseits enthält dieses Buch das, was im Titel angekündigt ist, nämlich eine vielseitige und umfassende Hinführung zum sozialen Konstruktionismus. Andererseits berücksichtigt der Autor, dass auch dieses Buch nur eine Konstruktion sein kann, die im Dialog zwischen Autor und Leser entsteht: Die am Dialog beteiligten Personen begegnen sich auf gleicher Augenhöhe.

Palmowski, Winfried/Heuwinkel, Matthias: Normal bin ich nicht behindert, Wirklichkeitskonstruktionen bei Menschen, die behindert werden; Unterschiede, die Welten machen. Dortmund, Borgmann, 2002, 2. Aufl., o. S.
Dieses Buch enthält zahlreiche Beispiele und Interviews mit Menschen mit unterschiedlichen Beeinträchtigungen, in denen ihre Vorstellungen von Welt, Wirklichkeit und Behinderung zentrale Themen sind. In zwei eigenen Kapiteln werden konstruktivistische Positionen entwickelt und diese wissenschaftstheoretisch begründet.

Konzept Dieter Gröschke

Etymologie

Konzept, Konzeption, konzeptionell bzw. konzeptuell; von lat. conceptio, conceptus „das Zusammenfassen", Entwurf, klar umrissener Plan, Programm für ein Vorhaben, Leitidee (lat. concipere, „erfassen, zusammenfassen").
Auf diesem etymologischen Hintergrund soll unter Konzept im Folgenden eine die heilpädagogische Praxis strukturierende *Leitidee,* ein *Handlungsentwurf* oder *Handlungsplan* (Handlungskonzept) verstanden werden.

Geschichte

Wissenschaftshistorisch und wissenschaftstheoretisch kann man die bisherige Entwicklung der Heilpädagogik anhand von drei Aspekten rekonstruieren: *Praxis, Profession* und *Wissenschaft.* Das „Projekt Heilpädagogik" entwickelte sich zunächst als Praxisfeld karitativ und pädagogisch motivierter Hilfen für Kinder, Jugendliche und Heranwachsende mit körperlichen, geistigen oder seelischen Behinderungen (beginnend im letzten Drittel des 18. und fortgeführt in der ersten Hälfte des 19. Jahrhunderts). Die zunächst sporadisch verwirklichten Formen erfolgreicher Ansätze der Erziehung und Bildung von Kindern mit Sinnes-, Körper- und geistigen Behinderungen führten zu fortschreitender *Institutionalisierung* der medico-pädagogischen Behindertenhilfe (Anstaltsgründungen, Schulversuche). Im Rahmen der entstehenden Einrichtungen der privat organisierten, kirchlichen und teilweise auch staatlichen Anstalten der Behindertenhilfe etablierten sich auch zunehmend erste Ansätze einer Professionalisierung des pflegerischen, pädagogischen oder therapeutischen Fachpersonals. Die *Professionalisierung* (Verberuflichung) heilpädagogischer Tätigkeiten wurde zunehmend zu einem bestimmenden Aspekt heilpädagogischer Praxis (beginnend mit der Akademisierung des Berufsbildes der Hilfsschullehrer; Gründung des „Verbands Deutscher Hilfsschulen" VDH 1898, bis zur Gründung von Ausbildungsstätten für die gesamte, auch außerschulische heilpädagogische Praxis; z. B. HPS, Heilpädagogisches Seminar in Zürich, gegründet 1924). In dem Maße, wie es inzwischen eine etablierte, von professionell ausgebildeten Fachkräften betriebene heilpädagogische Praxis schulischer und außerschulischer Behindertenhilfe gab, konnte sich auch eine *Wissenschaft* der Heilpädagogik entwickeln (erste europäische Professur für Heilpädagogik für Heinrich Hanselmann 1931) als wissenschaftlich betriebene Reflexion dieser Praxis mit dem Ziel ihrer Aufklärung, Verbesserung und Weiterentwicklung.

Aktuelle Relevanz und theoretische Ansätze

Dieses dreifache Entwicklungsmuster der Heilpädagogik als Praxis, Profession und Wissenschaft legt es nahe, die Heilpädagogik im Gesamtgefüge der Human- oder Menschenwissenschaften konsequent als Wissenschaft einer Praxis, d. h. als *Praxiswissenschaft,* zu verstehen (siehe auch Beitrag „Handlungstheorie" in Band 1). Die Heilpädagogik ist aus dem frühen Stadium des Versuchshandelns einzelner heilpädagogischer

Pioniere, die neue Wege der Erziehung und Bildung für Menschen mit Behinderungen suchten, längst herausgetreten. Als professionalisierte Praxis zeichnet sie sich (oder muss sich auszeichnen) durch wissenschaftlich *begründete, systematische, organisierte* so wie *lehr-* und *lernbare* Formen praktischer Tätigkeiten aus. Solche Formen und Muster organisierter und beruflich geregelter pädagogisch-therapeutischer und rehabilitativer Tätigkeiten kann man als *Praxiskonzepte* bestimmen und beschreiben (vgl. Gröschke, 1997). *Praxis* ist zunächst allgemein die tätige Auseinandersetzung mit den Aufgaben und Herausforderungen in einer umschriebenen Sphäre der gesellschaftlichen Wirklichkeit, die Verarbeitung und Systematisierung dieser Tätigkeiten und Erfahrungen als Wissenserwerb und Erfahrungsbildung und die mehr oder weniger planmäßige Verbreitung und Weitergabe des Wissens durch systematische Wissensvermittlung (Lehre und Ausbildung) und Erfahrungsvermittlung (Tradierung).

Soziale Praxis, die vielfältigen Formen des zwischenmenschlichen Zusammenlebens in Gruppen, Gemeinschaft und Gesellschaft, ist zunächst *Lebenspraxis*, d. h. Praxis des gelebten Lebens in *Alltag* und *Lebenswelt.* Dies ist das eigentliche Bewährungsfeld und der entscheidende Bewährungsfall der Heilpädagogik als Praxis- und Handlungswissenschaft: In der konkreten Lebenspraxis der Menschen zeigt sich, was Heilpädagogik zur Sicherung und Verbesserung der *Lebensqualität* behinderter oder entwicklungsauffälliger Menschen beizutragen hat (siehe Gröschke, 1997). Ihre aktiven Beiträge liefert sie dabei in professionalisierter Form, als Hilfs- und Förderangebote im Rahmen professionell, d. h. beruflich geregelter Beziehungen. Dies ist der spezifische Aspekt heilpädagogischer Praxis als *Berufspraxis* mit ihrem besonderen Ethos und ihrer spezifischen Berufsethik (siehe Gröschke, 1993).

In der Wissenschaftstheorie wird die Entstehung eines wissenschaftlichen Fachgebiets und der Prozess der Erforschung seiner wissenschaftlich bearbeitbaren Problemstellungen in der Regel nach einem Drei-Kontexte-Modell beschrieben: Es existiert ein vorgängiger „context of discovery“ (Entdeckungszusammenhang), in dem praktische Fragestellungen entdeckt und bestimmt werden; im „context of justification“ (Begründungszusammenhang) werden die entwickelten Problemlösungsansätze, Theorien und Methoden auf ihre wissenschaftliche Begründbarkeit nach Maßgabe der verbindlichen Methodologie überprüft, um dann – drittens – im Falle der Bewährung wieder auf die Praxis angewandt zu werden als „context of application“ (Anwendungszusammenhang). Eine bereits mehr als 100 Jahre währende heilpädagogische Praxis medicopädagogischer Behindertenhilfe war im Falle der Heilpädagogik dieser „context of discovery“, den die wissenschaftliche Heilpädagogik mit ihren Forschungsmethoden bearbeitet, um ihn aufzuklären, um die wissenschaftlich haltbaren und begründbaren praktischen Arbeitsformen und Methoden an die Praxis zurückzugeben bzw. um bessere Problemlösungsansätze (Konzepte, Methoden, Techniken) der Praxis anzubieten, wo sie sich originär und letztlich zu bewähren haben.

Problem- und Erfahrungsfelder

Handlungskonzepte in der Heilpädagogik: Grundlagen und Grundlegungsprobleme

Als Wissenschaft ist Heilpädagogik also Wissenschaft einer sozial-, psycho- und medico-*pädagogischen* Praxis, Praxiswissenschaft, also *Handlungswissenschaft.* Da ihre bevorzugten Handlungsformen soziale *Interaktionen, kommunikative* und *dialogische* Prozesse sind („heilpädagogische Beziehungsgestaltung“), könnte man Heilpädagogik sogar konsequent als Wissenschaft besonderer pädagogischer Beziehungen als Beziehungswissenschaft (Kobi) thematisieren. Als Theorie ist Heilpädagogik „Theorie einer (pädagogischen) Praxis“, so wie im Anschluss an Dilthey vor allem die geisteswissenschaftliche Pädagogik z. B. Wilhelm Flitner die Pädagogik insgesamt wissenschaftstheoretisch bestimmt hat. Sie ist Wissenschaft und Theorie im Dienste der Praxis, also „réflexion engagée“ (Flitner).

Bereits bei Georgens und Deinhardt (1861), die alle damals bereits existierenden Ansätze pädagogischer Behindertenhilfe auf den Begriff „Heilpädagogik“ brachten und als „heilpädagogische Gesamtwissenschaft“ bündelten, heißt es zum *Primat der Praxis:* „Aber die Praxis kann nicht warten, bis die Wissenschaft fertig ist!“ Der Grund hierfür: die praktische „Not verweist auf das Notwendige!“ (Georgens/Deinhardt, 1861).
In der Praxis muss gehandelt werden – aber wie? (Das ist die *methodische Grundfrage* der Heilpädagogik nach Kobi.) Seitdem sich Heilpädagogik durch zunehmende Professionalisierung und Verwissenschaftlichung auszeichnet, gilt als Ausbildungsideal für heilpädagogische Berufe der „wissenschaftlich ausgebildete/geschulte Praktiker“, der über wissenschaftlich begründete und systematische *Expertise* und *Handlungskompetenz* für die vielfältigen Aufgaben der verschiedenen heilpädagogischen Arbeitsfelder verfügt. Als konzeptionelle Einheit von Expertise und Kompetenz kann man wissenschaftstheoretisch und systematisch *Konzepte* bestimmen, näher hin *Handlungskonzepte,* in deren Rahmen sich professionelle heilpädagogische Tätigkeiten in den jeweiligen Praxiszusammenhängen konkret vollziehen (siehe Gröschke, 1997).

Die methodische Grundfrage „Wie muss gehandelt werden?“ lässt sich also *pragmatisch* so bestimmen: Es muss im Rahmen von Handlungskonzepten gehandelt werden, die einerseits wissenschaftlich begründbar/begründungsfähig sind, andererseits das Allgemeine mit dem Besonderen, also Theorie mit Praxis, vermitteln. Dies erfolgt gemäß dem zentralen heilpädagogischen *Handlungsprinzip/-regulativ*: dem *Individualisierungsprinzip* (jeder „Fall“ steht für sich selbst, ist einmalig und einzigartig in subjektiver und intersubjektiver Hinsicht), und unter Maßgabe des *Personalitätsprinzips* (die beteiligten Individuen sind jederzeit und uneingeschränkt im ethischen Sinne als Personen zu behandeln). Man kann die *Struktur* eines solchen Handlungskonzepts dann wie folgt bestimmen: Ein Konzept ist ein an Personen gebundener *hermeneutisch-pragmatischer* Komplex von *Kognitionen* (Expertise, Fachwissen), *Maximen, Werten, Normen* („Gewissen“, Haltung, Einstellung), *Motiven, Absichten, Zielen* sowie *Interaktionen/Kooperationen.* Ein solches Konzept ist also eine gedankliche, konzeptionelle Einheit von *Denken, Verstehen* und *Handeln* (Denken, Erklären, Verstehen, um zu handeln); in seiner immanenten ethischen Dimension ist es eine Einheit von *Gesinnungsethik* und *Verantwortungsethik.*

Das wichtigste Element an diesem Bedingungsgefüge, das wir als „Konzept“ bestimmen, ist die *Person,* der „subjektive Faktor“, bzw. es sind intersubjektiv die beteiligten Personen, die miteinander heilpädagogisch relevante Beziehungen eingehen. Es muss konkrete Personen geben, die sich an einem umschriebenen Handlungskonzept orientieren und ihr heilpädagogisches Handeln im Rahmen dieses Konzepts gestalten. Konzepte bestimmen nicht das praktische Handeln, oder determinieren es gar, sondern sie *orientieren* es; sie geben dem handelnden Subjekt einen ausweisbaren Orientierungsrahmen, innerhalb dessen genügend Spielraum für die je einzigartige und unwiederholbare situative und individuelle Handlungs- und Beziehungsgestaltung besteht. Alles andere wäre ein instrumentalistisches, sozial-technologisches und rein zweckrational bestimmtes Verständnis von sozialem und pädagogischem Handeln im Sinne einer linearen Ursache-Folge- oder Dosis-Wirkungs-Relation, die dem interaktionalen und intersubjektiven Charakter von *Handeln in Beziehungen* in keiner Weise gerecht werden kann.

Die in einer heilpädagogischen Situation sich begegnenden Personen sind einzigartig, unvertretbar und nicht gegen andere auswechselbar. Die sozialen Akteure sind je *individuierte* und *situierte* Personen; sie sind keine Mechanismen, die jederzeit in gleicher Weise in Gang zu setzen und beliebig austauschbar wären. Sonst wird Praxis zur Technologie, zur Anwendung von Techniken (nach Luhmann ist *Technik* jede feste Kopplung von Ursachen und Wirkungen, so dass bei Setzung der gleichen Bedingungen die gleichen Wirkungen erzielt werden können). Solche strikten Kausalbeziehungen sind im sozialen Handlungsraum wegen der dort herrschenden komplexen Interdependenz höchst unwahrscheinlich und überdies im ethischen Sinne sehr unerwünscht. Im Gegensatz zur „poiesis", der technischen Herstellung von Dingen oder Zuständen, muss menschliches Handeln in der sozialen Praxis die Autonomie (Selbstbestimmung) des anderen respektieren und auch unterstellen, so dass interaktives und kommunikatives Handeln prinzipiell einen spontanen, ereignishaften, offenen und damit *kreativen* Charakter bekommt (siehe Gröschke, 1997); siehe auch Beitrag Handlungstheorie in Bd. 1 dieses Kompendiums).

Das *praktische* Wissen, auf das sich der Handelnde bezieht (Kognitionen, Expertise, Fachwissen), besteht nicht nur aus theorieförmigem, wissenschaftlich begründetem Sachwissen, sondern beinhaltet auch Meinungen, Glauben, Intuitionen, Vertrauen, Takt. Der „praktische Sinn" (Bourdieu) besteht auch aus inkorporiertem, verkörpertem, *leiblichem* Wissen, das man als *implizites Wissen* bezeichnen kann („tacit knowledge": „stilles, stillschweigendes Wissen"). Wenn man eine Fachperson auffordert, zu begründen, „nach welchem Konzept" sie handelt, kann sie ihr Konzept mehr oder weniger explizit beschreiben, doch es bleibt immer ein Rest von diesem „tacit Knowledge", der nicht rational aufklärbar und explizit gemacht werden kann.

Wegen ihres offenen Charakters gehen Handlungskonzepte oft auch in *Projekte* über, die auf dem Boden bisher bewährter Handlungsansätze nach neuen Wegen suchen („methodos", griech.: der Weg, das Ziel), um die Praxis schrittweise zu verbessern. Aus erfolgreich durchgeführten Projekten und ihrer systematischen Reflexion und Auswertung können dann wiederum neue *Handlungskonzepte* entworfen werden. Auch in dieser Hinsicht kann man feststellen, dass die *Praxis* der *Theorie* vorgängig ist und erfolgreiche Praxis ihrer Theorie oft voraus ist.

Im Rahmen solcher Handlungskonzepte ist heilpädagogische *Praxis* zu einer bestimmten *Zeit* und an einem bestimmten *Ort* ein von *Respekt* und *Achtung* getragener *kooperativer Prozess* gemeinsamen *Lebens, Lernens, Arbeitens, Spielens.*

Praxis ist „Lebenswirklichkeit", Wirklichkeit des gemeinsam gelebten und gestalteten Lebens, das, was man umfassend als „das Soziale" bezeichnet (Heilpädagogik als Teil des Sozialwesens). Praxis ist die tätige, handelnde Auseinandersetzung mit der sozialen Wirklichkeit und ihren Problemen, Aufgaben und Herausforderungen.

Was aber ist Wirklichkeit; wie *wirklich* ist die Wirklichkeit? Es empfiehlt sich (z. B. mit Böhme, 2001), eine Unterscheidung einzuführen zwischen *Realität* und *Wirklichkeit.* Realität im wissenschaftstheoretischen Sinne ist der Bereich der Objekte, Daten und Fakten, den die empirisch-analytischen Wissenschaften mit ihren Forschungsmethoden bearbeiten und für den das Prinzip des *Objektivismus* und des *Erklärens* gilt. Wirklichkeit im wissenschaftstheoretischen Sinne ist der Bereich der sozialen Praxis und der in ihr auftretenden Phänomene, die auf ihren latenten Sinn- und Bedeutungsgehalt hin befragt und interpretiert werden müssen. Hierfür sind *hermeneutische* Methoden des *Verstehens* aus der geisteswissenschaftlichen Tradition notwendig und es gilt das Prinzip des *Subjektivismus*.

Wirklichkeit im übergreifenden und umfassenden Sinne ist eine komplexe Gemengelage, ein kompliziertes Gemisch von „objektiven" und „subjektiven" Tatsachen und Ereignissen, die entweder eher in ihrer reinen Faktizität oder ihrer symbolischen Bedeutung und sozialen Geltung wahrgenommen und behandelt werden müssen.

Im Bereich der sozial-kommunikativen Praxis geht es (nach Habermas) um das „Erkenntnisinteresse" an Emanzipation, Selbstbestimmung und gelingender Interaktion; während empirisch-analytische Wissenschaften das Erkenntnisinteresse an Natur- und Technikbeherrschung verfolgen und die historisch-hermeneutischen Geisteswissenschaften das Erkenntnisinteresse eines reinen Verstehens um seiner selbst willen.

Deshalb kann man die maßgebliche Handlungsorientierung für heilpädagogisches Handeln als *hermeneutisch-pragmatisch* bestimmen (vgl. Gröschke, 1997). Heilpädagogisches Handeln richtet sich nicht nach *richtig/falsch,* sondern es *glückt/gelingt* oder missglückt/misslingt; im Idealfall trägt es bei zu einem im ethischen Sinne *gelingenden Leben* oder einer humanen Daseinsgestaltung.

K

Handlungskonzept als Einheit von Person, Milieu und Methodik

Es bedarf gewisser Voraussetzungen, um Handlungskonzepte, wie wir sie oben nach ihrer Struktur bestimmt haben, aus guten praktischen Erfahrungen, die sich in einem heilpädagogischen Arbeitsfeld in einer meist längeren Zeitspanne angesammelt haben, und aus entsprechenden wissenschaftlichen Einsichten und Befunden bilden zu können.

Problemangemessene, gute heilpädagogische Handlungskonzepte müssen folgende Bedingungen erfüllen bzw. können nach folgenden drei Dimensionen bewertet werden: Anthropologische, ethische und pragmatische Dimension.

1. **Anthropologische Dimension:**
   Heilpädagogische Handlungskonzepte müssen sich auf elementare, unveräußerliche, unhintergehbare und unzweifelhafte Gegebenheiten menschlich/personaler Existenz beziehen, die *inklusiv* sind, d. h., die niemanden aus dem Kreis des Humanen ausschließen. Eine solche elementare und unzweifelhafte Gegebenheitsweise personaler Existenz ist das *Grundphänomen Leiblichkeit,* dem im Rahmen einer philosophisch-anthropologischen Menschenkunde und besonders auch für die Grundlegung einer heilpädagogischen Anthropologie eine herausragende Bedeutung zukommt (siehe Gröschke, 1997; 2002). Aus diesem Grund sind vor allem Förderkonzepte für die heilpädagogische Arbeit mit schwerstbehinderten Menschen von entscheidender praktischer wie auch symbolischer Bedeutung: Sie sind der Bewährungsfall und der Berechtigungsausweis einer solchen in anthropologischem Sinne inklusiven Heilpädagogik. Auch wenn professionelles Handeln nicht als zweckrationale unmittelbare Umsetzung theoretischen Wissens zum Erreichen festgelegter Ziele zu verstehen ist (s. o.), müssen Handlungskonzepte mit den Ergebnissen und Befunden der humanwissenschaftlichen Forschung (in Psychologie, Medizin, Soziologie u. a.) vereinbar sein; sie müssen auf diese *wissenschaftlichen* Grundlagen Bezug nehmen, dürfen nicht mit ihren gesicherten Ergebnissen im Widerspruch stehen, sollten sich von ihnen produktiv anregen lassen und sollten sich auch begrifflich und terminologisch an diesen humanwissenschaftlichen Grundlagen

ausrichten. Handlungskonzepte werden dabei in aller Regel bei vielen, oft auch unterschiedlichen Theorien und Modellen Anleihen machen, also eklektizistisch, synthetisch, multiperspektivisch und multimethodal verfahren; sie sollen ja schließlich nicht eine Theorie in die Praxis umsetzen, sondern Aufgaben der Praxis mit Hilfe wissenschaftlicher Theorien, Modelle und Befunde erfolgreich bearbeiten.

2. **Ethische Dimension**:
   In allen heilpädagogischen Handlungskonzepten muss sich das ethische Grundverständnis der Heilpädagogik widerspiegeln, ihr *Menschenbild,* nach dem *jeder* Mensch *jeder* Zeit und unter *allen* Bedingungen (auch schwerster organischer Schädigung, Gebrechlichkeit oder Hinfälligkeit) als *Person* und *Subjekt* anerkannt und respektiert werden muss, niemals bloß als Objekt von Maßnahmen. Diese personale Anerkennung, bedingungslose Wertschätzung und Respektierung der Unantastbarkeit der Würde der Person sind die zentralen Maximen des heilpädagogischen Menschenbildes, Grundbedingungen einer heilpädagogischen Haltung und strenge Verpflichtungen bei der Gestaltung heilpädagogischer Tätigkeiten. Der ethische Kern dieses *Personalitätsprinzips* ist die Erkenntnis und moralische Intuition, dass jeder/jede immer ein „Jemand" ist, niemals bloß ein „Etwas" (siehe Spaemann, 1996).

3. **Pragmatische Dimension:**
   Wenn Heilpädagogik Handlungswissenschaft ist (und das sollte sie sein), dann sind ihre Konzepte Handlungskonzepte, d. h., aus einem Konzept muss ableitbar sein, *wie* in der Praxis konkret *gehandelt* werden kann und soll – unter Berücksichtigung entsprechender wissenschaftlicher Befunde und unter Vorgabe ethischer Maximen. Handlungs- und Förderkonzepte brauchen unmittelbare und konkrete Anknüpfungspunkte für entwicklungsförderliches, pädagogisch-therapeutisches Handeln, das sich auch als erfolgreich/förderlich bewähren muss.

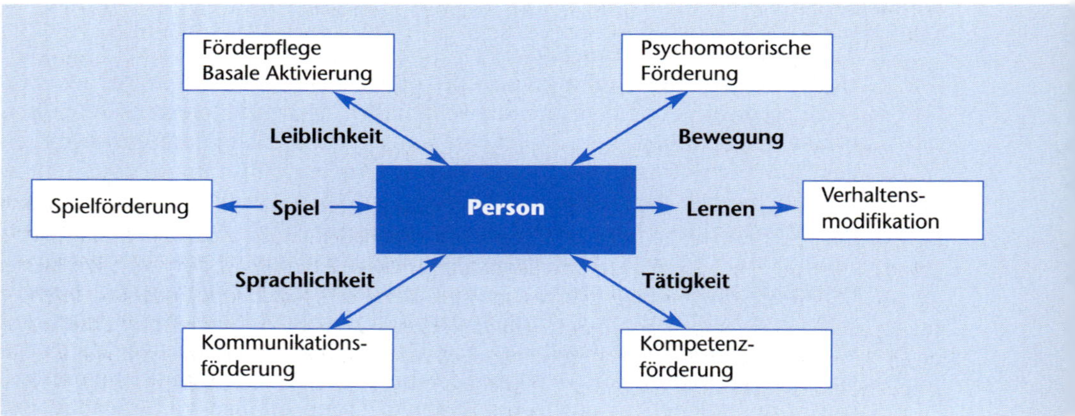

Systematik heilpädagogischer Förderkonzepte (Gröschke, 1997, S. 278)

Als entwicklungs- und förderrelevante personale Gegebenheitsweisen, die in jedem Fall Anknüpfungspunkte für heilpädagogisches Handeln bieten, wurde an anderer Stelle (siehe Gröschke, 1997) den Vorschlag gemacht, von *Grundphänomenen* personaler Existenz auszugehen: Leiblichkeit, Bewegung, Spielen, Tätigkeit, Sprachlichkeit, Lernen; die Reihe dieser vorläufigen Grundphänomene ist beliebig durch weitere zu ergänzen. Mit dem Fokus auf dem unhintergehbaren Phänomen der *Leiblichkeit* ist gewährleistet, dass auch in Fällen schwerer und schwerster Behinderung heilpädagogisches Handeln möglich ist, so dass es niemanden aus seinem Handlungsraum ausschließen muss. Jedenfalls, wenn heilpädagogisches Handeln in einer Sphäre und im Medium von Begegnung/Beziehung/Kommunikation/Interaktion/Kooperation stattfindet, muss ein geeignetes Handlungskonzept auch konkrete Wege (Methoden) aufweisen, *wie* Begegnung, Beziehung, Kommunikation, Interaktion und Kooperation *ermöglicht* und *gestaltet* werden können, und zwar von je konkreten, einzigartigen *Individuen,* deren Individualität und Subjektivität von keinem Konzept restlos bestimmt oder geregelt werden kann. Insofern enthält jedes Handlungskonzept systematische Leerstellen, die von den Personen eingenommen werden (müssen), die ihre interpersonellen Verhältnisse und Beziehungen im Handlungsrahmen eines Konzepts gemeinsam gestalten (wollen).

Heilpädagogisches Handeln als Teil und Aspekt von sozialem Handeln ist wie dieses immer sozial *situiertes* Handeln; es findet an bestimmten Orten der sozialen Praxis statt, die durch eine bestimmte Topographie gekennzeichnet sind (siehe die „topographische Grundfrage: Wo?" bei Kobi, Grundfragen, 2004). Den Handlungsrahmen professionellen heilpädagogischen Handelns bilden nicht nur – mikrologisch gesehen – alltägliche *Situationen* und *Episoden,* sondern maßgeblich auch die *institutionellen* und *organisatorischen* Rahmenbedingungen heilpädagogischer *Einrichtungen* der Behinderten- oder Erziehungshilfe, in der eine Heilpädagogin ihre berufliche Tätigkeit ausübt (siehe Greving, 2000). Heilpädagogische Handlungskonzepte als Praxiskonzepte müssen deshalb als notwendige Strukturelemente immer auch die organisatorischen, rechtlichen, administrativen und funktionellen Rahmenbedingungen der Praxiseinrichtung mit einbeziehen, in der sie implementiert, umgesetzt, angewandt werden sollen.

K

Praxistaugliche Handlungskonzepte können deshalb auch nur im *Verbund* von Wissenschaftlern und Praktikern der Heilpädagogik entwickelt und evaluiert werden; auf beide Kooperationspartner, Wissenschaft *und* Praxis kommt es an, keiner ist ohne den anderen allein befähigt, heilpädagogische Handlungskonzepte, wie ich sie oben deskriptiv und normativ bestimmt habe, zu entwickeln.

Mit einem ähnlichen Verständnis definiert Hiltrud von Spiegel für die Praxis der sozialen Arbeit:
„Konzepte sind veröffentlichte Entwürfe von Handlungsplänen oder Wirkungszusammenhängen, die hypothetischen Charakter haben. Sie kombinieren Beobachtungs- und Beschreibungswissen (‚Was ist der Fall?') mit Erklärungs- und Begründungswissen (‚Warum ist dies so?'), Wertwissen (‚Welche Zustände bzw. Verhaltenseisen sind wünschenswert?') und Handlungs- und Interventionswissen (‚Wie kommen wir dahin?'). Einige Konzepte beruhen auf empirischer Basis, da sie in der Praxis, beispielsweise in Modellvorhaben, erprobt und dann verallgemeinert wurden, andere wiederum bleiben auf der Ebene der gedanklichen Entwürfe." (von Spiegel, 2004, S. 73)

Konzepte, nicht *Methoden,* sind die hermeneutisch-pragmatischen Einheiten beruflichen Könnens (professionelle Handlungskompetenz).

In deskriptiver Hinsicht ist Handeln das Ausführen bestimmter *Tätigkeiten* bestimmter *Personen* in bestimmten *Situationen.* Ein praxistaugliches Handlungskonzept, an dem ein professionell Handelnder seine gemeinsamen Tätigkeit mit anderen (seinen Klienten) ausrichtet, muss also aus drei Elementen bestehen bzw. muss drei konstitutive Bedingungsfaktoren beinhalten: Person, Milieu, Methodik.

- **Person:**
  Erstens und letztens müssen es immer konkrete Personen sein, die befähigt und bereit sind, in einem bestimmten „setting“ im Rahmen ihres beruflichen Alltags ihr Handeln in Bezug auf andere konkrete Personen (ihre Adressaten) im Sinne bestimmter Handlungsrichtlinien zu strukturieren. Das professionell tätige Handlungssubjekt besitzt durch Biographie, Ausbildung und praktische Erfahrung gewonnene personale, moralische und methodische *Qualifikationen,* die in der Methodenlehre sozialer Berufe oft als „Schlüsselqualifikationen“ bezeichnet werden.

- **Milieu:**
  Der soziale Kontext, innerhalb dessen sich Handeln immer vollzieht, in dem Handeln sozial *situiert* ist, ist im Falle professionellen Handelns ein institutionell und organisatorisch strukturierter und geregelter Handlungsrahmen („setting“). Die praktische Umsetzung eines Handlungskonzepts bzw. die Gestaltung beruflicher Tätigkeiten im Rahmen eines bestimmten Konzepts ist an spezifische sozial-räumliche Bedingungen geknüpft, an spezifisch gestaltete *Handlungsräume.* Als zusammenfassenden Oberbegriff für diese konzeptspezifischen sozialräumlichen Bedingungen kann man die Bezeichnung *Milieu* wählen.
  So benötigen z. B. heilpädagogische Spielförderung, Begleitung oder Therapie entsprechend ausgestattete Spielzimmer; psychomotorische Förderung, sensorische Integrationstherapie u. a. benötigen entsprechend ausgestattete Bewegungsräume; ästhetisch-kreative, kunsttherapeutische Ansätze brauchen eine entsprechende Werkstatt; snoezelen (ob „Maxi“ oder „Mini“) ist auf Snoezelen-Räume angewiesen etc. Die große Bedeutung solcher konzeptspezifisch gestalteter Handlungs- oder Behandlungsräume, überhaupt die grundlegende Bedeutung des gestalteten Raumes für die Lebensqualität der in ihm lebenden Menschen (vgl. Bollnow, 2004), kommt auch darin zum Ausdruck, dass es in der Praxis von Sozialpsychiatrie, Gruppentherapie aber auch Sozialpädagogik eigenständige Konzepte von „Milieutherapie“ gibt.

- **Methodik/Therapeutik:**
  Jedes praktisch brauchbare Handlungskonzept enthält eine Reihe von *Handlungsregeln* und -empfehlungen, die genauer beschreiben, *wie* konkret vorzugehen ist, wenn (gemeinsam) erreicht werden soll, was das jeweilige Konzept in Aussicht stellt (z. B. umschriebene Fördereffekte oder andere wünschenswerte psychische Zustände, Fähigkeiten und Fertigkeiten u. a.). Dies ist die *methodische* Dimension eines Konzepts; seine spezielle Methodik („methodos“, griech. „Weg zum Ziel“). Die Rede von Handlungsregeln als Element der Methodik soll jedoch nicht so verstanden werden, als ob *förderliches* oder *therapeutisches* Handeln in der strikten Ausführung entsprechender Regeln bestehen würde, sondern heilpädagogisches Handeln ist ein nach Regeln geordnetes, strukturiertes und gestaltetes Handeln – ein Handeln, das heilpädagogische Regeln befolgt. Heilpädagogisches Handeln ist eine komplexe soziale Praxis, die man in einer bestimmten, einmaligen und auf die genau gleiche Weise nicht wiederkehrenden Situation auf verschiedene Weise gestalten kann. Wie man Schach nicht spielt, indem man Schachregeln spielt, sondern nach Regeln Schach spielt, so besteht auch heilpädagogisches Handeln nicht in der Ausführung von Regeln, sondern in einem regelfolgenden Gebrauch von Elementen in einer gemeinsam gestalteten Situation (Beziehung).

So enthält zum Beispiel das Konzept der Basalen Stimulation einen Satz von Handlungsregeln und -empfehlungen, die beschreiben, was wie zu tun ist, um bei einer schwerstbehinderten Person bestimmte psychische Zustandsveränderungen zu begünstigen (z. B. Entspannung, größere Wachheit und Aufmerksamkeit, Kommunikationsbereitschaft). Im Konzept der Kinderverhaltenstherapie sind z. B. Regeln enthalten, die beschreiben, wie Verstärkerverträge, Entspannungsverfahren, Selbstkontrolltechniken u. a. praktisch ausgeführt werden sollen. In den Konzepten der Spieltherapie gibt es ebenfalls solche Regeln, die bestimmen, wie auf verbale oder aktionale Verhaltensäußerungen des Kindes pädagogisch-therapeutisch reagiert werden sollte; diese Beispiele für eine solche konzeptspezifische Methodik/Therapeutik ließen sich beliebig verlängern.

Man könnte den methodischen Anteil eines Konzepts auch als seine „Interventionslehre" bezeichnen, wenn man unter *Intervention* eine geplante und gezielte methodische Einwirkung versteht, die im Hinblick auf ein Ziel eingeleitet wird; zur Interventionslehre gehören dann alle solche konkreten Handlungsregeln, die vom professionell Tätigen bestimmte Handlungsschritte verlangen, um methodisch kontrolliert, aber stets unter Berücksichtigung der gegebenen Handlungsumstände und Eventualitäten ein bestimmtes Ziel zu verfolgen.

Ausblick

Um einem sozialtechnologischen und instrumentalistischen Fehlverständnis heilpädagogischen Handelns vorzubeugen, muss an dieser Stelle unbedingt noch einmal daran erinnert werden, dass alle Handlungs-, Förder- und Therapieziele auf *Zielvereinbarungen* beruhen müssen, die konsensuell und kooperativ zwischen allen Beteiligten ausgehandelt werden. In aller Regel setzt dies ein *trialogisches* Beziehungsverhältnis voraus, an dem der professionell tätige Heilpädagoge, sein Adressat/Klient sowie dessen wichtigste Bezugspersonen beteiligt sind. Als weitere, mindestens indirekt beteiligte Instanz ist ein „symbolischer Dritter" so gut wie immer mit im Spiel, nämlich der institutionelle Auftraggeber der Heilpädagogin (ihr Anstellungsträger oder Dienstgeber). Dieser „symbolische Dritte" (vgl. Gröschke, 1998, S. 172) hat oft ein – entscheidendes – Wort mitzureden, wie professionelle heilpädagogische Praxis im Rahmen einer bestimmten Einrichtung der Behinderten- oder Erziehungshilfe gestaltet werden kann (oder muss).

Als Motto zum Beitrag Konzept (als Handlungsplan) eignet sich folgendes Zitat von Brecht: „Ja, mach nur einen Plan, sei nur ein großes Licht; dann mach' noch einen zweiten Plan – gehen tun sie beide nicht!" (Brecht, 1968). Man kann es auch so formulieren: „Planen: sich Sorgen machen um die beste Methode zur Herbeiführung eines zufälligen Ergebnisses" (Ambrose Bierce).

Kommentierte Literaturhinweise

Eine fundierte Methodik professioneller sozialer Arbeit, die an Handlungskonzepten und Handlungskompetenzen ausgerichtet ist, bietet:

Spiegel, Hiltrud von: Methodisches Handeln in der sozialen Arbeit. Grundlagen und Arbeitshilfen für die Praxis. München, Reinhardt UTB, 2004.

Körperbehinderung

Ingeborg Hedderich

Etymologie

Der Begriff „Körperbehinderung" löste erst zu Beginn des 20. Jahrhunderts den bis dahin verbreiteten Terminus „Krüppel" ab. Wilken belegt anhand des deutschen Wörterbuches der Brüder Grimm von 1873 die Wortbildung „Krüppel" als Begriff für einen Menschen mit „gekrümmten, verwachsenen oder gelähmten Gliedern" (vgl. Wilken, 1983, S. 234). Als ältestes Zeugnis wird das Wort „Cruppel" bereits im 11. Jahrhundert am Mittelrhein datiert. Trotz der kritischen Betrachtung fand der Begriff „Krüppel" noch Eingang in das preußische Krüppelfürsorgegesetz von 1920. Erst ab etwa 1940 setzte sich der Begriff „Körperbehinderter" endgültig durch. Dies war insbesondere das Verdienst des „Selbsthilfebundes der Körperbehinderten" (Otto-Perl-Bund). Zu Beginn des 21. Jahrhunderts wird der Begriff zunehmend häufiger durch „Mensch mit Körperbehinderung" abgelöst. Mit dem aktuellen Terminus wird eine klare Trennung zwischen der Person und einem Merkmal vorgenommen, welches ihr zugeschrieben wird. Diese Differenzierung war bei dem Begriff „Körperbehinderter" nicht erkennbar.

Seit den 70er-Jahren des 20. Jahrhunderts wurde eine Fülle von Definitionen aus juristischer und bildungspolitischer Perspektive in die Fachdiskussion der Körperbehindertenpädagogik eingebracht. Eine vergleichende Betrachtung der Definitionen zeigt sehr deutlich, dass als schädigungsspezifische Kernaussage stets die Beeinträchtigung der Bewegungsfähigkeit durch Schädigung des Stütz- und Bewegungssystemes genannt wird. Die Beeinträchtigung ist dauerhaft oder überwindbar. Hinzu kommen weitere organische Schädigungen. Bedeutsam sind die Auswirkungen auf soziale Interaktion, soziales Rollenverhalten und Umwelterfahrungen (siehe dazu ausführlich Hedderich, 2006, S. 20 ff.).

Die Betrachtung des Begriffes „Körperbehinderung" kann keinesfalls losgelöst gesehen werden von der allgemeinen Diskussion um den Begriff „Behinderung". Das wohl bedeutsamste Bezugssystem für die fachliche Auseinandersetzung bietet im beginnenden 21. Jahrhundert die Klassifikation der Weltgesundheitsorganisation. In dem revidierten Modell „Internationale Klassifikation der Funktionsfähigkeit, Behinderung und Gesundheit" (ICF) wird der Komplexität, Vielschichtigkeit und möglichen Wechselwirkungen von Einflussfaktoren, die Selbstorganisationsprozesse von Menschen erschweren und behindern können, deutlich Ausdruck verliehen (DIMDI 2004). Der ersten Fassung aus dem Jahr 1980 wurde der Vorwurf eines linearen Krankheitsfolgenmodells entgegengebracht. Der bio-psycho-soziale Ansatz der ICF erlaubt ein „systemisches Verständnis", das darauf ausgerichtet ist, den Menschen mit Behinderung eingebettet in Lebenswelt, soziale Gemeinschaft und Gesellschaftssystem zu betrachten und zu beschreiben. Im Kontext der Begrifflichkeit der ICF und unter Rückgriff auf die schädigungsspezifische Kernaussage der Fachdisziplin lässt sich Körperbehinderung wie folgt aktuell klassifizieren:
Körperbehinderung ist ein Beschreibungsmerkmal für einen Menschen, der in Folge einer Schädigung des Stütz- und Bewegungsapparates, einer anderen organischen Schädigung oder einer chronischen Erkrankung, in seiner Bewegungsfähigkeit und der Durchführung von Aktivitäten beeinträchtigt ist, so dass die Teilhabe an Lebensbereichen bzw. -situationen als erschwert erlebt wird.

Geschichte

Menschen mit Körperbehinderungen gehörten seit Anbeginn der Menschheit zur sozialen Gemeinschaft. Ihre Geschichte wird im Wesentlichen in folgenden Quellen dokumentiert: Schmeichel (1983), Wilken (1983) und Möckel (1988). Im Zentrum der historischen Betrachtung steht die Frage: Welche sozialen Einstellungen werden Menschen mit Körperbehinderung in verschiedenen geschichtlichen Epochen und unterschiedlichen Kulturen entgegengebracht?

In der Frühgeschichte und in der Antike gehörten Körperbehinderte zu den Ausgestoßenen, denn körperliche Andersartigkeit löste Ablehnung aus. Oft erlitten körperbehinderte Kinder das Schicksal, gleich nach der Geburt ausgesetzt zu werden. Körperliche Andersartigkeit erzeugte aber auch Neugier, so wurden Körperbehinderte auf Jahrmärkten zur Schau gestellt und bei Hofe zur Belustigung als Narren gehalten. Kindesaussetzung wurde unter dem Einfluss des Christentums verboten. Behinderte verdienten ihren Lebensunterhalt, indem sie bettelten, oder sie wurden in Klöstern versorgt. Erst die Epoche der Aufklärung bewirkt entscheidende Veränderungen, denn das Leben wurde als nicht mehr schicksalhaft verstanden, sondern als veränderbar angesehen. Mitte des 18. Jahrhunderts waren es zunächst Orthopäden, die eine Korrektur körperlicher Gebrechen versuchten. Zweifelsohne hat die Orthopädie richtungsweisende Impulse für eine systematische Körperbehindertenhilfe gegeben. In allen bereits genannten Übersichtsdarstellungen zur Geschichte der Körperbehindertenpädagogik wird zunächst stets der Schweizer Arzt Jean-André Venel (1740–1791) erwähnt, der auch als „Vater der Orthopädie“ benannt wird. Die von Venel 1780 in Orb (Kanton Waardt, Schweiz) gegründete Anstalt war das erste orthopädische Institut; hier wurden Klumpfüße und Rückgratverkrümmungen mit Schienen und verschiedenen Apparaten korrigiert. In Deutschland wurde 1816 von dem chirurgischen Instrumentenmacher Johann Georg Heine (1770–1838) ein ähnliches Institut in Würzburg gegründet. Wie Möckel (1988) berichtet, war der Zweck des Instituts die Heilung der Patienten und nicht die Unterrichtung: „Der Gedanke einer Erziehung trotz Behinderung lag Heine fern“ (Möckel, 1988, S. 91).

Bei der historischen Betrachtung der Körperbehindertenfürsorge gilt es jedoch zu beachten, dass es neben dem bereits benannten medizinischen Traditionsstrang auch einen pädagogisch-erzieherischen und einen konfessionellen gibt. 1832 gründete Johann Nepomuk Edler von Kurz (1783–1865)eine „technische Industrieanstalt für arme, krüppelhafte Kinder“ in München. Die Einrichtung ist der erste originär pädagogische Versuch, die soziale Situation körperbehinderter Menschen durch eine Ausbildung als Existenzgrundlage zu sichern. Im Gegensatz zu orthopädischen Instituten fand in der Anstalt keinerlei medizinische Behandlung statt. Ab 1844 trug die Anstalt die Bezeichnung „Königlich Bayerische Erziehungsanstalt für krüppelhafte Kinder“, wurde später in „Königliche Landesanstalt für krüppelhafte Kinder“ umbenannt und besteht noch heute als „Bayerische Landesschule für Körperbehinderte“ mit Schule, Ausbildungswerkstätte und Internat. Sie gilt zu Recht als älteste Bildungseinrichtung Europas für Menschen mit Körperbehinderung. Für die Körperbehindertenhilfe bedeutsam waren darüber hinaus Vertreter der christlichen Kirche. Als Initiator der Körperbehindertenfürsorge im Rahmen der inneren Mission gilt der dänische Pastor Hans Knudsen (1813–1886), der 1872 in Kopenhagen ein „Ambulatorium für Krüppel“ gründete. Eine vergleichbare Einrichtung entstand auf Initiative von Pastor Theodor Hoppe (1846–1934) als „Vollkrüppelheim“ 1886 in Nowawes bei Potsdam. In der Einrichtung wurden die Bereiche Unterricht, Pflege und Orthopädie erstmalig miteinander verbunden. Zu Beginn des 20. Jahrhunderts entstand das Oskar-Helene-Heim in Berlin,

K

eine Stiftung des Fabrikantenehepaares Pintsch. Unter der Leitung des Orthopäden Konrad Biesalski (1868–1930) und des Pädagogen Hans Würtz (1875–1958) galt es als beispielhaftes Zentrum der Körperbehindertenhilfe in Deutschland. Biesalski gilt als Initiator der staatlichen Krüppelfürsorge, denn 1906 wurde durch ihn die erste Krüppelstatistik für das Deutsche Reich durchgeführt, bei der eine Zählung aller körperbehinderten Menschen unter 15 Jahren stattfand. Biesalski vertrat die Auffassung, die Bezeichnung „Krüppel“ stelle an sich keine Diagnose dar, vielmehr sei immer ein soziales Moment hinzuzunehmen (Biesalski, 1908, S. 11 f.). Die zu lösende soziale Aufgabe der „Krüppelfürsorge“ wurde von Biesalski als „Dienst am Individuum, gesehen durch das Interesse der Allgemeinheit“ definiert (Biesalski, 1908, S. 11). Würtz war Begründer einer „Krüppelpsychologie“ und eines fragwürdigen Konzeptes der „Krüppelseele“. Ausgangspunkt war die „Sonderseele des Körperbehinderten“ und ein zwingender Zusammenhang „zwischen gebrochener Bewegung und unausgeglichenem Seelenleben“ (Würtz, 1932, S. 61). Das Konstrukt der Krüppelseele ist deshalb als so problematisch anzusehen, so Merkens (1981, S. 189), da „Vorurteile vergangener Epochen eine Wiederholung fanden“.

Der Nationalsozialismus war eine Zeit der Aussonderung und Tötung auch von Körperbehinderten. Aufgrund des vorherrschenden sozialdarwinistischen Gedankenguts wurde das Überlebensrecht von Menschen mit Körperbehinderung generell in Frage gestellt und es kam zu Sterilisation, Euthanasie und Massenvernichtung in Konzentrationslagern.

Nach der deutschen Teilung wurde sowohl in der Bundesrepublik Deutschland (BRD) als auch in der Deutschen Demokratischen Republik (DDR) ein eigenständiges Sonderschulwesen für Körperbehinderte ausgebaut. Auf dem Gebiet der DDR entstanden in den 1950er-Jahren in verschiedenen Bezirkshauptstädten Tagesschulen für Körperbehinderte, in der BRD waren es Ende der 1950er- und Anfang der 1960er-Jahre Elternverbände, die einen schnellen Ausbau wohnortnaher Schulen für Körperbehinderte vorantrieben. In den 1960er-Jahren standen in der BRD in Folge der Contergankatastrophe zunächst Kinder mit Gliedmaßenfehlbildungen im Zentrum des Bildungsinteresses. Die 1970er-Jahre waren gekennzeichnet durch den Kampf um das Bildungsrecht für Kinder mit schwersten Behinderungen, insbesondere mit schwersten cerebralen Bewegungsstörungen. Darüber hinaus forderte die Integrationsdiskussion in den 1980er- und 1990er-Jahren eine Standortbestimmung. Für den Bereich der schulischen Förderung sind die Empfehlungen der Kultusministerkonferenz zum Förderschwerpunkt, körperliche und motorische Entwicklung (1998) wegweisend. Diese konkretisieren eine Weiterentwicklung vom Denken in Behinderungsarten zur personen-, bedürfnisorientierten, individualisierten Sichtweise und favorisieren den gemeinsamen Unterricht als Ort der sonderpädagogischen Förderung. Im beginnenden 21. Jahrhundert, im wiedervereinten Deutschland, gilt es sich auf der Basis der unterschiedlichen historischen und gesellschaftlichen Identitäten gemeinsam den Herausforderungen der professionellen heilpädagogischen Unterstützung für Menschen mit Körperbehinderung im gesamten Lebensverlauf zu stellen.

Aktuelle Relevanz und theoretische Ansätze

Der Anteil körperbehinderter und chronisch kranker Kinder im Schulalter wird in Deutschland gegenwärtig auf 0,5 % eines Jahrgangs geschätzt (Cloerkes, 1997, S. 26). Im internationalen Vergleich variieren erwartungsgemäß sowohl die Definitionen von

Körperbehinderung als auch die demographischen Zahlen. Die häufigsten Erscheinungsformen körperlicher Behinderung sind in den letzten Jahrzehnten vielfach zu sinnverwandten Systematiken zusammengestellt worden (Schmidt, 1983, S. 383–393; von Pawel, 1984, S. 18f.; Leyendecker/Kallenbach, 1989, S. 44f.; Wellmitz, 1993, S. 32f.), die in ihrer Gesamtheit die fachliche Basis für die nachfolgende Übersicht gebildet haben.

Formen der Körperbehinderung

Schädigung: Gehirn und Rückenmark		
Einteilung/ Erscheinungsform	**Verursachung**	**Förderbedürfnisse**
1. **Cerebrale Bewegungsstörung (frühkindlich: „infantile Cerebralparese" oder später erworben)** Abnorme Muskelspannung, Störung der Bewegungskoordination Einteilung in: **Spastik:** Hypertonus (erhöhter Muskeltonus), veränderte Bewegungsmuster **Athetose:** Muskeltonus schwankend, asymmetrische Bewegungen, unkontrollierte Mimik **Ataxie:** Hypotonus (verringerte Muskelspannung), Gleichgewichtsstörungen, mangelnde Bewegungssteuerung Einteilung in: **Tetraplegie:** der gesamte Körper ist betroffen (Arme, Beine, Rumpf, Hals, Kopf) **Diplegie:** alle vier Extremitäten sind betroffen, Beine sind stärker betroffen als Arme **Hemiplegie:** eine Körperhälfte ist betroffen Cerebrale Bewegungsstörungen treten häufig als Mischformen und als Mehrfachbehinderung auf: Sprechstörungen (Dysarthrie, Anarthrie), Anfallsleiden, Wahrnehmungsstörungen, Hörstörungen	Prä-, peri-, postnatale Schädigung des unreifen Gehirns durch: Infektionen während der Schwangerschaft, Sauerstoffmangel während der Geburt, entzündliche Erkrankungen des Gehirns im Säuglingsalter Schädigung des ausgereiften Gehirns durch: Hirntumor, Schädel-Hirn-Trauma	**Psychomotorische Dimension:** Physiotherapie in erster Linie auf die kindliche Aktivität ausgerichtet, bewegungsbegleitend, Selbstständigkeit im Alltag **Sozialkommunikative Dimension:** Bei 60 % bis 80 % der Betroffenen Sprechstörungen und Sprachentwicklungsverzögerungen als sensomotorischer und sozialer Erfahrungsmangel, unterstützte Kommunikation, sprachersetzende und ergänzende Ausdrucksformen **Kognitive Dimension:** Basale Entwicklungen prägen die Kognition, spezielle Unterstützung bei der Aneignung der Welt, psychomotorische, sensorische, vestibuläre Angebote

K

Einteilung/ Erscheinungsform	Verursachung	Förderbedürfnisse
2. Querschnittslähmungen **a) Angeborene Schädigung:** durch Spina bifida, häufig Hydrocephalus (Wasserkopf), motorische und sensible Lähmungen der Beine, Blasen- und Mastdarmstörungen	Angeborene Fehlbildung des Rückenmarks, mangelhafter Verschluss des Wirbelkanals, gestörter Abfluss des Gehirnwassers, Ursache unklar	Problematik der zahlreichen medizinischen Maßnahmen, Konsequenzen für die psychosoziale Entwicklung, Bedeutung für die Beziehungsgestaltung
b) Erworbene Schädigung: durch Verletzung oder Erkrankung je nach Höhe der Rückenmarkschädigung: motorische und sensible Ausfälle der entsprechenden Körperregionen, Störungen des Urogenitalbereiches und des Mastdarms	Unfall, Erkrankung (Tumor)	Beziehungsqualität dominant für die Verarbeitung von Unfall oder Erkrankung
3. Anfallsleiden (Epilepsien) **Generalisierte Anfälle** (beide Hirnhemisphären betroffen), kleine Anfälle (Petit mal) ohne deutliche Bewusstseinsstörung, große Anfälle (Grand mal) mit Bewusstseinsverlust **Partielle Anfälle** (einzelne Hirnareale betroffen), einfache Anfälle mit motorischen oder vegetativen Symptomen, komplexe sensomotorische Anfälle mit Bewusstseinsstörung	Anfall als Ergebnis einer Störung elektrisch-chemischer Vorgänge in den Nervenzellen des Gehirns	regelmäßige medizinisch-therapeutische Begleitung notwendig, Erleben des Körpers als nicht belastbar, Überforderungen bei Lernanforderungen vermeiden, Rhythmisierung des Tagesablaufes: Anspannung – Entspannung

Schädigung: Muskulatur- und Skelettsystem		
Einteilung/ Erscheinungsform	**Verursachung**	**Förderbedürfnisse**
4. Progressive Muskeldystrophien Verschiedene Formen, häufigste Variante: Muskeldystrophie Typ Duchenne, Abbau des Muskelgewebes, Lebenserwartung herabgesetzt	Anlagebedingt, dominante und rezessive Erbgänge	Problematik der zunehmenden Bewegungsbeeinträchtigung, Akzeptanz von Hilfsmitteln, Sinnfrage bei begrenzter Lebenserwartung, Beziehungsgestaltung in der Gegenwart
5. Dysmelie Fehlbildungen oder Fehlen von Gliedmaßen	Medikamentöse Einwirkung (Schlafmittel Contergan), Strahleneinwirkung, genetische Störung	Stärkung des Selbstbewusstseins, Respekt vor den körperlichen Fähigkeiten, gezielter Einsatz der Hilfsmittel

Einteilung/ Erscheinungsform	Verursachung	Förderbedürfnisse
6. Glasknochenkrankheit (Osteogenesis imperfecta) Erhöhte Knochenbrüchigkeit	Erblich bedingt, Chromosomenveränderungen	Zur Steigerung der Mobilität frühzeitig Einsatz des Rollstuhls möglich, Verzögerung des schulischen Lernens durch lange Fehlzeiten
7. Fehlstellungen der Wirbelsäule **Skoliose:** Seitliche Verbiegung **Kyphose:** Verkrümmung nach Hinten **Lordose:** Verkrümmung nach vorn	Erblich bedingt, angeboren oder erworben	

Schädigung: Chronische Krankheit und Fehlfunktion von Organen		
Einteilung/ Erscheinungsform	**Verursachung**	**Förderbedürfnisse**
8. Rheumatische Erkrankungen Fortschreitende Entzündungen der Gelenke	unklar	Förderung chronisch kranker Kinder insbesondere in der Schule für Kranke, Thema: Umgang mit der Krankheit
9. Fehlbildungen des Herzens, Erkrankungen von Herz und Kreislauf Belastbarkeit herabgesetzt	Erblich bedingt, spätere Herz-Kreislauf-Erkrankungen auch durch Lebensweise mit bedingt	Spezifische Bedürfnisse ergeben sich aus Krankheitsbelastungen, Begabungen fördern ohne körperliche Überanstrengung
10. Hauterkrankungen Allergische Reaktionen, Ekzeme, Neurodermitis, Schuppenflechte	Zahlreiche Einflussfaktoren: z. T. erblich bedingt, z. T. psychogen, z. T. Überbelastung mit allergenen Stoffen	Erschwerte Körper- und Sinneserfahrungen, Angebot spezieller Materialien zur sensorischen Anregung

Die Körperbehindertenpädagogik bzw. Pädagogik bei Körperbehinderung ist eine heilpädagogische Teildisziplin, die sich in Theorie und Praxis mit Erziehung, Bildung und professioneller Lebensbegleitung von Kindern, Jugendlichen, Erwachsenen und Menschen im Alter mit Körperbehinderung beschäftigt. Innerhalb der theoretischen Entwicklung der Disziplin werden Förderbedürfnisse und Lebenssituationen erforscht und heilpädagogische Einwirkungsformen der professionellen Begegnung entwickelt. Als pädagogische Disziplin steht die Körperbehindertenpädagogik grundsätzlich in enger Beziehung zur allgemeinen Erziehungswissenschaft.

In den 60er-Jahren des 20. Jahrhunderts wurde die theoretische Diskussion in der Körperbehindertenpädagogik zunächst durch anthropologische Akzentuierungen bestimmt.
Ausgehend von der „Andersartigkeit“ von Menschen mit Körperbehinderung wurde beispielsweise von Wolfgart (1976) eine spezielle Didaktik unter Bezugnahme auf die bildungstheoretische Konzeption gefordert. Darüber hinaus entstehen verschiedene

Publikationen zur speziellen Lebenssituation von Kindern mit progredienten Erkrankungen. Auf der Basis der Phänomenologie der Wahrnehmung des französischen Philosophen Merleau-Ponty entwickelte Schmeichel (1983) eine Dimension der Beziehungsgestaltung als „pädagogische Koexistenz". Im Dialog, auch unter Rückgriff auf das dialogische Prinzip von Martin Buber, erhält das Kind mit Körperbehinderung stabilisierende Hilfen und Unterstützung seiner Lebensvollzüge im Hier und Jetzt.

Die Kritik an einer stark geisteswissenschaftlich ausgerichteten Körperbehindertenpädagogik führte in den 70er-Jahren des 20. Jahrhunderts zu einem Perspektivwechsel hin zur empirischen Forschung. Es entstand eine Fülle von Untersuchungen zur psychosozialen Situation, zum Intelligenz-, Lern- und Leistungsverhalten körperbehinderter Kinder, die noch heute in das Basiswissen der Körperbehindertenpädagogik einfließen. Im beginnenden 21. Jahrhundert werden die Grenzen quantitativ-empirischer Erkenntnisgewinnung jedoch deutlich gesehen, die insbesondere in der eingeschränkten Quantifizierbarkeit komplexer zwischenmenschlicher Phänomene liegen (Hedderich; 1991, 1997; Hedderich/Loer, 2003; Neumann, 1999; Bergeest, 2000).

In der DDR war die Körperbehindertenpädagogik Teil der Rehabilitationspädagogik mit dem zentralen Begriff der physisch-psychischen Schädigung. Die Rehabilitationspädagogik wurde geprägt durch sowjetische Lehrmeinungen und berücksichtigte alle Altersstufen. Integration war Zielperspektive pädagogischer Förderungen. Eine Integrationsdiskussion und eine Thematisierung des Bildungsrechtes von Menschen mit schwersten Behinderungen fand jedoch nicht statt (siehe Wellmitz, 1999). Eine aktuelle Dimension für die Theoriebildung im 21. Jahrhundert bietet die Vielfalt ökologisch-systemisch-konstruktivistischer Denkmodelle. Die soziologische Theorie der Ökologie der menschlichen Entwicklung nach Bronfenbrenner (1981) betrachtet den Menschen in seiner Entwicklung in ein Netzwerk sich sozial ausweitender Systeme in wechselseitiger Anpassung eingebettet. Basis konstruktivistischer Denkmodelle ist die biologische Erkenntnistheorie von Maturana und Varela (1987). Hier wird als grundlegender Mechanismus des Lebendigen die „Autopoiese" angegeben, welches in etwa Selbstgestaltung bedeutet. Die Übertragung der skizzierten theoretischen Ansätze auf die Heilpädagogik und die Körperbehindertenpädagogik ist in Umrissen erkennbar. Zu nennen ist die ökologisch-reflexive Heilpädagogik von Speck (System Heilpädagogik, 1996), aber auch eine „systemisch-konstruktivistische Pädagogik von Reich (1997). Eine Konkretisierung für die Körperbehindertenpädagogik für die Lebensphase des Alters wurde von Hedderich und Loer (2003) vorgelegt. Offensichtlich sind Theorieansätze, die den Menschen sowohl in seiner subjektiven Sinnwelt als auch in seiner sozialen Vernetztheit ins Zentrum der theoretischen Betrachtung rücken, dazu geeignet, einen Beitrag zur Überwindung der Defizitorientierung zu leisten.

Problem- und Erfahrungsfelder

Eine Körperbehinderung ist in der Regel verbunden mit einer sichtbaren Abweichung des äußeren Erscheinungsbildes. Sie entspricht nicht der gesellschaftlichen Norm von Gesundheit und körperlicher Unversehrtheit und führt zu negativen gesellschaftlichen Einstellungen, die wir bereits in der Geschichte nachweisen konnten. Welche problematischen Einstellungen werden Menschen mit Körperbehinderung entgegengebracht? Von welchen Faktoren hängen sie ab? Cloerkes (1997, S. 76–78) hat die Fülle der vorliegenden empirischen Untersuchungen systematisiert.

1. Die Art der Behinderung und insbesondere ihr sichtbares Ausmaß sind für die Einstellung gegenüber Menschen mit Behinderung von erheblicher Bedeutung. Abweichungen im geistigen oder psychischen Bereich werden ungünstiger bewertet als körperliche Abweichungen. Interessant ist, dass die Schwere einer Behinderung kein wesentlicher Einstellungsfaktor ist.
2. Der Einfluss sozio-ökonomischer Merkmale auf die Einstellung wird als gering angesehen. Ältere Menschen sind negativer eingestellt als jüngere Menschen. Ein höherer Bildungsgrad bewirkt keine positive Haltung.
3. Der Kontakt zu Menschen mit Behinderung ist als wichtiger Einstellungsfaktor zu sehen, der jedoch nicht zwangsläufig eine positive Einstellung bewirkt. Nicht die Häufigkeit des Kontaktes ist entscheidend, sondern die Intensität. Aber auch nicht jeder intensive und enge Kontakt führt zu einer positiven Einstellung. Von entscheidender Bedeutung ist, dass sich der Kontakt freiwillig vollzieht, emotional fundiert ist und bereits in der frühesten Kindheit positiv grundgelegt wird.

Neben der körperlichen Schädigung sind Einstellungen und Rollenzuweisungen durch die Gesellschaft als zentrale Problemfelder der Sozialisation für Menschen mit Körperbehinderung zu nennen. Auch wenn die Sozialisation sich stets in einem individuellen Prozess vollzieht, so lassen sich dennoch verallgemeinernd verschiedene Dimensionen benennen (Bergeest, 1999, S. 222–237).

- **Personale Bedingungen:**
  Das Selbstkonzept sehr vieler Menschen mit Körperbehinderung wird geprägt von der Erfahrung der Etikettierung durch die Mitwelt. Entscheidend sind: Unterstützungsbedarf, Fremdbestimmtheit und Abhängigkeit. Ziel des Entwicklungsprozesses ist deshalb ein möglichst hohes Maß an Selbstbestimmung.
- **Familiäre Bedingungen:**
  Das empirisch gesicherte Wissen über Familien mit behinderten Kindern ist „höchst unbefriedigend"(Cloerkes, 1997, S. 78). Die medizinische Diagnose wird zu einem entscheidenden Einschnitt im Familienleben. Ein Zuviel an therapeutischer Stimulation kann Entwicklungsfortschritte hemmen (Schlack, 1997). Unter den Gesichtspunkten der Behinderung können sich verändernde familiäre Konstellationen ergeben: Verstärkung der Hausfrauenrolle für die Mutter (Jonas, 1990), ein Zurückstehen hinter dem behinderten Kind für die Geschwister (Hackenberg, 1983), Forderung nach emotionaler Auseinandersetzung über gewohnte traditionelle Bewältigung hinaus für die Väter (Hinze, 1992) und das Erleben von ambivalenten Empfindungen und belastende Beziehungserfahrungen für den behinderten Menschen selbst.
- **Entwicklungsbedingungen:**
  Für die Betrachtung der Entwicklungsbedingungen, insbesondere der kognitiven Entwicklung körperbehinderter Kinder, ist die frühkindliche sensomotorische Entwicklung von zentraler Bedeutung. Die Entwicklungsbedingungen von Kindern mit einer motorischen Schädigung führen zu Veränderungen des eigenen Handelns in Form einer veränderten Aneignung der Wirklichkeit. Körperbehinderte Kinder bedürfen für ihr planvolles Tun häufig einer besonderen, vermittelnden Unterstützung (Jetter, 1999, S. 172). In Handlungsfeldern der Körperbehindertenpädagogik ist die Erfahrung weit verbreitet, dass Menschen mit Körperbehinderung sich in ihrem eigenem Körper nicht auskennen. Jetter (1999, S. 173) weist darauf hin, dass dieser grundlegende Mangel nicht

als Problem unzureichender Körpersensationen anzusehen ist, sondern als Unvermögen, diese Körpersensationen in eigene Erkenntnisstrukturen einzuordnen. Für die Praxis der Körperbehindertenpädagogik ist es hilfreich, wenn wir uns vergegenwärtigen, dass Kinder Schwierigkeiten haben können, sich aufgrund ihrer körperlichen Beeinträchtigung, Umwelterfahrungen anzueignen. Die pädagogische Arbeit für Kinder mit Körperbehinderungen ist auf Unterstützung von Handlungs- und Lebensorientierung ausgerichtet.

- **Institutionelle Bedingungen:**
  Für Menschen mit Körperbehinderung stehen lebensbegleitend eine Reihe institutionalisierter Hilfen zur Verfügung: Frühförderstellen und sozialpädiatrische Zentren, Sonderkindergärten und integrative Kindergärten, Regelschule und Sonderschulen, Berufsbildungs- und Berufsförderwerke, Rehabilitationseinrichtungen, Werkstätten für behinderte Menschen, Wohnheime und Wohngruppen der Behindertenhilfe, Seniorenzentren. Körperbehindertenpädagogisches Handeln erfolgt wie jedes pädagogische Handeln auf der Basis eines bestimmten Menschenbildes. Der Mensch in seiner Einzigartigkeit, seiner Individualität und seiner Bildungsfähigkeit steht im Zentrum des pädagogischen Bemühens (Haeberin, 1996). Eine heilpädagogische Berufsethik für hier tätige Berufsgruppen ist auf Achtung, Anteilnahme und Verantwortung ausgerichtet (Gröschke, 2002). Heilpädagogisches Handeln hat das Grundrecht auf die Achtung der Menschenwürde jedes Menschen zu verwirklichen (Speck, System, 1996). Der Begriff „Menschenwürde“ betrifft auch die Verpflichtung zur Rehabilitation durch die Gesellschaft. Das System Frühförderung wird in seinen leitenden Arbeitsprinzipien deutlich von einem Paradigmenwechsel bestimmt. Die Maxime „je früher, desto besser“ war in den 1970er-Jahren leitend und sah ein möglichst frühes Eingreifen vor, um Defizite zu vermeiden. Die aktuelle anthropologische Perspektive betrachtet das Kind dagegen als „Akteur seiner Entwicklung“. Die neuen Bestimmungen im neunten Sozialgesetzbuch (SGB IX) sehen Frühförderung als Komplexleistung vor und betonen damit den Aspekt der Interdisziplinarität zwischen medizinisch-therapeutischen, psychologisch-diagnostischen und heilpädagogisch fördernden Arbeitsfeldern.

Für das Jahr 1999 hat die Kultusministerkonferenz erstmalig Zahlen über behinderte Kinder und Jugendliche mit sonderpädagogischem Förderbedarf herausgegeben, die integrativ in allgemeinen Schulen gefördert werden. Für den Förderschwerpunkt körperliche und motorische Entwicklung für das Jahr 2002 ergibt sich folgende Statistik: von 26.483 Schülern mit sonderpädagogischem Förderbedarf werden nur 6,5 % in allgemeinen Schulen integrativ beschult (Kultusministerkonferenz, 2002, S. XIff.). Außer- und nachschulischen Lebenswelten gilt es deutlich mehr Beachtung zu schenken. Die Erfahrungsfelder Wohnen, Freizeit, Arbeit, aber auch Leben im Alter sind im Sinne der Körperbehindertenpädagogik im gesamten Lebensverlauf verstärkt einer wissenschaftlichen Betrachtung zu unterziehen.

Das neue Sozialrecht misst Formen unterstützter Beschäftigung auf dem ersten Arbeitsmarkt eine deutlich höhere Bedeutung zu. Da aber weiterhin ein Mindestmaß an wirtschaftlich verwertbarer Arbeit als Selektionskriterium gilt, finden nach Aussagen der Bundesanstalt für Arbeit (2002) 60 % der gegenwärtigen Absolventen einer Schule für Körperbehinderte eine Beschäftigung in einer Werkstatt.

Ausblick

Die traditionelle Defizitorientierung hat professionelles Denken und Handeln für Menschen mit Körperbehinderung bis in die jüngste Zeit hinein geprägt. Das aktuelle Paradigma der Kompetenzorientierung bleibt wegweisend. Heilpädagogisch relevant wird Körperbehinderung erst, wenn damit verbundene Entwicklungserschwernisse zu einem besonderen Förder- bzw. Unterstützungsbedarf führen. Jedoch bleibt stets die Gefahr: Besonderungen zum Selbstzweck festzuschreiben und somit Prozessen der Integration und Partizipation entgegenzuwirken. Letztendlich ist Körperbehinderung ein Beschreibungsmerkmal. Dies zeigt abschließend ein biographisches Fragment eines Menschen mit Körperbehinderung sehr eindrucksvoll:

„Meiner Behinderung wurde ich mir erst bewusst, als ich durch Verwandte, Bekannte und Freunde – wenn auch unwissend – darauf aufmerksam gemacht wurde, dass sie mir in allem körperlich überlegen waren. Erst dieses Bewusstsein machte mich zu einem Behinderten, zum Außenseiter. Als Kind empfand ich meine körperliche Verfassung als normal." (Knop, 1988, S. 7).

Kommentierte Literaturhinweise

K

Bergeest, Harry/Hansen, Gerd (Hrsg.): Theorien der Körperbehindertenpädagogik. Bad Heilbrunn, Klinkhardt, 1999.
Die von Fachvertretern im deutschen Sprachraum verfassten Beiträge bieten eine Zusammenfassung der gegenwärtigen Theorien zur Körperbehindertenpädagogik. Behandelt werden drei Themenkomplexe: theoretische Grundpositionen, Theorie der Entwicklung, Theorien der Förderung.

Hedderich, Ingeborg: Einführung in die Körperbehindertenpädagogik. 2. überarb. u. erw. Aufl., München, 2006.
Ingeborg Hedderich gibt in diesem Lehrbuch einen kompakten Überblick über die zentralen Themen und die vielfältigen Aufgabenfelder der Körperbehindertenpädagogik. Der didaktische Aufbau des Buches erleichtert Studierenden das Lernen. Umfangreiche Arbeitsmaterialien geben Anregungen zur fachlichen Vertiefung.

Kallenbach, Kurt (Hrsg.): Körperbehinderungen. Schädigungsaspekte, psychosoziale Auswirkungen und pädagogisch-rehabilitative Maßnahmen. 2. Auflage, Bad Heilbrunn, 2006.
Lehrende der Körperbehindertenpädagogik vermitteln das notwendige Grundlagenwissen über wichtige und häufig auftretende Behinderungsformen. Am Schluss der Beiträge werden Kontaktadressen und Selbsthilfegruppen zum jeweiligen Behinderungsbild benannt.

Wellmitz, Barbara/Pawel, Barbara von (Hrsg.): Körperbehinderung. Berlin, Ullstein Mosby, 1993.
Autoren und Autorinnen aus den neuen und alten Bundesländern stellen in ihren Beiträgen theoretische Grundlagen, Arbeitserfahrungen und Probleme aus dem breiten Spektrum des Fachgebietes zur Diskussion. Die Bedürfnisse körperbehinderter Menschen werden unter pädagogischen, medizinischen und sozialen Aspekten dargestellt.

Kritisch-materialistische Behindertenpädagogik

Wolfgang Jantzen

Etymologie

Der Begriff „Kritisch-materialistische Behindertenpädagogik" resultiert aus drei Quellen. Zunächst greift er die Kennzeichnung der bisherigen Sonder- bzw. Heilpädagogik als „Behindertenpädagogik" durch Bleidick (1972) auf. Zur gleichen Zeit spricht die Empfehlung der Bildungskommission des Deutschen Bildungsrats (1973) über alle Sonderschulformen hinweg von „behinderten Kindern". Und im ersten Heft des in kritischer Absicht zu einer Zeitschrift umgestalteten Mitteilungsblatts des LV Hessen im „Verband Deutscher Sonderschulen" bestimmt Jantzen (1973) Behinderung als „sozialen Gegenstand". Ähnlich der später von der WHO vorgenommenen Differenzierung von „Impairment", „Disability" und „Handicap", zunächst mit Schädigung, Leistungsminderung und Behinderung ins Deutsche übertragen (Weltgesundheitsamt, 198l, S. 32), wird zwischen Schaden, Beeinträchtigung und Behinderung unterschieden.

Das Prädikat „kritisch" umfasst ein breites Feld einer Kritik an etablierten heil- und sonderpädagogischen Auffassungen aus der frühen Bundesrepublik. Sie schließen das erstmalige Aufwerfen der Frage soziokultureller Benachteiligung als Ursachenkomplex von Lernbehinderung ebenso ein (vgl. Begemann, 1970) wie kritische sozialpädagogische und psychoanalytische Überlegungen im Kontext der „kritischen Theorie" (Universität Frankfurt) und schließlich sozialkritisch marxistische Überlegungen (Universität Marburg, vgl. Abé u. a., 1973; Jantzen, 1974). Im Vordergrund stand bei Letzterer ebenso das Ausgehen von der Kritik der politischen Ökonomie wie das Zurückweisen von biologistischer Reduktion – verbunden mit der Artikulation der Entwicklungsfähigkeit aller Menschen (zu Letzterem vgl. Jantzen, 1972).

Das Prädikat „materialistisch" tritt erstmals in einem Vortrag von Jantzen (Materialistische Erkenntnistheorie, 1976) im Oktober 1975 auf. Diese Arbeit „Materialistische Erkenntnistheorie, Behindertenpädagogik und Didaktik" bezieht sich auf den dialektischen Materialismus allgemein sowie im Speziellen auf die kulturhistorische Tätigkeitstheorie von Vygotskij, Lurija, und Leont'ev. Sie bestimmt soziale Isolation, deren Determinanten in der Wechselwirkung von Biotischem, Psychischem und Sozialem liegen, als relationalen Kern von Behinderung. Materialistisch darf dabei keineswegs gleichgesetzt werden mit historischem Materialismus, der, wie später, insbesondere mit Bezug auf Vygotskij, vielfältig erörtert, neben einem biologischen psychologischen und sozialen Materialismus nur eine der Ausdifferenzierungsformen dialektisch materialistischer Theoriebildung und Forschung ist (Jantzen, 1991, Aspekte, 2005).

Geschichte

Die kritisch-materialistische Behindertenpädagogik setzt mit der Kategorie „Isolation" als einem komplexen, relationalen Sachverhalt ein neues „Ideal der Naturbetrachtung". Ein derartiges „Ideal" macht als „Herzstück der Naturwissenschaften"

(Toulmin, 1981, S. 47) den inhaltlichen Kern eines „Paradigmas" aus. In der Fachdiskussion wurde dieses Ausgehen von Isolation als Verhältnis in weitgehendem Unverständnis des Paradigmabegriffs der Naturwissenschaften (vgl. hierzu Hillenbrand, Paradigmenwechsel, 1999) oft übersehen und im Kontext der gesellschaftspolitischen Auseinandersetzungen als „gesellschaftstheoretisches Paradigma" missverstanden bzw. auszugrenzen versucht. Tatsächlich jedoch hat die kritisch-materialistische Behindertenpädagogik auf der Basis dieses Übergangs von den „Substanzbegriffen" der älteren Behindertenpädagogik zu „Funktionsbegriffen" (Cassirer, 1980) seitdem umfangreiche Theorie und Praxis im Sinne einer synthetischen Humanwissenschaft entwickelt, die weit mehr als bloß gesellschaftliche Fragen umfasst. Diese Entwicklung ist vor allem verbunden mit den Namen Feuser und Jantzen, beide Universität Bremen, kann aber in keiner Weise nur auf diese beiden Wissenschaftler reduziert werden.

Im Fokus standen durchgängig Fragen der Überwindung der Reduktion von Behinderung auf Schicksal und Natur, insbesondere zentriert in den klassischen Paradigmen der Psychiatrie, in denen Bildungsunfähigkeit (Oligophrenie; geistige Behinderung), Unerziehbarkeit (Psychopathie) und Unverstehbarkeit (Psychosen) Bezugspunkte immer erneuter biologistischer und rassistischer Verdinglichung bildeten. Die Aufdeckung dieser Reduktionen als gewaltgeladene Theorie und Praxis sozialen Ausschlusses verbunden mit der Vorenthaltung von Menschen- und Bürgerrechten traf sich mit anderen Bewegungen der 1970er- und 1980er-Jahre in vielfältiger Weise, von denen vier besonders hervorzuheben sind:

- Die demokratische Psychiatrie Italiens,
- die Integrationsbewegungen für die Beschulung behinderter Kinder (in Italien ebenso wie im skandinavischen Raum),
- die aus Skandinavien und den USA mit dem „Normalisierungsprinzip" verbundene Bewegung und
- schließlich die Bürgerrechtsbewegung erwachsener Behinderter (radikalisiert ab Beginn der 1980er-Jahre in Form der „Krüppelbewegung").

Trotz vielfältiger Verbindungen, Anregungen und Berührungen ist die kritisch-materialistische Behindertenpädagogik in diesem Feld ihren eigenen theoretischen und praktischen Weg in sehr differenzierten Wissenschaftsdimensionen und sozialen Praxen gegangen. Theoretisch stand im Vordergrund die Entwicklung einer synthetischen Humanwissenschaft, in die neben immer erneuten methodologischen Überlegungen Forschungsergebnisse nahezu aller Humanwissenschaften eingingen (unter anderem Neurowissenschaften, Psychologie, Sozialwissenschaften und Geschichtsschreibung, Gesundheitswissenschaften, Philosophie). Hier hat die kritisch-materialistische Behindertenpädagogik komplexe internationale, aktuelle ebenso wie historische, empirische ebenso wie theoretische Diskurse in die Rekonstruktion des sozialen Tatbestands von Behinderung als Isolation in die deutsche Diskussion mit eingebracht. Nicht zuletzt hat sie eine weitgehende Erschließung des epochalen Werkes von Vygotskij, Leont'ev und Lurija mit befördert und in erheblichen Teilen selbst geleistet. Auf ihrer Basis wurden Kernelemente einer Neubestimmung des erziehungswissenschaftlichen Kategoriengebäudes vorgelegt (vgl. Jantzen, 1987; Behindertenpädagogik, 1990; Feuser, 1989, 1995). Damit einher ging die praxeologische Entwicklung der Behindertenpädagogik als basale und allgemeine Pädagogik, entwickelt und erprobt in den Bereichen vorschulische und schulische Integration, Deinstitutionalisierung und Enthospitalisierung, pädagogisch-therapeutische Intervention bei Schädel-Hirn-Trauma und apallischem Syndrom, schwerster geistiger Behinderung, Autismus u. a. m. sowie Psychotherapie und Sozialpädagogik.

Als Publikationsorgane dienten der kritisch-materialistischen Behindertenpädagogik neben dem vorhandenen Spektrum an Fachzeitschriften vor allem die Zeitschrift „Behindertenpädagogik“ (von 1973 bis 1976 „Behindertenpädagogik in Hessen“), das von 1980 bis 1993 von Feuser und Jantzen herausgegebene „Jahrbuch für Psychopathologie und Psychotherapie“ sowie die seit 1994 halbjährlich erscheinenden „Mitteilungen der Luria-Gesellschaft“.

In den späten 1980er- sowie in den 1990er-Jahren trat anhand der Debatte um die neue „Euthanasie“ (Peter Singer) zudem eine grundlegende Beschäftigung mit philosophischen Fragen der Ethikbegründung hinzu (Feuser,1992; Jantzen, 1993, Die Zeit, 1998, Materialistische Anthropologie, 2004), die Entwicklung subjektwissenschaftlicher Ansätze einer rehistorisierenden Diagnostik und Intervention (Jantzen, Gerechtigkeit, 2003, Rehistorisierende Diagnostik, 2005; Jantzen/Lanwer-Koppelin, 1996) sowie der Dokumentation einer Methode der Intervention bei sehr schweren Formen geistiger Behinderung (SDKHT= Substituierend-Dialogisch-Kommunikative-Handlungs-Therapie; Feuser, 2001). Wissenschaftliche ebenso wie autobiographische Rekonstruktionen der kritisch-materialistischen Behindertenpädagogik als Ganzes stehen noch aus (siehe jedoch die Festschriften für Feuser (Rödler u. a., 2001) sowie Jantzen (Feuser/Berger, 2002)).

Aktuelle Relevanz und theoretische Ansätze

Der heutige Ausarbeitungsstand der kritisch-materialistischen Behindertenpädagogik – man könnte auch mit Anlehnung an Vygotskij von der „kulturhistorischen Behindertenpädagogik“ sprechen – ist außerordentlich differenziert in zahlreichen Dimensionen der fachlichen und außerfachlichen Diskussion präsent und erfreut sich, trotz nach wie vor vorhandener Kontroversen, einer zunehmenden nationalen und internationalen Anerkennung. Versucht man, Grundkonturen und Entwicklungslinien dieses Theorie-Praxis-Gebäudes zu skizzieren, so ergibt sich das folgende Bild der kritisch-materialistischen Behindertenpädagogik in den Dimensionen

- Methodologie
- Verständnis von Behinderung und
- Behindertenpädagogik als allgemeine und basale Pädagogik.

Methodologie

Behinderung in jeder Form ist das Resultat sozialer Konstruktionen, deren Kern ein verändertes Mensch-Welt-Verhältnis ist (Isolation). Dies bedeutet in keiner Weise, biologische und medizinische Fragen außer Acht zu lassen. Die Fokussierung auf die biologisch-medizinische Ebene in der Betrachtung des ganzheitlichen Menschen ist jedoch nur eine dem Wissenschaftsprozess geschuldete Reduktion. Indem sie erfolgt, trägt sie zugleich die Gefahr in sich, Soziales oder Psychisches auf Natur (bzw. Schicksal) zu reduzieren. Insofern trägt sie als einseitige Betrachtungsweise nicht dem komplexen Zusammenspiel der drei Ebenen (biotisch, psychisch, sozial) des ganzheitlichen Menschen Rechnung. Dieses Zusammenwirken ist nach Leont'ev (1979) so zu begreifen, dass die je niedere Ebene die Voraussetzung der je höheren ist, im Verlauf der Ontogenese sich die Verhältnisse der Ebenen jedoch spiralförmig entwickeln und die je höheren zunehmend auf die je niederen zurückwirken. Die je niederen Ebenen sind die Voraussetzung der je höheren, aber die je höheren bestimmten die je niederen.

Dies entspricht Vygotskijs und Lurijas Überlegungen zur „chronogenen" Lokalisation neuropsychischer Funktionen, die Vygotskij selbst, indem er damit die Grundlage jeglicher modernen Entwicklungsneuropsychologie legt, wie folgt bestimmt (Vygotskij, Altersstufen (1931) 1987, Kap. 11; Säuglingsalter, (1932) 1987; (1934) 1985). Aufbauend auf Kretschmers „Medizinischer Psychologie" (1925) (sowie diffiziler Kenntnis der gesamten neurophysiologischen und neuropsychologischen Diskussion seiner Zeit) sind es drei Prozesse, die für den Aufbau der Hirnfunktionen kennzeichnend sind:

1. die gestaffelte Entwicklung der funktionellen Zentren des Gehirns;
2. das Verschwinden (im Hegelschen Sinn der „Aufhebung": vernichtet, auf höheres Niveau gehoben und dort bewahrt) der niederen Funktionen in den höheren in Form „dynamischer Synthesen" und
3. der partiellen Emanzipation der niederen Funktionen bei Schädigung der höheren (Vygotskij, Alterssdufen, (1931), 1987, Kap. 11).

Hinzu tritt die vergleichbare Allgemeinheit basaler Hirnfunktionen für alle Säugetiere, was es Vygotskij ermöglicht, die Entwicklung höherer Emotionen auf der Basis der Transformation der ursprünglichen „Instinkte" (modelliert mit Uchtomskijs Begriff der „Dominante", vgl. Uchtomskij, (1923) 2004) als Grundlage der elementaren Einheit psychischer Prozesse zu begreifen (1932); 1987). Diese Einheit ist das emotional/kognitive Erleben. Im Entwicklungsprozess ist das Ganze vor den Teilen gegeben, als Zone der „nächsten Entwicklung" als Einheit von Entwicklung und Lehren/Lernen zwischen Kind und Mutter, sowohl in emotionaler wie in kognitiver Hinsicht. In diesem Prozess werden immer höhere Ebenen des Ganzen entwickelt unter Einbezug der je vorhandenen sozialen Mittel und Möglichkeiten, die von außen nach innen wandern, von interpsychischen zu intrapsychischen Mitteln werden. Die „Geste an sich" (z. B. das erste Lächeln des Säuglings), wird zur „Geste für andere". Indem sie erwidert wird, wird sie mit der Situation gekoppelt und selber als „Geste für mich" realisiert. Das diskursive Denken entsteht aus dem Streit mit anderen, die Aufmerksamkeit aus dem Zeigen von anderen auf etwas etc. Entsprechend wirkt daher im Entwicklungsprozess die Schädigung der je niederen neuropsychischen Funktionen unmittelbar auf die nächsthöheren funktionellen Systeme (primäre Folge), jedoch nur vermittelt auf die später entstehenden höheren Funktionen. Unter Nutzung der sozialen Situation, des Kollektivs als Hauptquelle der Kompensation eröffnet dieser Sachverhalt vielfältige pädagogische Möglichkeiten (Vygotskij, (1931) 1993).

Die Kompensation erfolgt jedoch niemals unmittelbar durch pädagogische Einwirkung, sondern immer aktiv vermittelt über die Eigenaktivität des behinderten Menschen (Mann/Frau) als Individuum und Persönlichkeit in seiner bzw. ihrer Entwicklung.

Exemplarisch ist damit am Bereich der Entwicklung der neuropsychischen Funktionen der methodologische und inhaltliche Weg der materialistischen Behindertenpädagogik skizziert. Inhaltlich versucht sie, eine relationale Theorie zu entwickeln, indem von Isolation als sozialem Verhältnis ausgegangen wird und indem nach innen wie nach außen ebenso wie im jeweiligen Übergangsfeld, in der jeweiligen Situation bzw. Lebenswelt, nach der Genesis und den Überwindungsmöglichkeiten von isolierenden Bedingungen gefragt wird. Methodologisch orientiert sich die kritisch-materialistische Behindertenpädagogik dabei am gesamten positiven Wissensbestand der Human- und Sozialwissenschaften. Zum einen verfolgt sie die je fortgeschrittenste empirische Entwicklung, geht aber davon aus, dass Daten nicht selbstredend sind. Sie entstehen immer relational zu Fragen, die explizit oder implizit an die Weltverhältnisse des Menschen gestellt werden. Dies bedeutet, dass jegliche Daten im Verhältnis von Induktion und Analyse (Letztere hebt die Vielzahl der Daten im Begriff auf) rekonstruiert werden müssen. Hier besteht methodologisch große Übereinstimmung zwischen der Vorgehensweise einer materialistischen Wissenstheorie sensu Vygotskij und der modernen analytischen Philosophie z. B. sensu Quine (1995).

In der Geschichte der Wissenschaften kommt es jedoch gesetzmäßig zu Übergängen von Beschreibungswissen zu Erklärungswissen, d. h., auch die theoretischen Systeme bedürfen ständiger Erforschung im Hinblick auf ihre Weiterentwicklung und Vereinbarkeit. Dies entspricht der Suche nach „verallgemeinerten Theorien", wie sie sich der Physik z. B. sich in den Übergängen von den Theorien der Elektrizität und des Magnetismus zur Theorie des Elektromagnetismus oder später im Übergang von Quantenphysik und Thermodynamik zur Quantenthermodynamik zeigen.

Die kritisch-materialistische Behindertenpädagogik geht von einem erkenntnistheoretischen Monismus aus. Das heißt, sie versucht, Materielles wie Ideelles aus der Genesis der Welt zu begreifen, aus der Vielzahl der sich entwickelnden Wechselbeziehungen. Sie hat es daher in theoretischer Hinsicht mit Problemen außerordentlich komplexer Art zu tun. Dies hat zu einer Reihe sehr eigenständiger Lösungen geführt, die immer wieder in Diskussion ebenso zur kulturhistorischen Theorie und Tätigkeitstheorie stehen (und nahezu immer parallel zu ihr und selbstständig entwickelt wurden) wie zu vielen anderen theoretischen methodologischen Anstrengungen der Human- und Sozialwissenschaften: Wie also kann Theorie im Sinne vereinheitlichter Theorie weiterentwickelt werden, vereinheitlicht nach Argumenten wissenschaftlicher Beweisführung, die das je vorherige Modell als früheres „Ideal der Naturordnung" im je höheren dialektisch aufzuheben weiß, so wie z. B. die Gallileische in der Newtonschen und diese in der Einsteinschen Theorie „aufgehoben" ist (siehe Toulmin, 1981)?

Diese Suche ist jedoch immer orientiert und gespiegelt im Fortschreiten einer Praxis, die generell von der möglichen Entwicklung, von der Erziehung und Bildung für alle, auch für schwerstbehinderte, schwerstverhaltensgestörte und schwerst psychisch gestörte Menschen ausgeht, vor dem Hintergrund der umfassenden Realisierung von deren Menschen- und Bürgerrechten. Dies wurde einzelwissenschaftlich wie philosophisch insbesondere in Reaktion auf die neue Debatte um „Euthanasie" (Singer-Debatte) begründet und ausgearbeitet. Eine solche Orientierung an der umfassenden Möglichkeit von Bildung und Entwicklung für alle erklärt, warum die kritisch-materialistische Behindertenpädagogik in theoretischer wie praktischer Hinsicht den Entwicklungsbegriff in den Mittelpunkt stellt. Nach der Klärung der Grundrelation Isolation und ihrer Untersuchung in verschiedenen Perspektiven (siehe unter anderem Feuser bezogen auf den Autismus 1979) in ihrer Gründungsphase ab 1975 rekonstruiert sie (in den 1980er-Jahren) zunehmend Entwicklungsprozesse und Entwicklungsniveaus. Dies geschieht einerseits in der Konzeption der „entwicklungslogischen Didaktik" durch Georg Feuser im Wesentlichen unter Aufgreifen der Entwicklungskonzeption von Piaget, zum Teil auch von Leont'ev (vgl. Feuser, 1989) anderseits bei Jantzen in der systematischen Erarbeitung und Weiterausarbeitung einer verallgemeinerten Entwicklungstheorie und Entwicklungspsychopathologie (Jantzen, 1987, Behinderung Kap. 5 und 6; 2002, 2004).

Als weiterer wesentlicher Schritt zu einer vereinheitlichten entwicklungs- wie allgemein psychologischen Theorie erfolgt ab Ende der 1980er-Jahre eine systematische Theoriebildung zu Rolle und Funktion der Emotionen, des Sinns und der Motive. Hierdurch gewinnt die kritisch-materialistische Behindertenpädagogik erheblich an Komplexität und bedarf ihrer gänzlich neuen Justierung. Dies geschieht sowohl im Rückgriff auf die aktuellen Neurowissenschaften (vgl. Jantzen, Behindertenpädagogik, 1990, Kap. 7 und 8), auf die Theorie der Selbstorganisation (Feuser, 1995) als auch auf die Verbindung der allgemeinen Funktion von Emotionen und ihrer Wirkweise in funktionellen Systemen mit dem Evolutionsaspekt (Feuser/Jantzen, 1994). Und dies führt wiederum über die vertiefte Auseinandersetzung mit den philosophischen Grundlagen des Faches (Ethik-Debatte) einerseits sowie dem vertieften Engagement in Prozessen der Integration (Inklusion) und Deinstitutionalisierung andererseits zu einer Erforschung und Weiterentwicklung anthropologischer Fragen mit deutlicher Akzentuierung soziologischer Theoriebildung (vgl. z. B. Jantzen, Mensch, 1990; 1991; Anthropologie, 2004; Soziologie, 2004; Methodologie, 2005).

Verständnis von Behinderung

Behinderung entsteht in der aktiven Vermittlung von Individuum und Gesellschaft durch Isolation. Als relationaler Prozess zwischen Subjekt und Welt wirken isolierende Bedingungen nur dann als Isolation, wenn sie auf Seiten des Subjekts auf entsprechende Dimensionen der Verwundbarkeit stoßen. Entsprechend dem je gegebenen Entwicklungsniveau, in der je gegebenen kulturellen und historischen Situation sowie mit den individuell jeweils erworbenen Modi von Begriffs- und Sinnbildung erfolgt der Aufbau des Erlebens. Daher gilt für behinderte Menschen ebenso wie für alle anderen Menschen grundsätzlich, dass der Aufbau ihrer psychischen Prozesse sinnvoll und systemhaft erfolgt. Aus ökonomischer Sicht bedeutet Behinderung, lediglich über „Arbeitskraft minderer Güte“ zu verfügen bzw. diese erwarten zu lassen (Jantzen, Begriffliche Fassung, 1976; 1987, Kap. 1). Aus soziologischer Sicht bedeutet Behinderung Verschiebungen in verschiedenen sozialen Feldern, insbesondere jedoch im „Feld der Macht“ ausgesetzt zu sein, über geringeres symbolisches Kapital zu verfügen (siehe Bourdieu, 1998; Schwingel, 1995; Jantzen, 2000; Soziologie, 2004; Ziemen, 2002) und deutlich häufiger offener und/oder struktureller Gewalt ausgesetzt zu sein.

Da diese Prozesse unsichtbar sind, nur durch Reflexion erschlossen werden können, erscheinen immer wieder die gesellschaftlich produzierten Dimensionen von Behinderung als Natureigenschaften von behinderten Menschen. Eine derartige Transformation von Sozialem in Natur führt zwangsläufig zu Konstruktionen, in denen das Nichtfunktionieren in einem klassischen (cartesianischen) Körper-Geist-Dualismus zum einen dem körperlichen Defekt zugeschrieben wird, zum anderen einem negativen Willen, dass er oder sie „provoziere“ (siehe Fengler/Fengler, 1994). Diese Trennung von Krankheit und Devianz in einem spontanen Menschenbild ist der dissoziierende, ausgrenzende Kern jeder sozialen Konstruktion von Behinderung. Der assoziierende, anerkennende Kern entsteht spontan meistens in Form des Paternalismus – als ungleicher Tausch – indem von behinderten Menschen als Vorleistung für freundliche und wohlwollende pädagogische Behandlung aktive emotionale Unterwerfung, aktives Einpassen in die Normalität der jeweiligen Institution und Wertschätzung des Personals verlangt werden (vgl. Jantzen, Unterdrückung, 2001). So ist es kein Wunder, dass einschlägige institutionssoziologische Forschung beide Prozesse als zyklisches Ineinandergreifen von paternalistischer Empathie, die sich als Lohn die empathische Anerkennung der Mitarbeiter sowie „normales“ und freundliches Verhalten behinderter Menschen erwartet, sowie von Ausgrenzung (Loopingzyklen nach Goffman, 1972) in institutionellen Verhältnissen aufdeckt. Diese soziale Veränderung im Feld der Macht (Verschiebung zum Pol der Ohnmacht) greift auch in den Bereich der Familien und eröffnet dort ein Feld zwischen Widerstand und Anpassung, das von aktiver Konstruktion der „Institution Behinderung" (so Niedecken, 1998, S. 78, in Bezug auf geistige Behinderung) durch Verdrängung von Wegmachwünschen (und Todeswünschen) und Verdinglichung der Diagnose und Therapie einerseits bis zu „häretischer Kompetenz" andererseits im entfalteten Widerstand gegen Ausgrenzungs- und Verdinglichungsmechanismen führt (siehe Ziemen, 2002).

Diese Mechanismen, denen Behinderte im Feld der Macht ausgesetzt sind und unter denen sie symbolisches Kapital zugesprochen oder aberkannt bekommen, schlagen sich in der Entwicklung des Selbst nieder, so dass die mit zunehmender Schwere von Behinderung einhergehenden Prävalenzraten psychischer Störungen nicht als unmittelbares Resultat biotischer Veränderung, sondern als Folge der Kompensation des Selbst unter Bedingungen von fehlender Anerkennung (Bindung, Sicherheit) und von Ausgrenzung bzw. paternalistischer Überflutung um den Preis von Unterwerfung neu begriffen werden können.

Die moderne entwicklungspsychopathologische Debatte zeigt in eine ähnliche Richtung (siehe die Zeitschrift „Development and Psychopathology"). Ebenso wie sich auf der sozialen Ebene Polaritäten von Isolation und Partizipation als unumgänglich für das Begreifen von Behinderung erweisen, sind dies auf der entwicklungspsychologischen Ebene die Polaritäten von Traumatisierung und Resilienz unter Einschluss der damit verbundenen sinnhaften und systemhaften Umbildungen des Selbst (Jantzen, Konstruktion, 2003; Behinderung, 2004). Interventionen, bezogen auf die je verschiedenen Ebenen des ganzheitlichen Menschen, haben dieser Komplexität im Sinne einer basalen und allgemeinen Pädagogik Rechnung zu tragen.

Behindertenpädagogik als basale und allgemeine Pädagogik

Pädagogische Prozesse beziehen sich nicht unmittelbar auf den jeweils im Zentrum pädagogischer Tätigkeit befindlichen Menschen (Zögling), sondern auf einen sozialen Raum, der zu schaffen, zu erhalten und ggf. wiederherzustellen ist. Grundlegende Einheit von Erziehung und Bildung ist ein intermediärer Raum. Er entsteht als phylogenetischer Ausdruck der sozialen Natur des Menschen in Form eines intrinsischen Motiv-Systems (IMF = intrinsic motive system). Dieses zielt auf einen „freundlichen Begleiter" und entsteht bereits sehr früh in der embryonalen Entwicklung. Dieses System beinhaltet mit Notwendigkeit ebenso ein virtuelles Selbst wie einen virtuellen Anderen als Basis von „primärer Intersubjektivität" (Trevarthen/Aitken, 1994; Trevarthen, 2001). Dies ist jenes Ganzes vor den Teilen, entsprechend Vygotskijs „Zone der nächsten Entwicklung" des Neugeborenen (vgl. Jantzen, Entwicklung, 2005), das zu verlangen ist, um die Differenzierung und Integration von Teil und Ganzem in der Entwicklung rekonstruieren zu können (vgl. Cassirer, (1923) 1994, S. 40; Vygotskij (1934), 1985, S. 356). Dieses System der Intersubjektivität verlangt spätestens ab dem Zeitpunkt der Geburt dialogische Bestätigung.

„Dialog" als neu justierter Grundbegriff der Erziehungswissenschaft (Jantzen, 1990, Kap. 10) sowie als elementare Voraussetzung jeglicher „Zone der nächsten Entwicklung" verweist in dieser Hinsicht auf die Entstehung und Aufrechterhaltung von Bindung und Sicherheit durch emotionale Reziprozität und psychobiologische Resonanzbildung (in psychischer Hinsicht: Sinnverschränkung). Dieser Prozess findet zeitlebens, wenn auch häufig in eher verborgener Form, seine Fortsetzung (im familiären Alltag, in sozialen Beziehungen der Anerkennung, durch Kunst, Religion etc.). Für viele Situationen reicht es durchaus, in den psychischen Prozessen auf vergangenen Dialog zurückgreifen zu können, solange die gegenwärtige Situation, über Inhalte vermittelt und unter Aufrechterhaltung eines elementaren Bestandes an Anerkennungsformen, selbst nicht antidialogisch wird (vgl. hierzu die Kategorien des „persönlichen" und des „sozialen" Sinns; Jantzen, 1987, Kap. 4; Jantzen, Methodologie, 1994; Jantzen, 2005).

Mit der Genesis „sekundärer Intersubjektivität" gegen Ende des ersten Lebensjahres (in der Übergangsphase des vierten sensomotorischen Stadiums in der stufenweisen Entwicklung der Intelligenz nach Piaget) beginnt die Ausdifferenzierung anderer Personen, des eigenen Selbst und der dinglich-gegenständlichen Umwelt. Im Rahmen dieser „geteilten Aufmerksamkeit" entstehen vielfältige vermittelte Verhältnisse (z. B. über die anderen Personen zu den Gegenständen oder über die Gegenstände zu den anderen Personen etc.), so dass die sekundäre Intersubjektivität gegenständlich-kooperative Beziehungen heraustreten lässt. In ihnen reifen zugleich über den ersten Sprachgebrauch (z. B. Gesten, Gebärden, ikonische Zeichensysteme, Lautsprache) die Fähigkeiten heran, dieses Stadium durch Symbolisierung zu verlassen. Die Hereinnahme der gegenständlichen und sozialen Beziehungen aus einer Vielzahl von Situationen in die Fähigkeit zur ihrer Selbstherstellung in jeder Situation (Rollenspiel) führt zu einer förmlichen Explosion der Sprachentwicklung. Die Gesamtheit dieser Prozesse mündet in die Herausbildung des kindlichen, individuellen Ichs, in das nunmehr auch die Fähigkeit eingeht, sich in die emotionale und geistige Position des je anderen hineinzuversetzen („theory of mind").

Damit kommen ebenso wie auf den weiteren Stufen der Entwicklung neue komplizierte Prozesse der Herausbildung von Bedeutungen ins Spiel, je nach erreichtem Entwicklungsniveau und operationalen Fähigkeiten (vgl. Jantzen, 2002, Behinderung, 2004).

Entsprechend kann Bildung als „Entwicklung auf höheres und auf höherem Niveau" (Stegemann, 1982) begriffen werden. Dies entspricht ebenso der Auffassung Vygotskijs (2002, Kap. 6) wie modernen entwicklungspsychologischen Auffassungen zur „Repräsentationalen Redeskription" (Karmiloff-Smith, 1993). Auf jedem neuen Entwicklungsniveau erfolgt ein Umschreiben der Bedeutungen – „Eine Sisyphosarbeit", so Vygotskij (2002, S. 368). Entwicklungsniveau für Entwicklungsniveau verändert sich dementsprechend sowohl das Erleben als auch die Struktur des sozialen Austauschs.

Auf diesem Hintergrund neu bestimmt zielt der Begriff „Erziehung" auf die Dimension der persönlichen Sinnbildung, das (emotional-motivationale) Erleben, d. h. auf humane, gefühlsbegründete Handlungen, die auf der Basis von erfahrener Anerkennung und Wertschätzung den psychischen Kern von Resilienz bilden. Entwicklungsniveau für Entwicklungsniveau verändert sich zudem die Struktur der wahrgenommenen und wahrnehmbaren Beziehungen von Kollektivität und sozialem Verkehr, die ihrerseits – Niveau für Niveau – spezifische Formen der Anerkennung verlangen (vgl. Jantzen, Genesis, 2005).

Ausblick

Kritisch-materialistische Behindertenpädagogik rekonstruiert folglich in Form einer basalen und allgemeinen Pädagogik relationale Dimensionen des intermediären Raumes bzw. der primären, sekundären, tertiären etc. Intersubjektivität als Basis einer Neubestimmung der Grundbegriffe der Pädagogik, so z. B. Dialog, Kooperation, Kommunikation, Erziehung und Bildung etc. sowie ihren wechselseitigen Verhältnissen.

Auf dieser Ebene hat die kritisch-materialistische Behindertenpädagogik wesentliche (Neu-)Bestimmungen der Kategorien einer basalen Pädagogik geleistet (vgl. Jantzen, Behindertenpädagogik, 1990, Kap. 10; Behindertenpädagogik, 2003; Feuser, 1995; Rödler, 2000; Rödler u. a., 2001). Eine besondere Bedeutung kommt hier dem von Vygotskij in die Entwicklungs-psychologie eingeführten Konzept der „Zone der nächsten Entwicklung" (ZdnE) zu (Jantzen, 2001). Aus Vygotskijs Spätwerk rekonstruiert, erweist sich die ZdnE nicht nur als Verbindung von Lernen und Entwicklung (Chaiklin, 2003) sondern auch als emotional-kognitive Einheit, die im Verlauf der Entwicklung nach innen wandert und den Kern der (sich ihrer Möglichkeit nach lebenslang entwickelnden) Persönlichkeit bildet (Jantzen, Zone, 2005).

In erziehungspraktischer Hinsicht liegen unterdessen vielfältige Arbeiten zu einer integrativen und inklusiven Praxis in Kindergarten und Schule (unter anderem Feuser, Zwischenbericht, 1984; Feuser/Meyer, 1987; Seidler, 1992; Jantzen, Genesis, 2005) vor sowie zahlreiche Studien für den außerschulischen Bereich (unter anderem Feuser, 20001; Jantzen, Nelly, 2001; Gerechtigkeit, 2003).

Kommentierte Literaturhinweise

Feuser, Georg: Zwischenbericht: Gemeinsame Erziehung behinderter und nichtbehinderter Kinder im Kindertagesheim. Bremen, Diak. Werk Bremen e.V., 1984.
Bericht über Erfahrungen im Aufbau eines stadtteilbezogenen integrativen Kindergartens in Bremen ab Beginn der 1980er-Jahre.

Feuser, Georg: Allgemeine integrative Pädagogik und entwicklungslogische Didaktik. In: Behindertenpädagogik, Heft 1, 1989, S. 4–48.
Erster grundlegender Entwurf einer allgemeinen, entwicklungslogischen Didaktik.

Feuser, Georg: Behinderte Kinder und Jugendliche zwischen Integration und Aussonderung. Darmstadt, WBG, 1995.
Kritik der Sonderpädagogik, Welt- und Menschenbild der kritisch-materialistischen Behindertenpädagogik, Integration als kulturelle Notwendigkeit, „allgemeine Pädagogik" und „entwicklungslogische Didaktik".

Feuser, Georg; Berger, Ernst (Hrsg.): Erkennen und Handeln. Momente einer kulturhistorischen (Behinderten-)Pädagogik und Therapie. Berlin, Pro-Business, 2002.
Festschrift zum 60. Geburtstag von Wolfgang Jantzen (einschließlich Schriftenverzeichnis W. Jantzen).

Feuser, Georg; Meyer, Heike: Integrativer Unterricht in der Grundschule – Ein Zwischenbericht. Solms/Lahn, Jarick-Oberbiel, 1987.
Auswertung des integrativen Schulversuchs im Grundschulbereich an der Schule Robinsbalje in Bremen.

Jantzen, Wolfgang: Allgemeine Behindertenpädagogik, Bd. 1. Sozialwissenschaftliche und psychologische Grundlagen, Bd. 2. Neurowissenschaftliche Grundlagen, Diagnostik, Pädagogik und Therapie. Weinheim, Beltz, 1987 (bzw. 2. Aufl. 1992) und 1990.
Das grundlegende theoretische Werk der kritisch-materialistischen Behindertenpädagogik.

Jantzen, Wolfgang (Hrsg.): Jeder Mensch kann lernen – Perspektiven einer kulturhistorischen (Behinderten-)Pädagogik. Neuwied, Luchterhand, 2001.
Festschrift zum 60. Geburtstag von Christel Manske, u. a. mit drei erstmals auf Deutsch erschienenen Arbeiten von Vygotskij zur Behindertenpädagogik (einschließlich Schriftenverzeichnis C. Manske).

Jantzen, Wolfgang: Identitätsentwicklung und pädagogische Situation behinderter Kinder und Jugendlicher. In: Sachverständigenkommission (Hrsg.): Gesundheit und Behinderung im Leben von Kindern und Jugendlichen. Materialien zum 11. Kinder- und Jugendbericht Bd. 4. München, DJI, 2002. S. 317–394.
Begründung der Notwendigkeit und Möglichkeit von Integration für alle Kinder mit Schwerpunkt bei den Entwicklungsproblemen bei geistiger Behinderung.

Jantzen, Wolfgang; Lanwer-Koppelin, Willehad (Hrsg.): Diagnostik als Rehistorisierung. Methodologie und Praxis einer verstehenden Diagnostik am Beispiel schwer behinderter Menschen. Berlin, Edition Marhold, 1996 sowie Jantzen, Wolfgang: „Es kommt darauf an, sich zu verändern ..." – Zur Methodologie und Praxis rehistorisierender Diagnostik und Intervention. Gießen, Psychosozial-Verlag, 2005.
Theoretische Einführungen in die Rehistorisierende Diagnostik und Praxis mit zahlreichen Praxisbeispielen.

Reichmann, Erwin (Hrsg.): Handbuch der kritischen und materialistischen Behindertenpädagogik und ihrer Nebenwissenschaften. Solms-Oberbiel, Jarick, 1984. Umfassender Überblick über die kritisch-materialistische Behindertenpädagogik bis zu diesem Zeitpunkt.

Rödler, Peter u. a. (Hrsg.): Es gibt keinen Rest! Basale Pädagogik für Menschen mit schwersten Beeinträchtigungen. Neuwied, Luchterhand, 2001.
Festschrift zum 60. Geburtstag von Georg Feuser mit Schwerpunkt basale und allgemeine Pädagogik bei schwerstbehinderten Menschen (einschließlich Schriftenverzeichnis G. Feuser).

Lebenswelt Emil E. Kobi

Etymologie

Lebenswelt entzieht sich als Universalwort einer eindeutigen begrifflichen „Eingrenzung". Lebenswelt ist nur standortperspektivisch und standpunktlogisch, theorie- bzw. ideologiegebunden zu fassen. Ferner haben wir es in gegenwärtiger Praxis mit einem „plurale tantum" von Lebens*welten* zu tun, die sich kaum voneinander abgrenzen lassen, da sie sich in einem dynamischen Gewoge gegenseitig durchdringen.

So markiert z. B. die von *Oelschlägel, D.* (1990, S. 237) – ähnlich *Baechtold, A.*, (1990) u. a. – in Anlehnung an Habermas (s. unten) vorgenommene Definition: „Lebenswelt ist der Ort, wo das Individuum oder die Gruppe handelt, aber auch der Ort, wo es die gesellschaftlichen Verhältnisse erfährt. Damit ist sie Schnittpunkt zwischen Individuum und Gesellschaft" bereits einen bestimmten (begriffs-)historischen Ort, vor, nach und neben welchem vielgestaltig andere, mehr oder weniger vage semantische Fassungen existieren. Gegenwärtig kursieren wenigstens ein halbes Dutzend ineinanderfließende, aber doch unterschiedlich akzentuierte Bedeutungen der Bezeichnung Lebenswelt:
Lebenswelt im Sinne von

- Örtlichkeiten, an denen sich Leben aktuell abspielt, Leben gelebt und gefristet wird –, kontrastierend zu toten Sachgegebenheiten der Objektwelt, zu Kulissen, zu leblosen, erstorbenen Vergangenheiten;
- umittelbar gelebtem, sich selbst verständlichem, naiv-unreflektiertem Alltag –, kontrastierend zu abstrakten Gesetzen, Prinzipien, Systemen, Idealitäten;
- Subjekthaftigkeit und Subjektivität –, kontrastierend zu Objektivierung und Versachlichung;
- gefühlsmäßig durchdrungenem, beseeltem Leben, das einer raison du coeur gehorcht –, kontrastierend zu kühler Rationalität, Gesetzlichkeit und reiner Idealität;
- artgemäßem Habitat, Territorium, Biotop –, kontrastierend zu (bedrohlich) Fremdem, Unwirtlichem, Artwidrigem, Artifiziellem;
- nachbarschaftlicher Nähe und (heimatlicher) Vertrautheit –, kontrastierend zu befremdlicher Ferne;
- verständlichen und bergenden, narrativen („erzählerischen") Kommunikationsweisen in einem common sense in gemeinsamer Sprache (im weitesten Sinne der Verständigung und Verständlichkeit –, kontrastierend zu formalisierten, artifiziellen, unpersönlichen Zeichensystemen;
- sinnlicher, sinnenhafter Leibhaftigkeit und Körpernähe –, kontrastierend zu entsinnlichter, körperfremder (allenfalls sogar -feindlicher), „entleibter", vergeistigter Abstraktheit.

Geschichte

Auch die Begriffsgeschichte stößt erst einmal auf die Uferlosigkeit des Wortfeldes „Leben" und die darin enthaltene gespannte Werthaltigkeit, innerhalb derer und für die der Begriff „Lebenswelt" wie in einem Kaleidoskop in wechselnden Konfigurationen verschiedene der oben genannten Bedeutungen aufblitzen lässt.

„So begehrenswert ist das Leben in sich selbst, dass man es um seinetwillen begehrt." Diese Sentenz von *Meister Eckehart* (1260–1328) wirft von vorneherein die Frage auf, ob es überhaupt möglich ist, dem Leben im Allgemeinen und dem menschlichen Leben im Speziellen grenzend und qualifizierend gegenüberzutreten, es mit irgendwelchen Prädikaten (gut, lebensunwert, sinnvoll, gottgewollt, unantastbar ...) zu versehen. Empirisch ist lediglich festzustellen, dass Leben sich selber will, immer wieder neu und variantenreich entsteht, sich entfaltet, um seine Fortexistenz müht und sich schließlich in seinen individualen Repräsentationsformen wieder auflöst: Vielleicht, um dadurch das Überleben der Gattung zu sichern. Leben hält sich offensichtlich durch Leben am Leben.

Eine „Ehrfurcht vor dem Leben" (1915), wie sie sich *Albert Schweitzer* (1875–1965) anlässlich einer Flussfahrt im Innern Afrikas einstellte und die er später zum Angelpunkt seiner Ethik ((1923) 1990) machte, kann im Blick auf die Lebenspraxis daher nicht a priori mit Unantastbarkeit gleichgesetzt werden: *„Ich bin Leben, das leben will, inmitten von Leben, das leben will" [...] „Auf tausend Arten steht meine Existenz mit andern im Konflikt. Die Notwendigkeit, Leben zu vernichten und Leben zu schädigen, ist mir auferlegt. [...] Meine Nahrung gewinne ich durch Vernichtung von Pflanzen und Tieren. Mein Glück erbaut sich aus der Schädigung von Nebenmenschen".*

In dieser quälenden Erfahrung subjektiviert sich der „struggle for life", wie ihn *Charles Darwin* (1809–1882) aus der Distanziertheit des Naturforschers bereits ein halbes Jahrhundert zuvor (1859) anlässlich seiner Entdeckungsreisen im Galapagos Archipel als treibende Kraft zur Entwicklung der Arten glaubte ausfindig gemacht zu haben. Dass das „Vivo ergo sum!" sich damit vor das cartesianische „Cogito ergo sum!" und das (Er-)leben vor das Erkennen drängte, lag möglicherweise auch am jeweiligen Kontext der „Wildnis", die keine Schreibstubensterilität aufkommen ließ. Lebenswelten sind damit primär überall da gegeben, wo Leben ist.

Auf diesen Umstand haben Biologen im Zuge der Überwindung einer vom Mechanismus beherrschten Physiologie durch die Umwelttheorie bereits gegen Ende des 19. Jahrhunderts aufmerksam gemacht. *Jakob v. Uexküll* (1864–1944) war der Überzeugung, dass jedes Lebewesen eine eigene subjektive Raum-Zeitlichkeit besitzt und stellte als ein Pionier der Verhaltensforschung diese subjektiven Umwelten ins Zentrum seiner Untersuchungen, wie später auch *Adolf Portmann* (1897–1982), *Konrad Lorenz* (1903–1989), *Heini Hediger* (1908–1992), *Nikolaus Tinbergen* (1907–1988) und andere.

Ähnliche Perspektivenwechsel nach der Formel: „Liquider l'ethnocentrisme" *(Michel Leiris)* fanden in der Ethnologie statt, wo nach dem Zweiten Weltkrieg ethische (externe) Sichtweisen der traditionell missionarisch-kolonialistisch-eurozentrisch bestimmten „Völkerkunde" zunehmend durch (emische) Innenansichten abgelöst bzw. ergänzt wurden (vgl. z. B. *Leiris*, 1977).
In der philosophischen Literatur wird der Lebenswelt-Begriff nun allerdings praktisch durchwegs mit *Edmund Husserl* (1859–1938) und in der polit-soziologischen vor allem mit *Jürgen Habemas* (geb. 1929) in Verbindung gebracht.

Husserls Ansatz ist primär ontologisch (das Sein betreffend) und erkenntnistheoretisch (die Möglichkeiten, das Sein zu erfassen und zu repräsentieren) und im Weiteren sodann (um- und vorsichtige) Kritik am totalisierenden (natur-)wissenschaftlichen Objektivismus der Neuzeit. Er setzt damit Gedanken fort, die bereits durch *Wilhelm Dilthey* (1833–1911) geäußert worden waren (siehe auch den Beitrag „Heilpädagogik, geisteswissenschaftliche“). *Husserl* (2002) stellt Wert, Bedeutung und Gehalt objektiver/objektivierender Wissenschaft nicht in Frage, wohl aber deren (vorgebliche) Voraussetzungslosigkeit und totalisierenden Anspruch. Objektive Wissenschaft „entsteht“ (wird hergestellt) aus dem Erleben und Erfahren von *Subjekten* und in der Folge dann erst abgekoppelt von deren primärer Lebenswelt. *Husserl* wendet sich gegen eine „Schulherrschaft der objektiv-wissenschaftlichen Denkweisen“ (2002, S. 286), die vorgeben, „die Natur“ als objektive Gegebenheit, als unmittelbar An-sich-Seiendes, erfassen zu können. Er will die „Lebenswelt als vergessenes Sinnfundament der Naturwissenschaft“ (ebd. S. 254) wieder ins Bewusstsein heben. Lebenswelt ist nach *Husserl* der zur objektiven (objektivierten) Wissenschaft kontrastierende Wurzelgrund.

Der *Husserl*-Schüler *Alfred Schütz* (1899–1959) vollzog später so etwas wie eine „Soziologisierung“ des Husserl'schen ontologisch-erkenntnisphilosophischen Lebenswelt-Begriffs (posthum 1979; 1984). Von zentraler Bedeutung ist bei *Schütz* die Verbindung von Sinnverständnis und Handeln. Die Sozialwelt ist eine Sinnwelt, in welcher nicht einfach Stimuli, sondern Bedeutungen kommunikationsstiftend und -erhaltend ausgetauscht werden.

Schütz unterscheidet zwischen Lebenswelt (als Repertoire an Dingen und Handlungsmöglichkeiten) und „Alltag“ (als deren handlungsbetonte Aktualisierung und Konkretisierung). Lebenswelt und Alltag sind pragmatisch motiviert, durch allgemeine, gruppenspezifische und individuelle Deutungsmuster geprägt und durch wechselnde Relevanzsysteme (thematischer, interpretativer, motivationaler Art) geordnet. Damit wird ein Trend eingeleitet, nicht mehr nur die Selbstverständlichkeit einer (*schlechthinnigen*), sondern die Existenz mehrerer (ja unendlich vieler!) Lebens*welten* und unterschiedlicher Wirklichkeiten zur Kenntnis zu nehmen, was in der Konsequenz dann allerdings zum Ereignis konkurrierender Realitätskonstrukte führt.

Jürgen Habermas beschäftigt sich mit dem Lebenswelt-Konzept unter dem pleonastisch anmutenden Titel des „kommunikativen Handelns“ (1981). Lebenswelt bezeichnet das Ensemble von Symbolen, Bedeutungen, Ordnungen und Strukturen, welches Kommunikation ermöglicht, durch solche aber auch seinerseits angereichert und differenziert wird. Auch *Habermas* stellt das sinnverstehende Deuten (hauptsächlich mittels und in der Sprache) ins Zentrum, wobei die intersubjektiven Kongruenzen zum Validitätsmerkmal werden. *Habermas* benutzt den Begriff *Lebenswelt, d. h.* einer vergleichsweise kleinräumig-übersichtlichen, organisch gewachsenen, konkreten, aktuell gelebten Raum-Zeitlichkeit, im Kontrast zu einem übergeordneten (sich überordnenden), abstrakt-abständigen Polit- bzw. Gesellschaftssystem. Bei *Habermas* wandelt sich die *Husserl'sche* Idealisierungs- (inklusiven Wissenschafts-)kritik zu einer Gesellschafts- (inklusive System-)kritik. Durch den Einbruch systemischer Zwänge – von anonymer Macht in Form struktureller Gewalt, Geld, Medien – welche die Lebenswelt „kolonialisieren“ und die von den lebensweltlich-alltäglichen Deutungsmustern nicht mehr einzubewältigen sind und disparate Beziehungen generieren, entsteht zunehmend eine lebens(welt)bedrohliche Situation.

In parteiischen Auseinandersetzungen setzt sich dabei, zumal in der politisierten *Habermas*'schen Schülerschaft, zunehmend die Tendenz durch, übergreifende, „entseeltlebensfeindliche" Systeme und intime, „heile" Lebenswelten einander wertend und generalisierend nicht nur gegenüber-, sondern entgegenzustellen.

Habermas und seine Schule hatten einen bedeutenden Einfluss auf die sich von den 1980er-Jahren weg ausbreitenden Sozial(arbeits)wissenschaften. Die Sozialarbeiterschaft fühlte sich – in Theorie und Praxis – dazu aufgerufen, sich lebensweltlich zu orientieren und Partei ergreifend für die (zunehmend individualisiert erfassten) Lebenswelten gegenüber Systemzwängen einzusetzen. Mit dieser programmatischen „Lebensweltorientierung" ging freilich auch eine progressive Popularisierung, Vulgarisierung und „Beschlagwortung" des Lebenswelt-Begriffs einher.

Jetzt war rings von der Lebenswelt des Heimkindes, der Türken in Berlin-Kreuzberg, der Sinti und Roma und zahlloser weiterer (benachteiligter) Gruppierungen von *Lieschen Müller* bis *Otto Normalverbraucher* die Rede. Die Bezeichnung Lebenswelt geriet in aller Munde, erfuhr eine entsprechende Verwässerung und wurde zum Allerweltswort, das sich mit älteren Verbalbestecksstücken wie Umwelt/Mitwelt, Dasein, Sozialraum, Lebensraum, -situation, -kontext, -weise, -form, -art etc. vermischte.

Husserls erkenntnistheoretisch-phänomenologischer wie auch *Schütz'* soziologisch-sinnverstehender Lebenswelt-Begriff traten dadurch, bis zur Unkenntlichkeit „konkretisiert", immer mehr in den Hintergrund. Was weiterhin durchschimmert, ist ein Abglanz *Habermas'schen* Protests gegen „Systemzwänge", die ihrerseits eine Konkretisierung erfuhren mit den zeitgeistigen Fratzen des Casiono-Kapitalismus, Neo-Liberalismus und Ökonomismus. Einen zusätzlichen Dreh hatte das Lebenswelt-Thema zwischenzeitlich im Zusammenhang mit dem ökologischen Gedanken erfahren, der den politsoziologischen vorübergehend ebenfalls verblassen ließ. Dies etwa in Ausrichtung auf die Metapher vom „Raumschiff Erde", das seinen Bewohnern eine Vielfalt von z. B. artspezifischen Lebenswelten zu bieten habe unter Verabschiedung eines hegemonialen und exklusiv anthropo-„logischen" Speziesismus.

Dieses aktionistisch revolutive Engagement hatte in seinen Anfängen oft unterschlagen, dass die prinzipiell und in toto als lebensfremd/lebensfeindlich disqualifizierten Systeme (des Staates und der Verfassungen, der Verwaltung und Bürokratie, der Gesetzgebung und Regelwerke, der Instanzen und Agenturen, der Ökonomie und des Geldes, der Wissenschaft und der Technik, der Professionalisierung und entsprechenden Ausbildung etc.) für die Lebenswelt im Allgemeinen und die zahllosen Lebenswelten im Speziellen auch eine Schutz- und Entlastungswirkung haben. Die seinerzeitige antistaatliche Angriffsattitüde gegenüber dem Establishment müsste in jüngerer Gegenwart zusehends einem teils ausgesprochen etatistischen Verteidigungsgestus gegenüber Sozialabbau weichen – den Nöten gehorchend auch weichen musste. Seitdem sind die genannten Auseinandersetzungen nicht nur moderater geworden: Sie haben sich auch verschoben: Was rezente Pädagogik – verstärkt durch Multikulturalismus – gegenwärtig vermehrt bedrängt, ist Kontextüberflutung. Lebenswelten werden nicht allein durch („feindliche) Systeme" bedrängt; sie konkurrieren sich auch gegenseitig. Der Einzelne sieht sich heutzutage bereits als Kind einer gigantischen „Auswahl" real/virtuell ineinander verschwimmender Wirklichkeitskonstrukte und Lebensgestaltungsformen ausgesetzt. Dies führt zu Entscheidungsqualen und nötigt zum alltäglichen Kontext-Surfing durch Dutzende verschiedene Lebenswelten. Entscheidend ist heute weniger das „System" als die Frage nach der jeweiligen Deutungshoheit (wem eine solche wo und wie weit zugebilligt wird, wer sie sich anmaßt und zu totalisieren versucht).

Aktuelle Relevanz und theoretische Ansätze

Im Zuge der geschilderten Entwicklungen wurde das Wort Lebenswelt auch als „neu“ in die Heilpädagogik (Speck, 1988ff.; Antor, 1989) eingeführt, wo die damit bezeichneten Sachverhalte, Absichten und Probleme freilich bereits seit Jahrhunderten (!) bekannt waren/sind und immer wieder zu lebhaften Disputen um den dringenden Appell, sich ad fontes zu bewegen, Anlass gaben und geben („back to the original experience, to the things themselves!“).

So etwa bei *J. A. Komensky (Comenius)* im 17. Jahrhundert in dessen „Orbis pictus“ (1659) und „Mutterschule“ (1628). Im 18. Jahrhundert desgleichen bei *J. J. Rousseau* und sehr konkret und eindringlich sodann bei *J. H. Pestalozzi* im 18./19. Jahrhundert unter den Titeln des „Elementaren“, der „Wohnstubenerziehung“, der „Individuallage“ und vor allem und unermüdlich ruminiert unter dem der „Anschauung“. Worunter *Pestalozzi* nicht etwa psychologisierend, „visuelle Wahrnehmung“ verstand, sondern unmittelbare „Wesenserfassung“.
Bemerkenswerterweise spricht denn auch *Husserl* (2002), seinen Lebenswelt-Begriff erläuternd (hundertfünfzig Jahre später!), akkurat in diesem Sinne wiederholt von „Anschauung“, in Abhebung von (Szientifisch-abstrakter, ideeller) Theorie: Lebenswelt ist der Ort „unmittelbarer Anschauung und ursprünglich anschaulichen Denkens“ (2002, S. 255). Es ist die „Welt der wirklich erfahrenen Anschauung“ (S. 256) „[...] das, was unmittelbar, als bei aller Idealisierung vorausgesetzte Wirklichkeit gegeben ist.“ (S. 257)
Dass Pädagogen, zumal unwissenschaftliche Pädagogiker, aus der/ihrer Lebenswelt heraus argumentieren, für diese plädieren und sie als Basis von Erziehungsbemühungen reklamieren, überrascht somit weniger, als der Umstand, dass rezente Pädagogen dem Irrtum verfallen, mit dem aus Philosophie und Politologie apportierten und via Sozialarbeit (re-)importierten Lebenswelt-Etikett, ein pädagogisches Novum gefunden zu haben.
Wo und wozu sollten Erziehung und Unterricht denn stattfinden, wenn nicht in der und aus der unmittelbaren Lebenswelt von Erzieher und Kind? Anknüpfend ferner an Erlebnis- und Erfahrungsweisen des Kindes in Ausrichtung auf den sozialen Kontext und den Common Sense seiner nächsten Umgebung, der sich seinerseits aus Alltagserfahrungen aus der Personen- und Sachwelt aufbaut? In „Lienhard und Gertrud“ (1781) hat *Pestalozzi* romanhaft die allmähliche Ausweitung der kindlichen Lebenswelt am idealtypischen Bild konzentrischer Kreise (leiblicher Vater → Landesvater → Gottvater) deutlich zu machen versucht. Desgleichen der nachmalige Klassiker sowjetischer Pädagogik, *A. S. Makarenko* (1888–1939), der in seiner *Gorki*-Kolonie den geschichtsphilosophisch extrahierten Polit-Marxismus zur lebensweltlichen Daseinsgestaltung zu bringen (zu „re-animieren“) trachtete.

Es gibt *in der Tat* kaum einen Pädagogen, egal welchen Kulturkreises und auch welcher Epoche, der nicht auf die hohe erzieherische Bedeutung des lebensweltlich Einfachen, Elementaren, Konkreten und Naheliegenden, des naiv Unreflektierten auch – und damit manchmal sogar des wissenschaftlich Unzulänglichen, Inkorrekten! – verwiesen hätte, das (gemäß auch *Husserls* Refrain) die unverzichtbare Basis bildet für abständige Objektivierungen, abstrakte Ideen und szientifische Konzepte.

In der Pädagogik der Neuzeit hat wahrscheinlich der französische Soziologe *Emile Durkheim* (1858–1917) – zwar nicht bezüglich der Bezeichnung, jedoch der Sache nach – in seinen pädagogischen Vorlesungen von anno 1902/03 die relationale und relativierende Bedeutung der jeweiligen Lebenswelt erstmals zum Angelpunkt und zum Zentrum erziehungspraktischer Erörterungen gemacht.

Mit Verve wendet er sich ((1902) 1984) gegen Anmaßungen einer sich transzendental legitimierenden, idealistisch totalisierten „Allgemeinen Menschenerziehung“. Erziehung ist äußerst vielgestaltig und ändert sich mit den jeweiligen „Zeit- und Ortsbedingungen“ (S. 72). „Die Ziele der Erziehung sind soziale Ziele [...]“ (S. 52) „Jeder Volkstypus hat *seine* Erziehung, die ihm eigen ist“ (S. 42): was denn auch eine „Morale Laique“ und ein laiisches Staatsschulsystem zur Konsequenz hat.

Diese genuin und wesensmäßig lebensweltliche Ausrichtung von Pädagogik hat dieser umgekehrt freilich bis heute immer wieder den Vorwurf eingetragen, zu wenig (objektivierend, abständig) „wissenschaftlich“ zu sein, als dass ihr vorbehaltlos die Dignität der Wissenschaftlichkeit und der Status einer Wissenschaft zugesprochen werden könnte.

Doch es bleibt dabei: Erziehung wurzelt in Lebenswelt, wo die Sonne auf und nicht (korrekterweise) die Erde untergeht, wo Wasser vom köstlichen Nass bis zur dräuenden Flut sehr unterschiedlich erfahren wird und nicht (korrekterweise) gleich bleibend als H_2O registriert wird, wo geliebt und gehasst wird und nicht (korrekterweise) Hormonausschüttungen und japsende Synapsen das Leben bestimmen.

Kritisch ist in der Rückschau ferner anzumerken, mit welcher „Selbstverständlichkeit“ in den zitierten Grundlagenwerken zum Thema Lebenswelt noch die Begriffe „Natur“/„natürliche Einstellung“, „gesunder Menschenverstand“, „Evidenz“, ja auch „Selbstverständlichkeit“ benutzt werden, ohne zu bedenken, wie kulturabhängig auch der Begriff „Natur“/„Natürlichkeit“ ist und wie sehr mitunter das Selbstverständliche hier mit dem Extraordinären dort korrespondieren kann. Ethnozentrismus und bildungsbürgerliche Professoralität verblieben damit noch weitgehend im blinden Fleck der Problemanalysen. Ähnliches gilt für den rationalistisch-kognitivistischen und symbolistisch-linguistischen Duktus zahlreicher Lebenswelt-Konzepte, in denen die Verstiegenheit des Sprachstils teils extrem kontrastiert zum Thema der unmittelbaren, simplen Zuhandenheit der Lebenswelt.

L

Erst empirisch fundierte und erfahrungsgeleitete sozialphänomenologische und interaktionistische Studien (z. B. aus dem Bereich der so genannten Antipsychiatrie um *Ronald Laing, David Cooper, Jan Foudraine, Erving Goffman* u. a.), sowie konstruktivistische (*Ernst von Glasersfeld, Heinz von Foerster* u. a.) und skeptizistische (*Odo Marquard*) Weiterentwicklungen der Neuzeit führten über soziologische Spiegelfechtereien hinaus und (wieder) zu einer „Veranschaulichung“ im *Husserl*'schen Sinne. Sie bewirkten ferner eine zunehmende Lockerung abendländisch verschraubter Perspektiven und Normativen, Dogmatiken und Absolutismen. Kulturkolonisatorische Menschenrechtsdrängeleien, entwicklungsökonomische Globalisierungsprogramme, Demokratisierungsdiktate sowie Freiheit-die-*ich*-meine-Liberalismen geben freilich nach wie vor zu heftigen Debatten Anlass.

Daher ist auch in der Behindertenpädagogik noch viel Übersetzungs- und Umsetzungsarbeit zu leisten. Lebenswelt-Konzepte und Lebensweltorientierungsprogramme bieten Heilpädagogen eine Chance:

1. es der Ethnologie gleichzutun und die unterschiedlichen Welten behinderter Menschen in ihrer „exotischen“ Eigenrelevanz erst einmal „phänomenologisch“ zur Kenntnis zu nehmen und nicht alsogleich unter einem expertokratisch totalitären „Verständnis“ zu zermalmen,
2. Behinderte sodann als integrale Ganzheit und nicht bloß defizitäre Minusexistenz wahrzunehmen,

3. deren Lebenswelt emisch (von innen her, in und aus ihrem Selbstverständnis) zu interpretieren und Selbstdarstellungen Behinderter als (wenngleich oft konkurrierende) Realitätskonstrukte zu würdigen, um auf diese Weise schließlich
4. vermehrt auch auf die damit korrespondierenden Bedürfnisse und Hilfe-Optionen Behinderter (die gelegentlich ebenfalls nicht mit jenen der Professionals übereinstimmen) eingehen zu können.

Problem- und Erfahrungsfelder

(Heil-)Pädagogik kann sich nun freilich nicht damit begnügen, Lebenswelten rein phänomenologisch-deskriptiv zu erfassen und zu deuten. Sie sieht sich als Wert- und Beziehungswissenschaft mit der Tatsache konfrontiert, dass der Mensch als selbstreflexives Wesen nicht umhin kann, konkrete und aktuelle Lebensformen in seinem lebensweltlichen Daseinsbezirk vergleichend, qualifizierend und instrumentalisierend anzugehen. „Dass Natur und Mensch wertend angegangen werden, ist die universelle Gemeinsamkeit aller Kulturen." (Jouhy, 1985, S. 46). Die „subjektive Wertung der Wirklichkeit (ist) erstrangig determinierend" (Jouhy, 1985, S. 56). Die „Muster der Wertungen [...] dienen funktional der Existenzbewältigung" und dazu, „andere zu instrumentalisieren" (Jouhy, 1985, S. 47).

Fragen um Lebenssinn, Lebenswert und Lebenszweck sowie vielgestaltige Antworten darauf stehen denn auch im Zentrum der Philosophie- und Religionsgeschichte. Wird zu Gunsten der letztgenannten These der Entscheid getroffen: (Menschliches) Leben ist

- nicht qualifizierbar, da apriorisch das höchste Gut, schlechthin unantastbar, so dass sich Leben nicht wertend über anderes Leben stellen kann/darf/soll,
- qualifizierbar aufgrund der lebensnotwendigen Daseinsgestaltung (siehe gleichnamiger Beitrag) und dem unausweichlichen „struggle for life" im Weiteren auch erzeugungs-, vermeidungs-, modifizierungs-, vernichtungsbedürftig,

so präsentiert sich alsbald ein Bündel von Qualifizierungsmodi (vgl. *Kobi*, Menschenbildung, 2003, siehe Tableau). Diese sind bereits bezüglich ihrer Destinationen – und nicht erst ihrer Begründungen, Inhalte und der daraus abgeleiteten Praktiken des Umgangs – sehr unterschiedlich und strukturieren in der Folge dann auch disperse Lebenswelten. Diskrepanzen und Lebenswelt-Konflikte sind deshalb unvermeidbar. Eine globalethische Vereinheitlichung, wie sie aus internationalen Organisationen heraus immer wieder angestrebt und gefordert wird, scheint gegenwärtig jedenfalls kaum ohne paradox gewalttätigen Kulturkolonialismus (hauptsächlich abendländischer Konvenienz) durchsetzbar. Wir leben zwar alle auf derselben Welt, aber in unterschiedlichen Lebenswelten. Wir leben – gemäß einem unterschiedlichen Autoren zugeschriebenen Bonmot – unter demselben Himmel, haben aber nicht denselben Horizont.

Die Qualifikationen können sich ferner unterschiedlich weit erstrecken:
- auf Leben schlechthin und generell,
- lebensartspezifisch (speziesistisch: menschliches Leben),
- gruppenspezifisch: Rassen, Völker, Glaubensgenossen, Geschlechter, Altersklassen, Kasten, Schichten, Sippen, Familien, Behindernde/Behinderte ... Lebenswelten (mit erneuten Gruppierungen und Hierarchisierungen),
- personales, individuelles („mein") Leben.

Nachstehende Übersicht benennt unter anderen auch heilpädagogisch zu berücksichtigende Qualifizierungsrichtungen und -modi, wie sie in bioethischen und sozialpolitischen Debatten zwar von zentraler Bedeutung, jedoch von oft dezentrierender Auslegung sind (siehe *Kobi*, Menschenbildung, 2003):

Metaphysik; Religion	heilig/ heillos	Ist Leben heilig, einer transzendenten, numinosen, göttlichen Macht unterstellt?	Spiritualisierung/ Heiligung
Moral; Ethik	gut/ böse	Ist Leben gut, einen sittlichen Wert verkörpernd?	Moralisierung
Kongruenz; Identität	stimmig/ unstimmig	Ist leben mit sich selbst identisch, kongruent, stimmig?	Identifizierung
Wahrheit; Logik	wahr/ falsch	Ist Leben wahr, rational, logisch, vernünftig?	Rationalisierung
Schönheit; Ästhetik	schön/ hässlich	Ist Leben schön in seinen Ausprägungsformen und Gestaltungsweisen?	Ästhetisierung
Belastung; Zumutbarkeit	erträglich/ unerträglich	Ist (eigenes und fremdes) Leben zumutbar, auszuhalten, erträglich?	Verpflichtung/ Aufgabe
Rechtmäßigkeit; Berechtigung	rechtens/ rechtswidrig	Ist Leben ein Rechtsgut, kann, muss, darf es zu- und abgesprochen werden?	Verrechtlichung/ Justifizierung
Sinngehalt; Bedeutung	sinnvoll/ sinnlos	Ist leben sinnvoll in eine Kosmologie einzuordnen?	Be-Deutung/ Sinnstiftung
Nützlichkeit; Utilität	nützlich/ unnütz	Ist Leben nützlich und nutzbar (im Hinblick auf ...)?	Nutzung/Instrumentalisierung

Die Situation kompliziert sich des Weiteren nicht allein durch die kulturelle Vielfalt der Beurteilungsmaßstäbe, sondern auch durch zahlreiche Überschneidungen (z. B. Kind/Erwachsener; weiblich/männlich; superiore/inferiore Position; ideologische Kongruenz/Inkongruenz; Freund/Feind; Angehöriger/Fremder; verdienter (Kriegs-)invalider/ziviler Geburtsgebrechlicher; peripher-funktionelle/zentral-personale Beeinträchtigung etc.).

In Fragen um Lebenssinn, Lebenswert und Lebenszweck werden diese Begriffe alltagssprachlich zwar oft synonym verwendet, wiewohl sie Unterschiedliches fassen (siehe *Kobi*, Sinn, 2004):
Sinn bezieht sich auf die Pässlichkeit gegenständlicher und ideeller, personaler und sozialer Gestaltelemente. So entscheidet sich die Sinnfrage jeweils im Aufgehoben- und Integriertsein in einem/einen übergeordneten Zusammenhang. Sinn*los* hingegen ist das Rahmenlose, das Unbehütete, das Aus-dem-Rahmen-Gefallene, Zusammehangslose, nicht (mehr) Zugehörige, das Aufgegebene, Verlorengegangene, isoliert Vereinsamte, vielleicht bereits dem Tod Geweihte. Sinnlosigkeit entsichert, ängstigt, ist befremdlich, unheimlich. So kann eine personale Sinnkrise als Weltzerfall und Ortungsverlust erfahren werden und zum Suizid führen. Sinnlosigkeit kann sich auch kollektiv ausbreiten und zur sozietären Gefahr werden.

Soweit Sinn durch Stiftung bzw. Zuerkennung erzeugt wird, kann er freilich auch abgesprochen werden: Etwas als sinnlos, nicht (mehr) zugehörig zu erklären, es zu „entweltlichen", aus dem Common Sense der gemeinsam konstituierten Lebenswelt zu verbannen, zu „irrealisieren" (entwirklichen) – das gibt's nicht (mehr) – und damit die Existenz abzusprechen, ist denn auch buchstäblich ver-nichtend, ... falls nicht eine rettende definitorische Gegenpotenz auftritt.

Ob wir unserm persönlichen Leben und dem Leben als ganzem Sinn zu entnehmen bzw. zu geben vermögen, indem und so dass es uns als etwas Geordnetes (wenngleich nicht unbedingt und unentwegt Ordentliches) erscheint, ist von direkt und indirekt vermittelter Lebenswelt-Wahrnehmung bestimmt. Desgleichen ist die Ausdehnung dessen, was wir mit unseren „Sinnbändern" noch lebensweltlich zu umfassen vermögen, orientierungsunabhängig. Extremsituationen der Befremdnis bewirken diesbezüglich Zerrungen und Risse, lassen Unsinn und Sinnlosigkeit einbrechen.

Im heilpädagogischen Bereich ergeben sich derartige Situationen z. B. im Angesicht eines Schwerst- und umfassend behinderten Kindes. Über ein wertwidriges (z. B. kriminelles) Verhalten hinaus, das immerhin noch Struktur, vielleicht sogar immanenten Eigen-Sinn aufweist, bricht hier eine Sinnkrise aus: Nicht ein sittliches, sondern ein kosmisches Empfinden wird verletzt. Aus diesem Empfinden des Miss-Geschicks leiten sich denn auch Bezeichnungen ab wie Miss-Geburt, Monster, Wechselbalg, die deutlich machen, dass dieses Wesen nicht von und aus unserer Welt stammt. Eine derartige Unvereinbarkeit von Lebensformen legt nicht nur Abwertung, sondern auch den Gedanken und die Praxis der Vernichtung (Ver-Nichtung) nahe.

An dieser existenziellen Bruchstelle operieren denn auch Bioethiker wie z. B. *Peter Singer* (1984) und *Helga Kuhse* (1993). Es geht hier nicht mehr oder noch nicht um Fragen von Gut und Böse, sondern von Sinn und Sinnlosigkeit.

Auch die „massa carnis" von der *Martin Luther* in einem seiner „Tischgespräche" (aus dem Jahr 1541) im Hinblick auf ein missgestaltetes, offenbar schwerstbehindertes Kind weiland sprach, ist, als Wechselbalg vom Teufel unterlegt, ein sinnloses, widerwärtiges Ding und kein Menschenwesen.

Heutzutage wird diese existenzielle Sinnfrage allerdings kaum mehr an der Herkunft, sondern an der Hinkunft festgemacht. Hinkunft erweist sich in steuerbaren Veränderungsprozessen und meliorativen Machbarkeiten: *Falls* sich das einstmalige „Monstrum" als therapierbar, erziehbar, förderbar ... erweisen sollte, verblasste seine düstere Herkunft im Gelichter solcher Hinkunft. Nicht mehr aus einer angeblich satanischen Herkunft, sondern vor einer offenkundig verbauten Hinkunft zieht heutzutage die Drohkulisse auf. Disqualifiziertes vermag so lange im Sinn gebenden Glauben, dass noch etwas Qualifiziertes daraus „gemacht" werden kann, zu existieren, bis auch diese Hoffnung in der Erfahrung der Nichttherapierbarkeit, der Unheilbarkeit, der Unverbesserlichkeit erstirbt.

Wert ist eine Frage des Herausgehobenseins, der Geltung, des Ranges, der Position. Werte resultieren aus einem Vergleich und rangieren auf einer Skala. Eine derartige Nobilitierung kann grundsätzlich mit jedem Gegenstand, jeder Person, Idee oder Verhaltensweise vorgenommen werden. Derselbe Gegenstand und Sachverhalt können desgleichen unter verschiedenen (ideellen, situativen und temporalen) Bedingungen unterschiedlich qualifiziert werden. Wertungen erfolgen stets nach Maßgabe von Maßstäben, die ihrerseits Geltungen unterworfen sind. Wert ist nicht (die) Sache, sondern „klebt" als Zuschreibung an Dingen (Gold, Kaurimuscheln, Orden, Titel, Trophäen etc.), an Ideen und Glaubenssätzen (Integration, lebenslanges Lernen etc.). Wert (Würde, Adel, Noblesse etc.) ist ein Versprechen, eröffnet Hoffnung erweckende Perspektiven. Bewertungen (positiver oder negativer Art) schaffen vor allem „vertikale" (oben/Mitte/unten) Ordnung und Übersicht. Werten kommt darüber hinaus auch eine dynamisch regulative Funktion zu. Werte sind maßgebend: das Maß gebend. Rangierungen müssen dabei nicht zwingend verfasst sein und können sich allein an apriorischen (archaischen?) Tableaux zeitlicher und oder topologischer Art orientieren.

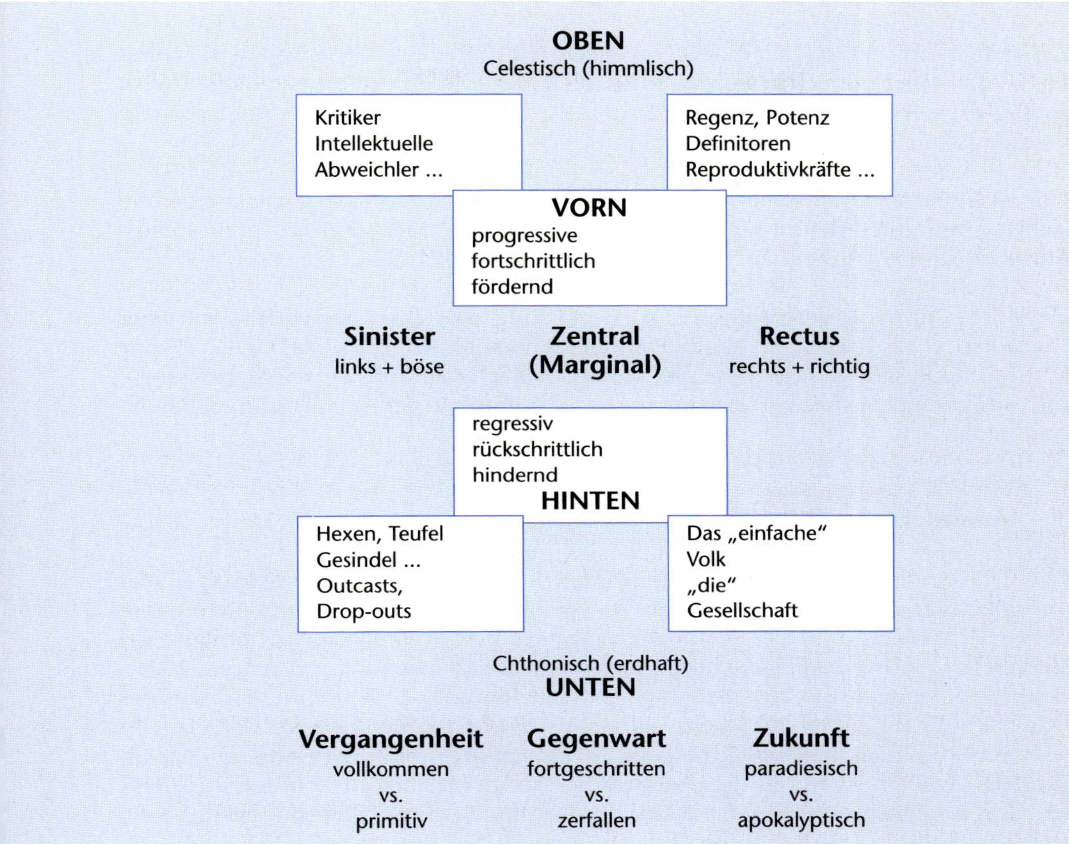

Zweck ist eine Frage der Wirkungsmacht (Effizienz), des Einflusses, der Potenz, der instrumentellen Tauglichkeit und Nützlichkeit „in Bezug auf“ ins Auge gefasste Zielerreichungsbemühungen und -verwirklichungen. Wo von Zwecken die Rede ist, da werden Dinge, Personen, Beziehungen, Ideen etc. instrumentalisiert, „eingespannt“ in Interessen. Zweckdienlich sind Mittel, Methoden, Werkzeuge, Instrumente, Apparate, Techniken, auch ganze Institutionen. Diese erfüllen ihren Zweck optimal dann, wenn sie rasch, ökonomisch und präzis zum anvisierten Ziel führen. Zwecklos ist ein Streben, das ein anvisiertes Ziel nicht zu erreichen vermag. Zwecklosigkeit führt zu Resignation und verbindet sich mit dem Gefühl der Ohn-Macht.

Trotz, wie erwähnt, häufig synonymer Verwendung der Begriffe Lebenssinn, Lebenswert und Lebenszweck ist es heilpädagogisch hoch problematisch, sie in Entsprechungsreihen zu setzen. Herleitungen von Werten aus Zwecken und die Konstituierung von Sinngehalten aufgrund von Bewertungen bis hin zum Kurz-Schluss von zwecklos (dysfunktional) über wertlos (unqualifiziert) zu sinnlos (zerfallen) erwiesen sich im kulturgeschichtlichen Rückblick für Outcasts jedweder Art denn auch immer wieder als existenzbedrohlich. Zu beachten – und letztlich auch in der gemeinsamen Daseinsgestaltung (siehe Beitrag „Daseinsgestaltung“) auszuhalten – sind vielmehr die

Paradoxien und Widersprüche, die sich ergeben, wenn Sinn, Wert und Zweck auseinander laufen: Etwas Sinnvolles als wertwidrig erscheint, für etwas Wertvolles kein Sinn (mehr) gestiftet werden kann, Wertvolles unzweckmäßig, Zweckmäßiges wertlos wird:

Ich vermag zum Beispiel für ein sich in Demenz auflösendes Leben zwar keinen Sinn mehr zu stiften. Dennoch verkörpert es für mich nach wie vor einen wesentlichen Wert, so dass es wertwidrig wäre, ihm ein Ende zu setzen, wiewohl dies aus utilitaristisch-ökonomischer Sicht zweckdienlich wäre

Oder: Diese Diagnoseprozedur ist zwar in ihrer szientifischen Stringenz wertvoll. Ob sie hingegen durch den unter ihrem Diktum stehenden Menschen in einen übergeordneten Sinnzusammenhang zu bringen ist, kann fraglich sein.

Oder: Ist es sinnvoll, geschweige denn zweckmäßig, mit etwas Wertvollem, wie einer Deklamation aus Faust II, an geistig Behinderte heranzutreten, wie dies vielleicht eine anthroposophisch orientierte Heilpädagogin – völlig kognitionswissenschaftswidrig – tut? Bringt denn Ästhetik überhaupt etwas, und muss sie das, um als sinnvoll gelten zu können?

Ausblick

Diese unumgänglichen Sinnvermittlungen, Wertungen und Verzweckungen machen deutlich, dass Lebenswelt keinen Wert sui generis repräsentiert und nicht per se das Heile, Echte und Integere beinhaltet. „Trautes Heim – Glück allein!" umfasst das Heimliche *und* Unheimliche in allen seinen Varianten (siehe Kobi, Existenzen, 2004). Lebenswelt ist auch Last und Bedrängnis, „verheißungsloses Sehnen", „wunschloses Unglück" (*Peter Handke*). Im lebensweltlich-alltäglichen Wider-Lager zu Distanz, Objektivität und Linearität (im Sinne einer Fortschrittsidee bspw.) ist Nähe (in der vulgärpädagogischen Intensität der „Nestwärme") drum oft auch in Coolness auszuhalten, und desgleichen bleibt in der Ödnis des Repetitiven die Halt gebende (siehe Moor, 1958) Qualität der Wiederholung und der Zirkularität zu entdecken.

Kommentierte Literaturhinweise

Was die Sozialwissenschaft und die Praxis der Sozialarbeit anbetrifft, finde ich die Schriften von *Thiersch* und Mitarbeitern am ergiebigsten. Sie ermöglichen einen praxisnahen Einstieg in die aktuelle Lebenswelt-Thematik und -praxis, von wo aus bedarfsweise ein Rückgriff auf die epochal abständigen und insgesamt anspruchsvolleren Grundlagenschriften (von *Husserl, Schütz, Habermas* u. a.) besser gelingen dürfte als bei einem chronologischen Vorgehen.

Grunewald, Karl/Thiersch, Hans: Praxis Lebensweltorientierter Sozialer Arbeit. München, Junvental 2004.
Ein weit gespanntes Praxisbuch, konzipiert nach dem Motto: Stets nah der Sache, where the action will be!

Thiersch, Hans: Lebensweltorientierte Soziale Arbeit. München, Juventa, 2003.
Im Zentrum der Lebens- bzw. Alltagorientierung (hier vor allem in der Jugendhilfe) steht die Bezugnahme auf die unmittelbaren und aktuellen Lebensinteressen und -bedürfnisse der Klientele.

Lernbehinderung

Birgit Werner

Etymologie

Mit dem Begriff Lernbehinderung wird das Phänomen beschrieben, dass es Schüler gibt, die unter den gegebenen schulischen Bedingungen die Anforderungen der Regelschule (mehrheitlich der Grundschule) nicht im erwarteten Maße erfüllen. Die Abweichung von einer alters- und curricular definierten Schulleis-tungsnorm ist das entscheidende Merkmal dieser als „lernbehindert" bezeichneten Schülergruppe.

Auf die Schwierigkeit, Lernbehinderung eindeutig zu definieren, weist Bleidick unter anderem schon in den 1980er-Jahren hin:
„Lernbehindert ist, wer eine Schule für Lernbehinderte besucht" (Bleidick, 1980, S. 130). Auch wenn diese Definition zunächst tautologisch anmutet, macht sie deutlich, dass Lernbehinderung keine exakt zu definierende Behinderungsform mit präzisen medizinischen, psychologischen und soziologischen Bestimmungsmerkmalen ist. Diese Formulierung unterstreicht vor allem die Relativität des Begriffes sowie den engen Zusammenhang mit der institutionellen Zuweisung auf diese Schulform.

L

Lernbehinderung ist ein nicht eindeutig abzuleitender Begriff. Auch im internationalen Sprachgebrauch findet sich keine adäquate Begrifflichkeit, die dem Verständnis innerhalb des deutschen Schulsystems entspricht.

Lernbehinderung ist demnach lediglich als ein „Arbeitsbegriff" für ein „aktuelles Verhaltens- und Leistungsbild" zu verstehen. Es beschreibt ein „erhebliches Lernversagen" vor allem beim Erwerb kognitiv-verbaler und abstrakter Inhalte, ineffiziente Lernstrategien, Schwierigkeiten bei der Umsetzung und Anwendung des Erlernten sowie motivationale Hemmnisse (Kanter, 2001, S. 122).

Der Begriff „Lernbehinderung" selbst wurde erst in den 1960er-Jahren sowohl in die Wissenschaftssprache als auch im bildungspolitischen und schuladministrativen Rahmen eingeführt. Mit den KMK-Empfehlungen von 1994 zur sonderpädagogischen Förderung wurde dieser durch die Bezeichnung „sonderpädagogischer Förderbedarf" ersetzt:
„Sonderpädagogischer Förderbedarf ist bei Kindern und Jugendlichen anzunehmen, die in ihren Bildungs-, Entwicklungs- und Lernmöglichkeiten so beeinträchtigt sind, dass sie im Unterricht der allgemeinen Schule ohne sonderpädagogische Unterstützung nicht hinreichend gefördert werden können" (KMK, 1994, S. 5).

Der für Lernbehinderung relevante Bereich wird im Förderschwerpunkt „Lern- und Leistungsverhalten, insbesondere das schulische Lernen, das Umgehen-Können mit Beeinträchtigungen beim Lernen" näher bestimmt:
„Bei Schülerinnen und Schülern mit Beeinträchtigungen des Lernens ist die Beziehung zwischen Individuum und Umwelt dauerhaft bzw. zeitweilig so erschwert, dass sie die Ziele und Inhalte der Lehrpläne der allgemeinen Schule nicht oder nur ansatzweise erreichen können." (KMK, 1999, S. 21)

Im Schuljahr 2003/04 waren in der Bundesrepublik knapp 10 Millionen Schüler (9.724.400) schulpflichtig. Davon wurden 5,3 % (495.244 Schüler) allgemein mit einem sonderpädagogischen Förderbedarf diagnostiziert. Auf den Förderschwerpunkt Lernen entfielen 262.389 Schüler, das entspricht einem Anteil von 2,9 % der Gesamtschülerzahl.

Dieser Förderschwerpunkt bildet mit 53,8 % aller Sonderschüler den weitaus größten Anteil (www.destatis.de).

Geschichte

Historisch leitet sich der Begriff der Lernbehinderung, die Lernbehindertenpädagogik als Teilbereich der Sonderpädagogik aus der Hilfsschule bzw. der Hilfsschulpädagogik ab. Ende des 19. Jahrhunderts entstanden in Deutschland die ersten Hilfsschulen (Braunschweig, Elberfeld, Leipzig, 1881). Begründet durch die rasanten gesellschaftlichen Veränderungen, besonders die wissenschaftlich-technischen Entwicklungen, war die Volksschule ihrem Bildungs- und Qualifizierungsauftrag nicht mehr gewachsen. In Klassen mit bis zu 80 Schülern, mit schlecht ausgebildeten Lehrern, unter dem Druck einheitlicher Lehrpläne sowie überwiegend lehrerzentrierten, repetierenden Unterrichtsmethoden traten individuelle Lern- und Leistungsunterschiede der Schüler besonders krass hervor. Leistungsschwächere Schüler wurden immer mehr zum „Hemmschuh“ eines allgemein erfolgreichen Bildungsganges. Gerade bei diesen Schülern (vornehmlich aufgefallen am Nichterreichen eines Schuljahresziels, d. h. durch Sitzenbleiben) war durch das Leistungsversagen ihre berufliche und gesellschaftliche Integration zunehmend gefährdet. Diese desolate Situation der Volksschule brachte unterschiedlichste Nachhilfe- und Unterstützungsmaßnahmen hervor, von denen sich die Organisationsform Hilfsschule innerhalb weniger Jahrzehnte flächendeckend in Deutschland durchsetzte. Aus zunächst an Volksschulen angegliederten Hilfs- oder Nachhilfeklassen entwickelte sich vor allem zu Beginn des 20. Jahrhunderts die Hilfsschule als die geeignete Organisationsform zur Beschulung lernschwacher Kinder. Ihre Hauptfunktion lag in der Entlastung der Volksschule sowie in der Qualifizierung ihrer Schüler auf ein möglichst eigenständiges, wirtschaftliches und soziales Leben.

Weit verbreitetes Erklärungsmodell und Grundlage für die sich Anfang des 20. Jahrhunderts herausbildende Theorie einer Hilfsschulpädagogik bildeten die medizinisch-psychiatrisch abgeleiteten Auffassungen zum Schwachsinn. Schwachsinn bzw. Schwachbefähigung galt als medizinisch begründbare Schädigung der Betroffenen, die durch eine abweichende, krankhafte Veränderung ihrer Lern- und Entwicklungsprozesse, oft verbunden mit krankhaften Persönlichkeitsveränderungen, charakterisiert war. Lernprobleme, auch als individuelle Minderbegabung gesehen, resultierten aus angeborenem familiären (genetisch bedingtem) oder erworbenem Schwachsinn. Mit der Notwendigkeit einer genaueren Abgrenzung zwischen Volks- und Hilfsschülern wurde das Merkmal „Intelligenz“ zum zentralen Merkmal eines schulischen Lern- und Leistungsversagens, Intelligenztests zu dem wichtigsten Kriterium in der Diagnostik der Hilfsschulbedürftigkeit.

Unter Tabuisierung der Zeit des Nationalsozialismus und maßgeblich unterstützt vom Verband Deutscher Hilfsschulen (VDH) begann nach 1945 eine intensive Phase der Restauration des traditionellen Hilfsschulwesens. Die KMK-Empfehlungen von 1960 als auch von 1972 dokumentieren das Bemühen aller gesellschaftlichen Kräfte um den Wiederaufbau, die Restauration und die Notwendigkeit eines weiteren Ausbaus des Hilfsschulwesens in seinen traditionellen Strukturen. Die Notwendigkeit dieser „segensreichen Einrichtung" (VDH, 1955, S. 1), das Verständnis für hilfsschulbedürftige Kinder, die Schulstruktur als auch inhaltliche, didaktisch-methodische und diagnostische Fragen wurden kopiert und weiter ausdifferenziert. Hilfsschulkinder galten weiterhin als Kinder mit defizitären, krankhaften Strukturen oder Prozessen bzw. mangelnder, gestörter Intelligenz, deren Besonderheiten ausschließlich in einer separaten Beschulung, d. h. in der Hilfsschule, entsprochen werden konnte. In den KMK-Empfehlungen von 1960 taucht erstmalig die Bezeichnung „Lernbehinderte" als amtlicher Oberbegriff für die Gruppe leistungsschwacher Schüler auf (vgl. Möckel, 2001, S. 199).

Die Ergebnisse aus den begabungs- und (entwicklung-)psychologischen Forschungen in pädagogischen Kontexten (Konzentration, Aufmerksamkeit, Intelligenz, Wahrnehmung, Gedächtnis, u. a.), die Entwicklung der Gesamtschulbewegung sowie Untersuchungen zum Zusammenhang von Hilfsschulbedürftigkeit und sozialer Herkunft (Begemann, 1975; Klein, 1971) ließen ab 1960 kritische Gedanken an dieser statischen, personenbezogenen und monokausalen Sichtweise aufkommen. Gerade unter der Prämisse, dass es keine „globale Lernfähigkeit" (Kanter, 1980, S. 47) und somit keine allgemeine Lernbehinderung geben kann, verstand sich Lernbehinderung zunehmend als ein multifaktoriell bedingter Zustand, der sich in der Person manifestiert und zum Schulleistungsversagen führte.

Einflüsse systemisch-konstruktivistischer Denkmodelle zu Lern- und Entwicklungsprozessen unterstreichen die Auffassung von einem multifaktoriell bedingten Lern- und Leistungsversagen. Dieses basiert aber nicht mehr ausschließlich auf Schädigungen, Abweichungen in dem betreffenden Schüler selbst, ist demnach auch kein statisches Persönlichkeitsmerkmal, sondern resultiert aus mannigfachen Wechselwirkungen unterschiedlichster, am Lernprozess beteiligter Faktoren. Die KMK-Empfehlungen von 1994 verdeutlichten, dass Lernbehinderung lediglich eine deskriptive und situationsbezogene und -abhängige Beschreibung darstellt.

Aktuelle Relevanz und theoretische Ansätze

Die Schwierigkeiten, Lernbehinderung eindeutig und präzise zu definieren, resultieren weitgehend auf unterschiedlichstem zugrunde gelegten Verständnis von Lernen.

Während zu Beginn der Hilfsschulbewegung der Intelligenzmangel in seinen unterschiedlichen Facetten die theoretische Basis beschrieb, hatten nachfolgend vor allem in den 1960er-Jahren psychologische Forschungsergebnisse großen Einfluss auf das Verständnis von Lernen und Lernbehinderung. Die Deprivations-, Hospitalismus- und Begabungsforschungen, Untersuchungen zu den Zusammenhängen zwischen familiären Sozialisationsbedingungen, sozioökonomischen und soziokulturellen Faktoren, zu Merkmalen der geistigen Entwicklung wie Sprache und auch Untersuchungen zur Wirksamkeit schulischer Faktoren (vgl. zusammenfassend Kornmann, 1987) zeigten, dass Lernprozesse in ihrem Verlauf wesentlich stärker abhängig von Umweltbedingungen waren als bislang angenommen. Lernen galt nach dieser Umorientierung (durch die Rezeption der Piagetschen Entwicklungstheorie auch als „kognitive Wende" bezeichnet) als Prozess, der die aktive Rolle des lernenden Subjektes in den Vordergrund rückte. Diese Sichtweise prägte das sich in den 1970er-Jahren durchgesetzte Verständnis von einer prinzipiellen Lernfähigkeit des Menschen. Jeder Mensch kann demnach seinen Erfahrungsbereich und seine Handlungsmöglichkeiten erweitern; jedoch sind Ausmaß und Inhalte seiner Entwicklungen nicht determinierbar. Geeignete Lernumwelten sind solche, die zur Eigenaktivität herausfordern, lösbare Widersprüche enthalten und einer entwicklungsorientierten Sachlogik (z. B. der stufenweisen Entwicklung des Schriftspracherwerbs, der Zahlbegriffsentwicklung) folgen.

In den 1990er-Jahren modifizierten vor allem neurologische, philosophische und erkenntnistheoretische Untersuchungsergebnisse (Roth, 1997; Spitzner, 2002; v. Glasersfeld, 1998; v. Foerster, 1997) erneut dieses Verständnis von Lehr-, Lern- und Entwicklungsprozessen. Geistes- und Naturwissenschaftler finden heute in dem Wechselspiel zwischen Anlage und Umwelt erstmals einen gemeinsamen Nenner: „Die Gensequenz eines Menschen mag unveränderlich sein, doch die Aktivität der Gene wird fortlaufend durch von außen kommende Signale gesteuert." Kultur und Biologie beeinflussen sich nicht nur gegenseitig, sondern haben sich sogar gegenseitig erst erschaffen: Mit dem Begriff des „bio-kulturellen Ko-Konstruktivmusses" wird erläutert, dass „das Gehirn selbst eine Konstruktion von biologischen Prädispositionen und kultureller Wirklichkeit ist" (Schnabel, 2005, S. 31). Dieses Erklärungsmuster für die enge Verflechtung zwischen Individuum und Umwelt bietet auch neue Ansätze zur Deutung und im Umgang mit Schülern, die in der Schule versagen.

Die menschliche Verschiedenheit aufgrund unterschiedlichster biologischer, sozialer, regionaler u. a. Voraussetzungen wird als Normalität angesehen, und das sonderpädagogische Postulat lautet: Normalität im Umgang mit der Verschiedenheit (Walthes, 2003). (Sonder)pädagogisch relevant ist die Frage, ob und wie es gelingt, in einem gemeinsamen Interaktions- und Kommunikationsprozess diese unterschiedlichen Bedingungen zu berücksichtigen und zu nutzen (Walthes, 2003, S. 49).

Lernen aus konstruktivistischer Perspektive ist die Modifikation der Struktur eines autonomen (lebenden) Systems, die zu einer Veränderung der Art seiner Kopplungen mit der Umwelt führt. Lernen ist der Ausdruck einer Strukturkopplung, durch welche die Verträglichkeit zwischen der Arbeitsweise eines Organismus und des Milieus aufrechterhalten wird (Maturana/Varela, 1987, S. 188). Biologische Grundlage dieser Arbeitsweise ist das Modell der Autopoiese als grundlegender Mechanismus lebender Systeme. Ein biologischer Organismus erhält sich selbst aufgrund seiner systeminternen Strukturen und Operationsweisen. So reagieren alle Lebewesen auf Umwelteinflüsse, jedes jedoch in seiner ganz spezifischen Weise. Anregungen zu dieser Strukturkopplung zwischen System und Umwelt werden Pertubationen („Störungen" – Anregungen) genannt. Ob und inwiefern jedoch ein Umweltreiz, wie bspw. die Instruktion einer Lehrkraft oder das Lesen einer Aufgabe für einen Schüler tatsächlich eine Anregung zur eigentätigen Auseinandersetzung darstellt, ist nicht unmittelbar abhängig von der Qualität dieses Reizes. Entscheidend für die Reaktionen eines Systems auf Umweltreize und -einflüsse sind seine jeweiligen inneren Strukturen wie Interessen, Motivation, seine Vorerfahrungen, sein Vorwissen und auch das Vorhandensein notwendiger Sach- und Verfahrenskenntnisse. Lehr- und Lernprozesse sind nicht determinierbar, ihr Verlauf nicht linear planbar.

Lernen lässt sich damit als Erklärungsprinzip auffassen: Der Beobachter kann aus seinen direkten Beobachtungen nicht ableiten, warum ein Schüler verschiedene Verhaltensweisen zeigt. Er kann lediglich feststellen, dass die beobachtete Person in zwei aufeinander folgenden Situationen unterschiedliche Verhaltensweisen realisiert. Als Erklärung für die beobachtbare und beobachtete Verhaltensänderung wird von „Lernen“ gesprochen. Diese Veränderungen werden ursächlich irgendwelchen Prozessen in seinem Innern zugeschrieben, obwohl sie von außen nicht direkt beobachtet werden können.

Beobachtbare Phänomene, z. B. Verhaltensänderungen, werden verknüpft mit nichtbeobachtbaren, hypothetischen Prozessen.

Lehr- und Lernsituationen sind in ihrem Kern als Kommunikationsprozesse zu verstehen. Unterricht als Interaktions- und Kommunikationsgeschehen innerhalb einer Schulklasse lässt sich mit Merkmalen sozialer Systeme beschreiben (siehe Luhmann, 1998):

1. **Sie bilden eine geschlossene, strukturdeterminierte Einheit:**
   Die jeweilige Umwelt hat nur relativen Einfluss auf die Situation selbst, das Geschehen selbst ist abhängig von den systeminternen Strukturen. Der Verlauf dieses Geschehens ist nicht monokausal und lässt sich nicht über lineare Ursache-Wirkungsketten erfassen. Die jeweilige aktuelle Struktur des Systems bestimmt, wie sich dieses System in einer spezifischen Situation verhält und verändern kann. Strukturbestimmende Merkmale im Unterricht können z. B. Unterrichtsrituale, der Umgang mit Verhaltensregeln, mit Fehlern und abweichenden Verhaltensweisen sein.

2. **Lernsituationen als Interaktions- und Kommunikationsgeschehen agieren im Sinne eines autopoetischen Systems:**
   Sie agieren nach den Prinzipien der Selbstorganisation, d. h., die Elemente, aus denen dieses System besteht, stellt das System selbst her. Unterricht basiert auf Interaktionen bzw. auf Kommunikation. Gerade diese Prozesse sind bei psychischen Systemen stark geprägt von Affekten. Ciompi benennt die menschlichen Affekte wie Interesse, Angst, Wut, Trauer, Liebe, Freude als typische Operationsweisen eines psychischen Systems, als systeminterne Strukturen eines Menschen (siehe Ciompi, 1998). Affekte erfüllen die Funktion bewusster Energieleitungen für die Kognition und sind grundlegender Motor für all unsere Entscheidungsprozesse.

3. **Unterricht lässt sich als soziales System auf das kleinste Element Kommunikation zurückführen:**
   Das kleinste Element eines sozialen Systems ist Kommunikation und wird erzeugt durch Kommunikation. Kommunikation ist ein historisch ablaufendes, zeitlich begrenztes Geschehen. Ein soziales System entsteht, wenn Kommunikation zustande kommt. Über die Trias von Informations-, Mitteilungs- und Verstehensselektionen entsteht Kommunikation und erhält sich selbst aufrecht (siehe Luhmann, 1998). Kommunikation selbst entsteht und erhält sich aufrecht durch Beobachtung. Erst dadurch, dass eine Person/ein psychisches System eine ausgesandte Botschaft, z. B. in Form einer Frage, einer anderen Person/eines anderen psychischen Systems beobachtet, ist der Anlass zur Kommunikation gegeben. Das soziale System Kommunikation kann auch nur dadurch aufrechterhalten werden, dass die Reaktion einer Person/eines psychischen Systems auf diese gestellte Frage wiederum beobachtet und in irgendeiner Weise beantwortet, darauf reagiert wird. Der Verlauf von Kommunika-

tion beruht also auf fortlaufender Beobachtung, welche die entsprechenden Anschlusshandlungen determinieren. Indem jemand eine Nachricht hört, unterscheidet er – innerhalb seines geschlossenen autopoetischen Systems – zwischen Information und Mitteilung und hat sich über diese Unterscheidung in dem Moment, wo er eine Abschlusshandlung ausführt, d. h., er auf das Gehörte reagiert, für eine einzige, eine bestimmte und nicht für viele mögliche Antworten, Reaktionen, Anschlusshandlungen entschieden. Jegliche Unsicherheit, das Abwägen verschiedener Möglichkeiten, das sich im psychischen System, im Bewusstsein des Beteiligten abspielt, ist für den Partner nicht einsehbar, nicht transparent. Erst die beobachtbare Anschlusshandlung fließt in die Kommunikation ein. Sobald Kommunikation weitergeht, wurde die vorherige Kommunikation also verstanden (vgl. Luhmann, 1987, S. 118). Entscheidend für eine Analyse, Bewertung, die Rekonstruktion von Kommunikationsverläufen ist die Frage: Was wurde tatsächlich von dem Kommunikationsangebot verstanden?

Problem- und Erfahrungsfelder

Einsatz fachrichtungsspezifischer Methoden und Trainingsprogramme

Die mehr als einhundertjährige Geschichte der Lernbehindertenpädagogik als einer Pädagogik für Schüler, der Schulleistungsversagen lange Zeit in der Andersartigkeit, Anormalität ihrer Lern- und Entwicklungsprozesse ihre Begründung fand, brachte eine Vielzahl spezieller Interventions- und Förderprogramme hervor. Die Palette reicht dabei von unspezifischen Trainingsprogrammen, wie bspw. das Konzept der sensorischen Integration (siehe Ayres, 1984), Interventionsprogramme zu bereichsspezifischen Faktoren (siehe Klauer, 1993) bis hin zur Förderung der Aufmerksamkeits- und Konzentrationsleistungen (Training u. a. nach Lauth und Schlottke, 1993) und Verhaltenstrainings (Petermann/Petermann, 1993). Die Wirksamkeit dieser Trainingsprogramme bezüglich der Steigerung schulischer Leistungen ist sehr vorsichtig und kritisch zu bewerten. Gerade die in den 1980er-Jahren weit verbreiteten psychomotorischen Konzepte zeigten nicht den erwarteten Transfer auf schulische Fertigkeiten, keine Verbesserung der schulischen Leistungsfähigkeit. Je unspezifischer diese Programme sind, desto geringer ist ihre Wirksamkeit bezüglich schulischer Inhalte (siehe Walter, 2002). Unterrichtsbezogene Programme jedoch, wie z. B. Leseförderung mit dem Programm „Besser lesen mit System" (Wember: 1999), Formen des aktiv-entdeckenden Lernens im Mathematikunterricht (Walter/Suhr/Werner, Entdeckendes Lernen, 2001; Scherer, Entdeckendes Lernen, 1995) oder auch das Training der phonologischen Bewusstheit gerade für Vorschul- und so genannte Risikokinder hingegen erweisen sich als spezielle, individuelle Trainingsprogramme sehr wirkungsvoll (vgl. Walter, 2002, S. 445).

Trainings- und Interventionsprogramme für spezifische Fragestellungen mehrheitlich aus der Persönlichkeitspsychologie, wie bspw. die Diagnose und Förderung von Aufmerksamkeits-, Konzentrations-, Gedächtnisleistungen, metakognitiven Fähigkeiten, Fragen motivationaler und emotionaler Befindlichkeiten, erfassen Greisbach, Kullik, Souvignier (1998). Einen Überblick über aktuelle, lernpsychologisch und verhaltenstherapeutisch orientierte Interventionsmaßnahmen bei verschiedenen Arten von Lernstörungen, wie bspw. Rechenschwäche, LRS, allgemeine Lernschwäche, Lernschwäche bei Entwicklungsretardierungen, geben Lauth, Grünke und Brunstieg (2004).

Thematisierung sozialer, sozialökonomischer Aspekte der Lernbehinderung einschließlich des Anteils von Kindern ausländischer Herkunft

Gerade im deutschen Schulsystem zeigt sich ein enger Zusammenhang zwischen der sozialen Herkunft, der besuchten Schulform bzw. der Schullaufbahn der Kinder. Diese – seit PISA (2000, 2003) auch in der Öffentlichkeit verstärkt diskutierte – enge Korrelation zwischen dem Lernerfolg bzw. Lernversagen und dem sozialen Status schlägt sich im Charakter der Lernbehindertenschule seit ihrer Gründung nieder. Die sozioökonomischen und -kulturellen Lebensbedingungen sind typische Merkmale dieser Schülerschaft und stellen einen benachteiligenden Bildungshintergrund dar (Klein, 2001, S. 61; Iben, 1996, S. 453). Das skizzierte Verständnis für Lernprozesse als Wechselwirkung zwischen sozialen, kulturellen, biologischen u. a. Faktoren lässt dennoch keine eindeutigen, monokausalen Rückschlüsse auf verursachende Wirkungen einzelner Faktoren für eine Lernbeeinträchtigung zu. Auch wenn soziale Benachteiligungen und Lernbehinderungen scheinbar oft miteinander zusammenhängen, können Armut, soziokulturelle Benachteiligung, restriktive, autoritäre oder laisser-faire Erziehungsstile u. a. nur als Risikofaktoren für eine Lernbehinderung angesehen werden. Dies belegen z. B. Schulbiographien von Kindern, die trotz beeinträchtigender Lebensbedingungen nicht die Lernbehindertenschule besuchen (Benkmann, 1998, S. 89). Entscheidende Faktoren für einen erfolgreichen Schulbesuch sind daher eher in den Kommunikations- und Interaktionsfähigkeiten wie Konflikt-, Durchsetzungs-, Einfühlungs-, Beziehungsfähigkeiten innerhalb der Gestaltung sozialer Prozesse zu sehen (vgl. Benkmann, 1998).

Diese Fokussierung auf sozial-kommunikative Beschreibungen von Lehr- und Lernprozessen eröffnet neue Handlungsperspektiven für die Anregungen und Förderung von inner- und außerschulischen Lehr- und Lernprozessen.
„Das Behindernde und damit auch das Problematische einer so genannten Behinderung liegt in der Notwendigkeit, alte Ordnungen zu destabilisieren, eventuell sogar auszulösen und gemeinsam neue Ordnungen zu entwickeln." (Walthes, 1994, S. 56)

„Behinderung ist ein Kommunikationsproblem und bedarf der Kommunikation, um gelöst zu werden." (Werning, 2003, S. 118)

Sozioökonomisch und -kulturell randständige Lebensbedingungen stellen im deutschen Schulsystem ebenso markante Risikofaktoren dar, wie ein Schulbesuch von Kindern mit Migrationhintergrund. So ist immer wieder eine Überrepräsentation von Schülern ausländischer Herkunft gerade in dieser Schulform festzustellen (Kornmann, 1999, S. 109).

Für den Förderschwerpunkt Lernen gibt die KMK im Jahr 2002 einen Anteil von knapp 20 % (19,2 %) an; in den anderen Förderschwerpunkten liegt der Anteil lediglich bei 11,9 % (www.kmk.org). Auch die PISA-Studie bestätigte, dass Migrationhintergründe ein ungünstiger Prädiktor für Lernverläufe sind. So sind rund 45 % der 15-jährigen Schüler, die im Bereich des Lesens nicht die erste Kompetenzstufe erreichen (insgesamt befinden sich 10 % bis 14 % aller 15-Jährigen auf diesem Niveau) Migrantenkinder (Baumert: PISA, 2001, 323f.).

Deutsch und Mathematik als Kernfächer

Seit Bestehen der Hilfsschule wird die Schulleistung als Unterscheidungskriterium zwischen Hilfs- bzw. lernbehinderten Schülern genutzt. Gerade das Nicht-Erreichen der curricular definierten Schulnorm in den Fächern Deutsch und Mathematik war und ist ein entscheidendes Kriterium.

Diese beiden Unterrichtsfächer erhielten in den vergangenen Jahren durch vergleichende Bildungsstudien (PISA, 2000, 2003; IGLU, 2003) für die Bewertung der Schuleffizienz erneut große Bedeutung. Die in diesen Untersuchungen herausgestellten Risikogruppen (z. B. für den Bereich Mathematik mit knapp 20 %) sind unter diesen Aspekten vor allem unter integrativen und präventiven Gesichtspunkten ebenfalls in den Verantwortungsbereich einer Pädagogik der individuellen Lernförderung, einer Lernbehindertenpädagogik zu berücksichtigen. Kontraproduktiv ist eine Verlagerung dieser Problemkreise außerhalb der Schule, wie es derzeit der Markt an außerschulischen, privaten Nachhilfeeinrichtungen, Lernkreisen oder auch die Verantwortlichkeit von Psychologen für den Bereich der Legasthenie, Lese-Rechtschreib-Schwäche und auch der Dyskalkulie abbildet. Besonders unter der Berücksichtigung schulbezogener Phänomene wie LRS, Legasthenie und Dyskalkulie ist hier eine Umorientierung dringend notwendig.

Ausblick

Ziel der Ausführungen ist es, aus dem systemisch-konstruktivistischen Grundverständnis für Lehr- und Lernprozesse Perspektiven für eine veränderte Sichtweise auf die Fragen nach den Ursachen einer Lernbehinderung, nach deren Abgrenzung sowie nach einer veränderten Gestaltung des Unterrichtes mit schulleistungsversagenden Kindern zu skizzieren. Ausgangs- und Kernpunkt ist die Orientierung an gelingenden bzw. misslingenden Interaktions- und Kommunikationsprozessen in schulischen Kontexten.

Lernbehinderung versteht sich prinzipiell als

- nicht gelungene Passung zwischen den unterschiedlichen Wirklichkeitskonstruktionen aller Beteiligten,
- nicht gelungene strukturelle Kopplung zwischen Kind und Schule,
- nicht gelungene Kommunikation im Kontext Schule.

Konsequenzen hat dies auch auf diagnostische Fragestellungen und Verfahren. Eine systemisch orientierte Diagnostik versteht sich als ein lernprozessbegleitendes Geschehen, das die bestmöglichen Entwicklungsbedingungen aufzuspüren versucht und sich von etikettierenden und stigmatisierenden Statusbeschreibungen verabschiedet. Systemische Diagnostik ist eng gekoppelt mit den Beobachtungskompetenzen aller Beteiligten im gemeinsamen Kommunikationsgeschehen. Ihr Auftrag liegt in der Begleitung, Analyse und Re-Konstruktion von Lehr- und Lernprozessen und damit in der Modifizierung von Handlungssituationen (Willenbring, 2003, S. 170).

Gerade der Einfluss entwicklungspsychologischer Momente brachte eine stärkere Fokussierung auf die vorschulische kognitive Entwicklung. In diesen Lebensjahren werden für den Erwerb des Lesens, Schreibens und Rechnens grundlegende Einsichten und Fähigkeiten erworben. Deren Diagnose und zielgerichtete Förderung, wie bspw. die phonologische und numerische Bewusstheit, sind zukünftig stärker in das Aufgabenfeld einer Lernförderung zu rücken.

Kommentierte Literaturhinweise

Werning, Rolf/Lütje-Klose, Birgit: Einführung in die Lernbehindertenpädagogik. 1. Auflage, München, Reinhardt, 2003.
Diese sonderpädagogische Fachrichtung, die den größten Teil der Schüler mit sonderpädagogischem Förderbedarf erfasst, unterlag in den letzten Jahrzehnten starken Veränderungen. Anliegen dieses Buches ist es, diese Entwicklungen prägnant nachzuzeichnen, einen systematischen Überblick zu geben, den aktuellen Forschungs- und Entwicklungsstand zu skizzieren. Der kurze historische Rückblick zu den bisherigen Definitionsansätzen mündet in der Feststellung, dass dieser Begriff bisher weitgehend eine institutionelle „Zuweisung“ beschreibt, aber keine spezifischen Syndrome und Erscheinungsbilder erfassen kann. Abgeleitet aus systemtheoretisch-konstruktivistischen Grundannahmen des Lernens wird Lernbeeinträchtigung als „Beziehungsstörung in sozialen Kontexten“ definiert. Breiten Raum nehmen die Ausführungen zur Didaktik eines lern- und entwicklungsförderlichen Unterrichtes sowie die Perspektiven bezüglich integrativer und segregativer Beschulungsmöglichkeiten ein.

Gehrmann, Petra/Hüwe, Birgit (Hrsg.): Kinder und Jugendliche in erschwerten Lernsituationen. 1. Auflage, Stuttgart, Kohlhammer, 2003.
Diese Aufsatzsammlung dokumentiert nachhaltig die veränderte Sichtweise von Lernbehinderung und ihre Konsequenzen für einen veränderten Umgang mit dieser Schülergruppe. Wesentliche Merkmale eines behindertenpädagogischen Bildungskonzeptes vor gesellschaftspolitischem Hintergrund werden ebenso diskutiert wie Aspekte der Lebensweltorientierung und konkrete Fragen der praktischen Umsetzung (z. B. Integrationskonzepte, Lehrerbildung, Kooperationsmöglichkeiten, Gestaltung konkreter schulischer Situationen).

Eberwein, Hans (Hrsg.): Handbuch Lernen und Lern-Behinderungen. 1. Auflage, Weinheim, Beltz, 1996.
Ausgehend von einem veränderten Lernverständnis, das unter anderem Lernschwierigkeiten als inhärentes Merkmal von Aneignungsprozessen sieht, werden unter anderem diagnostische Schwierigkeiten bei der Identifizierung lernbehinderter Schüler aufgezeigt, didaktische Konzeptionen dieser Schulform diskutiert, nach der Effizienz von Sonderschulung gefragt, sozialpsychologische Untersuchungen zur Persönlichkeitsstruktur von Sonderschülern sowie die Berufschancen der Absolventen dieser Schulform dargestellt.

Mutzeck, Wolfgang (Hrsg.): Förderdiagnostik bei Lern- und Verhaltensstörungen. 2. Auflage, Weinheim, Beltz, 2000.
Die Feststellung eines sonderpädagogischen bzw. individuellen Förderbedarfs ist zu einer zentralen Fragestellung nicht nur innerhalb der Sonderpädagogik geworden. Dieses Buch stellt die verschiedensten Ansätze und Methoden dazu vor, die das Individuum in seinem Umfeld, mit seinen Wirklichkeitskonstruktionen, seinen Kompetenzen und Ressourcen in den Mittelpunkt stellt.

Balgo, Rolf/Werning, Rolf (Hrsg.): Lernen und Lernprobleme im systemischen Diskurs. 1. Auflage, Dortmund, Borgmann, 2003.
Die Autoren versuchen, aus erkenntnis- und systemtheoretischer Sicht Phänomene des Lernens und der Lernprobleme zu beobachten und zu beschreiben. Neben theoriegeleiteten Grundpositionen werden Handlungsbereiche wie Didaktik und Methodik, Diagnostik, Förderung bei LRS/Legasthenie und Dyskalkulie sowie AD(H)S diskutiert.

Medien

Christian Mürner

Etymologie

„Medium" ist ein seit dem 17. Jahrhundert eingeführtes Fremdwort. Das Substantiv wurde aus dem lateinischen Adjektiv „medius" gebildet, das „in der Mitte befindlich" bedeutet. Zunächst benutzte man „Medium" als naturwissenschaftlichen Terminus im Sinne von „Mittel, Vermittlungsstoff" zur Bezeichnung eines Trägers physikalischer oder chemischer Prozesse.

Seit dem 19. Jahrhundert heißt „Medium" im Spiritismus und Okkultismus eine vermittelnde Person zwischen Geister- und Menschenwelt oder allgemein eine Versuchsperson.

„Medien", die Mehrzahlform von Medium, wird im 18. Jahrhundert im übertragenen Sinn von „Mittel, vermittelndes Element" gebräuchlich. Vermutlich im Anschluss daran, ab Mitte des 20. Jahrhunderts, nennt man in einem speziellen Sinn diejenigen Einrichtungen Medien, die Nachrichten und Meinungen verbreiten oder übermitteln, also vor allem Presse, Rundfunk und Fernsehen, die auch als *Massenmedien* bezeichnet werden (vgl. Duden, Herkunftswörterbuch, 1963, S. 431; Pfeifer, 1989, S. 1082).

Es lassen sich folgende Anwendungen der Begriffe „Medium"/„Medien" unterscheiden:

- Ein Medium ist ein organisatorischer oder technischer Apparat für die Vermittlung von Informationen: optische Medien wie Film und Fernsehen.
- Ein Medium fungiert als vermittelndes Grundelement: Gedanken durch das Medium der Sprache oder der Musik ausdrücken.
- Medium als Hilfsmittel, das der Vermittlung und Bildung dient: der Computer als ganz normales Medium.
- Das Medium ist ein Werbemittel oder Medium der Propaganda und Öffentlichkeitsarbeit.

Die allgemeinste Charakterisierung von Medium ist, „dass es ein ‚Dazwischen' ist". „Das Medium steht als ein drittes zwischen zwei Momenten [...]" (Roesler, 2003, S. 39) Mit anderen Worten: Das Medium ist offenkundig von diesen beiden Größen abhängig und von ihnen her erst zu definieren, hat also zunächst keinen Eigenwert. Erst als gestalteter Inhaltsträger zwischen Produzent und Rezipient, zwischen Gestalter und Nutzer gewinnt ein Medium Identität." (Kerlen, 2003, S. 9)

Medienphilosophisch geht es um drei Dimensionen (nach Margreiter, 2003, S. 152):

- die *Mitte;* um einen Ort der Begegnung;
- die *Vermittlung;* um die Möglichkeit der Koordination, des Kompromisses oder des Konflikts;
- die *Mittel;* um die Benutzung bestimmter Werkzeuge.

Medium und Medien im Rahmen der Heilpädagogik heißen diejenigen technisch-praktischen Mittel, die vorwiegend zur Veranschaulichung im Unterricht eingesetzt werden, also Arbeitsblätter, Bücher, Bilder, Wandtafel, Overhead- oder Dia-Projektor, Filme, Videos. Je nach Fachrichtung können es aber auch andere greifbare Gegenstände sein oder Apparate zur Unterstützung beeinträchtigter Sinne.

Die Macht der Massenmedien in Bezug auf die Darstellung von Behinderung und behinderter Menschen wurde bisher vernachlässigt, sie erhält durch den kulturwissenschaftlichen Ansatz in der Heilpädagogik und die „Disability Studies" zunehmende Beachtung und ausführliches Forschungsinteresse (siehe auch Beitrag „Disability Studies" in Band 1).

Geschichte

Die Geschichte der Medien kann als Chronik anhand technischer Daten und Geräte aufgezeichnet werden:

	Schrift/Druck	Analoge optische Medien	Analoge akustische Medien	Übertragungsmedien	Computer
3. Jt. v. Chr.	Keilschrift		Trommeltelegrafie		Zahlzeichen
100 v. Chr.	Papier				Rechenbrett
15. Jh.	Holzschnitt Kupferstich Gutenberg-Druck				
16. Jh.		Camera obscura			
17. Jh.			Drehorgel		Rechenautomat
19. Jh.	Tastenschreibmaschine (1829)	Fotografie (1839) Film (1879) Mechanisches Fernsehen (1884)	Elektrisches Telefon (1860)	Telegraf (1832)	Lochkarte (1805)
20. Jh.	Elektrische Schreibmaschine (1922) Scanner (1955) Schreibmaschine mit Textspeicher (1964)	Elektronisches Fernsehen (1923) Tonfilm (1927) Farbfernsehen (1950) Videoband (1951) Digitale Bildbearbeitung (1985) Digitales Fernsehen (1996)	Mobilfunk (1946) Schallplatte (1947) Transistorradio (1954) Tonbandgerät mit Kompaktkassette (1963) Compact Disk/CD (1979)	ISDN (1985) E-Mail (1985) Internet (1993)	Transistorrechner (1955) Microsoft (1975) Apple (1976)

Tabelle nach Heinz H. Hiebel (1997, S. 255–260), gekürzt

„Mediengeschichte wird in der Regel als Sozialgeschichte der Massenmedien verstanden und kaum als technikbezogene Geschichte von Medientechnologien und Analyse der Wirkungsweisen und des Leistungsbereichs technischer Apparate." (Hiebel, 1997, S. 7)

Doch sind diese technischen Daten auch pädagogisch und heilpädagogisch relevant, weil sie sowohl theoretisch wie praktisch die Erziehung und den Unterricht beeinflussen und deren historischen Kontext angeben, auch wenn man mediendidaktisch sagen kann, es sei mehrperspektivisch zu verfahren. Das bedeutet, dass im Unterricht ebenso berechtigt Medien eingesetzt werden können, die aufgrund des technischen Entwicklungsstands als veraltet erscheinen.

Der Literaturwissenschaftler Jochen Hörisch notiert: *„Die Mediengeschichte führt vom Speichern über das Übertragen zum Bearbeiten. Die frühen Medien Bild, Schrift und Druck sorgen für eine Vormacht des Speicherns; die Medieninnovationen nach Gutenberg sorgen, ihrem obligatorischen Präfix Tele- (-grafie, -phonie, -vision etc.) verpflichtet, für einen deutlichen Primat der Übertragungsmedien; und die neuste, digitale Medientechnik eröffnet zuvor ungeahnte Dimensionen der Datenverarbeitung." (Hörisch, 2001, S. 383)*

Zeitgeschichtlich lassen sich drei, zum Teil konkurrierende Positionen kennzeichnen:

1. den technikorientierten,
2. den systemtheoretischen und
3. den phänomenologischen Ansatz (vgl. Wiesing, 2003, S. 149ff.).

Der technikorientierte Ansatz

Der kanadische Medientheoretiker Marshall McLuhan (1911–1980) legte dazu zwei brisante Bücher vor: „Die Gutenberg-Galaxis" (1962) und „Die magischen Kanäle" (1964). McLuhans Hauptthesen lassen sich wie folgt zusammenfassen:

1. „Mit Hilfe von Medien erweitern Menschen ihre beschränkten Fähigkeiten" (Hörisch, 2004, S. 177), d. h., Medien als Mittel und *Werkzeuge* kompensieren Mängel.

2. „Das Medium ist die Botschaft – und eben nicht die Aussage, die einem Medium anvertraut wird." (Hörisch, 2004, S. 179)

Mit anderen Worten, es ist ein Unterschied, ob man ein Buch liest oder TV sieht, es werden durch die entsprechenden Medien andere Botschaften wahrgenommen. Hörisch sagt, das Buch fokussiere die Aufmerksamkeit auf den Sinn, das Fernsehen auf die Sinne. Eine besonders auch im Bereich Pädagogik und Heilpädagogik bekannt gewordene Medientheorie wie diejenige des amerikanischen Medienkritikers Neil Postman (1931–2003) knüpfte an die Thesen von McLuhan an. Postmans Buchtitel lauten: „Wir amüsieren uns zu Tode" (1985) und „Das Verschwinden der Kindheit" (1982). In letzterem Essay schrieb Postman, dass die elektronischen Medien keine Geheimnisse mehr zuließen, was eben „so etwas wie Kindheit" zum Verschwinden bringe.

Der systemtheoretische Ansatz

Der Soziologe Niklas Luhmann (1927–1998) verstand Medien als *Möglichkeit*, als mögliche Verbindungen. *„Also ganz anders als bei McLuhan leistet bei Luhmann ein Medium selbst nichts und ist daher auch kein Teil einer Botschaft. Medien selbst können überhaupt gar nicht* *gegenwärtig und greifbar sein, denn sie sind immer nur eine Möglichkeit, welche durch konkrete Formen bestimmbar ist." (Wiesing, 2005, S. 150)*

Als Medium wird also eine Anzahl beweglicher Teile betrachtet, die in eine konkrete Form gebracht werden können, z. B. das Alphabet in die Form von Wörtern, Menschen in die Form von Gruppen wie Kunden oder Patienten. Luhmans Buch „Die Realität der Massenmedien" beginnt mit dem markanten Satz: „Was wir über unsere Gesellschaft, ja über die Welt, in der wir leben, wissen, wissen wir durch die Massenmedien" (Luhmann, 1995, S. 9). Er fügt dann hinzu: „Andererseits wissen wir so viel über die Massenmedien, dass wir diesen Quellen nicht trauen können" (Luhmann, 1995, S. 9). Der Luhmann Schüler Peter Fuchs (vgl. 1994, S. 15f.), der Soziologie der Behinderung lehrt, postulierte, dass der Mensch als „Medium der Gesellschaft" betrachtet werden könne. Klingt hier ein wenig der okkulte etymologische Anteil von Medium an? Gemeint ist, dass Luhman die Gesellschaft nicht bestehend aus Individuen, sondern als „kommunikativ geschlossenes System" versteht (Luhmann, 1997, S. 95).

Der phänomenologische Ansatz

Der phänomenologische Ansatz besteht in der „*Transparenz* der Medien", d. h., ein Medium ist demnach ein Mittel, welches nur funktioniert, wenn es selbst zurücktritt. Medien müssen zur Erfüllung ihrer Funktion unthematisch bleiben. Anders ausgedrückt: „Medien zeigen etwas, ohne sich selbst zu zeigen [...]". (Wiesing, 2004, S. 150) In dieser Hinsicht vereinigen Medien zwei Aspekte, den der Genesis und den der Geltung (Wiesing, 2003, S. 155), den des Herstellungs- und Entstehungsvorgangs in einem physikalischen Sinn und den der Bedeutung ohne materielle Eigenschaften. So lässt sich folgern: „Medien befreien den Menschen von dem allgegenwärtigen Diktat der physikalischen Welt." (Wiesing, 2004, S. 162)

Zur Kultur- und Mediengeschichte von Behinderung unterschied Hans Scheugl (1994, S. 154ff.) zwei Perioden, in denen „menschliche Abnormitäten", wie er es nannte, „die Aufmerksamkeit ihrer Zeitgenossen in besonderem Maße erregten".

- Im 16. Jahrhundert setzten aufgrund gesellschaftlicher Umbrüche im Rahmen religiöser Vorstellungen die Schaustellungen und Flugblätter von so genannten „Monstren" ein. Sie endeten im Zeitalter des Barock, das eine „Vorliebe für das Bizarre" hatte. Verbreitet waren Anfang des 18. Jahrhunderts vor allem noch Kupferstiche zur Unterhaltung und Information, die so genannten „Zwergenkabinette", in ihnen wurden alle Lebensarten durch kleinwüchsige Figuren veranschaulicht und karikiert.
- Im 19. Jahrhundert standen dann Menschen mit Behinderung oder diagnostizierten Abweichungen vor allem im Zusammenhang von anatomischen und medizinischen Erörterungen im Zentrum. In den Schaustellungen kreuzte sich das Interesse der Wissenschaft und der Laien. Scheugl fragte nach dem „Erfolg der menschlichen Abnormitäten beim Publikum" und nuancierte zwei grundsätzliche Haltungen: die entlastende Ablehnung – „Bin ich froh, dass ich nicht so bin wie die" – und die absurde Angleichung – „Beifall für diejenigen, die mir am nächsten kommen" – also bspw. für einen armlosen Menschen, der alles mit den Füßen analog den Händen erledigt.

Die Neuen Medien zu Beginn des 21. Jahrhunderts zeigen nun vieles und Verschiedenes beinahe gleichzeitig und angeblich gleichwertig. Die Ungewissheit fordert die „Ambivalenztoleranz“ heraus. Es scheint populär, Kritik mit Identifizierung zu verbinden, Feindbilder und Sinnbilder in eine Reihe zu stellen, Nähe und Distanz, Bloßstellung und Anonymisierung zu vertauschen. „Mediengerecht“ in Bezug auf Menschen mit Behinderung bedeutet in der Regel, dass auf Abweichungen von der Norm reagiert wird und dass die Aufmerksamkeit nach wie vor in erster Linie auf Äußerlichkeiten und auf den Körper gerichtet ist. Bilder spielen hier eine weitreichende Rolle. Die Massenmedien haben kaum Skrupel in der „Wahl der Mittel“. Sie können die Sensationslust fördern und Vorurteile zur Vereinfachung ihrer Meldungen benutzen, sie stellen sie aber in Frage, wenn sie die Relevanz der Selbstbestimmung entdecken. Aufmerksamkeit auf sich zu ziehen heißt nicht, in demselben Maße Anerkennung zu erhalten. Aufmerksamkeit ist doppeldeutig, sie beachtet bewusst etwas oder jemanden, wählt es aber auch aus oder hebt eine Person unter anderen hervor (vgl. Mürner, 2003, S. 196).

Aktuelle Relevanz und theoretische Ansätze

In Lexika und Zeitschriften um 1950 kommen die derzeitigen „Basisbegriffe“ Medium/Medien noch kaum vor (vgl. Hörisch, 2004, S. 172). Medienwissenschaft als Fachdisziplin taucht erst in den 80er-Jahren des 20. Jahrhunderts auf. In Bezug auf die Begriffe Medium/Medien lässt sich also für die letzten Jahre von einer explosionsartigen Aktualität sprechen.

Als ersten medientheoretischen Ausgangspunkt kann man die Sinne wählen.
„Menschen schmecken, riechen, fühlen, sehen und/oder hören etwas und fragen sich, was es mit dem Wahrgenommenen auf sich habe beziehungsweise was der Sinn in oder hinter dem sei, was ihre Sinne da registrieren.“ (Hörisch, 2001, S. 13)

Das heißt: „Mit medialer Hilfe dehnen wir die Reichweite unserer Sinne und unseres Körpers weit über seine kreatürlichen Grenzen hinaus aus.“ (ebd., 61) Diese Position der medialen Entfaltung des Menschen und seiner körperlichen Maßnahmen steht in der Tradition der Theorie McLuhans.
„Während sich die Basismedien Bild und Ton von Gesicht und Gehör direkt ableiten lassen, werden Geschmack und Gefühl als Begriffe der Ästhetik gebraucht.“ (Schanze, 2001, S. 210)

Der Begriff der Ästhetik bezeichnete ursprünglich das „sinnlich Wahrnehmbare“, erst danach wurde er begrenzt auf das „sinnfällig Schöne“ (vgl. Duden, 1963, S. 37).

Im Zusammenhang der Sinnsuche lässt sich problematisieren, ob Medien diese vermitteln oder erzeugen? Diese Frage entspricht dem Stellenwert, den man den Medien zuordnet, nämlich, ob sie primäre oder sekundäre Ansprüche haben. Die Antwort kann flexibel ausfallen: Medien prägen das, was sie übertragen. Die Vermittlung ist demnach eine „kulturstiftende Tätigkeit“ (Krämer, 2003, S. 84 f.). Wenn daran anschließend gefragt wird, welche Aufmerksamkeit und Sichtbarkeit Medien bewirken und auslösen, spielen Phänomene der Abweichung, der Störung oder der Behinderung eine zentrale Rolle (vgl. Keck u. a., 2001).

In einem kulturanthropologischen Sinn definiert die Konstanzer Kunsthistorikerin Christiane Kruse (2004, S. 234 f.) den Begriff Medium als von Menschen erzeugte Einheit „von einem physischen Zeichenträger und einem Zeichengefüge“. Medien sind also „Objekte, die dazu geschaffen werden, damit sie bestimmte Funktionen wahrnehmen“. Von diesen Funktionen lassen sich nach Kruse grundsätzlich drei unterscheiden:

- Die Repräsentationsfunktion: Medien vergegenwärtigen wie Zeichen etwas Abwesendes oder Vergangenes.
- Die Kommunikationsfunktion: Medien sind auf Vermittlungsinstanzen angewiesen.
- Die Reflexionsfunktion: Medien gewähren Entschlüsselungen.

Allgemein liegt die aktuelle und zugleich historische Relevanz der Medien in ihrer „gesellschaftlichen Steuerungs- und Orientierungsfunktion" (Faulstich, 1998, S. 33, S. 196). Kurz: „Medien sind Interaktionskoordinatoren." (Hörisch, 2001, S. 65)

Hoffmann (2003, S. 146) gibt folgende Einteilung, Differenzierung und Konvergenz der Mediensysteme, die sich durch Online-Dienste und durch Digitalisierung untereinander vernetzen lassen:

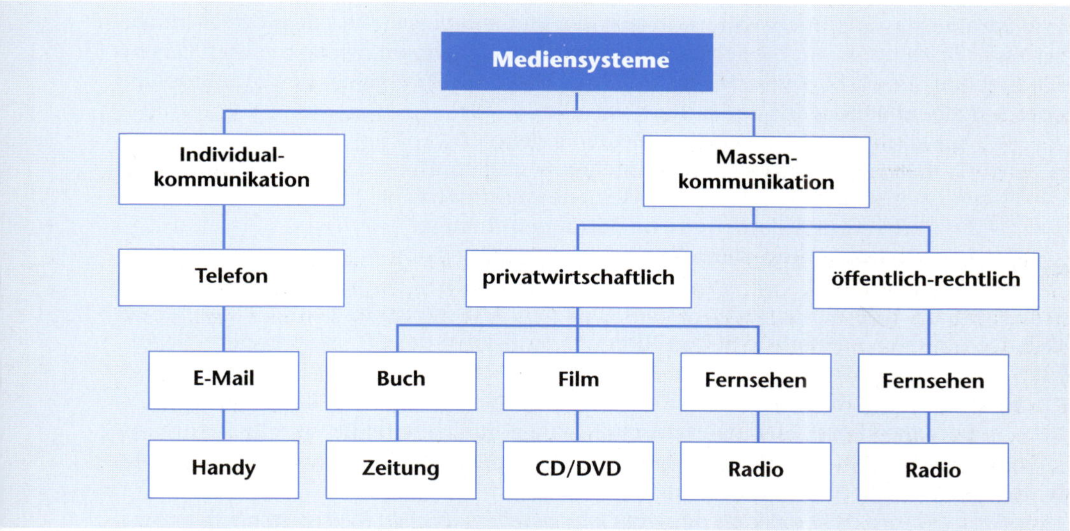

Mediensysteme (vgl. Hoffmann, 2003, S. 146, verändert und gekürzt)

Problem- und Erfahrungsfelder

Der Grundbegriff der Medienpädagogik heißt Kommunikation.
Dementsprechend konzentriert sich die Medienpädagogik im engeren Sinn auf die so genannten *Massenmedien* (vgl. Hoffmann, 2003, S. 14 f.). Eine Pädagogik über Medien soll also zur „Analyse von und Befähigung zu sozialer Kommunikation auch mit Medien" führen. (Hoffmann, 2003, S. 25) Das bedeutet z. B. „Lesen ist eine Kulturtechnik, die als Basis weiterer Medienkompetenz zu betrachten ist." (Hoffmann, 2003, S. 109)

Ein Leitkonzept der Medienpädagogik ist *Medienkompetenz*.
Was ist darunter zu verstehen? Medienkompetenz meint die Fähigkeit einer (selbst-)kritischen Nutzung und Gestaltung der Kommunikations- und Interaktionsmittel. Kompetenz heißt dann im Wortsinn Zuständigkeit, aber auch Zugänglichkeit zu verschiedenen Vermittlungsinstrumenten sowie die Einschätzung der Macht und der Möglichkeiten der Medien. Die Medienkompetenz besteht in folgenden Aspekten (Hoffmann, 2003, S. 33 f.):

- dem personalen Bezug,
- dem sozialen Bezug,
- dem Nutzungsaspekt, kritische Rezeption,
- dem Handlungsaspekt, aktive Gestaltung.

Die Massenmedien benutzen die Personalisierung (oft unkritisch) als Anknüpfungspunkt, pädagogisch betrachtet ist dies allerdings nichts Auffälliges, gelten doch die Sprache, Mimik oder Gestik der Lehrer als personale Medien (vgl. Leutner-Rammel/Schaack 2001, S. 205). Dementsprechend ließe sich unterscheiden zwischen „körpergebundenen, temporären" Medien (wie eben Sprache, Mimik und Gestik) und „körperunabhängigen, fixierten" Medien (wie Bild, Film, Schriftsprache und abstrakte Symbole) (vgl. Sachs-Hombach, 2003, S. 96). Die Mediendidaktik verwendet in erster Linie apersonale Medien (also Tafel, Pinwand, Flipchart etc.).

Wie ist aber das anspruchsvolle Konzept der Medienkompetenz pädagogisch umzusetzen? „Reicht es, wenn die Schülerinnen und Schüler wissen, wie man einen PC einschaltet oder eine E-Mail verschickt?" (Luder, 2004, S. 18) Es ergeben sich fünf Problem- oder Aufgabenbereiche für den Unterricht (ebd., S. 19):

- Auswählen und Nutzen von Medienangeboten,
- Gestalten und Verbreiten von Medienbeiträgen,
- Verstehen und Bewerten von Mediengestaltungen,
- Erkennen und Aufarbeiten von Medieneinflüssen,
- Durchschauen und Beurteilen von Bedingungen.

Eine explizite Auseinandersetzung über geeignete Medien in der Schule kann bei der Debatte um die so genannte Schundliteratur zu Beginn des 20. Jahrhunderts begonnen werden (vgl. Wermke, 2001, S. 140f.). Es ist ein Ansatz, der als „bewahrpädagogisch", d. h. in der Erhaltung traditioneller Werte, gesehen werden kann. Ihm folgt in den 1960er-Jahren der „ideologiekritische" Ansatz, hier spielte die visuelle Kommunikation, also z. B. die Analyse von Werbung und Comics eine große Rolle. Danach folgte der „handlungsorientierte" Ansatz:
„Der Rezipient wird nicht mehr als passives Opfer gesehen, das den Medienimpulsen automatisch folgt, sondern als Subjekt, das auch außerhalb von Unterrichtsprozessen seine Erfahrungen aktiv und reflexiv verarbeitet, sich seine Meinung bildet, nach seinen Bedürfnissen und seinem Geschmack entscheidet." (Wermke, 2001, S. 147)

Der Essayist und Schriftsteller Hans Magnus Enzensberger stellte folgende Alternativen der Mediennutzung zusammen:

Repressiver Mediengebrauch	Emanzipatorischer Mediengebrauch
Zentral gesteuertes Programm Ein Sender, viele Empfänger	Dezentralisierte Programme Jeder Empfänger ein potenzieller Sender
Immobilisierung isolierter Individuen	Mobilisierung der Massen
Passive Konsumentenhaltung	Interaktion der Teilnehmer, Feedback
Entpolitisierungsprozess	Politischer Lernprozess
Produktion durch Spezialisten	Kollektive Produktion
Kontrolle durch Eigentümer oder Bürokraten	Gesellschaftliche Kontrolle durch Selbstorganisation

Mediennutzung (Enzensberger, 1970, S. 173)

Im Handlexikon der Behindertenpädagogik heißt es, dass medienpädagogische Überlegungen in Publikationen der Behindertenpädagogik „nur eine marginale Rolle“ spielen. Doch:

„Für Menschen mit Behinderungen bieten Medien erweiterte Möglichkeiten, am gesellschaftlichen Leben teilzunehmen und bei der Kompensation von behinderungsspezifischen Schwierigkeiten zu helfen: Bildinformationen für Hörgeschädigte, Audioprogramme für Blinde, Computer mit Braille-Schrift, interaktive Lernsoftware und Netzzugänge.“(Leutner-Ramme/Schaack, 2001, S. 206).

Ausblick

Die heute verbreiteten Schlagwörter Medium/Medien haben sich, wie die unterschiedlichen mediengeschichtlichen und -theoretischen Ansätze zeigen, mehr und mehr von der gewöhnlichen, alltagssprachlichen Verwendungsweise als Werkzeug und extensives Element entfernt.

„Spricht man heute systematisch von Medien, so sind zunächst und vor allem die Medien der Audiovision, die ‚Massenmedien‘ gemeint.“ (Schanze, 2001, S. 213)

Die „Medien“ sind zum Modewort geworden, gemeint als „Signatur des gegenwärtigen Zeitalters“. (Schanze, 2001, S. 1) Das Internet gilt „als Integration aller bisher entstandenen Medien“ (Kerlen, 2003, S. 280). Auch werden Medien- und Kulturgeschichte als Synonyme verstanden. Zurzeit ist der Medienbegriff in seiner Vielfältigkeit kaum mehr zu übersehen. Vorteilhaft wäre, wenn bei der Reduktion seiner Komplexität die drei Grundelemente (*Mitte, Vermittlung, Mittel*) erhalten und erkennbar blieben. In der Mediengesellschaft gilt *Medienkompetenz* als Schlüsselqualifikation.

M

Kommentierte Literaturhinweise

Hoffmann, Bernward: Medienpädagogik. Paderborn, Schöningh Verlag, 2003. Dieses Buch bietet eine Einführung in Theorie und Praxis der Medien und Medienpädagogik im besten Sinn. Zur Sprache kommen die Grundlagen, also die Kommunikation und sozialgeschichtliche Aspekte, aber auch die Forschungsprobleme. Die Medienerziehung wird am Beispiel des Fernsehens und der Videos exemplifiziert. Computer und Internet werden in pädagogischer Hinsicht betrachtet und die Grundfragen der Mediendidaktik und der Öffentlichkeitsarbeit dargestellt.

Pias, Claus/Vogl, Joseph/Engell, Lorenz/Fahle, Oliver/Neitzel, Britta (Hrsg.): Kursbuch Medienkultur. Die maßgeblichen Theorien von Brecht bis Baudrillard. 5. Aufl., Frankfurt a. M., DVA, 2004.
Das in Zusammenarbeit mit der Fakultät Medien der Bauhaus-Universität Weimar herausgegebene Buch fasst die wichtigsten Positionen zur Medientheorie des 20. Jahrhunderts in kommentierten Originaltexten zusammen. Es finden sich unter anderem grundlegende Texte von Marshall McLuhan, Niklas Luhmann, Neil Postman sowie von Claude E. Shannon/Warren Weaver zur mathematischen Informationstheorie oder von Roland Barthes zu den alltäglichen Mythen.

Schanze, Helmut (Hrsg.): Handbuch der Mediengeschichte. Stuttgart, Kröner, 2001. Das Handbuch der Mediengeschichte bietet einen prägnanten Überblick zu den verschiedenen Ansätzen der Medienästhetik, -psychologie, -soziologie und -ökonomie.
Es behandelt die einzelnen Bereiche, wie die Mediengeschichte der Literatur, des Theaters, der Musik, des Films, des Hörfunks, des Fernsehens und der Digitalmedien.

Neurophysiologische Grundlagen der Heilpädagogik

Thomas Hülshoff

Etymologie

Die Heilpädagogik begreift den Menschen als ein ganzheitliches, biologisch, psychisch wie sozial angelegtes Wesen. Insofern gehört zum Verständnis des Menschen, auch eines Menschen mit einer Behinderung oder Entwicklungsverzögerung, das Wissen um körperliche Zusammenhänge. Dies vermittelt unter anderem die Neurophysiologie. Der erste Teil dieses Wortes, Neuro-, leitet sich aus dem griechischen Substantiv Neuron ab, was ursprünglich Sehne oder Band, im übertragenen Sinne Nerv bedeutet (vgl. auch das latinisierte Substantiv „nervus"). Der Begriff „Physiologie" wurde dem griechisch-lateinischen Begriff der „physiologia" – der Naturkunde – entlehnt und bezeichnet heute die Wissenschaft von den Lebensvorgängen und -äußerungen. Die grundlegenden griechischen Wortstämme sind die der Physis (Natur, vgl. auch „Physik") und Logos (Wort, Kunde, Wissenschaft). Die Neurophysiologie schließlich ist das Teilgebiet der Physiologie, das die Leistungen des Nervensystems in der Interaktion mit der Umwelt und Verarbeitung von Reizen untersucht. Vor allem seit der Einführung elektrophysiologischer und bildgebender Verfahren sowie der Analyse biochemischer Botenstoffe (so genannter Neurotransmitter) kann die Neurophysiologie als Grundlagenwissenschaft für die funktionalen und dysfunktionalen Steuerungsvorgänge gelten.

Geschichte

Seit es geschichtliche Aufzeichnungen gibt, beschäftigen sich Menschen mit den Zusammenhängen sensorischer Wahrnehmung, menschlichen Bewusstseins und seelischen Erlebens einerseits, den körperlichen Grundlagen dieser Prozesse andererseits. So machte Aristoteles (384–322 v. Chr.) das Herz für die Sinnesempfindungen und Gefühle verantwortlich, während Augustinus (334–430) mit den mit Hirnflüssigkeit (Liquor) gefüllten Hirnkammern (Ventrikeln) Empfindungen und kognitive Fähigkeiten assoziierte. Über tausend Jahre später griff Rene Descartes (1596–1650) diesen Gedanken auf, erweiterte ihn jedoch: Die Seele sitze im Gehirn und steuere die Flüssigkeitsspiegel in den Hirnkammern und hierüber das emotionale wie kognitive Geschehen.

Einen ersten Ansatz der eigentlichen Neurophysiologie leistete T. Willis (1621–1675), der die Folgen von Nervendurchtrennungen analysierte und beschrieb. Wesentliche Beiträge zur Bioelektrizität von Muskeln und Nerven leistete L. Galvani (1737–1798), A. von Humboldt (1769–1859) und von Helmholtz (1821–1894), der als erster Geschwindigkeit und Erregungsweiterleitung in Nerven darstellen und messen konnte und die eigentliche Elektrophysiologie begründete. Mit der Untersuchung sensorischer Konditionierung und Reflexen analysierte I. P. Pawlow (1849–1936) das assoziative Lernen.

In der Zwischenzeit war es S. Ramon y Cajal (1852–1934) gelungen, Nervenzellen zu färben und die Grundlagen einer Neuroanatomie zu legen.

Unter Verwendung der Erkenntnisse aus der Hirnstromforschung (EEG) postulierte man nun in der ersten Hälfte des 20. Jahrhunderts, dass emotionale und kognitive Fähigkeiten durch die Verschaltung und Interaktion von im Gehirn lokalisierten Nervenzellen bewerkstelligt werden. Bereits der französische Neurologe P. Broca (1824–1880) hatte festgestellt, dass sich bei Patienten, die an einer so genannten Aphasie (Sprachstörung) litten, post mortem anatomische Veränderungen in dem nach ihm benannten Broca-Sprachzentrum finden ließen. Von diesen und anderen Befunden ausgehend, nahm der deutsche Neurologe und Anatom K. Brodmann (1868–1918) eine erste Kartierung der Hirnoberfläche vor.

Bis in die zweite Hälfte des 20. Jahrhunderts entwickelte sich der Streit, ob das Gehirn eher generalistisch arbeite – also letztlich mehr oder weniger viele bis alle seiner Zellverbände an kognitiven und emotionalen Vorgängen beteiligt seien – oder ob es, wie die „Lokalisationisten" meinten, hoch spezialisierte Zentren gebe, die speziell für spezifische Funktionen, bspw. das Rechnen oder das Gedächtnis zuständig seien. Die bahnbrechenden Forschungen der Nobelpreisträger Hubel und Wiesel in den 1950er-Jahren zeigten, dass das Gehirn in einer kaskadenförmigen Verarbeitung von Informationen unter Ausnutzung der hoch spezialisierten Funktionen spezifischer Zentren die von den Sinneszellen wahrgenommene Wirklichkeit rekonstruiert, woran vielfältige neuronale Verbände in stetig wechselnden reziproken Beeinflussungen beteiligt sind. Insbesondere neuere bildgebende Verfahren (Positronen-Emissionstomographie, funktionelle Kernspintomographie) konnten in den letzten 15 Jahren Wirkweisen neuronaler Zellverbände bei kognitiven Aktivitäten des Gehirns darstellen. Das Prinzip der PET besteht darin, das radioaktiv markierte Glukose (oder andere energiereiche Substanzen) über das Gefäßsystem ins Gehirn gelangen und durch entsprechende Sensoren von außen nachweisbar sind. Da arbeitende Hirnareale in besonderem Maße Sauerstoff und Glukose brauchen, sind besonders aktive Areale im PET von anderen zu unterscheiden. Aber auch die Biochemie, insbesondere die Analyse der Neurotransmitter (chemische Botenstoffe, s. u.), trug maßgeblich zum Verständnis emotionaler Prozesse bei. Auch die Neuropsychologie, die Kognitionspsychologie und die Verhaltensforschung widmen sich in zunehmendem Maße den Zusammenhängen von zerebralen Funktionen und Dysfunktionen.

In den 1990er-Jahren wurde zwar vom amerikanischen Präsidenten das „Jahrzehnt der Hirnforschung" ausgerufen und es wurden in der Tat in den letzten 20 Jahren mehr Erkenntnisse über Hirnfunktionen gemacht als in den vergangenen Jahrhunderten zuvor. Trotzdem sind wir doch weit von einem lückenlosen Verständnis der wichtigsten Hirnfunktionen und ihrer Störungen entfernt. Immer noch sind wir in einer Situation, wo Einzeldisziplinen wie die Neurophysiologie, Biochemie, Evolutionspsychologie und andere mehr zwar Aufsehen erregende Erkenntnisse vermitteln, aber keineswegs in der Lage sind, ein in sich stimmiges und kongruentes Gesamtbild zu erstellen. Die folgende Abhandlung erhebt nicht den Anspruch, detailliertes Wissen über funktionelle Einzelheiten des zerebralen Nervensystems und einzelner neuronaler Verbände oder Details über die Wirkung von Neurotransmittern zu vermitteln. Vielmehr soll eine Übersicht über den heutigen Wissensstand der Neurophysiologie gegeben werden. Dabei kommt es mir auf eine möglichst verständliche und übergreifende Sichtweise an, selbst wenn einige Details dabei ungenau bleiben sollten.

Aktuelle Relevanz und theoretische Ansätze

Neurophysiologische Grundlagen der Heilpädagogik geben den Heilpädagogen Erklärungsmuster an die Hand, wie der Mensch Sinnesreize emotional und kognitiv zu verarbeiten in der Lage ist und wie er aufgrund dieser Rekonstruktion der Wirklichkeit zu einem Bewusstsein der Umwelt und seiner selbst gelangt, um andererseits adäquat motorisch, sprachlich und sozial zu reagieren und zu interagieren. Vielfältige Entwicklungsprozesse des Kindes- und Jugendalters sowie Entwicklungsstörungen und Behinderungen motorischer, sensorischer und emotionaler Art lassen sich mit solchem Grundwissen besser verstehen. Dieses Verständnis ermöglicht zielgerichteteres und adäquateres heilpädagogisches Handeln.

Jeder vom Menschen erlebte Außenreiz wird von einem entsprechenden Sinnesorgan in die „bioelektrische Einheitssprache des Gehirns" übersetzt:
So wandeln Lichtrezeptoren der Netzhaut die Photonen des Lichts in bioelektrische Informationen um, die via Sehnerv in die Sehrinde weitergeleitet werden. Analog werden physikalische Schwingungen unserer Hör-Sinneszellen in bioelektrische Signale „des Hörsystems" umgewandelt, und als Chemorezeptoren seien die Geschmacks- und Geruchssensoren genannt. In entsprechenden Hirnarealen werden diese Informationen entschlüsselt, weiter verarbeitet und zu einem stimmigen „Gesamtbild" rekonstruiert. Dabei wird zunächst die Qualität des Reizes analysiert: Was bspw. von der Nasenschleimhaut weitergeleitet wurde, kann nur Geruchsinformationen beinhalten, während Informationen aus dem Hörsystem akustischer Natur sein müssen.

Zweitens wird die Qualität widergespiegelt: So können Lichtfrequenzen als Farben, Hörfrequenzen als unterschiedliche Tonhöhen wahrgenommen werden. Andere Schemata ermöglichen das Einordnen von Düften und anderen Gerüchen.

Die Quantität eines Reizes spiegelt sich als Analyse der Lautstärke (beim auditiven System) oder der Helligkeit (beim optischen System) wider. Schließlich können viele Reize auch lokalisiert werden: Beispielsweise beim stereophonen Hören oder der räumlich-visuellen Wahrnehmung bzw. beim Erkennen von Bewegung.

Auf ihrem Weg ins Gehirn durchlaufen die Informationen zunächst das Stamm- und Zwischenhirn. Im Stammhirn sind die lebenswichtigen Funktionen lokalisiert: Beispielsweise das Atemzentrum, das uns bei Luftnot imperativ und unabhängig von unserem Willen atmen lässt, die Regulation von Herz- und Kreislaufaktion, Hunger- und Sättigungsgefühl, Grad der Wachheit und der Erregung. Das Stammhirn ist lebensnotwendig, schwere Stammhirnläsionen werden meist nicht überlebt. Im Zwischenhirn finden sich automatisierte „Wahrnehmungs- und Reaktionsprogramme", die uns bspw. panikartig auf Stress oder bedrohliche Situationen reagieren lassen. Im Thalamus, dem „Vorzimmer des Bewusstseins", werden Reize in „wichtig" und „unwichtig" selektiert. Wichtige Sinnesreize erregen unsere Aufmerksamkeit und werden einerseits durch automatisierte Handlungen und vegetative Prozesse beantwortet, andererseits zum Großhirn weitergeleitet, wo sie bewusst wahrgenommen werden. An der Grenze vom Zwischenhirn zum Großhirn befindet sich eine saumförmige Struktur, die als „limbisches System" (Limbus – der Saum) bezeichnet wird. Seine wesentlichen Strukturen sind die Amygdala (Mandelkern), in der die Primärgefühle generiert werden, und der Hippocampus (Seepferdchen), der als „Pforte des Gedächtnisses" bezeichnet wird, weil emotional gefärbte Informationen via Hippocampus im Gedächtnis gespeichert werden. Alle von uns wahrgenommenen Ereignisse der Außenwelt werden also zunächst vorbewusst emotional gefärbt und führen zu Interesse, Wut, Trauer, Freude etc. (vgl. den Beitrag „Emotionen“ in Band 1). In der Großhirnrinde schließlich werden in unterschiedlichen sensorischen Arealen die auditiven, visuellen, taktilen und andere sensorische Reize verarbeitet und in sekundären und tertiären Hirnrindenfeldern soweit miteinander verknüpft, dass das subjektive Erleben in Form einer ichbezogenen Erkenntnis wahrgenommen wird: Die auditive Information „Fang mal“, das Sehen eines größer werdenden, roten, runden Objekts, das vom Gedächtnis als Wasserball identifiziert wird, der Geruch von Nivea-Creme, die taktile Erfahrung eines feuchten, elastischen Balls und weitere Eindrücke führen zu dem ichbetonten Erlebnis, dass mir mein Sohn im Schwimmbad einen Wasserball zugeworfen hat. Bei diesem Prozess gibt es keine übergeordnete Stelle im Gehirn, in der sich das „Ich“ lokalisieren ließe. Vielmehr ist die stetig sich verändernde Kombination bioelektrischer Aktivitätsmuster von Millionen neuronaler Assemblies daran beteiligt, wenn das Gehirn das Erlebnis des „sich selbst bewussten Ich“ generiert.

Die Reaktion (bzw. willentliche motorische Aktion) nimmt ihren Ursprung im Frontalhirn, das wesentlich mit der Motivation und Handlungsplanung befasst ist. Die eigentliche Willkürmotorik geht dann von der motorischen Großhirnrinde aus, während die unwillkürliche „Begleitmotorik“, die uns reflektorisch das Gleichgewicht halten lässt und unsere Bewegungen koordiniert, wesentlich vom Kleinhirn, dem „Autopilot unserer Motorik“, gesteuert wird.

Nachdem der funktionelle Aufbau des Gehirns in groben Zügen skizziert wurde, soll nun kurz auf die kleinste funktionelle Einheit, die Nervenzelle eingegangen werden.

Das Gehirn besteht aus etwa 100 Milliarden Nervenzellen – eine nur schwer vorstellbare Zahl. Jede dieser Nervenzellen kann bis zu 10.000 Verbindungen zu anderen Nervenzellen aufbauen. Zum Vergleich: Wenn Sie sich die 25fache Erdbevölkerung vorstellen, und jeder dieser Erdenbürger bis zu 10.000 Telefonate führen kann, dann haben Sie in etwa ein Bild von der Komplexität des menschlichen Gehirns.

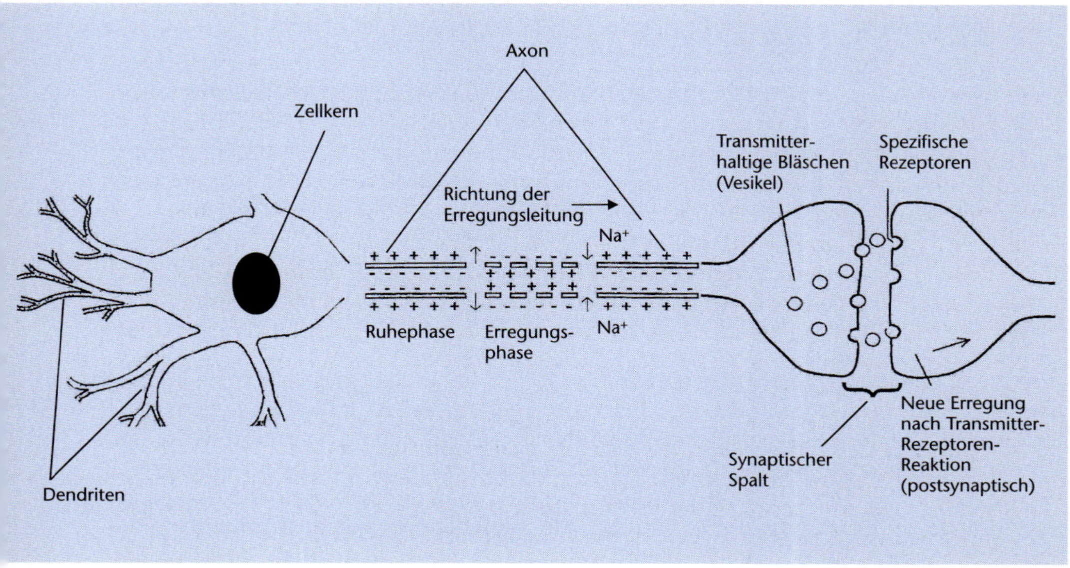

Die Nervenzelle

Eine Nervenzelle besteht neben den üblichen Zellstrukturen (z. B. Zellkern, Membran etc.) aus tausenden von „Empfängern", so genannten Dendriten, über die bioelektrische Erregung zur Nervenzelle gelangt. Über ein ableitendes Axon, das als „Sender" verstanden werden kann, wird die Erregung weitergeleitet. Am Ende des Axons, das sich auch noch verzweigen kann, führt die Erregung zum Ausschütten biochemischer Botenstoffe, so genannter Neurotransmitter. Diese diffundieren zu Empfängern einer gegenüberliegenden Nervenzelle, wo sie andocken und ihrerseits eine Erregung auslösen. Die Verbindung zweier Nervenzellen wird als „Synapse" bezeichnet, und die Erregung kann nur mittels der als Neurotransmitter bezeichneten Botenstoffe weitergegeben werden.

Die wichtigsten Botenstoffe des Gehirns sind Acetylcholin (Gedächtnisfunktion), Dopamin (Interesse und Belohnungssystem), Serotonin (Freude/Trauer, Schlafrhythmus), Gamma-Aminobuttersäure (Hemmung und Entspannung) und Noradrenalin (Erregung). Allerdings sind es nicht die chemischen Botenstoffe, sondern die mittels der Neurotransmitter erregten neuronalen Ensembles, die die Erregung bzw. Hemmung von Subsystemen des Gehirns ermöglichen und kognitive wie emotionale Prozesse initiieren.

Problem- und Erfahrungsfelder

Die Heilpädagogik befasst sich zum einen mit den Entwicklungsprozessen (und deren Störungen) in der Kindheit und Jugend, zum anderen mit Entwicklungsstörungen bzw. Behinderungen.

Zeitraum	Phase	Entwicklungsvorgang	Funktion
Erste Schwangerschaftshälfte	Neurogenese	Entstehung der Nervenzellen	Entstehen der weit über 100 Milliarden Nervenzellen im Überschuss
Embryonal-, vor allem aber Fetalzeit	Migration	Wanderung der Nervenzellen an ihren Bestimmungsort	Anlage der neuronalen Subsysteme
Von der zweiten Schwangerschaftshälfte bis weit in die Kindheit	Synaptogenese	Verbindung der Nervenzellen untereinander	Kommunikation und Funktionsaufnahme neuronaler Subsysteme
Vom Ende der Schwangerschaft bis weit in die Kindheit	Myelinisierung	Umkleidung von Axonen mit fetthaltigen Stützzellen	Ernährung und Schutz der Nervenzelle, schnelle Signalübertragung

Die Entwicklung des Gehirns in der Übersicht (vgl. Hülshoff, Gehirn, 2002, S. 52, verändert)

Wie diese Tabelle zeigt, entwickelt sich das Gehirn im Verlauf der Schwangerschaft, aber auch im ersten Lebensjahr, ja während des gesamten menschlichen Lebens weiter. Zunächst werden Nervenzellen gebildet (Neurogenese), sodann wandern sie an den Ort der Bestimmung (Migration), um sich im Rahmen der Synaptogenese vielfach miteinander zu verbinden. Schließlich kommt es im Rahmen der Synapsenselektion zu einer Auswahl und Festigung der Strukturen, die immer wieder gebraucht wurden. Ungenutzte Synapsen hingegen verschwinden wieder. Damit wird deutlich, dass sich das menschliche Gehirn nach einem genetisch vorgegebenen Strukturplan entwickelt, der es in einer ganz bestimmten und festgelegten Reihenfolge reifen lässt. In empfindlichen Zeiten so genannter „Entwicklungsfenster" ist das sich entwickelnde Gehirn dabei auf externe Stimuli angewiesen. Nur zu einer ganz bestimmten Zeit im ersten und zweiten Lebensjahr ist der Mensch prinzipiell in der Lage, jede auf Erden gesprochene Sprache dialektfrei zu erlernen. Die weitere Entwicklung seiner Sprachareale führt zwar dazu, dass er die Muttersprache mehr oder weniger perfekt lernt (übrigens ohne dass man ihm dies beibringen muss), doch verliert er die Fähigkeit zur Diskrimination von Lauten, die in seiner Muttersprache nicht vorkommen. Analoges lässt sich für viele andere kognitive wie emotionale Funktionen aufzeigen: Schielen kann durch inadäquate Stimulation in wichtigen vulnerablen Phasen zur funktionellen Blindheit eines Auges führen, schwere emotionale Deprivationen können ebenfalls bleibende Spuren hinterlassen. Das Wissen um solche „Entwicklungsfenster" und das frühzeitige Erkennen möglicher Entwicklungsstörungen sind wichtige Voraussetzungen angewandter Heilpädagogik.

Auch zum Verständnis von Störungen, Krankheitsbildern und Behinderungen können neurophysiologische Grundkenntnisse hilfreich sein. So beschäftigen sich Heilpädagoginnen unter anderem mit der Frühförderung bzw. Rehabilitation mobilitätsbehinderter oder entwicklungsverzögerter Menschen: Im Kindesalter sind hier die infantile Zerebralparese, hirnorganische Krampfleiden, Spina bifida, Mehrfachbehinderungen u. a. zu nennen, im Erwachsenenalter kommen Querschnittssyndrome, Multiple Sklerose, Parkinson-Erkrankung und Apoplex hinzu. Hinsichtlich der Sinnesbehinderungen sind es vor allem Sehbehinderung und Erblindung sowie Schwerhörigkeit und Gehörlosigkeit, die grundlegende Kenntnisse über die Neurophysiologie des Sehens und Hörens (aber auch anderer Sinne, wie bspw. des Gleichgewichtssinns) erfordern. Um Phänomene von Lernstörungen und geistiger Behinderung zu verstehen, ist es auch sinnvoll, sich mit den neurophysiologischen Grundlagen von Gedächtnis- und Lernprozessen auseinander zu setzen und entwicklungsbedingte, funktionelle sowie strukturelle Störungsfaktoren zu kennen.

Analoges gilt auch für psychiatrische Krankheitsbilder. Nicht nur hinsichtlich der schweren Form der Depression, sondern auch der Psychosen aus dem schizophrenen Formenkreis ist in den vergangenen 25 Jahren deutlich geworden, dass es hier nicht zu vernachlässigende biochemische und funktional-neurophysiologische Faktoren bei der Krankheitsentstehung, aber auch bei der medikamentösen wie psychosozialen Behandlung gibt.

Auch Teilleistungsstörungen (bspw. die Dyskalkulie oder die LRS) lassen sich besser verstehen, wenn man um funktionelle Zusammenhänge von Wahrnehmung, Reizweiterverarbeitung, Raum-Lage-Verständnis, Konstanzerfassung, Figur-Hintergrundunterscheidung oder auditive Diskrimination weiß. Schließlich sei darauf hingewiesen, dass beim Aufmerksamkeitsdefizit-Syndrom mit oder ohne Hyperaktivität (ADHS) auch biologische Faktoren eine große Rolle spielen: Ein Defizit an gerichteter Aufmerksamkeit, gestörte Impulskontrolle und Hyperaktivität können sehr unterschiedliche, auch psychische und soziale Ursachen haben. Bei einem ADHS im engeren Sinne liegen darüber hinaus aber funktionelle und biologische Faktoren vor, welche die Reifung der Feinabstimmung hemmender neuronaler Zellverbände und die Homöostase der hiermit verbundenen Neurotransmitter (insbesondere Dopamin) etwas erschweren. Obwohl diese Phänomene nicht mehr als eine Normvariante sind (und nicht mit intellektuellen Leistungseinbußen einhergehen!), können sie erhebliches subjektiv empfundenes Leid und soziale Interaktionsstörungen verursachen. Eine heilpädagogische Beratung und Begleitung sollte neben den genuin pädagogischen Aspekten (Reizreduzierung, Einüben von Impulskontrolle, Umfeldanalyse, Kommunikationsmodifikation etc.) auch biologische Faktoren hinsichtlich der Ursache, der Diagnostik (interdisziplinäre, auch medizinische Diagnostik) und der Therapie (ggf. auch Pharmakotherapie beispielsweise mit Ritalin®) berücksichtigen.

Ausblick

Auch wenn Heilpädagogik, wie ihr Nestor Paul Moor schreibt, Pädagogik und nichts als Pädagogik ist, so hat sie doch neben pädagogischen und psychologischen auch medizinisch-neurophysiologische Grundlagen. Man wird Kindern und erwachsenen Menschen mit Entwicklungsverzögerungen und/oder Behinderungen nur dann gerecht werden können, wenn man neben ihren Biographien, ihrem Erleben und Verhalten und ihren sozialen Bezügen auch ihre Körperlichkeit und die damit verbundenen biologischen sowie neurophysiologischen Aspekte berücksichtigt.

Die Kenntnisse um neurophysiologische und biochemische Grundlagen menschlichen Erlebens und Verhaltens sind in den letzten 20 Jahren sprunghaft gestiegen, nicht zuletzt dank der eingangs erwähnten bildgebenden Verfahren, neuer Computermodelle und der Fortschritte in der biochemischen Forschung. Dieser Trend wird anhalten. In den letzten Jahrzehnten hat sich herausgestellt, dass endogene Depressionen, Psychosen, Autismus, ADHS und eine Reihe anderer Störungen, Krankheiten und Syndrome maßgeblich neurophysiologisch determiniert sind und erklärt werden können. Diagnostik und Therapie haben sich konsekutiv grundlegend verändert. Ging man bspw. Ende der 1950er-Jahre davon aus, zumindest einige Formen des Autismus seien psychogener Natur, so hat sich diese Hypothese als haltlos erwiesen. Es ist zu erwarten, dass die biologischen Komponenten solcher Störungen in den nächsten Jahrzehnten immer deutlicher zu Tage treten.

Auch die Wahrnehmungswelten von Menschen mit unterschiedlichen Seh- und Hörstörungen werden immer detaillierter erfasst werden können. Gleichzeitig ermöglichen es Medizin wie Medizintechnologie, hier einzugreifen (was nicht unumstritten ist!): Das Cochlea-Implantat für hörgeschädigte Menschen oder der Retina-Chip bei Sehbehinderten sind möglicherweise erst der Anfang einer im Moment noch nicht abzusehenden Entwicklung. Immerhin hat sich gezeigt, dass bereits eine erste Generation von Kindern mit Cochlea-Implantat herangewachsen ist. Diese Kinder sind weder „klassisch hörend", noch sind sie gehörlos. Mehr noch: Sie sind die erste Generation, die hinsichtlich ihrer auditiven Wahrnehmung nicht auf elterliche Vorbilder oder Lehrer mit ähnlichen Erfahrungen zurückgreifen können. Eine Heilpädagogik sollte also pädagogische Theorien und praktische Hilfestellungen entwickeln, um Kindern dieser „Pioniergeneration" bei ihrer Entwicklung und Verarbeitung dieser grundsätzlich neuen Wahrnehmungserfahrungen zu begleiten. Die rasanten medizinischen wie technischen Fortschritte und Veränderungen der letzten zwei Jahrzehnte werden sich vermutlich fortsetzen. Eine Heilpädagogik, die sich der Partizipation behinderter Menschen an gesellschaftlichen und auch technischen Entwicklungen verpflichtet fühlt, wird in zunehmendem Maße auch neurophysiologische Aspekte berücksichtigen.

Kommentierte Literaturhinweise

Greenfield, Susan A.: Reiseführer Gehirn. Heidelberg/Berlin, Spektrum Akademischer Verlag, 2003.
Eine ebenso originelle wie unterhaltsame, dabei sachlich fundierte Übersicht über neuere Ergebnisse der Hirnforschung.

Eliot, Lise: Was geht da drinnen vor? Die Gehirnentwicklung in den ersten fünf Lebensjahren. Berlin, Berlin Verlag, 2001.
Die renommierte Neurobiologin und Mutter zweier Kinder geht in ihrem umfangreichen und verständlich geschriebenen Grundlagenwerk auf biologische Grundlagen der kindlichen Entwicklung ein.

Hüther, Gerald: Bedienungsanleitung für ein menschliches Gehirn. Göttingen. Vandenhoeck und Rupprecht, 2001/2.
Der Neurobiologe Hüther vertritt die These, dass die Feinstrukturierung des menschlichen Gehirns wesentlich von den biographisch erworbenen Erfahrungen abhängig ist und durch lebenslanges Lernen modifiziert wird.

Hülshoff, Thomas: Das Gehirn. Funktionen und Funktionseinbußen. Bern, Göttingen, Verlag Hans Huber, 2002/2.
Ein Lehrbuch für pflegende, soziale und pädagogische Berufe, das eine Übersicht über die wichtigsten Funktionen und Dysfunktionen des Gehirns gibt.

Hülshoff, Thomas: Medizinische Grundlagen der Heilpädagogik. München, Verlag Ernst Reinhardt/UTB, 2005.
Lehrbuch für Studierende der Sonderpädagogik und außerschulischen Heilpädagogik, das auf medizinische Grundlagen von Mobilitäts- und Sinnesbehinderungen sowie emotionale und kognitive Behinderungen eingeht.

Spitzner, Manfred: Lernen. Gehirnforschung und die Schule des Lebens. Heidelberg, Berlin, Spektrum Akademischer Verlag, 2002.
Der Psychiater und Neurobiologe führt auf unterhaltsame und allgemein verständliche Weise in die Grundlagen neurobiologisch orientierter Lernforschung ein.

Normalisierungsprinzip

Walter Thimm †

Etymologie

Mit Normalisierung (Normalisierungsprinzip) ist im Bereich der Behindertenhilfe (im engeren Sinne Heilpädagogik, Sonderpädagogik) ein von Skandinavien ausgehendes Reformkonzept gemeint, das auf eine Humanisierung der Lebensbedingungen geistig und psychisch beeinträchtigter Menschen ausgerichtet ist. Es zielte zunächst auf eine Reformierung der großen traditionellen Anstalten ab. Im administrativen Zusammenhang taucht das Konzept zum ersten Mal in Dänemark auf, wo auf Initiative des Juristen N. E. Bank-Mikkelsen nach einer Besichtigung der (stationären) großen zentralen Anstalten im „Gesetz über die Fürsorge für geistig Behinderte“ von 1959 die Forderung aufgenommen wurde, dass auch geistig behinderte Menschen „ein Leben so normal wie möglich“ führen sollten (*„letting the mentally retarded obtain an existence as close to normal as possible“*).

Es erfolgte in Dänemark zunächst keinerlei Systematisierung der an sich allseits konsensfähigen Forderung, dass auch geistig behinderte Menschen ein Leben führen sollten, dass dem ihrer (dänischen) Mitbürger möglichst nahe komme. Die dänische Entwicklung ist in der Folgezeit von großem Pragmatismus bestimmt, Zug für Zug wurden der Tagesablauf der Bewohner in Großeinrichtungen strukturiert („mindestens ein Milieuwechsel pro Tag“), neue Angebote für das Wohnen und die Beschäftigung etabliert, die großen Anstalten reformiert und bis heute zum überwiegenden Teil zugunsten regionaler Versorgungseinheiten abgebaut. Mit dem Normalisierungsprinzip sollte – so wurde es von Bank-Mikkelsen immer wieder formuliert – gerade kein neues Dogma verkündet werden, es sollte sich eher als „Antidogma“ verstehen, da es lediglich die ganz alltäglichen, „normalen“ Lebenssituationen und Bedürfnisse gemessen an den Standards der „Masse“ der Bevölkerung für einen bislang benachteiligten Teil der (dänischen) Bürger reklamiere. Der schwedische Sozialpolitiker K. Ericsson weist darauf hin, dass der Begriff „Normalisierungsprinzip“ schon 1943 in Schweden im Zusammenhang mit einem sozialpolitischen Projekt zur „Normalisierung der Lebensbedingungen“ (!) von – damals so genannten – Teilleistungsschwachen geprägt wurde (Ericsson, 1986, S. 33f.). Es ist demnach falsch, dass sich die gesamte internationale Fachliteratur in Bezug auf die Entstehung des Normalisierungsprinzips auf Bank-Mikkelsen und das dänische Fürsorgegesetz von 1959 bezieht.

Geschichte

Aufgegriffen wurde die Initiative von Bank-Mikkelsen zunächst in Schweden. Hier ist die weitere Konkretisierung des Begriffes und die systematische administrative Umsetzung der sich aus dem Normalisierungsprinzip ergebenden Reformen in der „Fürsorge“ für geistig Behinderte über einen längeren Zeitraum untrennbar verbunden mit den Namen Bengt Nirje und Karl Grunewald.

Von Bengt Nirje stammt ein auf konkrete Lebenssituationen der allgemeinen Bevölkerung (der schwedischen Gesellschaft) bezogener Acht-Punkte-Katalog zur Konkretisierung dessen, was Normalisierung bedeuten solle. Diese Aufzählung ist offensichtlich nicht das Ergebnis systematischer theoretischer Ableitungen, sondern aus der Praxis für die Praxis formuliert. Das Acht-Punkte-Programm von Nirje ist bis auf den heutigen Tag das wohl am häufigsten zitierte Dokument in der Geschichte des Normalisierungsprinzips (zuerst in Kugel/Wolfensberger, 1969).

Normalisierung bezieht sich danach auf

- die Gestaltung eines normalen Tagesrhythmus (*normal rhythm of the day*);
- die Gestaltung eines normalen Wochenrhythmus (*a normal rhythm of the week*) mit der klaren Trennung zwischen Arbeit-Freizeit-Wohnen;
- die Gestaltung des Jahresrhythmus (*a normal rhythm of the year*);
- die Normalisierung des Lebenslaufes (*normal experiences of the life cycle*), vor allem Berücksichtigung der Altersangemessenheit;
- die Respektierung von Bedürfnissen (*normal respect*);
- das Recht zu angemessenen Kontakten zwischen den Geschlechtern (*normal life in a heterosexual world*);
- normale wirtschaftliche Standards der Bevölkerung (*normal economic standards*);
- übliche Standards der Hilfe- und Unterstützungsangebote (*normal environmental standards*).

Ausführliche Erläuterungen zum Acht-Punkte-Programm Nirjes finden sich in Thimm, 1994, S. 37–47 und Thimm, Normalisierungsprinzip, 2005.

Die skandinavischen Reformen, die sich auf eine neue Sichtweise der geistigen Behinderung (Entwicklungsfähigkeit; Gleichberechtigung), auf die Angebotskonzeptionen und die pädagogische und soziale Praxis bezogen, wurden durch zahlreiche Vortragsreisen von Nils Erik Bank-Mikkelsen, vor allem aber von Bengt Nirje, in Kanada und in den USA verbreitet. Zahlreiche Besuchergruppen aus Nordamerika informierten sich in Skandinavien über die Reformen. Das alles hatte erhebliche Auswirkungen auf die Reform des von Kritikern mit einem „Leben im Fegefeuer" verglichenen Zustandes in den großen Anstalten für „Geisteskranke", zu denen international auch in anderen Ländern die Menschen mit geistiger Behinderung gezählt wurden. Entscheidend vorangetrieben wurde die theoretische Ausformulierung und die praktische Umsetzung in Reformprogrammen in den USA und Kanada durch die Arbeiten von Wolf Wolfensberger (erste Zusammenfassungen Kugel/Wolfensberger, 1969, deutsch 1984; Wolfensberger, 1972).

Wolfensberger will das Normalisierungsprinzip angewandt wissen auf alle „societal devalued people" (sozial abgewertete Menschen) und somit als handlungsleitendes Programm für alle sozialen Dienste für diese Menschengruppen. Theoretisch verknüpft Wolfensberger das Normalisierungskonzept mit devianz-, stigma- und rollentheoretischen Begriffen der amerikanischen Soziologie der 1960er- und 1980er-Jahre. Erkennbar ist vor allem der Rückgriff auf die einflussreichen Arbeiten von Erving Goffman zur totalen Institution und zur Stigmatisierung (obwohl Wolfensberger kaum einmal die relevanten Autoren nennt!).

Wolfensberger entwickelte ein Messinstrument, das versuchte, die Normalisierung von Einrichtungen und Angeboten zu operationalisieren, und das durch geschulte Anwender institutionelle und administrative Reformen begleitete (Wolfensberger/Glenn, 1973 und Wolfensberger/Thomas, 1983). Wolfensbergers Entfaltung des Normalisierungprinzips führt schließlich, nicht zuletzt wegen der auf unzureichenden Kenntnissen beruhenden mangelnden Würdigung der pragmatischen Reformen in Dänemark, zum Bruch zwischen Bank-Mikkelsen und Wolfensberger. Die theoretischen Bemühungen, die deutliche Distanzierung vom skandinavischen Verständnis des Normalisierungsprinzips, nicht zuletzt auch wohl die Tatsache, dass dem Normalisierungsprinzip immer wieder (fälschlicherweise) das Normalmachen-Wollen der geistig behinderten Menschen unterstellt wurde, führten schließlich dazu, dass Wolfensberger ganz von dem Begriff der Normalisierung abrückte und diesen durch den Begriff der Social Role Valorization (Aufwertung der sozialen Rolle) ersetzt wissen wollte. Damit ist – in aller Kürze – gemeint: Behinderte Menschen und im weiteren Sinne der sozialen Abwertung ausgesetzte Menschen (social devaluated people) haben nur dann eine Chance zur gesellschaftlichen Teilhabe, wenn sie sich der Gesellschaft in sozial akzeptierten, positiv bewerteten Rollen präsentieren können. Dies hat zu geschehen auf drei Ebenen: auf der Ebene der unmittelbaren Beziehungen untereinander (z. B. zwischen Professionellen und behinderten Menschen), auf der Ebene der organisierten Hilfen und Unterstützung sowie auf der politischen, legislativen Ebene (Sozialrecht, Sozialpolitik) (Wolfensberger, 1985; deutsch 1991). Zusammenfassende Darstellungen der Entwicklung des Normalisierungsprinzips von den skandinavischen Anfängen, im nordamerikanischen Raum, in Australien und einigen europäischen Ländern liegen vor in den Sammelbänden von Flynn/Nitsch (1980) und Flynn/Lemay (1999). Die Entwicklung in Deutschland wird im letzten Band mit keinem Wort erwähnt, obwohl Wolfensberger und anderen Autoren die deutschen Arbeiten bekannt sind.

In dem Bericht zur Lage der Psychiatrie in Deutschland von 1975 (Psychiatrie-Enquete) wird auf die Fehlplatzierung geistig behinderter Menschen in den Einrichtungen der Psychiatrie hingewiesen. In einem Sondervotum verweist Bank-Mikkelsen als ausländischer Experte auf die dänischen Reformen und den Normalisierungsgedanken. Weitere Hinweise auf das von Skandinavien ausgehende Reformkonzept der Normalisierung finden sich in Deutschland ab 1975, so z. B. in „Materialien zu Wohnstättenfragen“ der Bundesvereinigung Lebenshilfe für das geistig behinderte Kind (1975) mit einem Überblick von Klaus v. Lüpke über die „Wohnstättenentwicklung in USA, Kanada, England, Schweden, Niederlande und in der BRD“; bei Haaser (1975); Heidemarie Adam (1977); in einzelnen – nicht publizierten – Berichten über Exkursionen deutscher Fachkräfte nach Dänemark und Schweden. Ausführlichere deutsche Darstellungen bringen Thimm (Das Normalisierungsprinzip – Eine Einführung, 1981/1984). 1982 erschien dann der erste Kurzbericht zu dem von der Deutschen Forschungsgemeinschaft von 1978 bis 1984 geförderten vergleichenden Normalisierungsprojekt (v. Ferber/Thimm, 1982). Der für die weitere Entwicklung in Deutschland bedeutungsvolle Abschlussbericht dieses Forschungsvorhanbens erschien 1985 (Thimm/v. Ferber/Schiller/Wedekind). Wenig Niederschlag gefunden in der deutschen Diskussion haben die Beiträge des von Deutschland aus (auch programmatisch!) organisierten international beachteten Ersten Europäischen Kongresses der „Liga von Vereinigungen für Menschen“ in Hamburg, der eine internationale Bestandsaufnahme einschließlich des deutschen Forschungsstandes bot (Bundesvereinigung Lebenshilfe, 1986, Kongressbericht).

Aktuelle Relevanz und theoretische Ansätze

In dem erwähnten breit angelegten Vergleichprojekt Deutschland – Dänemark (Thimm/v. Ferber/Schiller/Wedekind, 1985) zur Übertragbarkeit des Normalisierungskonzeptes wurden in ausgesuchten Regionen beider Länder die Auswirkungen der unterschiedlichen sozialpolitischen Ausgangslagen sowie die Bedeutung des Normalisierungskonzeptes für die Angebotsstrukturen, die Lage der Eltern geistig behinderter Kinder und die Einstellungen des Personals untersucht. Dabei entwickelte sich eine deutsche Version des Normalisierungsprinzips, auf die bis heute immer wieder zurückgegriffen wurde: in sozialpolitischen Verlautbarungen wie den Behindertenberichten und den Kinder- und Jugendberichten der Bundesregierung; in den Niedersächsischen Leitlinien für die Behindertenpolitik (1993); in Satzungen, Positionspapieren, lokalen und regionalen Programmen der Träger von Angeboten für Menschen mit geistiger Behinderung. In einer aktuellen Zusammenfassung lautet sie so:

Unter der **Leitvorstellung der Normalisierung** muss für Menschen mit Beeinträchtigungen ihrer geistigen, körperlichen und psychischen Entwicklung ein Leben unter den gleichen ökonomischen, sozialen und kulturellen Bedingungen gewährleistet werden, wie es für nicht behinderte Mitbürgerinnen und Mitbürger als selbstverständlich angesehen wird: „Ein Leben so normal wie möglich".

Das bedeutet: Das Unterstützungs- und Hilfesystem ist konsequent auf alltägliche Lebensbedingungen auszurichten, auf das nähere soziale Umfeld, in dem sich das alltägliche Leben vollzieht und in dem sich unterschiedliche Menschen als Mitmenschen erfahren können (**Lebensweltorientierung**).

Dabei hat nicht der Bezug auf vorhandene Institutionen der Hilfe, sondern die Orientierung an dem individuellen Unterstützungs- und Hilfebedarf einer Person im Vordergrund zu stehen. Hier ist ein Höchstmaß an Beteiligung der Hilfeadressaten an den Ausgestaltungen der Hilfestrukturen auf allen Ebenen sicherzustellen (**Partizipation**).

Als organisatorische Konsequenzen ergeben sich daraus: Deinstitutionalisierung, Dezentralisierung und Regionalisierung der Hilfen. Die Orientierung an nahen sozialen Räumen mit einer Vielfalt an unterschiedlichen Sozialbeziehungen ist leitender Gesichtspunkt einer Behindertenhilfeplanung (**Gemeinwesenorientierung**).

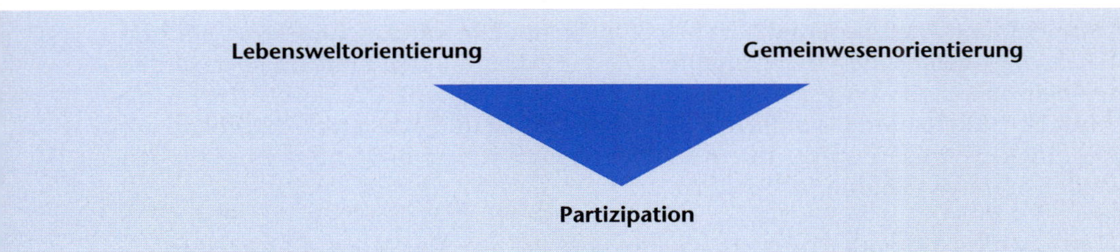

Normalisierung als Leitkonzept: Partizipation durch Lebenswelt- und Gemeinwesenorientierung

Den größten Einfluss hatte das Normalisierungsprinzip (wir in Deutschland sprachen eher vom „Reformkonzept" oder der „Leitvorstellung der Normalisierung") international und dann auch in Deutschland auf die Umgestaltung der Wohnbedingungen für Menschen mit geistiger Behinderung. Ein Teil der bestehenden großen stationären Einrichtungen (die zum Teil noch „Anstalten" hießen) verhielt sich zunächst gegenüber den zentralen Forderungen nach Deinstitutionalisierung und Dezentralisierung des Angebotes (die ja in letzter Konsequenz eine Auflösung der bestehenden stationären Einrichtungen bedeuten) zurückhaltend bis feindselig, andere Einrichtungen bezogen die Normalisierungsforderungen auf die interne Umgestaltung bestehender Einrichtungen (z. B. durch entscheidende Verbesserungen der Wohnbedingungen, Schlafsäle wurden zugunsten kleinerer Wohneinheiten umgebaut; tagesstrukturierende Angebote lockerten den Alltag auf; Mauern und Zäune wurden abgeschafft; individuelle Bedürfnisse der Bewohnerinnen und Bewohner wurden mehr und mehr entdeckt und berücksichtigt etc.). Diese „Normalisierung nach innen“ hat zweifellos zur Verbesserung und damit zur Vermenschlichung der Lebensbedingungen vieler Menschen mit geistiger Behinderung in den bestehenden Großeinrichtungen beigetragen. Eine große Rolle spielte in den Diskussionen um die Normalisierung der Angebotsstrukturen durch Regionalisierung und den verstärkten Ausbau mobiler, ambulanter Unterstützungssysteme die Besorgnis, dass sich die bestehenden stationären Einrichtungen zu reinen Schwerst-Mehrfachbehindertenzentren entwickeln würden, in deren Mittelpunkt schließlich nur noch die reine Pflege stehe. Diese Einwände sind nicht von der Hand zu weisen, zumal parallel mit den auf mehr Selbstständigkeit und Selbstbestimmung der behinderten Menschen ausgerichteten Reformen eine relative Zunahme komplexerer Beeinträchtigungen festzustellen ist. Es wird für die Zukunft darauf ankommen, inwieweit es uns gelingt, in einem regionalisierten System der Unterstützung und Hilfen angemessene Lebensorte für schwerst- und mehrfach beeinträchtigte Menschen zu etablieren. Die stationären Einrichtungen haben sich zu einem Teil den Forderungen nach Regionalisierung der Angebotsstrukturen insofern geöffnet, als sie sich auf ein definiertes Einzugsgebiet beziehen, verstärkt Außenwohngruppen eingerichtet haben und offene Hilfen (z. B. familienentlastende/familienunterstützende Angebote) in der Region anbieten.

Dem Aufbau eines am Normalisierungskonzept orientierten Systems der Hilfen, das auch den Personenkreis der Schwerstbehinderten im Blick hat, widmeten sich mehrere Modellvorhaben der Arbeitsstelle REHAPLAN der Universität Oldenburg. Sie konnten sich dabei unter anderem auf die Erfahrungen aus dem vergleichenden Normalisierungsprojekt stützen (Thimm u. a., 1985). Von 1991 bis 1995 wurde in insgesamt 22 Projektorten (unter Einschluss der neuen Bundesländer) der Aufbau und der Ausbau flexibler ambulanter familienentlastender Dienste (FED) begleitet (Thimm u. a., 1997). Ein weiteres vom Bundesfamilienministerium gefördertes Modellvorhaben widmete sich in je einer Modellregion der 15 Bundesländer in engster Zusammenarbeit mit Praktikerinnen und Praktikern und über Befragungen mit Eltern den Voraussetzungen zum Ausbau regionaler Hilfesysteme für Eltern und ihre behinderten Kinder. Dabei wurden in einem Teilprojekt Wege aufgezeigt, wie bestehende stationäre Angebote (Heime für behinderte Kinder und Jugendliche), deren Entstehung und Ausbau weitestgehend unkoordiniert verlaufen waren, in ein solches regionales System vernetzt eingebunden werden könnten (Thimm/Wachtel, 2002).

In diesen Projekten, die Forscher, Studierende der Sonderpädagogik, Praktiker aus unterschiedlichen Einrichtungen und unterschiedlich entwickelten Regionen sowie Fachleute aus den Sozialverwaltungen über längere Zeiträume immer wieder zusammenführte, hat sich das theoretisch wie praktisch von uns entfaltete Normalisierungsprinzip als ein an der Personenwürde und der Selbstbestimmung behinderter Menschen ausgerichtetes konsensfähiges und praktikables sonderpädagogisches und sozialpolitisches Handlungskonzept bewährt.

Die wichtigsten gemeinsamen Orientierungspunkte dabei waren:

- die Individualisierung der Bedarfsermittlung und der Hilfeformen;
- die Ermöglichung der Teilhabe an und der Nutzung von allgemeinen altersspezifischen gesellschaftlichen Institutionen (z. B. pädagogischen Institutionen für Kleinkinder, Vorschul- und Schulkinder; Leben in der Familie, in Nachbarschafts- und Freundeskreisen; Angebote zur Berufsausbildung, des Arbeitsmarktes, des lokalen Wohnungsmarktes; Sicherung im Seniorenalter; Teilhabe an Freizeitangeboten);
- Zugriff auf besondere Unterstützungsleistungen aus dem Behindertenhilfesystem;
- stärkerer Ausbau flexibler, offener Hilfen, die sich nicht primär als Ersatz, sondern als Ergänzung zu bestehenden teilstationären und stationären Angeboten verstehen und mit ihnen funktional vernetzt werden.

Diese Ziele können nur erreicht werden, wenn die einzelnen Bausteine bestehender und noch zu etablierender Angebote

- untereinander vernetzt werden,
- in ihren jeweiligen Funktionen im Gesamtsystem der Hilfen klar definiert werden,
- in Beziehung gesetzt werden zur allgemeinen sozialen Infrastruktur einer Region (siehe folgende Abbildung).

Zusammengefasst heißt dies:
Normalisierung strebt Partizipation durch lebensweltlich orientierte Unterstützung in konkreten Lebensfeldern an, „Leben in Nachbarschaften". Das erfordert für die Zukunft auch eine stärkere Einbeziehung des freiwilligen bürgerschaftlichen Engagements in die professionellen Hilfestrukturen (Drabent 2005).

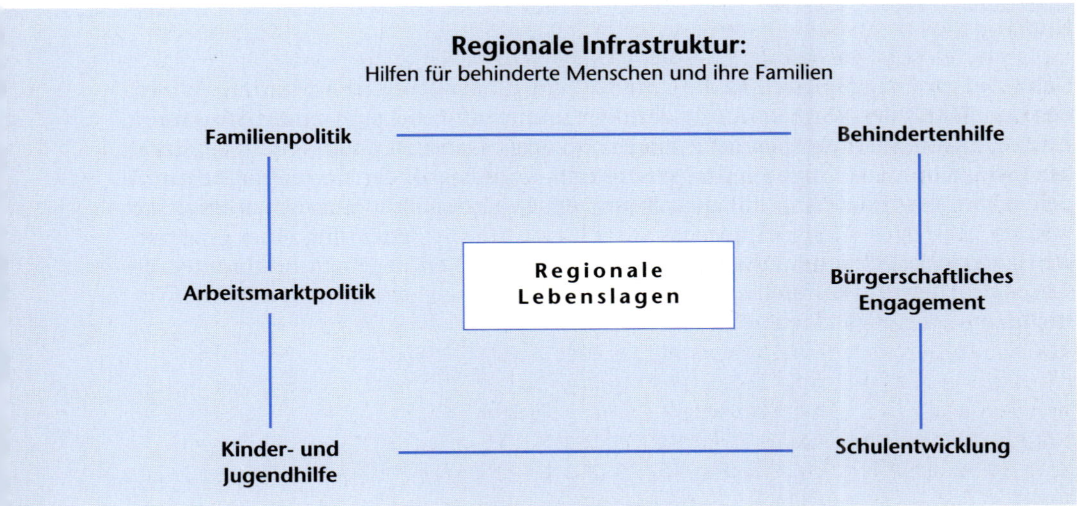

Normalisierung durch Gestaltung der regionalen Infrastruktur

Ausblick

Mit der am Gemeinwesen orientierten Ausrichtung des Normalisierungsprinzips folgt die deutsche Entwicklung eher den skandinavischen Entwicklungen als dem bereits erwähnten Konzept der „Social Role Valorization" von Wolfensberger (1991). Eine Überwindung der nach meiner Einschätzung allzu schematischen Rolleninventare bei Wolfensberger wäre eine noch zu leistende Aufgabe. Dazu liegen differenzierte deutsche rollentheoretische Studien und Überlegungen zu Entstigmatisierungsstrategien aus den 1970er-Jahren vor, die die spezielle Entfaltung des Normalisierungsprinzips in Deutschland fruchtbar ergänzen könnten (Thimm, Normalisierungsprinzip, 2005). Offenkundig ist die Nähe der hier vorgestellten Normalisierungskonzeption zu aktuellen Leitbegriffen der Behindertenhilfe wie Selbstbestimmung, Assistenz, Begleitung und auch zum Empowerment-Konzept. Diese Begriffe akzentuieren jeweils in der Normalisierungsdiskussion angesprochene Sachverhalte in besonderer Weise. Möglicherweise ist ihre Relevanz erst durch die Entwicklung des Normalisierungsgedankens offen zu Tage getreten. In keinem Falle sollte aber, wie leider hier und da modisch geworden, für einen der Begriffe der Rang eines Paradigmas in Anspruch genommen werden. Das Verhältnis des Normalisierungsbegriffes zum Integrationsbegriff ist immer wieder angesprochen worden. Wir haben es früh mit der Version „Integration durch Normalisierung der Hilfen" auf eine pragmatische Formel gebracht. Es ist auch darauf hinzuweisen, dass der neuerdings eingeforderte Begriff der Inklusion (statt Integration) eine Nähe aufweist zu den aus dem Normalisierungsgedanken abgeleiteten am Gemeinwesen orientierten Bemühungen. Der fälschlicherweise zum Paradigma erhobene, stark egozentrisch akzentuierte Begriff der Selbstbestimmung muss dringend erweitert werden um seine gemeinschaftsverpflichtende Dimension. Es wäre dem Fortschritt der sonder- (heil-, behinderten-)pädagogischen Theorie und Praxis dienlicher, wenn wir uns um die Grenzen solcher Ziel- und Leitbegriffe, ihren je spezifischen Erklärungs- und Handlungswert und ihr Verhältnis untereinander bemühen würden, als für einen Begriff einen Totalitätsanspruch zu erheben. Unausrottbar scheint bei einigen Fachkollegen die Unterstellung zu sein, das Normalisierungsprinzip leiste dem „Normalmachen" des behinderten Menschen Vorschub, es fordere die ungeprüfte Anpassung an vorhandene Normen. Es sei dennoch wiederholt: Alle mir bekannten Vertreter des Normalisierungsprinzips haben diese Deutung von Anfang an vehement zurückgewiesen.

Ganz und gar unangemessen ist die Unterstellung für die deutsche Auffassung. Wir haben den Begriff der Normalisierung dezidiert immer auf Lebensumstände, Strukturen, Einrichtungen, niemals aber auf Personen bezogen. Dabei ist auch – nicht zuletzt in der Diskussion von Normalisierungsvertretern – zum Begriff der Normalität unter anderem im Zusammenhang mit dem Begriff der Lebensqualität Hinreichendes gesagt worden (z. B. Beck, 1996). Hingewiesen sei hierzu auf die Bedeutung einer pragmatischen Orientierung an einer von allen (vielen) Menschen in einem bestimmten gesellschaftlichen und kulturellen Kontext geteilten primären Lebenspraxis mit ihren Vorstellungen vom geglückten Leben.

Kommentierte Literaturhinweise

Thimm, Walter (Hrsg.): Das Normalisierungsprinzip. Ein Lesebuch zur Geschichte und Gegenwart eines Reformkonzepts. Marburg, Lebenshilfe Verlag, 2005.
In diesem „Lesebuch" finden sich Schlüsseltexte aus Skandinavien, USA und Deutschland, die zum Teil nur noch schwer (vergriffene Sammelbände) oder gar nicht erreichbar sind (Originaltexte). Verhältnismäßig ausführlich werden hier der Bericht über den Normalisierungskongress in Hamburg (1985) und der Forschungsbericht zum deutsch-dänischen Vergleich (1985) dokumentiert. Dieser Band ist als Einführung gedacht, in der sich, von jedem der Aufsätze ausgehend, der Facettenreichtum des Normalisierungsprinzips erschließen lässt.

Beck, Iris/Düe, Willi/Wieland, Heinz (Hrsg.): Normalisierung. Behindertenpädagogische und sozialpolitische Perspektiven eines Reformkonzeptes. Heidelberg, Universitätsverlag Winter, 1996.
Dieser Sammelband vereinigt behindertenpädagogische und sozialpolitische Perspektiven des Normalisierungskonzeptes. Im einleitenden Aufsatz von Iris Beck werden die von Thimm entwickelten normativen, kommunikations- und identitätstheoretischen Dimensionen des Normalisierungsprinzips herausgearbeitet (S. 19–43).

Flynn, Rober J./Nitsch, Kathleen, E. (Eds.): Normalization. Social Integration and Human Services. Baltimore, Univ. Park Press, 1980.
Nach wie vor lesenswert sind die Beiträge in diesem amerikanischen Sammelband. Weiterentwicklungen werden dann 1999 dokumentiert.

Flynn, Robert J./Lemay, Raymond A.: A Quarter Century of Normalization and Social Role Valorization: Evolution and Impact. Ottawa, University of Ottawa Press, 1999.
Normalisierung als gemeinsame Interventionsperspektive sowie Implementationsstrategien unter Gemeinwesen orientierten Gesichtspunkten dokumentieren die beiden Forschungsberichte.

Thimm, Walter u. a.: Quantitativer und qualitativer Ausbau Familienentlastender Dienste (FED). Baden-Baden, Nomos-Verlag, 1997.
Thimm, Walter: Familien mit behinderten Kindern. Wege der Unterstützung und Impulse zur Weiterentwicklung regionaler Hilfesysteme. Weinheim; München, Juventa-Verlag, 2002.

People First

Stefan Göthling (mit Unterstützung von Susanne Göbel und Henrik Nolte)

Die People First Bewegung ist eine weltweite Bewegung von Menschen mit Lernschwierigkeiten. Der Name „People First" ist englisch und heißt auf deutsch „Mensch zuerst". Aus Solidarität gegenüber allen Menschen mit Lernschwierigkeiten und People First Gruppen auf der ganzen Welt soll der Name dieser Bewegung auch in Deutschland People First lauten.
Die People First Gruppen in den einzelnen Ländern sind miteinander vernetzt, arbeiten aber selbstbestimmt und unabhängig voneinander und haben unterschiedliche Ziele und Arbeitsweisen. Deswegen stellen wir in diesem Artikel den Verein Netzwerk People First Deutschland e.V. vor, der die Zusammenarbeit der einzelnen People First Gruppen in Deutschland unterstützt.

Etymologie

Der Begriff „People First" wurde zuerst 1974 von einer Teilnehmerin bei einer der ersten Tagungen von Menschen mit so genannter geistiger Behinderung in Oregon, USA benutzt und im Anschluss daran als offizieller Name für eine eigenständige Organisation – die People First Organisation – ausgewählt. Die Teilnehmerin sagte: „We are tired of being seen first as handicapped or retarded or disabled. We want to be seen as people first." (Williams/Shoultz, 1984, S. 54) („Wir haben genug davon, als Erstes immer als eingeschränkt, geistig behindert oder behindert gesehen zu werden. Wir wollen zuerst als Menschen gesehen werden", übersetzt von Susanne Göbel). Das Netzwerk People First Deutschland e.V. kämpft in diesem Sinne dafür, dass bei der Bezeichnung von behinderten Menschen das Menschsein im Vordergrund steht und nicht die Behinderung.

Ein Ziel von People First ist es, den diskriminierenden Begriff „geistige Behinderung" abzuschaffen. People First benutzt daher den Begriff „Menschen mit Lernschwierigkeiten". Dieser Begriff soll aussagen, dass Menschen manchmal Schwierigkeiten haben, die Ziele zu erreichen, die sie erreichen möchten. Denn häufig werden ihnen zu wenige Möglichkeiten geboten, um geeignete Lösungen für sich und ihr Leben zu finden. Bei Menschen, die schwerst geistig behindert genannt werden, spricht People First von Menschen mit höherem Unterstützungsbedarf. Für sie muss wiederum nach anderen Lösungen und Ansätzen gesucht werden.

Das Thema um die Begriffe wird seit einem ersten bundesweiten People First Treffen von Menschen mit Lernschwierigkeiten 1994 in Trebel im Wendland immer wieder besprochen, bislang ohne einheitliches Ergebnis. Auch in anderen Organisationen für Menschen mit Behinderung, wie z. B. der Lebenshilfe, und in der Öffentlichkeit findet ein Umdenken statt und der offizielle Sprachgebrauch in Deutschland verändert sich: „Behinderte" heißen „behinderte Menschen" oder „Menschen mit Behinderung". Aktion Sorgenkind heißt heute Aktion Mensch, auch unter Mitwirkung von People First. In Schottland ist man schon einen Schritt weiter: Der Begriff „geistig behindert" wird dort von der Regierung und den Trägern der Behindertenhilfe nicht mehr benutzt; ein Erfolg der schottischen People First Bewegung (vgl. Heiden, 2000).

Geschichte

Die People First Bewegung entstand in den USA, ihre Ursprünge liegen jedoch neben den USA und Kanada in verschiedenen europäischen Ländern.

Überblick über die Entwicklung der deutschen People First Bewegung	
1960-er Jahre	In Schweden übernehmen Menschen mit Lernschwierigkeiten Verantwortung in ihren eigenen Freizeitgruppen und haben dafür zum Beispiel Schulungen zu den Themen: Entscheidungen treffen, Mitarbeit in Gremien, Abstimmen. Die Freizeitgruppen verschiedener Regionen treffen sich untereinander und tauschen sich aus.
1968	In Schweden findet die erste schriftlich festgehaltene nationale Tagung für Menschen mit Lernschwierigkeiten statt.
1972	In Großbritannien findet unter dem Motto „Our Life" (Unser Leben) eine erste Tagung für Betroffene statt.
1973	Professionelle organisieren die erste Tagung für Menschen mit Lernschwierigkeiten in British Columbia, Kanada. Eingeladen sind Teilnehmer und Teilnehmerinnen aus Kanada und von der Westküste der USA.
1974	Die erste US-amerikanische Tagung findet mit über 500 Teilnehmern und Teilnehmerinnen in Otter Crest, Oregon statt. Titel: „We Have Something to Offer" (Wir haben etwas zu bieten). Zum ersten Mal wird eine Tagung von Menschen mit Lernschwierigkeiten vorbereitet und durchgeführt. Die Geburtsstunde von People First.
1984	1. Internationale Selbstvertretungstagung in Tacoma, Washington mit Teilnehmern und Teilnehmerinnen aus Australien, Kanada, England, Neuseeland und den USA. Titel: „Speaking Up and Speaking Out" (Wir sagen unsere Meinung – Wir treten für uns ein).
1988	2. Internationale Selbstvertretungstagung in London. Titel: „A Voice of Our Own" (deutsch: Mit unserer eigenen Stimme).
1993	3. Internationale Selbstvertretungstagung in Toronto mit ca. 1.300 Teilnehmern und Teilnehmerinnen aus der gesamten Welt. Titel: „A Celebration of Stories" (deutsch: Ein Fest der Geschichten). Als einzige deutsche Teilnehmerin ist Susanne Göbel als Unterstützerin anwesend, die ab Herbst 1994 in Deutschland die Ideen von Selbstvertretung, Selbstbestimmung und People First weitererzählt.

Die Anfänge der deutschen People First Bewegung

Der eingetragene Verein Netzwerk People First Deutschland e.V. existiert erst seit 2001, aber bereits vorher gab es in Deutschland einige Menschen mit Lernschwierigkeiten, die sich für die Ideen von People First interessierten und aktiv waren. Einzelne politisch Aktive treffen sich seit Anfang der 1990er-Jahre in eigenen Gruppen, wie z. B. der Freizeittreff Baunatal, die AG Selbst B Stimmung in Berlin oder der Arbeitskreis Selbstbestimmung in Reutlingen, der nach dem Modell der holländischen Selbstvertretungsgruppe „Onderling Sterk" (Untereinander Stark) entstand.

Überblick über die Entwicklung der deutschen People First Bewegung	
1994	Im September findet eine Tagung der Bundesvereinigung Lebenshilfe in Duisburg statt. Titel „Ich weiß doch selbst, was ich will! – Menschen mit geistiger Behinderung auf dem Weg zu mehr Selbstbestimmung".
1994	Im Dezember gibt es das erste People First Treffen von Menschen mit Lernschwierigkeiten in Trebel. Es wird überlegt, wie aus Einzelaktionen mehr gemacht werden kann.

Überblick über die Entwicklung der deutschen People First Bewegung	
1996	Im Dezember findet das zweite Treffen von Menschen mit Lernschwierigkeiten in Melsungen statt. Dieses Treffen wird mit Unterstützung der Interessenvertretung Selbstbestimmt Leben in Deutschland, ISL e.V. , durchgeführt. Zum ersten Mal werden Sprecher und Sprecherinnen für die People First Bewegung gewählt.
1997	Im Dezember bekommt die People First Bewegung in Deutschland offiziell mit dem Projekt „Wir vertreten uns selbst!“ Unterstützung. Das Projekt wurde gefördert vom damaligen Bundesministerium für Gesundheit und entstand mit Unterstützung und unter der Trägerschaft der Bundesarbeitsgemeinschaft Gemeinsam Leben – Gemeinsam Lernen, der Bundesvereinigung Lebenshilfe e.V. und der Interessenvertretung Selbstbestimmt Leben in Deutschland, ISL e.V. Das Besondere des Projektes ist, dass vier Menschen mit Lernschwierigkeiten angestellt werden, die zuvor in Werkstätten für behinderte Menschen gearbeitet haben. Ziel ist es, dass sie andere Menschen mit Lernschwierigkeiten zu den Themen Selbstbestimmung und Selbstvertretung schulen.
2001	Am 3. Februar wird in Kassel der Verein „Netzwerk People First Deutschland e.V.“ von Menschen mit Lernschwierigkeiten gegründet. Seitdem arbeiten die Mitarbeiter und Mitarbeiterinnen des Vereins an unterschiedlichen Projekten in Deutschland und Europa mit.

Mittlerweile gehören zum Netzwerk People First Deutschland e.V. viele unterschiedliche Mitglieder in ganz Deutschland und im angrenzenden deutschsprachigen Raum, z. B. viele Menschen mit Lernschwierigkeiten, People First Gruppen, Werkstatträte, Heimbeiräte sowie eine Reihe anderer interessierter Fördermitglieder. Außerdem unterstützt das Netzwerk etwa 20 Selbstvertretungs-, Selbstbestimmungs- und People First Gruppen in Deutschland, Südtirol und Österreich.

Wichtig ist dabei, dass beim Netzwerk People First Deutschland nur Menschen mit Lernschwierigkeiten stimmberechtigte Mitglieder werden können. People First Gruppen, Heimbeiräte oder Einrichtungen und Menschen ohne Lernschwierigkeiten können Fördermitglieder werden, haben aber kein Stimmrecht. Für das Netzwerk sind jedoch alle Mitglieder wichtig, um die Arbeit der People First Bewegung zu stärken.

Aktuelle Relevanz und theoretische Ansätze

Noch immer leben in Deutschland sehr viele Menschen mit Lernschwierigkeiten in Wohnheimen, in denen sie zum Beispiel nur wenig selbst bestimmen können, wie und mit wem sie leben oder wie sie ihren Alltag und ihre Freizeit gestalten. Werkstätten für behinderte Menschen sind oft der einzige Ort, an dem Menschen mit Lernschwierigkeiten Arbeit angeboten bekommen. Viele Menschen wissen nicht, dass es ein Leben und Arbeiten außerhalb dieser Einrichtungen gibt. Das Netzwerk People First Deutschland setzt sich dafür ein, dass Menschen mit Lernschwierigkeiten als Einzelpersonen und als Gruppe ihr Recht auf Selbstbestimmung und ihr Recht auf Selbstvertretung kennen lernen und nutzen können.

Gegen Diskriminierung und für Selbstbestimmung

In erster Linie arbeitet das Netzwerk People First Deutschland politisch. Ein Ziel des Vereins ist es, den diskriminierenden Begriff „geistige Behinderung" abzuschaffen. Denn wer hat schon das Recht, den Geist eines anderen Menschen einzuschätzen, und wer kann das überhaupt? Wer legt dafür die Messlatte an und wonach wird unser Geist überhaupt bemessen? Vielmehr müssen viele unterschiedliche Ideen und Möglichkeiten zur Unterstützung von Menschen mit Lernschwierigkeiten entwickelt werden. Die Forderung besteht darin, dass Menschen mit Lernschwierigkeiten anders begegnet werden muss und die Unterstützung, die sie benötigen, anders gestaltet werden muss, als es bisher geschehen ist. Denn jeder Mensch hat Fähigkeiten und Stärken, und genau die müssen erkannt und unterstützt werden.

Ein weiteres Ziel des Netzwerk People First Deutschland ist die Gleichstellung von Menschen mit Lernschwierigkeiten in allen Lebensbereichen. People First kämpft gegen die Diskriminierung und für die Gleichberechtigung von Menschen mit Lernschwierigkeiten.

Stark machen (Empowerment)

Vor allem das Recht auf Selbstbestimmung und Selbstvertretung steht im Vordergrund der Arbeit. Dafür bietet das Netzwerk ganz praktisch und passend für Menschen mit Lernschwierigkeiten zum Beispiel Schulungen für Werkstatträte und Heimbeiräte an. Bei diesen Angeboten geht es darum, dass Menschen mit Lernschwierigkeiten ihre Rechte und Pflichten kennen lernen. Unterstützend dazu wurde eine Materialsammlung in acht Heften herausgegeben, in denen Schritt für Schritt und in leichter Sprache die Aufgaben des Heimbeirates erklärt werden. Eine ähnliche Arbeitshilfe gibt es auch von der Bundesvereinigung Lebenshilfe für den Werkstattrat. Nur gut geschulte Werkstatträte und Heimbeiräte können auch eine gute Arbeit leisten.

Persönliche Zukunftsplanung

„Jeder Mensch hat eine Zukunft. Diese Zukunft beginnt heute und dauert hoffentlich noch etliche Jahre. Wir sind oft auf Unterstützung von anderen Menschen angewiesen, um diese Zukunft gut gestalten zu können." (Doose, 2004, S. 3)

Bei der persönlichen Zukunftsplanung geht es darum, dass Menschen mit Lernschwierigkeiten Träume, Wünsche und Ziele haben und umsetzen können. Persönliche Zukunftsplanung hat deshalb auch eine sehr politische Seite: Nicht die Betroffenen müssen sich den Angeboten der Träger der Behindertenhilfe anpassen, sondern die Angebote müssen sich nach den Wünschen und Zielen der Betroffenen richten – und deshalb auch verändern. Menschen mit Lernschwierigkeiten sind ein Teil der Gesellschaft und haben oft sehr ähnliche Wünsche und Träume für ihr Leben wie nichtbehinderte Menschen auch. Die Gesellschaft muss lernen, auch für diese Bedürfnisse offen zu sein. Alle Menschen sollten die Möglichkeit haben, sich Gedanken über die Zukunft zu machen, die sie sich wünschen. Sie müssen die Unterstützung bekommen, die sie dafür brauchen. Das ist ein wichtiger Beitrag zu einem selbstbestimmten Leben. Das Netzwerk People First Deutschland gibt dafür z. B. das Arbeitsbuch „Käpt'n Life und seine Crew" heraus und bietet Schulungen für persönliche Zukunftsplanung an.

Leichte Sprache

Ein wichtiges Anliegen des Netzwerk People First Deutschland ist der Abbau von Barrieren. Was die Treppen für Menschen im Rollstuhl sind, ist für uns die „schwere Sprache“. Lange, verschachtelte Sätze mit vielen Fremdwörtern sind für Menschen mit Lernschwierigkeiten oft nur schwer zu verstehen. Sie verstehen z. B. manches in der Zeitung oder im Fernsehen schlechter, bekommen weniger Informationen und werden somit ausgegrenzt. Leichte Sprache ist ein wichtiger Beitrag zur Barrierefreiheit. Deswegen legt People First großen Wert auf leichte Sprache und erstellte bereits vor einigen Jahren ein Wörterbuch für leichte Sprache.

Neben dem Wörterbuch übersetzen die Mitarbeiter und Mitarbeiterinnen von People First zusammen mit Unterstützungspersonen Texte, Faltblätter, Internetseiten und vieles mehr in leichte Sprache. Ein wichtiger Punkt ist dabei, dass Texte in leichter Sprache auch von Menschen mit Lernschwierigkeiten geprüft werden. Der Verein kämpft mit zunehmendem Erfolg dafür, dass immer mehr Informationen in leichte Sprache übersetzt werden. Das hilft nicht nur Menschen mit Lernschwierigkeiten, sondern auch vielen anderen Menschen.

Betroffene beraten Betroffene (Peer Counseling/Peer Support)

Neben den Schulungen bietet der Verein auch persönliche Beratung für Menschen mit Lernschwierigkeiten an und gibt wichtige Informationen weiter, z. B. mit Hilfe von Informationsblättern, auf Kassette oder durch Videofilme. Menschen mit Lernschwierigkeiten wenden sich z. B. an das Netzwerk People First Deutschland, weil sie Probleme zu Hause mit den Eltern, in der Werkstatt für behinderte Menschen oder in der Wohneinrichtung haben, in der sie leben. Zuhören und miteinander Reden ist für viele Menschen ebenso wichtig wie die Beratung und Information zu einem bestimmten Thema.

Es ist wichtig, dass auch Menschen mit hohem Unterstützungsbedarf bei People First dazu gehören. Das zeigt sich auch in der Zusammensetzung des Vorstandes, der aus Personen mit ganz unterschiedlichen Erfahrungen und speziellen Kenntnissen besteht, z. B. im Umgang mit Sehbeeinträchtigungen, Autismus und gestützter Kommunikation. So können die unterschiedlichen Interessen und Erfahrungen genutzt und mit in die Arbeit von People First eingebracht werden.

Wichtig ist dem Netzwerk People First Deutschland e.V., dass Menschen mit Lernschwierigkeiten als Experten in eigener Sache in allen Angelegenheiten selbst bestimmen und mitbestimmen, denn sie haben durch ihre eigene Geschichte die nötige Erfahrung.

Problem- und Erfahrungsfelder

Zusammenarbeit

Manchmal bekommen die Mitarbeiter und Mitarbeiterinnen vom Netzwerk People First Deutschland die Hand vorgehalten, im Sinne von: „Stopp, bis hier hin und nicht weiter!“ Denn People First will natürlich für Menschen mit Lernschwierigkeiten sehr viel verändern. Dem gegenüber sind manche Verbände oder Träger nicht so offen eingestellt. Darin sieht People First eine Herausforderung, in Zukunft auch mit diesen Menschen und Einrichtungen zusammenarbeiten zu können.

Schulungen als eine Möglichkeit der Zusammenarbeit werden dafür z. B. bisher sehr gut angenommen. Es herrscht eine sehr große Nachfrage an Schulungen für Werkstatträte und Heimbeiräte, was für die Qualität der Angebote spricht. Teilweise gibt es auch Weiterbildungen für die so genannten Professionellen und für Studierende. In diesen Schulungen wird unter anderem darüber diskutiert, wie die Professionellen mit Menschen mit Lernschwierigkeiten umgehen sollten, also über das Miteinander und darüber, wie gute Unterstützungsarbeit sein soll.

Unterstützung

Beim Verein Netzwerk People First Deutschland e.V. haben Menschen mit Lernschwierigkeiten das Sagen. Für ihre Arbeit holen sie sich bei den Unterstützungspersonen die nötige Unterstützung, die sie brauchen. Ein guter Unterstützer oder eine gute Unterstützerin gibt die notwendige Unterstützung, die gefordert wird. Auch wenn die Unterstützungsperson meint, dass etwas schief gehen werde, muss sie ihre eigenen Interessen zurückstellen. Denn auch durch Fehler kann ein Mensch mit Lernschwierigkeiten lernen, wie alle anderen auch.

Gute Unterstützungsarbeit bedeutet eine partnerschaftliche und gerechte Zusammenarbeit von Menschen mit Lernschwierigkeiten und Unterstützungspersonen, bei dem die Interessen und Wünsche der Menschen mit Lernschwierigkeiten im Vordergrund stehen. Je weniger bevormundende Unterstützung gegeben wird, desto mehr haben Menschen mit Lernschwierigkeiten die Möglichkeit, ihre eigene Ideen und sich selbst weiterzuentwickeln. Eine gute Unterstützungsperson sollte Menschen mit Lernschwierigkeiten die Arbeit nicht abnehmen, nur weil es bequemer ist oder schneller geht.

Menschen mit hohem Unterstützungsbedarf

In den Schulungen für Heimbeiräte versucht People First, Menschen mit hohem Unterstützungsbedarf mit einzubeziehen. Die Schulungen werden so aufgebaut, dass auch mit Fotos und Symbolen gearbeitet, gebastelt und gemalt wird, so dass sich alle Teilnehmer und Teilnehmerinnen angesprochen fühlen können. Das ist natürlich nicht immer leicht, aber es ist dem Verein wichtig, so gut wie möglich alle Menschen mit Lernschwierigkeiten in die Angebote mit einzubeziehen.

Alle Menschen können durch die Aufgaben und die Verantwortung wachsen, die ihnen zugetraut und übertragen werden. Keine Person wird dadurch stärker, dass man ihr sagt, was sie nicht kann. Das ist grundverkehrt.

Ausblick

Alle Menschen mit Lernschwierigkeiten müssen selbst bestimmen können, was und wo sie arbeiten. Alle Menschen mit Lernschwierigkeiten müssen selbst bestimmen können, wo, wie und mit wem sie wohnen. Sie müssen die Unterstützung bekommen, die sie benötigen, um nicht in einem Heim leben zu müssen. Das sind Grundrechte, die für alle Menschen gelten. Das sind die wichtigsten Forderungen aus dem Grundsatzprogramm und für diese Ziele kämpft das Netzwerk People First Deutschland.

Es ist klar, dass es erst der Anfang eines langen Weges ist, aber der Verein macht weiter das, was er leisten kann und wofür er steht. In Zukunft wird People First ganz klar die

Abschaffung des Begriffes „geistige Behinderung“ vorantreiben. Was das angeht, wird People First keine Ruhe mehr geben. Der Verein kämpft weiter dafür, dass noch mehr leichte Sprache angewendet wird und niemand durch schwere Sprache benachteiligt wird. People First wird sich weiterhin dafür einsetzen, dass Menschen mit Lernschwierigkeiten nicht abgestempelt und ausgegrenzt werden, sondern so angenommen werden, wie sie sind. Jede Person muss die Unterstützung bekommen, die sie für ein selbstbestimmtes Leben benötigt. Für diese Ziele steht der Name People First.

Kommentierte Literaturhinweise

Dybwad, Gunnar/Bersani jr. Hank (Hrsg.): New Voices. Self-Advocacy by People with Disabilities. Cambridge, Brookline Books, 1996.
Gunnar Dybwad gilt als einer der Väter der Integration und als Vorkämpfer für die Rechte von Menschen mit Lernschwierigkeiten. New Voices ist eine der umfassendsten Zusammenstellungen der weltweiten Geschichte ihrer Selbstbestimmungs- und Selbstvertretungsbewegung.

Gritsch, Ulrike u. a.: Das Wibs Kursbuch, hrsg. v. Wibs, Innsbruck, Wibs, 2005.
Die Abkürzung Wibs steht für „wir informieren, beraten und bestimmen selbst“. In diesem Sinne haben Menschen mit Lernschwierigkeiten diese Anleitung erarbeitet, wie Menschen mit Lernschwierigkeiten Kurse und Schulungen zur Selbstvertretung durchführen können. Dazu gibt es viele praktische Übungen und Vorlagen zum Basteln oder für Schriftstücke.

Netzwerk People First Deutschland e.V. (Hrsg.): Das Grundsatzprogramm, Kassel, Netzwerk People First Deutschland e.V., 2004.
Hier finden sich die wichtigsten Forderungen des Netzwerks People First Deutschland e.V. für mehr Gleichberechtigung und Selbstbestimmung in den Bereichen Schule, Ausbildung und Beruf, Wohnen, Freizeit, Partnerschaft und Sexualität, öffentliche Verkehrsmittel und medizinische Versorgung.

Netzwerk People First Deutschland e.V. „Wir vertreten uns selbst!“ (Hrsg.): Das kleine 1 x 1 für gute Unterstützung, 6. Aufl., Kassel, Netzwerk People First Deutschland e.V., 2005.
Mit praktischen Beispielen und anhand persönlicher Erfahrungsberichte werden die Grundregeln und Bausteine für gute Unterstützungsarbeit erklärt. Das Buch wurde von Menschen mit Lernschwierigkeiten und Unterstützungspersonen erstellt.

Netzwerk People First Deutschland e.V. (Hrsg.): Käpt'n Life und seine Crew. Ein Arbeitsbuch zur Persönlichen Zukunftsplanung. 2. Aufl., Kassel, Netzwerk People First Deutschland e.V., 2004.
Dieses Buch stellt in leichter Sprache und anhand vieler Arbeitsblätter die persönliche Zukunftsplanung am Beispiel von Käpt'n Life vor. Übrigens: Persönliche Zukunftsplanung lohnt sich für alle Menschen, die etwas in ihrem Leben verändern wollen.

Netzwerk People First Deutschland e.V. (Hrsg.): Wörterbuch für leichte Sprache. 5. Aufl., Kassel, Netzwerk People First Deutschland e.V., 2004.
Menschen mit Lernschwierigkeiten haben aus den für sie wichtigen Lebensbereichen über 400 Begriffe ausgewählt. Diese schweren Worte von A wie ABM bis Z wie Zivi über-

setzt das Wörterbuch in leichte Sprache. Außerdem gibt es Tipps und Tricks für Übersetzungen und Anregungen, wie Briefe, Formulare, Einladungen usw. in leichter Sprache verfasst werden können.

„Wir vertreten uns selbst!“: „Das brauchen wir, um gleichberechtigt zu sein!“ Menschen, die geistig behindert genannt werden, mischen mit. Hrsg. v. Netzwerk Artikel 3, Berlin, Eigenverlag der Stiftung Lebensnerv, o. J.
In Interviews beschreiben Menschen mit Lernschwierigkeiten ihre derzeitige Lebenssituation, in der sie oft Benachteiligung, Fremdbestimmung und Ausgrenzung erfahren. Daraus entwickeln sie einen Katalog von Forderungen, die für ein selbstbestimmtes und gleichberechtigtes Leben notwendig sind.

Williams, Paul/Shoultz, Bonnie: We can speak for ourselves. Self-Advocacy by Mentally Handicapped People. Bloomington, Indiana University Press, 1984.
Das erste Buch, das über Selbstvertretung von Menschen mit Lernschwierigkeiten handelt und vor allem die britische und nordamerikanische Geschichte der Selbstvertretung beschreibt.

Person

Emil E. Kobi

Etymologie

Mensch ... Individuum ... Person

Mit Blick auf die präferenz-utilitaristischen Thesen von *Singer* (1984) und die dadurch in den neunziger Jahren des letzten Jahrhunderts v. a. in Deutschland ausgelösten Debatten, ist hier vorgängig in aller Kürze – trotz und wegen der im Alltag oft synonymen Verwendung – an die Unterschiede zwischen den Titeln *Mensch, Individuum, Person* zu erinnern:

‚**Mensch**' ist ein Gattungsbegriff und bezieht sich auf die Zugehörigkeit der Gattung Homo zum natürlichen System, worin alle bekannten Lebensformen registriert und eingeordnet werden. Zwar gibt es Auffassungen, wonach der Mensch als unvergleichliche Sonderform außerhalb jeglicher Evolution und natürlichen Systematik und Verwandtschaft steht. Desgleichen bestehen unter Paläo-Anthropologen gewisse Meinungsdifferenzen bzgl. der entscheidenden Charakteristika und mithin der erdgeschichtlichen Epoche, in welcher tatsächlich (stammesgeschichtlich) als ‚Menschen' zu bezeichnende Lebewesen in Erscheinung traten. Solche Fragen tangieren die Heilpädagogik jedoch insofern nicht, als dass das moderne abendländische Weltbild keinen Anlass bietet, Behinderten realiter diese Gattungszugehörigkeit abzusprechen, wie dies in mittelalterlicher Zeit im Zusammenhang mit Teufelsglauben und Wechselbalg-Vorstellungen teils noch der Fall war.

Der Begriff ‚Menschheit' kam kulturgeschichtlich allerdings erst relativ spät auf und ist auch in der Neuzeit nicht allgemein verbreitet.

Ethnologisch ist bekannt, dass die Bedeutung des Begriffs ‚Mensch' von Naturvölkern oft von vorneherein ausschließlich/ausschließend auf den Stamm, die Sprachgruppe, die Dorfgemeinschaft bezogen wird und somit die (eigene) Lebensart das Definitionskriterium abgibt (dies oft auch innerhalb eines spirituellen Bezugsrahmens, der z. B. in Form eines Schöpfungsmythos' besagt, dass WIR Menschen desselben göttlichen Ursprungs sind.

Wie brüchig die Verhältnisse aber auch in sog. Hochkulturen sind, zeigt die situativ hohe (affektive) Bereitschaft, Fremden, Feinden, Exoten, Gewalttätern ... Behinderten ... Menschhaftigkeit abzusprechen, sie als Untermenschen, Tiere und im Jargon der Boulevardpresse als Monstren, Bestien ... gattungsmäßig auszuschließen. Auch in vergleichsweise milden Verbalinjurien (‚blöde Kuh' und ‚dumme Sau') bleibt der herabsetzende Dehumanisierungsmechanismus transparent.

‚**Individuum**' (lat. ‚das Unteilbare') bezeichnet den Menschen als Einzelnen (in seiner Vereinzeltheit und Zählbarkeit). Von Individuen ist freilich desgleichen die Rede in Bezug auf einzelne Tiere, Pflanzen, Organismen überhaupt. Es steht somit auch nicht zur Debatte, dass Behinderte Individuen mit nicht nur arteigenen, sondern auch einzigartigen Eigenheiten sind.

‚Person‘ hingegen ist – wie noch weiter auszuführen sein wird – je nachdem eine apriorische Aus-Zeichnung, die jedem Menschenwesen (per se, gattungsmäßig) zukommt oder eine Zuschreibung, die, bis hin zum konkreten Individuum, von der Erfüllung bestimmter Kriterien abhängig gemacht wird.

Die unter der Wirkung der *Singer*-Debatte aufgekommene gutmenschelnde „Menschen mit ...“ – Floskel trifft somit präzis daneben, da weder *Peter Singer* (1984 f.) noch irgendwelche Eugenetik-Theorien und Euthanasie-Praktiken Behinderten je die Menschhaftigkeit, sondern im Individualfall den Person-Status vorenthielten und ihnen damit nicht die Zugehörigkeit zur Gattung Homo, sondern Rechtsschutz und humanen Lebenswert absprachen. Somit wäre das Etikett „Personen mit ...“ angemessener, wobei derartige Super-Nominationen freilich ohnehin rasch die paradoxe Wirkung von Camouflagen nach sich ziehen, letztlich auffälliger und diskriminierender zu sein als das, was sie tarnen sollen.
(Die Alltagssprache ist diesbezüglich pragmatischer und kürzer: Ein Personenwagen steht im Unterschied zu einem Lastwagen. Ein Menschenwagen hingegen müsste den Kontrast zu einem Viehwagen bilden).

Geschichte

Der Person-Begriff hat eine sehr wechselvolle Geschichte und stellt sich daher auch in der Gegenwart unter zahlreichen Facetten dar. Man kann insgesamt vier Herkunfts- bzw. Wandlungsbereiche für heutzutage geläufige Bedeutungen ausmachen:
- das antike Theater
- die christliche Trinitäts- und imago-dei-Lehre
- die englische Staats- und Rechtslehre des 17. Jahrhunderts
- Rationalismus (18. Jh.), Neuhumanismus (18./19. Jh.), Interaktionismus (20. Jh.)

In Entsprechung dazu kann von einer (primär) *(1) instrumentellen, (2) axiomatischen, (3) formalen* und *(4) attributiven* Genese und Bedeutung des Person-Begriffs gesprochen werden.

Der instrumentelle Person-Begriff: Die ursprüngliche Wortbedeutung von ‚Person‘ wird, unter Bezugnahme auf den Masken tragenden etruskischen Gott *Phersu* und das antike Maskentheater (‚personare‘ = hindurch tönen), in ‚Maske‘ vermutet, in erweitertem Sinne auch bereits in ‚Rolle‘, ‚Eigenart‘. Auch im Neugriechischen ist neben dem hellenisierten ‚μασκα‘ noch das Wort ‚προσωπειον‘ für ‚Maske‘ geläufig, das seinerseits dem ‚προσωπον‘ (soviel wie Gesicht, Rolle, Person, Fassade) nahe steht. ‚Person‘ ist nach diesem Begriffsverständnis also etwas Äußerliches, das es einem ermöglicht, verschiedene Rollen einzunehmen bzw. Perspektiven zu berücksichtigen: So, wie in der Grammatik verschiedene „Personen“ (1., 2. Person Singular/Plural etc.) unterschieden werden.
Die spätere Begriffsgeschichte entfernt sich dann über theologische, anthropologische, rechtliche und psychologische Wortnutzung von diesem instrumentellen Verständnis und führt zu einer Verinnerlichung: die wechselhafte Äußerlichkeit der Maske als ein Vehikel wandelt sich zum innersten, unverlierbaren, Würde verleihenden (göttlichen/existenziellen) Kern des unverwechselbaren Einzelmenschen.

Der axiomatische Person-Begriff: Der für die abendländische Pädagogik bestimmende Person-Begriff gründet in der christlichen Lehre von der Gottebenbildlichkeit (imago dei) des Menschen (*Gen.* 1, 26), sowie in jener der Dreifaltigkeit (Trinität) der göttlichen Person (Vater, Sohn und Heiliger Geist): „Nur wo Gott als Person erkannt und erfahren ist, kann der Mensch als Person erfahren werden ... Die Unverfügbarkeit Gottes als Person begründet die Unverfügbarkeit des Menschen als Person" (Küenzelen, 1994, S. 114). Gotteskindschaft und Gottebenbildlichkeit sind in dieser Perspektive Gabe und Aufgabe zugleich. Caritative (liebesdienstliche) Zuwendung zu Meinesgleichen und Menschenbildung auf Christuspfaden (Bopp, L. 1930; 1958) entsprechen der Erfüllung eines göttlichen Auftrages, sind Gottesdienst (Tatchristentum) in geschwisterlicher Verpflichtung. „Person" wird hier durch den Glauben (voraus-)gesetzt. Dem Menschen – jedem Menschen! – kommt schlechthin Personhaftigkeit und personale Würde zu. Personsein ist keine Eigenschaft; Person ist ein apriorisches „nomen dignitatis". Person zu sein ist ein Anspruch, nicht *zu-*, sondern *an*zuerkennen. Person zu sein bedeutet nicht nur als Individuum einzigartig, sondern einzig, einmalig zu sein. Von da her regt sich denn auch nicht allein moralischer, sondern existenzieller Widerstand gegen die Anmaßung, Menschen klonen zu wollen. Zu Diskussionen gibt ferner die Frage Anlass, von welchem ontogenetischen Zeitpunkt der Embryo als Person zu gelten hat und entsprechend zu schützen und zu würdigen ist.

Der formale Person-Begriff: „Wer für sich oder im Namen eines andern etwas betreibt, ist eine Person", so stellt *Thomas Hobbes* (1588–1679) in seiner Staatslehre „Leviathan" (1651) fest. Personen sind gekennzeichnet durch ihre Autorität, verstanden als Handlungsvollmacht („Das Recht des Besitzers heißt Herrschaft, und das Recht zu Handlungen Vollmacht", Hobbes 1651). Personen können handlungsfähige Einzelne oder (sich selbst, andere Menschen, aber auch Dinge vertretende) Institutionen, in Sonderheit der Staat, sein. Letzterer ist die höchste Rechtsperson. *Hobbes* unterscheidet demgemäß „natürliche" (sich selbst vertretende) und „künstliche" (jemand anderen/etwas Anderes vertretende) Personen. Das Übertragungsrecht der Personhaftigkeit steht der bürgerlichen Gesellschaft zu; sie ist somit eine Voraussetzung des Person-seinkönnens.

Hochgehalten wird der Status ‚natürlicher' und ‚juristischer' Personen auch in der modernen Rechtsprechung: Mit der Geburt erhält ein Mensch, unabhängig von sozialer Herkunft und individuellen Mängeln, den Person-Status und damit auch die volle Rechtsfähigkeit als Eigentümer, Erbe etc. Diese personale Rechtsfähigkeit erlischt erst mit dem Tod.

Alltags- und Amtssprache schränken ‚Person' allerdings auf Erwachsene ein; Kinder gelten/zählen meist (noch) nicht als Personen, was in aller Regel jedoch widerspruchslos hingenommen wird, zumal dann, wenn mit diesem Vorbehalt z. B. Transport- und Eintrittsvergünstigungen verbunden sind. Heikel wird die Situation hingegen da, wo der Person-Titel einen (Rechts-)Status, ein (Schutz-)Label, eine (würdigende) Auszeichnung zum Ausdruck bringt und bedeutet, die dem betreffenden Menschen Gewähr bieten sollen für einen respektvollen Umgang unter seinesgleichen.

Aber auch da, wo die Personhaftigkeit zugestanden wird, können die damit üblicherweise verbundenen Rechte und Pflichten temporär/teilbereichlich beschränkt werden (Straf- und Geschäftsfähigkeit, Heiratsfähigkeit, Berechtigung, ein Fahrzeug zu führen, Wehrpflicht). Derartige persönliche Einschränkungen werden von davon betroffenen Behinderten oft nicht nur als „ungerecht", sondern – und damit wirkt die Rechtsprechung wieder auf die existenzielle Ebene zurück – als diskriminierend, invalidierend, exkommunizierend, erlebt. Eingeschränkte *Rechte* werden als Destruktion der *Person* empfunden, womit erneut deutlich wird, wie eng (zugestandene) Entscheidungs- und Handlungsmöglichkeiten (Auctoritas) und Personerleben („Ich bin wer!" oder „Ich bin ein Nobody!") verknüpft sind miteinander. In unserer Gegenwart hat denn auch –

trotz und wegen einer gigantischen Verrechtlichung nicht zuletzt im Sozialwesen – die geläufige „Recht auf ...“-Formel oft kaum mehr einen Bezug zu (gesetzlich) verfassten, verfassbaren, einklagbaren und vor allem durchsetzbaren Rechten: Recht auf Leben/ Tod, auf Arbeit/Arbeitsbefreiung, auf ein Kind/kein Kind, auf Gesundheit/Behinderung, auf Partnerschaft/Singularität ... Recht darauf, Recht zu haben und zu bekommen ..., was insgesamt zwar eine personale Inflation, zugleich aber auch eine schmerzhafte und lähmende Diskrepanz zwischen lautstarker Rechtsproklamation und vergleichsweise bescheidenem Rechtsvollzug zur Folge hat.

Der attributive Person-Begriff: In attributiver Ausrichtung zeichnet sich eine Person generell und im Einzelnen durch gattungsmäßige und in dieser Konsequenz oft auch individuell determinierende Eigenschaften aus. Folgende Definitionskriterien spielen dabei in der abendländischen Kulturgeschichte eine herausragende Rolle:

• Der Auffassung, wonach sich eine Person durch *Vernunft* (Rationalität) auszeichne, begegnet man bereits in der Antike, und sie ist von zentralem Gewicht im Rationalismus des Aufklärungszeitalters. Das Vernunft-Attribut ist in der Neuzeit allerdings vieldeutig geworden. Die Bezeichnungen Vernunft/Vernünftigkeit finden eine breite Verwendung für Bewusstheit, Erkenntnisfähigkeit (im weitesten Sinne, auch affektive, intuitive und spirituelle Momente umfassend), für die Fähigkeit dialogischer Erschließung und Einvernehmlichkeit (und damit im ursprünglichen Wortsinn von ‚vernehmen‘), ferner im Sinne der Contenance (‚Vernunft annehmen‘, die Haltung bewahren), des Verstandes/des Verstehens (auch hier sowohl des logisch-rationalen Nachvollzugs als auch der mitleidend-wohlwollenden Emphase) bis hin zum beschränkten Begriff der Intelligenz, der seinerseits freilich breites Bedeutungsspektrum aufweist.

• Eine Person zeichnet sich durch bestimmte *Bewusstseinszustände* aus, denen mentale oder intentionale Prädikate zukommen. Insbesondere eine Sich-selbst-Bewusstheit, die Fähigkeit, sich als ein Ich-Selbst von nicht Ich-Zugehörigem abzugrenzen, eine Subjekt-/Objekt-Trennung vorzunehmen, sich als ‚Figur‘ abzuheben vom Kontext der Sach- und Personwelten, die Fähigkeit, sich selbst zu widerspiegeln (reflektieren) und in wechselnden Verhältnissen und Rollen seine Identität zu wahren sind diesbezüglich von herausragender Bedeutung.

• *Haltungen, Attitüden* und entsprechende Verhaltensweisen, die von einem Norm bestimmenden Kollektiv einem als ihresgleichen empfundenen/erlebten Wesen gegenüber eingenommen und zum Ausdruck gebracht werden, sind von personifizierender Wirkung. Die ‚Person‘ ist hier gewissermaßen ein Produkt des sozialen Umgangs und nähert sich dadurch dem Begriff der ‚Persönlichkeit‘ an. Personifikationen können dabei auch gattungsübergreifend sein und sich auf spirituelle Wesenheiten (personifizierte Gottheiten), auf Tiere, Pflanzen, Objekte richten und in einem (aus „aufgeklärt“ abendländischer Sicht quasi-persönlichen) respekt- und würdevollen Umgang, sowie in Speisungs- und Opferkulten etc. ihren Ausdruck finden.

• *Reziproke Verhaltensweisen*, mittels derer das appellierende, personbestätigende Verhalten erwidert, der Ansprechpartner also seinerseits zum Adressaten wird und wodurch sich über Kreisprozesse eine kommunikative Symmetrie, ein wechselseitig ‚vernünftig-vernehmlicher‘ Handlungsdialog aufbaut. Auch hier können innerhalb „intimer“ Konstellationen Personifikationen transspeziesistischer Art stattfinden, indem sich Menschen einem tierischen Individuum gegenüber anthropomorphistisch verhalten, wodurch dieses seinerseits lernt, (aus speziesistischer Sicht: quasi- und pseudo-)personal zu reagieren: vom „sprechenden“ Papagei über den „bettelnden“ Bären und bis hin zum „verständnisvoll“ entgegenwedelnden Hund.

• Neben der Vernunft ist immer wieder die *Sprache* als Kennzeichen des wahren Mensch- und Personseins herausgehoben worden, wodurch zu Zeiten humanistischer Hochblüten insbesondere mit Sprach- und Sprechmängeln behaftete, desgleichen auch bildungsarme Menschen herabgesetzt und verunglimpft wurden: Illiteraten und Analphabeten, Hör-Sprachbehinderte, Redefluss- und Artikulationsgestörte, Dysphatiker und Mutisten.

Während der apriorische und der formale Person-Begriffe axiomatisch bzw. per Gesetz fixiert sind, erweisen sich attributive Bestimmungen als kontextabhängig und mithin situativ und temporal flexibel handhabbar. *Mürner* (1996) weist daher zu Recht auf „philosophische Bedrohungen“ für Behinderte hin, die aufgrund mangelhafter Kriterienerfüllung keine Chance haben, den Personstatus zu erreichen und eine Carte d'identité zu erhalten, um damit an der table d'hôte ihrer Gesellschaft einen Platz zugewiesen zu bekommen.

Aber auch für die apriorische Person ist – gerade für heilpädagogische Belange – entscheidend, ob die Bestimmung ohne irgendwelche individuale Abstriche und Vorbehalte auf die *Gattung* (Homo) bezogen wird oder aber im konkreten Einzelfall doch (auch) auf attributive Bestimmungen rekurriert wird. Die Praxis zeigt diesbezüglich in Geschichte und Gegenwart – nach der Formel: Im Prinzip schon, aber ... – schwankende Verhältnisse. Oben wurde bereits auf die sowohl rechtliche als auch alltäglich-konventionelle Einschränkung des Person-Begriffs auf Erwachsene hingewiesen. Wenn *Singer* und andere, z. B. im Umfeld des Präfenenz-Utilitarismus argumentierende Autoren (Kuhse 1993) bestimmten Individuen den Personstatus absprechen, so geht dies allerdings weit über die genannte – im Grunde ja auch Unmündigkeit, Naivität und Ahnungslosigkeit schützende – Reservation des Personbegriffs für Erwachsene hinaus. Die Objektivierung im Sinne einer Versachlichung und Versächlichung hat auch den Verlust des Meinesgleichen zur Konsequenz:

Busemann, A. (1959, S. 85) bringt diesen Wechsel vom Sach-Verhalt zum Person-Verhalt et vice versa auf den Punkt wenn er feststellt:

„Das ‚Meinesgleichen' ist kein Ding ..., es wird nicht ergriffen, festgehalten ..., seine Bewältigung muss einen andern Weg gehen als den des Begreifens. Von ihrem Ursprung her ist die Leistung, die wir in der menschlichen intellektuellen Höhenlage ‚mitmenschliches Verstehen' nennen, anderer Art, als die Auseinandersetzung mit den erfassbaren Dingen ... Das ‚Meinesgleichen' wird angesprochen ... Dem ‚Meinesgleichen' begegnet man im engern Sinne des Wortes."

Aktuelle Relevanz und theoretische Ansätze

In der Heilpädagogik ist das damit angesprochene Phänomen und Problem der *Depersonalisation* von zentraler, da existenzieller Bedeutung: insondere dem schwerst und mehrfach behinderten Kind gegenüber, welches gleich mehrere vorgenannter Person-Attribute vermissen lässt.

Dabei ist von einer umfassenderen Bedeutung von Depersonalisation auszugehen, als sie im psychiatrischen Umfeld geläufig ist, wo Depersonalisation einen Zerfall (Demenz) bzw. eine Aufsplitterung der personalen Einheit im Sinne einer sog. „multiplen Persönlichkeit“ bezeichnet.

Unter Depersonalisation versteht Kobi demgegenüber auch ein transitives Geschehen, eine umfassende und tief greifende „Reservatio mentalis“, welche vom leisen Vorbehalt über zahlreiche Stufen, Absatzbewegungen und Varianten innerer und äußerer Distanzierung und Vermeidung bis zur Aberkennung des konkreten Lebenswertes und zur individuellen Vernichtung führen kann. Nicht nur die Natur, auch die (Un-)kultur macht diesbezüglich keine Sprünge! In dieser Affektlogik nimmt daher Depersonalisation Versächlichung beispielsweise bereits in der Distanzierung vom sog. YARVIS-Patienten (*y*oung – *a*ttractive – *r*ich – *v*erbal – *i*ntelligent – *s*ocial) ihren Anfang.

Behinderungen/Behinderte können von menschlichen Gemeinschaften im weiteren in folgenden Varianten und Verbindungen hiervon als Belastung/Belästigung und in der Folge als personae ingratae empfunden und bedient – wenngleich in modischer Ausrichtung auf verbale Political Correctness – kaum mehr als solche bezeichnet werden:

- ökonomische Belastung in der Figur des unproduktiven Essers und in Ermangelung jedes Tausch- und Marktwertes, des bloßen sozietären Kostenfaktors;
- verzögerndes, zeitaufwändiges, flexibilitäteinschränkendes Element in der Figur des in seinen Handlungsvollzügen und in seiner Gesamtentwicklung verlangsamten Invaliden;
- kollektiv beschämendes, ehrenrühriges Element für die Familie, die Sippe, den Stamm, Clan, Verein etc. in den Figuren des Unflats, Unholds, Widerborsts, zu denen es bezeichnenderweise keine Positiva gibt;
- kosmische oder göttliche Strafe in der Figur des Monsters (= des Unheilanzeigenden), das als Bock all der kollektiven Sünden auszumerzen ist;
- arbeitsökonomisches Hemmnis, das personale Kräfte bindet in der Figur des betreuungsintensiven, pflegeaufwändigen unheilbar Kranken und Mehrfachbehinderten;
- Repräsentant von Sinn-, Wert- und Zwecklosigkeit (Absurdität) in der Figur des Therapieresistenten, Unbelehrbaren, nicht Integrierbaren, Unverbesserlichen, der daher als funktionslos ausgestoßen wird;
- unmittelbare sozietäre Bedrohung in der Figur des gemeinschaftsbedrängenden Übeltäters;
- psychosozialer Kontaminationsfaktor in der Figur der ästhetisch widerlichen, sittlich verworfenen oder der emotional belastenden (da unerträgliches Mitleid erregenden) Kreatur;
- verhexter, infektiöser oder genetischer Kontaminationsfaktor und dementsprechend kollektives Bedrohungspotenzial in der Figur des Trägers eines Fluches, einer ansteckenden Krankheit oder unerwünschter Erbeigenschaften.

Eine Depersonalisation kann auch in Form eines exklusiven Materialismus vorliegen, der psychisch-geistige Entitäten und so auch eine personale Instanz in Abrede stellt und das Gehirn als letzthiniges Steuerungsinstrument betrachtet. Diesem werden dann aber alsbald doch wieder Prädikate eines quasi-personalen Agens zugeschrieben, das tut und macht, denkt und fühlt und als neuraler Homunkulus sich selber weiß, normiert und verantwortet.

Depersonalisation kann schließlich auch Programmpunkt bestimmter Weltanschauungslehren und Ziel spiritualistischer Praktiken sein. Dies in Ausrichtung auf die

„Überwindung" und „Auslöschung" eines personalen, ichhaften Wesenskerns und des Eingehens in ein kosmisches Ur-Wir: sei dies mittels psychotroper Substanzen oder kollektiver Ekstatik. Damit wird ein weiteres Mal deutlich, dass Personsein nicht einfach neutrale, gegebene Faktizität ist, sondern auf wertorientierter Würdigung basiert.

Ausblick

Im Unterschied bzw. in Erweiterung des existenziellen Personbegriffs bezeichnet der essenzielle Begriff der Persönlichkeit, die entwickelte, empirisch fassbare, sowie nach allgemeinen (nomothetisch) oder speziellen, differenzierenden Merkmalen (idiografisch) beschreibbare Erscheinungsform eines Menschen (Fisseni, 1998). Sie „charakterisiert" ihn kontinuierlich als einzigartiges, unverwechselbares Individuum. Persönlichkeit ist essenziell entwicklungsabhängig und auszeugungsbedürftig. Sie präsentiert sich in ihrer Entfaltung als integrales Gefüge von Erlebens-, Denk-, Handlungs- und Präsentationsweisen. Als lebensgeschichtliches Gebilde unterliegt sie zwar Veränderungsprozessen, deren identitätsbestätigende Selbsterneuerung jedoch Gewähr bietet für die Kontinuität im Wandel. Wo dieses autopoetische Integral sich selbst nicht mehr erreicht, findet Persönlichkeitsveränderung im psychopathologischen Sinne der Depersonalisation (der Desintegration, des Persönlichkeitszerfalls) statt.

Sozialpsychologisch bezeichnet Persönlichkeit des weiteren einen Menschen mit ausgeprägten Charaktermerkmalen, Überzeugungskraft und Durchsetzungsvermögen und (in tradierter Tendenz meist männliche), in Rang und Würden stehende Personen mit hohem Sozialprestige. Der Diminuitiv „Persönchen" kann freilich auch, allein auf Grund des Ausprägungsgrades der Individualität, für ein kleines Kind Verwendung finden. ‚Persönlichkeit' ist insofern ein Prädikat, das besondernde, hierarchisierende, offizielle Wertschätzung zum Ausdruck bringt. Hier sind denn auch die aufgeführten Attribuierungen durchaus am Platze. Persönlichkeit ist Erzeugnis sozialer Figur-Grund-Effekte, ein relatives und relationales Bedingungsgefüge, das in seinem Werden und Vergehen in schwankender Werthaltigkeit stark kontextabhängig ist.

Kommentierte Literaturhinweise

Brasser, Martin (Hrsg.): Person. Philosophische Texte von der Antike bis zur Gegenwart. Stuttgart, Redau, 1999. Es handelt sich um eine Sammlung auszugsweise wiedergegebener Quellentexte, denen jeweils eine knappe Zusammenfassung der Kernaussagen vorangestellt ist.

Gerner, Berthold (Hrsg.): Personale Erziehung. Beiträge zur Pädagogik der Gegenwart, Darmstadt, 1965: Etwa zwei Dutzend Autoren äußern sich aus unterschiedlichen philosophischen, psychologischen und pädagogischen Perspektiven zu den Themen Person, Personale Pädagogik und Erziehung, Personalismus, wobei hauptsächlich die einschlägige Literatur der ersten Nachkriegsjahrzehnte aufgearbeitet wird.

Personzentriertheit

Petr Ondracek

Etymologie

Das Konzept der Personzentriertheit stützt sich auf folgende These: Orientiert sich der Heilpädagoge in seinem Tun an der persönlichen Sicht- und Erlebensweise des Menschen, mit dem er arbeitet, erlebt dieser die Kommunikation und Interaktion positiv, weil sie seine wichtigen Bedürfnisse – vor allem die sozial verankerten – befriedigt: Sicherheit, Kontakt, Dazugehörigkeit, Selbstwirksamkeit und Beachtung. Sie gelten als Nährboden für die existenzielle Selbstachtung als Person. Werden sie in der alltäglichen Kommunikation und Interaktion befriedigt, fühlt sich der Mensch als Person bestätigt und gestärkt. Dies trägt wesentlich dazu bei, dass er sich ins Geschehen einbringen, für gemeinsames Tun öffnen und auf unübliches Verhalten mit belastender bzw. störender Wirkung verzichten kann. Vieles im alltäglichen Geschehen auf der Ebene von „Ich ↔ Du“ verläuft dann weniger belastend und gelingt besser.

Der Begriff „Person“ stammt aus dem Lateinischen und bedeutete ursprünglich Maske bzw. Rolle des Schauspielers. Heute hat er folgende Bedeutungen: der einzelne Mensch bzw. Figur oder Rolle in einem Theaterstück, oder aber Mensch als Träger von Rechten und Pflichten (vgl. Encarta, 2004).

Das Wort „Person“ wird in Philosophie, Psychologie, Pädagogik und anderen Wissenschaften zum Teil recht unterschiedlich benutzt. Als weitgehend übereinstimmende Auffassung gilt, dass jedem Menschen die Personwürde zukommt: Person ist jeder Mensch von vornherein, unabhängig von seiner konkreten Verfassung, seinen Fähigkeiten etc. Demnach ist z. B. ein Mensch mit Behinderung genauso wie jeder andere von vornherein als Person anzusehen und ihm ist entsprechend zu begegnen. Aufgrund seines Personseins hat er das Recht auf Leben, Eigenheit und Selbstständigkeit, freie Überzeugung, freie Bewegung, gesellschaftliche Dazugehörigkeit und Teilhabe etc., kurz gesagt, auf alles, was zu einem würdigen, menschlichen Leben nötig ist. Der Status als Person wird jedem Menschen im Kontext der sozialen Kontakte und Beziehungen von anderen verliehen. Von wesentlicher Bedeutung für das Erleben von Personsein sind der erwiesene Respekt, die Anerkennung und das Vertrauen. Diese wichtigen Rückmeldungen zur eigenen Person kann ein Mensch nur in Kommunikation und Interaktion mit anderen erfahren. Oder aber er erfährt sie nicht bzw. das Gegenteil davon. Ob so, oder anders – diesbezügliches Erleben wirkt sich immer auf das Erleben, Befinden und Verhalten aus.

„Personzentriertheit“ als Hauptwort stellt einen Versuch dar, kurz und prägnant eine wichtige Fähigkeit bzw. Eigenschaft von Fachpersonen in sozialen Berufen zu bezeichnen. Sie besteht darin, den zu betreuenden Menschen als Person im oben beschriebenen Sinne anzunehmen, ihm gegenüber mit Würde und Respekt aufzutreten, ihn als Person zu beachten und die Interaktion mit ihm so zu gestalten, dass sein Bedürfnis nach Selbstachtung befriedigt wird. Diese Fähigkeit ist heilpädagogisch relevant, weil sie die Würde des Menschen hervorhebt, eine – seinen Möglichkeiten entsprechende – Beteiligung am Geschehen anstrebt, seine im Kontext der Beeinträchtigungen entstandene psychosoziale Belastung zu verringern, sowie die Chance auf Entwicklung und Stabilisierung seiner Selbstachtung zu erhöhen sucht.

Geschichte

Historisch gesehen steht im Hintergrund des Begriffs „Personzentriertheit" der personzentrierte Ansatz (person-centered-approach) von Carl R. Rogers (1902–1987). Er gehört zu den Begründern und bedeutenden Vertretern der humanistischen Psychologie (siehe den Beitrag „Humanistische Psychologie"). Aus der Unzufriedenheit mit der eingeschränkten Wirkung der in seinem Psychologiestudium erlernten Vorgehensweisen hat Rogers nach Wegen gesucht, die dem Patienten mehr Entlastung bieten. Den Patientenaussagen zu erlebten Interaktionen mit Therapeuten hat er entnommen, dass ihnen vielmehr die „Mitmenschlichkeit" als das Expertentum des Therapeuten hilft, den Mut für die erforderliche Erforschung der Zusammenhänge ihres Leidens und für die Veränderungsschritte zu fassen. Von dieser Tatsache ausgehend, erarbeitete Rogers zuerst die Grundsätze der so genannten nondirektiven Therapie. Später stellte er den Patienten als Person dem Therapeuten gleich. Um diesen Aspekt zu verdeutlichen, sprach er nicht mehr vom Patienten, sondern vom Klienten. Die volle Einstellung des Therapeuten auf den Klienten erachtete Rogers als wesentlich für den Prozessablauf und die Wirksamkeit der Therapie. Dementsprechend nannte er die von ihm auch intensiv empirisch erforschte Vorgehensweise „client-centered-therapy".[1]

In seiner weiteren fachlichen Entwicklung hat Rogers die Prinzipien der klientenzentrierten Therapie in die außertherapeutischen Arbeitsfelder übertragen (Erziehung, Beratung, Bildung, Politik etc.). Weil es nicht mehr um ein Verhältnis zwischen Klienten und Therapeuten, sondern um Begegnung von Person zu Person ging, sprach er vom personzentrierten Ansatz (vgl. Groddeck, 2002, S. 139ff.). Von diesem Ansatz gehen viele Transferversuche aus, die sich um eine Nutzung seiner Prinzipien und Elemente insbesondere in sozialen Berufsfeldern bemühen (Erziehung, Unterricht, Management, Heil- bzw. Sozialpädagogik, Sozialarbeit etc.). Das Konzept der Personzentriertheit stellt einen solchen Transfer dar.

Aktuelle Relevanz und theoretische Ansätze

Das Konzept der Personzentriertheit stützt sich auf den personzentrierten Ansatz nach C. Rogers, auf die Verdeutlichung der personzentrierten Haltung von M. Pörtner und auf die Konkretisierung entsprechender Verhaltensmerkmale von T. Kitwood. Diese drei Hintergrundsegmente der Personzentriertheit werden im Folgenden kurz dargestellt.

Personzentrierter Ansatz nach C. Rogers

Rogers geht davon aus, dass dem Menschen eine Tendenz zum psychischen Wachstum innewohnt. Diese regt ihn an, sich zu entwickeln und Reife zu erlangen. Auch ist er fähig, seine Potentiale sowie die innere Erlebenswelt und das eigene Selbstkonzept zu erkennen und sich diesen Erkenntnissen entsprechend zu verhalten. Dies erfordert allerdings ein förderndes Klima, in dem das Individuum eigene Erfahrungen zu machen und selbst zu bewerten wagt und dabei annehmende, verstehende und unterstützende Präsenz anderer Menschen erfährt. Rogers spricht in diesem Kontext von einer hilfreichen Beziehung. Sie kommt bei den meisten Menschen im Rahmen der familiären Interaktion in der Kindheit und während des Heranwachsens zustande.

Diejenigen Personen, die nur eingeschränkt oder gar nicht die Wirkung des fördernden Klimas für die Entfaltung ihrer Potentiale nutzen können, entwickeln oft ein Selbst-

[1] In Deutschland als „Klientenzentrierte Gesprächspsychotherapie" bekannt.

konzept, welches mehr auf Schutz vor Bewertung und auf Entsprechung der Erwartungen anderer ausgerichtet ist als auf neue Erfahrungen sowie freies und eigenverantwortliches Handeln. Sie befinden sich in einem Zustand der so genanten Inkongruenz – statt sich gemäß der wahren Natur eines entfaltungsfähigen Organismus zu verhalten, nehmen sie sich und die Umwelt verzerrt wahr und machen sich und anderen vieles vor. Ihre Entwicklung stockt mit mannigfaltigen Folgen, die einen gemeinsamen Nenner haben – sie kommen mit den Alltags- und Lebensanforderungen nicht klar und leiden darunter.

Der Weg zur Leidensminderung fängt mit dem Erkennen der Verzerrtheit des eigenen Selbstkonzepts an, führt über seine Entzerrung und Öffnung für neue Erfahrungen und endet mit dem Erlangen einer Echtheit im Erleben, Denken und Handeln. Dieser Prozess kommt insbesondere dann zustande, wenn dem betroffenen Menschen eine helfende Person gegenübersteht, die ihm bedingungslose positive Annahme (Akzeptanz), ehrliches Interesse sowie Zuwendung (Kongruenz) entgegenbringt und bemüht ist, seine subjektiven Bedeutungen, Gefühle und Ansichten zu verstehen (Empathie). Dann können mit großer Wahrscheinlichkeit sowohl die o. g. hilfreiche Beziehung als auch das fördernde Klima entstehen. Dies zu leisten hat in einer Beratung bzw. Therapie der so genannte Facilitator.[1]

Als Bedingung der Wirksamkeit dieser so genannten „rogerschen Variablen" gilt allerdings, dass der Klient bereit ist, sich auf den Facilitator einzulassen, und dass dieser die o.g. Bedingungen erfüllt (vgl. Rogers 1991, S. 44 ff.).

Es geht also nicht um eine analysierende, unbeteiligte oder beobachtende Position des professionellen Helfers, sondern darum, dass dieser sich aktiv mit seiner gesamten Subjektivität an der Interaktion beteiligt und voll auf den Klienten einstellt. Dabei braucht er kein Ziel vorzugeben – sind das fördernde Klima und die Beziehung hergestellt, ermutigt das den Klienten dazu, selbst den Verlauf der Arbeit an seiner Problematik zu steuern. Ziel dieser Vorgehensweise ist also keineswegs die Anpassung des Klienten an die Umwelt, sondern eine Erweiterung seines Selbstbildes und die Stärkung seiner Selbstaktualisierungskraft. Hierbei hat der Facilitator eine unterstützende Funktion: Er akzeptiert, versteht, begleitet, ermutigt den Klienten und dient ihm gleichsam als Spiegel. Seine Fähigkeit zum Handeln in diesem Sinne hat laut Rogers größere Bedeutung als fachliche Ausbildung oder Fachkenntnisse.

Die Bezeichnung „personzentrierter Ansatz" ist sehr relevant zur Sichtweise der Heilpädagogik. Auch sie ist bemüht, den zu unterstützenden Menschen als Person wahrzunehmen, die drohenden bzw. vorhandenen Beeinträchtigungen abzuwenden/abzuschwächen und die mit ihnen einhergehende soziale Randposition in die eines dazugehörenden Gesellschaftsmitglieds umzuwandeln. Eine Übertragung der Prinzipien des personzentrierten Ansatzes in die Praxis der Heilpädagogik erhöht die Wahrscheinlichkeit folgender Wirkungen:

- Ein förderliches Klima, erzeugt durch die Grundhaltung der Heilpädagogin, unterstützt bei dem zu betreuenden Menschen die Entfaltung seiner Potentiale.
- Befriedigung seiner grundlegenden, existentiellen Bedürfnisse fördert sein Wachstum in physischer wie psychischer und sozialer Hinsicht.

[1] Der „Ermöglicher", eine Bezeichnung von C. Rogers, die das Grundanliegen des professionellen Helfers zum Ausdruck bringt: Selbsterkenntnis- und Wachstumsprozesse bei dem Klienten zu fördern.

P

- Ein Spielraum für seine innere Motivation, Entscheidung und Handeln im Rahmen der externen Realität ermöglicht sein subjektiv bedeutsames Lernen.
- Die Möglichkeit zur Eigenbewertung von Erfahrungen im Sinne der „organismischen Weisheit“ unterstützt seine Orientierung und begründet konstruktive Verhaltensweisen.
- Ehrlichkeit und Echtheit des Heilpädagogen schafft Transparenz, fördert Beziehungsklarheit und verhindert seine Verwirrung sowie Fehlanpassungen.

Praktisch geht es darum, die Kommunikation und Interaktion mit dem zu betreuenden Menschen personzentriert zu gestalten, d. h., ein solches Klima zu erzeugen, in dem das Zusammensein, der Austausch untereinander sowie das gemeinsame Tun von den Beteiligten positiv erlebt werden. Diese Wirkung ist vor allem auf eine ehrlich annehmende und nicht bewertende Umgangsweise zurückzuführen, die im aufmerksamen Wahrnehmen, einfühlsamen Verstehen und fördernden Zutrauen Ausdruck findet.

Personzentrierte Grundhaltung nach M. Pörtner

In der Grundhaltung gegenüber Personen, Dingen, Prozessen, Zuständen etc. offenbaren sich die jeweiligen persönlichen Einstellungen, die als relativ konstante Ausrichtungen des individuellen Erlebens, Denkens und Handelns zu betrachten sind. Sie entwickeln sich in der aktiven Auseinandersetzung des Individuums mit seiner Umwelt und bestimmen seine Vorgehensweise bei der Alltags- bzw. Lebensbewältigung und sein Verhalten gegenüber anderen Menschen ebenso, wie die (Un-)Empfänglichkeit für bestimmte Ideen und Ideale. Einstellung kann als summarische Bewertung sozialer Sachverhalte bzw. „Objekte“ betrachtet werden (zu denen Personen, Institutionen, Probleme, Gegenstände gezählt werden). Es handelt sich um eine psychologische Tendenz zu einem bestimmten Ausmaß an Zustimmung oder Ablehnung gegenüber einem Sachverhalt/Objekt. Einstellungen dienen dem Menschen zur Orientierung bei der Wahrnehmung seiner physikalischen und sozialen Umwelt. Sie äußern sich in relativ stabilen Handlungstendenzen in seiner Beziehung zur Umwelt. Eine Einstellung besteht aus drei Komponenten:

- **Kognition:** Wahrnehmungen, Vorstellungen und Meinungen über etwas Daseiendes, z. B. Ding, Person, Situation, Prozess (z. B. dass Arbeitslose nichts anderes als „Drückeberger“ seien).
- **Affektion:** gefühlsmäßige Regungen gegenüber dem Objekt (z. B. Neid, Wut, Ärger bei der Konfrontation mit der Tatsache, dass jemand nicht arbeitet und trotzdem Geld bekommt).
- **Konativität:** tatsächliches Verhalten gegenüber dem Objekt (z. B. Ignorieren, Vermeiden von Kontakten mit Arbeitslosen).

Dabei wirkt sich oft die konative Komponente verstärkend auf die kognitive und affektive Komponente zurück. Sie lässt sich sowohl konzeptuell wie empirisch von Verhaltensintention nicht immer genau unterscheiden.

Einstellungen münden in der Regel bei einer Pro- oder Kontra-Kategorisierung. Es gibt jedoch viele Einstellungen, bei denen die Entscheidung für eine positive oder negative Bewertung nicht eindeutig gefällt werden kann, da die unterschiedlichen Facetten der Einstellung eine unterschiedliche subjektive Bewertung implizieren (z. B. wird die Grenzöffnung sowie freie Bewegung von Waren und Personen in Europa einerseits als wirtschaftlich vorteilhaft bewertet, andererseits führt sie aber zur Angst vor möglichem Verlust von Arbeitsplätzen und kultureller Identität). Die soziale Verankerung von Einstellungen ist unverkennbar – sie stellen nicht nur persönliche Bewertung dar, sondern sind in der Regel auch in ideologische Systeme eingebettet, die aus generalisierten Einstellungen bestehen (Autoritarismus, Konservatismus, Ethnozentrismus, Dogmatismus u. Ä.) und mit Werten, Normen und Verhalten verknüpft sind (vgl. Six, 2000).

In der Grundhaltung des Heilpädagogen offenbart sich seine Einstellung zu Menschen, mit denen er arbeitet. Sie entspringt dem Menschenbild[1], welches er im Verlauf seiner Sozialisation verinnerlicht hat. Die europäische Gesellschaft vermittelt für die individuelle Herausbildung des Menschenbildes einen christlich-philosophischen und -ethischen Hintergrund. Für die fachliche Konkretisierung und Präzisierung des Menschenbildes verwendet die Heilpädagogik neben den philosophischen und ethischen Grundsätzen noch die Erkenntnisse der Psychologie. Insbesondere die humanistische Psychologie spielt dabei eine wichtige Rolle. Die personzentrierte Haltung bezieht sich allerdings auch auf die Heilpädagogin selbst – sie sollte als Person wahrnehmbar sein. Dazu gehört die Bereitschaft, sich mit dem eigenen Anteil an einer Situation auseinander zu setzen (vgl. Pörtner, 1996, S. 16).

Marlis Pörtner formuliert folgendes Ziel der personzentrierten Arbeitsweise *„Lebensräume zu schaffen für Menschen, die – aus verschiedensten Gründen – nicht mehr, noch nicht, oder überhaupt nicht in der Lage sind, selbstständig oder in ihrer Familie zu leben. Diese Lebensräume müssen Bedingungen bieten, die den speziellen Bedürfnissen der betroffenen Menschen gerecht werden und sie soweit wie möglich in ihren Fähigkeiten, ihrer Eigenständigkeit und ihrer Selbstverantwortlichkeit fördern." (Pörtner, 1996, S. 13)* Es geht nicht um Erziehung, sondern um reflektierte, geplante und fachlich fundierte Bereitstellung eines *„Angebots [...], das Wahlmöglichkeiten und Entscheidungsspielraum offen lässt" (Pörtner, 1996, S. 15).*

Personzentriert zu arbeiten heißt vor allem:

- davon auszugehen, wie ein Mensch ist und welche Möglichkeiten er hat, und nicht, wie er sein sollte;
- den Menschen in seiner persönlichen Eigenart ernst zu nehmen, seine Art sich auszudrücken zu verstehen suchen und ihn dabei unterstützen, eigene Wege zu einem angemessenen Umgang mit der Realität zu finden;
- **mit** der Person, nicht statt bzw. für sie Probleme zu lösen, ihr Selbstverantwortung zuzutrauen, ihre Ressourcen zu erkennen und zu fördern;
- den Bezugsrahmen so zu gestalten, dass er nicht einengt, sondern Schutz und Freiraum zugleich bietet.

Richtet sich der Heilpädagoge nach diesen Prinzipien, kann seine Vorgehensweise als „personzentriertes Arbeiten" bezeichnet werden.

Die personzentrierte Grundhaltung offenbart sich in der Interaktion durch folgende Verhaltensmerkmale:

- Blick auf das, was da ist, und nicht auf das, was fehlt;
- Vertrauen in individuelle Entwicklungsmöglichkeiten;
- kleine Schritte schätzen lernen auf dem Weg zum Ziel;

[1] Menschenbilder sind allgemeine Vorstellungen vom Sinn des menschlichen Daseins sowie von bestimmten Eigenschaften des Menschen und von seinem Wert.

- Zuhören und Verstehen;
- die Situation ansprechen, beim Naheliegenden bleiben;
- von der Normalität ausgehen;
- sich nicht (nur) durch Vorwissen bestimmen lassen;
- auf das Erleben eingehen;
- ermutigen;
- Eigenständigkeit unterstützen;
- überschaubare Wahlmöglichkeiten geben, Entscheidungen ernst nehmen;
- eigene Impulse anregen, Stützen für selbstständiges Handeln anbieten;
- klar informieren;
- konkret werden;
- die Sprache des Gegenübers finden;
- die eigenen Anteile erkennen;
- den Verhaltenssinn zu verstehen suchen, statt das Verhalten abzugewöhnen (vgl. Pörtner, 1996, S. 46–79).

Neben dem Menschenbild ist für eine personzentrierte Grundhaltung die Kontaktfreudigkeit sowie Kommunikations- und Interaktionsoffenheit charakteristisch. Insgesamt wirkt sich diese Grundhaltung auf das Verhalten und Handeln der Heilpädagogin so aus, dass diese nicht nur imstande, sondern auch gewillt ist, ihrem Gegenüber eine mitmenschliche Präsenz anzubieten.

Der Personsein-Aspekt nach T. Kitwood

Der englische Psychiater Tom Kitwood engagierte sich vor allem auf dem Gebiet der Gerontopsychiatrie. Ausgehend von seiner kritischen Betrachtung der alltäglichen Kommunikation und Interaktion in den englischen Einrichtungen der Altenhilfe hat er die Erforderlichkeit eines solchen Umgangs mit dementiell erkrankten Menschen hervorgehoben, der auf deren Personsein fokussiert ist. Es geht um eine konkret beschriebene Art des Eingehens auf den betroffenen Menschen, die ihm die Möglichkeit gibt, sich in der Interaktion mit dem professionellen Helfer als Person zu erleben. Diese Aufgabe ist laut Kitwood wichtiger als die Aufgabenerledigung. Dies darf allerdings nicht missverstanden werden: er spricht sich nicht gegen Aufgaben aus, sondern tritt entschieden für eine auf das Personsein ausgerichtete Form der Aufgabenerledigung ein!

Dementsprechend müssen die Mitarbeiter in der Arbeit mit dem zu betreuenden Menschen darauf achten und so auftreten, dass dessen Personsein erhalten bleibt. Dieser fachlich-mitmenschlichen Verpflichtung stehen allerdings viele automatisierte Verhaltensweisen im Wege, die das Personsein untergraben.

Sich in der alltäglichen Kommunikation und Interaktion im Sinne des Personseins-Aspekts bewusst zu verhalten erfordert eine gute Orientierung in folgenden Grundaspekten (vgl. Kitwood, 2000):

Das Personsein untergraben. Wenn das Verhalten des Heilpädagogen gegenüber dem zu betreuenden Menschen „personseinuntergrabend“ wirkt, fühlt und erlebt dieser sich (vgl. Kitwood, 2000, S. 73 ff.):

- *als betrogen*: die Heilpädagogin täuscht, lenkt ab, manipuliert.
- *zur Machtlosigkeit verurteilt*: der Heilpädagoge ermöglicht nicht, dass der zu betreuende Mensch seine Fähigkeiten nutzt, er unterstützt ihn nicht.

- *wie ein Kind behandelt*: der Heilpädagoge ist väterlich bestimmend, spricht und geht mit ihm um wie mit einem Baby.
- *eingeschüchtert*: die Heilpädagogin droht ihm, macht ihm Angst, übt psychische bzw. physische Gewalt aus.
- *etikettiert/stigmatisiert*: der Heilpädagoge bewertet ihn im Ganzen anhand einer Einzeleigenschaft oder -erfahrung bzw. bezeichnet und behandelt ihn wie ein Symptom.
- *überholt*: die Heilpädagogin spricht bzw. handelt zu schnell, der zu betreuende Mensch kann nicht mithalten.
- *verbannt*: der Heilpädagoge schickt ihn fort, schließt ihn aus.
- *zum Objekt gemacht*: die Heilpädagogin behandelt ihn ohne Rücksicht bzw. Bezug auf sein Befinden, arbeitet an ihm als ob er ein Gegenstand wäre.
- *gezwungen*: der Heilpädagoge verweigert ihm die Wahlmöglichkeit, missachtet seine Wünsche, bestimmt, was er zu tun und lassen hat.
- *unterbrochen*: die Heilpädagogin stört seine Handlung, Rede, Überlegung u. Ä., unterbricht seine Aktivitäten, hat keine Geduld.
- *nicht ernst genommen/ignoriert*: der Heilpädagoge nimmt seine subjektive Realität nicht wahr, lässt seine Gefühle nicht gelten, setzt sie herab, zieht sie ins Lächerliche.
- *angeklagt/herabgewürdigt*: die Heilpädagogin beschuldigt ihn der Unfähigkeit, wirft ihm Nutzlosigkeit oder Inkompetenz vor, macht sich über ihn lustig.

Fazit: Der Personsein untergrabende Umgang belastet oder verhindert sogar die so wichtige personale Begegnung zwischen dem Heilpädagogen und dem zu betreuenden Menschen. Außerdem ist die Interaktion von Auseinandersetzungen, Verweigerung, Macht- und Bestimmungskampf, Aggressionen, Resignation und ähnlichen Verhaltensweisen geprägt, was stresst und früher oder später zur beruflichen Unlust führt.

Die Personsein untergrabenden Merkmale sind im Verhalten und Handeln von Fachleuten häufiger vertreten, als man glaubt. Meistens werden sie allerdings nicht bewusst eingesetzt, um den zu betreuenden Menschen „fertig zu machen". Vielmehr kommen sie automatisch vor – als erlernte Vorgehensweise bei der Aufgabenerledigung, die den Weg zum Ziel begradigen und den Prozess beschleunigen soll. Bei näherem Hinschauen erweist sich diese Hoffnung als Irrtum, denn der zu betreuende Mensch wehrt sich gegen den Personsein untergrabenden Umgang.

Das Personsein erhalten. Wenn das Verhalten der Heilpädagogin gegenüber dem zu betreuenden Menschen „personseinerhaltend" wirkt, fühlt und erlebt dieser sich als (vgl. Kitwood, 2000, S. 133 ff.):

- *Person* anerkannt: die Heilpädagogin redet ihn namentlich an, wendet sich ihm zu, nimmt den Blickkontakt auf.
- der *Verhandlungspartner*: der Heilpädagoge fragt ihn nach Wünschen und Bedürfnissen, ob jetzt oder später, ob so oder anders, ob drinnen oder draußen – und nimmt seine diesbezüglichen Äußerungen ernst.
- der *Mitwirkende*: die Heilpädagogin ermöglicht ihm, die alltäglichen Angelegenheiten im gemeinsamen Tun und unter Einsatz eigener Initiative und Fähigkeiten zu erledigen.

- der *Spaßhabende*: der Heilpädagoge unterstützt sein spontanes Tun und den Selbstausdruck in spielerischer Form – nur so „just for fun" sich bewegen, singen, malen.
- der *lustvoll Lebende*: die Heilpädagogin bietet ihm Sinnesvergnügen ohne geistige bzw. intellektuelle Ansprüche an – Massage, Snoezelen, Schmecken, Riechen, Tasten.
- der *Feiernde*: der Heilpädagoge fördert Geselligkeit, Stimmung, Freude und Zusammensein im Kontext alltäglicher sowie besonderer Anlässe.
- der *Entspannte*: die Heilpädagogin hält Tempo und Intensität bei Erledigung von Aufgaben niedrig, hetzt nicht, mit ihr strahlt der Alltag Behagen aus und das Geschehen verläuft ruhig.
- der *Gestärkte*: der Heilpädagoge nimmt seine subjektive Wirklichkeit ernst, akzeptiert Gefühle und Bedürfnisse und würdigt seine Lebensgeschichte.
- der *Gehaltene*: die Heilpädagogin gibt ihm Halt – seelisch (sie vermittelt das Gefühl „Ich darf so sein") und körperlich (sie gibt ihm die Hand, stützt ihn beim Gehen, umarmt ihn auch bei Wunsch).
- der *Unterstützte*: der Heilpädagoge übernimmt bei alltäglichen Verrichtungen die Teile der Handlung, die der zu betreuende Mensch selbst nicht schafft, lässt ihn in seinem eigenen Tempo machen, lobt das Gelungene.
- der *Kreative*: die Heilpädagogin bietet ihm kreatives und schöpferisches Tun an – Tanz, Singen, Malen, Gestalten.
- der *Gebende*: der Heilpädagoge ermöglicht ihm, sich in Bezug auf andere Menschen einzubringen, für sie da zu sein, ihnen zu geben – durch Zuneigung, Besorgtsein, Dankbarkeit, Hilfe, Geschenke.

Fazit: Der Personsein erhaltende Umgang wirkt sich positiv aus – Kontakte gelingen öfter, Stimmung ist angenehmer, Bereitschaft zur Kooperation bei Aufgabenerledigung steigt, es zeigen sich verloren geglaubte Fähigkeiten und Fertigkeiten, Aggressivität sinkt, belastendes Verhalten tritt weniger oft und in einer niedrigeren Intensität auf etc. Das alltägliche Miteinander wird trotz der eventuell vorhandenen Einschränkungen und Beeinträchtigungen durch institutionelle Lebensbedingungen als entspannter und bunter erlebt. Die (Er)Lebensqualität steigt.

Wie personzentrierte Interaktion aussehen kann, lässt sich an folgendem Beispiel aus dem Bereich der Gerontopsychiatrie verdeutlichen (vgl. Leppla, 2004, S. 8 f.):
Es geht um zwei Interaktionen mit einer 82-jährigen Frau G. Sie ist an Altersdemenz erkrankt und wird wegen ihrer Weglauftendenz vom Personal des Altenheimes als „schwierig" bezeichnet. In der ersten Situation ging der Mitarbeiter „aufgabenorientiert" vor: er sah sich veranlasst, das Rausgehen von Frau G. zu verhindern. Die zweite Situation stellt ein Beispiel für personzentrierte Gestaltung der Kommunikation dar.

(A) „Aufgabenorientierte" Vorgehensweise (Legende: G = Frau G.; MA = Mitarbeiter)

G:	*(geht durch den Flur zur Tür und wird von dem MA gefragt, wo sie denn hin will) „Ich muss jetzt heimgehen zu meiner alten Mutter."*
MA:	*„Frau G, Sie können jetzt nicht heimgehen!"*
G:	*„Ich bin ja gleich wieder zurück, es ist ja nicht weit, da kann man ja hin spucken."*
MA:	*„Frau G, Sie wohnen hier im Haus und haben hier ein Zimmer."*
G:	*„Das ist gelogen!"*

MA: *„Warum sollte ich Sie denn anlügen, Sie können mir schon glauben."*
G: *„Ich glaube niemandem mehr. Ich gehe jetzt!"*
MA: *„Frau G, bleiben Sie bitte hier, ich zeige Ihnen gerne Ihr Zimmer."*
G: *„Was soll ich denn dort? Zu Hause warten meine Eltern auf mich."*

So geht die Auseinandersetzung weiter und schließlich muss der Mitarbeiter Frau G. physisch daran hindern, dass sie rausgeht. Dabei beschimpft sie ihn und wird gegen ihn handgreiflich. Eine halbe Stunde später schafft sie es doch, aus dem Hause zu gehen und wird später von der Polizei zum Altenheim zurückgebracht.

Kommentar: Mit der „aufgabenorientierten" Art hat der Mitarbeiter versucht, die offensichtlich verwirrte Frau G. mit der Realität zu konfrontieren (sie lebt in einem Altenheim, wo sie ihr eigenes Zimmer hat). Dies ist ihm nicht gelungen. Sie fühlte sich von ihm weder verstanden noch ernst genommen und festigte ihre aktuell verwirrte Sichtweise. Ein Streit war die Folge und führte zu zwei Verlierern: Der Mitarbeiter kann nicht verhindern, dass Frau G. aus dem Haus geht und Frau G. irrt in der Außenwelt desorientiert herum, ist von der Polizei aufgegriffen und wird doch ins Altenheim zurück gebracht.

(B) Personzentrierte Vorgehensweise
G: *(ist wieder einmal auf dem Weg zur Tür und wird von dem MA angehalten und angesprochen, wo sie denn hin will) „Ich gehe jetzt meine kranken Eltern versorgen!"*
MA: *„Ihre Eltern sind krank?"*
G: *„Ja! Meine Mutter liegt im Bett und mein Vater ist schon ein alter Mann."*
MA: *„Es ist bestimmt nicht leicht, jeden Tag Mutter und Vater zu versorgen."*
G: *„Ja, das stimmt. Aber einer muss es ja tun."*
MA: *„Da können Ihre Eltern stolz sein auf so eine Tochter wie Sie."*
G: *„Ja, sie sind auch sehr dankbar."*
MA: *„Es ist heute nicht selbstverständlich, dass Kinder ihre Eltern versorgen."*
G: *„Ja, so sind die Menschen."*
MA: *„Sie sind auch hier im Haus zu allen immer freundlich und hilfsbereit ..."*
G: *„Das muss man doch! Ich helfe gerne. Sie müssen mir nur sagen, wo es nötig ist."*
MA: *„Das ist eine gute Idee von Ihnen, Frau G. Sie können mir helfen, die Tische im Speisesaal abzuwischen."*
G: *„Gut, das mache ich gerne."*

Beide gehen anschließend mit Wassereimer, Geschirrtuch und Spüllappen an die Arbeit. Frau G. putzt nass vor und der Mitarbeiter wischt trocken nach. Sie ist dabei zufrieden und ruhig.

Kommentar: Mit der personzentrierten Art geht der Mitarbeiter auf die Beweggründe und deren Bedeutung ein, die Frau G. subjektiv zum Rausgehen veranlassen. Er zeigt Interesse (ohne zu lügen oder ihre aktuelle Sichtweise zu verstärken) und nimmt sie als besorgte Person ernst. Deshalb sieht sie sich nicht veranlasst, mit ihm darüber zu streiten, wer Recht hat. Dann zollt er ihr als einer engagierten Tochter Respekt und kann, von diesem Aspekt ihres Selbstbildes ausgehend, ihre Hilfsbereitschaft ansprechen. Das ermöglicht ihr, Hilfe anzubieten, und ihm, sie um Mitwirkung zu bitten. Ein Perpektivenwechsel findet statt – von der anfänglichen Besorgnis um ihre Eltern kann Frau G. sich nun der Realität zuwenden und eine Mitbeteiligung im Haushaltsbereich aufnehmen.

Ausblick

Die Personzentriertheit lässt sich als wichtige Voraussetzung für eine positive persönliche Wirkung der Heilpädagogin auf den zu betreuenden Menschen betrachten. Gerade in der heutigen sozialen Arbeit, die vom Bemühen um die Qualitätssicherung geprägt ist, gewinnen Annahme, Beachtung, Verstehen und Begegnung einen hohen Stellenwert. Sind diese Aspekte in der alltäglichen Kommunikation präsent, erhöht sich die (Er)Lebensqualität der an ihr beteiligten Personen – sowohl bei dem zu betreuenden Menschen aus auch bei der Heilpädagogin. Positive Wirksamkeit der Personzentriertheit wurde in einer stichprobeartigen Pilotstudie mit einer Gruppe von Mitarbeitern der Altenhilfe untersucht. Die Ergebnisse weisen darauf hin, dass ein auf Personseinerhalt ausgerichtetes Verhalten gegenüber den Menschen mit Altersdemenz zur Verringerung der Häufigkeit derer herausfordernden Verhaltensweisen beiträgt. Ebenfalls wirkt es sich positiv auf die Stimmung in den Wohnbereichen aus (vgl. Ondracek, 2004, S. 100 ff.).

Die Tatsache, dass Personzentriertheit die oben beschriebenen Aspekte beinhaltet, begründet ihre Aktualität und heilpädagogische Relevanz. Themen wie Grundhaltung, Annahme, Verstehen, Empathie, Respekt, Würde etc. sind ein nicht wegzudenkender Bestandteil der beruflichen Qualifizierung der Heilpädagogen. Allerdings werden sie meistens nicht als ein eigenständiges methodisches „Handlungskonzept der Personzentriertheit“ vermittelt, sondern überwiegend theoretisch als praxisbezogen vor allem von der heilpädagogischen Theorie und Psychologie erörtert.

Kommentierter Literaturhinweis

Pörtner, Marlis: Ernstnehmen – zutrauen – verstehen: personzentrierte Haltung im Umgang mit geistig behinderten und pflegebedürftigen Menschen. Stuttgart, Klett-Cotta, 1996.

Pörtner schreibt sachlich, ist in dem theoretischen Hintergrund bestens orientiert und untermauert ihre Ausführungen mit zutreffenden und nachvollziehbaren Beispielen aus der Praxis. Ihr Schreibstil ist ein leserfreundlicher – sie überfrachtet den Text nicht mit Fachbegriffen, sondern versteht es, sie nur dort zu platzieren, wo sie hingehören. Ihre Ausdruckweise ist gut verständlich. Nach einer Einführung in theoretische Aspekte der personzentrierten Arbeit betrachtet sie das Thema vom praxisbezogenen Blickwinkel (Prinzipien der Alltagsanwendung, besondere Aspekte in der Arbeit bei Menschen mit geistiger Behinderung, Auswirkungen für die Betreuerinnen, Stellenwert in der Institution, Anwendung in unterschiedlichen Berufsfeldern, Konsequenzen für die Aus- und Fortbildung) und weist auf die Relevanz der von Garry Prouty entwickelten Prä-Therapie hin. Ein Fachbuch, welches umfassender, praktischer und verständlicher den Leser in das Thema personzentrierte Haltung einführen würde, als es Pörtner gelungen ist, muss wohl noch geschrieben werden.

Persönliches Budget

Gudrun Wansing

Etymologie

Im deutschen Sprachgebrauch bedeutet der französisch ausgesprochene Begriff *Budget* so viel wie „Haushaltsplan“, „Etat“. Über das englische Wort *budget* geht der Begriff auf das altfranzösische *bougette* zurück – eine Verkleinerungsform von *bouge* „Lederbeutel“, welches das lateinische Wort *bulga* „lederner Sack“, „Geldsack“ fortsetzt. Im Englischen bedeutete *to open one's budget* „seine Absichten darlegen“ (eigentlich „seinen Beutel öffnen“) und wurde zur Redewendung bezüglich der jährlichen Erklärung des englischen Finanzministers über die voraussichtlichen Einkünfte und Ausgaben vor dem Parlament. Von hier aus wurde *Budget* als Ausdruck für die Finanzplanung übernommen (vgl. Etymologisches Wörterbuch der deutschen Sprache, 1995). Dementsprechend bezeichnet der Begriff „Budget“ heute in der Finanzwissenschaft und der Betriebswirtschaftslehre den Finanzplan (eines Unternehmens) für einen bestimmten Zeitabschnitt (Monats-, Jahres-, Mehrjahresbudget), der sowohl die geschätzten Einnahmen als auch die geplanten Ausgaben einbezieht (vgl. Gablers Wirtschaftslexikon, 2004).

Auch im Bereich öffentlicher Haushalte werden Budgets als finanzpolitische Instrumente zur Steuerung von Geldmitteln eingesetzt. So führte der Gesetzgeber im Jahr 1994 im Gesundheitswesen erstmals Budgets ein, um die steigenden Kosten der Gesundheitsversorgung einzudämmen. Diese Globalbudgets im Bereich der gesetzlichen Krankenversicherung leg(t)en Obergrenzen für die von Vertragsärzten oder Krankenhäusern in einem bestimmten Abrechungszeitraum insgesamt veranlassten Ausgaben (z. B. für Arzneien oder ärztliche Versorgung) fest. In der Kinder- und Jugendhilfe wird ebenfalls seit einiger Zeit mit Budgets experimentiert, bei der die herkömmliche Einzelfallfinanzierung durch pauschale „Sozialraumbudgets“ ersetzt bzw. ergänzt wird (vgl. Wohlfahrt/Dahme, 2002). Diese Formen der Budgetierung setzen auf Seiten der Leistungserbringer an, denen für die Erfüllung bestimmter Aufgaben Geldmittel pauschal zur Verfügung gestellt werden.

Das „persönliche Budget“ im Aufgabenbereich von Rehabilitation (und Pflege) setzt nicht an der Anbieter-, sondern an der Nachfragerseite sozialer Leistungen an und betrifft die Beziehung zwischen öffentlichen Leistungsträgern und ihren Adressaten. Das Persönliche Budget ist ein pauschaler Geldbetrag, den Menschen mit Behinderung gemäß ihres individuellen Bedarfs von den Leistungsträgern erhalten, um damit erforderliche Unterstützung zur Teilhabe an der Gesellschaft in eigener Verantwortung zu organisieren.

Für die Budgetnehmer eröffnen sich dabei neue Spielräume bei der Auswahl der Unterstützungsart (sachliche Entscheidungsspielräume), bei der Bestimmung des Zeitpunktes der Leistungserbringung (zeitliche Entscheidungsspielräume) sowie bei der Entscheidung, welche Personen die Unterstützung erbringen sollen (soziale Entscheidungsspielräume). Mit den Geldleistungen können professionelle Dienstleistungen in Anspruch genommen werden, Persönliche Assistenten nach dem Arbeitgebermodell bezahlt werden oder Unterstützung ehrenamtlich bzw. privat organisiert werden.

Das Persönliche Budget bedeutet die Abkehr vom Sachleistungsprinzip der Bereitstellung und Finanzierung sozialer Einrichtungen und Dienste und ist mit einer dreifachen Zielsetzung verbunden:

1. Die Selbstbestimmung von Menschen mit Behinderung soll gestärkt werden,
2. die Zielgenauigkeit und Wirksamkeit der Rehabilitationsleistungen soll erhöht werden (= Effektivität) und
3. die Ausgaben sollen gedämpft bzw. die erforderlichen Ressourcen wirtschaftlich und sparsam eingesetzt werden (= Effizienz).

Es wird erwartet, dass das Persönliche Budget diese gewünschten Effekte dadurch erzielt, dass es

- den Wettbewerb im Bereich der sozialen Dienste erhöht,
- einen nachfrageorientierten Angebotswandel zugunsten ambulanter Leistungen auslöst,
- persönliche Ressourcen der Leistungsberechtigten und informelle Unterstützungssysteme (wieder-)belebt und stärkt,
- die Partizipation der Nutzer am Gesamtprozess der Leistungserbringung erhöht und dadurch
- die Qualität und Passgenauigkeit sozialer Leistungen steigert.

Geschichte

Politischer Richtungswechsel

Das Persönliche Budget als neue Variante der Leistungserbringung ist Ausdruck eines grundlegenden Richtungswechsels, der sich in der Sozial- und Rehabilitationspolitik in Deutschland wie in anderen europäischen Ländern vollzieht: Es wird Abschied genommen von einer paternalistischen Fürsorge für Personenkreise in benachteiligten Lebenslagen und ihrer kompensatorischen Versorgung. Die neue rehabilitative Programmatik zielt darauf,

- Risiken der Ausgrenzung im Vorfeld zu mindern oder zu beseitigen,
- Menschen mit Behinderung gleiche Chancen im Zugang zu gesellschaftlichen Prozessen und Ressourcen zu ermöglichen und
- sie zu unterstützen und zu befähigen, ein selbstgewähltes und selbstbestimmtes Leben zu führen.

Ein wesentlicher Impuls ging hierbei von der Einführung des neuen Sozialgesetzbuches (SGB) IX im Jahre 2001 aus: Selbstbestimmung und Teilhabe lösen als Zielbegriffe von Rehabilitation den traditionellen Eingliederungsbegriff ab, und das Wunsch- und Wahlrecht der Leistungsberechtigten bei der Auswahl erforderlicher Leistungen wird gestärkt. Damit Menschen mit Behinderung ihre Ansprüche zielgerichteter geltend machen und die ihnen zustehenden Leistungen passend zu ihren individuellen Bedarfen und Bedürfnissen einsetzen können, wird erstmalig die Möglichkeit der Geldleistung bzw. des Persönlichen Budgets eingeführt (§ 9 Abs. 2, § 17 SGB IX). Einzubetten sind diese rehabilitationspolitischen und -rechtlichen Neuerungen in die allgemeinen Reformbestrebungen des deutschen Wohlfahrtsstaates. Im Kontext der wirtschaftlichen und sozialen Entwicklungen in Deutschland, wie eine anhaltend hohe Arbeitslosigkeit, die demographischen Entwicklungen und steigende Kosten im Gesundheitssektor, stößt das Modell des sorgenden Wohlfahrtsstaates an seine Leistungsgrenzen, und das Leitbild eines aktivierenden Staates wird zunehmend forciert. Die sozialpolitische Strategie des „Förderns und Forderns" zielt auf eine neue Verantwortung gesellschaftlicher Institutionen, auf eine stärkere Eigenverantwortung der Adressaten staatlicher Leistungen selbst und auf ein neues Zusammenspiel von öffentlichen und privaten Akteuren. Das Persönliche Budget kann in diesem Zusammenhang als aktivierendes Instrument der Steuerung des Rehabilitationssystems betrachtet werden.

Neue Steuerung und Partizipation

Die ökonomischen und politischen Entwicklungen führten seit Anfang der 1990er-Jahre zu einer deutlichen Neuorientierung in der öffentlichen Verwaltung, die sich vor allem auf die Steuerung der Leistungserbringer auswirkte. Im Kontext der veränderten Aufgabenstellung von Rehabilitation bei gleichzeitig wachsendem Ökonomisierungsdruck wurden die traditionellen Modelle der Finanzierung sozialer Dienste für Menschen mit Behinderung zunehmend als problematisch und veränderungsbedürftig angesehen, und die Forderungen nach Transparenz, Qualitätsindikatoren und Effektivitätsnachweisen wurden lauter. Insbesondere die steigenden Fallzahlen im Aufgabenbereich der Eingliederungshilfe führten zu Überlegungen, wie eine wirkungsvolle und bedarfsdeckende Unterstützung für Menschen mit Behinderung bei gleichzeitig sparsamem Ressourceneinsatz gewährleistet werden könne. Nach den Vorstellungen des „New Public Management" setzte sich in allen sozialen Bereichen ein „Neues Steuerungsmodell" (vgl. KGSt, 1993) durch, das betriebswirtschaftliche Konzepte in die öffentliche Verwaltung überträgt und marktähnliche Strukturen verankert. Ein zentraler Schritt dieses Reformweges war die Umstellung von der angebots- zur ergebnisorientierten Zuweisung von Ressourcen: Soziale Dienste werden nicht mehr pauschal gemäß ihres vorgehaltenen Leistungsangebotes (= Input) finanziert, sondern je nach tatsächlich erbrachten Leistungen und Ergebnissen (output). So wurde im Rahmen der Novellierung des Bundessozialhilfegesetzes (BSHG) mit Wirkung zum 1. Januar 1999 die Pauschalfinanzierung von Einrichtungen und Diensten nach dem Selbstkostendeckungsprinzip abgelöst durch ein prospektives Entgeltsystem auf der Basis differenzierter Leistungsvereinbarungen. Demnach ist der Sozialleistungsträger zur Übernahme der Vergütung für die Leistungen bspw. in Wohneinrichtungen und Werkstätten für Menschen mit Behinderung nur verpflichtet, wenn mit dem Anbieter Leistungs-, Vergütungs- und Prüfungsvereinbarungen geschlossen wurden (§ 93 BSGH, seit 2005 §§ 75ff. Abs. 3 SGB XII). Gleichzeitig wurde die Vorrangstellung der Anbieter der Freien Wohlfahrtspflege aufgehoben und privatgewerbliche wie öffentliche Dienste an den Verhandlungen beteiligt.

Das neue Finanzierungsinstrument des Persönlichen Budgets geht weit über die Innovationen dieser Reformbemühungen der 1990er-Jahre hinaus: Der öffentliche Geldmittelfluss wird vom Anbieter zum Nutzer der Leistungen umgelenkt, und damit werden die Beziehungen im Bereich der sozialen Dienste auf eine ganz neue Basis gestellt (vgl. die beiden folgenden Abbildungen):

- Die Vertragsbeziehung zwischen Leistungsträgern und den Anbietern der sozialen Dienste wird aufgelöst bzw. erheblich geschwächt.
- Die Wahlmöglichkeiten der Nutzer und ihre Möglichkeiten, Einfluss auf Inhalt, Umfang und Qualität der Unterstützungsleistungen zu nehmen, werden gestärkt.

P

- Die Qualität der sozialen Dienste ergibt sich nicht mehr allein über das Einhalten politisch ausgehandelter und professionell definierter Standards, sondern erweist sich in ihrer Wirkung auf die Lebensführung der Nutzer und ihre Optionen und Aktivitäten gesellschaftlicher Teilhabe (= Outcome).

Das Persönliche Budget als Instrument der Selbststeuerung entlässt Menschen mit Behinderung aus ihrer abhängigen Rolle des Hilfeempfängers und nimmt sie als „Koproduzenten“ sozialer Dienstleistungen in neuer Weise ernst. Damit unterstützt das Persönliche Budget die Modernisierungsbestrebungen im System organisierter Hilfen in Richtung Dienstleistungsmodell und Partizipation, wie sie sich seit den 1990er-Jahren auch im Kontext von Qualitätsmanagement beobachten lassen. Im Kern geht es hierbei sowohl um die Ausweitung von Wahlmöglichkeiten auf einer Art „Markt“ und die Stärkung der Konsumentensouveränität als auch um die Verwirklichung bürgerlicher Mitbestimmungs- und Mitwirkungsrechte (vgl. Schnurr, 2001).

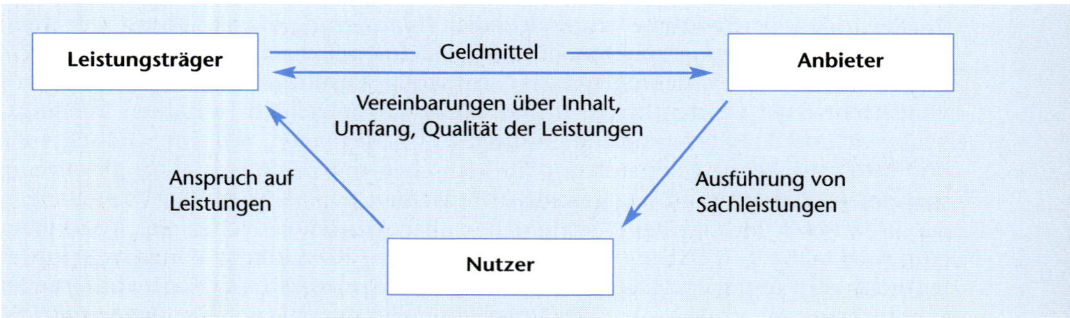

Leistungsbeziehungen nach dem Sachleistungsprinzip

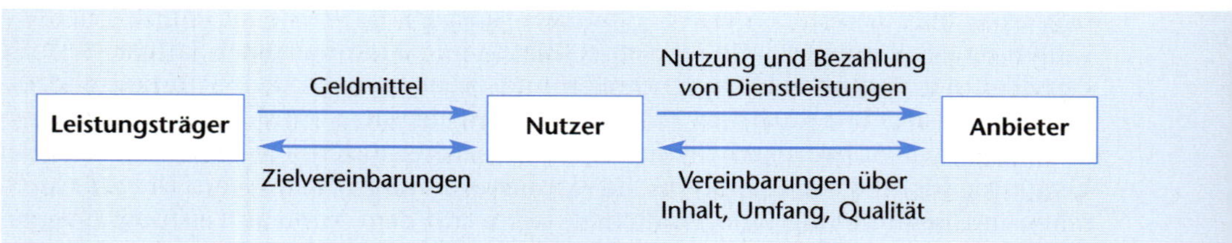

Leistungsbeziehungen mit einem Persönlichen Budget

Impulse aus europäischen Nachbarländern

In europäischen Nachbarländern hat das Persönliche Budget als Leistungsvariante für Menschen mit besonderen Unterstützungsbedarfen bereits eine langjährige Tradition. Von diesem Erfahrungshintergrund gingen wichtige Impulse für die Einführung Persönlicher Budgets in Deutschland aus, und die Erfahrungen mit den Geldleistungen in den unterschiedlichen Ländern beeinflussen die inhaltliche Auseinandersetzung um die praktische Ausgestaltung (vgl. Wansing, 2004; Wacker/Wansing/Schäfers, 2005, S. 41–61).

In den Niederlanden wurde die Einführung eines so genannten Personengebundenen Budgets (PGB) bereits seit den 1980er-Jahren diskutiert und nach ersten Modellversuchen seit 1995 landesweit realisiert. Hintergründe waren hier zum einen lange Wartelisten für die traditionellen Unterstützungsformen (z. B. Wohnheimplätze) und zum anderen die politische Absicht, Menschen mit Behinderung Unterstützung nach Maß und eine selbstständige Lebensführung durch eine nachfrageorientierte Angebotsgestaltung zu ermöglichen. In Schweden unterstützt das Persönliche Budget das politische Ziel, Menschen mit Behinderung die gleichen Rechte zuzusichern wie allen anderen Bürgern auch und ihnen ein Leben in der Gemeinde zu ermöglichen. Zur Verwirklichung dieses Ziels wurde 1994 ein Gesetz (LSS) eingeführt, das auch Personen mit umfassenden Unterstützungsbedarfen das Recht auf Persönliche Assistenz garantiert, die über Persönliche Budgets finanziert wird.

In Großbritannien wurde 1997 die Möglichkeit so genannter Direktzahlungen (Direct Payments) durch eine entsprechende Gesetzgebung (Community Care Direct Payments Act) eingeführt. Seit 2003 haben alle Personen mit einem Anspruch auf kommunale Unterstützungsleistungen das Recht, diese Leistungen auf Wunsch als Geldleistungen zu erhalten.

In allen drei Ländern stellt das Persönliche Budget inzwischen für viele Menschen mit besonderen Unterstützungsbedarfen eine attraktive Alternative zur Sachleistung dar, und die Anzahl der Budgetnehmer/innen steigt langsam, aber kontinuierlich.

Gesetzgebung und Modellerprobungen

Beeinflusst auch durch die europäischen Vorbilder gab es in Deutschland erste Überlegungen zur Einführung des Persönlichen Budgets sowie erste Umsetzungen in Rheinland-Pfalz. Hier wurde das Persönliche Budget bereits 1997 auf einer Fachtagung „Selbstbestimmtes Leben für behinderte Menschen und Modernisierung der sozialen Hilfe" vom Sozialministerium als Alternative zu den gewachsenen Versorgungsstrukturen vorgestellt. Ziel des neuen Instrumentes sollte die Entwicklung einer bedarfsgerechten regionalen Angebotsstruktur mit individuell passenden Unterstützungsmöglichkeiten sein. Eine Abkehr vom Prinzip der Vollversorgung im Heimbereich und die Ausrichtung der Hilfen am notwendigen individuellen Bedarf sollten gleichzeitig zu Kosteneinsparungen bzw. -dämpfungen führen. Im Zeitraum von 1998 bis 2000 wurde das Persönliche Budget im Bereich der ambulanten Eingliederungshilfe in vier Modellkommunen praktisch erprobt (auf der rechtlichen Grundlage der Experimentierklausel in § 101a BSHG). Weil diese ersten Erfahrungen gezeigt haben, dass das Persönliche Budget von den Menschen mit Behinderung insgesamt positiv bewertet wird und in der Tendenz die gesetzten Ziele eines Angebotswandels und der Kostendämpfung unterstützt (vgl. Kaas, 2002), wurde das Persönliche Budget sukzessive in weiteren Kommunen eingeführt und seit 2004 landesweit umgesetzt.

Mit der Einführung des neuen Sozialgesetzbuches IX im Jahre 2001 erhielt das Persönliche Budget auch eine gesetzliche Grundlage, nach der die Rehabilitationsträger Leistungen zur Teilhabe an der Gesellschaft als Persönliches Budget ausführen können (§ 17 SGB IX). Es folgten Modellversuche in Baden-Württemberg, Hamburg, Bayern (Bezirk Mittelfranken), Bielefeld (Projekt PerLe) und Niedersachsen (vgl. die folgende Tabelle; Wacker/Wansing/Schäfers, 2005, S. 61 ff.). Im Jahr 2004 wurden die gesetzlichen Ausführungen zum Persönlichen Budget im SGB IX (§ 17 Abs. 2–6) weiter ausgestaltet; zudem trat die Budgetverordnung (Budget V) in Kraft, welche die Verfahrensschritte von der Beantragung eines Persönlichen Budgets bis zur Erfolgsüberprüfung regelt. Neben den Rehabilitationsträgern (Bundesagentur für Arbeit, Sozialhilfe, Jugendhilfe, Krankenversicherung, Unfallversicherung, Rentenversicherung, Kriegsopferfürsorge, Kriegsopferversorgung) kommen nun auch die Pflegekassen und die Integrationsämter für die Ausführung Persönlicher Budgets in Frage. Besteht im Einzelfall ein Anspruch auf Leistungen verschiedener Träger, soll das Persönliche Budget trägerübergreifend als so genannte Komplexleistung erbracht werden, so dass Menschen mit Ansprüchen gegenüber verschiedenen Leistungsträgern ihr Gesamtbudget „wie aus einer Hand“ erhalten können. Das trägerübergreifende Persönliche Budget wird im Zeitraum von 2004 bis 2007 in weiteren Modellversuchen in acht Bundesländern erprobt; ab 2008 haben Menschen mit Behinderung bzw. mit einem Anspruch auf Leistungen zur Teilhabe an der Gesellschaft nach SGB IX das Recht, diese auf Wunsch als Persönliches Budget zu erhalten.

1980er	Erste Überlegungen und Modellversuche in den Niederlanden
1994	Einführung Persönliches Budget in Schweden (inkl. Rechtsanspruch)
1995	Einführung Personengebundenes Budget in den Niederlanden (Rechtsanspruch seit 2003)
1997	Einführung Direct Payments in Großbritannien (Rechtsanspruch seit 2003)
1998–2000	Modellversuche zum Persönlichen Budget in vier Kommunen in Rheinland-Pfalz (Ausweitung auf weitere Kommunen bis 2004)
2001	Einführung des Persönlichen Budgets als neue Leistungsform im neuen SGB IX
2002	Start Modellversuch in Baden-Württemberg
2003	Start Modellversuche in Hamburg, Mittelfranken, Bielefeld/Projekt Perle
2004	– Weitere Ausgestaltung der gesetzlichen Bestimmungen zum Persönlichen Budget im SGB IX, In-Kraft-Treten der Budgetverordnung – Landesweite Umsetzung des Persönlichen Budgets in Rheinland-Pfalz – Start Modellversuch Niedersachsen – Start Modellversuche trägerübergreifendes Persönliches Budget in acht Bundesländern
ab 2008	*Rechtsanspruch auf ein Persönliches Budget in Deutschland*

Entwicklung des Persönlichen Budgets in europäischen Nachbarländern und Deutschland

Aktuelle Relevanz und theoretische Ansätze

Konzeptionelle Eckpunkte des Persönlichen Budgets

Das Persönliche Budget ist keine neue Leistung, sondern eine andere Variante, wie die Leistungen zur Teilhabe am Leben der Gesellschaft erbracht werden können, die in vier Bereichen des SGB IX zusammengefasst werden:

- Leistungen zur medizinischen Rehabilitation (§§ 26 ff. SGB IX),
- Leistungen zur Teilhabe am Arbeitsleben (§§ 33 ff. SGB IX),
- Unterhaltssichernde und andere ergänzende Leistungen (§§ 44 ff. SGB IX),
- Leistungen zur Teilhabe am Leben in der Gemeinschaft (§§ 55 ff. SGB IX).

Die rechtlichen Vorgaben im SGB IX sowie die Ausführungen der Budgetverordnung geben die grundlegenden Eckpfeiler für die Leistungserbringung über Persönliche Budgets vor. Zugleich lassen sie den beteiligten Akteuren im Hinblick auf die praktische Umsetzung vielfältige Spielräume. Die Ausgestaltung dieser Spielräume vollzieht sich als ein Aushandlungsprozess zwischen

- den rechtlichen und verwaltungstechnischen Vorgaben der Leistungsträger,
- den fachlich-konzeptionellen Leitlinien der sozialen Dienste und ihrer Professionen sowie

- den subjektiven Bedürfnissen und Vorstellungen der Budgetnehmer in ihrer Lebenswelt.

Im Mittelpunkt der Auseinandersetzung stehen dabei die Kernprozesse der Bedarfsermittlung, der Budgetbemessung sowie der Qualitätssicherung, die im Folgenden besprochen werden.

Einschätzung des individuellen Unterstützungsbedarfs

Als Schlüsselaufgabe im Gesamtprozess der Leistungserbringung über ein Persönliches Budget lässt sich die Einschätzung des individuellen Bedarfs identifizieren, der im Einzelfall durch die Budgetleistungen gedeckt werden soll. Die Budgetverordnung sieht vor, dass die jeweils beteiligten Leistungsträger eine Stellungsnahme zu den Unterstützungsbedarfen einer Person auf der Grundlage ihrer Leistungsgesetze vornehmen (§ 3 Abs. 1 BudgetV). Gemäß dem internationalen bio-psycho-sozialen Modell von Behinderung (vgl. ICF der WHO, 2001) entstehen besondere Unterstützungserfordernisse immer dann, wenn die Wechselwirkungen zwischen den persönlichen Voraussetzungen einer Person und den sozialen und ökologischen Kontextfaktoren zu einer Beeinträchtigung von Aktivitäten und der Teilhabe am Leben der Gesellschaft führen. Die zielführende Frage der Hilfebedarfsermittlung lautet vor diesem Hintergrund: In welchen Bereichen der Lebensführung (bei der Haushaltsführung, bei der Arbeit, in sozialen Beziehungen, bei der Bildung, bei der politischen Mitwirkung etc.) benötigt eine Person ergänzend zu persönlichen und sozialen Ressourcen Unterstützung, um ihren Alltag selbstbestimmt bewältigen und am Leben der Gesellschaft partizipieren zu können? Dabei gilt es

- objektive Bedarfe zu fokussieren, die sich an einem kulturell vorfindbaren allgemeinen Lebensstandard und an gesellschaftlichen Teilhabeoptionen orientieren, und
- subjektive Bedürfnisse der Menschen mit Behinderung zu berücksichtigen, die aus persönlichen Wünschen und Lebenszielen resultieren und darauf zielen, ein Leben nach den eigenen Vorstellungen zu führen und an subjektiv bedeutsamen Lebenszusammenhängen teilzuhaben.

In der Tradition der Sachleistung waren und sind die eingesetzten Verfahren deutlich geprägt durch eine enge Verknüpfung zwischen der Festlegung erforderlicher Unterstützung und den vorgehaltenen, meist pauschalen Leistungsangeboten der sozialen Einrichtungen und Dienste (z. B. Wohneinrichtungen, Werkstätten, Tagesstruktur). So werden bspw. in Wohneinrichtungen Hilfebedarfsgruppen gebildet und Leistungstypen beschrieben, die weniger an den persönlichen Voraussetzungen eines Menschen, den jeweiligen Anforderungen in seiner Lebenswelt und sich daraus ergebenen Schwierigkeiten der Partizipation orientiert sind, sondern politisch vereinbarten Vorgaben und professionellen Hilfeprogrammen folgen (vgl. Wansing, 2005, S. 139ff.). Diese traditionelle Bindung der Bedarfseinschätzung an vorhandene Versorgungsprogramme wird im Kontext des Persönlichen Budgets prinzipiell entkoppelt: Die Geldleistungen zielen darauf ab, dass erforderliche Unterstützung in individuell passender Weise arrangiert und hierbei professionelle Dienste mit öffentlicher Infrastruktur und privaten Hilfen kombiniert werden.

Die Einschätzung und Anerkennung des Bedarfs muss daher unabhängig von der Bedarfsdeckung erfolgen, also losgelöst von der Art und Weise, wie der Budgetnehmer die

P

erforderliche Unterstützung organisiert. Individuelle Lebenssituationen, biografische Erfahrungen sowie persönliche Präferenzen und Ziele der Lebensführung rücken damit ins Zentrum einer lebensweltorientierten Hilfebedarfsermittlung und erfordern entsprechend offene und dialogische Verfahren, welche die Partizipation der Leistungsberechtigten strukturell verankern.

Budgetbemessung

Persönliche Budgets müssen (nach § 17 Abs. 3 SGB IX) grundsätzlich so bemessen sein, dass der individuell festgestellte Bedarf gedeckt wird und die erforderliche Beratung und Unterstützung erfolgen kann. Als Obergrenze sind dabei durch den Gesetzgeber die Kosten der im Einzelfall bisher erbrachten Leistungen bzw. der vergleichbaren Sachleistung angesetzt. In der Zuständigkeit einiger Leistungsträger liegen bereits Erfahrungswerte mit einzelnen Geldpauschalen (z. B. für Kfz-Hilfen, Arbeitsassistenz) bzw. leistungsrechtliche Vorgaben (z. B. die Pflegestufen der Pflegeversicherung) vor, an denen sich die Budgetbemessung orientieren kann. Für die Sozialhilfeträger allerdings stellt die personenbezogene Budgetbemessung aufgrund der langen Tradition der Pauschalfinanzierung von Sachleistungen, einer mangelnden Transparenz der Kosten- und Leistungsrechnung der Anbieter sowie der weiten Entscheidungs- und Handlungsspielräume in den Leistungsprofilen der Eingliederungshilfe eine besondere Herausforderung dar. Bislang werden im Rahmen von Modellversuchen unterschiedliche Vorgehensweisen erprobt, die sich schematisiert drei Varianten zuordnen lassen:

1. **Pauschale Budgets nach Bedarfsgruppen**
   Das Budget wird als monatliche Pauschale erbracht, die – in Anlehnung an die Vergütung von stationären Angeboten – nach Bedarfsgruppen differenziert ist (z. B. 1.050 € für einen Menschen mit Körperbehinderung in der Hilfebedarfsgruppe 3) (vgl. Kastl/Metzler, 2004).

2. **Teilpauschalen für differenzierte Leistungsbereiche:**
   Es werden (tägliche/wöchentliche/monatliche) Teilpauschalen für differenzierte Leistungsbereiche festgelegt. Das Persönliche Budget setzt sich im Einzelfall aus den jeweiligen Pauschalen für bewilligte Leistungen zusammen (z. B. 51 €/Monat für Wäschepflege, 87 €/Monat Beförderungspauschale, 77 €/Monat Freizeitpauschale) (vgl. Senat der Freien und Hansestadt Hamburg, 2002).

3. **Stundensätze:**
   Es werden Stundensätze festgelegt, die im Einzelfall mit dem zeitlichen Bedarf an Unterstützung (in Stunden) multipliziert werden. Hierbei werden entweder Einheitsstundensätze für alle budgetrelevanten Leistungen zugrunde gelegt (z. B. 35 €, vgl. Windheuser/Amman/Warnke, 2005) oder unterschiedliche Stundensätze in Abhängigkeit von der erforderlichen Qualifikation der Unterstützung (z. B. 35,50 € für pädagogische Betreuung, 14,85 € für Assistenz im Arbeitgebermodell, 12 € für Haushaltshilfe).

Welches dieser Modelle sich (auch in Kombination) als praktikabel und angemessen erweist, muss längerfristig überprüft werden. Vieles scheint dafür zu sprechen, dass dem Charakter eines Budgets (Planung über einen bestimmten Zeitraum, innerhalb dessen Spielräume beim Einsatz der Ressourcen offen stehen) durch Pauschalen eher entsprochen werden kann als über die punktgenaue Zuweisung differenzierter Summen. Dabei wird eine Differenzierung der Pauschalen nach Unterstützungsbereichen einer finalprogrammierten und bedarfsgerechten Leistungserbringung eher gerecht als die konditionale Unterscheidung nach Behinderungsarten und Bedarfsgruppen.

Qualitätssicherung

Die Frage der Qualität sozialer Dienstleistungen erfährt im Horizont des Persönlichen Budgets und einer wirkungsorientierten Steuerung eine neue Zielrichtung: An die Stelle der Vereinbarungen mit den sozialen Diensten und einer expertendefinierten und standardisierten Versorgungs- und *Leistungs*qualität tritt die nutzerdefinierte *Lebens*qualität als Ergebnis einer personenbezogenen Unterstützung. Qualität entsteht aus Sicht der Budgetnehmer dann, wenn die in Anspruch genommene Unterstützung eine möglichst hohe Passung zu ihren individuellen Bedarfen, Wünschen und Vorstellungen aufweist und ihnen Selbstbestimmung und Teilhabe ermöglicht. Weil sich diese (Ergebnis-)Qualität nur im Einzelfall und gemeinsam mit dem Budgetnehmer festlegen und überprüfen lässt, ist als zentrales Steuerungsinstrument in der Budgetverordnung eine „Zielvereinbarung" vorgesehen, die zwischen den jeweils beteiligten Leistungsträgern bzw. dem beauftragen Leistungsträger und dem Budgetnehmer abgeschlossen wird.

„Sie enthält mindestens Regelungen über
1. *die Ausrichtung der individuellen Förder- und Leistungsziele,*
2. *die Erforderlichkeit eines Nachweises für die Deckung des festgestellten individuellen Bedarfs sowie*
3. *die Qualitätssicherung." (§ 4 Abs. 1 BudgetV)*

Die Zielvereinbarung ermöglicht es, individuelle Lösungen auszuhandeln im Spannungsfeld zwischen der Zweckbindung öffentlicher Gelder einerseits und der Verwendungsfreiheit seitens der Budgetnehmer andererseits, die unverzichtbar ist, um lebensweltliche Lösungsansätze der Bedarfsdeckung zu ermöglichen, die sich in sozialrechtlichen Leistungskategorien und professionell organisierten Hilfekontexten nicht abbilden lassen. Dabei ist von einer grundsätzlichen Missbrauchsvermutung bezüglich der Budgetverwendung Abstand zu nehmen. Erfahrungen bestätigen, dass die Gelder in den meisten Fällen eingesetzt werden, um Unterstützung sicherzustellen, und nur in Einzelfällen für zweckfremde Aktivitäten verwendet werden.

Problem- und Erfahrungsfelder

Erfahrungen mit Persönlichen Budgets

Aufgrund der kurzen Zeit und der geringen Anzahl der Budgetnehmer gibt es noch nicht viele Erfahrungen mit Persönlichen Budgets in Deutschland. Daher lassen sich nur wenige empirisch gesicherte Aussagen zu den (längerfristigen) Wirkungen und Nebenwirkungen des Persönlichen Budgets auf die Lebensführung von Menschen mit Behinderung treffen. Gleichwohl lassen die bisherigen (auch internationalen) Erfahrungen bereits deutliche Effekte des neuen Steuerungsinstrumentes auf Selbstbestimmungs- und Teilhabeoptionen der Budgetnehmer in einer sich wandelnden Angebotsstruktur beobachten. Die Budgetnehmer beurteilen ihre Erfahrungen überwiegend positiv; sie erleben erweiterte Entscheidungsspielräume, mehr Kontrolle über ihr Leben und einen Zugewinn an Selbstvertrauen und Lebensqualität (vgl. Nolan/Regan, 2003; Kaas, 2002). Vielfach gelingt es ihnen, über die Persönlichen Budgets Unterstützung individuell passender, schneller und kostengünstiger zu arrangieren, als dies über vergleichbare Sachleistungen möglich ist. In Rheinland-Pfalz kann z. B. durch die Geldleistungen das Leben in einer stationären Wohneinrichtung für viele Personen vermieden und gleichzeitig eine Ausweitung ihrer sozialen (Teilhabe-)Aktivitäten ermöglicht werden (vgl. MASFG, 2004). Dies hängt auch damit zusammen, dass sich die

Einführung Persönlicher Budgets erheblich auf das System der sozialen Dienstleistungen auswirkt. Dies geschieht zugunsten einer stärkeren Differenzierung der Angebote, die sich den individuellen Lebensstilen und der Alltagsgestaltung der Budgetnehmer anpassen. Weil die meisten Personen ihre Unterstützung so organisieren wollen, dass eine Lebensführung im privaten Haushalt möglich ist, vollzieht sich der Angebotswandel insbesondere in Richtung eines Ausbaus an ambulanten und flexiblen Hilfen. Besonders geeignet scheinen hierbei Modelle Persönlicher Assistenz zur Unterstützung bei alltäglichen Aufgaben. Erfahrungen zeigen jedoch auch, dass es sich in Abhängigkeit von persönlichen Ressourcen der Budgetnehmer, ihren sozialen Netzwerken und der regionalen Infrastruktur als schwierig erweisen kann, eine verlässliche und kontinuierliche Unterstützung ausschließlich über Assistenz- bzw. Arbeitgebermodelle sicherzustellen (vgl. Baumgartner, 2002). Krankheiten und Urlaubszeiten der Assistenzpersonen können ebenso zu Versorgungslücken führen wie akute Krisensituationen, die einen kurzfristigen Mehrbedarf an Unterstützung bedingen. Hier zeigen sich deutliche Grenzen einer rein marktlichen Steuerung sozialer Leistungen über Persönliche Budgets und man erkennt die Notwendigkeit einer regionalen Koordinierung der Angebote im Kontext einer systematischen Sozialplanung. Um Versorgungsrisiken zu minimieren, gilt es, eine bedarfsdeckende, verlässliche und bezahlbare Dienstleistungsstruktur, inklusive Krisen- und Notfalldienste, zu gewährleisten. Als unverzichtbar hat sich hierbei auch die Verfügbarkeit unabhängiger Informations- und Beratungsangebote erwiesen, die bei Bedarf rechtliche Aufklärung, Vermittlung von Assistenten, Übernahme administrativer Aufgaben und andere Unterstützungsdienste im Zusammenhang mit der Verwaltung und Verwendung des Persönlichen Budgets leisten. Hierbei werden international unterschiedliche Formen praktiziert: Die Aufgaben werden in die vorhandene öffentliche Beratungsstruktur integriert, von Interessensvereinigungen von Budgetnehmern angeboten oder im Rahmen des Peer Counseling übernommen.

Ausblick

Das Persönliche Budget ist im Kern ein verwaltungs- und finanzpolitisches Steuerungsinstrument, das unter den Vorzeichen einer veränderten Leistungsfähigkeit des Wohlfahrtsstaates einen effektiven und effizienten Ressourceneinsatz im Aufgabenbereich von Rehabilitation ermöglichen soll. Seine besondere Impulskraft für eine grundlegende Erneuerung des deutschen Rehabilitationssystems geht jedoch weit darüber hinaus: Das Persönliche Budget bedeutet den „Ernstfall" von Selbstbestimmung und Empowerment und fokussiert die Schlüsselelemente eines erforderlichen Wandels von der institutionsbezogenen Pauschalversorgung zur personenbezogenen Unterstützung nach Maß. Es verlagert die „Kräfteverhältnisse" in neuer Weise und stellt alle Akteure vor neue Herausforderungen:

- Die Leistungsträger übernehmen eine neue bzw. ihre ursprüngliche Verantwortung für die Gewährleistung bedarfsdeckender Leistungen. Dies erfordert insbesondere den beständigen Dialog sowohl mit den Leistungsberechtigten als auch mit den im Einzelfall beteiligten anderen Leistungsträgern (Partizipation und Kooperation).
- Auch die Rolle der professionellen Dienstleister verändert sich grundlegend: Die Beziehung zu den Nutzern gestaltet sich auf der Grundlage privat- und arbeitsrechtlicher Verträge neu, die Arbeitsorganisation wird flexibler und die Unterstützungsformen wandeln sich in Richtung Case-Management, Assistenz und Anwaltschaft. Dabei wird es vor allem auf eine veränderte „Kultur des Hel-

fens" in den Praxisvollzügen sozial- und heilpädagogischer Professionalität ankommen: auf die Motivation der Unterstützer, sich auf ihre veränderte Rolle und eine „echte" Dienstleistungsbeziehung einzulassen und dabei von professionellen Qualitätsstandards abzurücken. Dies geschieht zugunsten eines Zutrauens in die Selbstgestaltungsfähigkeiten und Regiekompetenzen der Budgetnehmer.

- Viele Aspekte der Alltagsbewältigung erfordern nicht notwendigerweise qualifiziertes Personal. Über die Entwicklungen der professionellen Dienste hinaus ist deshalb relevant, inwieweit es unter den Bedingungen des Persönlichen Budgets auch zu einer (Re-)Aktivierung und Inanspruchnahme öffentlicher Infrastruktur, Formen des Ehrenamts und der Selbsthilfe sowie der Wiederbelebung privater sozialer Netzwerke kommt (Welfare-Mix).
- Menschen mit Behinderung stellt das Persönliche Budget vor die (Bildungs-) Aufgaben, eigene Vorstellungen über ihre Lebensführung und diesbezügliche Unterstützungserfordernisse zum Ausdruck zu bringen, individuell passende Unterstützung zu wählen und zu organisieren sowie die Qualität der erhaltenden Leistungen zu beurteilen.

Das Persönliche Budget ist vor diesem Hintergrund ein anspruchsvolles Unternehmen, das mit hohen Erwartungen verbunden ist. Ob das Persönliche Budget die in es gesetzten Hoffnungen als Steuerungsinstrument gegen die Unzulänglichkeiten des gewachsenen Rehabilitationssystems tatsächlich erfüllen kann und welche Wirkungen und Nebenwirkungen es auf die Lebensführung von Menschen mit besonderen Unterstützungsbedarfen entfaltet, hängt entscheidend davon ab, in welcher Weise die beteiligten Akteure ihre neuen Aufgaben annehmen und bewältigen (können).

Kommentierter Literaturhinweis

Wacker, Elisabeth/Wansing, Gudrun/Schäfers, Markus: Personenbezogene Unterstützung und Lebensqualität. Teilhabe mit einem Persönlichen Budget. DUV, Wiesbaden, 2005.

Die Autoren geben eine grundlegende Einführung in das Persönliche Budget im Kontext des Perspektivenwechsels von Rehabilitation. Konzeptionelle und rechtliche Grundlagen werden vorgestellt, in- und ausländische Modelle und Erfahrungen diskutiert und die Konzeption und Erprobung eines Modellversuchs zum Persönlichen Budget in einer stationären Wohneinrichtung dokumentiert.

Profession/Professionalisierung/ Professionalität

Ernst Wüllenweber

Etymologie

Der Begriff „Profession“ leitet sich ab vom lateinischen „professio“ = Betätigungsfeld bzw. Fach.

Geschichte

Die Professionsdiskussion ist in den letzten Jahrzehnten theoretisch und empirisch vor allem durch die Soziologie initiiert und bestimmt worden. Die Erziehungswissenschaft bezieht sich auf diese Ergebnisse und versucht sich zugleich hiervon zu emanzipieren. Konkret bezweifeln z. B. Hornstein & Lüders (1987, S. 753) die „Angemessenheit der Kategorien der soziologischen Professionstheorie für die Erfassung der Spezifika des Lehrerberufs und seines Charakters einer pädagogischen Profession“.

In der Pädagogik hat die Auseinandersetzung mit Fragen der eigenen Profession und Professionalisierung eine lange Tradition. Insbesondere in der sozialen Arbeit und Sozialpädagogik (z. B. Merten/Olk, 1996; Heiner, 2004) wird seit mehr als einhundert Jahren über die Professionalisierung der Disziplin gearbeitet. Aber auch in der Schulpädagogik und der Erwachsenenbildung (z. B. Giesecke, 1988) sind vielfältige Konzepte und empirische Untersuchungsergebnisse verfügbar.
Der weithin bekannte Band von Combe & Helsper 1996 hat den Diskussions- und Forschungsstand allgemein für die Erziehungswissenschaft belegt und die Theorieentwicklung auf eine neue Stufe gehoben. An dieser Diskussion hat sich die Heilpädagogik erst seit Beginn der 1980er-Jahre und verstärkt seit den 1990er-Jahren beteiligt.

Aktuelle Relevanz und theoretische Ansätze

Zunächst sollen die einzelnen Begriffe ausgearbeitet und die dominierenden Theorieansätze erwähnt werden.

Profession

Basis jeder Professionalisierungsdiskussion ist der Professionsbegriff. Eine Profession ist nicht gleichzusetzen mit Arbeit oder Beruf (vgl. Böllert/Gogolin, 2002, S. 367). Eine Arbeit dient dazu, materielle Bedürfnisse zu befriedigen, ein Beruf hingegen hat einen biografischen Sinnbezug und ist charakterisiert durch das Zusammenwirken von Kenntnissen, Erfahrungen und Fertigkeiten. Die Differenzierung zwischen Beruf und Profession verdeutlicht, dass „unter einer Profession ein ernsthaft betriebener Beruf verstanden wird [...], welchem bestimmte Merkmale zugeschrieben werden“ (Reiser, 1998, S. 46), womit Professionen als ambitionierte Berufe aufgefasst werden können. Kontrovers wird die Frage diskutiert, ob nur akademische Berufsgruppen den Status einer

Profession erreichen können. Eine häufig zitierte Definition von Profession stammt von Schütze:

„Eine Profession ist ein – von der alltäglichen Laienwelt, aber auch von anderen Expertensinnwelten – relativ abgegrenzter Orientierungs- und Handlungsbereich, in welchem sowohl wissenschaftlich als auch praktisch ausgebildete Berufsexperten gesellschaftlich lizenzierte Dienstleistungen für ihnen per gesellschaftlichem Mandat anbefohlene Klienten bzw. Abnehmer vollbringen." (Schütze, 1992, S. 135)

Nittel betont einen anderen Aspekt, nämlich den des Umweltbezugs einer Profession:

„Als komplexe, relativ abgeschlossene Sinnwelten verfügen Professionen über ein bestimmtes Verhältnis zur Gesamtgesellschaft, zu ihrem Publikum (Klienten, Patienten), zur Wissenschaft und schließlich zu sich selbst: In ihrer Beziehung zur Gesamtgesellschaft zeichnen sich Professionen durch einen Zentralwertbezug sowie durch die Aushandlung eines gesellschaftlichen Mandats (Auftrag) und einer gesellschaftlich ratifizierten Lizenz (Erlaubnis) aus [...]". (Nittel, 2002, S. 254)

Professionalisierung

Anders als der Professionsbegriff als strukturelle Kategorie (Nittel, 2002) ist die Professionalisierung als eine prozessuale Kategorie zu sehen. Professionalisierung beinhaltet Entwicklungen, Widersprüche, Eigenheiten, Konkurrenz und nicht selten auch Machtkämpfe. Unter Professionalisierung soll also nicht nur die Ausübung einer anspruchsvollen Praxis, sondern auch „die Ausbildung einer spezifischen Handlungskompetenz, die von der Struktur der professionellen Handlung erfordert wird" (Dewe u. a.,1992) verstanden werden, womit Professionalisierung als Weg zu einer Profession zu sehen ist. Jede Professionalisierungsdiskussion ist mit standes- und machtorientierten Argumenten befasst. Koring (1992, S. 171) spricht von einer „gesellschaftliche(n) Durchsetzungsstrategie zur Statuserhöhung von ambitionierten Berufen" und Merten & Olk, (1996, S. 572) stellen fest, „dass gerade in der Professionssoziologie wissenschaftliche Analyseinteressen sowie berufsständische Statusinteressen oft nahe beieinander liegen".

Professionalisierung erfordert eine eigenständige Handlungslogik, repräsentiert durch Wissen, Erklärungen, Fertigkeiten und Handlungen, die in anderen Berufen und Professionen nicht bzw. nicht in dieser Weise und Kombination vorzufinden ist. Dabei ist hervorzuheben, dass sich die Professionalisierung auf Berufsgruppen und nicht auf Fachdisziplinen bezieht, also z. B. auf Ärzte und nicht auf die Medizin bzw. auf Sonderschullehrer und nicht auf die Heilpädagogik (vgl. zum Verhältnis zwischen Disziplin und Profession, Marotzki, 2004).

Verschiedene Autoren haben versucht, den Professionalisierungsprozess zu strukturieren. Auf Hesse (1986) geht eine oft zitierte standespolitisch ausgerichtete Merkmalsbeschreibung zurück. Danach wird mit Professionalisierung (1) eine lang andauernde und fundierte Ausbildung, (2) eine an bestimmte Verhaltensregelungen gebundene Praxis und (3) eine Orientierung an einem Berufsverband verbunden. Wilensky (1972) geht von einem Phasenmodell zur Professionalisierung aus: (1) Zusammenfassung einer Berufsfunktion zu einem Hauptberuf, (2) Etablierung einer fundierten Ausbildung und (3) Gründung eines Berufsverbandes. Combe & Helsper (1996) erwähnen eine funktionalistische Betrachtungsweise, die ebenfalls von drei Merkmalen ausgeht: (1) Systematisches Wissen und dessen Aneignung, (2) ein am Allgemeinwohl ausgerichteter Wertbezug bzw. Berufsethos und (3) Autonomie in Bezug auf die Standards der Berufsausübung und der Ausbildung. Grundlegend für die Professionalisierung ist in allen Ansätzen die Bedeutung eines exklusiven, zumindest spezifischen Berufswissens. Dieses dient unter anderem dazu, sich relative Autonomie gegenüber anderen Berufsgruppen, der jeweiligen Institution und dem Staat zu sichern.

Professionalität

In den letzten Jahren ist ein zunehmendes Interesse an der Professionalitätsthematik zu erkennen, die handlungsbezogen zu bestimmen ist. Professionalität bezeichnet Nittel (2000, S. 70) als „gekonnte Beruflichkeit – oder ‚Ich weiß was ich tue'" und wird als „Indikator für qualitativ hochwertige Arbeit" (Marotzki, 2004, S. 408) gesehen. Nittel definiert wie folgt:
„Professionalität ist [...], kein ‚Zustand', der errungen oder erreicht werden kann, sondern eine flüchtige, jedes Mal aufs Neue situativ herzustellende berufliche Leistung. Sie kann weder verordnet werden, noch erschöpft sie sich in der Ausformulierung normativer Prämissen. Professionalität stellt in dieser Perspektive somit ein extrem störanfälliges, durch das Merkmal der Fallibilität gekennzeichnetes Handlungsphänomen dar." (Nittel, 2000, S. 85)

Der Autor differenziert auch anhand der Bedeutung von Wissen und Können:
„Wissen und Können bilden die beiden Quellen von Professionalität, allerdings beschränkt sie sich weder auf das Fachwissen [...] noch auf die bloße Intuition oder die reine Erfahrung des virtuosen Praktikers. Professionalität stellt vielmehr eine nur schwer bestimmbare Kombination, eine Schnittmenge aus beidem dar." (Nittel, 2000, S. 71)

Zur Begriffsbestimmung von Professionalität ist kritisch festzustellen, dass zwischen Professionalisierung und Professionalität häufig nicht näher unterschieden wird. Die beiden Begriffe werden nicht selten synonym verwendet, diffus aufeinander bezogen oder einfach aneinander gereiht. Es gilt jedoch zu differenzieren. Professionalität bezieht sich auf bereichs- und berufstypische Kompetenzen, über die der einzelne Professionelle verfügt. Professionalisierung hingegen beschreibt mehr eine bestimmte Aufgabe, die im dargelegten Sinne zu einer lizenzierten und beruflichen Tätigkeit bzw. einer Profession wird. Damit kann Professionalität auch als Ergebnis von Professionalisierung gesehen werden.

Theoretische Ansätze

Die Professionalisierungsdiskussion der letzten Jahrzehnte wird von Combe & Helsper (1996, S. 9ff.) in fünf Professionstheorien unterteilt:

- merkmalsorientierte Professionstheorie,
- machttheoretische Professionstheorie,
- strukturfunktionalistische Professionstheorie (nach Parsons und Oevermann),
- systemtheoretische Professionstheorie (nach Stichweh),
- interaktionistische Professionstheorie (nach Schütze).

Die einzelnen Theorien, die an dieser Stelle nicht im Einzelnen vorgestellt werden können, vermögen unterschiedliche Aspekte und Perspektiven auszuleuchten und sie eignen sich in unterschiedlicher Weise für empirische Untersuchungen. Nach Dewe u. a. legt z. B. die strukturtheoretische Betrachtungsweise
„[...] eine Hinwendung zu empirischen Untersuchungsstrategien nahe, mit denen beschrieben werden kann, wie unter gegebenen institutionellen Rahmenbedingungen und in einem bestimmten historischen Kontext eine Berufsgruppe mit den komplexen Anforderungen umgeht und welche typischen Handlungsmuster sie zur Bewältigung der beruflichen Situation ausgebildet hat." (Dewe u. a., 1992, S. 16)

Im Gegensatz hierzu relativiert die machttheoretische Position aufgrund ihrer Interessenorientierung das Prinzip der Offenheit für unterschiedliche Ergebnisse bei einer empirischen Untersuchung.

Die genannten Professionstheorien werden in der einschlägigen Diskussion eher selten stringent expliziert, sondern zumeist zu unterschiedlich durchmischten Denkfiguren kombiniert. Für die Analyse heilpädagogischer Zusammenhänge erscheinen vor allem die strukturfunktionalistische, die systemtheoretische und die interaktionistische Professionstheorie interessant, da sie eher die Logik und Strukturen pädagogischen Handelns beleuchten können (vgl. Tiefel, 2004).

Bisher wurde in der Heilpädagogik, z. B. bei Rock (2001) und bei Katzenbach (2004), vor allem der strukturfunktionalistische Ansatz bezogen auf Oevermann (1996) aufgegriffen.

Problem- und Erfahrungsfelder

Zentrale Problemfelder der Professionalisierungsdiskussion bezogen auf die Heilpädagogik lassen sich am Stand der Fachdiskussion und am Thema Deprofessionalisierung festmachen.

Skizzierung des Diskussionsstandes

Die Professionalisierungsdiskussion in der Heilpädagogik ist im Vergleich zu den pädagogischen Nachbardisziplinen Schul- und Sozialpädagogik marginal. So gehen Combe & Helsper (1996) erst gar nicht auf die Heilpädagogik ein und Hornstein & Lüders (1989) beziehen nur die Schulpädagogik, die Sozialpädagogik, die Erwachsenenbildung und die Medienpädagogik in ihre Diskussion der Professionalisierungstheorie ein. Auch bei Otto u. a. (2002) findet sich kein Bezug zu einer Professionalisierungsdebatte in der Heilpädagogik. Als weiteres Indiz kann angesehen werden, dass sich im Handlexikon der Behindertenpädagogik von Antor & Bleidick (2001) kein entsprechendes Stichwort findet.

Trotz des konstatierten Rückstands bezüglich einer Professionalisierungsdebatte in der Heilpädagogik wurden einschlägige Beiträge durch Bürli, 1993; Wittrock, 1994; Kanter, 1997; Reiser, 1998; Lindmeier, 2000; Sodoge, 2001; Cloerkes, 2001; Rock, 2001; Moser, 2003, Profession 2004; Theunissen, 2003; Katzenbach, 2004 vorgelegt. Eine verbindende Grundrichtung oder -aussage ist in diesen Beiträgen noch nicht abschließend erkennbar. Zu unterschiedlich sind die theoretischen Zugänge, das Professionalisierungsverständnis und die aufgezeigten Ergebnisse. Während z. B. Bürli (1993) noch einer wertgeleiteten und persönlichkeitsorientierten Diskussion verhaftet ist, finden z. B. die Beiträge von Rock (2001), Theunissen (2003) und Katzenbach (2004) Anschluss an den allgemeinen Stand der Professionalisierungsdiskussion in der Erziehungswissenschaft (vgl. ausführlich Wüllenweber, 2005).

Deprofessionalisierung

In der Heilpädagogik und Behindertenhilfe sind innerhalb der Professionalisierungsdiskussion unverkennbare Anzeichen hinsichtlich Deprofessionalisierung zu beobachten, ein anscheinender Widerspruch, der sich jedoch auch in anderen Disziplinen gezeigt hat (vgl. Nittel, 2000). Diese Anzeichen zur Deprofessionalisierung beziehen sich im Kern auf eine generelle Skepsis gegenüber Professionalisierung. Professionalisierung wird anscheinend missverstanden als technokratische Anwendung von Methoden und Handlungskonzepten, wie dies z. B. bei Bürli (1993) oder bei religiös oder von Ideologie geprägten Ansätzen, z. B. bei Grimm (1995), zu beobachten ist. Professionelles Handeln wird direkt oder indirekt als Sozialtechnologie diskreditiert, dem Klienten würde kein Engagement, keine menschliche Nähe, Empathie und Beziehung geboten. Diese Tendenzen erscheinen vor allem durch ein veraltetes Professionalisierungsverständnis begründet. Denn das moderne Professionalisierungsverständnis wendet sich ausdrücklich gegen „Sozialtechnologie und Aufklärungspathos" (Dewe u. a., 1992, S. 12).

Ausblick

Die Erfahrungen mit der Professionalisierungsdiskussion in der sozialen Arbeit werfen durchaus kritische Fragen zur Bedeutung dieser Diskussion, z. B. hinsichtlich Selbstbefasstheit, auf. Diese Gefahr ergibt sich aus Sicht des Autors vor allem aus der Betonung der Kategorien Profession und Professionalisierung. Im Gegensatz zu dieser kritischen Perspektive erscheint die Kategorie der Professionalität für die weitere heilpädagogische Diskussion von großer Bedeutung, auch weil sie sich dem differenztheoretischen Ansatz von Nittel (2000, 2002) folgend, auch abgekoppelt von Fragen der Profession und Professionalisierung bearbeiten lässt.

Eine Fokussierung auf die Professionalität würde dem wahrscheinlich wenig hilfreichen Vergleich von Heilpädagogen mit etablierteren Professionen, wie z. B. Richtern, ausweichen. Solche Vergleiche führen eher zu einer Abwertung, wie das Konstrukt der Semiprofessionellen belegt.

„Damit käme man weg von jener sterilen Diskussionslage, in der Pädagogen mit Kompetenz- und Ethikansinnen konfrontiert wurden, die allzu häufig standespolitische Interessen kaschierten, mit denen aber abgelenkt wurde von einer reflexiven Erschließung der eigenen tatsächlich vollzogenen beruflichen Tätigkeit. In der Reflexivität, darin, zu wissen, was man tut, läge jedoch die Chance einer Professionalität, die sich den Gegebenheiten der Berufstätigkeit in den jeweiligen Feldern stellt, ohne sich in bloßer Anpassung zu erschöpfen." (Dewe u. a., 1992, S. 16)

Ein solcher Weg könnte die Probleme und Chancen der Heilpädagogik innerhalb der disziplinären Gegebenheiten und des Hilfesystems beleuchten, z. B. in folgender Hinsicht: Professionalität wird mit Qualifikation, berufstypischem Wissen, spezifischen Kenntnissen, Fertigkeiten und Habitualisierungen und einem eigenen Leistungsethos verbunden. Diese werden durch Aus- und Weiterbildung sowie durch berufspraktische Erfahrungen und Kommunikation mit Kollegen erworben. Die berufliche Rolle obliegt nicht dem Zufall oder der dominanten Selbstbestimmung des Einzelnen. In der Heilpädagogik ist diese Orientierung schon immer problematisch gewesen, die einzelnen Berufsangehörigen haben ihr Handeln stark subjektiv und entsprechend Lebensstil geprägter Haltungen definiert. Professionalität würde jedoch bedeuten, sich auf fachliche Standards zu beziehen und diese (kritisch) in die eigenen Denk- und Handlungsmuster zu integrieren.

Kommentierte Literaturhinweise

Combe, Arno/Helsper, Werner (Hrsg.): Pädagogische Professionalität. Untersuchungen zum Typus pädagogischen Handelns. Frankfurt am Main, Suhrkamp, 1996.
Diese Schrift kann als das Standardwerk zur Professionalisierungsdiskussion in der Pädagogik und ihren Teildisziplinen angesehen werden.

Nittel, Dieter: Von der Mission zur Profession? Stand und Perspektiven der Verberuflichung in der Erwachsenenbildung. Bielefeld, Bertelsmann, 2000.
Dieses Buch entwirft auf der Grundlage eines differenztheoretischen Ansatzes die Begriffe Profession, Professionalisierung und Professionalität und expliziert die pädagogische Diskussion am Beispiel der Erwachsenenbildung.

Psychiatrie – Kinder- und Jugendpsychiatrie und Psychotherapie

Gerhard Neuhäuser

Etymologie

Der Begriff „Psyche“ (griech. Hauch, Leben, Seele) bezeichnet Seele und Geist in Abgrenzung zum materiellen Körper (Soma); er legt damit einen Dualismus nahe, wenn er ihn nicht unmittelbar ausschließt (Leib-Seele-Problem). Die Psychiatrie (iatros griech. Arzt) ist ein medizinisches Fachgebiet, das sich hauptsächlich mit den Geistes- und Gemütskrankheiten (Psychosen) befasst. In der Psychologie wird Psyche in engerem Sinne als Gesamtheit der geistigen Vorgänge, der psychischen Funktionen und der Beweggründe des Verhaltens verstanden. Die Psychopathologie befasst sich mit abnormen und krankhaften Äußerungen der Psyche. Beziehungen gibt es dabei zur Neurologie, der Lehre von den Nervenkrankheiten und ihren neurobiologischen Grundlagen (Neuropsychiatrie) sowie zur Psychologie und Verhaltenswissenschaft (Neuropsychologie, Neuroethologie).

Die Kinder- und Jugendpsychiatrie ist als spezielles Fachgebiet auf den Zeitraum von der Geburt bis zum Erwachsenwerden ausgerichtet, wichtige Grundlagen sind Entwicklungsneurologie und -psychiatrie, Pädiatrie (Kinderheilkunde) und Entwicklungspsychologie, aber auch die Ethologie (Verhaltenswissenschaft) und Sozialwissenschaft sowie Heil- und Sonderpädagogik. Im Begriff „Psychosomatik“ werden die engen Zusammenhänge zwischen psychischen Funktionen und körperlichen Äußerungen betont. Psychotherapie gibt es in zahlreichen verschiedenen Methoden zur Behandlung psychischer Störungen. Bei der Psychopharmakotherapie werden verhaltensändernde Medikamente gezielt eingesetzt.

Geschichte

Nach der Schrift „Die heilige Krankheit“ des Corpus Hippokraticum aus dem 5. Jahrhundert v. Chr. wurden epileptische Anfälle, dann aber auch alle psychischen Störungen nicht mehr mit magisch-religiösen Vorstellungen, sondern durch „natürliche Ursachen“ auf der Grundlage einer Humoralpathologie (Viersäftelehre) erklärt. Dieses Krankheitskonzept (z. B. Melancholie) hatte lange Bestand. Im Mittelalter sind Geisteskranke häufig als vom Teufel oder von einem Dämon Besessene, aber auch als von Gott besonders Begnadete angesehen worden. Viele mussten bei den Hexenprozessen, die es bis in die Neuzeit gab, ihr Leben lassen. Erst mit der Renaissance entstanden Einrichtungen, in denen Geisteskranke als Patienten betreut und behandelt, nicht mehr nur abgesondert wurden: 1409 gründete der spanische Pater G. Jofré in Valencia das „Hospital dels folls“, wohl die erste psychiatrische Einrichtung in Europa. In Hessen richtete Landgraf Philipp der Großmütige 1527 bis 1535 in aufgehobenen Klöstern und Pfarreien vier „Hohe Hospitäler“ für die Pflege und Versorgung geisteskranker Menschen ein; drei gibt es noch heute, so im Kloster Haina das „Zentrum für Soziale Psychiatrie“.

Mit der Aufklärung setzte sich rasch eine neue Sichtweise durch. Neben die vitalistisch gefärbten Anschauungen der Romantik (Psychiker) trat eine zunehmend mehr naturwissenschaftlich orientierte Sichtweise (Somatiker). 1808 verwandte Johann Christian Reil erstmals den Begriff „Psychiatrie" in seinen „Beyträgen zur Beförderung einer Curmethode". An vielen Orten wurden „Heil- und Pflegeanstalten" errichtet. Spektakulär und wegweisend war um 1795 die Initiative von Philippe Pinel in Paris, die Geisteskranken der Salpetrière von ihren Ketten zu befreien. Wilhelm Griesinger stellte im ersten deutschen Lehrbuch des neuen Faches (1845) psychische Krankheiten als solche des Gehirns dar. Es entstanden Lehrstühle (1811 in Leipzig) und Spezialkliniken (1811 in Dresden), wobei Neurologie und Psychiatrie zunächst eng miteinander verbunden blieben.

Die von Sigmund Freud ab 1895 entwickelte Psychoanalyse brachte unter Beachtung von naturwissenschaftlichen Grundlagen eine neue Sicht auf seelisch-geistige Funktionen; die Bedeutung des Unbewussten wurde herausgestellt und mit der „freien Assoziation" eine neue Therapie begründet. Die psychoanalytisch-psychodynamische Sichtweise spielt nach wie vor eine wichtige Rolle, besonders wenn es darum geht, individuelle Besonderheiten im Lebensverlauf von psychisch gestörten, aber auch von so genannten normalen Menschen zu verstehen.

Emil Kraepelin und Eugen Bleuler schufen zu Beginn des letzten Jahrhunderts durch eine subtile klinische Beobachtung der Symptome und des Verlaufs psychischer Störungen eine noch heute gültige Einteilung der Geisteskrankheiten, zusammen mit den psychopathologischen Arbeiten von Karl Jaspers und Kurt Schneider die Grundlage der modernen diagnostischen Klassifikationssysteme (Diagnostic and Statistical Manual on Mental Disorders (DSM), International Cliassification of Diseases (ICD)).

Im vergangenen Jahrhundert waren durch somatisch orientierte Behandlungsmethoden bedeutsame Fortschritte bei der Beeinflussung von psychotischen Symptomen zu erreichen: Die Fieberkur (Malariakur, 1917) wurde von Julius von Wagner-Jauregg zur Therapie der progressiven Paralyse, die Elektrokrampfbehandlung (1938) von Ugo Cerletti und Lucio Beni neben dem Insulin- und Cardiazolschock (Manfred Sakel bzw. Ladislaus von Meduna) bei endogenen Psychosen eingesetzt. Vor allem mit Einführung der Psychopharmaka (Antipsychotika, Antidepressiva) seit etwa 1950 kam es durch deren günstige Wirkung bei schweren Verhaltensauffälligkeiten zu spektakulären Veränderungen in den psychiatrischen Kliniken, die zunehmend ihren verwahrenden Charakter verloren. Größe und Verweildauer konnten deutlich reduziert werden, was die sozialpsychiatrischen Bemühungen im Sinn einer gemeindenahen Psychiatrie (Psychiatrie-Enquête 1975) wirksam unterstützte. Bei manchen Psychosen haben sich die Heilungschancen wesentlich verbessert. Besonders Neurobiologie, Neuropsychologie und Genetik konnten in den letzten Jahrzehnten zu einem besseren Verständnis von den Geisteskrankheiten beitragen und die Sichtweise der biologischen Psychiatrie gut begründen. Die Trennung von Neurologie und Psychiatrie wird dabei in der Neuropsychiatrie wieder weitgehend aufgehoben. Die Besonderheit psychischer Störungen im Entwicklungsalter hatte mit der Einrichtung spezieller Stationen und Abteilungen in Kinderkrankenhäusern (Wien, 1911), häufiger noch in psychiatrischen Kliniken (Tübingen, 1919/1920) ein rasches Aufblühen der Kinder- und Jugendpsychiatrie zur Folge. 1906 war von Emil Solti in der Frankfurter „Anstalt für Irre und Epileptische" eine Kinder- und Jugendabteilung eingerichtet worden, schon sein Vorgänger Heinrich Hoffmann hatte mit dem „Struwwelpeter" kinderpsychiatrische Anliegen verfolgt. Hermann Emminghaus (Freiburg) und August Homburger (Heidelberg) veröffentlichten 1887 („Psychische Störungen im Kindesalter" als Nachtragsband zum Handbuch der Kinderkrankheiten, hrsg. von Carl Gerhardt) bzw. 1926 („Vorlesungen über Psychopathologie des Kindesalters") grundlegende Darstellungen des neuen Faches. Marcel Manheimer verwandte 1899 in seinem Lehrbuch „Les troubles mentaux de l'enfance. Précis de psychiatrie infantile, avec les applications pédagogiques et médico-légales" erstmals den Terminus „Kinderpsychiatrie" und nannte im Untertitel die wichtigen Beziehungen zur Pädagogik (Heil- und Sonderpädagogik, Fürsorgeerziehung) und zur Rechtssprechung (Zurechnungsfähigkeit, Jugendgerichtsbarkeit). Wegweisend waren ferner das Werk „Child Psychiatry" von Leo Kanner (1935), der 1940 den weltweit ersten Lehrstuhl des Faches in Baltimore erhielt, und das „Lehrbuch der allgemeinen Kinderpsychiatrie" des Schweizer Kinderpsychiaters Moritz Tramer (1942), der mit der „Zeitschrift für Kinderpsychiatrie" (später Acta paedopsychiatrica) das erste Fachjournal herausgab.

Die von Beginn an enge Verbindung mit der Heilpädagogik, die auch als „angewandte Kinderpsychiatrie" bezeichnet wurde, demonstriert besonders das Wirken des Wiener Pädiaters Hans Asperger. Die Grundpfeiler des Faches sind neben der Psychiatrie die Kinderheilkunde, vor allem mit ihren Spezialgebieten Neuropädiatrie und Sozialpädiatrie, die Psychologie und Pädagogik, vor allem als Heil- und Sonderpädagogik, sowie die Sozial- und Rechtswissenschaften (Jugend- und Sozialhilfe). In dem von der Reformpädagogin Ellen Key 1900 ausgerufenen „Jahrhundert des Kindes" gab es zahlreiche neue Impulse: Fortschritte in der Entwicklungsforschung, vor allem Entwicklungsneurologie, Entwicklungspsychologie und Entwicklungspsychiatrie, im Bereich der Psychodiagnostik, Verhaltenspsychologie und Ethologie sowie durch zunehmend bessere medizinisch-diagnostische Methoden als Folge neurobiologischer und genetischer Untersuchungen (biologische Psychiatrie), auch in der neuroradiologischen Diagnostik durch Magnetresonanztomographie, Positronenemissionstomographie bzw. funktionelle Bildgebung.

In der Mitte des letzten Jahrhunderts entstanden spezielle fachliche Vereinigungen. 1940 wurde die Deutsche Gesellschaft für Kinderpsychiatrie und Heilpädagogik in Wien gegründet, sie hatte allerdings nicht lange Bestand. Während der Zeit des Nationalsozialismus waren einige Vertreter der Kinder- und Jugendpsychiatrie in Selektionsmaßnahmen und „Kinder-Euthanasie" verstrickt (Gesetz zur Verhütung erbkranken Nachwuchses, Aussonderung im Rahmen der T4-Aktion bzw. bei der Tötung von mehreren tausend geistig behinderten und psychisch kranken Kindern in „Kinderfachabteilungen"). Erst in letzter Zeit werden diese belastenden Tatsachen objektiv dargestellt und einer sachlichen Beurteilung unterzogen (Castell u. a., 2003).

Die Deutsche Gesellschaft für Kinder- und Jugendpsychiatrie, die 1976 aus der 1950 gegründeten „Deutschen Vereinigung für Jugendpsychiatrie" hervorging, hat ihre Bezeichnung um die Begriffe „Psychotherapie" und „Psychosomatik" erweitert. Damit wird dem therapeutischen Anliegen und der Weiterbildungsordnung Rechnung getragen (Facharzt seit 1968; 1992 zusätzliche Bezeichnung „und Psychotherapie"). Nachdem 1954 Hermann Stutte auf den ersten deutschen Lehrstuhl in Marburg berufen wurde, gibt es heute Fachvertreter an fast allen Universitäten der Bundesrepublik sowie in etwa 100 Spezialkliniken. Die in freier Praxis tätigen Kinder- und Jugendpsychiater sind noch nicht in der Lage, den Bedarf zu decken; ihr Berufsverband existiert seit 1978. Schon immer arbeitet die Kinder- und Jugendpsychiatrie eng mit pädagogischen Einrichtungen zusammen, vor allem mit Erziehungsberatungsstellen, die nach dem amerikanischen Vorbild der „Child Guidance Clinics" in den USA entstanden, zuerst 1903 in Hamburg.

Aktuelle Relevanz und theoretische Ansätze

Psychische Störungen sind relativ häufig. Nach verschiedenen epidemiologischen Studien werden sie bei Kindern und Jugendlichen in einer Prävalenz von 7 % bis 27 % beobachtet (Häufigkeit von Krankheitsfällen innerhalb eines definierten Zeitraums; unterschiedliche Angaben abhängig von der untersuchten Bevölkerung). Aus Verlaufsuntersuchungen ist zu erschließen, dass etwa 10 % aller Kinder als chronisch psychisch krank zu bezeichnen sind. Mitunter gibt es deutliche Geschlechtsunterschiede, z. B. werden hyperkinetisches Syndrom und tief greifende Entwicklungsstörungen häufiger bei Knaben (3 : 9 bzw. 4 : 1), Angststörungen und Anorexia nervosa eher bei Mädchen beobachtet (1 : 2–3 bzw.1 : 9).

Bei Kindern und Jugendlichen ist das Spektrum der psychischen Störungen deutlich von dem des Erwachsenenalters verschieden, was die Eigenständigkeit des Faches begründet.

Psychotische Krankheiten, Geisteskrankheiten im engeren Sinn, wie Schizophrenie, zyklothyme und affektive Psychosen (Manie, Depression) oder Paranoia, sind selten. Demgegenüber kommen exogene Psychosen (psychische Veränderungen auf der Grundlage von strukturellen oder funktionellen Veränderungen des Gehirns) häufiger vor. Eine praktisch wichtige Rolle spielen umschriebene (Sprachstörungen, Legasthenie) und tief greifende Entwicklungsstörungen (Autismus), Intelligenzminderung (Lernbehinderung, geistige Behinderung), Störungen des affektiv-emotionalen Verhaltens und des Sozialverhaltens (Anpassungsstörungen, dissoziale Entwicklung, Traumatisierung) sowie psychoreaktive und psychosomatische Störungen (Enuresis, Enkopresis, Anorexia nervosa und Bulimie, auch Asthma bronchiale und Colitis ulcerosa). Von Neurosen wird bei Zwangs- oder Angststörungen und anderen vorwiegend umweltbedingten Syndromen heute kaum mehr gesprochen, zumal sich nicht selten eine konstitutionelle Komponente nachweisen lässt. Der Begriff der Psychopathie (Persönlichkeitsstörung) ist für Kinder wegen der entwicklungsbedingten Wandlungen meist wenig geeignet. Missbrauch und Abhängigkeit (Alkohol, Drogen) sowie Suizidalität sind vor allem im Jugendalter eine wichtige Aufgabe für das Fachgebiet.

Aktuell sind umschriebene Entwicklungsstörungen von besonderem Interesse, bei denen Abweichungen im Verlauf oder in der Ausprägung wichtiger cerebraler Funktionen, von Sprechen und Sprache, bei schulischen Fertigkeiten (Lesen, Schreiben, Rechnen) oder im motorischen Verhalten beobachtet werden. Es handelt sich dabei meist um Teilleistungsstörungen durch eine Beeinträchtigung funktioneller Systeme des Gehirns. Fast immer sind sie mit einer deutlichen Sekundärsymptomatik verbunden (Komborbidität). Dies gilt auch für das Aufmerksamkeits-Defizit-Syndrom (ADS), das mit oder ohne Hyperaktivität auftritt (hyperkinetisches Syndrom, HKS) und derzeit relativ oft diagnostiziert wird. Die diagnostischen Kriterien psychischer Störungen sind nach dem revidierten Diagnostic and Statistical Manual (DSM-IV R) sowie aufgrund der International Classification of Diseases (ICD-10) eindeutig festgelegt. Der Krankheitsbegriff wurde durch „Störungen“ ersetzt, was als nicht unproblematisch gilt; die Zahl der voreinander abgrenzbaren Syndrome ist mit jeder Revision gewachsen. Für die Kinder- und Jugendpsychiatrie gibt es eine mehrdimensionale phänomenologisch-empirische Beschreibung im multiaxialen Klassifikationsschema (MAS), wobei auf fünf Achsen die wesentlichen Daten zu erfassen sind: klinisch-psychiatrisches Syndrom, umschriebene Entwicklungsrückstände, Intelligenzniveau, körperliche Symptomatik, abnorme psychosoziale Umstände. Das Ergebnis der Diagnostik ist also die Beschreibung eines definierten Syndroms, die wenig oder nichts über Ätiologie und Pathogenese (Ursache und Entstehungsgeschichte) aussagen kann.

Die Ursache von psychischen Störungen ist vielfach nicht genau anzugeben bzw. muss fast immer auf eine Kombination verschiedener Faktoren – genetisch und/oder umweltabhängig – zurückgeführt werden. Auch deshalb streben die Klassifikationssysteme keine ätiologisch-pathogenetisch orientierte Zuordnung an. Durch subtile Beschreibung der beobachteten Symptome bzw. Syndrome soll Vergleichbarkeit international gewährleistet und nicht zuletzt die Möglichkeit gegeben sein, spezielle Untersuchungen zur Ursache (z. B. genetische Mutationen oder Polymorphismen, Einwirkung bestimmter Risikofaktoren) durchzuführen.

Die wissenschaftliche Tradition der Kinder- und Jugendpsychiatrie wird von folgenden Aspekten bestimmt: Von einer neuropsychiatrischen Tradition mit Impulsen aus Kinderheilkunde, Neurologie und Psychiatrie; von der heilpädagogisch-klinischen Tradition mit Beziehungen zur Philosophie und allgemeinen Pädagogik; von der psychodynamisch-psychoanalytischen Tradition sowie von einer modernen empirisch, epidemiologisch und statistisch orientierten Tradition. Daraus leiten sich als wichtige Paradigmen für Psychopathologie und Therapie ab: ein biologisches Paradigma, ein psychoanalytisch-tiefenpsychologisches Paradigma, ein humanistisch-existenzielles Paradigma, ein lerntheoretisches und ein kognitives Paradigma. Daraus wird deutlich, dass zur Erklärung von psychischen Störungen und Krankheiten immer ein komplexes Wechselspiel zwischen konstitutionellen und umweltabhängigen Faktoren vorausgesetzt werden muss. Einerseits ist man bemüht, durch molekulargenetische Untersuchungen bestimmte Genmutationen oder Polymorphismen nachzuweisen (z. B. beim frühkindlichen Autismus), die dann als dis-ponierend angesehen werden, andererseits macht die Analyse umweltabhängiger Faktoren (langfristig wirkende Lebensbedingungen oder akute Ereignisse) deutlich, dass neben verschiedenen Risikosituationen vor allem auch protektive Einflüsse berück-sichtigt werden müssen, die im Sinn von Resilienz (Widerstandskraft) den Entwick-lungsverlauf eines Kindes mitbestimmen.

Die modernen neurobiologischen Untersuchungen zeigen eindrucksvoll, dass für die strukturelle und funktionelle Ausgestaltung des Nervensystems von Beginn seiner Entwicklung an neben verschiedenen genetischen Einflüssen zahlreiche Umweltbedingungen wichtig sind; dies wird deutlich in einer ausgeprägten „Plastizität“ oder bei Kompensationsvorgängen, die nach und bei Entwicklungsstörungen zu beobachten sind. Entwicklungsprozesse beeinflussen die Manifestation und den Verlauf psychischer Störungen bei Kindern. Dies wird bei Modellen zur Erklärung der Pathogenese berücksichtigt: Das kompensatorische Modell beschreibt den Zusammenhang zwischen Kompetenz, Adaptation und Stress, im Challenge-Modell sind diese Beziehungen curvi-linear dargestellt. Beim protektiven Modell werden auch interaktive Einflüsse berücksichtigt, im integrativen Modell die Beziehungen zwischen Kompetenz und Belastung bzw. Stress in Abhängigkeit vom Adaptationsniveau erfasst.

Problem- und Erfahrungsfelder

„Das Gebiet Kinder- und Jugendpsychiatrie und -psychotherapie umfasst die Erkennung, Behandlung, Prävention und Rehabilitation bei psychischen, psychosomatischen, entwicklungsbedingten und neurologischen Erkrankungen oder Störungen sowie bei psychischen und sozialen Verhaltensauffälligkeiten im Säuglings-, Kindes- und Jugendalter und bei Heranwachsenden

auch unter Beachtung ihrer Einbindung in das familiäre und soziale Lebensumfeld." (Bundesärztekammer, 2003).

Mit dieser Definition der Bundesärztekammer sind die Aufgaben des Faches umrissen. Bei der Diagnostik kommt es darauf an, ein möglichst umfassendes Bild von der Situation des Kindes mit einer psychischen Störung zu gewinnen. In der ausführlichen Anamnese sind vor allem Schwangerschaft, Geburt und frühkindliche Entwicklung zu berücksichtigen, es müssen aber auch psychosoziale Bedingungen analysiert werden; ggf. sind Fremdinformationen einzuholen. Bei der Exploration und Beobachtung des Kindes werden psychopathologisch bedeutsame Befunde festgehalten, eventuell durch strukturierte Interviews oder Fragebogen ergänzt. Eine somatische, neuropädiatrisch orientierte Befunderhebung beurteilt den körperlichen Zustand und prüft detailliert die wichtigsten Funktionen des Nervensystems. Bei der psychologischen Untersuchung werden Entwicklungsstand (Entwicklungstests), kognitive Leistungen (Intelligenztests) und spezifische Hirnfunktionen (neuropsychologische Tests), aber auch das affektiv-emotionale Verhalten erfasst (projektive Testverfahren). Gegebenenfalls sind spezielle Laboruntersuchungen, molekulargenetische Analysen und bildgebende Diagnostik (Magnetresonanztomographie, funktionelle Bildgebung etc.) notwendig. Die Ergebnisse der Diagnostik, an der im Allgemeinen verschiedene Fachdisziplinen – medizinische, psychologische, (heil)pädagogische – beteiligt sind, bilden die Grundlage für die Einordnung der festgestellten Störung; dabei sind die Kriterien des MAS zu berücksichtigen. Eine umfassende Diagnose muss gestellt sein, bevor geeignete Therapie- und Fördermaßnahmen individuell zu planen und durchzuführen sind.

Die Behandlung in der Kinder- und Jugendpsychiatrie muss wegen der komplexen Pathogenese psychischer Störungen differenziert, multimodal bzw. interdisziplinär sein.

Psychotherapeutische Verfahren orientieren sich meist an einer psychoanalytisch-psychodynamischen Sichtweise, sind problembezogen und werden in der Einzelsituation (bei Kindern vor allem als Spieltherapie) oder in Gruppen angewandt (Familientherapie etc.). Bei verhaltenstherapeutischen Verfahren wird in einem empirisch begründeten Vorgehen (Verstärkung, Imitation, Löschen, Entspannung etc.) eine Modifikation bzw. das Verschwinden bestimmter Symptome oder der Erwerb von Fähigkeiten und Fertigkeiten angestrebt, dies erfolgt wiederum in Einzel- oder Gruppensitzungen. Eine wichtige Rolle spielen auch körperzentrierte Methoden, z. B. die Mototherapie, da Kinder durch und mit Bewegung gut zu motivieren sind und in der Psychomotorik eine enge Beziehung zwischen Agieren und Empfinden angesprochen wird. Ärztlich oder psychologisch ausgebildete Kinderpsychotherapeuten sowie Mototherapeuten können entsprechende Aufgaben auch in freier Praxis übernehmen.

Die Psychopharmakotherapie mit Neuroleptica, Antidepressiva oder Stimulantien muss bei Kindern besonders kritisch eingesetzt werden und wegen der oft nicht absehbaren Langzeitwirkungen einer strengen Indikationsstellung unterliegen. Oft kann aber nicht darauf verzichtet werden, vielfach sind psychotherapeutische oder pädagogische Maßnahmen erst dann möglich, wenn gestörtes oder stark auffälliges Verhalten durch die Gabe eines Medikamentes gebessert ist. Für die Behandlung von psychotischen Erkrankungen bleiben Psychopharmaka, hauptsächlich Neuroleptica, vor allem solche der neuen Generation, und Antidepressiva notwendig, um eine Besserung zu erreichen. Auch bei affektiv-emotionalen Störungen, z. B. bei Zwangserkrankungen, werden Medikamente, z. B. Serotonin-Wiederaufnahme-Hemmer, erfolgreich eingesetzt.

Eine wichtige Rolle spielt die Behandlung mit den Psychostimulantien Methylphenidat, Amphetamin oder Atomoxetin bei AD(H)S bzw. HKS, allerdings immer nur im Rahmen eines multimodalen Therapieplanes. Eine gute Tradition für die Kinderpsychiatrie hat seit jeher eine enge Zusammenarbeit mit der Heilpädagogik, Sonderpädagogik und Sozialpädagogik bzw. Sozialarbeit. Von der Frühförderung über die Betreuung im Kindergarten bzw. bei der schulischen Erziehung und in beschützenden Einrichtungen haben diese Fachdisziplinen wichtige Aufgaben bei der multimodalen Behandlung zu übernehmen.

Die Notwendigkeit einer stationären Therapie wird von der Schwere und Chronifizierung psychischer Störungen bestimmt, auch von der möglichen Selbst- oder Fremdgefährdung. Für langfristige Betreuung sind weitere Einrichtungen nötig, z. B. Rehabilitationskliniken, Heime oder sozialpsychiatrische Zentren, auch Tages- oder Nachtkliniken. Als gemeindenahe Maßnahme hat sich seit vielen Jahrzehnten die Kooperation mit Erziehungsberatungsstellen oder ärztlich-pädagogischen Beratungsstellen bewährt. Damit wird einer Forderung der Psychiatrie-Enquête von 1975 Rechnung getragen.

Die forensische Tätigkeit der Kinder- und Jugendpsychiatrie erstreckt sich vor allem auf familienrechtliche (Aufenthaltsbestimmungs- oder Sorgerecht, Adoption und Pflege) sowie auf strafrechtliche Fragen (Beurteilung der Glaubwürdigkeit oder Strafmündigkeit). In Gutachten sind besonders entwicklungspsychiatrische Gesichtspunkte zu berücksichtigen. Misshandlung oder Vernachlässigung von Kindern erfordern gemeinsame Anstrengungen mit Jugend- und Gesundheitsämtern sowie speziellen Einrichtungen zur Hilfe für betroffene Kinder und ihre Familien (Kinderschutzbund, Wildwasser).

Zunehmend bedeutsam sind auch Maßnahmen der Prävention, vor allem bezüglich der Gefahren durch Drogenabhängigkeit oder Alkoholmissbrauch, auch wegen der zunehmenden Gewaltbereitschaft unter Jugendlichen. In „Leitlinien" sind die wesentlichen diagnostischen und therapeutischen Aufgabenbereiche des Faches dargestellt und werden ständig aktualisiert. Durch das Erfordernis einer kontinuierlichen Qualitätskontrolle, auch im Sinn der Evidence-based Medicine, spielt die Evaluation in der Kinder- und Jugendpsychiatrie eine wichtige Rolle.

Ausblick

Durch weitere Fortschritte im Bereich der neurobiologischen und molekulargenetischen Forschung dürften in den nächsten Jahren neue Erkenntnisse auch über die Entstehung, den Verlauf und die Behandlung von psychischen Störungen bei Kindern zu gewinnen sein. Dabei müssen allerdings immer die umweltabhängigen Faktoren in geeigneter Weise einbezogen werden. Dies verbietet jede monokausale Betrachtung und erfordert bei der Analyse von komplexen Zusammenhängen den Einsatz geeigneter statistischer Methoden. Eine enge Zusammenarbeit der verschiedensten Fachdisziplinen ist dabei entscheidend. Wichtige Impulse werden auch von der Entwicklungspsychologie zu erwarten sein, vor allem von der Bindungsforschung und empirischen Verhaltensanalyse früher Interaktionen zwischen Eltern und Kind. Die Ergebnisse könnten unmittelbar für geeignete Interventionsmaßnahmen nutzbar gemacht werden.

Als Grundlage für therapeutische Maßnahmen sind epidemiologische Studien nötig. Auszubauen sind vor allem alle Möglichkeiten der ambulanten Hilfe für Kinder mit psychischen Störungen sowie präventive Bemühungen. Es kommt dabei darauf an, die nach der ICF (International Classification of Functions) geforderten Kriterien von Teilhabe, Partizipation und Inklusion zu beachten.

Kommentierte Literaturhinweise

Castell, Rolf/Nedoschill, Jan/Rupps, Madeleine/Bussiek, Dagmar: Geschichte der Kinder- und Jugendpsychiatrie in Deutschland in den Jahren 1937 bis 1961. Göttingen, Verlag Vandenhoeck und Ruprecht, 2003.
Dieses Buch enthält wichtige Hinweise auf die Zeit des Nationalsozialismus.

Eggers, Christian/Fegert, Jörg M./Resch, Franz (Hrsg.): Psychiatrie und Psychotherapie des Kindes- und Jugendalters. Berlin, Heidelberg, New York, Springer Verlag, 2005.
Ein modernes Standard-Lehrbuch.

Gastpar, Markus T./Kasper, Siegfried/Linden, Michael (Hrsg.): Psychiatrie und Psychotherapie. 2. Aufl., Wien, New York, Springer Verlag, 2003.
Ein aktuelles Lehrbuch.

Herpertz-Dahlmann, Beate/Resch, Franz/Schulte-Markwort, Michael/Warnke, Andreas (Hrsg.): Entwicklungspsychiatrie. Biopsychologische Grundlagen und die Entwicklung psychischer Störungen. Stuttgart, New York, Schattauer-Verlag, 2003.
Eine neue, entwicklungsbestimmte Sicht auf die Wurzeln des Faches und Konsequenzen für die Praxis.

Nissen, Gerhard/Fritze, Jürgen U./Trott, Götz F.: Psychopharmaka im Kinder- und Jugendalter. Ulm, Stuttgart, Jena, Lübeck, Gustav Fischer Verlag, 1998.
Eine kritische Darstellung der Bedeutung medikamentöser Therapie.

Payk, Theo R.: Psychiater. Forscher im Labyrinth der Seele. Stuttgart, Verlag W. Kohlhammer, 2000.
Eine umfassende und gut fundierte Darstellung geschichtlicher Zusammenhänge.

Petermann, Franz/Niebank, Kay/Scheithauer, Herbert: Entwicklungswissenschaft. Entwicklungspsychologie – Genetik – Neuropsychologie. Berlin, Heidelberg, New York, Springer Verlag, 2004.
Eine moderne Darstellung wichtiger Grundlagen.

Remschmidt, Helmut/Schmidt, Martin H. (Hrsg.): Kinder- und Jugendpsychiatrie in Klinik und Praxis. Band I: Grundprobleme, Pathogenese, Diagnostik, Therapie. Band II: Entwicklungsstörungen, organisch bedingte Störungen, Psychosen, Begutachtung. Band III: Alterstypische, reaktive und neurotische Störungen. Stuttgart, New York, Georg Thieme Verlag, 1985/1988.
Dieses Werk stellt eine umfassende Darstellung des gesamten Fachgebietes dar.

Steinhausen, Hans-Christoph: Psychische Störungen bei Kindern und Jugendlichen. 5. Aufl., München, Jena, Verlag Urban und Fischer, 2002.
Ein beliebtes Lehrbuch zu dieser Thematik.

Psychomotorik Josef Möllers

Etymologie

Unter „Psychomotorik" wird eine besondere Form der Bewegungserziehung oder -förderung verstanden, die Mitte der 1950er-Jahre in Deutschland entwickelt wurde und seitdem viel Einfluss auf (heil-)pädagogisches Denken und Handeln hat.
Der Ursprung lässt sich ableiten aus den Wortteilen Motorik (aus dem Lateinischen für „motor" = Beweger) und Psycho (aus dem Griechischen mit der Bedeutung für Seele, Gemüt). Motorik meint die Gesamtheit der vom zentralen Nervensystem kontrollierten Bewegungsvorgänge (vgl. Pschyrembel, 1997, S. 1042, S, 1314).

Ein Blick in die Fachliteratur zeigt, dass es eine Vielzahl von Bedeutungen und Umschreibungen des Begriffs „Psychomotorik" gibt und dass der Begriff in unterschiedlichen Zusammenhängen benutzt wird.
Einerseits kennzeichnet der Begriff das Zusammenwirken psychischer und motorischer Vorgänge, die enge Verknüpfung des Körperlich-motorischen mit dem Geistig-seelischen. Wenn etwa von der „psychomotorischen Entwicklung" des Kindes gesprochen wird, ist die Ganzheitlichkeit körperlich-seelischer Prozesse gemeint, denn an einer Bewegungshandlung ist immer die ganze Person beteiligt. Bewegung wird als Einheit von Erleben, Denken, Fühlen und Handeln gesehen. Bewegung ist Sprache, Kommunikationsmittel. Über Bewegung drückt das Kind seine Stimmungen und Gefühle aus, über Bewegung nimmt es Kontakt auf.

In der anderen Bedeutung – die hier auch vertreten wird – gilt Psychomotorik als Konzept der Entwicklungsförderung in der Folge der „psychomotorischen Übungsbehandlung" nach Kiphard. Der Begriff steht hier als Eigenname für ein pädagogisch-therapeutisches Verfahren, dieses nutzt die genannte Wechselwirkung psychischer und motorischer Prozesse und seine Hauptinhalte sind Bewegungsprozesse.

Eine weitere Bezeichnung für solche Fördermaßnamen über Bewegungsprozesse entstand im Zuge der Professionalisierung der Psychomotorik und der wissenschaftlichen Systematisierung (Fachgebiet der Motologie: Lehre von der menschlichen Bewegung, ihrer Entwicklung, ihren Störungen sowie deren Erfassung und Behandlung). Die früher weitgehend verwendeten Bezeichnungen wie „psychomotorische Erziehung" und „psychomotorische Übungsbehandlung" sind dabei ersetzt worden durch „Motopädagogik" bzw. „Mototherapie" (mit der Vorsilbe „Moto" als Wortteil für Motorik). Beide Begriffe realisieren als Anwendungsgebiete der Motologie das psychomotorische Konzept einer Erziehung bzw. Förderung durch Bewegung.
So wurden auch die Ausbildungsstätten „Fachschulen für Motopädie" genannt und die Fachkräfte erlangen dort den Abschluss als staatlich geprüfte Motopäden oder sind später in klinischen Einrichtungen als Mototherapeutinnen tätig.
Die Mototherapie bedient sich dabei ähnlicher Lerninhalte wie die Motopädagogik. Ihre Anwendung ist jedoch weit schwieriger, die Behandlung der Störung erfordert wesentlich mehr Kenntnisse über die zu betreuenden Personen und es müssen weit differenziertere didaktisch-methodische Maßnahmen getroffen werden. Die Diagnostik hat dort einen wesentlich höheren Stellenwert.

Der Begriff „Motopädagogik“ schien zunächst den der Psychomotorik zu ersetzen, heute werden jedoch beide Begriffe gleichrangig, wenn auch nicht immer gleichbedeutend gebraucht.
Hier soll im weiteren Verlauf der Begriff „Psychomotorik“ verwendet werden. Mit R. Zimmer (1999, S. 20) wird die Auffassung vertreten, dass im Gegensatz zu den Bezeichnungen „Motopädagogik“ und „Mototherapie“ der Begriff „Psychomotorik“ historisch gewachsener, international gebräuchlicher und letztlich inhaltlich klarer definiert ist. Auch weist dieser Begriff deutlich auf den Anteil des Wahrnehmens, Erlebens, Fühlens und Denkens bei Bewegungshandlungen hin und auf die Notwendigkeit, Bewegungshandlungen immer als ganzheitliche Äußerungen des Menschen zu betrachten.

Geschichte

Die Geschichte der Psychomotorik in Deutschland ist eng mit dem Namen Ernst J. Kiphard verbunden. Das Jahr 1955 gilt als Gründungsjahr des Psychomotorik in Deutschland. In diesem Jahr stellte sich Kiphard in der jugendpsychiatrischen Klinik in Gütersloh erstmals der Aufgabe, sensomotorisch entwicklungsgestörte und in ihrer psychomotorischen Entfaltung behinderte Kinder über das Mittel der Bewegung in ihrer Gesamtentwicklung zu fördern.

Sein Bemühen war es,:
„[...] einer damals noch weitgehend funktional-mechanistischen Auffassung von Motorik ein neues bewegungspädagogisches Leitbild entgegenzusetzen. Es ging uns heute wie damals darum, den Menschen, das Kind wieder in den Mittelpunkt sporterzieherischen Bemühens zu rücken. Statt einer Leistungs- und Produktorientiertheit, die häufig an den Bedürfnissen der Kinder vorbeigeht, statt einer Defektorientiertheit, die nur Makel, Störungen und Defizite sieht, setzen wir eine Erlebnis- und Persönlichkeitsorientierung, bei der sich die Kinder spielerisch frei und ungezwungen handelnd äußern und entwickeln können.“ (Kiphard, 1989, S. 12)

Kiphard wurde am 1. Dezember 1923 in Eisenach geboren. Schon früh entdeckte er das Turnen für sich, sein Leben ist bereits in der Jugendzeit vom Sport, Bewegung und von der Akrobatik geprägt.
Von 1954 bis 1957 studierte Kiphard an der Sporthochschule in Köln – neben Sport auch Philosophie, Psychologie und Pädagogik – und schloss das Studium 1957 als Diplom-Sportlehrer ab. 1976 promovierte er zum Dr. phil. an der Universität Bremen. Kiphard erzielte beeindruckende Erfolge an der Klinik in Gütersloh und später in Hamm. Schon früh konnte er eine Vielzahl an Veröffentlichungen über die Ergebnisse seiner Tätigkeit nachweisen, die ebenfalls große Aufmerksamkeit erlangten.
1980 erhielt E. J. Kiphard den Ruf als ordentlicher Professor für den Bereich „Prävention und Rehabilitation“ an das Institut für Sportwissenschaft der Universität Frankfurt. Er arbeitete dort bis zum Wintersemester 1989/1990.

Zwei bedeutende „Meilensteine“ in der Entwicklung der Psychomotorik sind hier noch zu nennen. Auf Initiative von Kiphard wird im Jahre 1976 der „Aktionskreis Psychomotorik“ als gemeinnütziger Verein in Hamm/Westfalen gegründet, ein bundesweiter Zusammenschluss von Bewegungsfachleuten, Ärzten, Therapeuten, Wissenschaftlern, die daran arbeiten, das Berufsfeld abzustecken, seine Inhalte zu bestimmen und lehrbar zu machen. Die Entwicklung und Konstruktion von motorischen Testverfahren für eine eigenständige Motodiagnostik wird vorangetrieben.

Ein zweites bedeutsames Ereignis ist die erste Motopädenausbildung (auf Fachschulebene) seit 1977 in Dortmund. Seit 2000 trägt die Schule den Namen Ernst-Kiphard Berufskolleg.
Heute existieren zahlreiche Fachschulausbildungen von ein- bis dreijähriger Dauer mit pädagogischen und therapeutischen Schwerpunktsetzungen in etlichen Bundesländern.

Im Laufe der Jahre werden für die Praxis besondere psychomotorische Übungsmaterialien erprobt und entwickelt, die dabei helfen können, die psychomotorischen Prinzipien umzusetzen. Einen hohen Beliebtheitsgrad erreichen bspw. Rollbretter, Schwungtuch, Sandsäckchen, Teppichfliesen, Schaumstoffbausteine, Schleuderrohre etc.

Die Idee der Psychomotorik beeinflusste allmählich auch andere pädagogische und therapeutische Fachgebiete. Besonders die überaus positiven Erfolge in der Praxis trugen zur schnellen Verbreitung bei. Die methodischen Prinzipien wurden zunehmend von der Heim- und Sonderpädagogik aufgegriffen. Zu den Einflussbereichen zählen weiter insbesondere die Frühförderung, die Kindergartenpädagogik, der Schulsportunterricht und hier insbesondere der Sportförderunterricht.

Den Aufbaustudiengang Motologie in Marburg gibt es seit 1983. Gegenwärtig befindet sich dieser in Umstrukturierungsprozessen. Weitere psychomotorische Schwerpunkte in universitären Ausbildungen zum Sonderpädagogen bzw. Diplom- (Heil-)Pädagogen und mehrere Fachhochschulstudiengänge für psycho-soziale Berufe und die Behindertenarbeit sind in den letzten Jahren hinzugekommen.
Auch als Unterrichtsfach in der Ausbildung von (heil-)erzieherischen Fachkräften wurde die Psychomotorik aufgenommen, bspw. in der Fachschule für Heilerziehungspflege und der Fachschule für Heilpädagogik.

Aktuelle Relevanz und theoretische Ansätze

Bei Bewegungshandlungen sind verschiedene Persönlichkeitsbereiche beteiligt und können die Entwicklung beeinflussen und im positiven wie im negativen Sinne wirken. Aufgrund der Vielfalt dieser Wirkungszusammenhänge sind gerade Bewegungserfahrungen besonders geeignet, heilpädagogische Bemühungen zu unterstützen. Bewegungsgelegenheiten fordern Kinder auch ohne Aufforderung durch Erwachsene zu Aktivitäten heraus, sie ermöglichen eine Vielfalt an Bewegungs-, Wahrnehmungs- und Sozialerfahrungen, sie bieten Raum und Zeit für variationsreiches und kreatives Gestalten und eigenständiges Erproben.

Ein wesentlicher Begriff, der **Zielsetzungen und Inhalte** der Psychomotorik umschreibt, ist der der Handlungsfähigkeit. Es geht um Förderung und Entwicklung einer weitgehend selbstständigen Handlungsfähigkeit, damit das Kind sich sinnvoll mit sich selbst und seiner Umwelt (Gegenstände, Materialien, andere Personen) auseinander setzen und entsprechend handeln kann.

Durch entwicklungs- und kindgemäße Übungsangebote sollen drei Kompetenzen erworben werden:

- **Ich-Kompetenz:**
  Sich selbst und seinen Körper kennen lernen, ihn wahrnehmen, erleben, verstehen, mit ihm umgehen können; vielfältige Körpererfahrungen zu ermöglichen, ist ein zentraler Bestandteil psychomotorischer Praxis.

- **Sach-Kompetenz:**
  Die Umweltgegebenheiten mit ihren Materialien, Geräten und Hindernissen wahrnehmen, sie erleben und verstehen; sich mit der Sachwelt auseinander setzen und sie gebrauchen können. Es werden Erfahrungen über die Eigenschaften, Beschaffenheit und Gesetzmäßigkeiten von Spielobjekten und Bewegungsgegenständen ermöglichst.

- **Sozial-Kompetenz:**
  Auf andere Personen eingehen, sie erleben und verstehen, mit anderen sinnvoll umgehen können, eigene Bedürfnisse aufschieben oder auch durchsetzen können. Es gibt in der Gruppe viele Anlässe und Situationen, Erziehungsziele wie Hilfsbereitschaft, Kooperation, Toleranz und Einfühlungsvermögen zu fördern. Manche Bewegungsspiele provozieren aber auch das Entstehen von Konkurrenzverhalten und Rivalität und sie verhindern die Integration Schwächerer. Wichtig ist deshalb eine entsprechende Auswahl der Spielinhalte, die Absprache und Gestaltung von Regeln und ein reflektiertes Erzieherverhalten.

Zur Erlangung der genannten Kompetenzen können für die Praxis drei entsprechende inhaltliche Schwerpunktsetzungen vorgenommen werden:
- Körpererfahrungen (ich bewege mich, werde bewegt),
- Materialerfahrungen (ich bewege mich an und mit Geräten),
- Sozialerfahrungen (ich bewege mich und spiele mit anderen).

In der Praxis wirken bei jeder Spiel- und Bewegungshandlung alle Aspekte gemeinsam. Jedoch können Schwerpunktsetzungen vorgenommen werden und einzelne Erfahrungsbereiche besonders hervorgehoben werden.

Seit der Entstehung der Psychomotorik haben sich ihre Anwendungsgebiete und Lerninhalte erweitert. In der Zwischenzeit gibt es nicht mehr „die" Psychomotorik. Mit der Verbreitung der psychomotorischen Gedanken differenzierten sich auch unterschiedliche **konzeptionelle Ansätze** heraus. Diese verfolgen zwar alle eine ganzheitliche Förderung von Menschen – meist mit Entwicklungsdefiziten, Bewegungsbeeinträchtigungen, Verhaltensproblemen oder Behinderungen –, sie haben aber doch verschiedene handlungsleitende Konzepte.
Die unterschiedlichen Ansätze und Positionen haben je ihre begründete Sichtweise der Entstehung und Bedeutung von Bewegungsstörungen, sie formulieren verschiedene Hauptziele der Förderung, woraus sich unterschiedliche Haupttätigkeiten der Teilnehmer und eine unterschiedliche Aufgabenstellung des Erziehers/Therapeuten ergeben. Jeder Ansatz hat auch seine Grenze und seine Schwächen, denn die Anforderungen in der Praxis können je nach Zielgruppe und Einsatzfeld sehr unterschiedlich sein. Es kann deshalb auch nicht um ein Entweder-oder gehen, sondern verschiedenartige Perspektiven können sich in der heilpädagogischen Praxis gut ergänzen (Ausführliche Darlegungen der verschiedenen Ansätze vgl. in: Zimmer, 1999 und Köckenberger/Hammer, 2004).

Bei den mehr funktionsorientierten Vorstellungen gilt Bewegung als ein mehr oder weniger gut koordiniertes, neurophysiologisch gesteuertes Geschehen. Aufgabe der Fachkraft ist es, auf Grundlage einer Diagnose symptomorientierte Förderprogramme aufzustellen, z. B. Koordinations-, Gleichgewichts- oder Wahrnehmungsschulung. Es werden Defizite oder Abweichungen in der Entwicklung festgestellt und die Rückstände sollen durch geeignete Übungsangebote abgebaut werden. Dazu gibt es in der Psychomotorik ein reichhaltiges Übungsgut. Haupttätigkeit des Kindes ist das Üben.

In anderen Positionen wird der Zusammenhang von Bewegung und Handlungsfähigkeit erkannt, vielseitige Bewegungs- und Wahrnehmungsmuster stellen eine wichtige Grundlage menschlicher Handlungsfähigkeit dar. Bei Entwicklungsstörungen scheinen Kinder zu wenige Wahrnehmungs- und Bewegungsmuster automatisiert zu haben und sie auch nicht flexibel genug einsetzen zu können, um sich an veränderte Umweltgegebenheiten anpassen zu können. Sie sind deshalb nicht genügend handlungsfähig und ziehen sich aus diesem Grund zurück oder kapseln sich ab. Eine Hauptttätigkeit des Kindes in den Übungsstunden ist hier das Experimentieren. Anstelle der „Behandlung" steht mehr ein Anbieten von vielseitigen und anregungsreichen, strukturierten Bewegungsangeboten im Vordergrund.

In einem weiteren Ansatz wird das Hauptproblem bei vielen Kindern in einem negativem Selbstkonzept gesehen, d. h. vor allem in dem mangelnden Zutrauen in die eigenen Fähigkeiten und den eigenen Wert. Da das Körperkonzept zentrales Merkmal des Selbstkonzepts ist, soll über geeignete Körper- und Bewegungserfahrungen versucht werden, das (negative) Selbstkonzept umzustrukturieren.

Vertreter des verstehenden Ansatzes gehen davon aus, dass Kinder in ihren Bewegungen, Körperhaltungen und Spielthemen etwas von sich zeigen. Bewegung wird hier als Phänomen aufgefasst, in dem sich das Kind ausdrückt und mitteilt. Eine Haupttätigkeit des Kindes in den Übungsstunden ist das Inszenieren von Spielhandlungen. Der Pädagoge/der Therapeut versucht, den Sinn des Spiels, der Bewegungshandlung zu verstehen. In dieser Ausdrucksmöglichkeit und in dem möglichen Gefühl, sich verstanden zu fühlen, werden wichtige förderliche und heilpädagogische Wirkungen gesehen. Die Verbesserung der Motorik wird nicht direkt angestrebt, sie geschieht aber meistens trotzdem und eher beiläufig, indem bei den Kindern eine größere Bewegungs- und Experimentalfreude ausgelöst wird.

Der systemischen Sichtweise wird in der jüngsten Zeit verstärkt Aufmerksamkeit geschenkt, damit wird eine weitere Perspektivenerweiterung vorgenommen. Der Ansatz wird entwickelt aus der Systemtheorie und dem Konstruktivismus, deshalb wird auch häufiger von der „systemisch-konstruktivistischen Sichtweise" gesprochen.
Mit der Systemtheorie wird versucht, den Menschen in seinen gesamten Beziehungsgefügen und Kommunikationsstrukturen zu betrachten. Auch auffälliges Verhalten ist demnach nur situativ und im zwischenmenschlichen Dialog zu erfahren und zu verstehen. Der Konstruktivismus betont die individuelle Realitätsauffassung des Menschen. Jeder Mensch konstruiert aus seinen Erfahrungen mit sich und seiner Umwelt, auch in den Bewegungs- und Spielprozessen, eine solche Wirklichkeit, wie sie seinen Wahrnehmungen entspricht.
Das Hauptaugenmerk der Pädagogin oder Therapeutin richtet sich in der systemisch orientierten Psychomotorik auf den partnerschaftlichen Dialog in der Fördersituation, um herauszufinden, welche Wirklichkeitskonstruktionen im Zusammenleben von Menschen zum Problem geworden sind und welche Veränderungen für eine mögliche Lösung entwickelt werden können.

Psychomotorische Entwicklungsförderung kann nur sinnvoll geleistet werden, wenn das jeweilige Fähigkeits- und Fertigkeitsniveau, das individuelle Leistungsvermögen und der individuelle Entwicklungsstand des Zu-Betreuenden als Ausgangspunkt für die (heil-)pädagogischen Überlegungen berücksichtigt werden. Um diesem Anspruch gerecht zu werden, ist es notwendig, über die **Motodiagnostik** entsprechende Informationen zu erheben. Entsprechend der psychomotorischen Grundideen ist es dabei

wichtig, nicht nur Informationen über das Bewegungsverhalten zu erhalten, sondern ebenso über das soziale Verhalten, die Bedürfnis- und Interessenlage und emotionale Befindlichkeiten und auch über die Lebenssituation, z. B. im System Familie.

Je nach zeitlichem Einsatz des Verfahrens kann die Bedeutung darin liegen,

- die Einleitung einer psychomotorischen Förderung/Betreuung zu begründen, etwa gegenüber Kostenträgern zu legitimieren,
- die Fördermaßnahme zu begleiten, um prozessbegleitend Inhalte, Ziele, Aufgaben abzustimmen, neu festzusetzen, zu verändern und
- die Bedeutung oder Effektivität der Entwicklungsförderung abschließend zu beurteilen, zu bewerten.

Für eine Motodiagnostik sind seit der Entstehung der Psychomotorik zahlreiche Instrumentarien zur Beobachtung, verschiedene Entwicklungsskalen und einige motorische Testverfahren entwickelt worden.

Zur Feststellung des Entwicklungsstandes eines Kindes eignet sich bspw. das Sensomotorische Entwicklungsgitter von E. J. Kiphard (2002) bzw. Ohlmeier (1997).

Um Beobachtungen in Bewegungs- und Spielsituationen genauer vornehmen zu können, helfen strukturierte Beobachtungsverfahren. Mithilfe von Beobachtungsbögen lassen sich die häufig in der Praxis vorkommenden psychomotorischen und sensomotorischen Störungsmerkmale erfassen. In anderen Verfahren sind die Beobachtungssituationen präzisiert und zudem spielerisch in Geschichten oder Märchen eingebunden. Auch können bspw. auf dem großen Trampolin Abweichungen im sensomotorischen Anpassungsprozess beobachtet und in einem Beobachtungsbogen festgehalten und ausgewertet werden.

Solche Verhaltens- und Bewegungsbeobachtungen (motoskopische Verfahren) können recht aufschlussreich sein. Sie sind zudem schnell und ohne viel Aufwand einsetzbar. Es ist damit aber immer ein hoher Anteil an Subjektivität verbunden. Deshalb werden auch motorische Testverfahren (motometrische Verfahren) angeboten, die ein hohes Maß an Objektivität und Zuverlässigkeit der Erfassung motorischer Merkmale für sich beanspruchen.

Der Körperkoordinationstest für Kinder (KTK) von Kiphard und Schilling (1974) ist eines der bekanntesten Testverfahren. Es kann benutzt werden für Kinder im Alter von fünf bis 14 Jahren.
Die geringe Anzahl der Aufgaben (vier) ist für den Praktiker sicherlich ein wichtiges Kriterium. Für die Bewältigung der Aufgaben werden Punkte/Werte vergeben. Die Auswertung der Rohwerte ergibt einen Motorik-Quotienten, der eine Klassifikation (hoch, gut, normal, auffällig, gestört) erlauben soll.

Durch solche standardisierten Aufgabenstellungen und detailliert festgelegten Untersuchungsbedingungen hoffte man, größtmögliche Objektivität der Ergebnisse zu erlangen. Es zeigte sich aber, dass die Aussagefähigkeit solcher Verfahren doch recht gering sein kann. Die Kritik richtete sich vor allem auf das beziehungslose Nebeneinander von Diagnose und Förderung und auf die Verwendung der Ergebnisse im Sinne einer Selektion. Nur selten ließen sich aus der Diagnose Hinweise für anschließende Fördermaßnahmen ableiten.

So vollzog sich ein Paradigmenwechsel in der Diagnostik: von der Klassifikation (z. B. durch Tests) hin zu einer individuellen Beobachtung mit der Hauptintention, Schwerpunkte der Förderung daraus zu gewinnen (Förderdiagnostik). Unter diesem Blickwinkel der Individualisierung sollten auch mehr die Stärken der Teilnehmer gesehen werden und individuelle Förderpläne erstellt werden können.

Mit dem „Diagnostischen Inventar motorischer Basiskompetenzen" DMB (Eggert/Ratschinski, 2000) wurde ein solches Modell entwickelt. Ziel der Diagnostik ist nicht die quantitative Messung und der Vergleich mit fiktiven oder realen Vergleichsgruppen, sondern die Bewertung der individuellen Veränderungen unter dem Einfluss einer individuell angepassten Intervention. Der Schwerpunkt liegt auf der Beobachtung und nicht auf der quantitativen Auswertung. Die Inventarien wurden von D. Eggert und Mitarbeitern auf weitere Untersuchungsfelder ergänzt: bspw. „Individuelle Entwicklungspläne" (IEP), Eggert, 2000.

Die in neuerer Zeit intensiv diskutierte systemisch-konstruktivistische Sichtweise hat vor allem auch Auswirkungen auf das diagnostische Vorgehen. Dabei wird gefordert, dass die Lebensumstände der Personen mit einbezogen werden müssen, auch die Beobachtungen im gewohnten Umfeld, in Alltagssituationen, im familiären Umfeld und in Einrichtungen.

Aus der Geschichte der Psychomotorik in Deutschland ist es begründet, dass in der Praxis mit dem psychomotorischen Förderangebot hauptsächlich Kinder (im Vorschul- und frühem Grundschulalter) angesprochen werden. Mittlerweile hat sich die Psychomotorik für verschiedene **Zielgruppen** und in vielen **Einsatzfeldern** vom Kleinkindalter bis hin zum Seniorenalter etabliert. Auch für besondere Erscheinungsbilder kindlicher Entwicklungsstörungen (z. B. Kinder mit Aufmersamkeits-Defizit-Syndrom oder mit Bewegungsängsten) wurden Praxiskonzepte entworfen.

Im Rahmen der Frühförderung und der Vorschulerziehung beruhen die besonderen Chancen der Psychomotorik auf der Wirksamkeit früher Anregungen und Erfahrungen. Auf der Grundlage der wechselseitigen Zusammenhänge von Bewegung und anderen Persönlichkeitsbereichen des Kindes lassen sich die Ziele der Frühförderung gut mit den Absichten und Prinzipien einer psychomotorischen Förderung in Verbindung bringen. Auch in (Sonder-)Kindergärten und in (Sonder-)Schulen lassen sich psychomotorische Fördermaßnahmen in vielen Bereiche mühelos integrieren und können die (heil-)pädagogischen Bemühungen in wertvoller Weise ergänzen.

Psychomotorik mit Erwachsenen hat sich in den vergangenen Jahren besonders in klinischen Anwendungsfeldern, insbesondere in psychiatrischen, psychosomatischen Institutionen und Einrichtungen für Menschen mit Abhängigkeitsproblematik etabliert (vgl. Hölter, 1993).
M. Eisenburger (2004) hat einen Beitrag vorgestellt, der dazu anhält, das psychomotorische Gedankengut auszuweiten und auf die Zielgruppe der Älteren und Alten zu beziehen. Sie hat dargelegt, dass die Prinzipien der Psychomotorik auch in der Lebensspanne „Alter" Gültigkeit haben und begleitend und unterstützend wirken können.

Auch außerhalb von pädagogischen Einrichtungen und Institutionen hat sich ein hoher Bedarf an Bewegungsförderung gezeigt. Der Mangel an geeigneten Förderangeboten hat dazu geführt, dass spezielle Psychomotorik-Vereine gegründet wurden, durch betroffene Eltern selbst und/oder durch Fachleute, die ein solches Angebot einrichten

wollten. Viele Vereine haben in den vergangenen Jahren eine hohe Professionalisierung erreicht, hauptamtliche Stellen eingerichtet und umfangreiche Fördermaßnahmen eingerichtet. In den Vereinen sind meist Motopäden beschäftigt, aber auch (Heil-) Pädagoginnen und Sportlehrer mit einer entsprechenden Zusatzqualifikation.
Gerade die Psychomotorik-Vereine waren es (und sind es auch heute noch), welche die Vielfalt und Buntheit der Psychomotorik in der Praxis ausmachen. Die Erfolge in der praktischen Arbeit und die Beliebtheit des Angebots bei den Kindern und deren Eltern hat zu weiteren Forderungen und Wünschen geführt und damit zur Verbreitung der Psychomotorik beigetragen.

Ausblick

Die stärkere theoretische Fundierung der Psychomotorik wird ein wesentliches Anliegen der Zukunft sein, um Begründungszusammenhänge weiter zu klären. Es wird um die Fortentwicklung der verschiedenen Ansätze gehen und um die Konsequenzen und Auswirkungen, die sich dadurch für die Praxis der psychomotorischer Förderung ergeben. Sinnvolle Ansatzpunkte können in zukünftigen Ergebnissen der Selbstkonzeptforschung gesehen werden, die bezüglich ihrer Bedeutung für die Psychomotorik diskutiert werden können.
In den Mittelpunkt rücken derzeit Erörterungen um die Resilienzforschung; in diesem Zusammenhang wird zunehmend die Frage gestellt, inwieweit der Gesundheitsbegriff zur Weiterentwicklung der Psychomotorik beitragen kann.
Mit der **Resilienzforschung** wird die Frage untersucht, wie Kinder es schaffen, unter extremen Umweltbedingungen nicht zu erkranken. Wer sich trotz widriger Umstände zu einem psychisch gesunden und aktiven Menschen entwickelt, gilt als resilient.
Resilienz ließe sich mit „psychischer Widerstandfähigkeit" übersetzen. Herauszuarbeiten, welchen Beitrag die Psychomotorik zu den Schutzfaktoren innerhalb eines Dreiecksverhältnisses von personaler, sozialer und umfeldbezogener Ressourcen leisten kann, ist sicherlich ein sinnvolles Anliegen (vgl. Fischer, 2003, S. 151).

In diesem Zusammenhang findet auch zunehmend eine Auseinandersetzung mit dem Ansatz der **Salutogenese** nach Antonowsky (1997) statt. Antonowsky fragt nicht, was krank macht, welche Risikofaktoren unsere Gesundheit bedrohen, sondern, was gesund hält, welche Schutzfaktoren dafür sorgen, dass wir trotz großer Belastungen gesund bleiben oder wieder gesund werden.

Wesentlich für den Standort des Menschen ist das Kohärenzgefühl (Antonowsky, 1997, S. 4ff.). Dazu muss er verstehen können („Verstehbarkeit"), Strategien zur Alltagsbewältigung besitzen („Handhabbarkeit") und seinem Leben Sinn abgewinnen können (Bedeutsamkeit). Der Kohärenzsinn, die persönlichen Erfahrungen und deren Bewältigung sowie die Ressourcen verändern sich kontinuierlich und wechselseitig. Auf diese Weise verändert der Mensch seinen Standort zwischen Gesundheit und Krankheit zu jedem Zeitpunkt des Lebens.

In der Fachdiskussion der Psychomotorik gibt es zahlreiche Bemühungen diesen Ansatz zu integrieren. Seewald (2003) sieht in diesem Konzept zahlreiche Verbindungsmöglichkeiten zu Themen der Motologie, etwa im Zusammenhang mit dem Selbstkonzept (Bedeutung der Selbstwirksamkeit) oder in Verbindung zu Erörterungen der Handlungskompetenz (Verfügen über genügend Wahrnehmungs- und Bewegungsmuster).

Haas (2003) und Eisenburger (Seele, 2004) stellen die Auseinandersetzung mit Gesundheit als zentrales Entwicklungsthema im Erwachsenenalter bzw. im Seniorenalter heraus.
„Die Kompetenzbereiche der Ich-, Sozial- und Sachkompetenz im Alter zielen ab auf die Stabilisierung und Stärkung der Person, damit diese die in diesem Lebensabschnitt anstehenden Daseinsthemen und Entwicklungsaufgaben besser bewältigen kann. Sie versuchen, Kompetenzen zu unterstützen, die ganz im Sinne Antonowsky's ‚personalen Ressourcen' wirken und persönliches Wohlbefinden erhöhen." (Eisenburger, Seele, 2004, S. 9)

In den letzten Jahren sind die Begriffe **Qualitätssicherung und Effektivitätskontrolle** verstärkt in die (fach-)öffentliche Diskussion der Heilpädagogik gelangt. Auch für die Anbieter psychomotorischer Interventionsmaßnahmen wird es daher immer wichtiger, die Effekte ihrer angebotenen Leistungen – im Einzelfall wie insgesamt – zu dokumentieren und eindeutig nachzuweisen. Zwar wurden bereits seit Mitte der 1950er-Jahre immer wieder Versuche unternommen, spezifische Wirkungen psychomotorischer Förderung zu belegen bzw. zu analysieren, die Zahl der insgesamt durchgeführten Untersuchungen auf diesem Gebiet ist allerdings bis zum heutigen Zeitpunkt relativ gering und deren Ergebnisse sind teilweise widersprüchlich.
Insgesamt betrachtet, werden der Psychomotorik mehr allgemeine, grundlegende und weniger spezifische Fördereffekte zugesprochen.

Ergebnisse verschiedener Effizienzkontrollen belegen etwa folgende positive Veränderungen:
- Anstieg der Körper- und Bewegungsbeherrschung,
- Verbesserung und Stabilisierung des Selbstwertgefühls,
- Anstieg des Aktivitätsniveaus und der Handlungsbereitschaft,
- Erhöhung der Motivation, Neugier und Begeisterungsfähigkeit,
- Verbesserung der Aufmerksamkeitsspanne und Konzentration,
- Verbesserung der Handlungs- und Verhaltenskontrolle,
- Erhöhung der sozialen Interaktion und Kommunikation (vgl. Kiphard, 2004, S. 41).

Die Erklärung für die genannten Wirkungen werden in den wesentlichen Grundprinzipien der Psychomotorik gesehen: Orientierung am Kind; positive Beziehungsgestaltung; Kommunikation als wesentliches Element der Förderung bei der Vermittlung von Inhalten, zur Bestätigung bzw. Rückmeldung an das Kind und zum gegenseitigen Austausch von Absichten, Gefühlen, Stimmungen, Empathie, Echtheit, Achtung gegenüber dem Kind; Transparenz des Vorgehens: Flexibilität im Sinne der Bedürfnisorientierung, konstante Reflexion des Verhaltens, Könnens, Vorgehens (vgl. Eggert/Reichenbach, 2004, S. 102).

In den nächsten Jahren wird es verstärkt darauf ankommen, die Effektivität durch entsprechende Studien und Untersuchungen präziser nachzuweisen.
Eine professionelle Qualitätsentwicklung und Qualitätssicherung verspricht das im Jahre 2004 veröffentlichte „System Psychomotorischer Effekte – Sicherung" (SPES). Es wurde konzipiert und entwickelt von einer Arbeitsgruppe aus Mitarbeitern der Katholischen Fachhochschule Mainz, des Instituts für Kinder- und Jugendhilfe in Mainz und von Vertretern aus Verbänden der Psychomotorik. Mit diesem Verfahren können die Verläufe psychomotorischer Interventionen in verschiedenen Einrichtungen dokumentiert und analysiert werden. Dies geschieht zu Beginn, im Verlauf und zum Ende einer Maßnahmen mit speziell hierfür entwickelten Erhebungsbögen.

Ein erster Zwischenbericht belegt, dass es im Verlauf der psychomotorischen Förderung sowohl bei den Defiziten als auch bei den Ressourcen zu einer positiven Veränderung gekommen ist (vgl. Klein/Knab/Fischer, 2005).

Kommentierte Literaturhinweise

Kiphard, Ernst J.: Motopädagogik, Psychomotorische Entwicklungsförderung, Bd. 1, 9. verb. Auflage, Dortmund, Verlag Modernes Lernen, 2001.
Der Autor gibt in dieser Veröffentlichung die Entstehungsgeschichte der Psychomotorik wieder und stellt die methodisch-didaktischen Grundlagen „seiner" psychomotorischen Übungsbehandlung vor. Zahlreiche motodiagnostische Verfahren werden vorgestellt. In dieser Auflage werden auch neuere Ansätze und Entwicklungen aufgenommen. Das Buch bietet vielfältige Übungsanregungen zur perzeptiven, motorischen sowie zur emotionalen und sozialen Entwicklungsförderung.

Eggert, Dietrich u. a.: Theorie und Praxis der psychomotorischen Förderung, Text- und Arbeitsbuch, Dortmund, Borgmann, 1995.
In dem Textbuch wird die Theorie der psychomotorischen Förderung dargelegt. Es werden vorliegende Forschungsergebnisse zur Wirksamkeit der Psychomotorik erörtert. Motodiagnostik wird als Förderdiagnostik ausführlich behandelt und Handlungsprinzipien, Organisationsformen, Handlungsfelder werden dargestellt.
Im Arbeitsbuch wird eine Vielzahl an Übungsbeispielen zur Körper-, Material- und Sozialerfahrung vorgestellt und nach verschiedenen Schwerpunkten gegliedert:
Gleichgewicht, Kraft, Ausdauer, Schnelligkeit, Gelenkigkeit, verschiedene Wahrnehmungsbereiche. Die Arbeit mit psychomotorischen Materialien und in psychomotorischen Erfahrungsräumen (Natur, Wasser, Klassenraum) wird ebenfalls an Beispielen verdeutlicht.

Zimmer, Renate: Handbuch der Psychomotorik – Theorie und Praxis der psychomotorischen Förderung von Kindern, Freiburg im Breisgau, Herder, 1999.
In diesem Band gibt die Autorin einen umfangreichen, verständlichen Abriss der Entwicklungen, Tendenzen und der konzeptionellen Ansätze in der psychomotorischen Arbeit mit Kindern. Sie beschreibt Selbstkonzept und Identität als Schlüsselbegriffe dieser Förderung. Auch zur Diagnose, zu den Zielgruppen und Einsatzbereichen psychomotorischer Förderung werden umfassende Erläuterungen gegeben. Zahlreiche Praxisbeispiele verdeutlichen das Anliegen der Psychomotorik.

Köckenberger, Helmut/Hammer, Richard (Hrsg.): Psychomotorik – Ansätze und Arbeitsfelder, Dortmund, Verlag Modernes Leben, 2004.
Von den Herausgebern und den weiteren Autoren werden aus verschiedenen Blickwinkeln aktuelle Themenschwerpunkte der Psychomotorik vorgestellt. Dabei werden im ersten, eher theoretischen Teil die unterschiedlichen Ansätze entwickelt und begründet. Breiten Raum nehmen dabei die Erläuterungen des verstehenden Ansatzes und der systemischen Sichtweise ein. Im zweiten Teil werden aus Sicht der Praktiker Arbeitsweisen in zahlreichen Arbeitsfeldern vorgestellt, wobei die Vielfalt der Psychomotorik deutlich sichtbar wird.

Rhythmik

Werner Rittmann

Etymologie

Rhythmus ist in musikalischer Hinsicht eine durch akustische Impulse vielfältig gestaltete Zeit. Rhythmus erweckt die Regelmäßigkeit von betonten und unbetonten Zählzeiten, die wir als Takt bezeichnen, zum Leben. Viele der musikalischen Eindrücke, die wir in uns tragen, sind durch einen unverkennbaren Rhythmus gekennzeichnet. Die Eingangstakte von Beethovens Fünfter Sinfonie oder Mungo Jerrys „In the summertime" sind markant und belegen, wie eindrücklich und dauerhaft die Wirkung von Rhythmen sein kann. Diese Form von musikalischer Ausdruckskraft, die der Rhythmus in sich birgt, entsteht durch die sich verdichtenden und sich entspannenden, also weniger dicht werdenden Impulse vor dem Hintergrund der Gleichförmigkeit des Taktes. Rhythmen sind vielfältig und abwechslungsreich und erklingen auf Grundlage eines Taktes als mitempfundene, aber nicht hörbare Bezugsgröße.

Der Begriff **„Rhythmik"** öffnet die Lebhaftigkeit des Kontrastes zwischen Spannung und Entspannung hinsichtlich unterschiedlicher Bereiche musikalischer Erziehung, körperlicher Entwicklung und heilpädagogischer Förderung. Ein musikalischer Impuls wird als Gestaltungsanlass erlebt, der den Menschen mit und ohne Behinderung zur Reaktion und zu einer Handlung auffordert. Diese kann sich auf unterschiedliche Erfahrungen beziehen wie bspw. auf die Förderung sensorischer Fähigkeiten durch die Motorik oder auf die kommunikativen Fähigkeiten durch die Interaktion in einer Gruppe. Handlungen der Rhythmik beziehen sich aber auch auf die Gestaltung von Sprache oder die Entwicklung kreativer Fähigkeiten in Form von musikalischer Improvisation, der Erfindung von Musik oder Bewegung aus dem Stehgreif. Anlass des Erlebens und Gestaltens ist eine erfahrene musikalische Spannung und ihr Ausgleich durch eine umgesetzte (transformierte) Bewegung. Rhythmik ist dabei gleichermaßen ein inhaltlicher (Welche musikalische Erfahrung wird gestaltet?) wie methodischer Ansatz (Wie kann diese Erfahrung vermittelt werden?).

Beispiel 1:
„Kreis und Reihe sind Formen, die dem Erwachsenen bekannt sind. [...] Die Schüler stehen im Raum verteilt. Metrische Geräusche (Lehrer: schlagen auf Holz, Trommel, schnalzen, klatschen usw.) sollen von den Schülern in gerade, straffe Bewegungen umgesetzt werden. Das kann in allen Körperstellungen (Stand, Sitz, Bodenlage) und in der Fortbewegung geschehen. Die Raumwege sollen gerade sein. [...] Klänge anderer Art (Becken, Gong, Legato-Melodien, singen, summen) sollen zu runden, weichen Bewegungen anregen: jeder bewegt sich entsprechend, die Raumwege sollen als Bogen, Kreise, Kurven erscheinen." (Glathe, 1989, S. 31)

Beispiel 2:
Heranführung an einen Kontrabass: Fünf Kinder im Alter zwischen zwei und sechs Jahren hören zunächst der Walking-Bass-Figur eines Kontrabasses zu. Sie geraten unwillkürlich in Bewegung, begleiten mit Körperinstrumenten und lassen in ihrer Begeisterung erkennen, dass einigen von ihnen diese musikalische Stilrichtung schon begegnet ist. Anschließend wird der Kontrabass auf den Boden gelegt und die Kinder beginnen zögernd und nacheinander mit der Erkundung des Instrumentes. Aus einem Befühlen und Ertasten wird ein vorsichtiges Beklop-

fen und Ausloten der Resonanzräume des Instrumentes, bis die Kinder schließlich nebeneinander kniend entlang der Mensur des Basses die Saiten im jeweils individuellen Rhythmus anreißen und einen Klangteppich tiefer Töne darstellen.

Die Fallbeispiele belegen die Vielfältigkeit musikalisch-rythmischer Aktivitäten, in deren Mittelpunkt immer das wahrnehmende, entscheidende und agierende Individuum steht. Orientierung und Handlungsanlass bieten beim ersten Beispiel die Wahrnehmungspole harter oder weicher Klang, regelmäßiger oder unregelmäßiger Impuls und die Umsetzung einer geraden oder rund geführten Bewegung. Bestandteil einer rhythmischen Erziehung ist hier aber auch die Annahme von Verabredungen, die Entscheidung hinsichtlich der Bewegungsausrichtung und Koordinierung der eigenen Richtung mit der der anderen Teilnehmer. Neben angeleiteten und hierarchisch strukturierten Übungen werden rhythmische Erfahrungen auch selbst entdeckend und selbst bestimmend gemacht. Der Lernprozess der Kinder ist durch ihre Neugier angestoßen, der Bewegungsimpuls zum Walking-Bass ist in der Musik selbst verhaftet und in der vorbehaltlosen Reaktion der Kinder, sich frei zu bewegen. Nachdem der Kontrabass den Kindern angeboten wird, imitieren sie die Anschlagshand des Bassisten und finden sich in einer musikalischen Rolle wieder, die sie begeistert. Sie erfreuen sich an der entdeckten musikalischen Handlung, die sich in Form von Körperbewegungen und der Artikulierung von Lauten ausdrückt.

Beide Übungen beinhalten grundlegende Prinzipien der Rhythmik: sie verlangen von den Teilnehmern eine Orientierung im Raum, sie haben eine einheitsstiftende Funktion hinsichtlich der Handlung der Teilnehmer, eine ökonomische Funktion im Sinne von Entlastung vom Alltag, eine Lustfunktion sowie eine sozial verbindende, kommunikative Funktion (nach Glathe, 1989, S. 15f.).

Geschichte

Der Begriff „Rhythmik" entsteht zu Beginn des 20. Jahrhunderts. Er ist eine Reaktion auf die zunehmend körperfeindliche Industrialisierung und Mechanisierung des Lebens durch die Technik. Die Anhänger der Rhythmikbewegung sind der Meinung, dass sich aus der Wechselwirkung zwischen musikalischem und körperlichem Rhythmus bessere Bedingungen für das Erlernen von musikalischen Fertigkeiten ergeben und dass psychische wie physische Körpervorgänge und -entwicklungen natürlicher verlaufen. Die Rhythmikbewegung ist ähnlich wie zeitgleich der Expressionismus in der Kunst und Literatur eine Gegenbewegung zur etablierten konventionellen Lehre in der Musikvermittlung, welche die Subjektivität und Individualität des künstlerischen Ausdrucks favorisiert.

Emile Jacques-Dalcroze (1865–1950) nutzt erstmals den Begriff „Rhythmik" für seine Methode des „musikalischen Ausdrucks": Er unterrichtet Musiker und versteht darunter experimentelle Gestaltungen von Musik durch die Arbeit mit Gesten, durch die rhythmische Gymnastik und den Gesang. Ab 1892 entwickelt er in Genf als Musiker, Schauspieler, Komponist und Hochschullehrer diese Methoden zur singenden, körperlichen und spielerischen Aneignung von Musik und beschreitet damit erstmalig alternative Methoden der Musiklehre.

Elfriede Feudel (1881–1966) überträgt als seine Schülerin die rhythmischen Methoden in die Pädagogik und entwickelt die rhythmisch-musikalische Erziehung zu einem allgemein gültigen Erziehungsprinzip. Musik ist ihr nicht nur fachliches Ziel, sondern ein Mittel der Erziehung.

„Im Grunde versteht sich die Rhythmik als eine Vorform oder Grundform der Bildung, als eine musische Bildungs-Propädeutik, in der die Verknüpfung des Ichs mit der Welt erfahren werden soll. Hier entdeckt man, hier spürt man auf, hier erstaunt man und gelangt zu eigenem Tun, hier verbinden sich im Handeln körperliche und geistige Wachheit." (Feudel, 1965, S. 179)

Ein Beleg aus der Praxis zu dieser Aussage von einer der Theoretikerinnen der Rhythmik findet sich im zweiten Fallbeispiel wieder, die Kinder entdecken und staunen hier ganz im Sinne Feudels. Das erste Fallbeispiel hingegen ruft Kritiker auf den Plan: Gehorsam und Disziplin der hierarchisch angelegten Raum-Übung sind ihrer Meinung nach bereits in den 60er-Jahren des letzten Jahrhunderts nur bedingte Bildungsziele der Rhythmik. Der Übung fehlen Gestaltungs-Frei-Räume, die der Vielfalt musikalischer und klanglicher Wahrnehmung entsprechen.

Mimi Scheiblauer (1891–1968) ist ebenfalls Schülerin von Jacques-Dalcroze und führt die Rhythmik in die Heilpädagogik ein. Seit den 20er-Jahren des letzten Jahrhunderts arbeitet sie mit dem ersten Inhaber eines Lehrstuhls für Heilpädagogik, Prof. Heinrich Hanselmann, in Zürich zusammen. Während Jacques-Dalcroze die Rhythmik zur musikalischen Ausbildung von Studenten nutzt, und Elfriede Feudel Rhythmik als Bestandteil der Pädagogik versteht, entwickelt Mimi Scheiblauer rhythmische Fördermaßnahmen für Menschen mit Behinderungen und von Behinderung bedrohten Menschen. Sie arbeitet in einer psychiatrischen Klinik und verschiedenen Einrichtungen der Behindertenhilfe. Bestandteil ihres Rhythmik-Konzeptes ist die Existenz einer tragfähigen Beziehung zu den zu fördernden Menschen und deren Entwicklung von Selbstständigkeit und von Eigeninitiative. Dies sind Aspekte heilpädagogischer Arbeit, die damals wie heute einen hohen Stellenwert haben. Scheiblauer nutzt ein einfaches elementares Instrumentarium (Rasselbüchsen, Schlaghölzer, Seile, Klötze etc.) und löst damit minimale Bewegungsimpulse aus. Durch die Reduzierung des Materials geraten die Impulsgeber allerdings eher zu akustischen Signalen als zu musikalisch bewegenden Anstößen. Damit formt Scheiblauer die Rhythmik zu einer Methode, die Menschen mit Behinderung in einer Aneignung komplexer musikalischer und bewegender Erfahrungen auch *einschränken* oder *behindern* kann.

Rhythmik im Kontext musikpädagogischer Entwicklungen

Die moderne Musikpädagogik greift neben der Rhythmik auch die Entwicklungen von Musik der verschiedensten Musikrichtungen auf (sachbezogener Aspekt). Zudem arbeitet sie auf der Grundlage der sozialen und musikalischen Bedingungen, in denen Menschen mit und ohne Behinderung leben (adressatenbezogener Aspekt). Die Frage von Elfriede Feudel, inwieweit Rhythmik als ein Mittel der Erziehung und Förderung dienen kann, ist an die Musikpädagogik gleichermaßen zu richten.

Schon Friedrich Fröbel (1782–1852) kennt die enge Verknüpfung zwischen kindlicher Entwicklung und musikalischer Impulssetzung. Bewegungsspiele und Lieder werden von ihm zur Schulung des Rhythmusgefühls und des Gemeinschaftserlebnisses begriffen. Carl Orff (1895–1982) verknüpft in seiner musikpädagogischen Konzeption Bewegung und Gesang mit szenischer Darstellung und nutzt dazu das nach ihm benannte Orff-Instrumentarium.

Dabei handelt es sich um so genannte *elementare Instrumente* (Stabspiele: Xylophone, Metallophone, Glockenspiel, verschiedene Schlaginstrumente, Gitarren, Blockflöten und Streichinstrumente, die einfache musikalische Bausteine spielen etc.), die auf Anhieb und ohne weitere musikalische Vorbildung spielbar sind. Als Grundlage zum Musizieren sind die Fähigkeiten von Bedeutung, über die Kinder und Erwachsene mit und ohne Behinderung verfügen. Elementare Instrumente bedürfen keiner spielerischen Mindestanforderung, sie lassen aber die Entwicklung musikalischer und gestaltender Fähigkeiten zu.

Musikpädagogische Tendenzen der Gegenwart sind geprägt von den breiten gesellschaftlichen und medialen Entwicklungen, die sich in der Musik vollziehen. Die Vielfalt musikalischer Erscheinungsformen und Nischen hat sich besonders durch technische Mittler entwickelt und ist allerorts rezipier- oder produzierbar. Das betrifft die Verfügbarkeit von digitalen Tonträgern und das dazugehörige Abspielformat (z. B. CD, MD, MP 3) oder die Gestaltung von Musik durch digitale Musikinstrumente wie Keyboards und Musik-Programme, die am PC angewendet werden. Die Verfügbarkeit von Musik erlaubt ein hohes Maß an Selbstbestimmung und die Entwicklung vielfältiger Gedanken- und Innenwelten, die Rückzugsräume für die Hörer darstellen können oder als Mittel von Selbstdarstellung und Kommunikation gelten. Hier haben sich Formen rhythmischer Impulssetzung entwickelt, die im Kontext von Beziehungsarbeit von Heilerziehungspflegern und Heilpädagoginnen aufgegriffen und zu Fördermaßnahmen geführt werden können. Der Gedanke von Elfriede Feudel, die Rhythmik als ein Mittel der Erziehung zu begreifen, kann im Zusammenhang der aktuellen gesellschaftlichen Hinwendung zur Musik weitergeführt werden.

Musiktherapie und Rhythmik

Die Musiktherapie befasst sich mit den körperlichen, psychischen, vegetativen und spirituellen Auswirkungen, die bestimmte Eigenschaften von Musik auf den Menschen haben. Die günstigen Eigenschaften, die Musik auf die menschliche Entwicklung haben kann, sind schon seit der Antike und dem Mittelalter bekannt. Seit den letzten Jahrzehnten entwickelt sich die Musiktherapie als wissenschaftliche Disziplin mit unterschiedlichen Orientierungen (heilpädagogisch, psychotherapeutisch, medizinisch oder anthroposophisch). Die Verstehensansätze beziehen sich auf den symbolhaften Gebrauch von improvisierter Musik und lassen durch diese Ausdrucksform Rückschlüsse und Interpretationen auf Anamnese, Ist-Zustand und weitere Entwicklung bzw. Heilung von Erkrankungen zu. Methodisch kann die Improvisation als nicht-sprachliche Ausdrucksform und das Gespräch über die musikalische Gestaltung als Reflexion zum Begreifen des Gesundheitszustandes verstanden werden.

„Musiktherapie stützt sich auf die Realität eines der Grundelemente der Musik, auf den Rhythmus. Musiktherapie ist die einzige psychotherapeutische Behandlungsform, die sich auf den metrischen – im Gegensatz zum periodischen – Rhythmus stützen kann." (Loos, 1982, S. 253 ff.)

Rhythmische (metrische) Eigenschaften der Musik stellen ein Bindeglied zu zyklischen (periodischen) Lebensrhythmen dar. Die positive Beeinflussung der Gesundheit durch die Musiktherapie ist damit eine originäre Frage der Rhythmik.

Aktuelle Relevanz und theoretische Ansätze

Aktuelle Relevanz im Berufsprofil Heilpädagogik/Heilerziehungspflege

Rhythmische Angebote und Fördermaßnahmen mit heilpädagogischen Zielsetzungen können sich gleichermaßen auf die Bereiche Rhythmik, Musikpädagogik und Musiktherapie stützen. Heilpädagogen und Heilerziehungspflegerinnen erfahren in ihrer Ausbildung rhythmische Grundqualifikationen, bringen aber im Kontext ihrer Beziehungsarbeit zu Menschen mit Behinderung ihre eigene musikalische Sozialisation und Lebenswelt mit in die relevanten Arbeitsfelder Wohnbereich, Werkstatt, Psychiatrie etc. Hier beziehen sie ihren Standpunkt und vergleichen die musikalische Wertschätzung des Menschen mit Behinderung mit der eigenen. Im Rahmen der Unterbreitung musikalischer Angebote, z. B. als Freizeitgestaltung oder der Teilhabe am kulturellen Leben, greifen sie auf musiktherapeutische und musikpädagogische Ansätze zurück. Die Begleitung von Menschen mit Behinderung bedeutet nicht nur bspw. die Gestaltung einer delegierten rhythmischen Fördermaßnahme (co-therapeutischer Ansatz) oder ein rhythmisches Angebot auf der Grundlage eigener Beobachtung. Musik ist auch als Medium der Selbstdarstellung des Menschen mit Behinderung zu verstehen, mit dem dieser persönliche Bedürfnisse artikulieren kann oder Befinden äußert, und über das der Heilerziehungspfleger seine pädagogischen Schritte ableiten kann.

Heilpädagogische Tätigkeiten in den musikalischen Bereichen		
Rhythmik	**Musikpädagogik**	**Musiktherapie**
Heilpädagogin regt Übungen für das Klientel an, erfährt auch Übungsvorschläge durch einen Rhythmiker, beobachtet und evaluiert Fortschritte des Klienten	Dialogischer Austausch von musikalischen Lebenswelten	Klient oder Patient artikuliert sich musikalisch, Darstellung von Innenwelten, Beobachtung von musikalischen Äußerungen, Pädagoge und Therapeut treten in einen musikalischen Dialog oder verbalen Austausch
Gezielte Förderung durch rhythmische Maßnahmen	Musik als Ausdruck kultureller Teilhabe	Austausch bei Mitteilungsbedürfnis, Begleitung durch Gespräche
Emotionale Berührung im Zusammenhang von Fördermaßnahmen	Beiderseitige emotionale Berührung und Austausch, Darstellung von Persönlichkeit, der Heilpädagoge nimmt sich aufgrund seiner Professionalität zurück	Darstellung von Emotionalität und Seelenleben, Schlussfolgerungen hinsichtlich der Entwicklung von Befindlichkeiten

Aktuelle theoretische Ansätze

Die Auswahl der im Folgenden dargestellten theoretischen Ansätze bezieht sich jeweils auf ein Erfahrungsfeld, bei dem die Rhythmik ein maßgeblicher Träger der Konzeption ist: auf die Steuerung körperlicher und geistiger Prozesse (rhythmisches Prinzip), auf die Auswirkungen der Musik in uns (Komponenten der Musik) und die Möglichkeiten zur Umsetzung erlebter Musik (Handlungsorientierung).

Isabelle Frohne-Hagemann: Rhythmisches Prinzip

Die Allgegenwärtigkeit von Rhythmen in biologischen, physiologischen, psychischen und sozialen Zusammenhängen steuern die menschliche Entwicklung und unser aktuelles Dasein. Auch die beiden Gehirnhemisphären unterliegen einer rhythmischen Steuerung: man unterscheidet die logisch-lineare (linkshemisphärische) und die intuitiv-ganzheitiiche (rechtshemisphärische) Gehirnhälfte. In unserer Kultur besteht die Tendenz, die Leistungen beider Hirnhälften zu trennen: Entweder wir denken in sich wiederholenden, stark rational geprägten Zusammenhängen (z. B. beim Lösen einer Mathematikaufgabe, linke Hirnhälfte) oder wir formen unsere Gedankenwelt als übergreifende Sinn- und Bedeutungseinheiten (z. B. beim Hören eines Musikstückes, rechte Hirnhälfte). Das rhythmische Prinzip strebt die gleichberechtigte Nutzung der verfügbaren Ressourcen beider Hirnhälften an. Eine Verknüpfung entwickelt sich, wenn bei der Beobachtung von rational geprägten Fakten (linkshemisphärisch) sich der Wahrnehmende in Beziehung zum Geschehen (rechtshemisphärisch) setzen kann. Im Fall einer Erkrankung sind bspw. diagnostische Erkenntnisse der Medizin in Zusammenhang mit dem aktuellen und lebensgeschichtlichen Kontext des Patienten zu bringen.

„Damit ist rhythmische Forschung, rhythmisches Erkennen, ja rhythmisches Leben ein hierarchisch gegliedertes Geschehen: Jede erreichte Ganzheit ist gleichzeitig Teil eines neuen Spannungsfeldes, in welchem man um den rhythmischen Ausgleich ringt. Dies ist ein lebenslanger Prozess, weil er das Leben selbst ist. Alles bleibt im Fluss und jede Wahrheit ist nur Teil einer anderen Wahrheit." (Frohne-Hagemann, 1996, S. 333)

Übertragen auf das Arbeitsfeld Heilpädagogik bedeutet dies einen geistigen und/oder körperlichen Zustand eines Klienten als ein rhythmisches Entwicklungs- und Erfahrungsmuster zu begreifen. In einer zunächst rezeptiven Stellung und auf Grundlage von Beobachtung wendet sich der Heilpädagoge in Form rhythmischer Prozesse der Annäherung und der Distanzierung seinen Verhaltensweisen zu und entwickelt Verständnis für vorgefundene Ausdrucksmuster. Mit dem Einlassen in einen Prozess werden damit keine kurzfristigen, von außen gesetzte Ziele verfolgt, sondern es wird der Weg zum Ziel erklärt, der erst am Ende eines Zyklusses evaluiert wird. Der musikalische Rhythmus ist in dieser Prozesshaftigkeit nur ein denkbarer Ausdruck von Rhythmus.

Fritz Hegi: Komponenten der Musik

Nach dieser musikbezogenen Auffassung teilt sich die Musik in die fünf Komponenten Rhythmus, Klang, Melodie, Dynamik und Form. Die Abspaltung eines Teiles ermöglicht einen methodischen Zugriff auf die Komponente. Die Zusammenfügung aus Einzel-*Komponenten* schafft die *Komposition,* die in musikalischem Ausdruck und in der Wirkung mehr ist als die Summe der Einzelkomponenten. So erfährt das Kunstlied „Am Brunnen vor dem Tore" (Franz Schubert) durch die Zusammenfügung seiner Komponenten die künstlerische Gestalt, die es in seiner Thematik und Innigkeit zeitlos macht, und die mehr ist als die einzelnen Bestandteile des Liedes. Wenn wir das Lied hörend oder musizierend bzw. singend neu schaffen, tun wir dies, indem wir seinen künstlerischen Ausdruck am Beispiel ausgewählter Komponenten nachvollziehen.

In ihren gestaltenden und in den interpretierenden Dimensionen verfügen die Komponenten über eine jeweils individuelle Ausdrucksfähigkeit. Der **Rhythmus** hat ein unmittelbares Potenzial, er kann sich kraftvoll entladen oder er kann dezent begleiten. Methodisch ist er z. B. durch das Trommeln auch voraussetzungslos darstellbar. Seine unmittelbare Körperlichkeit erlaubt dem Beobachter einen Rückschluss auf die authentisch dargestellte psychische Verfassung des Trommelnden. In der Entfaltung von **Klängen** entstehen spontane Assoziationen, werden Bilder und Erfahrungen evoziert, deren Auffassung durch den Klienten im Gespräch gedeutet oder in der Darstellung vom Heilerziehungspfleger beobachtet werden kann. Klänge werden nicht nur durch Musikinstrumente präsentiert, sondern haben durch ihre Verwandtschaft zum Geräusch eine vielfältige und verbreitete Ausdruckskraft. In der **Melodie** gehen die genannten Komponenten oftmals schon auf, sie hat aber darüber hinaus einen deutlichen emotional betonten Anteil. Dargestellt durch die *Singstimme* ist sie ein unmittelbares Abbild unserer *Stimmung*. **Dynamik** als musikalische Komponente bezeichnet die der Musik innewohnende Ausdruckskraft und ihre Kraftentwicklung. Darstellungsmöglichkeiten sind bspw. die an- und abschwellende Lautstärke, der Kontrast, den musikalische Pausen bieten, oder die Intensität eines dargestellten Melodieverlaufes. Auch hier stellt sich die Nähe zu menschlichen Verhaltensweisen heraus: In der Dynamik können Temperamente dargestellt sein oder wir können uns einer Musik zuwenden, in deren Dynamik wir uns wiederfinden, in deren Dynamik wir mitgehen können. Musikalische **Form** ist Gestalt und Erscheinung eines Musikstückes, sie ist *geformt* durch die aufgeführten Komponenten. Auch hier bieten sich Affinitäten zu menschlichen Attributen an: Wir können *in Form sein* oder uns *unförmig* fühlen. Musik kann auch in diesem Zusammenhang unsere Verfassung spiegeln.

Handlungsorientierung

Handelnde Verhaltensweisen zur Musik wie Singen, Spielen, Improvisieren, Hören, Bewegen und Reflektieren geschehen auf Grundlage von allgemeinen Bedingungen menschlichen Verhaltens und sind damit auch für die Behindertenhilfe von hoher Bedeutung. *Kommunikation* und *Interaktion* sind die beiden maßgebenden Elemente der Handlungsorientierung. Der Klient tritt beim Hören einer Musik in einen kommunikativen Austausch ein, bei dem er das Musikstück gemäß seiner Hörgewohnheiten auffasst und es zu einem Hörerlebnis werden lässt. Es werden musikalische Einstellungen geformt und weiterentwickelt. Zustimmung oder Ablehnung können gleichermaßen berechtigte Einstellungen gegenüber der Musik sein, entscheidend ist die Standortbestimmung und die Entwicklung einer Meinung des Klienten, die eine Ich-Stärkung fördert. Die handelnde Begleitung einer Musik zieht jedoch oftmals eine positive Wertschätzung mit sich, da sie durch Strategien zur Aneignung einer Musik begleitet ist. Dazu zählen das sich wiederholende Hören, die notwendige Absprache und Koordination von Handlungen sowie die Tatsache, dass der Agierende sich als einen am künstlerischen Schaffensprozess Beteiligten begreift. Die damit verbundene Selbstdarstellung vor weiteren Personen ist die Interaktion, welche die Handlung mit sich zieht. Musik wird zum Gesprächs- und Darstellungsanlass, bei dem musikalische Meinungen und insbesondere emotionale Einstellungen artikuliert werden. Musik ist eines der am meisten bewegenden Gesprächsthemen. Wird musikalisches Erleben nonverbal und durch äußere Handlungen dargestellt, geht das oft einher mit einer Offenlegung von Befindlichkeiten. Situationsgebunden kann die Aufhebung kognitiver Prozesse und Annäherung an primäre musikalische Eigenschaften, die Darstellungsmöglichkeit der Emotionalität gefördert werden.

Eine Auswahl von Methoden der Handlungsorientierung ist im Folgenden zusammengestellt. Die heilpädagogischen Intentionen sind jeweils kurz begründet. **Bewegungen zur Musik** vollziehen sich im Spannungsfeld zwischen gymnastischen Übungen, Tanz und Bewegungsimprovisation. Die Musik wird hier in den Funktionen als Impulsgeber einer Bewegung bis hin zur Vorgabe von emotionalen Bewusstseinszuständen zur Umsetzung in körperliche Gestalt eingesetzt. Sowohl motorische als auch gestaltende Absichten sind heilpädagogische Intentionen. **Musikmachen** als Bestandteil der Handlungsorientierung bezieht sich auf singende bzw. spielende Verhaltensweisen. In heilpädagogischer Hinsicht ist das musikalische Endprodukt weniger in seiner Qualität zu hinterfragen als vielmehr hinsichtlich des Weges, der zum Ergebnis führt. Der positive Einfluss, den das Singen eines Liedes oder die Begleitung eines Musikstückes durch Trommeln zum Tonträger ausübt, und die damit verbundene Kommunikation und Interaktion der Beteiligen sind die Bestandteile der heilpädagogischen Begründung. Die Verbindung von **Musik und Sprache** fördert die Perspektiven zum intensiven Nacherleben der oftmals nüchternen und regelgebundenen Sprache. Die „abbildende" Unterstützung von gesprochenen Texten durch Musik vollzieht sich bspw. in Verklanglichungen und Phantasiereisen. Der Zusammenhang zwischen **Musik und visuellen Impulsen** lässt sich handelnd durch das Malen zur Musik und durch die musikalisch gestaltete Unterstützung von bewegten und unbewegten Bildern (z. B. Filmmusik und Dia) umsetzen. **Bandprojekte** ermöglichen die Auseinandersetzung mit der Rockmusik, die aufgrund ihrer starken kompensatorischen Wirkung eine hohe Bedeutung in der Heilpädagogik hat. Gleichzeitig bietet die Rockmusik Identifikationsmöglichkeiten zur Gruppenbildung an. Bandprojekte stärken jeden einzelnen Mitspieler durch die Individualität seines Instrumentes in der Gruppe und sie spiegeln den durch die Medien verkauften Starkult wider. **Reflexionen über Musik** liegen auf einer Handlungsebene, die auf die angeführten Methoden gleichermaßen beziehbar ist und auf der alternative Handlungsmuster „probiert" werden. Diese nicht sichtbaren Handlungen unterliegen durch die Gesprächsgestaltung gleichermaßen den Regeln der Kommunikation und Interaktion und sind somit auch handlungsbezogen.

Problem- und Erfahrungsfelder

Die folgenden Ausführungen stellen jeweilige Schwerpunkte der Rhythmik, der Musikpädagogik sowie der Musiktherapie in den relevanten Arbeitsfeldern von Heilerziehungspfleginnen und Heilpädagogen dar. Die Bevölkerungsgruppe der **alten Menschen** gewinnt durch die angestiegene Lebenserwartung an Bedeutung. In den Altenheimen und -tagespflegeeinrichtungen gelten musikbezogene Angebote als alltagsstrukturierende Beschäftigungen. Musikalische Aktivitäten bieten den alten Menschen jedoch mehr an als Formen der Zerstreuung, sie können ein Stück Daseinserleichterung sein und den körperlichen und geistigen Alterserscheinungen momentan entgegenwirken. Das Singen von Liedern fördert das Erinnerungsvermögen, und rhythmische Bewegungsimpulse können Bewegungsressourcen aktivieren, die aufgrund von körperlichen Veränderungen als nicht mehr möglich gelten. Musik kann Formen des Abschiednehmens begleiten, sei es bei Formen der depressiven Verstimmung durch die Erkenntnis der Unumkehrbarkeit des Alterungsprozesses oder bei der Sterbebegleitung.

Die Normabweichungen von körperlichen oder geistigen Beeinträchtigungen bezeichnen wir als **Behinderung** und betreiben damit in sprachlicher Sicht eine Abgrenzung, die für den Bereich des Musikerlebens nicht gelten kann. Musik ist das Medium, das Menschen mit und ohne Behinderung gleichermaßen integriert. Auch als behindert eingestufte Menschen sind in ihrer Auswahl der Musik und der Formung ihrer Hörgewohnheiten, in der Schaffung von Peer-Groups, im Entdecken von Idolen und im Abreagieren und der Provokation durch Musik selbstständige Persönlichkeiten. Heilerziehungspfleger sind in der gegenseitigen Darstellung musikalischer Lebenswelten gleichberechtigte Partner und unterstützen die Aufrechterhaltung der Selbstbestimmung ihrer Nutzer.

Auch **Menschen mit Körperbehinderungen** sind in der Durchführung musikalisch-rhythmischer Angebote nicht eingeschränkt, sondern gestalten Bewegungen zur Musik mithilfe von individuellen Ausdruckslösungen. Körperbehinderung bedeutet jedoch in der Erfahrung der Umwelt beeinträchtigt zu sein, eine geringe persönliche Akzeptanz zu haben und die eigene Position zwischen sozialer Anpassung und Selbstbehauptung nicht immer zu kennen. Musikalisch-rhythmische Übungen eröffnen hier Anpassungsmöglichkeiten, weil sie Menschen mit Körperbehinderung ihnen bisher unbekannte Möglichkeiten der Selbstdarstellung eröffnen. Neue Bewegungserfahrungen können eine Bewegungslust hervorrufen und neue Wahrnehmungsbereiche eröffnen.

Die Bandbreite **geistiger Behinderungen** geht von ausgeprägtem Intelligenzmangel in Verbindung mit Beeinträchtigungen von z. B. Motorik, Sprache oder Psyche über Mehrfachbehinderung bis zur Schwerstmehrfachbehinderung. Ein daran gebundener Mangel an Wahrnehmungen hat zum Teil erhebliche Entwicklungsverzögerungen zur Folge, die Grob- und Feinmotorik ist mangelhaft entwickelt und das Lernverhalten ist stark eingeschränkt. Fördermaßnahmen aus dem Bereich Rhythmik bewirken Verbesserungen, z. B. in den Bereichen Wortschatz, Konzentration, Arbeitsverhalten und Motivation (vgl. Stabe-Hillmer, 1991). Bei Schwerstmehrfachbehinderten geht es bspw. um die Ausübung von Reizungen an der Körperoberfläche in Verbindung mit akustisch-vibratorischen Wahrnehmungen. Weitere rhythmische Förderansätze beziehen sich unter anderem auf die Bewegung und das Bewegtwerden, auf Übungen zur Raum- und Zeiterfahrung (z. B. Zurücklegung von Strecken, Zeit-ein-Teilung durch rhythmische Impulse oder das Verklingen) oder auf den Bereich der Kommunikation mithilfe von Musik.

Autistische Menschen haben eine Störung in der Verarbeitung von Reizen: sie zu ordnen, miteinander zu verbinden und folgerichtig darauf zu reagieren ist nur bedingt möglich. Diese Störung rhythmischer Prozesse kann mithilfe musikalischer Rhythmen positiv beeinflusst werden. Dazu zählen rhythmische Anreize zur Bewegungsreaktion, die Begleitung von Bewegung durch Musik und die Kommunikation über Klänge und Rhythmen.

Die rhythmische Erziehung und Förderung des **Kindes** ist ein Teil der Sonderpädagogik. Musikalische und rhythmische Angebote für Kinder, z. B. durchgeführt in integrativen Einrichtungen, dienen der Förderung der auditiven und sensorischen Wahrnehmung, der Konzentrationsförderung, Körpererfahrung, Schulung der Motorik und der Ausdrucks- und Kommunikationsfähigkeit. In den sonderpädagogischen Schulformen gilt Rhythmik nicht als eigenständiges Unterrichtsfach. So bleibt die Durchführung rhythmischer Unterrichtseinheiten Aufgabe von Heilpädagoginnen oder von Musikpädagogen.

Das in der Sonderpädagogik vertretene Menschenbild fordert die Integration aller möglichen Gegensätze, insbesondere aber die Integration von Behindertsein und Nichtbehindertsein. Rhythmik gilt hier als eine Methode, die diese Verknüpfung realisieren kann. Durch das dialogische Prinzip der Rhythmik werden für Kinder Rollen aufgehoben: es gibt weniger den Lehrer und seinen Schüler als vielmehr den Spielenden und den Hörenden, den Führenden und den Fühlenden, den Darstellenden und den Anschauenden. Beide Funktionen wechseln sich gegenseitig ab und die Rhythmik wird zum Medium der partnerschaftlichen Begegnung.

Ausblick

Musik und Rhythmik in der Heilpädagogik ist eine Konzeption, die verschiedene Musik vermittelnde Konzepte in der beruflichen Praxis verbindet. In der Ausbildung an Fachschulen für Heilpädagogik und Heilerziehungspflege wird das Unterrichtsfach in der Regel durch einen Rhythmiklehrer oder durch einen Musikpädagogen vermittelt. Die Integrität, welche die berufliche Praxis von den Studierenden verlangt, nämlich in den drei Bereichen Rhythmik, Musikpädagogik und Musiktherapie Grundlagen zu haben und anzuwenden, ist in der Ausbildung der Lehrer des Faches wenig gegeben. Eine studiengangübergreifende Ausbildung wäre hier wünschenswert.

Die verschiedensten Unterrichtsfächer werden fachfremd angetragen, eine Tatsache, die auch für den musikalisch-rhythmischen Teil der Ausbildung an Fachschulen gilt, obwohl man hier gegenüber anderen Fächern von einer deutlichen Minderheit von Lehrpersonen sprechen muss, die bereit sind, sich in fachliche Ansätze der Musik und Rhythmik einzuarbeiten. Demgegenüber steht die Aussage der Praktiker, dass es sich bei Musik und Rhythmik um eine bedeutende Methode im Bereich der Behindertenhilfe handele. Dem Fach wird bisweilen ein hoher Respekt gezollt, der eine Unnahbarkeit schafft. Die Realität besagt, dass musikalische Grundqualifikationen vielmehr humaner Natur sind, als dass sie in der Erarbeitung komplexer musikalischer Inhalte bestehen. Vorrang hat die Beobachtung und die Reflexion von Handlungen sowie die Beziehungsarbeit. In fachlicher Hinsicht bringen die Lehrenden die musikalischen Anforderungen, die sie im Laufe ihrer Sozialisation erworben haben, mit und verfügen über eine Grundlage, derer sie sich bewusst werden sollen. Eine Rücknahme der Scheu vor dem Fach auf der Ebene der Lehrenden, aber auch auf der Ebene der Mitarbeiter in den Einrichtungen führt zu einer größeren Verbreitung musikbezogener Lebensinhalte.

In didaktischer Hinsicht führen die einzelnen Bundesländer in den letzten Jahren zunehmend die Lernfeldkonzeption ein, bei der im Rahmen der schulischen Arbeit sich die berufliche Praxis wesentlich deutlicher abbildet. Die Auswirkungen auf die Musik als Lebenswelt, als Ausdrucksform und als Kulturgut wird in konkreten situativen Konzepten (Lernsituationen) angemessener berücksichtigt werden können. Musik kann in neuen Ausbildungsverordnungen den Stellenwert bekommen, den sie bei Menschen mit und ohne Behinderung wirklich einnimmt.

Das Fach Rhythmik steht in einer über hundertjährigen Tradition. Den Wegbereitern des Faches Jacques-Dalcroze, Feudel und Scheiblauer folgten zahlreiche Rhythmik-Schulen und Ausbildungsstätten für Rhythmik. Wer sich aus- oder fortbilden lässt, gilt als hoch qualifiziert. Zeitgemäß weiterentwickelt werden sollte ein ausgewogenes Verhältnis zwischen heilpädagogischer Förderung und der Erziehung durch Musik, deren rhythmischen Wert die Gründerväter und -mütter bereits erkannt haben. Wünschenswert ist eine deutlichere Transparenz des Faches und eine kommunikative Öffnung zu den musikalischen Nachbardisziplinen sowie den weiteren heilpädagogischen Methoden.

Kommentierte Literaturhinweise

Die folgenden Literaturhinweise beziehen sich auf die im Artikel erläuterten musikalisch-rhythmischen Konzeptionen.

Bruhn, Herbert: Musiktherapie. Geschichte – Theorien – Methoden. Göttingen Hogrefe-Verlag, 2000.
Das Buch entwickelt auch für den musikalischen Laien in verständlicher Weise die Grundlagen der Musiktherapie und ihre klientelbezogene Bedeutung in der Psychotherapie, in der Behindertenarbeit, bei Verhaltensstörungen und bei Altersabbau und Krankheit. Es handelt sich hierbei um theoretische Ausführungen, die den Hintergrund praktischer Arbeit erläutern. Musikalische Beispiele und Handlungen finden sich hier nicht.

Fischer, Wilfried: Musikunterricht Grundschule. Lehrerband. Mainz, Schott, 1991.
Der Blick in dieses Buch, das abseits der einschlägigen heilpädagogischen Literatur liegt, lohnt sich: Der handelnde Umgang mit zahlreichen musikalischen Werken sowie vielfältige Spiel- und Gestaltungsanlässe sind hier beschrieben und methodisch systematisch dargestellt. Hintergrundinformationen zu den Stücken sind verständlich gehalten und auch für musikalische Laien angemessen reduziert. Die Zielgruppe des Inhalts des Buches sind eigentlich Kinder, aber die musikalischen und handlungsbezogenen Ideen sind auf die integrative Erwachsenenarbeit und auf verschiedene Behinderungsbilder übertragbar.

Hartogh, Theo: Handbuch Musik in der Sozialen Arbeit. Weinheim, Juventa Verlag, 2004.
Dieses Kompendium musikalischer und rhythmischer Begriffe bezieht sich gleichermaßen auf die Arbeit im sozialen und im heilpädagogischen Bereich. Unter den Überschriften „Methoden und Medien“ sowie „Multimediale Bezüge“ finden sich umfassende Artikel zur musikalischen Arbeit mit Gruppen, zu Fragen des Instrumentariums, zu den musikalischen Gestaltungsanlässen wie Musik und Bewegung, Verklanglichung oder Musik und Malen etc. Die dargestellten Arbeitsfelder beschreiben die musikalischen Aspekte zahlreicher relevanter Tätigkeitsbereiche von Heilpädagoginnen und Heilerziehungspflegern.

Hegi, Fritz: Improvisation und Musiktherapie. Möglichkeiten und Wirkungen von freier Musik. Paderborn, Junfermann, 1993.
Der Autor führt in den theoretischen Darstellungen sein Modell der musikalischen Komponenten aus und hat im praktischen Teil des Buches zahlreiche Gestaltungs- und Improvisationsvorschläge entwickelt. Sie können ohne musikalische Vorkenntnisse realisiert werden und setzen bei den körperlichen und musikalischen Innenwelten der Durchführenden an. Auf Grundlage einer Innen- und Selbstsicht von Stimmungen und Empfindungen entstehen die nach außen gerichteten Darstellungen.

Reimann, Michael: Die Musik in dir. Ein Praxisbuch zur Entdeckung der eigenen Musikalität. Darmstadt, Schirner Verlag, 2003.
Auf Grundlage der persönlichen musikalischen Biografie führt der Autor den Leser auf seine spielerischen Ressourcen zurück: Die persönliche Musikalität zu entdecken und diese oft verschüttete natürliche Begabung freizulegen ist ein Anliegen in diesem Buch. Wenn es um eine weitere Entwicklung geht, werden Strategien zum Erwerb

musikalischer Verhaltensweisen angeboten. Hier sind bspw. die Potenziale der Langsamkeit und der Einfachheit im Zusammenhang des Übens ausgeführt. Für den Heilpädagogen als Multiplikator musikalischer Ideen werden Klangexperimente, Übungen für Gruppen und die Bedeutung der Musik für die Gesundheit beschrieben.

Rittmann, Werner: Musik und Rhythmik. Methoden in Heilpädagogik und Heilerziehungspflege. Troisdorf, Bildungsverlag EINS, 2004.
Das Buch vermittelt neben inhaltlichen und methodischen Grundlagen der Musik und Rhythmik praktische Anwendungsbeispiele. Zahlreiche Ideen, Anregungen und Übungen bilden einen anschaulichen Material-Pool für die musikalische Arbeit im heilpädagogischen Beruf. In den Kapiteln zu den Erfahrungen und Reflexionen werden Positionsbestimmungen der eigenen musikalischen Entwicklung erörtert und Strategien zur weiteren Arbeit an die Hand gegeben.

Tischler, Björn: Musik aktiv erleben. Musikalische Spielideen für die pädagogische, sonderpädagogische und therapeutische Praxis. Frankfurt am Main, Diesterweg, 1998.
In einem theoretischen Teil werden die Grundlagen des Singens, des Musikhörens, des Spiels mit Instrumenten, der Bewegung zur Musik und des Musikmalens erläutert. Der anschließende praktische Teil bietet zu jedem Gestaltungsbereich Spielideen, die gut strukturiert und damit schnell erfassbar beschrieben sind. Das Buch zeichnet sich durch die Ansprache an verschiedene Altersgruppen und eine klientelbezogene Vielfältigkeit aus.

Schule/Schulpädagogik

Franz B. Wember

Etymologie

Als *schuol* oder *scuola* wurde im mittelalterlichen Kloster die Zeit der Ruhe und Freiheit von körperlicher Arbeit bezeichnet, in der die jungen Mönche ihren Unterricht erhielten, während sich die älteren Mönche mit wissenschaftlichen Fragen beschäftigen konnten (vgl. Duden, Etymologie, 2001, S. 742). Die Klöster bildeten auf diese Weise den Klerikernachwuchs aus, die Kinder der Adeligen und Besitzenden wurden zu Hause von Privatlehrern unterrichtet. Alle anderen Heranwachsenden erhielten keinerlei Unterricht. Sie erlernten das, was sie wissen und können mussten, funktional im Rahmen der Familienerziehung. Schulen im heutigen Begriffsverständnis von privat oder öffentlich geführten Einrichtungen für die Ausbildung und Erziehung aller Kinder und Jugendlichen entstanden erst mit Gründung der Territorialstaaten im 16. bis 18. Jahrhundert. Die Zunahme von Mobilität, Manufaktur und Handel und schließlich die aufkommende Industrialisierung und die damit einhergehende Arbeitsteilung und Verstädterung machten eine planvolle Vermittlung von Kenntnissen und Fertigkeiten notwendig, denn das nachahmende Lernen in unmittelbaren, zumeist landwirtschaftlich geprägten familiären Lebenszusammenhängen reichte nicht mehr aus. Die schulische Erziehung ergänzte als Bürgerpflicht die familiäre Erziehung. Sie stand von Anfang an im Spannungsfeld von drei zentralen Aufgaben (siehe Fend, 1980):

- **Qualifikationsfunktion:**
  Die Schule soll alle Heranwachsenden möglichst optimal fördern, indem sie diese auf die beruflichen und sozialen Anforderungen eines eigenständigen Erwachsenenlebens gut vorbereitet.
- **Selektionsfunktion:**
  Die Schule soll die Heranwachsenden gemäß Eignung und Leistung auswählen und ihnen passende Bildungsgänge zuweisen, die auf unterschiedliche berufliche und soziale Karrieren vorbereiten.
- **Integrationsfunktion:**
  Die Schule soll grundlegende demokratische und humanistische Einstellungen, Überzeugungen und Verhaltensweisen vermitteln, welche die Heranwachsenden in die Lage versetzen, friedlich in einem demokratisch verfassten Gemeinwesen zusammenzuleben; zugleich soll faktisch bestehende soziale Ungleichheit legitimiert werden, indem die Heranwachsenden diese als leistungsbedingte Ungleichheit akzeptieren.

Schulpädagogik ist als Teildisziplin der Erziehungswissenschaften die Berufswissenschaft der Lehrer, die sich aus pädagogischer Sicht kritisch mit dem befasst, was in Schulen wirklich passiert und was passieren sollte. Sie fragt in Anwaltschaft der Lernenden, ob die Praxis an Schulen dem übergeordneten Bildungsziel größtmöglicher Selbstbestimmung des Einzelnen bei größtmöglicher Teilhabe am gesellschaftlichen Leben dienlich ist. Schulpädagogik untersucht also unter den jeweiligen historischen und speziell unter den gegebenen institutionellen Bedingungen die Voraussetzungen,

Möglichkeiten, Ziele und Methoden schulischer Bildung und Erziehung (vgl. Riedel, 1989, S. 1342); denn im Spannungsfeld von gesellschaftlich vorgegebener Qualifikations- und Selektionsfunktion einerseits und dem pädagogisch verbindlich empfundenen Auftrag von Hilfe zur individuellen Selbstverwirklichung andererseits entwickelt die Schule als Institution zwei übergreifende Strategien:

1. Sie trennt alltägliches Leben und gezieltes Lernen weitgehend voneinander und ersetzt funktionale Erziehung durch organisierten Unterricht, der hinsichtlich Wissensvermittlung und Fertigkeitsschulung effektiver und effizienter ist.
2. Sie bildet Jahrgangsklassen zur Homogenisierung der Lernvoraussetzungen und entwickelt mit dem gleichen Ziel verschiedene, weitgehend separierte Bildungsgänge für erfolgreiche und weniger erfolgreiche Schülerinnen und Schüler.

Geschichte

Die Geschichte der Schulen für Menschen mit Behinderungen ist Teil der Geschichte der Heilpädagogik (vgl. den Beitrag „Geschichte der Heilpädagogik" in Band 1). Als institutionelle Historiographie ist sie bis in das 20. Jahrhundert hinein im Wesentlichen als Geschichte der Hilfs- bzw. Sonderschule zu schreiben, erst seit etwa 1970 auch als Geschichte der allgemeinen Schule; denn die erste Reaktion auf schulisches Lernversagen bestand in der Gründung spezieller Schulen, auch wenn sich bereits im 19. Jahrhundert frühe Versuche einer integrativen Unterrichtung ausmachen lassen, die sich jedoch nicht durchsetzen konnten.

Bis weit in das 18. Jahrhundert hinein galten Menschen mit Behinderungen als nicht bildungsfähig. Erst die Aufklärung und der mit ihr verbundene Glaube an die menschliche Vernunft führte zu ersten Versuchen, auch solche Menschen zu erziehen, die nicht aller Sinne mächtig waren, unter körperlichen Gebrechen litten oder von „Idiotie" geschlagen waren. In Anlehnung an Myschker (vgl. Myschker, 1983) und an Möckel, der in zwei umfangreichen Abhandlungen (vgl. Möckel), Geschichte der Heilpädagogik, 1988; Möckel, Geschichte der besonderen Grund- und Hauptschule, 2001) die geschichtliche Entwicklung unter systematischen und pädagogischen Gesichtspunkten rekonstruiert hat, lassen sich fünf Phasen unterscheiden:

- **Gründung erster Hilfsschulen für Kinder mit schweren Behinderungen:** Ab 1771 Gründung der ersten Schulen für Blinde durch Charles Michel de l'Epée und für Taubstumme durch Valentin Haüy in Paris; ab 1800 erste Versuche der Erziehung eines hochgradig geistig behinderten Jungen durch den Arzt Jean Marc Gaspard d'Itard; 1818 Gründung der ersten Unterrichtsanstalt für idiotische Kinder in Hartford, Connecticut, 1828 durch Guggenmoos in Salzburg; ab etwa 1840 erste Anstalten mit Unterricht für körperlich behinderte Kinder und so genannte Rettungshäuser mit der Aufgabe, Kinder und Jugendliche vor Verwahrlosung zu bewahren.
- **Gründung und Ausbau von Hilfsschulen für Kinder, die in der Volksschule versagen:** Ab 1864 Gründung der ersten Hilfsschulen für „schwachbefähigte Kinder", die „in der Mitte zwischen normalsinnigen und blödsinnigen Kindern" stehen (Stötzner, 1864); bis zur Jahrhundertwende schneller Ausbau des Hilfsschulwesens, 1903 in mehr als 200 deutschen Städten Hilfsschulen und Hilfsklas-

sen für mehr als 11.000 Kinder (vgl. Mayer 1906, S. 386), 1928 mehr als 72.000 Kinder in gut 1.400 Hilfsschulen (vgl. Myschker, 1983, S. 155).

- **Reduktion und Funktionalisierung der Hilfsschule durch den Nationalsozialismus:**
  Ab 1933 Reduktion der Hilfsschulen, 1938 in nur noch 677 Schulen nahezu 76.000 Kinder (vgl. Myschker, 1983, S. 155), Funktionalisierung der Hilfsschulen zur Auslese von „erbkrankem Nachwuchs" zwecks Zwangssterilisation und von „bildungsunfähigen Kindern" zwecks Ermordung im so genannten „Programm zur Vernichtung unwerten Lebens"; weitgehende Zerstörung der Hilfsschulen im Verlaufe des Zweiten Weltkriegs.
- **Restauration des Hilfsschulwesens und Aufbau eines differenzierten Sonderschulsystems nach dem Weltkrieg:**
  Ab 1949 Wiederaufbau des Hilfsschulwesens in der Vorkriegstradition, ab 1954 beschleunigter und zunehmend differenzierter Ausbau in acht Sonderschularten (vgl. Myschker: 1983, S. 158); im Zuge des so genannten Strukturwandels der Hilfsschule (vgl. Hofmann, 1961) ab 1962 Ausdifferenzierung in die Sonderschulen für Geistigbehinderte und die stärker leistungsorientierten Sonderschulen für Lernbehinderte; deren Schülerschaft steigt von knapp 110.000 Kinder im Jahre 1965 auf 265.000 Kinder im Jahre 1979 an, das sind etwa zwei Drittel aller Kinder mit sonderpädagogischem Förderbedarf (vgl. Myschker, 1983, S. 161).
- **Krise der Sonderschulen durch Integration und Inklusion:**
  Ab etwa 1970 Kritik an Sonderschulen durch Elternverbände, zunehmend auch durch Pädagogen wegen Separation und Stigmatisierung der Kinder mit Behinderungen, ab Mitte der 1970er-Jahre Schulversuche, ab Mitte der 1980er-Jahre gemeinsamer Unterricht in Regelschulen als Option zunächst in einigen, inzwischen in allen Bundesländern, mit Beginn des 21. Jahrhunderts erste Weiterentwicklungen von der integrativen Schule zur inklusiven Schule mit dem Anspruch optimaler Förderung für alle Lernenden.

Hilfs- bzw. Sonderschulen waren immer Reaktionen auf menschliches Leid und soziale Missstände. Schon die ersten Anstalten und Hilfsschulen für Kinder mit schweren Behinderungen im 18. Jahrhundert halfen, diese Menschen zu entmystifizieren. Die Schulen zeigten, dass auch Menschen mit geistiger Behinderung oder mit körperlichen Gebrechen bildungsfähig waren und erzogen werden konnten, und nicht nur im schulischen Bereich ersetzten humane und einfühlsame Maßnahmen allmählich die bislang geübte Ignoranz, die nicht selten gepaart war mit drastischen und inhumanen Disziplinierungstechniken (vgl. Schröder, 1983). Auch die im 19. Jahrhundert entstehenden Hilfsschulen lenkten den Blick auf einen lange vernachlässigten Missstand: das Schulversagen. In den Industriestädten waren große Armenviertel entstanden, in denen Kinder unter ausgesprochen schlechten Bedingungen heranwuchsen. Nicht nur hier, auch auf dem Land wurden fast alle Kinder zu früher und harter Arbeit gezwungen. Es zeigte sich, dass unter solchen Bedingungen bis zu einem Drittel der Kinder die Anforderungen der Volksschule nicht erfolgreich bewältigen konnte. Stötzner beklagte dies in seiner Schrift (vgl. Stötzner, 1864) und bezeichnete die Kinder, um die es ihm ging, als „die geistig Schwachen und Stumpfsinnigen" (Stötzner, 1864, S. 5) und „die letzten in der Classe" (ebd., S. 6), die „auf keinen Fall für den Volksunterricht befähigt" seien, weil sie „ohne blödsinnig zu sein, doch [...] hinter den sich normal entwickelnden Kindern zurückbleiben" (ebd., S. 13 f.). Die von Stötzner geforderten Hilfsschulen sollten im Unterschied zu den Volksschulen klein und überschaubar sein, die Eltern von Anfang an in die schulische Arbeit einbeziehen, kleine Schulklassen mit zwölf bis 15 Kindern bilden und diese im Klassenlehrerprinzip unterrichten, weil die schwachen Kinder die persönliche Unterstützung und Ermutigung brauchen, die sich nur bei einem guten und stabilen Lehrer-Schüler-Verhältnis einstelle. Vor allem aber solle der Hilfsschullehrer eine besondere Variante des Volksschulunterrichts realisieren, die in der Fachliteratur zumeist als „Präzisionsmethodik" bezeichnet wird:

- Langsam unterrichten, das Lerntempo halbieren,
- sich dabei auf elementare, lebenspraktisch besonders wichtige Inhalte beschränken,
- diese konkret und anschaulich unterrichten,
- dabei in kleinen und sorgfältig geplanten Schritten vom Leichten zum Schweren vorgehen und
- die Schwierigkeit der Aufgaben isolieren und sorgfältig kontrollieren.

Begründet wurde eine solche kleinschrittige, lehrerzentrierte, stark lenkende Methodik und eine solche didaktische Reduktion auf einfache und lebenspraktische Inhalte mit den Eigenarten des Hilfsschulkindes: „Im anschaulichen, einfachen, direkt gerichteten und langsam sich vollziehenden Denken und Tun ist eine Ausbildung und Vervollkommnung möglich", schreibt Arno Fuchs in seinem 1899 erstmals erschienenen *Versuch einer Hilfsschulpädagogik* (Fuchs, 1922, S. 252), „die Erfassung komplizierter, abstrakter Verhältnisse und Handlungen ist unmöglich." Fuchs folgert aus dieser definitiven Feststellung wenig später:

„Lehrplan und Aufbau der Schulen stellen das mit Hilfsschulkindern höchst Erreichbare dar; die Stelle, wo das Kind im Lauf der Schulzeit in der Entwicklung seiner Kräfte stehen bleiben wird, ist seine Höchstleistungsgrenze." (Fuchs, 1922, S. 256)

Die Geschichte hat gezeigt, dass eine solche Hilfsschuldidaktik, die vom Kinde aus argumentiert und dessen Besonderheiten betont, zwei gravierende Probleme in sich birgt:

1. Die Reduktion auf elementare Inhalte und gelenkte Methoden wird als angepasste Reaktion auf die Schwächen der Kinder konzipiert, aber sie droht diese Schwächen geradezu zu fixieren, wie Klein in seiner kritischen Analyse (vgl. Klein, 1971) festgestellt hat: „Es ist ja eine hinlänglich bekannte Tatsache", schreibt er, „dass unbeanspruchte, ungeübte Fähigkeiten mehr und mehr verkümmern und dass sich Fähigkeiten überhaupt erst entwickeln, wenn sie gefördert werden oder wenn sich Bewährungsgelegenheiten für sie bieten. Indem die Schwächen des lernbehinderten Kindes behandelt werden wie Ausfälle bei Sinnesgeschädigten, werden potenzielle Entwicklungsmöglichkeiten auf diesen Gebieten nicht wahrgenommen [...]" (Klein, 1922, S. 10).

2. Die kindzentrierte Legitimation besonderer unterrichtlicher Verfahren und besonderer Schulen führte zur Entwicklung einer Schwachsinnstheorie, welche die Lerndefizite und Entwicklungsbesonderheiten der Hilfsschulkinder hervorhob und mit der normalen Entwicklung der Volksschulkinder verglich. Wie schnell eine solche Theorie des Besonderen zu einer Legitimation des Absonderns umfunktioniert werden kann, zeigte sich in der Zeit der nationalsozialistischen Gewaltherrschaft: Der Begriff des Schwachsinns, ursprünglich als neutraler Fachbegriff gemeint und zur Begründung besonderer pädagogischer Hilfen benutzt, fand Eingang in das „Gesetz zur Verhütung erbkranken Nachwuchses" vom 14. Juli 1933. Wer die Hilfsschule besuchte, stand nun unter Anfangsverdacht, ihm oder ihr drohten Sterilisation und im schlimmsten Falle der Tod.

Aktuelle Relevanz und theoretische Ansätze

In Deutschland existiert derzeit ein differenziert ausgebautes System von Förder- bzw. Sonderschulen, das in einzelnen Bundesländern durch Diagnose- und Förderklassen, mobile sonderpädagogische Dienste und Förderzentren sowie den gemeinsamen Unterricht in integrativ arbeitenden Regelschulen ergänzt wird. Die folgende Tabelle liefert einen quantitativen Überblick, orientiert an den acht Förderschwerpunkten der *Empfehlungen der Kultusministerkonferenz zur sonderpädagogischen Förderung* vom 5./6. Mai 1994.

Förderschwerpunkt	in allen Schulen	in Sonderschulen	in allgemeinen Schulen
Lernen	262.389	231.138	31.251
Sehen	6.613	4.761	1.852
Hören	14.518	11.099	3.419
Sprache	44.891	35.245	9.646
Körperliche und motorische Entwicklung	26.483	22.186	4.297
Geistige Entwicklung	70.451	68.470	1.981
Emotionale und soziale Entwicklung	41.012	29.250	11.762
Übergreifend/ohne Zuordnung	19.295	17.865	1.430
Kranke	9.592	9.462	166
Gesamt	495.244	429.440	65.804

Schülerinnen und Schüler mit sonderpädagogischem Förderbedarf nach Förderschwerpunkten und Lernorten in 2002 (KMK, 2003, S. XI-XIII)

Schulen für Lernbehinderte bzw. *Förderschulen mit dem Förderschwerpunkt Lernen* unterrichten Schülerinnen und Schüler, die den Anforderungen an Regelschulen nicht entsprechen können und die trotz pädagogischer Hilfen umfängliche, lang dauernde und schwer wiegende Schulleistungsausfälle entwickeln. Der Unterricht ist als Variante des Regelschulunterrichts aufzufassen, er orientiert sich einerseits an der oben genannten Präzisionsmethodik eines langsam vorgehenden, anschaulich unterstützten, konkret handelnden und lebenspraktisch orientierten Vorgehens, andererseits auch an Verfahren des methodisch und inhaltlich offenen, schülerzentrierten Unterrichts, der die Eigenständigkeit und Selbststeuerung der Lernenden betont. Kinder und Jugendliche mit Lernbehinderungen stellen fast zwei Drittel aller Schülerinnen und Schüler mit diagnostiziertem sonderpädagogischem Förderbedarf, das sind etwa 2,5 % bis 4 % eines Jahrgangs. Sie entstammen zu 90 % aus der sozialen Unterschicht, häufig aus sozial randständigen Familien.

Schulen für Blinde oder Sehbehinderte bzw. *Förderschulen mit dem Förderschwerpunkt Sehen* unterrichten einerseits Kinder, die über kein Sehvermögen verfügen bzw. deren Sehvermögen unterhalb 1/50 der Norm liegt, andererseits Kinder und Jugendliche, deren Sehvermögen trotz optischer Sehhilfen auf 1/20 bis 1/50 der Norm herabgesetzt ist. Die mit nur 0,1 % eines Geburtsjahrgangs kleine, aber äußerst heterogene Gruppe braucht einen intensiven, individualisierten und speziell angepassten Unterricht, der je nach Restsehvermögen optische und elektronische Sehhilfen benutzt oder in kompensatorischer Weise akustische, taktile und motorische Hilfen sowie spezielle Mobilitätstrainings anbietet.

Schulen für Gehörlose und Schwerhörige bzw. *Förderschulen im Förderschwerpunkt Hören* unterrichten einerseits Kinder, die taub oder nahezu taub geboren werden oder ihr

Hörvermögen in frühester Kindheit verloren haben, sodass sie das Sprechen und die Gebärdensprache erlernen müssen, andererseits Kinder und Jugendliche mit stark verminderter Hörfähigkeit, die nur mithilfe von Hörgeräten Sprache wahrnehmen können. Der Unterricht benutzt elektro-akustische Hilfen und Gebärdensprache, zielt aber vor allem auf systematischen Sprachaufbau und kognitive Förderung ab, manchmal unter Zuhilfenahme von Gebärdensprache sowie auf eine Stabilisierung der emotionalen und sozialen Entwicklung. Betroffen sind von Gehörlosigkeit etwa 0,5 % eines Geburtsjahrgangs, von Schwerhörigkeit 3 % bis 6 %.

Schulen für Sprachbehinderte bzw. *Förderschulen mit dem Förderschwerpunkt Sprache* sind meist als Durchgangsschulen konzipiert, die eine möglichst frühzeitige Rückschulung in die Regelschule anstreben. Unterrichtet werden Kinder und Jugendliche, die gesprochene und geschriebene Sprache nicht altersgemäß rezipieren oder produzieren können, oft verknüpft mit Lern- und Verhaltensschwierigkeiten. Der Unterricht muss die spezifischen Sprachdefizite in Artikulation, Wortschatz, Grammatik etc. diagnostizieren und differenziert fördern. Während bei bis zu 15 % eines Jahrgangs vorübergehende Sprachstörungen auftreten können, die sich bei entsprechender logopädischer Behandlung wieder geben, weisen knapp 1 % der Schulkinder längerfristigen sonderpädagogischen Förderbedarf auf.

Schulen für Körperbehinderte bzw. *Förderschulen mit dem Förderschwerpunkt körperliche und motorische Entwicklung* unterrichten Heranwachsende mit Bewegungsbeeinträchtigungen in Folge von Schädigungen des Stütz- und Bewegungsapparates, nicht selten verbunden mit Schädigungen der Sinnesorgane, Intelligenz- und Sprachentwicklungsrückständen und emotionalen bzw. sozialen Schwierigkeiten. Die Schülerpopulation ist dementsprechend äußerst heterogen. Der Unterricht passt die Arbeitsweisen deshalb an die individuellen Wahrnehmungs- und Bewegungsmöglichkeiten der Lernenden an, orientiert sich an einer ganzheitlichen Förderung der kognitiven und emotional-sozialen Entwicklung und zielt auf die Erlangung größtmöglicher Selbstständigkeit trotz motorischer Funktionseinschränkungen.

Schulen für geistig Behinderte/praktisch Bildbare bzw. *Förderschulen mit dem Förderschwerpunkt geistige Entwicklung* unterrichten Kinder und Jugendliche mit schwer wiegenden und umfänglichen Rückständen in der kognitiven Entwicklung, deren emotionale, motorische, sprachliche und soziale Entwicklung insgesamt so stark beeinträchtigt ist, dass sie dauerhafter Unterstützung bedürfen und nur mit Einschränkungen eigenständig leben können. Die Gruppe der Menschen mit geistiger Behinderung ist mit unter 1 % eines Geburtsjahrgangs relativ klein, aber ausgesprochen inhomogen, denn die Vielfalt der Lernvoraussetzungen reicht von Menschen mit schwersten Behinderungen, die nur basal stimuliert werden können, bis zu Kindern und Jugendlichen, die in einfachen Formen sogar das Lesen, Schreiben und Rechnen erlernen können, wenn der Unterricht lebensbedeutsam angelegt ist, langsam und anschaulich vorgeht, fehlende elementare Lernvoraussetzungen systematisch fördert und Erlerntes immer wieder durch Übung und Wiederholung sichert.

Schulen für Verhaltensgestörte oder *Schulen für Erziehungshilfe* bzw. *Förderschulen mit dem Förderschwerpunkt emotionale und soziale Entwicklung* unterrichten Kinder und Jugendliche mit häufig und stark abweichendem Leistungs- und Sozialverhalten, die sich in zwei große Gruppen aufteilen lassen: Auf der einen Seite die gehemmten, tendenziell regressiv und sensibel reagierenden Kinder und Jugendlichen, auf der anderen Seite die ausagierenden, tendenziell aggressiv und unkontrolliert reagierenden. Während Verhaltensstörungen vorübergehend bei 6 % bis 8 % der schulpflichtigen Kinder auftreten können, rechnet man bei 1 % bis 2 % mit längerfristigem sonderpädagogischem Förderbedarf. Der Unterricht stützt sich auf diverse therapeutisch orientierte Angebote, z. B. Methoden der Verhaltenstherapie zum Aufbau angemessenen und Abbau unangemessenen Verhaltens, verstehende Methoden der Gesprächstherapie und Psychoanalyse, integriert musisch-therapeutische Angebote. So wird versucht, durch alltagsnahe und erlebnisorientiert motivierende Inhalte Kinder und Jugendliche wieder an schulisches Lernen heranzuführen.

Schulen für Kranke bzw. *Förderschulen mit dem Förderschwerpunkt Unterricht kranker Schülerinnen und Schüler* unterrichten schulpflichtige Heranwachsende, die wegen einer stationären Behandlung in einem Krankenhaus oder einer vergleichbaren medizinisch-therapeutischen Einrichtung längere Zeit nicht am Unterricht ihrer regulären Schule teilnehmen können. Gefördert wird gemäß den Richtlinien der regulär besuchten Schule in Einzel- und Kleingruppenunterricht. Während die durchschnittliche Verweildauer im Krankenhaus infolge des medizinischen Fortschritts sinkt, nimmt die Zahl der chronisch kranken Kinder mit sehr langen und wiederkehrenden stationären Aufenthalten zu, ebenso die Zahl der Kinder und Jugendlichen mit schweren psychischen Erkrankungen, die langfristig und wiederkehrend ambulanter, teilambulanter und stationärer Behandlung bedürfen.

<table>
<tr><th>Allgemeine Schule</th><th colspan="6">Förderschulen und Sonderschulen mit dem Förderschwerpunkt</th></tr>
<tr><td>Gymnasium</td><td rowspan="3">Sehen</td><td rowspan="3">Hören</td><td rowspan="3">Körperliche und motorische Entwicklung</td><td rowspan="3">Sprache</td><td rowspan="3">Emotionale und soziale Entwicklung</td><td rowspan="3">Unterricht kranker Schüler u. Schülerinnen</td></tr>
<tr><td>Realschule</td></tr>
<tr><td>Grund- und Hauptschule</td></tr>
<tr><td>Förderschule Lernen</td><td></td><td></td><td></td><td></td><td></td><td></td></tr>
<tr><td>Förderschule Geistige Entwicklung</td><td></td><td></td><td></td><td></td><td></td><td></td></tr>
</table>

Organisatorische Einbindung der Sonderschulen in das Schulsystem (geändert und ergänzt nach Klein, 1980, S. 2)

Fast alle Förder- bzw. Sonderschultypen bieten die Bildungsgänge und Bildungsabschlüsse der Regelschulen an; ein blindes Kind z. B. kann je nach Lernerfolg den unteren, mittleren oder höheren Bildungsabschluss erlangen, denn die entsprechende Förderschule kann gemäß den Richtlinien und Bildungsplänen der Haupt- und Realschule oder des Gymnasiums unterrichten. Die Tabelle zeigt diese organisatorische Einbindung in das Schulsystem und belegt zugleich, dass zwei Sonder- bzw. Förderschultypen aus dieser Zuordnung herausfallen, weil sie ihre Schülerschaft zieldifferent unterrichten: Die Schulen für Lernbehinderte bzw. geistig Behinderte bieten Abschlüsse unterhalb des Hauptschulabschlusses an. Sie gehören zwar zu den Förderschulen, fungieren jedoch faktisch als die vorletzte bzw. letzte Stufe schulischer Qualifikation unterhalb der Grund- und Hauptschule.

Die schulische Wirklichkeit stellt sich differenzierter dar, als die Tabelle dies zeigen könnte: Schulen für Lernbehinderte fördern manche ihrer Schülerinnen und Schüler durchaus bis zum Erwerb des Hauptschulabschlusses, andere Förder- und Sonderschu-

len bieten nicht nur Bildungsgänge der Regelschule an, sie fördern einige der Kinder bei entsprechenden kognitiven Schwierigkeiten gemäß den Richtlinien und Bildungsplänen für Lernbehinderte oder für geistig Behinderte. Darüber hinaus befindet sich das Sonderschulsystem in einem beständigen Wandel (vgl. Bach, 1975; Mark, 1989; Leonhardt/Wember, 2003).
Einige Förderschulen unterrichten bereits Kinder in den Förderschwerpunkten Lernen, Sprache und Verhalten im Verbund, in vielen Bundesländern entstehen Förderzentren und mobile sonderpädagogische Dienste. Dennoch sieht sich die Sonderpädagogik und vor allem die mit ihr verbundene Sonderschulpädagogik zunehmender Kritik ausgesetzt.

Problem- und Erfahrungsfelder

Seit Mitte der 1970er-Jahre nimmt die Kritik an der Sonderpädagogik und am System der Sonderschulen zu. Der Lernbehindertenpädagogik wird vorgeworfen, sie verfahre in Analogie zu den Körper- und Sinnesschädigungen und konzipiere Lernbehinderung als ein individuelles und personengebundenes Merkmal, das objektiv diagnostiziert werden könne und dem ein entsprechender besonderer Unterricht zuzuordnen sei. In Wirklichkeit sei Lernbehinderung ein komplexes Konstrukt, das erst im Rahmen der Schule und der schulischen Anforderungen entstehe, das den Charakter einer sozialen Zuschreibung trage und zur Aussonderung bestimmter Kinder zwecks Entlastung der Regelschule diene. Dies gelte analog für den Förderschwerpunkt emotionale und soziale Entwicklung, denn auch die Diagnose von Verhaltensstörungen sei mit starken sozialen Bewertungen und einer Entlastung der Regelschule verknüpft. In beiden Fällen, argumentieren die Kritiker, seien die Diagnosen nur scheinbar objektiv; sie dient, so wird unterstellt, vor allem der Erhaltung der Förderschulen, denn bei dem vermeintlich „besonderen" Unterricht handele es sich ohnehin nur um Varianten des Unterrichts an Regelschulen, deren Wirksamkeit nicht einmal ausreichend erwiesen sei. Ausgerufen wird das Ende der Sonderpädagogik, gefordert wird die Auflösung der Sonderschulen (vgl. z. B. Eberwein, 1995).

Eine zweite wichtige Linie der Kritik an Sonderschulen kommt von den engagierten Eltern behinderter Kinder: Einige Eltern und zunehmend auch behinderte Kinder und Jugendliche selbst beklagen seit gut 25 Jahren, dass die Sonderschule zwar einen gewissen Schutzraum gewähre, die Solidarität unter den Menschen mit Behinderungen fördere und sich in der Didaktik und Methodik des Unterrichts gezielt auf den besonderen pädagogischen Förderbedarf ihrer Schülerinnen und Schüler einstellen könne, zugleich aber wird bemängelt, dass die Sonderschule Kinder mit Behinderungen von ihren altersgleichen Klassenkameraden ohne Behinderungen separiere. Der Schonraum werde erkauft durch ein oft als demütigend empfundenes Feststellungs- und Überweisungsverfahren und durch den Verlust des gemeinsamen Lernens. Kinder mit Behinderung seien allein auf ihresgleichen verwiesen, sie könnten nicht von den Kindern ohne Behinderungen lernen und würden nur unzureichend auf das Leben unter Nichtbehinderten vorbereitet (vgl. Hüwe/Gröbke/Rosenberger, 2000).

Ein dritter Strang kontroverser Auseinandersetzung kommt aus der empirischen Forschung über die Wirksamkeit von integrativer und besonderer Beschulung (vgl. zusammenfassend Bless, 1995; Gehrmann, 2003; Schröder, 2003). Es hat sich gezeigt, dass sich einerseits die von der Sonderbeschulung erwarteten Effekte keineswegs immer und nicht bei allen Kindern einstellen, dass andererseits aber auch die Effekte der integrativen Beschulung differenziert zu betrachten sind:

- Im kognitiven Bereich zeichnet sich Leistungsgleichstand ab, in vielen Studien tendenziell eine Leistungsüberlegenheit der integrativ geförderten Kinder gegenüber den Sonderschülern. Die Effektstärke ist zwar gering, wird jedoch bei allen Arten von Behinderung gemessen.
- Im emotionalen Bereich zeigt sich, dass Kinder mit Behinderungen in Regelklassen häufig ein niedrigeres Begabungskonzept und insgesamt ein schwächeres Selbstkonzept entwickeln als viele Kinder in Förderschulen, weil sie sich und ihre Leistungen mit den nicht behinderten Klassenkameraden vergleichen. Dieser Effekt wird häufig und für verschiedene Arten von Behinderung festgestellt, er gilt jedoch nicht für alle, sondern nur für die relativ erfolgreich lernenden Schülerinnen und Schüler und er verschwindet mit zunehmender Beschulungsdauer, weil sich behinderte Jugendliche an nicht behinderten Menschen messen, auch wenn sie eine Sonderschule besuchen.
- Im sozialen Bereich zeigt sich, dass körperlich, sensorisch oder geistig behinderte Kinder in Regelklassen vergleichsweise gut angenommen werden, während lernbehinderte und verhaltensgestörte Kinder häufig auf Ablehnung stoßen und als wenig integriert gelten müssen (vgl. Goetze, 1990). Dieser Befund hat sich international in zahlreichen Studien bestätigt, aber er tritt nicht zwangsläufig auf, denn die soziale Akzeptanz von Kindern und Jugendlichen mit Lern- und Verhaltensstörungen kann durchaus pädagogisch beeinflusst werden.

Ausblick

Im Rückblick erkennt man leicht, dass historisch gewachsene Problemlösungen in aller Regel kontingent sind, d.h., es gibt zumeist keine sachlich zwingenden Gründe dafür, dass sich diese oder jene Lösung durchgesetzt hat, alles hätte auch ganz anders kommen können (vgl. Bleidick, Nachdenken, 1997). Fast immer erscheinen historisch gewachsene Lösungen vor dem kritischen Blick der Gegenwart suboptimal, manchmal geradezu kontraproduktiv. Sonderschulen sehen sich mit dem Vorwurf konfrontiert, sie seien keine Lösung des Problems der Beschulung von Menschen mit Behinderungen, sie seien das eigentliche Problem, denn ihre bloße Existenz erfordere die Unterscheidung von Behinderten und Nichtbehinderten und sorge für deren Separierung (vgl. Eberwein, 1995). Einerseits ist richtig, dass solche Unterscheidungen auch dann, wenn sie zum Wohle der Betroffenen vorgenommen werden, zu einer entsolidarisierenden Ausgrenzung führen können.

Andererseits übersieht eine solche Argumentation, dass von den ersten Anstalten des 18. Jahrhunderts über die Hilfsschulen des 19. Jahrhunderts bis zu den heutigen Förderschulen eine jede Schulgründung Antwort auf menschliche Not und engagierter Versuch der aktiven pädagogischen Hilfe war. Die Probleme von benachteiligten und behinderten Kindern und Jugendlichen waren zuerst da, die besonderen Schulen kamen erst später, und: Wenn wir heute über Nacht alle Förderschulen abschaffen würden, gäbe es nach wie vor Heranwachsende, die ihre Gefühle nicht zureichend verarbeiten oder ihr Verhalten nicht ausreichend kontrollieren können, deren Mobilität durch Sinnesschädigungen oder körperliche Funktionseinschränkungen reduziert ist, die Probleme beim Lernen oder Sprechen haben – all diese Probleme werden nicht von Förderschulen produziert.

Auch wenn man die Leistungen der Vorfahren wohlwollend betrachtet, bleibt der gegenwärtigen Gesellschaft die Aufgabe, ihr und das in ihre Zeit passende Schulsystem zu finden. Es kann durchaus sein, dass wir in Zukunft mit weniger Sonderschulen und Förderschulen auskommen als bisher, weil wir mehr Kinder integrativ und inklusiv beschulen (vgl. Wember, 2003). Förderschulen und Sonderschulen betonen das Anderssein, nehmen Kinder faktisch aus der Gruppe der Gleichaltrigen und tragen durch spezielle Beschulung an besonderen Orten nicht selten zu deren Stigmatisierung bei. Integrativer Unterricht ermöglicht das gemeinsame Leben und Lernen aller, das Lernen Behinderter und Nichtbehinderter miteinander und voneinander. Seit Mitte der 1980er-Jahre nimmt die Unterrichtung an Regelschulen langsam, aber stetig zu, in den letzten Jahren mit verstärkter Tendenz und im Jahre 2002 immerhin auf einem Niveau von etwa 65.000 Schülerinnen und Schülern (vgl. die Tabelle unter „Aktuelle Relevanz und theoretische Ansätze"). Im Zuge von Deinstitutionalisierung und Normalisierungsprinzip dürfte die Zukunft eine Zunahme von Integration und Inklusion bringen. Die Ergebnisse der empirischen Forschung sollten uns immer erinnern, dass es nicht reicht, Gutes zu wollen. Positive Ergebnisse stellen sich nur infolge intensiver, lang dauernder und qualifizierter sonderpädagogischer Förderung ein. Allein der Wechsel des Ortes der schulischen Förderung reicht nicht aus.

Kommentierte Literaturhinweise

Leonhardt, Anette/Wember, Franz B. (Hrsg.): Grundfragen der Sonderpädagogik. 1. Aufl., Weinheim, Beltz, 2003.
Das Handbuch informiert in 36 Kapiteln über den aktuellen Stand der Fachwissenschaften. Es erörtert Grundlegungsprobleme, Verfahren und Methoden der Diagnostik sowie die unterschiedlichen Problemlagen und Möglichkeiten pädagogischen Handelns bei drohenden und manifesten Behinderungen. Hier finden Sie grundlegende Informationen zu allen sonderpädagogischen Förderschwerpunkten und Kapitel zur jeweils spezifischen Diagnostik und zur gezielten schulischen Förderung.

Möckel, Andreas: Geschichte der besonderen Grund- und Hauptschule. 4. erw. Auflage, Heidelberg, Winter, 2001.
Am Beispiel der Hilfsschulen und deren Nachfolgeinstitutionen, den Sonderschulen für Lernbehinderte und für geistig Behinderte wird die soziale und pädagogische Legitimation besonderer Schulen für Menschen mit Behinderungen historisch-kritisch rekonstruiert und mit aktuellen Argumentationen zu Förderschulen als Angebotsschulen, kooperativen Schulzentren und integrativem Unterricht an allgemein bildenden Schulen verknüpft.

Walter, Paul: Schulische Integration Behinderter. 1. Aufl., Wiesbaden, Verlag für Sozialwissenschaften, 2004.
Ausgehend von grundlegenden Überlegungen führt das Buch in neun Kapiteln in die Bedingungen, Aufgaben und Perspektiven der schulischen Integration von Kindern und Jugendlichen mit Behinderungen ein. Erörtert werden unter anderen diagnostische Fragen, konkrete Integrationsmodelle und Ansätze einer integrativen Didaktik, während die Sonderbeschulung problematisiert wird.

Schwerste Behinderung

Andreas Fröhlich

Etymologie

Die Bezeichnung „Schwerstbehinderung“ bedarf auf den ersten Blick keiner sprachlichen Erläuterung. Macht man sich aber klar, dass es sich bei „schwerst“ um einen Superlativ, d. h. die höchste Steigerungsform von schwer handelt, so wird deutlich, dass dieser Begriff sehr relativ ist. Genau genommen müsste zunächst geklärt werden, was schwere Behinderung ist, was eine schwerere Behinderung bedeutet und daraus folgernd schwerste Behinderung definiert werden. „Schwerbehindert“ ist ein Begriff aus der sozialen Gesetzgebung, der jedoch eine ganz andere Intention verfolgt, als die pädagogische Beschreibung. Wir müssen festhalten, dass mit einer rein sprachlichen Analyse wenig gewonnen ist. Aus diesem Grunde wurden in den vergangenen Jahren auch unterschiedliche Bezeichnungen vorgeschlagen: Intensivbehindert, schwerstmehrfachbehindert, mehrfachschwerstbehindert, Menschen mit intensivem Pflege- und Förderbedarf, Menschen mit allumfassendem Hilfebedarf und je nach Ausprägung schwerst körperbehinderte, schwerst geistig behinderte, schwerst kommunikationsbeeinträchtigte Kinder, Jugendliche und Erwachsene.

Es scheint sich jedoch im professionellen Alltag die Bezeichnung schwerstbehindert bzw. schwerste Behinderung eingebürgert zu haben, um damit einen Personenkreis zu bezeichnen, der zur jeweiligen Zeit mit den komplexesten und schwierigsten Einschränkungen zu leben hat.
Damit ist deutlich, dass in einer gewissen sprachlichen Unbedachtheit das Wort „schwer“ verwendet wurde, wobei es doch wohl besser „schwierig“ heißen müsste. Schwer bezieht sich auf Gewicht, auf Last – dies kann doch eigentlich nicht gemeint sein.

Der Begriffsbestandteil „Behinderung“ soll, wie derzeit üblich, als ein Komplex aus

- persönlichen Funktionseinschränkungen,
- daraus folgenden Aktivitätsbeeinträchtigungen und
- sozialen Reaktionen in Form von nichtgewährter Partizipation

verstanden werden.
Schwerste Behinderung ist somit oft mit radikal reduzierter Partizipation in allen Lebensbereichen gleichzusetzen.

Geschichte

Durch die Relationalität des Begriffes (schwer, schwerer, schwerst) müsste man davon ausgehen können, dass es immer Menschen mit schwerster Behinderung gegeben hat. Das heißt, es gab immer Menschen, die schwerer behindert waren als andere, ja, deren Behinderung die jeweilige Pädagogik, die Pflege, die soziale Umgebung als ganz besonders schwer und schwierig erlebt hatte.
Dennoch ist im allgemeinen Verständnis die Gruppe der Menschen mit schwersten Behinderungen erst seit etwa 30 Jahren ins pädagogische Bewusstsein getreten. Man sprach davor häufig ein wenig abschätzig von „Dauerpflegefällen“, die in der Regel

auch keine pädagogische, kaum therapeutische Förderung erfuhren. In den frühen 70er-Jahren des vergangenen Jahrhunderts begann dann an verschiedenen Stellen eine Bewegung, die es sich zum Ziel machte, auch diesen Personenkreis pädagogisch zu fördern. Es ging darum, Pädagogik, aber auch Therapie so anzupassen, dass möglichst wenige Voraussetzungen an die Leistungsfähigkeit schwerstbehinderter Menschen gestellt wurden. Zu nennen sind insbesondere die Bemühungen, die in Bethel stattfanden, die Arbeit mit schwerstmehrfachbehinderten und sehgeschädigten Kindern durch die Blindeninstitutsstiftung in Würzburg (Klostermann, Kern u. a.), durch die frühen Arbeiten von Georg Feuser sowie das große Schulprojekt des Rehazentrum Westpfalz in Landstuhl.

Aus diesen Bemühungen heraus entstand eine in großen Teilen sehr ähnliche somatosensorische Anregungspädagogik, die bisherige Wege der Bildungspädagogik, aber auch einer reinen Verhaltenspädagogik verließ.

Parallel dazu müsste nun eine medizinhistorische Darlegung erfolgen, denn die Entstehungs-, aber auch die Lebensbedingungen von Kindern und Jugendlichen mit schwerster Behinderung veränderten sich rapide. Waren es zunächst Menschen mit schweren Schädigungen aus Geburtskomplikationen, nicht selten auch mit Impffolgeschäden, so tauchten in den folgenden Jahrzehnten immer mehr Menschen nach Schädel-Hirn-Trauma in dieser Gruppe auf, dann ehemals extrem früh geborene Kinder, die bleibende komplexe neurologische Schädigungen hatten. Gegenwärtig stellen Kinder und Jugendliche mit umfangreichem, ständigem medizinisch pflegerischen Betreuungsbedarf die größte Herausforderung in dieser Gruppe dar. Dauerbeatmete, monitorbeobachtete, häufig gesundheitlich sehr anfällige Kinder und Jugendliche sind diejenigen mit der derzeit schwersten Behinderung.

Es ist also festzuhalten, dass sich der Personenkreis hinsichtlich seiner Ausprägungen ständig ändert, und dass so die Gruppe der schwerstbehinderten Kinder und Jugendlichen aus den Anfangsjahren heute mehr oder weniger selbstverständlich pädagogische Förderung erfahren und kaum mehr als eine Besonderheit auffallen.

Aktuelle Relevanz und theoretische Ansätze

Der Anteil schwerstbehinderter Kinder und Jugendlicher und damit auch zukünftige Erwachsene in den Einrichtungen der Behindertenhilfe scheint ständig anzusteigen. Eine verbesserte geburtshilfliche Medizin, aber auch die Verbesserungen im Bereich der Notfallmedizin führen dazu, dass immer mehr Menschen schwierigste Lebenskrisen überleben, ein Teil von ihnen mit bleibenden, oft komplexen Schädigungen.

Nach wie vor stellen diese Menschen für die Pädagogik eine große Herausforderung dar, denn allzu oft erlebt sich diese Pädagogik als unzureichend angesichts der komplexen Entwicklungs- und Lernbesonderheiten. Wie schon angedeutet, haben sich somatosensorische Ansätze weitestgehend durchgesetzt. Das heißt, von der körperlichen bzw. leiblichen Existenz eines Menschen ausgehend, versuchen Pädagoginnen sensorische Anreize zu geben, sich mit dem eigenen Körper, mit dem Gegenüber und mit Objekten dieser Welt zu befassen. Lernen wird dabei als ein Prozess der basalen Entdeckung des eigenen Ichs, des Gegenübers, dem Du, und in gemeinsamer Aktivität des Es, der Welt, verstanden.

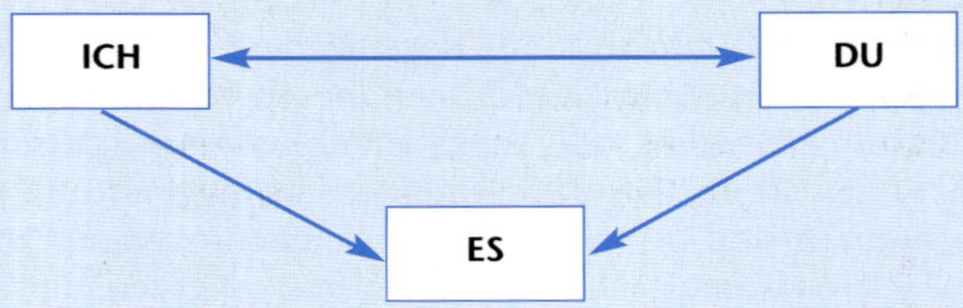

(Ein Überblick über die gängigen Ansätze findet sich bei Fröhlich/Heinen/Lamers, 2001.)
Schwerste Behinderung kann im engeren Sinne nicht definiert werden, es kann äußerstenfalls eine Beschreibung der besonderen Bedürfnisse und Notwendigkeiten von Menschen gegeben werden, die wir als jeweils schwerstbehindert bezeichnen. Im Sinne einer Kompetenzorientierung kann folgende Charakterisierung versucht werden:
Es sind Menschen,

- die möglicherweise körperliche Nähe brauchen, um andere Menschen überhaupt wahrzunehmen,
- die Menschen brauchen, die sie auch ohne Sprache verstehen und sich auf ihre Ausdrucksmöglichkeiten einstellen,
- die Menschen brauchen, die ihnen die Umwelt und sich selbst auf verständliche Weise nahe bringen,
- die Menschen brauchen, die ihnen Fortbewegung und Lageveränderung nachvollziehbar ermöglichen,
- die Menschen brauchen, die sie zuverlässig versorgen und fachlich kompetent pflegen.

Diese Beschreibung umfasst sowohl Kinder wie Jugendliche als auch Erwachsene und alte Menschen.

Im Rahmen schulischer Heilpädagogik wird zunehmend versucht, auch für diesen Personenkreis ein Bildungsangebot zu formulieren. Insbesondere eine Gruppe von Heidelberger Wissenschaftlern und Praktikern sind in diesem Bereich engagiert (vgl. Lamers/Klauß, 2003).

Problem- und Erfahrungsfelder

Schwerstbehinderte Menschen sind in besonderer Weise auf sorgfältigste Begleitung im Hier und Jetzt angewiesen. Gesundheitliche Probleme, reduzierte Lebenserwartung, Angewiesensein auf die unmittelbare Körperlichkeit bringen es mit sich, dass – wie schon angedeutet – pädagogische Förderung vom Körper, vom Leib ausgehen muss.
Vom Verfasser wurden nach einem Konzept von Lilian Juchli Aktivitäten des täglichen Lebens so modifiziert und spezifiziert, dass sie die Alltagssituation schwerstbehinderter Menschen darstellen und interdisziplinär Aufgabenfelder für die Förderung kennzeichnen.

- ***Wachsein und Schlafen:*** Viele schwerstbehinderte Menschen haben ausgesprochene Probleme mit dem Tag-Nacht-Rhythmus, Einschlaf- und Durchschlafstörungen. Für Eltern, weitere Familienmitglieder oder Mitbewohner ist dies oft in hohem Maße belastend. Hier müssen spezifische Hilfen gegeben werden.

- ***Sich bewegen:*** Die Nutzung und Weiterentwicklung vorhandener Bewegungsfähigkeit muss unter Einschluss sehr spezieller physiotherapeutischer Hilfen gesichert werden, da anderenfalls die Schwierigkeiten bei der alltäglichen Pflege zunehmen und sich weitere gesundheits- und befindensbeeinträchtigende Einschränkungen einstellen.

- ***Waschen und Kleiden:*** Gerade in diesem Bereich wurden durch neue Überlegungen in der Krankenpflege Konzepte entwickelt, die im Rahmen der (allgemeinen) Körperpflege sehr gute Anregungsmöglichkeiten für die Entwicklung eines Körperselbstbildes und damit der Identität anbieten. Eltern und professionelle Heilpädagogen können bei diesen notwendigen Alltagsaktivitäten ihr Kind bzw. ihr Gegenüber in seiner Entwicklung sehr gut unterstützen, wenn man ihnen die entsprechenden Möglichkeiten zeigt.

- ***Essen und Trinken:*** Die Nahrungsaufnahme stellt für sehr schwer behinderte Menschen häufig eines der schwierigsten Probleme dar. Aspiration (Verschlucken) und unzureichende Mengenaufnahme (Unterernährung) lassen sie immer wieder in gesundheitliche Gefährdungssituationen kommen. Das Aspirieren von Nahrung führt zu akut lebensbedrohlichen Zuständen, auf Dauer zu einer Einschränkung der Lungenfunktion. Das Legen von (Magen-)Sonden stellt manchmal eine gute Alternative dar, bringt aber andererseits Einschränkungen der Lebensqualität, die aber durch neuere Erkenntnisse aus der Pflege relativ gut kompensiert werden können. Viel gemeinsame Arbeit mit den Eltern oder sonstigen Bezugspersonen ist erforderlich, um eine befriedigende Ernährungssituation zu sichern.

- ***Ausscheiden:*** Durch die veränderte Nahrungsaufnahme, das Fehlen von Kauaktivitäten, das unregelmäßige Schlucken und durch den allgemeinen Bewegungsmangel kommt es häufig auch zu schwerwiegenden Verdauungsstörungen. Sehr viele schwerstbehinderte Menschen leiden ernsthaft unter Verstopfung, können dies jedoch oft nicht zum Ausdruck bringen.
  Vermeidbare Aufregungen, Spannungen und Schmerzen sind auch hier die Folge. Deshalb sollten etwa Eltern frühzeitig und vorsorglich lernen, mit Verdauungsproblemen ihrer schwer behinderten Kinder umzugehen und ihr Wissen – falls erforderlich – weiteren Bezugspersonen zu vermitteln.

- ***Körpertemperatur regulieren:*** Sehr schwer behinderte Menschen können sich z. B. nicht eigenaktiv anziehen oder ausziehen, oft können sie sich nicht einmal aufdecken. Die Regelung der Körpertemperatur kann durch Hirnschädigung verändert sein, aber gerade der Temperaturregelung kommt eine hohe Bedeutung zu. Die jeweiligen Bezugspersonen sind diesbezüglich anzuleiten, ihnen sind Hilfen zu geben.

- ***Atmen:*** Die Atmung schwerstbehinderter Kinder, Jugendlicher und Erwachsener ist häufig verändert, abgeflacht, durch Spastizität eingeschränkt. Neuerdings steigt die Anzahl von Personen, die maschinell teil- oder vollbeatmet werden. Eltern wie Professionelle müssen mit der Atemsituation ihres Kindes bzw. ihres Gegenübers vertraut gemacht werden, sie müssen Sicherheit gewinnen im Umgang mit Maschinen, sie müssen dieses Wissen wiederum auch an andere weitergeben können.

- ***Sich sicher fühlen:*** Die spezielle Situation der fast vollständigen Abhängigkeit von anderen Menschen, das ständige Berührt- und Manipuliertwerden schränkt die Persönlichkeitsentwicklung häufig ein. Mit den Eltern und anderen Bezugspersonen muss ein individuelles Konzept erarbeitet werden, damit sich die betroffenen Menschen wirklich sicher fühlen können, damit sie in ihrem Verhalten auf vertrauenswürdige und verlässliche Partner stoßen und mit ihnen gemeinsam ihre Welt erkunden und erobern.
- ***Raum und Zeit gestalten – Arbeit, Bildung (i. e. S.), Spielen:*** Durch die eingeschränkten Aktivitätsmöglichkeiten kommt es dazu, dass sehr schwer behinderte Menschen den Raum um sich herum selten aktiv zu einem Spielraum, zu einem Lern- und Lebensraum entwickeln können. Dazu ist Bewegungsfähigkeit unter Einbezug der Sinnesaktivitäten unbedingt erforderlich. Die Bezugspersonen müssen unterstützt werden,
  - einen Nahraum mit dem jeweiligen behinderten Menschen zu gestalten, in dem dieser sich mit seinen Wahrnehmungs- und Aktivitätsmöglichkeiten orientieren und von dem aus er zunehmend auch mit minimalem Aufwand selbst aktiv werden kann;
  - eine Tagesstruktur mit dem jeweiligen behinderten Menschen zu entwickeln, die es diesem erlaubt, Gewohnheiten und zuverlässige Erwartungen aufzubauen.

Davon ausgehend können dann etwa Prozesse von Bildung im engeren Sinn in Gang gesetzt werden. Vor allem bei Kindern darf keinesfalls vernachlässigt werden, ihnen Zeit und Anregungen zum Spielen zu geben. Häufig ergeben sich bei Kindern gerade im Spiel die besten Entwicklungsmöglichkeiten.

- ***Kommunizieren:*** Die bisherigen Forschungen zeigen, dass Kommunikation zwischen Eltern und ihrem schwer behinderten Kind zum entscheidenden Kriterium für das Gelingen von Beziehung und Entwicklung werden. In der Regel setzt Kommunikationsförderung zu spät ein, bereits mit dem Neugeborenen, bereits mit dem ganz kleinen Baby kann aber in angepasster Form kommuniziert werden. Diese Kommunikation weicht häufig von dem normal Erwarteten ab, so dass Eltern ermutigt werden müssen, andere Kommunikationswege zu beschreiten. Auch über die weitere Lebensspanne hinweg bleibt Kommunikation ein zentrales Thema. Eventuell bilden sich im Zusammenleben spezifische Verständigungssymbole und -rituale aus. Deren Aufbau und Erhaltung gilt es zu unterstützen.
- ***Kind, Frau, Mann sein:*** Zur menschlichen Entwicklung gehört auch die Geschlechtsidentität, die sich schon im Kindesalter entwickelt und vorhanden ist. Wir wissen, dass Behinderung, insbesondere schwerste Behinderung, die nichtbehinderte Umwelt häufig dazu veranlasst, die Geschlechtlichkeit, d. h. die Zugehörigkeit eines Menschen zu einem Geschlecht, zu ignorieren. Dies führt im Erwachsenenleben zu schwer wiegenden und tief greifenden Störungen. Auch hier können Eltern und andere frühe Bezugspersonen unterstützt werden, schon zeitig das Geschlecht ihres Kindes trotz seiner schweren Behinderung zu akzeptieren und auch entsprechende Ausdrucksformen für das jeweilige Kind zu finden. Besonders zu beachten ist auch die Zeit der Pubertät.

- ***Sinn finden im Werden – Sein – Vergehen:*** Wir müssen eben auch offen sein für Fragen, die ins Grundsätzliche gehen und die sich Eltern wie Professionellen gleichermaßen stellen, und nicht zuletzt die Frage nach den Lebensperspektiven für den behinderten Menschen wie für seine Familie sind zu stellen und – wenn möglich – zu beantworten. Diese Fragen können mit Eltern oder Professionellen angesprochen werden; Verzweiflung, Wut müssen ebenso Ausdruck finden können wie Hoffnung oder auch Angst. Je nach Wunsch und Einschätzung sind seelsorgerische, psychotherapeutische und spirituelle Hilfen anzubieten oder zu vermitteln.

Ausblick

Die Förderung schwerstbehinderter Menschen gehört zweifellos zu den großen Herausforderungen an die Heil- und Sonderpädagogik der Gegenwart. Auf der einen Seite beobachten wir, dass die Einrichtungen Kindergarten, Schule, Werkstatt und ihre jeweiligen integrativen Entsprechungen durch sozial-pädagogische Aufgabenstellungen zunehmend herausgefordert werden. Armut, problematische Verhaltensweisen und Perspektivlosigkeit kennzeichnen hier die Situation. Auf der anderen Seite gibt es offensichtlich immer mehr Menschen mit schwerster Behinderung, die in all ihren Aktivitäten auf ständige Hilfe, Unterstützung und Begleitung angewiesen sind. Eine zukunftsorientierte Heil- und Sonderpädagogik kann ohne eine spezifische „Schwerstbehindertenpädagogik“ derzeit nicht gedacht werden. Ja, möglicherweise ist die Förderung schwerstbehinderter Menschen sogar das „Kerngeschäft“ einer zukünftigen Heil- und Sonderpädagogik. Barbara Fornefeld rückt die Schwerstbehindertenpädagogik ins Zentrum aller Behinderten-Pädagogiken.

Aus einer solchen basalen Pädagogik wachsen aber auch für eine allgemeine Pädagogik wesentliche Erkenntnisse. Die Annäherung an Kinder, Jugendliche und Erwachsene ohne die normalerweise zu erwartenden Fähigkeiten stellt an Pädagogen und Therapeuten große Herausforderungen, zeigt aber auch, dass Kommunikation und Interaktion möglich sind, auch wenn die so genannten geistigen Fähigkeiten kaum zum Ausdruck kommen können. Es entsteht eine neue Form der Interaktion, eine neue Form der Begegnung. Die gemeinsame Beziehung auf das Körperliche schafft eine neue Ausgangsbasis für Entwicklungen, die auch für Menschen mit weniger schweren Behinderungen stabilisierend und aufbauend wirken können.

Kommentierte Literaturhinweise

Fröhlich, Andreas/Heinen, Norbert/Lamers, Wolfgang (Hrsg.): Schwere Behinderung in Praxis und Theorie – Ein Blick zurück nach vorn. Düsseldorf, Verlag Selbstbestimmtes Leben, 2001.
In diesem Buch sind alle aktuellen Konzepte der Förderung schwerstbehinderter Menschen, wie sie in Deutschland eingesetzt werden, vertreten. Die jeweiligen Begründer bzw. ihnen nahe stehende Fachpersonen erläutern den jeweiligen Förderansatz, stellen seine Entwicklung dar und geben Einblick in die praktische Umsetzung. Ein umfassender differenzierter Einblick in eine Fachdisziplin auf mehr als 300 Seiten.

Fröhlich, Andreas (Hrsg.): Handbuch der Sonderpädagogik – Pädagogik bei schwerster Behinderung. Berlin, Spiess, 1991.
Obwohl dieses Buch nun schon älter ist, bietet es einen unverzichtbaren Einblick in die pädagogische Komplexität der Fragen von schwerster Behinderung. Medizinische, juristische, historische, psychologische, aber eben auch alle relevanten pädagogischen Fragen werden von ausgewiesenen Fachleuten angesprochen.

Klostermann, Bernd (Hrsg.): Hand in Hand – Unterricht, Erziehung, Förderung und Therapie mit mehrfachbehindert-sehgeschädigten Kindern. Würzburg, Edition Bentheim, 1996.
Sehbeeinträchtigungen, häufig genug sehr schwere Sehbeeinträchtigungen gehören sehr oft zum Bild der schwersten Behinderung. Gerade in der Sehgeschädigtenpädagogik, in ihren Einrichtungen, finden sich außerordentlich viele schwerstbehinderte Kinder. Bernd Klostermann versammelt wichtige Autoren, die sich mit einer Fülle von Spezialfragen aus der Praxis befassen und somit Leserinnen und Lesern gute Hilfen für die alltägliche Arbeit geben. Dabei werden aber auch Grundfragen der Förderung nicht vernachlässigt.

Lamers, Wolfgang/Klauß, Theo (Hrsg.): ... Alle Kinder alles lehren! – Aber wie? Theoriegeleitete Praxis bei schwer- und mehrfachbehinderten Menschen. Düsseldorf, Verlag für Selbstbestimmtes Leben, 2003.
Mit diesem Kongressbericht wird versucht, die aktuelle insbesondere schulische Diskussion um die Förderung schwerstbehinderter Kinder und Jugendlicher abzubilden. Neue Ansätze des Unterrichts, Fragen der schulischen Inklusion, methodische und didaktische Aufgabengebiete werden erschlossen.

Sozialgesetzbuch

Peter Trenk-Hinterberger

Etymologie

Die nach dem Zweiten Weltkrieg gegründete Bundesrepublik hatte einen Bestand an sozialrechtlichen Gesetzen übernommen, der zu einem großen Teil noch aus dem Kaiserreich stammte, der in vielem den Aufbruch und die Unsicherheit der Weimarer Republik spiegelte, der in etlichen Bereichen vom nationalsozialistischen Staat geprägt war und der schließlich durch die Not und die Verwirrung der Kriegs- und Nachkriegszeit zerklüftet und in Unordnung geraten war. Im Laufe der Jahre tat der Gesetzgeber dann bemerkenswert viel, um das Sozialrecht zu klären, zu erneuern und zu ergänzen. Je mehr aber so die einzelnen Teilbereiche des Sozialrechts (z. B. das Sozialversicherungsrecht und das Sozialhilferecht) dem Fortgang der rechtlichen und sozialpolitischen Entwicklung angepasst wurden, desto mehr wurde der Mangel spürbar, dass das systematische Ganze des Sozialrechts gesetzgeberisch unbeachtet geblieben war. Dem Bruchstückhaften und Speziellen, das die Entwicklung bis dahin beherrschte, sollte deshalb eine Kodifikation des Sozialrechts entgegengesetzt werden, also ein einheitliches und systematisch geordnetes Gesetzgebungswerk, das die wichtigsten Sozialleistungsbereiche nach einheitlichen Grundsätzen zusammenfasste. Diese Kodifikation sollte – in Anlehnung an die epochale Neuordnung des Privatrechts im Bürgerlichen Gesetzbuch von 1900 – die Bezeichnung „Sozialgesetzbuch“ erhalten, um auch begrifflich zum Ausdruck zu bringen, dass mit diesem Gesetzgebungswerk eine allgemeine Ordnung des Sozialrechts angestrebt wurde.

Das Ziel dieses (bislang noch nicht vollständig verwirklichten) Vorhabens eines Sozialgesetzbuchs war und ist es,

- das in zahlreichen Einzelgesetzen unübersichtlich geregelte Sozialleistungsrecht (Recht der sozialen Sicherung) durch eine Kodifikation zu vereinfachen, um es für Bürger und Verwaltung transparenter zu machen;
- die Rechtsanwendung zu erleichtern und Rechtssicherheit zu gewährleisten;
- historisch bedingte, unnötige Differenzierungen zu beseitigen und – soweit möglich – Harmonisierung zu erreichen (so Bundestags-Drucksache 7/868 vom 27.6.1973, S. 19).

Eine grundlegende Gesamtreform des Sozialleistungssystems wurde und wird bislang mit der Kodifikation hingegen nicht angestrebt; sie wird (noch) als politisch nicht realisierbar eingeschätzt. Das SGB soll vielmehr als Kodifikation mit begrenzter Sachreform eine Rahmenordnung für die wesentlichen Teile des Sozialleistungsrechts bilden; es soll zugleich die erforderlichen Anpassungsprozesse der Sozialpolitik durch Aufzeigen von Zusammenhängen zwischen den einzelnen Sozialleistungsbereichen fördern und in sozialrechtlich sachgerechte Bahnen lenken.

Geschichte

Gefordert im Godesberger Programm der SPD von 1959, angekündigt in der Regierungserklärung des Bundeskanzlers Brandt vom 28. Oktober 1969 und formuliert im Kabinettsbeschluss vom 19. März 1970, wurde mit dem Ersten Buch des SGB (SGB I – Allgemeiner Teil), das am 1. Januar 1976 in Kraft trat, der erste Schritt getan. Dieses Erste Buch des SGB verdeutlicht insbesondere die sozialrechtlichen Grundpositionen des Bürgers und die Leitideen, die den Vorschriften der einzelnen Sozialleistungsbereiche zugrunde liegen; es beinhaltet ferner übergreifende Regelungen, die den einzelnen Bereichen des Sozialrechts wegen bestehender Gemeinsamkeiten vorangestellt werden (z. B. Vorschriften über Auskunft und Beratung durch die Sozialleistungsträger sowie über Mitwirkungspflichten der Leistungsberechtigten).

Dem SGB 1 folgte am 1. Juli 1977 das Vierte Buch (SGB IV), das einheitliche Regelungen für die Kranken-, Pflege-, Unfall- und Rentenversicherung enthält (insbesondere Regelungen zu Begriffsbestimmungen, zum Beitragsrecht und zum Organisationsrecht der Sozialversicherungsträger).

Seit dem 1. Januar 1981 (bzw. seit dem 1. Juli 1983) gilt das Zehnte Buch (SGB X), das für alle Sozialleistungsbereiche das Verwaltungsverfahren der Sozialleistungsträger, den Sozialdatenschutz sowie die Zusammenarbeit der Sozialleistungsträger und ihre Beziehungen zu Dritten regelt.

Inzwischen wurden auch die folgenden Bücher (zur Regelung der entsprechenden Sozialleistungsbereiche) in das SGB eingegliedert:

- Zweites Buch (SGB II) – Grundsicherung für Arbeitsuchende – seit dem 1. Januar 2005,
- Drittes Buch (SGB III) – Arbeitsförderung – Seit dem 1. Januar 1998,
- Fünftes Buch (SGB V) – Gesetzliche Krankenversicherung – seit dem 1. Januar 1989,
- Sechstes Buch (SGB VI) – Gesetzliche Rentenversicherung – seit dem 1. Januar 1992,
- Siebtes Buch (SGB VII) – Gesetzliche Unfallversicherung – seit dem 1. Januar 1997,
- Achtes Buch (SGV VIII) – Kinder- und Jugendhilfe – seit dem 1. Januar 1991,
- Neuntes Buch (SGB IX) – Rehabilitation und Teilhabe behinderter Menschen – seit dem 1. Juli 2001,
- Elftes Buch (SGB XI) – Soziale Pflegeversicherung – seit dem 1. Januar 1995,
- Zwölftes Buch (SGB XII) – Sozialhilfe – seit dem 1. Januar 2005.

Aktuelle Relevanz und theoretische Ansätze

Insgesamt lässt sich die Kodifikation des Rechts der sozialen Sicherung im SGB anhand des folgenden Schaubilds aufzeigen (zugleich mit einem Hinweis auf den Ort der Rehabilitationsleistungen im SGB):

Recht der sozialen Sicherung

Sozialversicherung (soziale Vorsorgesysteme)	soziale Entschädigung bei Gesundheitsschäden	sozialer Ausgleich und soziale Förderung
z. B. gesetzliche Krankenversicherung	Hauptfall: Kriegsopferentschädigung	Hauptfall: Grundsicherung für Arbeitsuchende und Sozialhilfe
im Wesentlichen beitragsfinanziert	steuerfinanziert	steuerfinanziert
unter anderem: Rehabilitationsleistungen	unter anderem: Rehabilitationsleistungen	unter anderem: Rehabilitationsleistungen

zentrale Rechtsgrundlage:
Sozialgesetzbuch (SGB) mit einzelnen „Büchern"

(bis heute: I, II, III, IV, V, VI, VII, VIII, IX, X, XI, XII)

Die Ergänzung des SGB um weitere Bücher soll in den nächsten Jahren erfolgen. So stehen unter anderem noch die Bücher zur Ausbildungsförderung, zur sozialen Entschädigung bei Gesundheitsschäden sowie zum Erziehungs- und Wohngeld aus. Bis zum Abschluss der Arbeiten an den noch fehlenden Büchern, die sich nach realistischer Einschätzung noch über mehrere Jahre erstrecken dürften, besteht die sozialrechtliche Zersplitterung in Einzelgesetze (z. B. im Bundesversorgungsgesetz – BVG – für die Opfer des Krieges, im Opferentschädigungsgesetz – OEG – für die Opfer von Gewalttaten, im Wohngeldrecht – WoGG – und im Erziehungsgeldrecht – BErzGG) nach wie vor weiter. Der Gesetzgeber hat diese Einzelgesetze allerdings (im Vorgriff) zu besonderen Teilen des SGB erklärt (§ 68 SGB I) und damit für eine Übergangszeit eine Art (fiktiv) vervollständigtes SGB geschaffen.

Bestimmte Sozialleistungsbereiche werden freilich – aus unterschiedlichen Gründen – nicht in das SGB einbezogen. Dies gilt z. B. für die Beamten-, Richter- und Soldatenversorgung, auslaufende Entschädigungssysteme (wie z. B. den Lastenausgleich), den Schutz gegen Vermögensschäden sowie die betriebliche und berufsständische Altersversorgung.

Problem- und Erfahrungsfelder

Das für den Bereich der Heilpädagogik wichtigste Buch des SGB ist das Neunte Buch (SGB IX) mit der Überschrift „Rehabilitation und Teilhabe behinderter Menschen". Das SGB IX, das am 1. Juli 2001 in Kraft trat, ist das Ergebnis einer fast drei Jahrzehnte währenden Diskussion über das Ob und Wie eines einheitlichen Rehabilitationsrechts für behinderte Menschen. Einer der zentralen Diskussionspunkte war dabei die Frage, ob für Rehabilitationsleistungen ein neuer und eigenständiger Sozialleistungszweig mit einem eigenständigen Leistungsträger (z. B. einer Bundesanstalt für

Rehabilitation) geschaffen oder das bestehende, über alle Sozialleistungsbereiche verstreute Behindertenrecht lediglich verbessert und vor allem koordiniert sowie übersichtlicher ausgestaltet werden sollte. Das SGB IX geht – im Wesentlichen aus zwei Gründen – den letzteren Weg:

Da zum einen wirkliche Verbesserungen der sozialen Sicherung behinderter Menschen mit beträchtlichen zusätzlichen Kosten verbunden gewesen wären – ein Umstand, der schon seit geraumer Zeit nicht in die politische Landschaft passt – kann es nicht überraschen, dass eine dezidierte politische Vorgabe für ein SGB IX in der Kostenneutralität bestand. Damit waren zugleich wesentliche Weichen für das Rehabilitationsrecht in einem SGB IX gestellt: In Bezug auf den Leistungskatalog hat sich durch das SGB IX nicht viel und nichts wirklich Entscheidendes geändert; im Hinblick auf das Verwaltungsverfahren allerdings könnten sich einige neue Regelungen als durchaus positiv erweisen (dazu unten). Hinzu kam zum anderen, dass sich die Zersplitterung des Rechts der sozialen Sicherung und damit auch des Rehabilitationsrechts als politisch unüberwindbar erwies. Es blieb und bleibt deshalb dabei, dass für die Leistungen, die behinderten Menschen zu gewähren sind, die bisherigen Sozialleistungsträger weiterhin zuständig bleiben, also die Träger der Sozialversicherung (Kranken-, Pflege-, Unfall- und Rentenversicherung), die Träger der Arbeitsförderung und der Grundsicherung für Arbeitsuchende, die Träger der sozialen Entschädigung, der Kinder- und Jugendhilfe sowie vor allem auch die Träger der Sozialhilfe (§§ 6, 7 SGB IX). Damit ist eines der gravierendsten Probleme des Rehabilitationsrechts bestehen geblieben: nämlich im Einzelfall die richtige Zuständigkeit zu bestimmen und dies in möglichst kurzer Zeit (um nicht wertvolle Zeit für die Rehabilitation zu verlieren). Hier hat der Gesetzgeber immerhin mit § 14 SGB IX versucht, eine effiziente und praktikable Lösung zu schaffen: Durch ein beschleunigtes und vereinfachtes Antragsverfahren soll diese Regelung gewährleisten, dass Streitigkeiten über die Zuständigkeit des Rehabilitationsträgers nicht auf dem Rücken des behinderten Menschen, sondern zügig – innerhalb weniger Wochen – und abschließend entschieden werden.

Das SGB IX besteht aus zwei Teilen: Teil I (§§ 1–67) enthält „Regelungen für behinderte und von Behinderung bedrohte Menschen“, Teil 2 (§§ 68–160) beinhaltet „Besondere Regelungen zur Teilhabe schwerbehinderter Menschen (Schwerbehindertenrecht)“.

Teil I des SGB IX: Die ersten drei Kapitel (§§ 1 ff. SGB IX) enthalten allgemeine Regelungen, z. B.

- die Neufassung des Begriffs der Behinderung (§ 2 Abs. 1 SGB IX);
- den Grundsatz des Vorrangs der Prävention zur Vermeidung von Behinderungen (§ 3 SGB IX) sowie den Grundsatz des Vorrangs von Rehabilitationsleistungen vor Pflege- und Rentenleistungen (§ 8 Abs. 2 und 3 SGB IX);
- den Vorbehalt abweichender Regelungen (§ 7 SGB IX), wonach sich die Leistungen für behinderte Menschen nur dann nach dem SGB IX richten, soweit sich aus den für den jeweiligen Rehabilitationsträger geltenden Leistungsgesetzen (also z. B. für eine AOK aus dem SGB V) nichts Abweichendes ergibt (die Zuständigkeit und die Voraussetzungen für die Rehabilitationsleistungen richten sich allein nach den für den jeweiligen Rehabilitationsträger geltenden Leistungsgesetzen);

- das „Wunsch- und Wahlrecht“ der Leistungsberechtigten (§ 9 SGB IX), das freilich durch das Gebot der Wirtschaftlichkeit relativiert wird;
- mehrere Regelungen zur Koordinierung der Leistungen, zum Zusammenwirken der Leistungen, zur Zusammenarbeit der Rehabilitationsträger und zu gemeinsamen Empfehlungen der Rehabilitationsträger (§§ 10–13 SGB IX), ferner Vorschriften zu „Gemeinsamen Servicestellen“ (§§ 22 ff. SGB IX), die von den beteiligten Rehabilitationsträgern möglichst ortsnah einzurichten sind und die behinderte Menschen beraten und unterstützen sollen;
- Regelungen zum „Persönlichen Budget“, mit denen neue Wege gesucht werden, nämlich dadurch, dass unter bestimmten Voraussetzungen Rehabilitationsleistungen als Geldleistungen in Gestalt eines solchen individuellen Budgets gewährt werden können, was dem Selbstbestimmungsrecht des behinderten Menschen in besonders nachhaltiger Weise entspricht. Allerdings werden die Persönlichen Budgets, mit denen sich der behinderte Mensch die erforderlichen Rehabilitationsleistungen auf dem „Markt“ der Leistungsanbieter selbst „kaufen“ können soll, zunächst bis zum 31. Dezember 2007 insbesondere mit Hilfe von modellhaften Verfahren sowie unter wissenschaftlicher Begleitung und Auswertung erprobt (§ 17 Abs. 2-6 SGB IX, Budgetverordnung vom 27.5.2004, BGBI. I S. 1055).

  Die Kapitel 4 bis 7 (§§ 26 ff. SGB IX) enthalten Übersichten über die einzelnen Rehabilitationsleistungen der verschiedenen Rehabilitationsträger, wie sie in den für diese Träger geltenden Gesetzen vorgesehen sind (also z. B. im SGB V für die Träger der gesetzlichem Krankenversicherung, im SGB VI für die Träger der gesetzlichen Rentenversicherung etc.). Dabei werden die Rehabilitationsleistungen (Leistungen zur Teilhabe) in insgesamt vier Leistungsgruppen aufgeteilt:
  - Leistungen zur medizinischen Rehabilitation (§§ 26 ff. SGB IX), zu denen auch nichtärztliche heilpädagogische Leistungen im Rahmen von Früherkennung und Frühförderung gehören (§ 30 Abs. 2 SGB IX);
  - Leistungen zur Teilhabe am Arbeitsleben (§§ 33 ff. SGB IX), z. B. zur beruflichen Ausbildung behinderter Menschen;
  - unterhaltssichernde und andere ergänzende Leistungen (§§ 44 ff. SGB IX), z. B. Übergangsgeld, Reisekosten;
  - Leistungen zur Teilhabe am Leben in der Gemeinschaft (§§ 55 ff. SGB IX), zu denen auch heilpädagogische Leistungen gehören (§ 56 SGB IX).

Heilpädagogische Leistungen werden für noch nicht eingeschulte behinderte oder von einer Behinderung bedrohte Kinder dann erbracht, wenn nach fachlicher Erkenntnis zu erwarten ist, dass hierdurch eine drohende Behinderung abgewendet oder der fortschreitende Verlauf einer Behinderung verlangsamt oder die Folgen einer Behinderung beseitigt oder gemildert werden können. Die heilpädagogischen Leistungen umfassen alle Maßnahmen, welche die Entwicklung des Kindes und die Entfaltung seiner Persönlichkeit mit pädagogischen Mitteln anregen, einschließlich der jeweils erforderlichen sozial- und sonderpädagogischen, psychologischen und psychosozialen Hilfen sowie der Beratung der Erziehungsberechtigten (§ 2 der Frühförderungsverordnung vom 24.6.2003, BGBl. I, S. 998). Solche heilpädagogischen Leistungen bereiten bei der Zuordnung zum gegliederten System der sozialen Sicherung und zum ebenso gegliederten System des Rehabilitationsrechts mit seiner starren Trennung von medizinischer, beruflicher und sozialer Rehabilitation beträchtliche Schwierigkeiten, weil sie sich nicht trennscharf in den einen oder anderen Bereich der Rehabilitation einfügen lassen. Das SGB IX regelt diese Zuordnung wie folgt: Während § 56 SGB IX heilpädagogische Leistungen als Leistungen der Teilhabe am Leben in der Gemeinschaft behandelt (mithin als Element der sozialen Rehabilitation), werden heilpädagogische Leistungen im Sinne des § 30 Abs. 2 SGB IX in einen rechtlichen Zusammenhang mit Leistungen der medizinischen Rehabilitation gebracht (als Element der medizinischen Früherkennung und Frühförderung). Die Abgrenzung, ob es sich um Leistungen der Teilhabe am Leben in der Gemeinschaft oder um Leistungen der medizinischen Rehabilitation handelt, ergibt sich aus § 43a SGB V (und aus der oben genannten Frühförderungsverordnung): Danach ist die Zuständigkeit der Krankenkassen bei heilpädagogischen Maßnahmen dann gegeben, wenn diese unter ärztlicher Verantwortung (und dann als Leistung der medizinischen Rehabilitation) erbracht werden. Für die heilpädagogischen Leistungen des § 56 SGB IX – als Element der sozialen Rehabilitation – sind (nach Arbeitsunfällen) die Träger der gesetzlichen Unfallversicherung (§ 26 Abs. 2 Nr. 4 SGB VII) zuständig, ansonsten die Träger der Jugendhilfe für seelisch behinderte Kinder und Jugendliche (§ 35a SGB VIII), im Übrigen die Träger der Sozialhilfe (§ 54 Abs. 1 S. 1 SGB XII: Eingliederungshilfe für behinderte Menschen).

Die (nichtärztlichen) heilpädagogischen Leistungen nach § 56 SGB IX werden nach Abs. 2 dieser Regelung aber nicht isoliert, sondern zusammen mit den (medizinischen) Leistungen zur Früherkennung und Frühförderung im Sinne des § 30 SGB IX als so genannte trägerübergreifende Komplexleistung erbracht (Leistung „wie aus einer Hand"). Dafür stehen etwa 120 sozialpädiatrische Zentren (§ 119 SGB V) und rund 1.000 – zum Teil auch ambulante und mobile – Frühförderstellen bereit. Sind an einer trägerübergreifenden Komplexleistung aber mehrere Rehabilitationsträger beteiligt, die – wie die gesetzlichen Krankenkassen und die Träger der Sozialhilfe – in unterschiedlichen Leistungssystemen verwurzelt sind, so stellt sich die Frage, wie diese Komplexleistung von den beteiligten Trägern bestimmt wird und wie die Kostenübernahme bzw. die Teilung der Kosten im Einzelnen zu regeln ist. Die oben genannte Frühförderungsverordnung sieht in § 8 vor, dass die beteiligten Träger die zur Förderung und Behandlung des Kindes erforderlichen Leistungen zuständigkeitsübergreifend als ganzheitliche Komplexleistung erbringen und innerhalb von zwei Wochen nach Vorliegen des Förder- und Behandlungsplans über die Leistung entscheiden; dabei sind Vereinbarungen zwischen den Trägern über pauschalierte Erstattungen der entstehenden Kosten zulässig sind (um die Aufteilung der Kosten auf die einzelnen Träger zu vereinfachen und Abgrenzungsstreitigkeiten zu vermeiden). Allerdings tun sich die beteiligten Träger mit dem Abschluss derartiger Vereinbarungen immer noch sehr schwer, was angesichts des Postulats einer ganzheitlichen Leistung im Interesse der behinderten oder von einer Behinderung bedrohten Kinder nicht verständlich erscheint.

§ 63 SGB IX des 8. Kapitels enthält eine echte Neuerung insofern, als erstmals ein Klagerecht derjenigen Verbände eingeführt wird, die nach ihrer Satzung behinderte Menschen auf Bundes- oder Landesebene vertreten; diese Verbände können, wenn behinderte Menschen in ihren Rechten nach dem SGB IX verletzt werden, an Stelle und im Einverständnis mit den behinderten Menschen gegen die Rehabilitationsträger klagen.

Teil 2 des SGB IX: In den §§ 68 ff. SGB IX sind die Regelungen des früheren Schwerbehindertengesetzes übernommen worden. Es handelt sich dabei insbesondere um Regelungen zur Förderung der Teilhabe schwerbehinderter Menschen am Arbeitsleben (z. B. Beschäftigungspflicht der Arbeitgeber, §§ 71 ff. SGB IX), zum arbeitsrechtlichen Schutz (z. B. Verbot der Arbeitgeber, schwerbehinderte Menschen wegen ihrer Behinderung zu benachteiligen – sanktionsbewehrt mit einer Geldentschädigung – § 81 Abs. 2 SGB IX; besonderer Kündigungsschutz für schwerbehinderte Menschen, §§ 85 ff. SGB IX), zur Schwerbehindertenvertretung (§§ 93 ff. SGB IX), zu Leistungen der begleitenden Hilfe im Arbeitsleben durch die Integrationsämter (§§ 101 ff. SGB IX), zu Aufgaben der Integrationsfachdienste (§§ 109 ff. SGB IX), zu den Werkstätten für behinderte Menschen (§§ 136 ff. SGB IX) sowie zur unentgeltlichen Beförderung schwerbehinderter Menschen im öffentlichen Personenverkehr (§§ 145 ff. SGB IX).

Bilanz des SGB IX: Zieht man eine Bilanz für die Zeit nach In-Kraft-Treten des SGB IX, so bleibt festzustellen, dass im Alltag des Leistungsgeschehens noch längst nicht alle mit dem Neunten Buch des SGB verbundenen Hoffnungen erfüllt wurden; dies gilt unter anderem für die Koordination der Leistungen, die Zusammenarbeit der Rehabilitationsträger und für die Arbeit der Gemeinsamen Servicestellen. Hinzu kommt, dass trotz der eigenständigen Regelungen für behinderte Menschen im SGB IX die Sozialhilfe in Gestalt der (bedürftigkeitsorientierten) Eingliederungshilfe für behinderte Menschen (§§ 53 ff. SGB XII) ihre Bedeutung nicht eingebüßt hat, sondern besonders für den Bereich der Teilhabe am Leben in der Gemeinschaft (soziale Rehabilitation) nach wie vor eine überragende Rolle spielt.

Ausblick

Nach den bisherigen Erfahrungen mit den gesetzgeberischen Bemühungen erscheint es zweifelhaft, ob die mit dem SGB angestrebten Ziele, insbesondere die Vereinfachung und Transparenz des Sozialrechts, überhaupt realisierbar sind. Besonders durch den langjährigen Gang des Gesetzgebungsverfahrens, das Nebeneinander von SGB und Einzelgesetzen (z. B. BVG und BErzGG), zahllose Änderungen und Übergangsvorschriften, aber auch durch das im Landesrecht geregelte Sozialrecht, die detaillierte Ausgestaltung von Sozialleistungen durch untergesetzliche Regelungen außerhalb des SGB (Verordnungen, Richtlinien etc.) sowie durch die reichhaltige Rechtsprechung wird das Sozialrecht nicht einfacher und übersichtlicher, sondern komplizierter und intransparenter. Je länger dieser Zustand dauert, desto mehr geht der an sich sinnvolle Ansatz des Gesamtvorhabens verloren. Problematisch erscheint auch, dass die soziale Sicherung durch monetäre Leistungen und für Arbeitnehmer im Vordergrund des gesetzgeberischen Interesses steht, während die nichtmonetären (sozialen Dienst-)Leistungen sowie die Leistungsabwicklung in komplexen Pflege- und Betreuungsverhältnissen im SGB eine weniger gewichtige Rolle spielen; insofern bleiben vor allem zentrale Regelungsprobleme sozialer Arbeit teilweise ungeklärt.

Das ursprüngliche Ziel einer nur „begrenzten Sachreform" wurde bislang nur punktuell relativiert, auch wenn mit dem SGB XI (Soziale Pflegeversicherung) ein völlig neuer Zweig der Sozialversicherung geschaffen und mit dem SGB II (Grundsicherung für Arbeitsuchende) für erwerbsfähige Personen das bisherige System öffentlicher Leistungen zur Existenzsicherung grundlegend umgestaltet wurde. Im Zuge des „Umbaus des Sozialstaats" könnte freilich in die Fortführung der Kodifikation des Sozialrechts künftig auch eine grundlegende Umgestaltung des gesamten sozialen Sicherungssystems einfließen.

Kommentierte Literaturhinweise

Bundesministerium für Gesundheit und Soziale Sicherung (Hrsg.); Übersicht über das Sozialrecht. 2. Aufl., Nürnberg, 2005.
Das auf der Grundlage von Einzelbeiträgen verschiedener Autoren zusammengestellte Buch (mit inhaltsgleicher CD-Rom) vermittelt einen gründlichen Einblick in das deutsche Sozialrecht (unter anderem auf der Grundlage aller Bücher des SGB) sowie in das Recht der internationalen und europäischen sozialen Sicherung.

Hauck, Karl/Haines, Hartmut/Noftz, Wolfgang: SGB-Kommentar/Loseblattwerk. Berlin, 1976 ff.
Das Werk ist ein mehrbändiger Kommentar zu allen Büchern des SGB, der die einschlägige Literatur, Rechtsprechung und Praxis umfassend berücksichtigt.

Mrozynski, Peter: SGB IX Teil 1 – Regelungen für behinderte und von Behinderung bedrohte Menschen –, Kommentar. München, Beck Juristischer Verlag, 2002.
Der Autor, ein bekannter und anerkannter Kenner des Rehabilitationsrechts, erläutert die einzelnen Regelungen des SGB IX (Teil 1) mit beeindruckender Tiefe und auf einer über die juristischen Aspekte hinausgehenden Grundlage.

Wannagat, Georg, u. a.: SGB-Kommentar/Loseblattwerk. Köln, Heymanns, 1977 ff.
Das Werk ist ein mehrbändiger Kommentar, für den das oben zum Kommentar von Hauck/Haines u. a. Gesagte entsprechend gilt.

Spielen Elke Biene-Deißler

Etymologie

Die Herkunft des Begriffes „Spiel" bleibt ungeklärt. Er lässt sich zurückverfolgen bis in die Zeit zwischen dem 8. bis 12. Jahrhundert (althochdeutsch: Spil) und meint das Fließende, Bewegliche, Schwebende, sich Bewegende (vgl. Haiden, 2002, S. 134). Ein „Spiliman" war in dieser Zeit ein „Schautänzer", später wurde aus dem „Spielmann" ein „Musikant".
Ab circa dem 12. Jahrhundert (mittelhochdeutsch) verstand man unter „spil(n)" auch einen entspannten Zeitvertreib (vgl. Mackensen, 2004, S. 82).
„Spil" umschrieb ebenso den Scherz, jede unbedeutende Sache wie auch eine „mit ungewissem ausgang verbundene Wahl zwischen mehreren sich einigermaßen gleichstehenden dingen" (vgl. Benecke, 1990, S. 57).

Geschichte

Spiel als Lebensform des Menschen finden wir in allen frühen kultischen Ritualen religiöser wie höfischer Traditionen; Fest- und Feiergestaltung leben „schon immer" von Äußerungen, die Spielcharakter haben (vgl. Fink, 1979, S. 144).

Im Rahmen dieser Arbeit wird das Spiel des Kindes fokussiert. Über Jahrtausende hat sich ein vielschichtiges, schillerndes Bild von Aussagen und Einstellungen zum Spiel entwickelt: Das Phänomen erscheint mal überflüssig, nebensächlich, lästig – dann wieder faszinierend als grundlegendes Agens der Menschwerdung oder nützlich als Erziehungsmittel.

Aus der Fülle von Aussagen, was Spiel sei, werden stellvertretend einige ausgewählt, die – wie in einem Vexierbild – unterschiedliche Akzente aufblitzen lassen wollen.

Platon (427–347 v. Chr.) und **Aristoteles** (384–322 v. Chr.) formulieren pädagogische Überlegungen zum Spiel: Freiheit geben – Zähmung ermöglichen; seine psychohygienische Funktion (Kartharsis) wird betont.

In der Zeit der Aufklärung erfährt das Spiel eine gewisse Wertschätzung, bleibt aber dennoch ein Randphänomen.

- **John Locke** (1632–1704) versteht das Spiel als kindliche Form der Erholung und notiert mögliche Weisen der kindlichen Beeinflussung, um das „kindische Treiben" auf etwas „Nützliches zu lenken".
- **Jean-Jacques Rousseau** (1712–1778) betont den Nutzen des Spiels im Einüben der Sinne, um so die Umweltrealitäten besser einschätzen zu können. Aber er sagt auch: „Ist das nichts, den ganzen Tag lang zu springen, zu spielen [...]? Ist das nichts, glücklich zu sein?"
  In der Zeit der Klassik wird das Spiel zum philosophischen Prinzip, ist ästhetische Bildung.

- **Friedrich Schiller** (1759–1805) äußert sich fast idealisierend zur Bedeutung des Spiels: „Der Mensch spielt nur, wo er in voller Bedeutung des Wortes Mensch ist, und er ist nur da ganz Mensch, wo er spielt.“ Charakteristisch für das Spiel ist ihm die „Quasi-Realität“. Das Spiel wird als lang ersehnter dritter Zustand der Freiheit gefeiert.

- **Friedrich Schleiermacher** (1768–1834) spricht einerseits vom erfüllten Augenblick im Spiel und andererseits von der Vorbereitung auf die Zukunft. Der Eingriff des Erwachsenen sei nicht ohne weiteres berechtigt; Zweckbestimmungen müssen sekundär bleiben.

- **Friedrich Fröbel** (1782–1852) gilt als wichtiger Deuter und Förderer des kindlichen Spiels; für ihn hat es hohen Ernst; es ist Vorbild und Nachbild des gesamten Menschenlebens. Erinnert sei an die vom Kindergarten-Begründer Fröbel entwickelten „Spiel-Gaben“ und an seine „Spielpflege“.

- **Herbert Spencer** (1820–1903) steht hier als Vertreter einer neuen Skepsis: Der Blick der „Positivisten“ konzentriert sich nun auf Beobachtbares, Messbares, das sich klassifizieren lässt: Spielmerkmale werden auf psychophysische Mechanismen zurückgeführt: auf Bewegungen und Energiestauungen im Nervensystem/in Hirnzentren; die Spieltätigkeit wird als Energieüberschuss begriffen – als Abreaktion im Sinne von Katharsis; sie bleibt Scheintätigkeit.

- **Karl Groos** (1861–1946): Mit ihm beginnt die wissenschaftlich begründete Spieltheorie. Er stellt die erste Gesamtschau einzelner Aussagen zusammen und relativiert sie damit.
  Groos spricht vom „Lebenswert des Spiels“: Einübung (Selbstausbildung), Ergänzung (Erholung von der Arbeit), ästhetisches Genießen sind ihm wichtige Aspekte.
  Seine breit angelegten Überlegungen lösten verschiedene Impulse für die nachfolgende Fachliteratur im ersten Drittel des 20. Jahrhunderts aus. Es entwickelte sich eine heftige Diskussion zum Thema: Spiel als Imagination/Illusion versus realitätserschließende Kraft.

- **George Herbert Mead** (1863–1931) betrachtet das Spiel als dialogisch-interaktives Phänomen, als Möglichkeit der Identitätsfindung des Ich im Beziehungsverhältnis.

- **Karl Bühler** (1879–1963) stützt sich auf H. Hetzers Beobachtungsbefunde zum Spiel und betont die vielfältigen Gesetzlichkeiten und Strukturierungen, die es an einer Spieltätigkeit zu entdecken gibt. Insbesondere weist er auf die Funktionslust hin, die aktuell im Spielenden beim Erzeugen und Erhalten von Spannung entsteht.

Aktuelle Relevanz und theoretische Ansätze

Die im folgenden Text benannten Autoren werden als diejenigen verstanden, die mit ihrer Forschung und ihren Erkenntnissen in besonderer Weise unmittelbare Auswirkung auf die gegenwärtige Diskussion zum Phänomen „Spiel“ haben. Sie sind aktuell relevant für den methodisch orientierten Einsatz von „Spiel“ in der heilpädagogischen Arbeit.

- **Sigmund Freud** (1856–1939) hat den psychoanalytischen Zugang zum Spiel begründet. Er betrachtet das Spiel vornehmlich als Ausdruck des Unbewussten, als Kompensationsmöglichkeit und als Katharsis. Die Schüler/Nachfolger Freuds haben seine Theorie ergänzt und differenziert. Genannt seien: Alfred Adler (1870–1937), Melanie Klein (1882–1960), Hans Zulliger (1893–1965), Anna Freud (1895–1982), Erik Erikson (1902–1994).
- **Maria Montessori** (1870–1952) formuliert das Prinzip der „Polarisation der Aufmerksamkeit", die durch die konzentrierte Tätigkeit des Kindes entsteht, es belebt, ordnet und beruhigt. Den Begriff „Spiel" lehnt sie ab und ersetzt ihn durch „Arbeit".
- **Jean Piaget** (1896–1980) gilt als wesentlicher Vertreter einer kognitiv orientierten Spieltheorie. Er versteht das Spiel als sensomotorische, symbolische, regelorientierte Tätigkeit nach dem Prinzip von Assimilation und Akkommodation zur fortschreitenden Differenzierung von Handlungsschemata, die wiederum zur Entwicklung von kognitiven Strukturen (Intelligenz) und damit zur Realitätserkenntnis führen.
- **Brian Sutton-Smith** (geb. 1924) betont, dass sich Spiel nicht ausschließlich aus einem Trieb heraus entwickelt, sondern sich nur aus dem spielerischen Umgang zwischen Eltern und Kind entfalten kann. Er weist darauf hin, dass „Spiel" für das Kind die wichtigste Tätigkeit ist, mit der es „Welt" durchdringt, begreift und soziale Rollen aufbaut. („Spiele können Konflikte sozialisieren.")

Ein aktueller spieltheoretischer Beitrag stammt von **Rolf Oerter**. Er formuliert einen handlungstheoretischen Ansatz (siehe Oerter, 2001, S. 118–138), der – kurz skizziert – sich auf drei Merkmale des Spiels konzentriert:

1. *Selbstzweck* (intrinsische Motivation; Flow-Erlebnis; Freude über erbrachte Leistung);
2. *Wiederholung* (W) und *Ritual* (R) (W: positive Verstärkung wiederholbar machen; Optimierung der Leistung; Aufarbeitung traumatischer Erlebnisse: Abbau von Ängsten; R: verleiht Sicherheit; Selbstvergewisserung; Überhöhung des Geschehens);
3. *Realitätsformation* (in einem anderen Realitätsrahmen folgenlos agieren können; illusionäre Erfüllung von Wünschen: Bedürfnisse, Ängste, Aggressionen können tabulos ausgelebt werden; soziale Fertigkeiten lassen sich leichter einüben, da Spielhandlungen folgenlos bleiben).

Oerter beschreibt drei Ebenen der Spielhandlung (in Anlehnung an Wygotsky, Leontjew):

1. *Operationen* (einfache, automatisierte Handlungsschemata);
2. *Handlungen* (Spielhandlungen lassen sich ordnen nach Themen, z. B. Kochen, Autofahren und nach Spielformen, z. B. Rollen-/Konstruktionsspiel);
3. *Tätigkeitsebene* (entsprechend der bisherigen Lebenserfahrungen werden aktuelle Themen gemäß der Entwicklungsaufgabe abgebildet ebenso die Auseinandersetzung des Selbst mit der Umwelt – insbesondere bezogen auf materielle Gestaltungsmöglichkeiten).

Die Fähigkeit der Auseinandersetzung lässt sich betrachten unter den Aspekten von

- *Aneignung* (wahrnehmen, imitieren, üben, kognitiv strukturieren),
- *Vergegenständlichung* (konstruieren, erzählen, erfinden, handeln in Regelspielen),
- *Subjektivierung* (Spiel-Geschehen den eigenen Bedürfnissen und kognitiven Strukturen anpassen),
- *Objektivierung* (ausrichten nach Gesetzmäßigkeiten).

Diese vier Grundkomponenten von Handlung bilden nach Oerter den Rahmen von Tätigkeit. Sie vollziehen sich in Prozessen von Assimilation und Akkommodation und sind dialogisch aufeinander bezogen.
Eine weitere Konkretisierung des Spiels bezieht sich auf die Gegenstände des menschlichen Handelns, die sich einteilen lassen in „materielle Objekte, Gegenstände des Wissens und psychologische Gegenstände (... psychische Zustände und Prozesse)" (Oerter, 2001, S. 123).
Das Kernstück jeder Interaktion ist der gemeinsame Gegenstandsbezug, die kommunikative Ausrichtung mehrerer Personen auf einen Gegenstand: z. B. materielle Objekte, Spielthemen-Gegenstandsbezug.
Für diesen gemeinsamen Gegenstandsbezug macht Oerter auf die subjektiven Valenzen eines Gegenstandes (z. B. Übergangsobjekt, Winnicott) und auf die objektive Valenz aufmerksam.

Offensichtlich entdecken wir in der Fachliteratur zurzeit immer noch die unterschiedlichsten Definitionen zum „Spiel". Albert Einstein finden wir zitiert: „Das Atom zu begreifen ist ein Kinderspiel verglichen mit dem Begreifen des Kinderspiels."

Festgehalten werden soll: Spiel ist Bewegung; Lust, Bewegung zu gestalten, sich selbst darin aktiv zu erleben: Ich kann etwas, jemanden verändern! Dieses Erleben kann gespeichert und lustvoll wiederholend in Handlung umgesetzt, in Teilsequenzen gegliedert und neu kombiniert werden. Somit ist „Spiel" auch lustvolles Lernen: experimentieren; Gesichertes wiederholen; etwas wagen – unsicher werden; sich korrigieren; Veränderung suchen – neu probieren; sich vergewissern; erneut etwas riskieren; sich selbst und den/die Spielpartner erleben und bestätigen; neugierig werden auf mehr.
Mit Scheuerl (1979, S. 180) halten wir fest: Lernen vollzieht „sich in (wechselwirksamer) Begegnung und Entdeckung".

„Solche Handlungen führen nicht nur zu Veränderungen in der Person, sondern auch zu Veränderungen im Kontext der Entwicklung, (die sich) in kreisprozessualen Bewegungsmustern zwischen Person und Umwelt vollzieht." (Gröschke, 1997, S. 225)

In der sensomotorischen Phase (siehe Piaget, 1969) lernt das Kind, die mit den unterschiedlichen Sinnen aufgenommenen internen und externen Reize mit Bewegung koordiniert zu beantworten und daraus ein für es sinnhaftes Ganzes zu knüpfen, das mit zunehmender Integration von Handlungsabfolgen und Sinnzusammenhängen eine Gestalt erlangt, die im Spiel ständig ausgebaut und variiert werden kann.

Sensomotorischen Lebensweisen (Mall, 2003) entwickeln sich über das Aufmerken, Fixieren, Verweilen zu serialen und intentionalen Leistungen (Funktionsspiel im ersten Lebensjahr) und zu solchen, die wir mit Piaget „Symbol-Leistungen" nennen (Rollen-, Konstruktions-, Regelspiel).

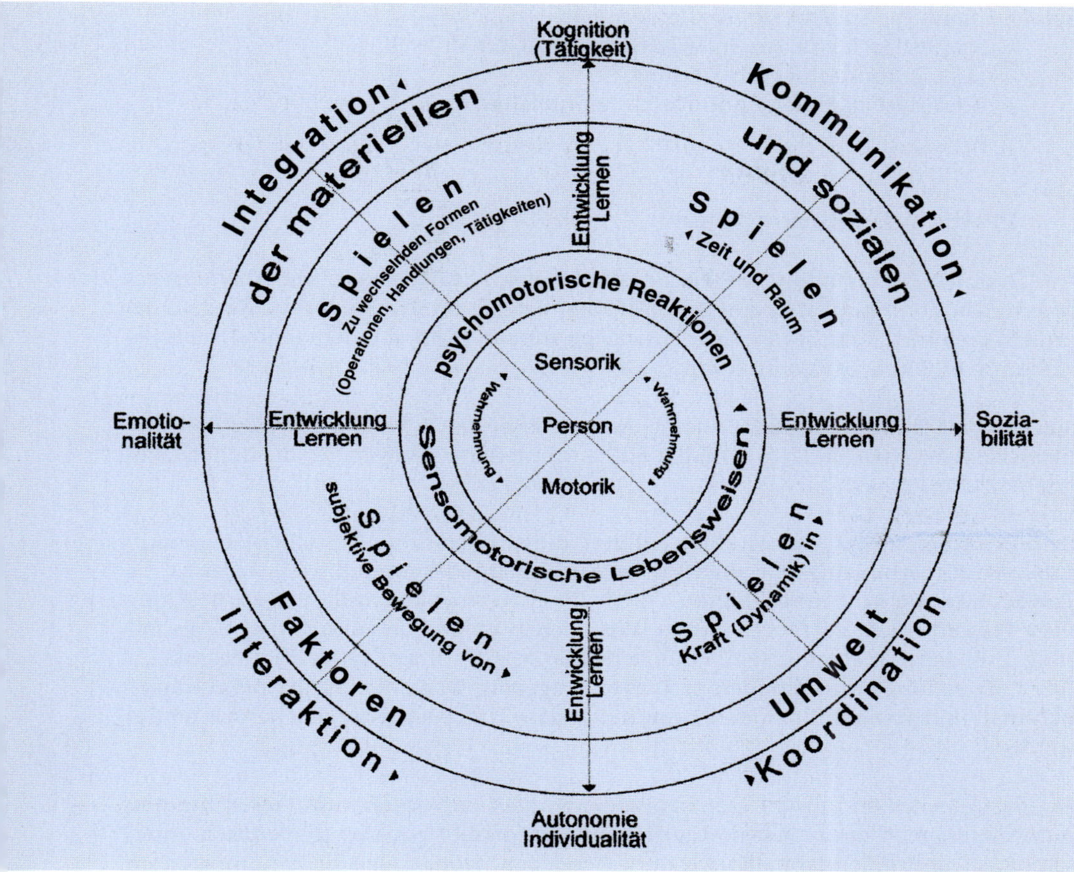

Spiel als „re-aktives" Agens von Wachstum, Differenzierung, Integration kindlicher Fähigkeiten/Fertigkeiten im Prozess der Sozialisation

In dieser Auseinandersetzung mit sich selbst und der personalen wie materiellen Umwelt macht das Kind Erfahrungen, die sein Zugehen auf Welt beeinflussen:
Die Bewältigung der jeweiligen Entwicklungsaufgabe (Erikson: Urvertrauen – Urmisstrauen; Autonomie – Scham, Zweifel; Initiative – Schuldgefühl; Leistung – Minderwertigkeitsgefühl; Identität – Rollenkonfusion) steht im unmittelbaren Zusammenhang mit der gewachsenen emotional/sozialen Befindlichkeit und der Qualität der bisher erworbenen Kompetenzen.

Die jeweils individuell eingefärbte Weise des „Daseins in der Welt" erfährt im Spiel ihren Ausdruck und ihre Bearbeitung: Aktuell entstehende und beharrlich existierende Lebensthemen lassen sich ablesen (z. B. Nähe – Distanz – Zugehörigkeit; Macht – Ohnmacht – Selbstbehauptung; Leistung – Misserfolg – Selbstwertgefühl).

Zusammenfassend lässt sich festhalten: Spiel ist die elementare Tätigkeit, das „fundamentale Lebenssystem" des Kindes (vgl. Mogel, 2002, S. 237–257), in dem es im Beziehungsverhältnis seine Handlungskompetenz und seine Identität entwickelt und findet.

Spiel ist damit die Sprache des Kindes (Zulliger, 1952, S. 8)
- als Ausdruck von Auseinandersetzung mit der Umwelt,
- als Ausdruck seiner Ich-Findung,
- als Ausdruck seiner emotionalen Befindlichkeit.

Problem-Erfahrungsfelder

Im menschlichen Miteinander ist es notwendig, Antworten zu finden und zu geben, die im Kommunikationsprozess von allen Beteiligten sinnhaft erlebt werden, damit ein gesundes Selbstbewusstsein entwickelt werden kann, mit dem man sich im Beziehungsverhältnis bewähren lernt.

Spiel als Äußerungsform und als basale Antriebskraft menschlich-personaler Entwicklung (vgl. Gröschke, 1997, S. 227) hat eine unmittelbare Relevanz für die heilpädagogische Praxis.

Dort begegnen uns Menschen (hier: Kinder), die mit den ihnen gestellten Lebensaufgaben/Anforderungen nicht angemessen zurechtkamen/kommen, weil sie nicht die Zuwendung und Anregung erhalten haben, die sie zu einer konstruktiven Entwicklung ihrer Persönlichkeit gebraucht hätten. Wir erleben Kinder, deren organische Ausstattung (z. B. Zentralnervensystem) erhebliche Mängel/Störungen aufweist, sodass sie für ihre Entwicklung eine besonders gestaltete Umgebung brauchen, in der neben räumlich-materiellen Modifikationen personal-soziale Umorientierungen berücksichtigt werden.

Die Bezugspersonen müssen eine besondere Sorgfalt entwickeln, um diesen Kindern individualisierend das zu geben, was sie brauchen, damit sie in den je spezifisch unterschiedlich beeinträchtigten Entwicklungsbereichen vorhandene Basis-Kompetenzen differenzieren oder die vorhandenen über eine angemessene Anregung erhalten können.

Wir erleben auch Kinder, die – organisch gut ausgestattet – ihr Leben begannen, jedoch die in ihnen schlummernden Potenziale nicht befriedigend ausbauen konnten, weil sie andauernden Enttäuschungen, Kränkungen ausgesetzt waren/sind. Ihre Notrufe (Symptome) wollen aufmerksam machen, wurden aber bisher im Umfeld zu wenig/nicht verstanden.

Folgende von E. Kobi (Grundfragen, 2004, S. 140–144) aufgezeigten Merkmale von Erziehungserschwernissen lassen sich unmittelbar auch auf Störungen im Spielverhalten als Ausdruck gestörter Kommunikation beziehen; Spieltätigkeiten zeigen eine:

- **Verengung:**
  Wahrnehmungsbeeinträchtigte Kinder (z. B. mit Teilleistungs-/Lernstörungen) zeigen oft eine eingeengte Spielweise, die funktionale und einfache intentionale Ausrichtungen auf Kosten umfassender Orientierung einseitig betonen.
- **Verarmung:**
  Die Spieltätigkeiten – insbesondere beim Kind mit drohender oder bestehender geistiger Behinderung – bleiben in sich wiederholenden einfachen Fertigkeiten „hängen“. Sie sind im Sinne von Kobi (Grundfragen, 2004, S. 145) als

„gerahmte Handlungsfähigkeit" zu verstehen: Mit gezielter Hilfestellung kann das Kind Handlungen anderer nachvollziehen, ohne selbst initiativ zu werden. Darüber hinaus sind seine (Spiel-)Tätigkeiten als „einfache Handlungsfähigkeit" (Kobi, Grundfragen, 2004, S. 145) zu bewerten: Das Kind kann sich ohne unmittelbare Hilfe in strukturierten, vertrauten Situationen orientieren und einfache seriale und bedingt auch intentionale Leistungen erbringen.

- **Verfremdung:**
  Emotional erheblich beeinträchtigte Kinder mit ausgeprägter Verhaltensauffälligkeit verstehen sich oft selbst nicht mehr. Ihre Spieltätigkeit mag in eine Fixierung oder in ein Chaos geraten sein. Strukturierung und Dynamik der Spielgestaltung gelingen nicht mehr ausreichend. Ursache und gleichzeitig Folge mag sein: Ideenblockade/-flucht; zwanghafte Fixierung auf Wiederholung von diffusen Einfällen, die keinen befriedigenden „Rahmen" finden, irritieren das Kind nachhaltig.
  Auch der Erwachsene als Bezugsperson versteht das Kind (in seiner Spielgestaltung) nicht mehr: Regressive, hektisch wirkende und aggressive Impulse (im Spiel) werden in ihrem Symbolgehalt nicht entschlüsselt, jedoch als befremdlich und erheblich störend erlebt und als solche eher unterbunden. Die Beziehungsbrüchigkeit im Erziehungsverhältnis entsteht.
- **Brüchigkeit:**
  Der Erwachsene registriert den Beziehungsbruch nicht oder nur stark verzögert und dann verzerrt; die Botschaft des Kindes wird missachtet – wie das Spiel generell nicht als ein grundsätzlicher Lebenswert erkannt/anerkannt wird.
  Das erheblich emotional und beziehungsgestörte Kind wird unter Umständen seine bisherige Spieltätigkeit ganz einstellen: Es verweigert sich seiner selbst und der Umwelt im Sinne von Selbstschutz und paradoxem Hilferuf.

Festgehalten werden kann: Im Rahmen heilpädagogischer Aufgabenstellung muss das Kind

- „spielen" grundlegend lernen (Förderung),
- im und über das Spielen einen Prozess des Verlernens und Umlernens erfahren, der sich auf sein emotional-soziales Erleben und Verhalten bezieht (personzentrierte Begleitung im Spiel).

S

Heilpädagogische Diagnostik im Prozess nimmt Person, Umwelt und das jeweilige Gewordensein in den Blick, um das Individuum in seinen biografischen und ökologischen Bezügen, in seiner aktuellen Lebensgestaltung und Problembewältigung rekonstruierend zu verstehen. Dieses Bemühen (vgl. Köhn, Erziehungshilfe, 2003: „Verstehensdiagnose") vollzieht sich von Anfang an in „aufeinander bezogenen Handlungsweisen zweier Aktoren" (Gröschke, 1997, S. 118). Hier benennt Gröschke die Vorteile für dieses Vorgehen:

„1. Es entlässt den behinderten Menschen (auch den Schwerstbehinderten) aus seiner passiv-abhängigen Rolle des Empfängers und Objektes heilpädagogischer Maßnahmen,
2. es betont den persönlich-intentionalen Charakter sonst „sinnlos" erscheinender Ausdrucksweisen und
3. auf Seiten des Heilpädagogen garantiert es, dass Gehalt und Ziel seines Arbeitskonzeptes (Wissen, Gewissen und Motiv) von seiner Person gebündelt und getragen werden." (Gröschke, 1997, S. 118)

Verstehensorientierte praktische Heilpädagogik nutzt die hohe Bedeutung des kindlichen Spiels in Diagnostik *und* methodisch orientierter Hilfe zu einer gelingenden Kommunikation, die „die Selbstgestaltungstendenzen des Individuums" aktiv einbezieht (Gröschke, 1997, S. 265).

In einem Leitkonzept von Lern- und Entwicklungshilfe wird die Heilpädagogin im Spiel mit dem Kind dessen vorhandene Spielkompetenzen entlang vorgegebener entwicklungspsychologischer und kommunikationstheoretischer Konstrukte detailliert wahrnehmen, entschlüsseln und bewerten, um dann spezielle Entwicklungsbedürfnisse und Schwerpunkte für ein heilpädagogisches Angebot zu formulieren.

Das Medium Spiel lässt sich je nach aktueller diagnostischer Einschätzung methodisch unterschiedlich einsetzen. Wir sprechen von *„Förderung"* und *„personzentrierter Begleitung im Spiel"*. Beide Ansätze verstehen sich nicht eingleisig verengend nur als gemeinsame Beziehungsgestaltung von Heilpädagoge und Kind, sie meinen immer auch die Zusammenarbeit mit den Bezugspersonen der kindlichen Lebenswelt.

Das Angebot *„Spielförderung"* gilt den Kindern, deren Spielfähigkeit so verengt, verarmt, verfremdet und gebrochen ist dass ihnen das Spiel noch nicht oder nicht mehr möglich ist. Für diese beiden Gruppierungen gilt, dass sie ihren vorhandenen Möglichkeiten entsprechend ein gezieltes Angebot brauchen, das – systematisiert, also geplant – unterschiedliche Entwicklungsaspekte anspricht und Lernen neu und wieder ermöglicht. Die Ebenen von Sensorik – Wahrnehmung – Motorik, Emotion, Soziabilität, und Kognition finden in der Beziehungsgestaltung des gemeinsamen Spiels von Kind und Heilpädagogin ihre „natürlich-ganzheitliche" Verortung und ihren Stellenwert, den der Heilpädagoge verantwortlich im professionell ausgerichteten Blick halten muss (Planung, Durchführung, Evaluation).

Förderung meint das Fixieren, Zusammenführen, Ergänzen, Ordnen/Strukturieren und Stabilisieren von Informationen, die – angemessen bearbeitet im System des Wahrnehmungsapparates – Spiel und damit Handlung initiieren und aufrechterhalten.

Förderung bezieht sich basal auf das Bewegt-/Berührt-werden im positiven Sinn: auf das Behandelt-werden; sie wird – hier verweilend – interaktiv tätig und im Maße der Entfaltung selbstaktiver Kompetenzen zunehmend das behandelte Kind als handelndes berücksichtigen. Die Aufgabe des Heilpädagogen bezieht sich dann eher auf die Materialauswahl und auf gezielte, vereinzelte Hilfen zur Gestaltung des Angebots, das für das Kind sinnhaft sein muss, d. h., es muss in die subjektive Deutung seiner aktuellen Lebenswirklichkeit passen. Gleichzeitig wird die Heilpädagogin im Sinne Vygotskys (1967) die „Zone der nächsten Entwicklung" wahrnehmend in die Arbeit einbeziehen

Die Formen des senso-/psychomotorischen Spiels (Funktionsspiel) sowie die des frühen Rollen- und des ersten Konstruktionsspiels sind die Basis für die emotional-soziale und kognitive Entwicklung des Kindes und werden deshalb in den Mittelpunkt der Aufmerksamkeit des Heilpädagogen genommen, um hier (nach-)lernen zu ermöglichen. Er wird in seinem Übungsangebot – an den vorhandenen Kompetenzen des Kindes ausgerichtet – in der schrittweisen Erweiterung der kindlichen Fertigkeiten instabile Phasen zulassen, jedoch aktiv schützend und unterstützend begleiten; er wird mit dem Kind so im Dialog bleiben, dass es sich weiterhin selbstwirksam in spielfreudiger Auseinandersetzung mit Material und Person erleben kann und nicht als Objekt von Training und Dressur.

Kinder mit einer drohenden oder vorhandenen geistigen Behinderung sind in besonderer Weise darauf angewiesen, dass die Heilpädagogin für eine „vorbereitete Umgebung“ (Montessori) sorgt:

- Das Spielmaterial muss einen eindeutigen, konkreten Aufforderungscharakter haben; Materialqualität und Realitätsnähe müssen unmittelbar sein.
- Der Zeitfaktor muss individualisiert sein: Tageszeit, Dauer der geforderten Konzentration, Abwechslung-Wiederholung von Tätigkeiten/Themen; Spannung-Entspannung.
- Die Handlungsprinzipien des Heilpädagogen müssen Motivation, Konzentration und gemeinsame Spielfreude entstehen lassen.

Das Angebot *„personzentrierte Begleitung im Spiel“* wendet sich an die Kinder, die in gestörten Beziehungsverhältnissen bei der „Bewältigung ihrer Entwicklungsaufgaben einen Autonomieverlust erworben haben“ (Schmidtchen, 2001, S. 165), der sich negativ auf ihr Selbstwertgefühl auswirkt – mit Effekten von unterschiedlichen sozialen Wahrnehmungsverzerrungen (vgl. Schmidtchen, 2001, S. 165). Emotional-soziale Beeinträchtigungen machen auf Dauer ohnmächtig und schutzlos, sie bewirken psychische Störungen, Einbußen im sozial angemessenen Verhalten sowie psychosomatische Erkrankungen.
Im „freien“ Spiel gestaltet das Kind seine von ihm schmerzhaft erlebte Realität und seine bisherigen Versuche einer Bewältigung. „Jedes Nachschaffen ist eine Neukonstruktion.“ (Oerter, 1993, S. 13) Diese eröffnet dem Kind einerseits eine Betrachtung seiner selbst in sozialen (destruktiv wirkenden) Bezügen, aber auch eine (Um-)Orientierung und damit eine Chance, die fixierte „Symbiose zwischen Umwelt und Organismus“ (Oerter, 1993, S. 13) schrittweise auflösen zu können. Das Spiel lässt sich so als Schutzraum und Übungsfeld des Kindes verstehen und nutzen. Die Heilpädagogin hat die Aufgabe, in Prozessen der „verstehensfördernden Aufmerksamkeit“ (Schmidtchen, 201, S. 181) die „Spiel-Sprache“ zu entschlüsseln, bewertend zu verstehen, um dann „Spiel-Antworten“ zu finden, die dem Kind auf seinem Weg Schutz geben, die es ermuntern und die ihm Orientierung anbieten. Um diesem Anspruch zu genügen, muss der Heilpädagoge differenzierte und gesicherte Erkenntnisse aus unterschiedlichen Wissenschaften erworben haben. Er wird insbesondere zurückgreifen auf Inhalte entwickungspsychologischer Persönlichkeitstheorien und auf Methoden, die in verschiedenen Schulen der Kinderpsychotherapie entwickelt wurden und nun vom Heilpädagogen transformiert und zentriert werden müssen auf Ziele und Inhalte, die pädagogisch bestimmt sind. Für die Heilpädagogin sind tiefenpsychologische Inhalte von hoher Relevanz: Spiel – als heilpädagogisch genutztes Angebot – ist immer Mitteilung; das Kind offenbart unbewusst seine Lebensthemen: ungelöste, verdrängte Konflikte werden auf der Symbol-Ebene wieder belebt, dargestellt und bearbeitet; neue Verstehenszugänge werden eröffnet, für die Zukunft experimentierend gestaltet und in der Realität überprüft. Spiel im dialogisch angelegten Beziehungsverhältnis wird auch zum Medium von Übertragungsprozessen, die der Heilpädagoge sehen lernen muss, um sie dann angemessen beantworten zu können (unter anderem „Szenisches Verstehen“ als professionelle Kompetenz).

Festhalten lässt sich: Tiefenpsychologisches Wissen hilft, das Kind in seinen biografischen und aktuellen Bezügen sowie seinen Verarbeitungsmöglichkeiten zu verstehen (Verstehensdiagnose) und die Rolle der Heilpädagogin sowie ihrer Angebotspalette im Spielgeschehen zu orten. Eine „containermäßige Aufnahme von problematischen Beziehungserfahrungen und eine (Selbst-)Kontrolle negativer Gegenübertragungsmöglichkeiten“ wird so erst ermöglicht (Schmidtchen, 2001, S. 183). Psychoanalytische Deutungen des Spielgeschehens für das Kind und damit ein aktives Bewusstmachen von unbewusstem psychischen Geschehen, um es bearbeitbar zu machen, wird sich der Heilpädagoge ohne eine Zusatzqualifikation in psychoanalytischer Spieltherapie verbieten, weil er nicht ausreichend die provozierten Inhalte erkennen kann und zur weiteren Bearbeitung auch nicht schützend zu lenken versteht.

Seine Angebote in „Spiel und Sprache“ werden pädagogisch geprägt bleiben und darauf zielen, die gestörte Beziehung des Kindes zu sich selbst und zu seiner Lebenswelt über verändertes Erleben und Erfahren in einer Halt gebenden und bewahrenden Begegnung (Moor, 1965; Winnicott, 1974) neu auszubalancieren.

Empathie, unbedingte Wertschätzung und authentisch kongruentes Verhalten: diese personzentrierten Prinzipien zur Beziehungsgestaltung, die C. Rogers (1959) formulierte und die von V. Axline (1972) für die nondirektive (heute: klient-/personzentrierte) Spieltherapie übernommen wurden, helfen dem Kind bei seinen Versuchen, sich selbst zu explorieren und die bestehenden Belastungen (Störungen) so zu reduzieren, dass ein positiv verändertes Selbstkonzept entworfen und realisiert werden kann. Der Heilpädagoge braucht vielfältiges Rüstzeug, um das Kind auf seinem Weg im Spiel aktiv-dialogisch begleiten zu können. Neben den schon erwähnten Basiskompetenzen benötigt er ein Instrumentarium, das in der Begegnung einen „fördernden Dialog“ (Leber, 1988) bewirkt, der dann den Entwicklungsprozess des Kindes beleben kann:

- Für das Beobachten und Zuhören, das ein Lauschen auch auf die leisen Töne meint, sei die Wachheit und Momentzentriertheit auf – insbesondere – die innere Bewegtheit des Kindes benannt.
- Diese Zentrierung ist die Ausgangsbasis für das Angebot des einfühlenden Verstehens und des emotionalen Mitschwingens.
- Sie sind wiederum Voraussetzung für das Angebot des Reflektierens von Gefühlen und von Problemlösungsprozessen (siehe Weinberger, 2001).
- Da die Heilpädagogin im Spiel Anteil an der Lebenswelt, Lebensfülle oder auch -armut des kindlichen „In-der-Welt-seins“ hat (vgl. Köhn, 2002, S. 175), braucht er ein Repertoire an Kenntnissen über Spielmaterialien und ihren Einsatz, über Formen des Gestaltens, Musizierens, über Angebote von Bewegung, Tanz, Geschichten, Märchen.

Der Einsatz des Spiels in der heilpädagogischen Arbeit wurde diesem Beitrag bisher deutlich getrennt nach methodisch unterschiedlich orientierten Ansätzen wie „Förderung“ und „personzentrierter Begleitung im Spiel“. In der Praxis werden jedoch Mischformen notwendig sein, die sich am Entwicklungsstand des jeweiligen Kindes und seinen aktuellen Möglichkeiten, im Spiel seine emotional-soziale Befindlichkeit darzustellen, orientieren müssen.

Eine einheitliche Begrifflichkeit zur Bezeichnung und zur eindeutigen Kategorisierung von Spielangeboten in der heilpädagogischen Arbeit existiert weder in der einschlägigen Literatur noch in der heilpädagogischen Praxis. Das folgende Schaubild zeigt ein mögliches Ordnungsschema:

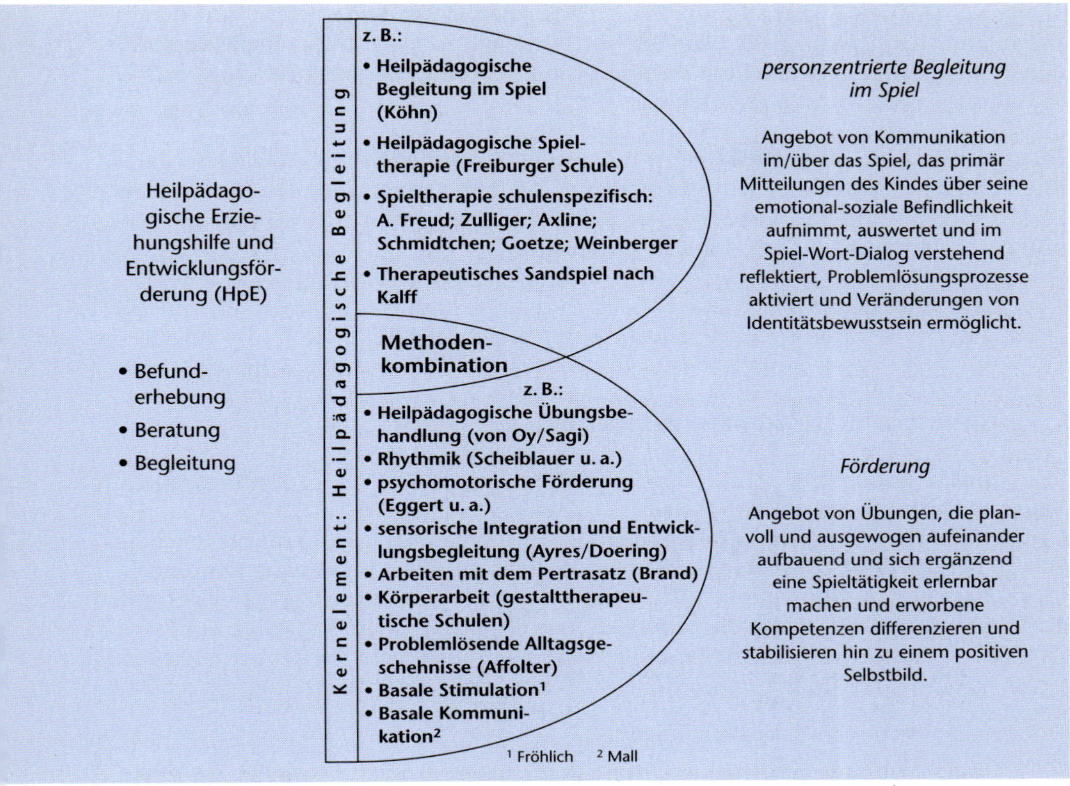

Das Spiel im heilpädagogischen Handlungskonzept (vgl. Köhn, 2001, S. 704)

Ausblick

Das Spiel hat in der psychologisch-pädagogischen Fachdiskussion einen festen Platz, auch wenn die verwendeten Begrifflichkeiten keineswegs einheitlich gebraucht werden und manches kontrovers diskutiert zu werden scheint. Entwicklungsnormative (an Standards der Entwicklungspsychologie orientiert) und entwicklungsökologische Konzepte (an Lebenswelt und ihren Entwicklungsbedingungen orientiert) gehören in einer förderdiagnostischen Betrachtung zunehmend selbstverständlich zusammen. Immer geht es darum, dem Kind die ihm mögliche Selbsttätigkeit zu erhalten, zu ergänzen, zu differenzieren und zu stabilisieren. Über das hier fokussierte individuelle (Kleingruppen-)Setting hinaus gelten die meisten Prinzipien der Förderung und der personzentrierten Begleitung im Spiel auch für die weitere Lebenswelt des Kindes – sei es die familiäre oder die der Alltags- und Konfliktbewältigung im schützenden und stimulierenden Lernfeld einer pädagogischen Tageseinrichtung, die dem Kind neue Lebenskräfte und Handlungskompetenzen ermöglichen möchte.

Auf dem Entwicklungsweg der Person „Kind" zur Persönlichkeit (Gröschke, 1997, S. 51–54) versteht sich der Heilpädagoge als Begleiter auf einem schwierigen Weg(abschnitt), auf dem er dem Kind Impulse (Schritt-geben) und Stützen (Schritt-halten) anbietet. Die kreative Leistung der Heilpädagogin lässt sich als Kunst des Werde-ganges verstehen. Für diese „Kunst" muss die Heilpädagogin in einem dauerhaften Dialog mit den verschiedenen Fachwissenschaften stehen, die ihr Bausteine liefern. Mit diesen „Rohmaterialien“ wird sie die Elemente ihres Handels in Diagnostik, Begleitung und Beratung – je nach individuellem Klientensystem – zu einer spezifischen Kombination (Handlungskonzept) zusammenfügen.

Diese methodenorientierten Elemente müssen auf Dauer vom Heilpädagogen so stabil internalisiert sein, dass sie nicht verfremdend und damit störend auf den förderlichen Dialog wirken, sondern – gewachsen als Haltung – eine authentisch wirksame Begegnung nicht nur ermöglichen, sondern potenzieren.

Aus einem veränderten Blickwinkel lässt sich dann formulieren: „Wie Kinder unsere (berufliche) Entwicklung begleiteten.“ (Doering/Doering, 2002, S. 8)

Kommentierte Literaturhinweise

Bunk, Ulrich: Spiel. Methoden in Heilpädagogik und Heilerziehungspflege. Troisdorf, Bildungsverlag EINS, 2004.
Der Autor möchte zu einem spielerischen Dialog anregen. So stellt er für die Bereiche Spielförderung und Spieltherapie wichtiges Fachwissen sowie praxisnahe Handlungsmöglichkeiten vor. Konzipiert wurde das Buch gemäß den Rahmenvorgaben für die Ausbildung/den Unterricht von Heilerziehungspflegern und Heilpädagogen in Fachschulen und Berufskollegs. Ein überzeugendes „Methodenbuch“, in dem das Spiel im pädagogischen Einsatz auf den jeweiligen Personenkreis der Menschen mit Beeinträchtigung bezogen wird.

Köhn, Wolfgang: Heilpädagogische Begleitung im Spiel. Heidelberg, Universitätsverlag C. Winter, 2002.
Der Leser wird gut gerüstet, entwicklungsbeeinträchtigten und emotional erheblich belasteten Kindern eine wirksame begleitende Hilfe anbieten zu können. Die vielfältigen kommunikativen Möglichkeiten des Spiels werden in kleinsten Bausteinen vorgestellt. Praxisbeispiele und Übungsangebote konkretisieren den Inhalt.

Weinberger, Sabine: Kindern spielend helfen, Eine personzentrierte Lern- und Praxisanleitung. Weinheim/Basel, Beltz-Verlag, 2001.
Die Autorin beginnt mit einer theoretischen Einführung in die Psychotherapie mit Kindern. Das Spiel als Sprache des Kindes wird vorgestellt, ebenso die vielfältigen Möglichkeiten der praktischen Begegnung in therapeutischen Prozessen. Ausgewählte Problembereiche und ihnen entsprechende Interventionen werden erörtert und runden das Buch ab.

Sprache

Peter Rödler

Etymologie

Der Ursprung des Wortes „Sprache" (westger. mittelhochdeutsch) liegt im Dunkeln. Sprache gilt als eine Substantivbildung des Verbs „sprechen". Dieses stammt als lautmalendes Wort eventuell von dem schwedischen Wort „spraka" („knistern", „prasseln") ab. Auch der Bezug zu den r-losen Verben, wie z. B. „speak" ist nicht klar. Inhaltlich bezeichnet Sprache ursprünglich „Rede", „Beratung", „Verhandlung". (Duden, Etymologie, 1963) Im allgemeinen Verständnis bezeichnet es den Vorgang des Sprechens und die Möglichkeit, zu sprechen.
Differenziertere Überlegungen finden sich im Abschnitt „Aktuelle Relevanz und theoretische Ansätze".

Geschichte

Zur Geschichte von Sprache ist wenig zu sagen. Da Sprache für die Welt, wie sie durch die Menschen erzeugt wird, konstitutiv ist, existierte Sprache in dem Moment und dem Maße, wie die Menschen sich auf der Welt entwickelten. Die Geschichte der Sprache und die der Kultur(en) der Menschheit ist identisch.

Ohne hier auch nur annähernd den Anspruch erheben zu können, statt der Geschichte der Sprache die Geschichte der wissenschaftlichen Beschäftigung mit Sprache darzustellen, sollen hier aber dennoch einige, im Zusammenhang mit Heilpädagogik relevante, geschichtlich wichtige theoretische Positionen zur Sprache in dem gegebenen Rahmen kurz angerissen werden.

Zum Beginn des 19. Jahrhunderts widmet sich Wilhelm von Humboldt im Zusammenhang mit seinen kulturwissenschaftlichen und bildungstheoretischen Studien auch der vergleichenden Sprachforschung. Im Spiegel dieser Untersuchungen wird deutlich, dass die Formen und Möglichkeiten einer bestimmten Sprache auf das innigste mit der jeweiligen Kultur verknüpft sind, das kulturelle Erkennen und Bewerten sich eben in und über Sprache ausdrückt. Damit bildet die jeweilige Spracherfahrung aber auch die Grundlage der je individuellen Bildung. Erweiterung von Bildung geht damit mit der Konfrontation mit einer möglichst großen kulturellen Vielfalt einher. Schon bei v. Humboldt zeigt sich die über Sprache wirksame enge dialektische Verschränkung der individuellen Bildungsentwicklung mit den je gegebenen kulturellen Möglichkeiten und Angeboten, ein im Bereich der Heilpädagogik im Zusammenhang mit der Debatte um Integration/Inklusion sicher nicht unbedeutender Standpunkt.

Mitte des 19. Jahrhunderts begründet Charles Sanders Peirce innerhalb der Philosophie den Pragmatismus. Nachdem dieser sich in seinen Augen im Spiegel seiner populären Schüler James und Dewey im allgemeinen Gebrauch zu weit von seiner Sicht entfernt, benennt er diesen in „Pragmatizismus" um. Im Spiegel dieser Theorie besteht eine grundsätzliche Trias zwischen einem Objekt (das auch ein Zeichen sein kann), dem auf dieses Objekt bezogene Zeichen und dem Interpreten (der selbst auch wieder ein

Zeichen sein kann). Auf diese Weise erziehen sich Menschen und Zeichen gegenseitig. Ch. S. Peirce gelingt es auf diese Art und Weise, gebunden an die Allgegenwart von Interpretationen, einen Weltzugang zu beschreiben, der sowohl das Abgleiten in einen mechanistischen Materialismus als auch in einen sich von der Realität abhebenden Nominalismus vermeidet. Ch. S. Peirce begründet damit auch die moderne Zeichentheorie (Semiotik).

Um die Jahrhundertwende zum 20. Jahrhundert gründet Ferdinand de Saussure die moderne Linguistik als Zeichentheorie. In dieser Theorie wird Sprache (langue) als ein überindividuelles System von Zeichen verstanden, dem sich die Sprachwissenschaft widmet. Von dieser Sprache wird das Sprechen (parole) unterschieden. Das Zeichen ist nach Saussure die Verbindung von Vorstellung und Lautbild. Die Vorstellung ist das „Bezeichnete" und das Lautbild das „Bezeichnende" (Saussure, 1967, S. 78 f.). Von diesen Grundlegungen de Saussures ging ein großer Einfluss auf die Entstehung des Strukturalismus aus.

Ebenfalls um die Jahrhundertwende begründet Ludwig Wittgenstein mit seinem Tractatus die sprachanalytische Philosophie. Die Auseinandersetzung mit philosophischen Problemen basiert nach diesem linguistic turn auf dem Verständnis des Funktionierens von Sprache. Sprache ist in diesem Frühwerk Wittgensteins in ihrer Struktur logisch an die Struktur der Wirklichkeit gebunden. In seinem Spätwerk wird diese Position durch die Konzentration auf die lebensweltliche Alltagspraxis relativiert, Sprache bleibt aber dennoch ein einheitlicher Prozess und es kommt nicht wieder zur Cartesianischen Dualität von Innenwelt und Außenwelt.

Für die Pädagogik und Heilpädagogik größte Bedeutung hatte das Werk Martin Bubers in der ersten Hälfte des 20. Jahrhundert. Seine Philosophie zentriert sich um den Begriff des Dialogs. Das Verhältnis des Menschen zu Gott äußert sich hier in seinem Verhältnis zur Welt und den Menschen, das als ein dialogisches Verhältnis aufgefasst wird: „Der Mensch wird am Du zum Ich" (Buber, 1965, S. 32). Vor diesem Hintergrund entsteht das „Dialogische Prinzip", das bis heute in die Pädagogik und vor allem in die Heilpädagogik fortwirkt.

Jacques Lacan radikalisiert ebenfalls in der ersten Hälfte des 20. Jahrhundert sowohl die Zeichentheorie de Saussures als auch die Psychoanalyse Sigmund Freuds. Er begründet eine strukturalistische Psychoanalyse in der die Sprache in Gestalt des Anderen (A) dem primären Begehren an das Objekt (a) dieses strukturierend entgegentritt. Entgegen der traditionellen Psychoanalyse, in der vor allem allein individual-geschichtlich gebundene aber ansonsten autonome individuelle innere Prozesse fokussiert sind, geschieht hier eine Bindung dieser Prozesse an die Sprache, die in ihrem Wirken die innere psychische Topologie erst entfaltet (entlang Buber könnte man sagen: „Der Mensch wird am Anderen zum Ich").

Ebenfalls in der ersten Hälfte des 20. Jahrhunderts begründet Lew Semjonowitsch Wygotskij mit Alexander Romanowitsch Lurija und Alexej Leontjew die „kulturhistorische Schule". Diese – in der Zeit Stalins unterdrückte – undogmatisch marxistische (Sprach-)Philosophie betont statt einer einfachen Anpassung an die Umwelt die Aneignung oder Interiorisation der jedem Individuum gebotenen geschichtlich-kulturellen Bedingungen als einen aktiven Prozess. Besonders deutlich wird dies an der von Leontjew eingeführten „fünften Quasidimension", die im Rahmen dieses Prozesses die rein materiell regelhaften Informationen aus dem vierdimensionalen Raum-Zeit-Kontinuum überformt und somit als Sphäre von Sinn und Bedeutung die kulturelle Seite dieses Prozesses überhaupt erst ermöglicht. Das Individuum wird sich so selbst unter den gesellschaftlich-geschichtlich gegebenen Bedingungen zum Produkt. Das wesentliche Werkzeug in diesem Aneignungsprozess ist dabei die Sprache als Organisator dieser Austauschprozesse, nicht nur außen, zur Umwelt hin, sondern auch nach innen (Interiorisation) im Sinne der Selbstverständigung und Selbststeuerung.

In neuerer Zeit erschließt die „Sprachraumtheorie" von Peter Rödler in Erweiterung der Systemtheorie Maturana/Varelas und hier insbesondere der Theorie von dem „Reich der Sprache" diese Prozesse als zentralen Gegenstand für die Heilpädagogik.

Aktuelle Relevanz und theoretische Ansätze

Innerhalb der Heilpädagogik spielt Sprache im hier aufgezeigten Sinn unmittelbar als Gegenstand von Theorie alleine in der Theorie des Sprachraums eine Rolle. Mittelbar gibt es aber auch noch darüberhinausgehende Themenstellungen, die im Zusammenhang mit Sprache zu denken sind.

Hier ist zuerst die Frage des Phänomens der Behinderung selbst wichtig. Dieses wird heute von der Heilpädagogik nicht mehr als eine Eigenschaft des Individuums missverstanden, sondern als das Ergebnis eines Zuweisungs- und Aneignungsprozesses von gesellschaftlicher Disqualifizierung auf der Basis der individuellen Beeinträchtigungen gesehen. Das heißt, auch eindeutig physiologisch beeinträchtigte Menschen sind durch diese Beeinträchtigung selbst eventuell funktionell in einigen Tätigkeiten beschränkt, nicht aber automatisch behindert. Erst wenn die sich gegenüber einem Menschen vollziehenden Prozesse der Marginalisierung oder Disqualifikation als Eigen(un)wert angeeignet werden, führen diese zu der eigentlichen Behinderung. Diese soziale Konstruktion von Behinderung findet in der Sprache statt!

Der Reflex dieser Erkenntnis in der Heilpädagogik löste ein ständiges Umetikettieren sowohl der Namen der „Behinderungsarten" als auch ihrer zugeordneten Einrichtungen aus – z. B. von Idioten (im 19. Jahrhundert) über geistig Behinderte, schulbildungsunfähig Förderungsfähige, praktisch Bildbare, bis hin zu Menschen mit einer geistigen Behinderung ging die Umbenennung von Hilfs- über Sonderschulen hin zur „Schule zur individuellen Lebensbewältigung" oder „ganzheitlichen Förderung". Dabei machen die Sprachregulationen auch vor „Verschlechtbesserungen" nicht halt. So schließt die Bezeichnung „Mensch mit Behinderung" eben den sozialen Charakter dieses Phänomens vollkommen aus, während „behinderter Mensch" neben der alten Lesart – behindert sein – eben auch die Lesart behindert werden einschließt. So bedient die neue Bezeichnung Verengungen auf den individuellen Defekt und damit potenzielle Stigmatisierungsprozesse weitaus deutlicher als die alte Bezeichnung.

Es zeigt sich, dass hier eigentlich gar keine Sprachregeln (langue) sondern eher Sprechvorschriften (parole) erlassen wurden! Änderungen in der Bezeichnung einer Vorstellung ohne eine entsprechende Änderung in dem bezeichneten Prozesses, führen zu keiner wirklichen Änderung. Erst die konkrete Änderung des gesellschaftlichen Umgangs mit Menschen, die Beeinträchtigungen unterliegen, kann auf Dauer eine wirkliche Sprachänderung einleiten. Bezeichnungsänderungen ohne diese realen Veränderungen wirken als Euphemismen dagegen eher verschleiernd und damit der eigentlichen Intention der Umbenennung entgegen.

Ein bis heute in der Heilpädagogik wichtiger handlungsleitender Begriff im Bereich der Sprache ist der des Dialogs. Er wird immer wieder als ein wesentliches Paradigma der Profession benannt. Allerdings werden hierbei die beiden von Buber benannten Zugänge zur Welt – Ich-Es als objektiv-regulärer Zugang und Ich-Du als der zu und über (!) den Mitmenschen – oft gegeneinander gesetzt, wobei der Ich-Es-Zugang als „verkopft" und beziehungsfeindlich disqualifiziert wird. Es wird dabei übersehen, dass auch bei Buber eine umfassende Ich-Du-Beziehung immer nur kurz aufblitzt und dann sofort in das Ich-Es des Nachdenkens und Bewertens zurücksinkt, wobei selbst dieser kurze Moment der Umfassung für Buber *nicht* ein Moment der Empathie ist, sondern ein Ergebnis umfassender (rationaler) Vergegenwärtigung der Existenz des Mitmenschen in allen seinen Facetten. So ist nach Buber dieses Moment der Umfassung auch weniger eines der besonders innigen Wahrnehmung des anderen Menschen, sondern eines in dem die ganze Weit aus der Sicht des Mitmenschen erlebt wird. Es zeigt sich, dass bei Buber Beziehung immer auch gegenständlichen Charakter, die dialogische Kommunikation immer auch die Weit als Inhalt mit einschließt!

Diese Zusammenhänge haben gerade auch in der Arbeit mit scheinbar nicht kommunizierenden schwerst beeinträchtigten Menschen eine große Bedeutung. So schwer es im Einzelfall herzustellen ist, aber sowohl das reine Ich-Du einer sich alleine über Beziehung realisierenden inhaltslosen basalen Kommunikation, wie sie zum Teil – nicht insgesamt! – vertreten wird, wie auch das reine Ich-Es einer beziehungs- und damit bedeutungslosen basalen Stimulation verfehlen die Ansprüche von Sprache und Dialog. Die Ansprüche von Dialog und Sprache werden erst verwirklicht durch die Realisierung gemeinsamer Gegenstände – und sei dies der Körper des Klienten in der Pflege – so ihm in diesem Rahmen, z. B. durch Rituale und ähnliche Orientierungshilfen, ein sozialer Ort ermöglicht wird.

Dieser letztgenannte Aspekt ist in der Sprachraumtheorie umfassend begründet und erläutert. Diese Theorie, die Heilpädagogik direkt in der Analyse der konstitutiven Bedeutung von Sprache für den Menschen fundiert, kann hier natürlich nicht ausführlich erläutert werden (siehe „Kommentierte Literaturhinweise"). Es sollen deshalb hier nur die zentralen Thesen genannt werden

Ausgangspunkt der Theorie des Sprachraums ist die biologische Unbestimmtheit im Sinne der Freiheit von Zwecken als Grundlage der Existenz der Menschen (Tiere sind zwar in den Werkzeugen frei, ihre Ziele sind ihnen aber instinktiv gesetzt). Es kann gezeigt werden, dass diese Tatsache allen anderen Definitionen der Spezifik der Menschen implizit innewohnt. Mit der instinktiven Bestimmung geht den Menschen aber ein für die Wahrnehmung wesentliches orientierendes Moment verloren. Dieses wird durch soziale Orientierungen ersetzt, ohne die kein Mensch, wie biologisch fit auch immer er ist, überleben kann. Diese Orientierungen betreffen in gleicher Weise den Körper des Kindes, die Welt und die Mitmenschen. Insofern ist diese Orientierung wie körpernah auch immer ablaufend, letztlich immer gegenständlich. So gesehen ist die Theorie des Sprachraums die theoretische Ausarbeitung des Buberschen Diktums: „Ich werde am Du". Die Realisierung eines Sprachraums entlang der in dieser Theorie erarbeiteten Bedingungen und Regeln wird damit zum Maßstab jeglicher Pädagogik. In Bezug auf die Arbeit mit Menschen, die nicht sprechen, entstehen so Leitlinien zur Reflexion und Planung dieser Arbeit.

Problem- und Erfahrungsfelder

Für die Heilpädagogik ist im Zusammenhang mit Sprache die Realisierung dieser Gattungseigenschaft – im beschriebenen Sinn – prinzipiell für *alle* Menschen oberstes Gebot. Besonders herausgefordert wird diese Setzung in der Arbeit mit Menschen, die nicht sprechen, ja zum Teil nicht einmal zu kommunizieren scheinen. Das Design von je passenden Lebens- und Begegnungsräumen, die als Sprachräume dieses Vorhaben realisieren, ist zwar *allgemein* recht gut beschreibbar. Allerdings ist es nicht einfach, dies *im Einzelfall* dann auch umzusetzen, es bedarf oft eines langen Atems, um den weiten von Sackgassen und Umwegen geprägten Weg zu einer wechselweise orientierenden Begegnung zu gehen! Als Hilfen für diesen Weg seien hier genannt:

1. *Alle* denkbaren Möglichkeiten alternativ und augmentativer Kommunikation (siehe Beitrag „Kommunikation") bis hin zu dem Versuch kontextbezogener Interpretationen von scheinbar reflektorischen Bewegungen und/oder medizinischen Werten wie Hautwiderstands-, Blutdruck- oder Pulsmessungen benutzen, um vor dem Hintergrund von Wiederholungen (Ritualisierungen) zu einer Konventionalisierung dieser Zeichen und damit zu einer im Hinblick auf die Wünsche der Klienten valideren, d. h. für „Ver-Kennungen" der Erzieher weniger offenen Kommunikationssituation zu kommen.

2. Je weniger Möglichkeiten Klienten haben, auf Erzieher in einer konventionellen Form einzuwirken, desto größer wird die Gefahr, dass sich auf Seiten der Erzieher ein „Für-wahr-halten", ein „Wissen" um die Schüler einstellt, das einerseits hoch halluzinativ ist und so nur schwer reflektiert werden kann und das andererseits, unabhängig vom Maß der Richtigkeit dieser Annahmen, so dominierend wird, dass alle vom Klienten ausgehenden Prozesse zum Stillstand komm. *Abhilfe*: Möglichst viele Perspektiven suchen, Supervision, andere möglichst fremde Personen nach ihren Eindrücken fragen, detaillierte *schriftliche*(!) Beschreibung der Hypothesen und Erwartungen, Verhaltensbeobachtung während der Arbeit und Vergleich zwischen diesen Aufzeichnungen und den Erwartungen. Eine dauerhafte Übereinstimmung weist entweder auf ungenaues Arbeiten oder auf irgendwelche wirksamen Machtmittel – Gewohnheiten, Routinen, zu wenig Zeit für Reaktionen o. Ä. – hin.)

3. Sprache orientiert. Sie realisiert sich damit in Regeln. Diese sind immer auch Grenzen. Sie stellen unkontrollierten – eventuell für den Klienten nicht einmal wahrnehmbaren – Affekten eine Form gegenüber, die das Fortschreiten von Affekten zu erlebten und gelebten Emotionen ermöglicht. Gleichzeitig beschränken diese Regeln aber auch dort das Erlebnis und die Entwicklung von Emotionen, wo entwickelte Emotionen, d. h. auch symbolische Mitteilungen durch ein Übermaß an Regeln keinen Raum für sich haben.

4. Für dieses Verhältnis von Regeln und Flexibilität gibt es kein allgemein verbindliches Maß, es muss für jeden einzelnen „Fall" immer wieder neu „ausgewogen" werden. Grundlage bleibt aber immer, wie desolat und deshalb im wörtlichen Sinne notwendig höchst gestaltet und orientierend ein Setting auch immer sein mag, Momenten des Ausdrucks reflexiver symbolischer Wertungen „auf der Spur zu bleiben" und diese aufzugreifen, wo immer sie sich zeigen. Das Verkennen des in diesen Momenten möglichen Niveaus und das Insistieren auf dem Einstiegsniveau hoher Außensteuerung auch in diesen Mo-

menten stellt dagegen eine Unterforderung dar, die die Behinderung dieses Menschen fortsetzt. Diese Aussage bedeutet nicht, dass allein die Akzeptanz dieser Aussage ausreicht, diesem Fehler zu entgehen. Hier das rechte Maß zu finden dürfte im Gegenteil eines der größten Probleme dieser Arbeit darstellen.

5. Regeln sollen nach Möglichkeit als Sprachregeln im entwickelten Sinne so beschaffen sein, dass im Moment des Anerkennens einer solchen Regel diese dem Menschen, der sie anerkennt, ermöglicht, diese Regel gegenüber dem Menschen, von dem sie/er sie auferlegt bekommen hat, anzuwenden. So gestaltet bietet die Regel nicht alleine Orientierung, sondern gestaltet im Moment ihrer Anerkennung auch einen Teil des Sprachraums als soziales Feld.

6. Innerhalb dieser Arbeit sollten Beziehungen grundsätzlich triangulär, d. h. über gemeinsame Gegenstände vermittelt, gesehen und entsprechend auch gestaltet werden. Eine „Dauerumfassung" ist letztlich nicht möglich, für die beschriebenen Prozesse nicht hilfreich und ist auch wenig reflexiv zu gestalten, womit die Problematik von Punkt 2 droht.

7. Grundhaltung in dieser Arbeit sollte, wie auch von Rappaport (1985, S. 258) im Rahmen eines vertieften Verständnisses von Empowerment gefordert, immer ein „divergentes Denken", d. h. ein Denken in den beschriebenen Spannungsfeldern bleiben, da alleine dieses durch seine Ambiguität die für diese Arbeit notwendige alltägliche forschende Beweglichkeit ermöglicht. Da diese Haltung auf die Dauer in dieser Arbeit nicht aus sich selbst heraus erhalten bleiben kann, muss hier eine äußere reflexive Begleitung in Form einer Supervision o. Ä. als technische Hilfe der direkten Arbeit unbedingt hinzutreten.

Ausblick

Die Heilpädagogik (Sonderpädagogik, Rehabilitationspädagogik ...) ist heute in einem Spagat befindlich zwischen immer besseren Begriffen für ihre Klientel und die betreuenden Institutionen, der Forderung nach Selbstbestimmung und Empowerment einerseits und der praktischen Arbeit mit der Anforderung diese möglichst qualitativ und effektiv durchzuführen und dieses zudem zweifelsfrei zu dokumentieren andererseits. Dieser Spagat produziert auf der einen Seite normative Aussagen in Form von Allgemeinplätzen deutlichster politischer Korrektheit einerseits und auf der andere Seite einen zum Teil rezeptologischen Methodeneklektizismus sowie einen überscharfen Fokus alleine auf die technologisch nachweisbare Seite dieser Arbeit.

Es ist zu wünschen, dass die Theorie des Sprachraums oder eine andere entsprechende Theorie die hier sichtbar werdende Lücke in der Zukunft füllen wird. Dies sollte es ermöglichen, sich über geleistete Praxis mit allen konstitutiven Brüchen (!) in wieder größerer Tiefe verbindlich zu verständigen und so eine verantwortete Praxis zu befördern, die sich als fortlaufender (Selbst-)Reflexionsprozess den Klienten nähert, ohne sie mystifizierend zu isolieren oder technologisch zu kolonialisieren. Die Praxis der Heilpädagogik auf der Basis des Sprachraums wird damit zu einem kontinuierlichen Forschungsprozess der Erweiterung der Kenntnisse um den Klienten, der eigenen Vergegenwärtigung und Professionalitätsentwicklung und der Erkenntnisse um die anthropologischen Eigenschaften der Menschen insgesamt! Dieser Ausblick führt damit an die Wurzeln der Heilpädagogik bei Edouard Séguin (erste Hälfte des 19. Jahrhunderts) zurück, der die Einheit „des Menschen in der Menschheit" als Ziel formuliert hatte.

Kommentierte Literaturhinweise

Humboldt, Wilhelm von: Bildung und Sprache, 5. durchgeseh. Aufl. Schöningh, 1997.
Eine außerordentlich moderne Auseinandersetzung mit den kulturellen Wirkungen von Sprache.

de Saussure, Ferdinand: Grundfragen der allgemeinen Sprachwissenschaft Berlin, de Gruyter, 1967.
Dieses Grundlagenwerk der Zeichentheorie wurde erst nach dem Tod von de Saussure auf der Grundlage von Vorlesungsmitschriften von seinen Kollegen Charles Bally und Albert Sechehaye erstellt.

Peirce, Charles Sanders: Von der Klarheit unserer Gedanken. Frankfurt, 1985.
Dies ist die kompakteste Veröffentlichung der Gedanken Peirce'. Siehe ansonsten die „Collected Papers".

Buber, Martin: Das Dialogische Prinzip. 9. Aufl., Gütersloh, Güterloher Verlagshaus, 2002.
Dies ist das Standardwerk Bubers in Bezug auf die Pädagogik.

Lanwer-Koppelin, Willehad/Vierheilig, Jutta: Martin Buber – Anachronismus oder neue Chance für die Pädagogik. Butzbach, AFRA, 1996.
Die Autoren bieten eine außerordentlich differenzierte und verständliche Einführung in Bubers Denken unter heilpädagogischem Fokus.

Iben, Gerd (Hrsg.): Das Dialogische in der Heilpädagogik. 2. Aufl., Mainz, Grünewald, 1991.
Dieser Sammelband enthält viele relevante Aufsätze.

Maturana, Humberto/Varela, Francesco J.: Der Baum der Erkenntnis. München, Goldmann, 1987.
Das Grundlagenwerk der Systemtheorie mit der Einführung des Begriffes „Reich der Sprache" als spezifisch von Menschen gebildeter Raum auf den die „Theorie des Sprachraums" von Rödler aufbaut.

Dolto, Francoise: Alles ist Sprache – Kindern mit Worten helfen. Berlin, Quadriga, 1989.
Da von Lacan selbst nur außerordentlich schwer verständliche Seminarmitschriften existieren, hier ein sehr praxisorientiertes Buch einer seiner Schülerinnen.

Wygotski, Lew S.: Denken und Sprechen. Frankfurt, Fischer, 1979.
Lurija, Alexander R./Judowitsch, Faima: Die Funktion der Sprache in der geistigen Entwicklung des Kindes. Berlin, Ullstein, 1982.

Leontjew, A. A.: „Sprache – Sprechen – Sprechtätigkeit". Stuttgart 1971.
Dies sind die drei Standardwerke der kulturhistorischen Schule in Bezug auf den hier behandelten Schwerpunkt.

Agamben, Giorgio: Kindheit und Geschichte – Zerstörung der Erfahrung und Ursprung der Geschichte. Frankfurt am Main, Suhrkamp, 2004.
Ein außerordentlich interessanter Text, der vor dem Hintergrund der Frage nach der Möglichkeit unmittelbarer Erfahrung (s. hierzu auch W. Benjamin!) die Verquickung des Menschen mit seiner geschichtlichen Kultursphäre verdeutlicht.

Rödler, Peter: Geistig behindert – Menschen lebenslang auf Hilfe anderer angewiesen. Neuwied, Kriftel, Berlin, Luchterhand, 2000.
Das Grundlagenwerk von Rödler mit einer umfassenden Erarbeitung seiner Sprachraumtheorie.

Rödler, Peter: Zur Ethischen Potenz einer zeichenorientierten Pädagogik". In: Greving, Heinrich (Hrsg.): Zeichen und Gesten, Psychosozial-Verlag, 2004.
Ausarbeitung der Sprachraumtheorie im Hinblick auf die sich aus dieser Theorie ergebenden normativen Implikationen.

Rödler, Peter: Die Theorie des Sprachraums als methodische Grundlage der Arbeit mit „schwerstbeeinträchtigten" Menschen. In: Rödler, Peter u. a. (Hrsg.): Es gibt keinen Rest! Neuwied, Berlin, Luchterhand, 2001.
Ausarbeitung der Sprachraumtheorie im Hinblick auf die praktische Arbeit mit schwerst beeinträchtigten Menschen.

Rappaport, Julian: Ein Plädoyer für die Widersprüchlichkeit. Ein sozialpolitisches Konzept des ‚empowerment' anstelle präventiver Ansätze. In: Verhaltenstherapie und psychosoziale Praxis, 1985.
Ein Text der, obwohl er sich nicht direkt der Sprache widmet, dennoch die in der Sprache liegenden Spannungen beispielhaft aufweist und der (sozial-)pädagogischen Praxis zugänglich macht.

Ständige Konferenz der Ausbildungsstätten für Heilpädagogik in der Bundesrepublik Deutschland

Barbara Ullrich

Etymologie

Die Ständige Konferenz von Ausbildungsstätten (im Folgenden STK) ist ein freiwilliger Zusammenschluss von Ausbildungsstätten für staatlich anerkannte Heilpädagogen auf Fachschul- bzw. Fachakademieebene (Freistaat Bayern) in der Bundesrepublik Deutschland. Die ursprüngliche Aufgabenstellung, über Bundesländergrenzen hinweg gemeinsam an Inhalten und Zielstellungen für die Heilpädagogenausbildung zu arbeiten, sich gegenseitig zu unterstützen, den intensiven Austausch mit Fachverbänden zu pflegen und die Anliegen der Ausbildung auch in der Öffentlichkeit zu vertreten, hat weitere Akzentuierungen bekommen. Dies sind: Sicherung der Qualität der Heilpädagogenausbildung auf Fachschul-/Fachakademieebene, Zukunftsfähigkeit der Ausbildung innerhalb der europäischen Bildungslandschaft und des Berufes im europäischen Binnenmarkt.

Von den durch den Berufsverband der Heilpädagogen (BHP) e. V. und die Arbeitsämter erfassten ca. 100 Ausbildungsstätten gehören derzeit 45 als Mitglieder der Ständigen Konferenz an, weitere zwölf Ausbildungsstätten haben Gaststatus, ca. 20 haben Interesse an der Arbeit der STK. Ordentliches Mitglied sind ebenfalls der AFET e. V. und der BHP e. V.

Geschichte

Die Entstehungsgeschichte der STK ist eng verbunden mit den Bemühungen des AFET e.V. – damals noch „Allgemeiner Fürsorgeerziehungstag“ – nach dem Zweiten Weltkrieg der Heilpädagogik im Rahmen der Jugendfürsorge wieder Gewicht zu verleihen. Wegweisend waren die Richtlinien des AFET e.V. für heilpädagogische Heime, veröffentlicht im Mitgliederrundbrief Nr. 6/März 1959. In logischer Konsequenz hat der AFET e.V. sein Augenmerk auch auf die Fachkräfte gerichtet, die heilpädagogische Zielsetzungen in den Einrichtungen der Jugendfürsorge verwirklichen sollten; durch einen Ausschuss hat der AFET e.V. „Richtlinien für eine heilpädagogische Zusatzausbildung“ „für bereits vorgebildete Erzieherkräfte“ erarbeiten lassen, veröffentlicht 1962 (Wolff, 1962, S. 35 f.). Nach Klenner sollten in der Jugenderziehung erfahrene Sozialarbeiter und Jugendleiter, Absolventen der höheren Fachschule durch die auf ein Jahr konzipierte Zusatzausbildung in Vollzeitform vor allem durch vertieftes medizinisches und psychologisches Wissen befähigt werden, bei „Behinderten“ oder „Verhaltensgestörten“ in der heilpädagogischen Praxis auch therapeutisch zu arbeiten (vgl. Klenner, 1983, S. 59).

„Die erste nach den Richtlinien des AFET arbeitende Ausbildungsstätte, das von Friedrich Meinertz gegründete Heilpädagogische Ausbildungs- und Forschungsinstitut an der Heckscher Klinik in München, konnte schon 1963 in Betrieb genommen werden [...] Statt wie später allgemein „Heilpädagoge" war zuerst die Berufsbezeichnung „Heilerzieher" vorgesehen. Als Friedrich Meinertz im Februar 1964 unerwartet verstarb, half der AFET bei der Konsolidierung und der staatlichen Anerkennung einschließlich der Berufsbezeichnung ‚Heilpädagoge' (Klenner, 1983, S. 59).

Bei dieser nach München einberufenen Konferenz im März 1964 wurden zwei weitere weitreichende Beschlüsse gefasst: die Zusatzausbildung soll in Zukunft auch berufserfahrenen Kindergärtnerinnen und Heimerziehern (Fachschulabsolventen) offen stehen, da sie das Gros der in der Praxis Tätigen bilden.

„Der zweite Beschluss geht auf den Vorschlag von Dr. Klenner zurück, der Zusammenarbeit des Heilpädagogischen Ausbildungs- und Forschungsinstituts an der Heckscher Klinik mit dem kurz vor seiner Eröffnung stehenden Institut für Heilpädagogik in Bethel die Organisationsform der Ständigen Konferenz zu geben [...] am 3. und 4. Juli 1964 in Bethel [...] konstituierte sich eine Ständige Konferenz von Ausbildungsstätten für Heilpädagogen in Deutschland – später ‚in der Bundesrepublik Deutschland' – die [...] als bundeseinheitlicher Zusammenschluss [...] nach den Richtlinien des AFET ausbilden." (Klenner, 1983, S. 59)

Im Jahr 1966 entstanden Ausbildungsstätten in Delmenhorst/Ganderkesee, Düsseldorf, Freiburg und Würzburg. Diese ersten sechs Ausbildungsstätten der STK unter Vorsitz von Dr. Falt, Delmenhorst, entwickelten auf der Grundlage der AFET-Richtlinien „Stoffpläne für die Ausbildung zum Heilpädagogen", an denen sich alle nachfolgenden Neugründungen orientieren konnten.

Anfang der 1970er-Jahre wurden Ausbildungsstätten für Heilerziehungspflegeberufe in der Behindertenhilfe gegründet, die sich ebenfalls der STK als Sektion II anschlossen, sich aber im Jahre 1978 in Gallneukrichen wieder von der STK trennten.

Im Jahr 1971 wurden die höheren Fachschulen in Fachhochschulen umgewandelt, die Ausbildungsinstitute in Bethel/Bielefeld, Düsseldorf und Freiburg wurden in den Fachhochschulbereich übernommen, hier aber als **ein** Fachbereich in den umfassenderen Fachbereich sozialer Studiengänge aufgenommen. Bereits 1975 gab es die Möglichkeit eines grundständigen Studiums. Gleichzeitig war damit eine Trennung in zwei Ausbildungsebenen vollzogen. Klenner spricht sogar von einer horizontalen Barriere, „die jede Durchlässigkeit der beiden Bildungsebenen verhindert" (Klenner, 1983, S. 60).
Als Folge dieser Entwicklung hat der AFET die „Richtlinien für die heilpädagogische Arbeit im Heim und Richtlinien für die Fachschulausbildung, Prüfung und staatliche Anerkennung von Heilpädagogen im Bereich der Jugendhilfe" fortgeschrieben und hinsichtlich der in der Ausbildung zu vermittelnden Inhalte auf die bereits erwähnten Stoffpläne, „vorgelegt von der Sektion I der Ständigen Konferenz von Ausbildungsstätten für Heilpädagogen in Deutschland, herausgegeben von Dr. Theodor Falt, 1972" (Scherpner, 1975, S. 5) verwiesen.

Bereits 1979 boten in sieben Bundesländern 21 Ausbildungsstätten eine Zusatz- bzw. Aufbauausbildung Heilpädagogin an, an den drei Fachhochschulen wurden ebenfalls Heilpädagogen ausgebildet. Sie alle waren Mitglieder der STK. Da in den einzelnen Bundesländern unterschiedliche Entwicklungen hinsichtlich der Bezeichnung der Ausbildungsstätten, der Ausbildungsdauer und der Berufsbezeichnungen sichtbar wurden,

wandte sich im Februar 1979 die STK unter ihrem Vorsitzenden Dr. Falt an die Kultusministerkonferenz mit einem Antrag auf eine „Rahmenvereinbarung für die Ausbildung von Heilpädagogen auf Fachschulebene". Dem Vorschlag für die Rahmenvereinbarung ist neben Aussagen zu Ausbildungsziel, zu Zugangsvoraussetzungen, Inhalten und Prüfungsordnung unter anderem zu entnehmen, dass eine Ausbildungsdauer von zwei Jahren für sachgerecht gehalten wird, und als Abschlussqualifikation die Berufsbezeichnung „Staatlich anerkannter Heilpädagoge" verliehen wird, da diese Bezeichnungen im deutschsprachigen Raum sowohl durch das „Berufsbild" der Berufsverbandes der Heilpädagogen in Deutschland (BHD) e. V. und die Berufsbeschreibung „Heilpädagoge", herausgegeben von der Bundesanstalt für Arbeit im Einvernehmen mit dem AFET e.V., eingeführt ist (Falt, 1979). Damit waren auch die Weichen gestellt, dass aus einer Zusatzausbildung eine Weiterbildung hin zu einem eigenständigen Beruf werden konnte.
Es sollte allerdings bis zum Jahr 1986 dauern, ehe die erste KMK-Rahmenvereinbarung in Kraft trat, die einen verbindlichen Minimalkonsens für die Bundesländer vorgab.

Im November 1980 musste die STK einen neuen Vorsitzenden wählen, da Dr. Falt krankheitsbedingt nicht mehr kandidieren konnte. Horst Kuklau, Großburgwedel leitete als Vorsitzender die STK bis zum Jahr 1996. Die Fülle der zu bewältigenden Aufgaben war nur zu meistern mit Unterstützung eines vom Vorsitzenden berufenen Mitarbeiterkreises aus Mitgliedern der STK.

- Auf Bitten der Bundesanstalt für Arbeit wurde für die Blätter zur Berufskunde das „Berufsbild Heilpädagoge" durch eine Kommission der STK unter der Hauptverantwortung von Dr. Flosdorf neu bearbeitet und konnte im Oktober 1982 vorgelegt werden. Eine weitere Überarbeitung erfolgte Ende der 1980er-Jahre und konnte 1988 zur Veröffentlichung an die Bundesanstalt für Arbeit übergeben werden. Weitere Überarbeitungen folgten.
- Die Neugründungen von Ausbildungsstätten – im Jahr 1982 hatte die STK bereits 31 Mitglieder – machte es notwendig, die Synopse über Ausbildungsstätten in den einzelnen Bundesländern mit Zugangsvoraussetzungen, Ausbildungsdauer und -umfang, Studierendenzahlen, Lehrereinsatz und -stunden, gesetzlichen Vorgaben etc. auf der Basis kontinuierlicher Datenerhebungen weiter fortzuschreiben.
- Um den Ausbildungsstätten in den einzelnen Bundesländern bei Verhandlungen mit den Ministerien den Rücken zu stärken und um möglichst vergleichbare Bedingungen innerhalb der Bundesrepublik trotz der Kulturhoheit der Länder zu schaffen, war es notwendig, dass die STK ihr Grundverständnis über Rahmenbedingungen der heilpädagogischen Ausbildung formulierte und weiterentwickelte.
- Öffentlichkeitsarbeit war notwendig: Anfang der 1980er-Jahre musste ein Bewusstsein dafür geschaffen werden, dass Anstellungsträger der Behindertenhilfe vermehrt ihre Mitarbeiter heilpädagogisch qualifizieren (Kuklau, 1982). Hilfreich waren dazu in den folgenden Jahren die Kontakte des Vorsitzenden zum Bundesbeauftragten für Behindertenfragen Herrn Regensburger.
- Ein herausragendes und öffentlich wirksames Ereignis war die Veranstaltung von AFET und STK am 5. und 6. Mai 1988 in Würzburg zum 25-jährigen Jubiläum von heilpädagogischer Ausbildung in der Bundesrepublik Deutschland. Die Tagung bot Gelegenheit, Entwicklungen der Heilpädagogik als Fachdisziplin und Ausbildungsrichtung in Vergangenheit und Gegenwart darzustellen

und neue Perspektiven aufzuzeigen. Nicht unerwähnt bleiben sollen die kritischen Anmerkungen zu den unterschiedlichen Ausbildungsformen (Vollzeit/Teilzeit), den Ausbildungsebenen (Fachschule/Fachakademie; Fachhochschule, Universität) sowie der von der Praxis wahrgenommenen unterschiedlichen Qualität der Absolventen (Martin, 1988, S. 54–56).

- Auch auf politischer Ebene war Einmischung gefordert: Die KMK-Rahmenvereinbarung entsprach nicht in allen Punkten der Vorstellung der STK, vor allem hinsichtlich einer Prüfung für Nichtschüler, der Berufsbezeichnung im Abschlusszeugnis und der Regelungen für Absolventen früherer Ausbildungen (Kuklau, 1987). Außerdem stellt die Rahmenvereinbarung nur einen Minimalkonsens für die Bundesländer dar, innerhalb dessen sie Gestaltungsfreiheit haben. Den Bemühungen der STK um eine wenigstens einigermaßen einheitliche Ausbildung war damit nur bedingt gedient.
- Eine große Herausforderung war die Wiedervereinigung der beiden deutschen Staaten: die Heilpädagogik hatte in der ehemaligen DDR keine Tradition, wohl aber waren Defektologie und Rehabilitationspädagogik verankert. Von Seiten des Staates wurde die Anerkennung von Berufsabschlüssen z. B. von Psychiatriediakonen, Rehabilitationspädagogen etc. geregelt, die STK bot Aufbauhilfe bei neuen Ausbildungsstätten für Heilpädagogik und durch Gaststatus in der Mitgliederversammlung an.
- Die im Lauf der Jahre immer wieder vorgenommenen Veränderungen beim Arbeitsförderungsgesetz bzw. später beim Aufstiegsausbildungsförderungsgesetz im Sinne einer zunehmenden Verschlechterung, die Auswirkungen auf die Weiterbildung in Vollzeitform hatten, machten Anfragen und Stellungnahmen der STK bei der Bundesanstalt für Arbeit notwendig.
- Ferner unterstützte die STK die Bemühungen des BHP e. V., den Berufsstand der Heilpädagogen in das Tarifwerk des BAT einzugliedern. Das enttäuschende Ergebnis für die auf Fachschul-/Fachakademieebene ausgebildeten Heilpädagoginnen war für weiterbildungswillige Erzieher „ein Schlag ins Gesicht“, mussten sie doch damit rechnen, nach der Vollzeitausbildung eventuell tariflich sogar zurückgestuft zu werden.
  Da dies Auswirkungen auf die Bewerbersituation und den Bestand der Vollzeitausbildung hatte, bat die STK, dass AFET e. V. und BHP e. V. ihren Einfluss bei den Tarifpartnern geltend machten.
- Die am 1. Januar 1993 in Kraft getretenen Regelungen für den Europäischen Binnenmarkt zur gegenseitigen Anerkennung von Befähigungsnachweisen innerhalb der EU zeigten erneut die Problematik der bildungssystematischen Einstufung der Heilpädagogenausbildung auf Fachschul-/Fachakademieebene: eine deutsche Spezifität, für die es in den anderen EU-Ländern nichts Vergleichbares gibt. Die Bemühungen der STK, eine gleichwertige Anerkennung von staatlich anerkannten Heilpädagogen und Diplom-Heilpädagogen und eine Einstufung in das Niveau III (zwölf Jahre allgemein bildender Schulbesuch mit Abschluss und mindestens dreijähriges Studium) zu erreichen, war trotz intensiver Bemühungen und Verhandlungen mit dem Bundeswirtschaftsministerium nicht möglich.
- In fachlicher Hinsicht war und ist die STK gefordert, Veränderungen in den gesetzlichen Rahmenbedingungen wie z. B. die Einführung des KJHGs zum 1. Januar 1991 sowie die Neuordnungen in den Sozialgesetzbüchern, in ihrer

Relevanz für die Ausbildung, aber auch für die betroffenen Menschen kritisch zu beobachten, Diskussionen unter den Mitgliedern anzuregen, Stellung zu beziehen.

- Ein wichtiger Meilenstein im Sinn der Öffentlichkeitsarbeit aber auch der Transparenz der „heilpädagogischen Bildungslandschaft" auf Fachschul-/Fachakademieebene war die Fertigstellung des Handbuchs in Form einer Lose-Blatt-Sammlung im Jahr 1996 mit Ergänzungslieferungen bis zum Jahr 1998.

*„Das vorliegende **Grundverständnis**, zusammen mit dem entwickelten **Kompetenzprofil** [...] beschreibt nicht nur Grundpositionen i. S. eines Selbstverständnisses, sie (die Lose-Blatt-Sammlung) enthält auch die für die heilpädagogische Ausbildung wichtigen Handreichungen und Materialien, so dass neben der grundsätzlichen Orientierung auch Daten und Informationen über heilpädagogische Ausbildung in den unterschiedlichen Bundesländern vermittelt werden sollen." (Kuklau, 1996, Vorwort)*

Aktuelle Relevanz und theoretische Ansätze

Struktur und Arbeitsweise der STK

Die STK hat auf der Mitgliederversammlung am 20. November 1986 Satzung und Geschäftsordnung beschlossen und in Kraft gesetzt.

Die Satzung regelt unter anderem die Mitgliedschaft: Ausbildungsstätten, die nach der KMK-Rahmenvereinbarung bzw. „nach den von Wissenschafts- und Kultusministerien anerkannten Studien- und Prüfungsordnungen und im Rahmen der Grundsätze der Ständigen Konferenz heilpädagogische Ausbildung durchführen" (STK, 1997, III, S. 1) können aufgenommen werden. Derzeit ist kein Vertreter eines FH-Studienganges Heilpädagogik Mitglied in der Ständigen Konferenz. Es besteht insofern eine Kooperation mit dem Fachbereichstag der Fachhochschulen, als zu Sitzungen der jeweiligen Gremien die Vorstandschaft eingeladen wird.

Weiterhin können Verbände mit einschlägiger Zielsetzung stimmberechtigte Mitglieder werden. Umgekehrt ist der STK in den Verbänden eine Mitwirkungsmöglichkeit bei sie betreffenden Fragen einzuräumen (vgl. STK, 1997, S. 1). Die Kooperation mit dem BHP e. V. hat eine lange und erfolgreiche Tradition, was sich in gemeinsamen Stellungnahmen zu aktuellen Problemen, aber auch in der Mitarbeit des Geschäftsführers des BHP in der STK zeigt. Ebenso gibt es die gewachsene Verbindung zum AFET e. V. durch den die STK für aktuelle Entwicklungen im Kinder- und Jugendhilfebereich sensibilisiert wird und so auch im Rahmen der Ausbildung darauf reagieren kann. Ebenso besteht Beziehung zur Bundesarbeitsgemeinschaft Heilerziehungspflege (BAG HEP) durch Einladung zu den jeweiligen Jahrestagungen.

Als Organe der STK bestimmt die Satzung **Mitgliederversammlung** sowie **Vorsitz** (Vertretung nach außen) und **Stellvertretung**. Bis zum Jahr 2001 hat die STK satzungsgemäß zweimal im Kalenderjahr getagt, bis zum Jahr 1993 fand die eintägige Herbstsitzung in räumlich-zeitlichem Zusammenhang mit der Fachtagung des BHP e. V., die zweitägige Frühjahrstagung, in der Regel mit einem Fortbildungsteil verbunden, an einem jeweils festzulegenden Ort statt. Die Entkoppelung von der Fachtagung des BHP sowie die Festlegung auf nur noch einen Sitzungstermin im Jahr wurden allein aus finanziellen und zeitlichen Gründen durch die Mitgliederversammlung beschlossen. Beibehalten wurde die Regelung, in die Tagung einen Fortbildungsteil zu integrieren, in dem durch geladene Referenten oder Teilnehmer aus den eigenen Reihen zu aktuellen bildungs- und gesellschaftspolitischen, wissenschaftlichen oder praxisbezogenen Themen informiert und Stellung bezogen wird.

Die in der Satzung festgelegten Aufgaben haben bis heute Gültigkeit:

„1. Die Zusammenarbeit der Ausbildungsstätten für Heilpädagogen im Hinblick auf Ziel, Inhalte und Form der Ausbildung.
2. Länderübergreifende Vertretung der Anliegen der Ausbildungsstätten für Heilpädagogen.
3. Erfahrungsaustausch über die Ausbildung und Fortbildung.
4. Einsetzen von Ausschüssen zur Bearbeitung besonderer Fragestellungen.
5. Kontakte zu Gesamtvertretungen anderer Ausbildungsstätten.
6. Kontakte zu Berufs- und Fachverbänden.
7. Vertretung in der Öffentlichkeit." (STK, 1997, S. 2)

Der im Jahr 1996 neu gewählte Vorstand, erster Vorsitzender Otto Weismantel, Augsburg, zweiter Vorsitzender Michael Renner, Ravensburg, hat in der folgenden Sitzung einen Vorschlag zur Organisationsstruktur der STK eingebracht. Um den Vorsitzenden von der Fülle der Aufgaben zu entlasten, wurde eine Geschäftsverteilung zwischen erstem und zweiten Vorsitzenden vor allem hinsichtlich der Kontakte/Zusammenarbeit mit Organisationen und Verbänden vorgenommen.

Des Weiteren wurden zwei ständige Gremien vorgeschlagen:

- ein **Fachbeirat**, dem ein Vertreter des BHP neben weiteren vier bis sechs gewählten Mitgliedern aus den Reihen der Mitgliederversammlung angehören soll;

- ein **Ländergremium**, dem die Sprecher/Vorsitzenden der **Landesarbeitsgemeinschaften** (LAG) angehören.

Jeweils einer der Vorsitzenden ist verantwortlicher Koordinator für eines der Gremien. Daneben können Ad-hoc-Ausschüsse für zeitlich begrenzte Ausgabenstellungen gebildet werden.

Dem Fachbeirat kommt die Aufgabe zu, neue Trends in Wissenschaft und Praxis der Heilpädagogik zu beobachten und daraus bei Bedarf Themen für die Sitzung der Mitgliederversammlung vorzubereiten. Des Weiteren sollen Fachveröffentlichungen aus den eigenen Reihen initiiert werden, die den Ausbildungsstandard der Mitgliedsschulen der STK nach außen dokumentieren.

Dem Ländergremium kommt hauptsächlich die Aufgabe zu, die Entwicklungen in den einzelnen Bundesländern zu beobachten, den Austausch zu koordinieren und sich über Ländergrenzen hinweg in der berufspolitischen Arbeit auf Landesebene zu unterstützen.

Diese Arbeit ist nach wie vor wichtig, da einerseits noch nicht in allen Bundesländern Landesarbeitsgemeinschaften (LAG) existieren, Mitglieder aus solchen Bundesländern aber durch die STK Anregungen bekommen, in ihrem Bundesland eine LAG zu initiieren; umgekehrt sind die LAG-Sprecher auch Multiplikatoren für die STK gegenüber den Ausbildungsstätten, die an der Sitzung nicht teilnehmen konnten oder noch nicht Mitglied in der LAG sind.

Die Satzung wurde auf Vorschlag des Vorsitzenden von der Mitgliederversammlung 1998 geändert. Der Entwurf zum Punkt Finanzen wurde genehmigt und hinzugefügt.

Die Geschäftsordnung regelt unter anderem Wahlperiode (vier Jahre) und Wahlmodus des Vorstandes sowie Ablauf der Sitzungen. So führten Weismantel und Renner die STK bis zum Jahr 2004, als Nachfolger wurden Barbara Ullrich, Hof, und Prof. Dr. Hans Christian Petzoldt, Fürstenwalde, gewählt.

Arbeitsschwerpunkte

Ein jahrelanges Begleitthema war die Beziehung von Fachhochschul- und Fachschulausbildung. Die von der STK favorisierte Idee der Gleichwertigkeit, aber Andersartigkeit der beiden Ausbildungsgänge hat weder in das Tarifrecht noch in die europäischen Regelungen Eingang gefunden. Trotzdem wurden immer wieder Möglichkeiten der Kooperation mit einzelnen Fachhochschulen gesucht, um staatlich anerkannten Heilpädagogen auch ohne Einstufungsprüfung den Einstieg in das Hauptstudium zu ermöglichen. Die Evangelische Fachhochschule Hannover hat mit der Errichtung eines Aufbaustudienganges zum Diplom-Heilpädagogen im Jahre 1995 ein Modell für die Zusammenarbeit geschaffen.
Ein Beschluss der KMK vom 28. Juni 2002 (KMK, RS 347/02), dass an einer Fachschule/Fachakademie erworbene Abschlüsse auf einen einschlägigen Studiengang bis zu 50 % auf die Gesamtstudiendauer angerechnet werden können, eröffnet den staatlich anerkannten Heilpädagoginnen weitere Möglichkeiten.

Die aufkommende Qualitätsdebatte in den 1990er-Jahren mit Qualitätsüberprüfung, -sicherung und -entwicklung wurde auch im Ausbildungsbereich eine beherrschende Frage. In der STK wurde diese Diskussion aufgenommen und nach Bestimmungsmerkmalen von Qualität heilpädagogischer Ausbildung gesucht. Dies war insofern bedeutsam, da in dieser Zeit die Einrichtung von heilpädagogischen Ausbildungsgängen auch in Verbindung mit dem Aufbau neuer Strukturen in den östlichen Bundesländern rasant zunahm. Diese Ausbildungsgänge sind oft eingegliedert in große Bündelschulen, in denen Kurse je nach Bedarf angeboten werden. Lehrkräfte werden zur Manövriermasse zwischen Angebot und Nachfrage und können sich, wenn sie nur gelegentlich oder stundenweise in eine Ausbildung eingebunden sind, kaum mit einem heilpädagogischen Gesamtkonzept identifizieren. Auf dieses Problem hat der AFET e. V. bereits 1991 hingewiesen (vgl. AFET, 1991, S. 20), Wie weit unter solchen oft schwierigen Umständen die Ausbildung im Bereich heilpädagogischer Fachpraxis verantwortlich wahrgenommen werden kann, erscheint fraglich.

Deshalb war es ein wichtiges Anliegen, die Ausbildungsqualität der Schulen, die sich in der STK zusammengeschlossen haben, gegenüber der Fachöffentlichkeit und vor allem den Anstellungsträgern nachzuweisen. Unter der wissenschaftlichen Begleitung von Detlev Lindau-Bank entwickelte der Fachbeirat nach einem Votum der Mitgliederversammlung im April 1998 ein umfangreiches Befragungsinstrument für Schulleiter, Dozenten und Studierende. Der Dozenten- und Studierenden-Fragebogen umfasst zwei Teile: der erste Teil erfragt statistische Daten sowie die Einstellung zur/bzw. Wahrnehmung der Ausbildungssituation, zum Kursklima, zur Beziehung zwischen Lehrenden und Studierenden bzw. im Dozententeil unter anderem die Einschätzung der Leitungsarbeit.
Der zweite Teil orientiert sich in seinen Fragen eng am Kompetenzprofil der STK, wobei eingeschätzt werden soll, wie intensiv bestimmte Kompetenzen im Lauf der Aus-

bildung erworben werden können, aber auch, welche Handlungskonzepte vermittelt werden. Dieser zweite Teil ist so angelegt, dass ein Vergleich von Studierenden und Lehrenden möglich ist. Die damals 49 Mitgliedsschulen wurden zur Teilnahme an der Befragung aufgefordert, Anonymität war zugesichert, da die Fragebogen versehen mit einem Ländercode direkt zur Auswertung an D. Lindau-Bank und F. Simon, der die statistischen Berechnungen vornahm, gesandt wurden.

Um die schulinternen Bewertungen mit einem Außenkriterium vergleichen zu können, entwickelt der Fachbeirat ein Befragungsinstrument für Einrichtungen, in denen Heilpädagogen arbeiten. Hierbei wurde nach Kompetenzen gefragt, die für die heilpädagogische Arbeit in der Einrichtung als notwendig erachtet wurden, wobei abschließend Wünsche zur Ausbildung geäußert werden konnten. Es sollte auf keinen Fall der Eindruck erweckt werden, dass die in der Einrichtung arbeitenden Heilpädagoginnen beurteilt werden müssten.

Insgesamt nahmen diese Vorhaben von der Erarbeitung der Fragebogen, der Datenerhebung, Auswertung und Interpretation mehrere Jahre in Anspruch, da alle Arbeiten sozusagen nebenbei erledigt werden mussten. Teilergebnisse, wie z. B. die bundesweite Auswertung der Schulleiter-Befragung und der ersten und zweiten Etappe der Dozenten- und Studierendenbefragung, konnten in den Mitgliederversammlungen jeweils vorgestellt und diskutiert werden. Deutlich wurden Stärken der Ausbildung, aber auch manche Schwächen, so vor allem der Bereich „Führen und Leiten". Grundsätzlich wurden in den Sitzungen nur bundesweite Ergebnisse diskutiert; den Landesarbeitsgemeinschaften war es möglich, sich eine länderspezifische Auswertung abzuholen, einzelne Schulen konnten unter Angabe ihres Codes ihre spezifische Auswertung bekommen und diese für die eigene Qualitätsentwicklung nutzen. Die Fragebogen stehen den Mitgliedern nach wie vor zur Verfügung, können für den individuellen Bedarf abgewandelt oder in Teilen zur Qualitätsüberprüfung eingesetzt werden.

Lindau-Bank legte der STK im Jahr 2004 einen umfangreichen Endbericht mit allen statistischen Daten vor, der Fachbeirat hatte auf der Basis bereits vorliegender Daten 2003 einen Artikel verfasst, in dem die wesentlichen Ergebnisse dargestellt und interpretiert werden (STK, 2003). Darüberhinaus wurde den Mitgliedern eine Vorgabe für die Veröffentlichung in der örtlichen Presse zur Verfügung gestellt, in der sie sich als Ausbildungsstätte präsentieren konnten, die an der Qualitätsstudie teilgenommen hat.

Ein Ergebnis der Qualitätsstudie war auch, sich mit dem Kompetenzprofil der STK aufs Neue auseinander zu setzen. In der Mitgliederversammlung 2005 sind mithilfe eines Moderators Perspektiven erarbeitet worden, in welche Richtung eine Bearbeitung gehen soll. Vier Arbeitsgruppen nehmen sich unterschiedlicher Aspekte an und legen in einem halben Jahr erste Ergebnisse vor.

Eine neue Form der Öffentlichkeitsarbeit ist mit dem Internet-Auftritt der STK gelungen. Unter www.stk-heilpaedagogik.de finden sowohl Mitglieder wie auch sonstige Interessierte alle wichtigen Informationen über die STK, Länderregelungen etc., aber auch Anregungen zur Unterrichtsgestaltung, Facharbeiten von Studierenden und viele andere nützliche Hinweise.

Ein Arbeitsschwerpunkt, der seine Aktualität nie verliert, ist der Austausch über und kritische Auseinandersetzung mit Entwicklungen in den einzelnen Bundesländern. Hierbei geht es um die gesetzlichen Regelungen der Ausbildung, die die Länder auf der

Basis der KMK-Rahmenvereinbarung über Fachschulen, neu vom 7. November 2002, erlassen. Sie schreibt mindestens 1.800 Unterrichtsstunden vor, fordert eine gleich starke Gewichtung von Theorie, Methoden heilpädagogischen Handelns und angeleiteter Anwendung in der heilpädagogischen Praxis (vgl. KMK, 2002, S. 27). Es ist jedoch Sache der Länder, wie gut sie einen Ausbildungsgang mit Lehrerstunden ausstatten, um z. B. eine intensive Praxisanleitung zu gewährleisten, und welche Personen für die verschiedenen Unterrichtsbereiche eine Lehrgenehmigung erhalten. Hierbei sind deutliche Unterschiede zwischen den Bundesländern festzustellen. Möglichkeiten der Einflussnahme von Seiten der STK sind heute weniger vorhanden als in den Anfangsjahren. Neben diesen formalen Gesichtspunkten sind aber auch die inhaltlichen Entwicklungen z. B. durch die Einführung neuer Curricula interessant. Die neu eingeführte Lernfelddidaktik in einigen Bundesländern zwingt Kollegien zu intensiver Zusammenarbeit, stellt sie zum Teil aber auch vor schwierige inhaltliche und organisatorische Probleme. Der in der Mitgliederversammlung länderübergreifende fachliche Austausch wird hierbei als sehr unterstützend empfunden.

Ausblick

Die gegenwärtige Diskussion in der STK wird auch stark von europäischen Themen bestimmt, der „**Bologna-Prozess**" verfolgt eine europaweite Angleichung der Hochschulausbildung (**ECTS** = **E**uropean **C**redit **T**ransfer **S**ystem). Bis 2008 soll der **bachelor of arts** und der **master of arts** etabliert sein. (Ein Bachelor-Abschluss soll mit sechs bis sieben Semestern erreicht sein. Gemessen an dem langen Ausbildungsweg, den staatlich anerkannte Heilpädagogen bis zu ihrem Abschluss gehen, stellt sich erneut die Frage nach der Gleichwertigkeit.)
Eine weitere bedeutsame Entscheidung haben die europäischen Bildungsminister im November 2002 in Kopenhagen getroffen.

*„Im so genannten ‚**Kopenhagen-Prozess**' der europäische Bildungspolitik werden die Bedingungen für die berufliche Aus- und Weiterbildung in den Mitgliedsstaaten verändert. Im Zuge dieses Prozesses wird sich die ‚**Heilpädagogik**' positionieren müssen. Auch hier wird, analog zur universitären Bildung, ein Leistungspunktesystem für die berufliche Bildung entwickelt (**ECVET** = **E**uropean **C**redit for **V**ocational **E**ducation and **T**raining). Es wird die Notwendigkeit der Attraktivitätssteigerung der beruflichen Bildung in Europa, die stärkere Verknüpfung von beruflicher Bildung mit dem Arbeitsmarkt und die erforderliche Durchlässigkeit zum Hochschulbereich betont. Das **Bundesinstitut für berufliche Bildung (BIBB)** forciert den postgradualen Fortbildungsbereich über Modulsysteme. Auch hier besteht eine weitere Möglichkeit der Fachschulen, bestimmte Module anzubieten. Der BHP muss bei den Verhandlungen gehört werden und wird sich in diesen Aushandlungsprozess einmischen. STK unterstützt diesbezüglich die Arbeit des BHP durch eine entsprechende Vorlage." (Müller, 2005, S. 2 f.)*

Die europäischen Entwicklungen erfordern Anpassungsprozesse, die uns nicht voraussehen lassen, welche Berufsbezeichnungen und Ausbildungssysteme erhalten bleiben. Vielleicht werden in Zukunft auf dem Arbeitsmarkt Positionen besetzt mit Personen, die über ganz bestimmte Schlüsselqualifikationen und Kompetenzen verfügen. Dann stünden unsere staatlich anerkannten Heilpädagogen nicht schlecht da.

S

Kommentierte Literaturhinweise

Arbeitsgemeinschaft für Erziehungshilfe (AFET) e.V., Bundesvereinigung: Herausforderung zum heilpädagogischen Handeln – Situation und Perspektiven heilpädagogischer Ausbildung und Praxis in der Bundesrepublik Deutschland. Hannover, Oktober 1991.
An dieser Schrift haben unter dem Vorsitz von Prof. Wolfgang Klenner mitgewirkt: Dr. Franz-Jürgen Blumenberg, Freiburg; Dr. Dieter Fischer, Bad Mergentheim; Dr. Peter Flosdorf, Würzburg; Dr. Günter Happe, Münster; Horst Kuklau, Großburgwedel; Klaus-Rainer Martin, Reinfeld; Professor Dr. Dr. Martin Schmidt, Mannheim; Hans Schoch, Aschau; Dr. Ulrich Ziethen, Groß Rönnau.
Nach einer Bestandsaufnahme zur gegenwärtigen Situation wird Heilpädagogik unter verschiedenen Aspekten und hinsichtlich ihrer Bedeutung für verschiedene Arbeitsfelder betrachtet. Mit einer abschließenden Bewertung und einem Ausblick endet die Schrift. Die einzelnen Beiträge sind den Verfassern nicht namentlich zugeordnet.

Dialog 2003, Hrsg. Fachbeirat der STK.
Die Dialog Hefte (1999–2003) enthalten Fachbeiträge aus Mitgliedsschulen, Vorstand und Fachbeirat für Mitglieder und können über die auf der Website der STK angegebene Adresse unter dem Link „Dialog" bezogen werden.

Ständige Konferenz von Ausbildungsstätten für Heilpädagogik in der Bundesrepublik Deutschland (Hrsg.): Unveröffentl. Handbuch 4/97.
Autoren: Hildegard Chorhummel, Dortmund; Dr. Peter Flosdorf, Würzburg; Horst Kuklau, Großburgwedel; Heinz-Dieter Mehlem, Dortmund; Otto Weismantel; Augsburg; Detlev Wolf, Kassel.
Das Handbuch enthält fünf Teile, die durch unterschiedliche Farben gekennzeichnet sind.

I. Grundaussagen (grün) mit den Kapiteln Heilpädagogik, Geschichte, Ausbildung, Perspektiven, Quellentexten
II. Richtlinien und Regelungen (blau) mit den Kapiteln KMK-Rahmenvereinbarung, Länderregelungen (Synopse)
III. Materialien der STK (gelb) mit den Kapiteln Satzung, Geschäftsordnung, Vorgang und Kriterien der Aufnahme, Kompetenzprofil, Lehrerprofil, Berufsbilder
IV. Verzeichnis und Kurzdarstellungen der Mitglieds- und Gastschulen (Stand 1997: 43 Mitgliedsschulen, 2 Gastschulen)
V. Behörden und Verbände (orange)

Eine Aktualisierung einzelner Handbuchkapitel ist erforderlich.

Sterbebegleitung

Birgitt-Maria Schlottbohm

Etymologie

Um sich dem Begriff der Sterbebegleitung zu nähern, stellt sich zunächst die Frage, wie das Sterben definiert werden kann: Das Sterben ist kein Ereignis, sondern ein Vorgang, der fortschreitend den ganzen Menschen ergreift. Er umfasst die letzte Zeitspanne vor dem Einsetzen des Todes. Somit ist der Sterbende ein Lebender und wie jeder Mensch in seiner Würde zu achten. Es lässt sich nicht festlegen, wann das Sterben beginnt. Von verschiedenen Sichtweisen abhängig, seien die Geburt, der natürliche Alterungsprozess, der Beginn einer Krankheit oder das Wissen um eine ernsthafte Erkrankung genannt. Sicher ist aber, dass wir sterben müssen.

Die Definition der Begleitung (abgeleitet von „leiten“ = mitnehmen, anführen, lenken) macht das Bemühen deutlich, dass der Mensch im Mittelpunkt steht, nicht etwa ein Ereignis oder eine Wegstrecke. Es handelt sich nicht um einen statischen Vorgang, sondern um einen Prozess.

Die zusammengeführten Begrifflichkeiten lassen folgende Beschreibung zu: Die Bedeutung der Sterbebegleitung liegt darin, Menschen nahe zu sein, die am Ende ihres Lebens sind, ihnen die Möglichkeit zu geben, sich getragen, verstanden und unterstützt zu fühlen. Der Ausdruck schließt eine wertschätzende Haltung gegenüber den Menschen ein. Sie umfasst die Anerkennung der Rechte, Bedürfnisse und Wünsche des Einzelnen und ermöglicht eine gleichberechtigte Beziehung zwischen zu Begleitenden und Begleiter, die sich im Prozess entwickeln.

Der Vollständigkeit halber wird noch auf das griechische Wort „Thanatos“ für Tod und den griechischen Silben „thanat“ (tödlich, todbringend) hingewiesen, von denen heute viele Fremdwörter abgeleitet werden. Die Thanatologie beschreibt die „Lehre vom Tod und vom Gestorbenen“. Bis 1970 war sie sprachlich durchaus sinnvoll, da sie die „wissenschaftlich begründete Leichenschau“ z. B. in der Gerichtsmedizin, beschrieb. Seitdem wird sie in begrifflicher Ausdehnung auf die Lebensspanne vor dem Tod, also auf die Wissenschaft vom Sterben und vom Tod und als eine spezielle Forschungs- und Lehrdisziplin verstanden (vgl. Duden, 2000, S. 212; Rest, 1998, S. 18 f.).

Geschichte

Vor dem Hintergrund der oben beschriebenen Begriffe wird deutlich, dass der Tod zum Leben gehört und das Sterben ein Teil des Lebens ist. Es scheint, als müsse diese Tatsache als Lebensweisheit in den Alltag zurückgeholt werden, um den Menschen zu helfen, neue Selbstverständlichkeiten im Umgang mit dem Sterben, dem Tod und der Trauer zu erlangen (vgl. Specht-Tomann/Tropper, 2000, S. 12).

Über Jahrtausende hinweg ist die Grundeinstellung zum Tod nahezu unverändert geblieben.

Das Sterben und der Tod waren vertraute Begleiter im Alltagsieben der Menschen und wurden auch als solche akzeptiert. Der Tod hatte nichts Außergewöhnliches und die Menschen fügten sich in der Unausweichlichkeit und in den Willen der Natur.

Diese Hinnahme des Todes reicht bis in das letzte Jahrhundert hinein. Die Einbeziehung wesentlicher Lebensabschnitte wie Geburt und Tod im familiären Kontext führte dazu, dass es eine gewisse Selbstverständlichkeit gab, sterbenden Menschen zu begegnen und sie ins Leben mit einzubeziehen. Rituale und Formen der Sterbebegleitung, der Trauer und des Totengedenkens, die über die Angehörigen auch die Öffentlichkeit mit einbezogen, erleichterten sowohl dem Sterbenden selbst als auch den unmittelbar Betroffenen die Bewältigung des Todes. Dort, wo selbstverständliches Handeln erforderlich war und vorgelebt wurde, waren keine „Ratgeber" notwendig, um die Jugend auf das vorzubereiten, was das Leben in seinem zyklischen Verlauf mit sich bringt.

Die alten Zeiten sollen nicht verherrlicht werden. Aufgrund des späten Heiratsalters und der frühen Sterblichkeit ist die Zahl der Mehrgenerationenfamilien auch früher niedrig gewesen. Viele Menschen starben auch damals nicht im Familienkreise, sondern wurden in ihrer letzten Lebensphase von dem Gesinde oder von Nachbarn gepflegt oder sie wurden in Armenhäusern und Hospizen versorgt, den Vorläufern der heutigen Krankenhäuser.

Heute haben wir den Umgang mit sterbenden Menschen und den Tod mehr oder weniger aus dem Alltagsleben verbannt und in die Krankenhäuser und Pflegeheime verlagert. Fast 80 % aller Menschen sterben heute in Kliniken oder ähnlichen Einrichtungen, obwohl die meisten Menschen sich wünschen, zu Hause zu sterben.
Diese Entwicklung bahnte sich bereits im letzten Jahrhundert an und vollzog sich in den letzten Jahrzehnten. Zum einen verloren die Menschen durch die Grauen und Schrecken der Weltkriege im 20. Jahrhundert ihre Vertrautheit mit dem Tod, die der historischen Gesellschaft über viele Jahrhunderte hinweg zu eigen war (vgl. Mittag, 1994, S. 12–14). Zum anderen wurde, etwa zum Beginn des letzten Jahrhunderts, als Krankenhauseinweisungen von todkranken Menschen üblicher wurden und damit eine Ausklammerung der Öffentlichkeit einherging, das Sterben und der Tod zu einer Privatangelegenheit. Menschen starben nicht mehr im Kreise der Familien, sondern häufig einsam und der Öffentlichkeit entzogen.

Diese Tatsachen mögen dazu geführt haben, dass das Sterben und der Tod heute für die Menschen angsteinflößender und unfassbarer geworden sind, da die traditionelle Vertrautheit mit dem Erscheinungsbild des Todes und der Toten fehlt. Es mangelt am natürlichen Umgang z. B. mit dem Schließen der Augen eines Verstorbenen, dem Waschen und Ankleiden des Toten, der Totenwache oder der Aufbahrung des Leichnams zu Hause.
Ebenso fehlt es an Sicherheit und Selbstverständlichkeit im Umgang mit sterbenden Menschen, was dazu führen kann, dass die Sterbenden nicht über den Ernst ihrer Erkrankung informiert werden oder dass bei vielen Menschen der Wunsch vorherrscht, im Schlaf zu sterben, ruhig und ohne etwas zu spüren.

Durch die Hospizbewegung hat die Sterbebegleitung an Bedeutung gewonnen. Hospize blicken auf eine lange Tradition zurück. Schon im Mittelalter errichteten die großen Mönchsorden Einrichtungen, die sie Hospize nannten und die jedem offen standen, der unterwegs war. Pilger, Kranke, Frauen, die in den Wehen lagen, oder auch sterbende Menschen fanden dort ihren Platz. Die Mönche folgten einem großen sozialen

Gedanken und schenkten mit ihren Taten jedem das, was er brauchte: Stärkung, Geborgenheit, Hilfe, aber auch Heilung und Schutz. Die lateinische Übersetzung des Wortes „hospes" bedeutet Gast und auch Gastgeber und geht ebenso auf den lateinischen Ausdruck „hospitium" zurück, der mit Gastfreundschaft und Herberge zu übersetzen ist (vgl. Specht-Tomann/Tropper, 2000, S. 66–68).

Als 1967 in London von der englischen Krankenschwester und Ärztin Cicely Saunders das St. Christopher Hospice eröffnet wurde, schuf sie einen sichtbaren Ort der menschlichen Zuwendung und Nähe für sterbende Menschen und deren Familien. Es entstand die moderne Hospizbewegung, deren Grundlage die Sterbebegleitung und die Schmerztherapie ist. In den 1980er-Jahren erreichte die Hospizbewegung den deutschsprachigen Raum.

Prägend für den Hospizgedanken ist, dass der sterbende Mensch in Würde bis zum Tode leben kann. Diesem existenziellen Wunsch wird Rechnung getragen, indem die körperlichen, geistigen, seelischen, sozialen und spirituellen Bedürfnisse des sterbenden Menschen geachtet und nach Möglichkeit erfüllt werden. Weiterhin ist es wichtig, dem Bedürfnis nach Sicherheit und Geborgenheit Raum zu geben und den Familien und Freunden gleiche Aufmerksamkeit zuteil werden zu lassen.
In der Sterbebegleitung geht es darum, dafür zu sorgen, dass eine angemessene Pflege gewährleistet ist, die eine individuell abgestimmte Schmerztherapie und Symptomkontrolle beinhaltet. Nur wenn Schmerzen erträglich bzw. gar nicht vorhanden sind, kann der Sterbende die verbleibende Lebenszeit nach seinen Möglichkeiten und Wünschen gestalten. Dem Selbstbestimmungsrecht des sterbenden Menschen kommt hierbei eine hohe Bedeutung zu. Im Mittelpunkt steht immer der Mensch unabhängig von Konfession und Kultur. Diese Aspekte der Hospizarbeit machen deutlich: Sterbebegleitung ist Lebens-Begleitung.

Verschiedene Formen der Hospizarbeit bieten individuelle Möglichkeiten der Sterbebegleitung.

- Die ambulanten Hospizdienste entsprechen dem Wunsch vieler Menschen, zu Hause zu sterben. Mitarbeitende der Dienste begleiten den Sterbenden und ihre Familien rund um die Uhr, je nach Absprache mit der Familie zu verschiedenen Tages- und Nachtzeiten.
- Tageshospize stellen eine Erweiterung der Begleitung zu Hause dar. Die Kranken, soweit sie dazu noch in der Lage sind, suchen für mehrere Stunden am Tag ein Tageshospiz auf, leben sonst aber zu Hause.
- Stationäre Hospize bieten solchen schwerkranken und sterbenden Menschen ein Zuhause, die nicht mehr in ihrer häuslichen Umgebung leben und begleitet werden können. Oder auch Menschen, deren ausdrücklicher Wunsch es ist, die letzte Phase des Lebens in einem stationären Hospiz zu verbringen. Angehörige und Freunde haben jederzeit die Möglichkeit, beim sterbenden Menschen zu sein.
- Die Kinderhospizarbeit sieht sich mit ihren ambulanten Hospizdiensten und den stationären Kinderhospizen der Begleitung von Kindern mit lebensbegrenzenden Erkrankungen und deren Familien verpflichtet. In stationären Kinderhospizen gilt das Prinzip der Kurzzeitpflege. Erkrankte Kinder können mit oder ohne ihre Eltern und Geschwister vier Wochen pro Jahr den Aufenthalt im stationären Hospiz in Anspruch nehmen.

- Palliativeinrichtungen in Krankenhäusern behandeln und pflegen schwerkranke Menschen, die unter starken Schmerzen und Krankheitssymptomen leiden. Palliativ wird vom lateinischen Wort „pallium" (umhüllen, Mantel bzw. Hülle geben) abgeleitet. Palliative Pflege wird also verstanden als Pflege, die den Patienten umhüllt, aber nicht zudeckt. Sie orientiert sich intensiv an den momentanen Bedürfnissen und Fähigkeiten sterbender Menschen, die an einer nicht heilbaren und weit fortgeschrittenen Erkrankung mit begrenzter Lebenserwartung leiden. Auch hier ist eine individuelle Begleitung notwendig.

Wie ist die Sterbebegleitung im Kontext der Heilpädagogik zu sehen? Hilfe im Bereich der Sterbebegleitung wird immer dann notwendig oder nachgefragt, wenn Bewohnerinnen und Bewohner in Einrichtungen der Behindertenhilfe immer älter werden bzw. sterbend sind. Diese Nachfrage bestätigt, dass es einen Bedarf für die Weiterentwicklung im Prozess hinsichtlich des Sterbens und des Umgangs mit dem Verlust in Institutionen für Menschen mit Behinderungen gibt. Zurzeit müssen Mitarbeitende vermehrt auf persönliche Ressourcen im Umgang mit den Themen der Endlichkeit zurückgreifen. Wünschenswert wäre, wenn den Mitarbeitenden durch Fortbildungen oder Supervision Hilfe und Unterstützung angeboten würde.

Aktuelle Relevanz und theoretische Ansätze

In den letzten Jahren hat das Thema des Sterbens und der Sterbebegleitung zum einen durch die Entwicklungen der Hospizbewegung und zum anderen durch die Diskussion der Sterbehilfe, wie sie z. B. seit einigen Jahren in den Niederlanden praktiziert wird, sich immer mehr in der Öffentlichkeit dargestellt.
Dabei gibt es kontroverse Strandpunkte. Die Hospizbewegung lehnt jegliche Tötung auf Verlangen ab, weil die Haltung vertreten wird, dass durch eine liebevolle, aufmerksame Begleitung unter Berücksichtigung aller individuellen Wünsche des Sterbenden und eine angemessene Schmerztherapie der Wunsch nach Tötung auf Verlangen nicht aufkommt. Dagegen steht die Auffassung, dass der Mensch ein Recht auf einen selbstgewählten Zeitpunkt seines Todes hat.
Die einzelnen Aspekte sollen an dieser Stelle nicht diskutiert werden, es wird lediglich festgehalten, dass diese Debatte grundsätzliche Überlegungen für den Einzelnen und für die Gesellschaft hinsichtlich einer Kultur des Sterbens schaffen kann.

Um eine gute Sterbebegleitung zu ermöglichen, ist es für den Begleitenden wichtig, Kenntnisse vom innerseelischen Erleben sterbender Menschen zu haben.
Aus heutiger Sicht bilden die vor Jahrzehnten entwickelten Phasenmodelle des Sterbens eine Grundlage, um den Prozess des Sterbens zu erfassen. Sie stellen ein Instrument dar, dass helfen soll, sterbende Menschen in ihrer Situation zu verstehen.

Mit den Phasenmodellen des Sterbens beschäftigen sich Psychologen, Ärzte, Krankenhausseelsorger und andere Berufsgruppen. Die bekannteste Ärztin ist Elisabeth Kübler-Ross. Sie beschreibt den Sterbeprozess in fünf Phasen (vgl. Kübler-Ross, 1971, S. 65).

- **1. Phase: Nicht Wahrhaben-Wollen**
  Der Sterbende glaubt an die Verwechselung der Befunde oder sucht ähnliche Gründe der Verleugnung. Die Verdrängung kann den Schock der Todesnachricht vermindern.

- **2. Phase: Zorn**
  Der sterbende Mensch empfindet Wut, Zorn und Verzweifelung häufig einhergehend mit der Frage: Warum gerade ich? Der Zorn stellt die beginnende Anerkennung der Realität und die gleichzeitige Auflehnung gegen das Schicksal dar.

- **3. Phase: Verhandeln**
  Der Tod wird als unvermeidbar anerkannt. Der Sterbende versucht durch „Verhandeln" eine Verlängerung des Lebens zu erreichen, z. B. durch Zwiesprache mit Gott: „Wenn ich wieder gesund werde, dann ..."

- **4. Phase: Depression**
  Diese Phase geht häufig mit einer Verschlechterung des körperlichen Zustandes einher. Der Mensch erkennt, dass es keine Heilung mehr gibt und der Tod unausweichlich ist. Es beginnt eine tiefe Trauer und Depression.

- **5. Phase: Zustimmung**
  Es setzt ein Zustand der inneren Ruhe und des Friedens ein. Der Betroffene hat sich mit dem Schicksal einverstanden erklärt und geht dem Tod mit ruhigen Gefühlen entgegen.

Ein weiteres Phasenmodell stammt von A. D. Weismann. Er beschreibt drei Phasen, in denen der Tod gleichzeitig verleugnet und angenommen wird. Je nachdem, in welcher Phase sich der sterbende Mensch befindet, liegt der Schwerpunkt auf der Verleugnung oder auf der Akzeptanz.

- **1. Phase:**
  Symptomwahrnehmung mit Neigung zur Selbsttäuschung.

- **2. Phase:**
  Schwanken zwischen Verneinung und Akzeptanz der Diagnose; der sterbende Mensch befindet sich in einem Zustand zwischen Wissen und Nicht-Wissen, weshalb dieser Zustand als „middle knowledge" bezeichnet wird.

- **3. Phase:**
  Zunehmende Verschlechterung des körperlichen Zustandes und Akzeptanz des baldigen Sterbenmüssens.

Ein weiteres Phasenmodell wird vom Verhaltensforscher und Psychiater E. M. Pattison beschrieben, der den Sterbeprozess in drei große Abschnitte gliedert.

- **1. Phase:**
  Akute Krise, panische Angst und Verzweifelung.

- **2. Phase:**
  Konkrete Ängste und Sorgen vor z. B. Einsamkeit, Isolation, Verlust der Familie.

- **3. Phase:**
  Psychische und physische Erschöpfung, Desinteresse an der Außenwelt einhergehend mit dem Rückzug auf sich selbst.

Diese drei in Kürze beschriebenen Phasenmodelle sind anschaulich und vermitteln einen ersten Eindruck, wie sich das Erleben von sterbenden Menschen darstellen kann. Auch wenn diese Modelle keine immergültigen Regeln liefern, geben sie einen Einblick, der für das Verständnis zwischen sterbendem Mensch und Begleiter sehr wichtig sein kann.

Wie oben schon erwähnt, muss das Sterben individuell bleiben und als solches betrachtet werden. Es wäre fatal, Sterbeprozesse nach einer starren Reihenfolge einzuordnen oder gar zu bewerten. Es gilt anzunehmen, dass der Sterbeprozess vielen Sprüngen und Schwankungen unterliegt und Emotionen häufiger wiederkehren. So kann bspw. die Annahme des nahenden Todes nicht als Norm für alle Sterbenden angesehen werden. Sterbebegleiter dürfen keine Soll-Erwartungen an Sterbende haben.

Diese Darstellung macht die hohen Anforderungen deutlich, die an Begleitende – sei es aus dem professionellen oder privaten Kontext – gestellt werden. Neben der Fachkompetenz der Begleiter und Betreuer ist auch immer eine hohe Sozialkompetenz gefragt und menschliche Qualitäten stehen im Vordergrund. Menschen, die sich der Sterbebegleitung widmen, werden immer auch mit ihrer eigenen Endlichkeit konfrontiert. Doch viel zu oft wird es dem Zufall überlassen, inwieweit, sie persönlich bereit sind, sich auf den Prozess der Begleitung einzulassen und wie sie mit den Gefühlen der Hilflosigkeit, der Trauer, des Leidens, der Krankheit oder den Verlust umgehen können.

Unter den Aspekten einer guten, bedürfnisorientierten Begleitung einerseits und optimalen Bedingungen für die Begleitenden andererseits erscheint eine Vernetzung fachspezifischer Lehrinhalte mit der Möglichkeit, sich mit der eigenen Gefühls- und Gedankenwelt systematisch und unter fachlicher Anleitung und Begleitung auseinander zu setzen, unabdingbar.

Die Lehrinhalte sollten sich in zwei große Bereiche unterteilen. Zum einen wäre eine fundierte Wissensvermittlung um die psychischen bzw. psychosomatischen Prozesse von Krankheit, Leid, Sterben, Tod, Verlust und Trauer notwendig. Zum anderen müssten Helfende Denkanstöße bekommen, um sich eigenen Gefühlen, Gedanken und Reaktionsweisen hinsichtlich Sterben, Tod und Trauer zu öffnen und sich damit zu konfrontieren. Dabei ist es von großer Wichtigkeit, die eigene Persönlichkeit und Geschichte wahrzunehmen, einschätzen und aushalten zu lernen, Grenzen zu ziehen und eine Sensibilität für die eigenen Bedürfnisse und die des Gegenübers zu entwickeln. Die Verbindung beider Standpunkte ist das übergeordnete Ziel bei der Aus- und Weiterbildung für Helfende bzgl. der Sterbebegleitung.

Konkrete Inhalte sind folgende:

- Vermittlung von Basiswissen,
- Anstöße zur Selbsterfahrung und Selbstreflexion (Anregungen, Impulse, Übungen),
- Zusammenführung von Basiswissen und den Ergebnissen der Reflexionen, um den in der Praxis stehenden Menschen den Umgang mit Kranken und Sterbenden und deren Angehörigen zu erleichtern und selbst zu einer größeren subjektiven Sicherheit im Umgang mit schwierigen Lebensphasen zu gelangen (vgl. Specht-Tomann/Tropper, 2000, S. 14 f.).

Die aufgeführten Anmerkungen gelten für professionell Helfende genauso wie für ehrenamtlich Tätige.

Ausblick

Auch wenn sich die Entwicklung der Hospizarbeit und der Palliativmedizin um eine Patientenversorgung, die auch den psychosozialen und spirituellen Bedürfnissen Sterbender gerecht wird, bemüht, spiegelt sich die herausfordernde Aufgabe der Pflege Sterbender immer noch wenig in den Leitbildern der Medizin wider.

Spirituelle Fragen und die Auseinandersetzung mit dem Sinn des Leidens spielen für schwerkranke und sterbende Menschen häufig eine bedeutsame Rolle. Dass das Leiden im Leben eines Menschen eine unumgängliche Tatsache ist, erfordert eine sinnvolle Erklärung. Ärzte und Pflegekräfte sollten in der Lage sein, auch darüber ein Gespräch zu führen. Die Voraussetzung dafür wäre, dass die Curricula für die Ausbildung im Medizinstudium bzw. in helfenden Berufen diese Schwerpunkte berücksichtigen. Zum einen, um eine angemessene Sterbebegleitung zu leisten, und zum anderen, um den Medizinern und Pflegekräften eine größtmögliche Sicherheit im Umgang mit Menschen in der letzten Lebensphase zu geben. Ärzte und Pflegekräfte bleibt es viel zu häufig allein überlassen, die Situation Todkranker zu gestalten.

Weiterhin schaffen pflegerische und räumliche Rahmenbedingungen eine menschenwürdige Begleitung Sterbender und ihrer Familien. Auch sie zeigen sich im Krankenhausleitbild und dessen Umsetzung in einem Pflegestandard, in dem die Begleitung Sterbender ausdrücklich festgehalten ist. Ein ausreichender Personalschlüssel und zusätzliche psychosoziale Angebote, wie z. B. ein Seelsorger, ehrenamtliche Helfer etc., sind weitere Voraussetzungen.
Die Schaffung von Verabschiedungsräumen ist ein wichtiges Element, den Sterbe- und Trauerprozess menschenwürdig zu gestalten. Verabschiedungsräume in Krankenhäusern oder Altenheimen sollten sich vor Ort befinden, die Möglichkeit zur Besinnung schaffen, in freundlichen Farben gestaltet sein, eine relativ wohnliche Atmosphäre ausstrahlen (Pflanzen, bequeme Sitzmöbel, kein grelles Licht). Es sollte die Möglichkeit geschaffen werden, den Toten zu berühren, ihm nahe sein zu können für den größtmöglichen Zeitraum, der gewünscht wird.

Welche Entwicklungen sind im Kontext der Heilpädagogik im Hinblick auf die Sterbebegleitung relevant? In Wohneinrichtungen für Menschen mit Behinderungen, unabhängig von ihrer Größe oder ihrer Trägerschaft mit der dahinter stehenden Philosophie, müssen grundsätzliche Überlegungen angestellt werden, wie eine angemessene Kultur für die Sterbebegleitung und das Sterben, für den Umgang mit Verstorbenen und für die Trauer erreicht werden kann. Dort, wo Menschen gemeinsam wohnen und leben, sollte auch das Sterben möglich sein.

Um eine gute Sterbebegleitung in Institutionen für Menschen mit Behinderungen durchführen zu können sowie Unterstützung für die Mitarbeitenden anzubieten, ist es sinnvoll, wenn ein umfassender Beistand von außen gegeben ist und ein funktionierendes Netzwerk geknüpft wird. Beispielsweise können Angehörige, Seelsorger, der ambulante Pflegedienst, der ambulante Hospizdienst, Fortbildungsträger, Bestatter etc. informieren, beraten und zu einem selbstverständlicheren Umgang mit sterbenden Menschen beitragen. Das Leitbild der einzelnen Institutionen bzw. die Haltung der Personen, die im Leitungsbereich beschäftigt sind, und der Stellenwert, den die Themen Sterben, Tod und Trauer bei den Mitarbeitenden haben, sind von wesentlicher Bedeutung für einen guten Umgang mit den Themen der Endlichkeit und stellen die Basis für eine angemessene Begleitung sterbender Menschen dar.

Des Weiteren wäre die Überlegung sinnvoll, die Themen des Sterbens und der Trauer auch in die Ausbildung von Erzieherinnen oder Heilerziehungspflegern zu integrieren, um Auszubildenden die Möglichkeit zu geben, sich diesem Themenkomplex zu nähern, und Auseinandersetzung anzuregen.

Kommentierte Literaturhinweise

Kübler-Ross, Elisabeth: Interviews mit Sterbenden. Stuttgart, Kreuz-Verlag, 1971.
Die Autorin berichtet über die Gespräche mit sterbenden Menschen über deren Ängste, Sorgen und Hoffnungen. Sie erinnert daran, dass Sterbende Menschen sind und nicht allein gelassen und abgeschoben werden dürfen.

Mittag, Oskar: Sterbende begleiten. Ratgeber und praktische Hilfen. Stuttgart, TRIAS Thieme Hippokrates Enke, 1994.
Oskar Mittag gibt in seinem Buch realistische und konkrete Hilfestellungen für alle Menschen, die Sterbende im Krankenhaus, im Hospiz oder zu Hause betreuen. Des Weiteren werden die Probleme der ärztlichen Aufklärung Schwerkranker, die Pflege sterbender Menschen und die medikamentöse Schmerztherapie bei Krebspatienten beschrieben.

Rest, Franco: Sterbebeistand, Sterbebegleitung, Sterbegeleit. Handbuch für Pflegekräfte, Ärzte, Seelsorger, Hospizhelfer, stationäre und ambulante Begleiter. 4. überarb. Aufl., Stuttgart, Berlin, Köln, 1998.
Franco Rest orientiert sich in seinem Buch an den Sorgen, Nöten, Lebensbildern und Hoffnungen der Sterbenden und unterstützt die psychosoziale Zusammenarbeit der Begleiterinnen und Begleiter untereinander sowie dem Sterbenden selbst und seinen Angehörigen.

Specht-Tomann, Monika/Tropper, Doris: Zeit des Abschieds. Sterbe- und Trauerbegleitung, Düsseldorf, Patmos, 2000.
Die Autorinnen spannen in ihrem Buch einen inhaltlichen Bogen von der Sterbebegleitung über die Auseinandersetzung mit zentralen Lebensthemen Schwerstkranker, die schwierige Kommunikation am Sterbebett bis hin zur Trauerbegleitung.

Stigmatisierung Norbert Störmer

Etymologie

Der Begriff „Stigma" kommt aus dem Griechischen und bedeutet soviel wie „Zeichen" und „Brandmal". Es waren in den Körper geschnittene oder gebrannte Zeichen, mit denen in der Antike z. B. Sklaven, Verbrecher bzw. Verräter gekennzeichnet wurden. Eine so gekennzeichnete Person wurde allgemein für „unrein" erklärt und sollte in der Öffentlichkeit gemieden werden. Das hier bedeutsam und herausragend in Erscheinung tretende geschnittene oder gebrannte Zeichen ist jedoch immer ein in einen spezifischen Prozess eingebettetes Zeichen. Es wird nur vor dem Hintergrund ganz bestimmter gesellschaftlicher Vorgaben und Bedingungen geschnitten oder gebrannt. Zudem wird aber die nicht mit Zeichen versehene Bevölkerung aufgefordert, sich von derart gekennzeichneten Personen fern zu halten. Kommt es sodann auch tatsächlich zu einer Umsetzung dieser Forderung, bringen diese Handlungsweisen zwangsweise die Diskriminierung und Marginalisierung der gekennzeichneten Personen im sozialen Gefüge der Gesellschaft mit sich.

Nach Erving Goffman, der den Begriff „Stigma" 1967 in die soziologische Diskussion einführte, lässt sich nun als Stigmatisierung jener Prozess bezeichnen, in dem eine Person „von einer ganzen und gewöhnlichen Person zu einer befleckten, beeinträchtigten herabgemindert" (Goffman, 1980, S. 11) und „von vollständiger sozialer Akzeptierung ausgeschlossen" wird (Goffman, 1980, S. 7). Damit ist diese Person davon bedroht, aus den regulären sozialen Bezügen der Gesellschaft herauszufallen oder aber aktiv aus diesen ausgegrenzt zu werden. Kern dieses Prozesses sind die in einer Gesellschaft bzw. in einer sozialen Gruppe fixierten und beobachtbaren Merkmale. Das Gemeinsame dieser Merkmale besteht zunächst einmal darin, dass sie von der „Normalität" abweichen, also nicht den Standards der physischen, psychischen und sozialen Normalität entsprechen, dass diesen Merkmalen eine negative Bewertung anhaftet, dass mit der Feststellung eines derartigen Merkmales die jeweilige Person sozial diskreditiert und damit zu einem Außenseiter wird.

Dieser Stigmatisierungsprozess kann an recht unterschiedlichen Merkmalen entlang seinen Ausgang nehmen. Erving Goffman unterscheidet z. B. drei Typen von Stigmata (siehe Goffman, 1980, S. 12 f.):

- physische Deformationen, wie z. B. körperliche Entstellungen, körperliche Behinderungen;
- individuelle Charakterfehler, wahrgenommen als Willensschwäche, beherrschende oder unnatürliche Leidenschaften, tückische und starre Meinungen sowie Unehrenhaftigkeiten;
- phylogenetische Stigmata von Rasse, Nation und Religion.

Ob nun ein Stigmatisierungsprozess tatsächlich an bestimmten Merkmalen entlang seinen Ausgang nimmt, ist zu großen Teilen vom sozialen Status wie auch von der Machtposition der betreffenden Person abhängig. Letztendlich werden durch diese Faktoren ihre realen Handlungsmöglichkeiten in sozialen Kontexten entscheidend beeinflusst. Folglich manifestieren sich Stigmatisierungsprozesse gegenüber Gruppen mit hohem sozialem Status und mit großer Macht weniger leicht als bei Gruppen mit geringerem gesellschaftlichen und sozialem Status und damit einhergehender geringerer bis gar keiner Macht. Aufzeigen lässt sich jedoch auch, dass in spezifischen gesellschaftlichen Situationen der soziale Status, die damit verbundene Machtposition und die damit gegebenen Handlungsmöglichkeiten von Gruppen gebrochen werden und in der Folge dann Stigmatisierungsprozesse Raum greifen können.

Geschichte

Stigmatisierungsprozesse spielten und spielen in Gesellschaften zu unterschiedlichen Zeiten auf den verschiedensten sozialen Ebenen eine große Rolle. Bei historischen Betrachtungen werden auf der gesellschaftlich-sozialen Ebene ihren Ausgang nehmende Stigmatisierungsprozesse sehr schnell deutlich. Weniger deutlich werden jedoch die damit einhergehenden Verwerfungen, die sich in einer spezifischen Art und Weise in den unmittelbaren Kommunikations- und Interaktionsstrukturen von Menschen zeigen.

Betrachten wir sich vollziehende Stigmatisierungsprozesse auf der gesellschaftlich-sozialen Ebene, dann treten diese zu unterschiedlichen Zeiten der Geschichte in einem bestimmten Zuschnitt in Erscheinung. Auffallend ist, dass in diesen Prozessen ganz allgemein vorurteilsbezogene und -beladene Bilder in der Bevölkerung eine Rolle spielen, hier ihre Verankerung finden und auch weiter getragen werden. Diese Bilder sind oftmals unmittelbar an spezifisch konstruierte Ordnungsprinzipien gesellschaftlicher Normen gebunden bzw. werden von derartigen Normen abgeleitet. Oftmals werden auch ganz bestimmte Bilder auf der staatlichen Ebene fixiert und auch hier weiter transportiert. In anderen Kontexten werden derartige Bilder von staatlicher Seite ausschließlich gebilligt, erhalten dadurch aber eine große Bedeutung und werden verdeckt weiter transportiert. In jüngeren historischen Zusammenhängen spielen bezogen auf alle diesbezüglichen Aspekte in diesem Prozess die Medien eine nicht zu unterschätzende Rolle.

Historisch lassen sich derartige Stigmatisierungsprozesse mit ihren je spezifischen Ausprägungen dort aufweisen, wo entlang spezifisch ökonomischer, sozialer, politischer, rassistischer, religiöser, kultureller, nationaler, rechtlicher Linien gewisse soziale Gruppen, oder aber einzelne Personen aufgrund körperlicher, psychischer, sexueller und anderer Merkmale als auffällig in Erscheinung treten. Diese Erscheinungen werden mit je spezifischen negativen Bewertungen verknüpft, wodurch diese Personen diskreditiert werden, der Kontakt mit ihnen gemieden wird oder aber spezifische Umgangs- und Handlungsweisen mit diesen Personen angezeigt erscheinen. Dabei können sich all diese Aspekte in einem Stigmatisierungsprozess in vielfältiger Weise miteinander verwoben zeigen, so dass monokausale Herangehensweisen meist nicht in der Lage sind, diese prozesshaften Geschehnisse insgesamt zu erklären.

So hat es bspw. in unserer Kultur bis in die heutige Zeit hinein eine große Tradition, nicht dem christlichen Glauben zugeneigte Menschen zu stigmatisieren und zu diskreditieren. Sie wurden als „Heiden“ bezeichnet, denen bestimmte Eigenschaften angeheftet wurden, die dem Prozess der Stigmatisierung nur entgehen konnten, wenn sie der Nötigung des Übergangs zum christlichen Glauben nachkamen. Im Rahmen derartiger Aktionen der Christianisierung konnte es im Weigerungsfalle schon geschehen,

dass aufgrund der gegebenen Machtkonstellationen gezielte Ermordungsaktionen die Folge waren. Aber auch dort, wo Expansionen aus ökonomischen, politischen bzw. religiösen Erwägungen heraus angezeigt erschienen, wurden vorab gewisse Stigmatisierungen und Diskreditierungen konstruiert, um zielgerichtete Aktionen zur Unterdrückung, Vertreibung oder Vernichtung bestimmter sozialer Gruppen legitimieren zu können. Damit diese Prozesse überhaupt fruchtbar werden können, müssen Verschiebungen in der Wahrnehmung gewisser Erscheinungen initiiert werden und darauf aufsetzende Interpretationen allgemein akzeptiert werden können. Erst unter derartigen Voraussetzungen können Stigmatisierungsprozesse ihren Ausgangspunkt finden.
Eine besondere Dimension in diesen Expansionsbestrebungen stellen alle Versuche der Kolonialisierung dar. In diese Prozesse band sich mit den Vorstellungen von der Minderwertigkeit der kolonialisierten Völker im Sinne eines sich ausgestaltenden Rassismus eine durchgängige Zurücksetzung ein, die ihre stringente Ausprägung in der Apartheid fand.

Derartige Stigmatisierungsprozesse können zwei Ausrichtungen haben, die auf unterschiedlichen Konstruktionen beruhen.

Zum einen können Stigmatisierungsprozesse auf das „äußere Fremde" gerichtet sein. Vor dem Hintergrund der eigenen normativen Einstellungen, Vorstellungen, Denk- und Handlungsweisen können andere, von außen auf mich zukommende Einstellungen, Vorstellungen, Denk- und Handlungsweisen zunächst einmal als mir fremd in Erscheinung treten. Möglich ist nun, dass ich diese als gleichgewichtig neben den meinen stehen lassen und damit tolerieren kann. Ich kann aber auch der Auffassung sein, sie abwehren und mich vor ihnen schützen zu müssen. Dies kann dann recht schnell über je spezifische Stigmatisierungsprozesse geschehen, denen dann in der Regel die Abwertung der je anderen, „fremden" Einstellungen, Vorstellungen, Denk- und Handlungsweisen eigen ist. Ein derartiger Stigmatisierungsprozess kann sich dann entweder eingegrenzt auf bestimmte oder aber auch auf die Kombination von verschiedenen Merkmalen beziehen. Aus diesem Stigmatisierungsprozess resultierende Handlungsweisen sind dann üblicherweise darauf ausgerichtet, derartiges „Fremdes", personifiziert in „den Fremden" von dem eigenen Sozialraum fern zu halten und damit auch einer unmittelbaren eigenen Auseinandersetzung aus dem Weg zu gehen.

Zum anderen können Stigmatisierungsprozesse auf das „innere Fremde" ausgerichtet sein. Auch in dem eigenen Sozialraum gibt es Menschen, die den eigenen Einstellungen, Vorstellungen, Denk- und Handlungsweisen nicht entsprechen wollen oder können. Auch bezogen auf diese Menschen bzw. soziale Gruppen ist es dann unabdingbar, spezifische Umgangs- und Handlungsweisen zu entwickeln. In der Regel handelt es sich auch hier um solche, die aus spezifischen Stigmatisierungsprozessen resultieren und auf unterschiedlichen Merkmalen bzw. Merkmalskomplexen aufbauen können. Es können aber letztendlich nur solche Umgangs- und Handlungsweisen sein, die Grenzziehungen in der eigenen sozialen Gruppe bzw. im eigenen Sozialraum ermöglichen. So erfolgten z. B. im Mittelalter solche Grenzziehungen durch Kleiderordnungen oder aber durch das Tragen von Abzeichen, mit denen sich eine soziale Gruppe von einer anderen abgrenzen oder aber sich gewisse Privilegien sichern wollte. Gewisse soziale Gruppen wurden über Ausnahmegesetze gleich an den Rand der Gesellschaft gedrängt und dort platziert (z. B. Bettler), ihnen wurden bestimmte Wohnbezirke zugewiesen (z. B. Juden), oder aber sie wurden in spezifischen Institutionen untergebracht (z. B. Leprakranke). Letztendlich ist all diesen Prinzipien eigen, dass das „innere Fremde", personifiziert in dem „inneren Fremden", sich nicht gleichberechtigt mit anderen Menschen frei bewegen und nicht vollends über sich selbst verfügen kann. Diese auf Stigmatisierungsprozessen aufbauenden Prinzipien des Umgangs mit Menschen lassen sich bis in diese heutige Zeit aufweisen, auch wenn ihnen heute modifizierte Prozesse zugrunde liegen.

Politische Dimension erhalten alle Umgangs- und Handlungsweisen, wenn in einer Gesellschaft von den staatlichen Instanzen die auf das „äußere Fremde" bzw. das „innere Fremde" gerichteten Umgangs- und Handlungsweisen gebilligt, befürwortet, gefordert oder angeordnet werden. Hierdurch gewinnen die zunächst einmal auf der individuellen kommunikativen-interaktiven Ebene beobachteten Erscheinungen und die auf sie bezogenen Zuschreibungen von Eigenschaften sowie die vorgenommenen Kategorisierungen von Personen einen hohen Grad an Verallgemeinerung. Das, was eine Person bei sich selbst als gewöhnlich und natürlich empfindet, wird quasi durch und über die staatlichen Institutionen bestätigt, wodurch natürlich auch beobachtbare Abweichungen hiervon eine ähnliche verallgemeinerte Interpretation erlauben. Personen, die aus ökonomischen, sozialen, rassischen, religiösen, kulturellen, nationalen, rechtlichen, körperlichen, psychischen, sexuellen Gründen in einen derartigen Stigmatisierungsprozess und die damit verbundenen Abgrenzungs- und Ausgrenzungsprozesse geraten, finden meistens nur schwer Möglichkeiten, sich solchen Prozessen aktiv entgegenzustellen. Damit befinden sie sich auf jeden Fall in einem Prozess der Stigmatisierung und Diskriminierung, wodurch ihr Dasein und ihre Selbstverwirklichung gefährdet sind.

Aktuelle Relevanz und theoretische Ansätze

Erving Goffman weist in seinem Buch Stigma (1980) darauf hin, dass Wissenschaftler sich bislang kaum bemüht haben „die strukturellen Vorbedingungen von Stigma zu beschreiben oder auch nur eine Definition des Begriffs zu liefern" (Goffman, 1980, S. 9). Wichtig erscheint es ihm, den Prozess der Stigmatisierung in seiner Gesamtheit aufzuzeigen. Dieser Prozess stellt sich oftmals auch als Geflecht dar und ist infolgedessen schwer einsehbar und durchdringbar. Wichtig ist es also, den Prozess der Stigmatisierung in seiner Gesamtheit der Beobachtungen, der Bewertungen und der Klassifikation dieser Beobachtungen, der sich daraus ergebenden Verbesonderung von einzelnen Personen bzw. sozialen Gruppen sowie der Besonderung und der sozialen Ausgrenzung zu betrachten. Wichtig dabei ist jedoch auch die Analyse der oftmals verdeckten ökonomischen, sozialen, religiösen, politischen und nationalen Grundlagen von Stigmatisierungsprozessen. Denn aus diesen Grundlagen resultieren sehr häufig überindividuelle Wahrnehmungs- und Deutungsmuster wie auch überindividuelle Handlungsmuster, wie wir sie z. B. im Nationalismus, Rassismus, Neoliberalismus und in Religionen finden. Auch wenn derartige Grundlagen in spezifischen gesellschaftlichen Situationen oftmals eine große Rolle spielen, bleiben sie verdeckt, weil die Betrachtungen von Stigmatisierungsprozessen sich doch eher auf die kommunikativ-interaktionale Ebene beziehen.

Stigmatisierungsprozesse nehmen ihren Ausgang in der Regel aus Beobachtungen heraus. So kann die Aufmerksamkeit sich auf Körperlichkeiten wie auch Äußerlichkeiten sowie auf individuelle Handlungsweisen beziehen. Aber auch die Tatsache, dass Menschen z. B. einer bestimmten sozialen, religiösen, politischen Gruppe angehören, bestimmte Menschen an bestimmten Orten, wie z. B. sozialen Brennpunkten, Gettos, Heimen, Sondereinrichtungen leben, oder aber mit bestimmten staatlichen Institutionen, wie dem Jugendamt, dem Sozialamt, der Psychiatrie, der Justiz, zu tun haben, kann den Blick des Beobachters fixieren. Auf derartige Beobachtungen setzt in der Regel eine Deutung, eine Bewertung der beobachteten Phänomene auf. Hierbei wiederum ist es wichtig, auf welcher individuellen bzw. überindividuellen Grundlage diese Deutung, Bewertung sich vollzieht.

So kann es sein, dass ganz bestimmte Phänomene zunächst einmal nur als „fremd" bewertet werden, weil sie sich nicht mit den bisherigen eigenen Erfahrungen decken. Jedoch können derartige Beobachtungen auch dahingehend gewertet werden, dass in ihnen eine Abweichung von den eigenen individuellen oder auch überindividuellen normativen Vorstellungen, Erwartungen und Handlungsweisen wahrgenommen wird. Es wird offenkundig, dass Normen nicht eingehalten werden und dass dies möglicherweise auch als unverstehbar vor dem Hintergrund eigener normativen Orientierungen bzw. eigenen Handelns erscheinen kann. Bereits an dieser Stelle zeigt sich, dass beobachtete Phänomene vor dem Hintergrund eigener bzw. überindividueller normativer Orientierungen in normative Erwartungen uminterpretiert werden, denen in der besagten Beobachtungssituation nicht entsprochen werden kann. Diese letztendlich wahrgenommene Abweichung kann auch dazu führen, dass das eigene Erleben und Leben infrage gestellt wird, denn das eigene Erleben und Leben ist „normal", dagegen sind wahrgenommene andere Weisen des Erlebens und Lebens zunächst einmal fremd. Dieses Fremde muss aber in irgendeiner Weise bearbeitet werden, um eine vermeintliche – diesem Fremden unterlegte – Bedrohung des eigenen Erlebens und Lebens abzuwehren.

An dieser Schnittstelle der Betrachtung von Stigmatisierungsprozessen ist es unabdingbar, sich mit individuellen und überindividuellen Aspekten von „Normalität" auseinander zu setzen. Zunächst einmal können mit dem Begriff „Normalität" allgemein transportierte Einstellungen, Vorstellungen und Handlungsweisen in einer Gesellschaft gefasst werden. Es sind in der Regel in Prozessen der unmittelbaren Erziehung wirkende individuelle Einstellungen, Vorstellungen und Handlungsweisen der Erziehungspersonen. Aber es sind auch in der Sozialisation von Menschen wirkende verallgemeinerte Einstellungen, Vorstellungen und Handlungsweisen im Operationsfeld von unterschiedlichen Mikrosystemen der Gesellschaft, die von einer Vielzahl von Menschen akzeptiert und in den jeweiligen Prozessen des Lernens individuell verinnerlicht werden. Aber auch die überindividuellen – in einer Gesellschaft wirkenden und von einer Vielzahl von Menschen akzeptierten – verallgemeinerten Einstellungen, Vorstellungen und Handlungsweisen werden auf den gesellschaftlich-sozialen Ebenen immer wieder generiert, in den Strukturen der unterschiedlichen Mikrostrukturen über Personen wirksam. Von anderen in diese Strukturen eingebundenen Personen werden sie aufgenommen, individuell angeeignet, aber auch individuell gebrochen im Sinne einer Steigerung bzw. Abschwächung der transportierten Vorstellungen, Einstellungen und Handlungsweisen. Bereits auf dieser Ebene können sich in der Auseinandersetzung mit den normativen Orientierungen Fragen nach der allgemeinen Akzeptanz im näheren und im weiteren sozialen Umfeld wie auch bezogen auf die gesellschaftlichen Institutionen insgesamt, aber auch nach real wirkenden Prozessen der Stigmatisierung, Ausgrenzung und der damit einhergehenden Ein- und Übergriffe stellen.

Stigmatisierungsprozesse nehmen ihren Ausgang schlicht an den auffällig in Erscheinung tretenden äußeren Merkmalen, die ein Beobachter auf der Grundlage seiner normativen Orientierungen als auffällig ansieht und diese einer Bewertung unterzieht. All dies geschieht im Auge des Betrachters, immer aus der Position des „äußeren Beobachters" heraus und es führt zu real unzulässigen Verallgemeinerungen. Denn der Beobachter versucht, seine Beobachtung nicht nur in einer besonderen Art und Weise zu bewerten, sondern er bemüht sich auch, das Ganze begrifflich zu fassen. In der Regel wird dazu auf bereits bekannte Begrifflichkeiten zurückgegriffen. Es sind jedoch oftmals abwertende Begrifflichkeiten, die kaum jemand auf sich selbst bezogen zur Anwendung bringen würde oder möchte.

Derartige Begrifflichkeiten können eine gewisse Sicherheit schaffen, da man nun meint, der Sache einen Namen geben zu können und das Phänomen für sich klären zu können, auch wenn oftmals eigene Fantasien diesen Prozess sehr stark prägen. Diese Sicherheit wächst in dem Maße, in dem die selbst gefundenen und zur Anwendung kommenden Alltagsbegriffe eine Entsprechung in den verwendeten Begrifflichkeiten gesellschaftlicher Institutionen wie z. B. Jugendamt, Sozialamt und Gesundheitswesen finden.

In derartigen Begrifflichkeiten offenbart sich jedoch eine Form der „strukturellen Gewalt".
Diese zeigt sich darin, dass es in diesen Prozessen zu einer Blickverengung gekommen ist. Die für den Beobachter auffällig in Erscheinung getretenen äußeren Merkmale imponieren so stark, dass andere Eigenschaften der Person – insbesondere Fähigkeiten und Möglichkeiten – gar nicht mehr in den Blick kommen. Über diesen Zuschreibungsprozess in Gang gesetzte Stigmatisierungen weisen zudem eine Eigendynamik als Fortschreibungsprozess auf. Einmal fixierte Abweichungen – möglicherweise noch aktenkundig gemacht – und deren kategoriale Zuordnungen bleiben dauerhaft als Stigma erhalten, auf das immer wieder zurückgegriffen wird. Damit entsteht eine Kontinuität, die nur selten gebrochen und durchbrochen wird. Mit Erving Goffman kann man sagen, dass der Terminus „Stigma" zwar in Bezug auf Eigenschaften, Vorstellungen und Handlungsweisen gebraucht wird, „die zutiefst diskreditierend ist, aber es sollte gesehen werden, dass es einer Begriffssprache von Relationen, nicht von Eigenschaften bedarf" (Goffman, 1980, S. 11). Ein Stigma ist also eine besondere Art von Beziehung zwischen Eigenschaft und Stereotyp.

Ist der Prozess der Stigmatisierung erst einmal so weit fortgeschritten, setzt ein Prozess der Verbesonderung ein. Dieser ist zunächst einmal geprägt von den Wünschen einer Person, dass von ihr wahrgenommene Fremde zu bearbeiten bzw. abzuwehren. Dies geschieht zuerst über den Abbruch der Kommunikation in der Interaktion sowie über die Negation und Zurückweisung der Person. Auch aggressive verbale Attacken bis hin zu physischen Attacken bei Begegnungen sind denkbar. Fortschreitend kann es zur Ausgrenzung aus den realen Kommunikations- und Interaktionsprozessen kommen. Prozesse der sozialen Ausgrenzung können sich jedoch nicht nur auf dieser kommunikativ-interaktiven Ebene zeigen, sondern auch als Ausgrenzung aus den realen sozialen Räumen, wie z. B. Familie, Wohnvierteln, Kommune, Freizeiteinrichtungen und Hotels.

In der Fortschreitung der mit Prozessen der Stigmatisierung verbundenen sozialen Ausgrenzungsprozesse kann es vermittelt über Formen der strukturellen Gewalt auch zur Herausnahme aus den regulären sozialen Lebensbezügen und -räumen kommen und gemäß der kategorialen Zuordnung zur Unterbringung in spezifischen Institutionen, denen wiederum für sie typische soziale Strukturen eigen sind. Die sozialen Einrichtungen etablieren die Personenkategorien, die man dort vermutlich antreffen wird.

„Die Routine des sozialen Verkehrs in bestehenden Einrichtungen erlaubt es uns, mit antizipierten Anderen ohne besondere Aufmerksamkeit oder Gedanken umzugehen." (Goffman, 1980, S. 10)

Stigmatisierungsprozesse finden natürlich ihre Fortsetzung in den sozialen Institutionen. Aktionsräume werden möglicherweise begrenzt, eine spezifische Behandlung wird erfahrbar (z. B. Therapeutisierung des Alltags) bis hin zur zwangsweisen Behandlungen mit Medikamenten und anderen therapeutischen Verfahren. Durch diese „Behandlungsweisen" werden die vorausgegangenen Stigmatisierungsprozesse eher noch verstärkt und münden ein in eine in diesen Einrichtungen erworbene Inkompetenz.

Im letzten Drittel des 20. Jahrhunderts hat es verschiedene Theorien gegeben, die versucht haben, deviantes, abweichendes Verhalten aus verschiedenen Blickwinkeln zu erklären. In der Regel waren diese Theorien auf spezifische Teilaspekte des Stigmatisierungsprozesses gerichtet. Vor diesem Hintergrund kam Erving Goffman zu seiner Aussage, dass der Prozess der Stigmatisierung in seiner Gesamtheit aufgezeigt werden müsse. Im Folgenden sei nur beispielhaft auf zwei diesbezügliche Theorien eingegangen. Einen guten Ein- und Überblick liefert z. B. Günther Cloerkes in seinem Buch „Soziologie der Behinderten" (Cloerkes, 1997, S. 137 ff.).

Dem „strukturellen Ansatz" geht es darum, den Bezug zwischen den gesellschaftlichen normativen Orientierungen und dem konkreten Handeln von Individuen zu verdeutlichen. Abweichendes Verhalten zeige sich immer als Abweichung von diesen Normen und könne als Normverletzung aufgefasst werden, die zudem objektiv erfasst werden könne. Im „prozessualen Ansatz" hingegen wird abweichendes Verhalten nicht als eine dem Menschen inne wohnende Qualität gefasst, sondern als ein Verhalten, das andere so bezeichnen bzw. definieren, weil bestimmte gesellschaftliche Regeln verletzt worden sind und diese Definition sich aufgrund bestimmter Machtverhältnisse durchsetzen kann. Definitionsmächte sozialer Abweichung sind alle Instanzen sozialer Kontrolle in einer Gesellschaft wie Polizei, Psychiatrie, Fürsorge, Strafvollzug etc.

Aus diesen beiden Theorien lassen sich auch Empfehlungen zur Veränderung von Stigmatisierungsprozessen ableiten. Zum einen sollen diese sich über Aufklärung, Bewusstseinswandel und ein verändertes professionelles Selbstverständnis verändern. Weiterhin wären über zu erzielende Einstellungsänderungen in der Öffentlichkeit, veränderte Sichtweisen hinsichtlich von Abweichungen, aber auch Veränderungen der Kooperationsstrukturen hin auf Toleranz anzustreben. Drittens war man der Auffassung, über einen Wandel in der Sozialpolitik bzw. Sozialgesetzgebung Stigmatisierungsprozesse minimieren zu können. Insgesamt kann jedoch gesagt werden, dass Stigmatisierungsprozesse in sich sehr komplex sind, so dass über die Analyse von Teilaspekten und darauf basierenden Empfehlungen zur Veränderung kein prinzipielles Aufbrechen dieser Prozesse erreichbar sein wird.

Problem- und Erfahrungsfelder

Stigmatisierungsprozesse spielen in den gesellschaftlichen Bereichen, in denen die Heilpädagogik ihre Handlungsfelder findet, nach wie vor eine große Rolle. Je nachdem, ob man sich nun in den Bereichen der Kinder- und Jugendhilfe, der Behindertenhilfe, der Altenhilfe, der Gesundheitsfürsorge bzw. der Psychiatrie bewegt, wird man auf unterschiedliche Nuancierungen und unterschiedliche Ausprägungen stoßen, ohne dass der Prozess in seiner gesamten Komplexität dadurch in Frage gestellt wird. Deshalb ist es für die Heilpädagogik als Handlungswissenschaft insgesamt wichtig, sich mit Stigmatisierungsprozessen in ihrer ganzen Komplexität auseinander zu setzen und zu versuchen, diese Prozesse aufzubrechen und Veränderungen auf der kommunikativ-interaktiven wie auch auf der sozial-ausgrenzenden Ebene anzustreben.

Eine weitere sehr zentrale Frage dreht sich darum, wie Personen sich verändern und welche Strategien der Bewältigung sie für sich entdecken, wenn sie Stigmatisierungsprozessen bis hin zur sozialen Ausgrenzung ausgesetzt sind. Ein wichtiger Aspekt ist, ob stigmatisierte soziale Gruppen für sich eine Möglichkeit zur aktiven Auseinandersetzung mit derartigen Prozessen finden oder finden können. Das heißt auch, ob sie ein gewisses Maß an Macht entfalten können, ob sie gerade auch mit „struktureller Gewalt" einhergehenden Stigmatisierungsprozessen etwas entgegensetzen können. Eine Möglichkeit dabei ist, das stigmatisierte Individuen bzw. soziale Gruppen sich mit anderen in einer ähnlichen Art und Weise stigmatisierten Individuen bzw. Gruppen verständigen und solidarisieren können, um über verschiedene Ebenen Ausschließungsprozessen entgegenzuwirken. Dies ist allerdings schwierig zu erreichen, da gerade auch zwischen verschiedenen stigmatisierten Individuen und Gruppen die gleichen Kriterien untereinander wirken, die sie bezogen auf die Gesamtgesellschaft stigmatisieren.

Stigmatisierte Menschen befinden sich jedoch in der Regel in einer isolierten Situation. Sie spüren, dass gewisse individuelle Merkmale bzw. Merkmalskomplexe negativ bewertet oder gar geächtet werden. Sie finden jedoch in dieser isolierten Situation kaum Möglichkeiten für sich, ihre Einstellungen, Vorstellungen und Handlungsweisen zu verändern, oder aber es erweist sich unter diesen Bedingungen als nicht zweckmäßig. Individuell möglich sind Reaktionsweisen der Stärke, eines Wehrens – mit welchen Mitteln auch immer. Möglich sind aber auch Reaktionsweisen der Schwäche, einmündend in Rückzug, Selbstisolierung, Minderwertigkeitsgefühle oder erhöhte psychosomatische Krankheitsanfälligkeit. In Stigmatisierungsprozessen übernehmen Personen oftmals die ungerechtfertigten Zuweisungen der anderen Personen in ihr Selbstbild, weil sie unter den isolierenden Bedingungen gar keine anderen Orientierungspunkte für sich finden können. Mit Autorität ausgestattete Bezugspersonen wie z. B. Pädagogen, Psychologinnen, Psychiater und andere Therapeutinnen lösen unter den Bedingungen der Institution möglicherweise nicht nur Stigmatisierungsprozesse aus, sondern tun auch nichts dafür, dass sich diese auflösen. Vielmehr bringen sie mit ihren sich immer mehr verselbstständigenden Prophezeiungen die betroffene Person zusätzlich unter Druck, wodurch diese sich im Zuge des Mechanismus der „self-fullfilling prophecy" immer mehr zu einem tatsächlichen Versagen verdichten. Auswege aus dieser Situation stellen dann oftmals nur weitere – auf diesem Stigmatisierungsprozess beruhende – soziale Ausgrenzungen dar.

Dabei sind die mit Stigmatisierungsprozessen einhergehenden sozialen Ausgrenzungen immer an bestimmte Rituale geknüpft, die gerade diese Ausgrenzung markieren oder in sich tragen. Diese Rituale können sich darstellen als Einschüchterung, Drohung, bei Gegenwehr Verfolgung und Bestrafung oder aber als Kriminalisierung. Durch all diese auf solchen Ritualen aufsetzenden Prozesse werden die schon vorhandenen Sonder- und Randstellungen von Personen weiter zementiert und zusätzliche Erschwerungen des Lebens für die Betroffenen in der Ausgrenzung initiiert bzw. in Kauf genommen. Mündet diese soziale Ausgrenzung in die Zuweisung zu einer bestimmten Sondereinrichtung, vollzieht sich dieser Prozess nach dem Prinzip stiller oder offen gezeigter Übereinkunft mit der Mehrheitsgesellschaft auf der Grundlage überindividueller normativer Orientierungen. Derartige Einrichtungen werden zudem eventuell noch als behinderungsspezifisch angesehen, in denen eine für die stigmatisierten und entsprechend klassifizierten Personen angemessene besondere Behandlung geschehen kann.

Ausblick

Stigmatisierungsprozesse in einem je gegebenen Sozialraum minimieren zu wollen erfordert eine intensive Auseinandersetzung mit dem Kriterium des „Fremden". Erst wenn immer weniger Beobachtungen von Einstellungen, Vorstellungen und Handlungsweisen zu der Reaktion „fremd" führen und Beobachtungen nicht mehr unbedingt vor dem Hintergrund eigener normativer Orientierungen als bedrohlich bzw. unverständlich erlebt werden, ist der Weg offen zu mehr Toleranz. Und ein mehr an Toleranz eröffnet auch einen Weg in die Akzeptanz von mehr Vielfalt und den Umgang mit dieser Vielfalt in den unmittelbaren kommunikativ-interaktiven Prozessen des Lebens. Diese Toleranz hat jedoch ein Aushaltenkönnen von anderen Vorstellungen, Einstellungen, Handlungsweisen als den eigenen zur Voraussetzung. Um diesen Weg gehen zu können, ist es auch erforderlich, die an den zweifelhaften Vorstellungen von Normalität orientierten Kategorisierungen von Menschen zu überwinden. Dabei ist zu erkennen, dass diese Klassifikationen auch nur Konstrukte sind und in ihrer Aussagekraft bezogen auf einen Menschen nur einen fragmentarischen Charakter haben.

Stigmatisierungsprozesse vollziehen sich immer in einem starren hierarchischen Definitionskontext. Nur wenn sich ganze bestimmte Kategorisierungen und daran gebundene Bewertungen durchsetzen bzw. durchgesetzt werden können, wenn Angst und Unsicherheiten auf ganz bestimmte Personen bzw. soziale Gruppen projiziert werden können und wenn soziale Strukturverhältnisse dieser Art nicht durchschaut werden können, sind überhaupt erst die Voraussetzungen für Stigmatisierungsprozesse gegeben.

Für die Heilpädagogik kann nicht eine auf bereits vollzogenen Stigmatisierungsprozessen aufsetzende Behandlung von anderen Menschen gemäß eigener oder überindividueller sozialer und/oder fachlicher Vorstellung das Ziel sein. Vielmehr muss angestrebt werden, in einer Vielfalt von Menschen mit und ohne Lebenserschwernisse jede Person mit ihren unterschiedlichen Orientierungen, Wünschen, Bestrebungen und Perspektiven zu achten, zu einem Abwägen unterschiedlicher Einstellungen, Vorstellungen und Handlungsweisen zu kommen und zu Kommunikations- und Interaktionsstrukturen, in denen das Prinzip „nichts ohne uns über uns" selbstverständlich ist und zu einem gemeinsamen Handeln miteinander führt.

Kommentierte Literaturhinweise

Cloerkes, Günther: Soziologie der Behinderten. Eine Einführung. Heidelberg, Edition Schindele, 1997.
In diesem Buch wird die beobachtbare Lebensrealität von Menschen mit Behinderungen beschrieben und analysiert. Im Zusammenhang mit Fragen der Stigmatisierung sind die Auseinandersetzungen mit dem Phänomen Behinderung, mit Einstellungen und Verhaltensweisen gegenüber behinderten Menschen sowie die Stigmatisierung dieser in dem Buch besonders wichtig.

Goffman, Erving: Stigma. Über Techniken der Bewältigung beschädigter Identität. 4. Aufl., Frankfurt/Main, Suhrkamp Verlag, 1980.
Goffman setzt sich in seinem Buch grundsätzlich mit Fragen der Stigmatisierung auseinander. Anhand des Buches ist eine grundsätzliche Orientierung hinsichtlich dieser Fragen möglich. Ein Weiterdenken auf aktuell sich abzeichnende Stigmatisierungsprozesse müsste dem Leser auf dieser Grundlage selbst möglich werden.

Syndrome/Syndromanalyse

Wolfgang Jantzen

Etymologie

Der Begriff „Syndrom“ (griechisch συνοροµο, von syn- zusammen und dromós – der Weg) wird vor allem in der medizinischen Fachsprache verwendet. Er bedeutet dort „ein Krankheitsbild, das sich aus dem Zusammentreffen verschiedener Symptome ergibt“ (Duden Bd. 7, 1989, S. 730). Nach dem Roche-Lexikon „Medizin“ ist Syndrom i. e. S. *„ein Muster multipler Anomalien, die bekannter- oder vermutetermaßen ursächlich miteinander verbunden sind – i. w. S. ein sich stets mit etwa den gleichen Krankheitszeichen, d. h. einer Symptomatik mit weitgehend identischen ‚Symptomenmuster‘ manifestierendes Krankheitsbild mit unbekannter, vieldeutiger, durch vielfältige Ursachen bedingter (polyätiologischer u. -pathogenetischer) oder nur teilweise bekannter Ätiogenese.“ (Roche-Lexikon Medizin, 1987, S. 1659)*

Breiter formuliert die Encyclopedia Britannica (2003) Syndrom als eine „Gruppe von Zeichen welche zusammen auftreten und eine partikuläre Anomalie kennzeichnen“, sowie als einen „Satz von übereinstimmenden Dingen die gewöhnlich ein identifizierbares Muster bilden“. Der Begriff findet weit über die Medizin hinausgehend in zahlreichen weiteren Wissenschaften Anwendung, so im ersteren Sinne in der transdisziplinären Globalisierungsforschung als Syndrome des globalen Wandels (vgl. Petschel-Held/Reusswig, 2000), im letzteren Sinne z. B. in der Soziologie (http://de.wikipe-dia.org/wiki/Syndrom; 29.06.2005), oder auch in der Geschichtswissenschaft (Hobsbawm, 1998, S. 270).

Der Begriff „Syndromanalyse“ geht nach der Internet-Enzyklopädie Wikipedia auf A. Lurija zurück: *„Sie beginnt mit der systemischen Beschreibung eines umfassenden Symptomkomplexes, um da-rauf aufbauend, unter Berücksichtigung anatomischer, physiologischer und biografischer Daten, zu einem Verständnis der Funktionalität der Symptome hinsichtlich bestimmter neurobiologischer, psychologischer oder sozio-kultureller Bedingungen zu gelangen, unter denen das Syndrom hervortritt bzw. auffällig wird.“ (http://de.wikipedia.org/wiki/Systemanalyse, 26.06.2005)*

Die Analyse geschieht auf dem Hintergrund *„einer neuropsychologischen Theorie komplexer funktioneller Systeme [...], in der nicht das Fehlen von Hirnfunktionen als Ursache für das Auftreten eines bestimmten Symptomkomplexes angenommen wird, sondern eine veränderte Form ihres Zusammenspiels etwa als Folge lokaler Hirnverletzungen.“*

Ebenso wie der Begriff „Syndrom“ ist auch der Begriff der Syndromanalyse nicht beschränkt auf den medizinisch/psychologisch/rehabilitationswissenschaftlichen Bereich, sondern findet ebenfalls in der Globalisierungsforschung Anwendung. Vergleichbar der auf Lurija zurückgeführten Sichtweise findet auch hier eine gegenüber der medizinischen Definition dynamische Sichtweise statt: Da der das Syndrom generierende Mechanismus nicht notwendigerweise eine nichtnachhaltige Entwicklung hervorbringen muss, wird dieser nicht mehr als Syndrom, sondern als „Gefährdungsmuster“ betrachtet.

„Als ein Syndrom werden nur die vom Gefährdungsmuster ermöglichten Entwicklungen und deren Entstehungsbedingungen bzw. -strukturen bezeichnet, die gemeinhin (sei es offensichtlich oder aufgrund zu spezifizierender Kriterien) als nicht-nachhaltig bezeichnet werden müssen. Die Vorteile gegenüber dem ursprünglichen Ansatz einer heuristischen Formulierung liegen auf der Hand: die Einbettung in einen übergeordneten Mechanismus erlaubt, die Entstehungsgeschichte eines Syndroms zu verstehen und auf dieser Basis mögliche Handlungsoptionen zur Vermeidung, Abschwächung oder ‚Heilung' eines Syndroms systematisch bewerten zu können." (Petschel-Held/Reusswig, 2000, S. 41).

Ein vergleichbar enger und mechanistisch-deterministischer Begriff des Syndroms liegt innerhalb der Rehabilitationswissenschaften vor, insbesondere im Verständnis genetischer Syndrome in Verbindung mit geistiger Behinderung. Weder werden die Prozesse der epigenetischen Konstruktion (vgl. Pritchard, 1986; Edelman, 1988; Slack, 1991), der neuronalen Selektion (Edelman, 1993) noch der vorgeburtlichen Neuropsychologie (Trevarthen/Aitken, 1994) hinreichend thematisiert. Es bleibt auch in differenzierten Darstellungen dieses Bereichs in der Regel bei einem biologisch-mechanistischem Determinismus, wobei bestenfalls entsprechend einer klassischen Zwei-Faktoren-Theorie „immer auch Umwelteinflüsse eine wichtige Rolle spielen" (Neuhäuser, 2004, S. 13).

Geschichte

Eine Geschichte des Syndrombegriffs ist gegenwärtig nicht möglich; die Geschichte des Begriffs „Syndromanalyse" kann jedoch über Lurija hinaus zurückverfolgt werden.

In seinem „neuropsychologischen Testament", so hebt Achutina (siehe 2002) hervor, formuliert Vygotskij im Rahmen seiner Analyse des Zusammenhangs von Teil und Ganzem des menschlichen Gehirns zwei zentrale Schlussfolgerungen:
„Eine Funktion ist niemals mit der Tätigkeit irgend eines einzelnen Zentrums verbunden, sondern stets ein Produkt der integrierenden Tätigkeit streng differenzierter, hierarchisch miteinander zusammenhängender Zentren."

Und zweitens ist die Tätigkeit des Gehirns als Ganzes „ebenfalls keine ungegliederte, gleichförmige, in funktioneller Hinsicht eine Gesamtheit bildende Tätigkeit aller übrigen Zentren [...], sondern sie ist das Produkt der integrierenden Tätigkeit gegliederter, differenzierter und ebenfalls hierarchisch miteinander vereinter Funktionen einzelner Hirnabschnitte" (Vygotski, 1985, S. 358).

Diese Überlegungen, so Achutina, werden Lurijas Theoriebildung unmittelbar aufgegriffen. Vygotskij selbst fasst wie folgt zusammen:
„Wir haben es mit Gliederung und Einheit zu tun, mit einer integrierenden Tätigkeit der Zentren und ihrer funktionellen Differenzierung, sowohl in der Funktion des Ganzen als in der Funktion eines Teils. Differenzierung und Integration schließen einander keinesfalls aus; eher setzten sie einander voraus und verlaufen in gewissen Hinsicht parallel." (Vygotskij, 1985, S. 358)

Vygotskijs theoretische Perspektive ist jedoch kompletter und komplexer als jene, die Lurija für den Erwachsenenbereich auf überzeugende Weise erarbeitet hat und die in der jüngeren Vergangenheit insbesondere durch die „Neurologischen Geschichten" von Oliver Sacks populär geworden ist (insb. Sacks, 1987; 1995). Sie umfasst darüber hinaus sowohl eine Konzeption der Entwicklungsneuropsychologie allgemein (Vygotskij, 1985) als auch eine solche der Neuropsychologie der Emotionen (Vygotskij, Alterstufen, 1987).

Dabei knüpft Vygotskij einerseits an der fortgeschrittenen Neuropsychologie seiner Zeit an (insbesondere an Kretschmer, 1925; vgl. Vygotskij, Altersstufen, 1987, S. 115 f.; Säuglingsalter, S. 465 ff., 546 ff.), andererseits kritisiert er den in Psychiatrie und Neurowissenschaften nicht hinreichend entwickelten Syndrombegriff, der durch eine wissenschaftliche Benennung der im Alltag schon bekannten Zeichen diesen lediglich einen neuen Namen gibt (1993, S. 242 f.). Drei Dinge hat die Pädologie, also die Wissenschaft vom Kinde unter Einschluss von Störungen und Behinderungen, zu tun: ihre Basiskonzepte wie z. B. Diagnose, Prognose und Präskription zu klären, einen vergleichbaren Status der Klassifikation von Symptomen in Syndromen zu erreichen, wie das die Psychiatrie durch Kraepelin erreicht hat, und schließlich diese Aspekte mit einer Evolutionstheorie zu verbinden. Indem Vygotskij dies im Folgenden unternimmt, legt er die Grundlagen zu einem entwicklungsbezogenen Konzept der Syndromanalyse.

Syndrome werden hier nicht mehr als Komplexe von Zeichen verstanden, sondern sind zurückzuführen auf einen Mechanismus, eine „elementare Einheit", die je spezifisch diese Zeichen generiert und zugleich in allgemeiner Hinsicht ein Mechanismus der Generierung von Zeichen jeglicher Art ist. Vygotskij legt damit zugleich den Grundstein für einer Theorie differenter Entwicklung, die anstelle der bisherigen Theorie der Entwicklungsdifferenzen zu treten hat.

Jeder Defekt, d. h. jedes ausmachbare Ereignis, das im Sinne eines Syndroms strukturbildend, oder besser: systembildend wirkt, hat verschiedene Ebenen der Auswirkungen. Primäre Auswirkungen, die unmittelbar mit dem Defekt verbunden sind, lassen sich am schwersten beeinflussen. Sie bilden mit dem Defekt selbst den „Kern der Retardation".

Im Falle von örtlicher Hirnschädigung oder bei „Anomalien" des Gehirns (z. B. bei „genetischen Syndromen") können wir sie als elementare Muster der Kompensation in der integrierend-differenzierten Tätigkeit des Gehirns als Ganzem begreifen. So wäre Langsamkeit eine primäre Folge bei Down-Syndrom. Und bei Parkinson-Syndrom wäre von den vier Grundstörungen lediglich die Störung der posturalen Reflexe unmittelbar mit der Schädigung verbunden, Bradykinesie (verringerte Bewegungsgeschwindigkeit), Rigidität (Versteifung des Körpers gegen externe Störungen) und Tremor wären hingegen elementare Kompensationsmuster (Latash, 1993, S. 282).

Gleichzeitig kann es aufgrund der basalen Gesetze der chronogenen Lokalisation (gestaffeltes Fortbestehen der niederen Zentren als nachgeordnete Instanzen, Funktionswanderung nach oben, Emanzipation der niederen Zentren bei Störung der höheren; Vygotskij, Säuglingsalter, 1987, S. 466 f., 546 f.) zu „Primitivreaktionen" kommen, wie z. B. zu spontanen, affektiven Verhaltensformen, die Vygotskij (1993, S. 257) in Bezug auf Kretschmers Erörterung der Hysterie diskutiert, die wir aber höchst deutlich auch in den nicht willentlich kontrollierbaren Bewegungs- und Verhaltens-„Explosionen" bei Tourette-Syndrom finden.

In sozialer Hinsicht generiert der Kern der Retardation eine Situation der sozialen Isolation für den betroffenen Menschen (Kind oder Erwachsener), die beim Kind sehr häufig zu geistiger Unterentwicklung führt. Insofern ist die Hauptquelle der Kompensation die Zusammenarbeit mit anderen Kindern und Erwachsenen (Vygotskij, 1993, S. 256), durch welche kompensatorische Fonds (siehe Vygotskij, Problem, 2001) genutzt werden können, um die unmittelbaren Auswirkungen eines Defekts in der kindlichen Entwicklung (Vygotskij, 1985) auf die nächsthöheren Systeme zu minimieren und den über diesen liegenden zur vollen Entfaltung zu verhelfen. Geschieht dies nicht hinreichend, kommt es zu tertiären etc. Folgen, welche der Kompensation der veränderten psychischen und sozialen Situation dienen (z. B. im Falle der schizoiden Psychopathie in Form von „Traumatisierung" durch das Verächtlichmachen durch Alterskameraden, Vygotskij, 1993, S. 264), letztlich aber nur eine „fiktive Kompensation" (Vygotskij, 1993, S. 259) darstellen.

Ähnlich hat René Spitz (1972) die Entstehung schwerer Verhaltensstörungen in der frühkindlichen Entwicklung auf die Genesis luxurierender und damit in ihrer späteren Wirkung pathologischer Ichkerne zurückgeführt, die im Auseinanderfallen von Perzeption (Wahrnehmung), Apperzeption (Verarbeitung im Denken) und Affekt als individuelle Kompensation der affektiven Überschwemmung, z. B. in Form von aggressiven oder zerstörenden Handlungen, generiert werden.

Über einen für das Erwachsenenalter von Lurija entwickelten Syndrombegriff hinaus liefert damit Vygotskij wesentliche Grundlagen einer Entwicklungstheorie von Syndromen und trifft sich damit mit Entwicklungen in der modernen Entwicklungspsychopathologie. Beide Zugänge werden von der kritisch-materialistischen Behindertenpädagogik in der Konzeption der rehistorisierenden Diagnostik und Intervention aufgegriffen.

Aktuelle Relevanz und theoretische Ansätze

Im Folgenden ist zu klären, wie „Gefährdungsmuster" generiert werden, die sich zu Syndromen entwickeln können. Bei dieser Erklärung ist unter Aufgreifen der Überlegungen einerseits die Theorie funktioneller Systeme konstitutiv, andererseits bedürfen unbedingt die von Vygotskij ins Spiel gebrachten Entwicklungsaspekte einer Klärung. Denn der Rückgriff auf die drei Grundprinzipien seiner Entwicklungsneuropsychologie – gestaffeltes Fortbestehen der niederen Zentren als nachgeordnete Instanzen, Funktionswanderung nach oben, Emanzipation der niederen Zentren bei Störung der höheren – verlangt, dass die niederen Zentren ebenso wie die höheren funktionelle Systeme sind, die gekoppelt oder entkoppelt arbeiten können. Auszugehen ist folglich von einem Systembegriff, der deutlich komplexer ist, als der in den gegenwärtig die Diskussion dominierenden Theorien von Maturana oder Luhmann.

Dies ist einerseits möglich unter Anknüpfung an die bisher in der kritisch-materialistischen Behindertenpädagogik vollzogene Weiterentwicklung der Theorie funktioneller Systeme (siehe Jantzen, Behindertenpädagogik, 1990, Kap. 7, insb. Abb. 10). Andererseits erlaubt der Rückbezug auf eine ältere Debatte hier zusätzliche Klärung. Es ist die in Auseinandersetzung mit der Relativitätstheorie und ihren Folgen für die Humanwissenschaften in Form der in Russland vor allem durch Uchtomskij und in Deutschland vor allem durch Ernst Cassirer inaugurierten Diskussion über den allgemeinen Charakter von (physiologischen, psychologischen und sozialen) Systemen. Beide Debatten ragen sowohl in das Werk von Vygotskij als auch in das Werk des herausragenden Literatur- und Sprachwissenschaftlers Michail Bachtin. Bei Letzterem sind sie offener auszumachen als bei Vygotskij, obgleich auch hier die Bezüge eindeutig sind. Die zentralen Begriffe dieser Debatte sind einerseits Dominante und Chronotop (Uchtomskij) und andererseits Repräsentation und Integration (Cassirer). Eine „Dominante ist nach Uchtomskij (vgl. 2004) ein funktionelles System, das aktiv und nicht reaktiv „den reflektorischen Typus realisiert". Kern dieses Systems ist ein „Funktionsrhythmus", also eine Zeitstruktur, welche den „Rhythmus externer Einflüsse" reproduziert und zugleich die neuronalen Ressourcen optimiert. Sie ist ein System, welches körperlichen Bedarf (sowohl den des so genannten Körpers als jenen des Gehirns nach Erregungs-Hemmungs-Balance bzw. nach einem mittleren Bereich zwischen Neuigkeit- und Bestätigung) in psychische Bedürfnisse transformiert. Eine reflektorische Verbindung zwischen Wahrnehmung und Handlung entsteht erst dann (so Vygotskij, 1987, S. 129) „wenn eine gemeinsame Dominante vorliegt, die ihrerseits nicht anderes als das physiologische Substrat des Affekts ist".

Der Unterschied dieser Auffassung zur Systemtheorie Luhmanns liegt auf der Hand. Ähnlich wie bei Luhmann handelt es sich um ein System, das evolviert, indem es durch die Trennung von System und Peripherie in sich Erfahrung aufbauen und hierarchisieren kann. Allerdings muss hier nicht das Natürliche durch das Übernatürliche erklärt werden: die Autopoiesis des Selbst oder des sozialen System durch einen von Husserl entlehnten Sinnbegriff. Dieser ist dort als Ausdruck reiner Intentionalität angelegt, also einer jenseits des Materiellen angenommen denkenden Substanz im Sinne einer spiritualistischen Variante des cartesianischen Dualismus (vgl. Vygotskij zu Husserl, 1985, Kap. 13, bzw. zu Bergson, 1996, Kap. 20). In der monistischen Auffassung Vygotskijs ist hingegen die Dominante als raumzeitliches Selbstregulationssystem der Ausgangspunkt seiner Theorie (vgl. Jantzen, Deminante, 2004). Kern der Selbstregulation – und damit der Herausbildung von funktionellen Systemen – ist die Affektivität, also die jeweilige Selbstbewertung eines funktionellen Optimums für das Individuum selbst. Funktionelle Systeme sind dann in der Tat Chronotope (diesen Begriff verwendet Uchtomskij 1925 in einem Vortrag auf den sich Bachtin bezieht (Bachtin, 1986, S. 262)). Bedeutsam ist für Bachtin, dass damit für die Analyse der Literatur ein Begriff gewonnen wird, der es – auf die Theorie des Romans bezogen – erlaubt, „räumliche und zeitliche Merkmale zu einem sinnvollen und konkreten Ganzen" zu verschmelzen. *„Die Zeit verdichtet sich hierbei, sie zieht sich zusammen und wird auf künstlerische Weise sichtbar, der Raum gewinnt Intensität, er wird in die Bewegung der Zeit [...] hineingezogen. Die Merkmale der Zeit offenbaren sich im Raum, und der Raum wird von der Zeit mit Sinn erfüllt und dimensioniert." (Bachtin, 1986, S. 263)*

S

In den nachgestellten Schlussbemerkungen spezifiziert Bachtin diese Auffassung. Nicht nur der Roman als Ganzes hat eine chronotopische Struktur, die sich in der Zeit ausdehnen kann (Heldenromane bezogen auf den Chronotopos des Weges) oder im Raum (Flauberts Madame Bovery, wo im Provinzstädtchen die Zeit ereignislos ist). Auch im Roman bestehen in Form der einzelnen Szenarien Chronotope. Und chronotopisch ist auch die innere Form des Wortes „d. h. jenes vermittelnde Merkmal mit dessen Hilfe die ursprünglich räumlichen Bedeutungen auf zeitliche Beziehungen (im weitesten Sinne) übertragen werden" (Bachtin, 1986, S. 456). Jeder von den „großen, umfassenden, wesentlichen Chronotopoi [...] kann eine unbegrenzte Zahl von kleinen Chronotopoi in sich einschließen. Kann doch jedes Motiv [...] seinen eigenen besonderen Chronotopos haben" (Bachtin, 1986, S. 457). Dabei ist der allgemeine Charakter der Wechselbeziehungen zwischen den Chronotopoi ein „dialogischer" (Bachtin, 1986, S. 458). Dieser dialogische Charakter umschließt die Wechselbeziehungen zwischen Leser und Roman ebenso wie die chronotopische Organisation im Bewusstsein des Lesers selbst.

Ein solches Verständnis der Organisation ist auch in Uchtomskijs neurowissenschaftlicher Theorie selbst enthalten. Denn auf der Basis elementarer, angeborener Dominanten, welche den Charakter von Instinkten haben (und für alle Wirbeltiere in gleicher Weise existieren; Vygotskij, 1932, S. 116) entstehen erworbene „funktionelle Organe" des Großhirns, also eine systemische Organisation der Großhirnfunktionen, die von ihrer Funktion außerordentlich stabil ist, Organcharakter hat. Diese funktionellen Organe haben für die Realisierung der Ontogenese (bei Maturana/Varela der Aspekt der „Struktur") die gleichen Funktionen wie subkortikale funktionelle Organe für die Phylogenese („Organisation" bei Maturana und Varela). Beide Bereiche sind nach dem Prinzip der Dominanten gedacht.

Die angeborenen Dominanten (Instinkte) sind sozial ausgerichtet, die Entwicklung der höheren psychischen Funktionen ist in den niederen durch ihren Einschluss in ein soziales Universum von Anfang an gegeben. In ihm werden sie durch Dialog, Kommunikation und sozialen Verkehr zwischen den Menschen zur Voraussetzung der Herausbildung der psychischen Systeme und der Persönlichkeit. (Vygotskij, 1989; 1987). Die „elementare Einheit" dieses Prozesses ist in jedem Altersbereich das „Erleben". Vygotskijs Entwicklungspsychologie ist in dieser Hinsicht strikt chronotopisch angelegt. Mit jeder Entwicklungskrise erfolgt der Übergang in ein neues Chronotop (1987). Kern der Entwicklung ist die Vermittlung zweier gegensätzlicher, analoger Prozesse: die „rudimentäre Form" des Denkens und damit auch Erlebens des Kindes und die durch den Erwachsenen repräsentierte und vermittelte „ideale Form" des kulturellen Inhalts der jeweiligen Epoche. Im Verlauf einer jeweiligen Krise, die neuropsychologisch betrachtet Ursachen in der Herausbildung der Hirnfunktionen hat (vgl. Vygotskij, 1987, S. 284 f.; 1985), erfolgt der Übergang in ein neues Chronotop, indem die bisher idealen Formen zur rudimentären Form werden (Polivanova, 2001) und eine Re-Deskription der gesamten bisherigen Erfahrung notwendig wird (Vygotskij, 2002, S. 368). Jede Krise eröffnet eine neue „soziale Entwicklungssituation", also ein neues Chronotop, das durchschritten wird.

Vygotskijs Konzeption der Altersstufen

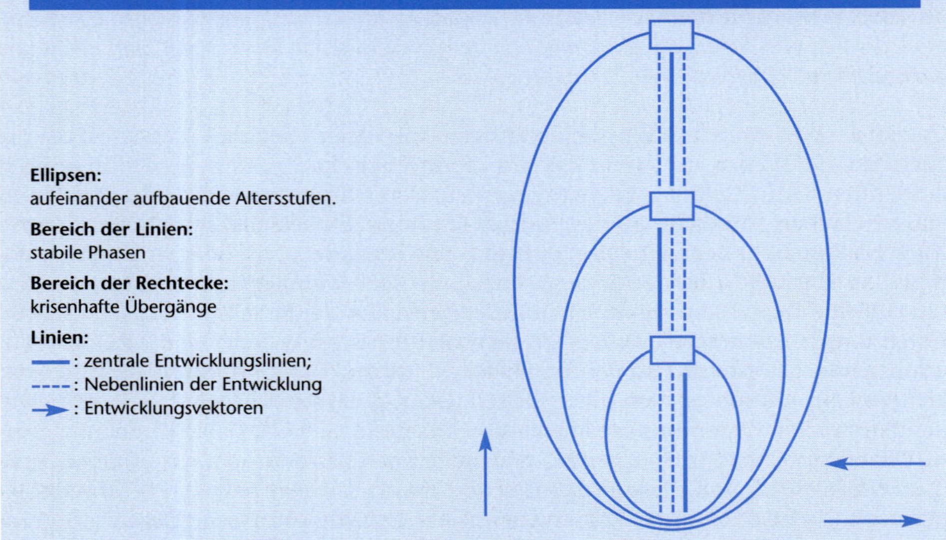

Vygotskijs Konzeption der Altersstufen (Jantzen, 2001, S. 231)

Entsprechend den Kretschmerschen Gesetzen bleiben die alten Chronotope in den neuen enthalten und können bei Ausfall höherer Funktionen erneut als „Emanzipation der niederen Zentren" auftreten.

Dies klärt aber noch nicht völlig die Frage der Genesis von Syndromen. Bei seiner Behandlung des Aufbaus der Chronotope, in welchem sich Teil und Ganzes in wechselseitiger Relation in ihrer fraktalen Struktur auf jeder Organisationshöhe wiederholen (das Wort als Chronotopos in der Szene, diese im Roman etc.), verweist Bachtin (1986, S. 456) auf die entsprechenden Ausführungen von Cassirer, auf die sich vermutlich auch Vygotskij in seinem „neuropsychologischen Testament" bezieht.

Bezogen auf die Raumzeitstruktur des Bewusstseins (Cassirer, 1923, S. 33) gilt, dass „jedes einzelne Sein des Bewusstseins [...] nur dadurch seine Bestimmtheit [hat], dass in ihm zugleich das Bewusstseinsganze in irgendeiner Form mitgesetzt und repräsentiert ist". Dies entspricht neuropsychologisch der modernen Auffassung von Edelman und Tononi (2004), von den Reentry-Prozessen des Bewusstseins. Durch Rückkoppelung wechselt das Bewusstsein ständig die Szenen und ist zugleich sich als Ganzes selbst bewusst und als Ganzes gegeben. Diese Differenzierung in Teil und Ganzes ist in der Kindheit noch wenig differenziert und zerfällt im Alter, z. B. bei Demenz, Stück für Stück in Inseln. Bei diesem Zerfall zerbricht der „Dialog" zwischen den Chronotopen (Bachtin) bzw. die „strukturelle Koppelung" (Maturana und Varela).

Deutlich wird, dass das Bewusstseinselement sich zum Bewusstseinsganzen *„[...] nicht wie ein extensiver Teil zur Summe der Teile [verhält], sondern wie ein Differenzial zu seinem Integral [...]. Wie in der Differenzialgleichung einer Bewegung diese selbst ihrem Verlauf und ihrem allgemeinen Gesetz nach ausgedrückt ist, so müssen wir die allgemeinen Strukturgesetze des Bewusstseins schon in jedem seiner Elemente in jedem Querschnitt von ihm mitgegeben denken." (Cassirer, 1923, S. 40)*

Vor diesem Hintergrund wird Vygotskijs Erörterung von Teil und Ganzem der Hirnfunktionen verständlich: *„Die Funktion des Ganzen ist aufgebaut als integrierende Tätigkeit, der hochdifferenzierte, hierarchisch verbundene, dynamische interzentrale Beziehungen zugrunde liegen." (Vygotskij, 1985, S. 357)*

Jede Schädigung ändert folglich die interzentralen Beziehungen. Wie aber können wir das Syndrom selbst als funktionelles System, als „Kern der Retardation" begreifen, das durch die Außerkraftsetzung bisheriger Wechselbeziehungen die Prozesse als Ganzes beeinflusst? Und was ist jenes Ganze, das beeinflusst wird?

Ausgehend von diesen Grundüberlegungen können wir als Ausgangspunkt der Hirnentwicklung als „heart of the developing brain" mit Trevarthen und Aitken (1994) ein „intrinsisches Motivsystem" (intrinsic motive formation = IMF) annehmen, das auf einen freundlichen Begleiter (friendly compagnon) zielt. Dieses um die fünfte bis achte Embryonalwoche entstehende System verkoppelt sich um die zwölfte Woche über die einwachsenden Gehirnnerven mit dem emotional-motorischen System (EMS) und beinhaltet notwendig die vorgeburtliche Genesis eines virtuellen Selbst und eines virtuellen Anderen als Voraussetzung der nachgeburtlich sich realisierenden Intersubjektivität (siehe Aitken/Trevarthen, 1997). Ebene für Ebene erfolgt die Differenzierung der Weltsituation mithilfe von freundlichen Begleitern und Ebene für Ebene ändert sich die Form der Bindung (Attachment; Cassidy/Shaver, 2002) als Kern der Beziehungsstruktur.

Dies entspricht gänzlich Vygotskijs Überlegungen (Kompensatorische Prozesse, 2001), dass die Affekte (als Basis des Erlebens) die ältesten und modernsten Mechanismen des Gehirns sind, dass die Emotionen das Gehirn öffnen und schließen. Dieser Kontext gilt in jeder Ausdifferenzierung des Bewusstseins, in jedem Teilsystem ebenso wie im Ganzen, so dass das die Wortbedeutung in der Tat der Mikrokosmos des Bewusstseins ist, hinter dem freilich die Emotionen und Motive stehen (Vygotskij, 2002, Kap. 7). Im Falle einer Hirnschädigung ist hier jedoch das Band zwischen der Gesamtheit der Bewusstseinsfunktionen zerrissen, die Welt ist „in Scherben" gegangen, so Lurija (1991) am Beispiel des russischen Offiziers Sassetzky, der eine schwere Hirnverletzung im linken Parietal-Okzipital-Temporal-Überschneidungsbereich erlitt. Das Syndrom hat tiefe Auswirkungen auf die Persönlichkeit als Ganzes (siehe Vygotskijs Überlegungen zu primären, sekundären und tertiären Folgen). Wie aber sind die entkoppelten funktionellen Systeme selbst zu begreifen, die in irgendeiner Hinsicht weiterexistieren?

Insbesondere Anochin (1974; 1978) hat gezeigt, dass funktionelle Systeme auf allen Niveaus des Lebens existieren (Zelle, Organ, Organismus), dass auch die Embryogenese als „Systemogenese" dem notwendigen Aufbau zum jeweiligen Zeitpunkt lebenswichtiger funktioneller Systeme folgt und dass raum-zeitliche Prozesse des Psychischen auf allen Niveaus des Lebens anzunehmen sind. Entsprechend gibt es sowohl in der russischen Biologie der Gesundheit wie auch in westlichen Publikationen die Annahme, Gesundheit und Krankheit als Problem zeitlicher Regulation von Zellen, Zellpopulationen, Organen und Organismen zu verstehen. Bereits auf Zellniveau bedeutet Stress eine Beeinträchtigung der zeitlichen Systemstruktur und damit der strukturellen Koppelung an andere Zellen (vgl. Sershantow, 1980; Chauvet 1996). Indem die Teile sich unter Stress entkoppeln, entsteht ein „Gefährdungsmuster" (siehe oben).

Wie daraus ein Syndrom wird, modelliert Kryzhanovskys (1986) Theorie pathologischer funktioneller Systeme: Hyperaktivität als typischer Teil der Stressreaktion bleibt bei starkem Stress erhalten (als Bestandteil der Orientierung). Es bildet sich ein Generator pathologisch erhöhter Erregung (GEEP), der sich die jeweilige Dominante auf Zell-, Organ- oder Organismusebene unterwirft. Dies führt zur Unterdrückung von Reafferenzen, also Rückmeldungen auf die Eigenaktivität des Systems, das sich unter diesen Umständen entkoppelt und seine Teile dem Diktat des GEEP unterwirft. Auf Organismusebene wäre das posttraumatische Stresssyndrom (PTSD) ein derartiges Beispiel, auf Organebene wären es psychosomatische Symptome, z. B. im Herz- und Kreislaufsystem, im Gastro-Intestinal-System etc.; auf der Ebene von Zellpopulationen wären es z. B. epileptische Entladungsmuster. Reversibilität ist nach Kryzhanovsky durch Einwirkungen auf die Peripherie möglich oder durch Entfernen des GEEP.

Diese noch mechanistische Sicht wird durch die Überlegungen von Jantzen (Behindertenpädagogik, 1987, Kap. 6.3.4; 1990, Kap. 7; Feuser/Jantzen, 1994) behoben. Wenn Lebewesen generell Zeitprozesse in der Welt (Makrozeit) in Mikrozeit vorauseilend antizipieren müssen (Anochin), ein Modell des Künftigen erstellen müssen, das zu jedem Zeitpunkt situationsspezifisch verändert werden kann (Bernstein) bzw. eine Wahrscheinlichkeitsprognose vornehmen (Feigenberg), so muss sich dies in gleicher Weise auch auf die Welt des eigenen Körpers beziehen, um zu jedem Zeitpunkt ein funktionelles Optimum der eigenen Existenz bewahren bzw. erreichen zu können. Der Vergleich zweier sich ständig verändernder Zeitreihen verlangt jedoch die Generierung einer Zeitstruktur, auf die hin beide abgebildet werden können. Hieraus resultiert die theoretisch begründete und unterdessen vielfach empirisch untermauerte Annahme, dass dieser Vermittlungsaspekt (Systemzeit; vgl. Feuser/Jantzen; 1994) selbst eine rein zeitliche Natur hat.

Hierfür sprechen insbesondere die Forschungen zur frühen Bindung. Field (1996) macht darauf aufmerksam, dass Bindungsprozesse in psychophysiologischer Hinsicht die Koordination zeitlicher Muster beinhalten. Gebundene Äffchen zeigten nach der Trennung Abweichungen in psychophysiologischen Parametern und nach Wiedervereinigung ein Angleichen der Muster. Vergleichbares war bei ungebundenen Jungtieren nicht zu finden. Schore (effects, 2001) verweist darauf, dass sehr frühe Entwicklungsprozesse bei neugeborenen Säuglingen durch psychophysiologische Resonanzbildung koordiniert werden. Und Andreas Zieger fand bei Komapatienten, dass dialogische Situationen mit Verwandten eine Reihe basaler biophysiologischer Parameter koordinierten (2002, S. 404 ff.).

Überträgt man diesen Gedanken auf die Theorie pathologischer funktioneller Systeme, so müsste ein dialogischer Prozess, ein Prozess struktureller Koppelung bezogen auf den Kern des Syndroms ebenfalls zu seiner Auflösung führen. Klinische Erfahrungen im Umgang mit schwerer Autoaggression, unter anderem im Kontext der langjährigen Zusammenarbeit mit einer Großeinrichtung, bestätigen die Annahme, dass autoaggressive Situationen durch Dialog auflösbar sind. Dialog meint hier zunächst nichts anderes als die Herstellung von zeitlicher Reziprozität in einer der Situation angemessenen Weise. Entsprechend dem von Vygotskij herausgestellten Gesetz der Funktionswanderung nach oben und der höheren dynamischen Synthesen müsste bei Zerfall von Funktionen die Re-Konsolidierung der höheren Ebene durch Anerkennung, Dialog, Sicherheit und Bindung deutliche Auswirkungen auf das Syndrom haben, dessen Folgen zumindest partiell auf diesem Wege aufgelöst werden können. Dies schließt nicht aus, zusätzliche ebenenspezifische Zugänge zu benutzen, wie dies von Cvetkova in allgemeiner (1996) und spezieller Hinsicht für die Aphasietherapie herausgearbeitet wurde (Tsvetkova, 1982).

Die theoretische Auffassung eines Syndroms verändert sich vor dem Hintergrund der erörterten Zusammenhänge deutlich. Vergleichbar dem Syndrombegriff in der Globalisierungsforschung, jedoch in der notwendigen Komplexität, welche Lebensvorgänge auf menschlichem Niveau erfordern, sollten auch hier „Gefährdungsmuster" und „Syndrom" unterschieden werden. Auch hier liegen die Vorteile auf der Hand: *„[...] die Einbettung in einen übergeordneten Mechanismus erlaubt, die Entstehungsgeschichte eines Syndroms zu verstehen und auf dieser Basis mögliche Handlungsoptionen zur Vermeidung, Abschwächung oder ‚Heilung' eines Syndroms systematisch bewerten zu können."(Petschel-Held/Reusswig, 2000, S. 58)*

Und gerade bei „genetischen Syndromen" verlangt diese Sichtweise zwingend die Aufhellung epigenetischer Konstruktionen und der Prozesse der neuronalen Selektion unter dem Einfluss unterschiedlicher Lebensverhältnisse, die häufig – geschuldet dem veränderten Verhältnis zu den Menschen und der Welt (Isolation) – je ungünstiger und verwundender sind, je größer die Verwundbarkeit aufgrund des Gefährdungsmusters des Syndroms ist (vgl. Jantzen, 2002; 2003).

Problem- und Erfahrungsfelder

Das hier entwickelte Verständnis von Syndrom (und von Syndromanalyse) wurde im Kontext einer „Rehistorisierenden Diagnostik und Intervention“ entwickelt und begründet (Jantzen/Lanwer-Koppelin, 1996; Jantzen, Diagnostik, 2005). Unter Rückgriff auf Lurijas (1984) Überlegungen zum Reduktionismus dient die Syndromanalyse dem Auffinden einer angemessenen Ausgangsabstraktion, mittels derer dann die Geschichte des oder der Betroffenen neu begriffen werden kann (Auswirkung des Syndroms auf die Persönlichkeit).

Die Syndromanalyse selbst kann als in jeder Beziehung valides und reliables Verfahren begründet werden. Ihre (inhaltliche) Validität gewinnt sie durch den systematischen inneren Zusammenhang von Theorie, Diagnostik und Therapie, so in der Aphasiekonzeption von Lurija und seiner Schule bzw. in der Konzeption der kritisch-materialistischen Behindertenpädagogik. Reliabilität erlangt die Syndromanalyse durch eine systematische, cluster- bzw. faktorenanalytische Ordnung einer Vielzahl von Variablen über eine Vielzahl von Zeitpunkten bei einer Person (Q-Technik der Faktorenanalyse; mdl. Mitteilung von Wewetzer, 1968) bzw. auf der Basis einer von Lurija und Artäm'eva (Artjomewa) vorgelegten Analyse auf dem Hintergrund Bayesianischer Statistik (Lurija/Artäm'eva, 2002, Kap. 12). Indem eine gesättigte Lösung von Beobachtungsdaten hergestellt wird, die in optimaler Weise mit einem oder mehreren Syndrom(en), eventuell auch solchen zweiter oder höherer Ordnung korreliert – bei möglichst geringer Korrelation zwischen den Syndromen –, gewinnt ein Satz von Daten Reliabilität. Vergleichbare Überlegungen finden sich in der Strategie der „Grounded Theory“ nach Glaser und Strauss in Form der „Methode des ständigen Vergleichens in der qualitativen Analyse“ (1998, 107 ff.) bis hin zur „theoretischen Sättigung der Kategorien“.

Eine Syndromanalyse kann gleichzeitig auf unterschiedlichen Ebenen erfolgen: Sie kann ihren Ausgangspunkt von der Entwicklung der Persönlichkeit zum gegebenen Zeitpunkt nehmen, indem (1) bisher unverständliches Verhalten durch ein wohldefiniertes und im Einzelfall nachweisbares Syndrom auf der Ebene der Persönlichkeit als Schlüssel zur Situation aufklärbar wird (z. B. Hyperaktivität und Dissoziation als Teil eines posttraumatischen Stresssyndroms); (2) auf der Ebene neuronaler Prozesse angeborene oder erworbene organische und/oder neuronale Bedingungen als „Gefährdungsmuster“ bzw. „Syndrome“ identifiziert werden können (z. B. Rett-Syndrom, Landau-Kleffner-Syndrom, sensorische Aphasie, optische Agnosie etc.); (3) Reaktionsmuster wie z. B. Autoaggressivität, Aggressivität oder zerstörerisches Verhalten als sinnvolle und systemhafte Konstruktionen an einem bestimmten Punkt der Ontogenese nachgewiesen werden können oder aber (4) institutionelle Muster zwangsläufig die Konstruktion von so genanntem abweichendem Verhalten hervorgebracht haben (vgl. Goffman, 1972, Analyse totaler Institutionen und die fünf unterschiedenen Reaktionsmuster von offenem Widerstand, Resignation und Rückzug, Einrichten in der Institution, Konversion sowie einer Mischung aus den anderen vier Mustern).

Die im ersten Schritt des diagnostischen Vorgehens gewonnene Syndromkonstellation wird in einem zweiten Schritt („Aufsteigen vom Abstrakten zum Konkreten“; Lurija, 1984; Jantzen, Diagnostik, 2005) als Schlüssel zu einem Neubegreifen der Geschichte benutzt. Dieser Schritt sichert über die Rekonstruktion der Geschichte als Geschichte, die unter vergleichbaren Bedingungen auch meine hätte sein können (rehistorisierendes Erklären), den Übergang einem nicht-invasiven Verstehen (Faby, 2001).
Dieses Verstehen selbst ist nur dauerhaft zu erreichen in einem Prozess des „Aufsteigens im Konkreten“, in Form der Bearbeitung der eigenen Gegenübertragungen ebenso wie

durch die Verifikation der entwickelten diagnostischen Hypothesen über die dialogische Bewertung durch die je Diagnostizierten in einer Situation der Anerkennung und Reversibilität sowie durch die Entwicklung von deren Handlungsfähigkeit (Jantzen, Diagnostik, 2005). Zur praktischen Bewährung dieses Ansatzes liegt unterdessen umfangreiche klinische Erfahrung vor (vgl. u. a. Jantzen, 2003; Jantzen, Diagnostik, 2005).

Ausblick

Über ein bereits erarbeitetes Neuverständnis einer Reihe so genannter genetischer Syndrome (vgl. Jantzen, Diagnostik, 2005 sowie Zimpel, 1997; 2001) hinaus sind Syndromanalyse und Entwicklungspsychopathologie weiterhin systematisch zu verbinden (vgl. auch Jantzen, 2002; Entwicklung, 2004). In praktischer Hinsicht wird versucht, die Konzeption der rehistorisierenden Diagnostik im Bereich von institutioneller Qualitätssicherung und Verlaufsdokumentation verfügbar zu machen (vgl. Schulz/Burkhardt, 1999).

Kommentierte Literaturhinweise

Jantzen, Wolfgang: Allgemeine Behindertenpädagogik Bd. II. Weinheim, Beltz, 1990, Kap. 9.

Jantzen, Wolfgang/Lanwer-Koppelin, Willehad (Hrsg.): Diagnostik als Rehistorisierung. Methodologie und Praxis einer verstehenden Diagnostik am Beispiel schwer behinderter Menschen. Berlin, Edition Marhold, 1996.
Jantzen, Wolfgang: „Es kommt darauf an, sich zu verändern ..." – Zur Methodologie und Praxis rehistorisierender Diagnostik und Intervention. Gießen, Psychosozial-Verlag, 2005.
Das Buchkapitel zur Diagnose sowie die beiden Bücher geben eine systematische Einführung in rehistorisierende Diagnostik und Intervention vor dem Hintergrund der kritisch-materialistischen Behindertenpädagogik (siehe Bd. I und II der „Allgemeinen Behindertenpädagogik", Weinheim, Beltz 1987, 1990).

Lurija, Alexander R.: Der Mann dessen Welt in Scherben ging. Reinbek, Rowohlt 1991.

Lurija, Alexander R.: Reduktionismus in der Psychologie. In: Zeier, H. (Hrsg.): Lernen und Verhalten. Bd. 1: Lerntheorien. In: Kindlers „Psychologie des 20. Jahrhunderts". Weinheim, Beltz, 1984, S. 606–614.

Lurija, Alexander R./Artäm'eva: Zwei Zugänge der Bewertung der Reliabilität psychologischer Untersuchungen (Reliabilität eines Tatbestands und Syndromanalyse). In: **Jantzen, Wolfgang (Hrsg.): Alexander R. Lurija. Kulturhistorische Humanwissenschaft. Ausgewählte Schriften.** Berlin, Pro Business 2002.
Die drei Arbeiten, insbesondere die beiden Fallstudien (1991), geben einen guten Einblick in Lurijas syndromanalytische Denkweise.

Sacks, Oliver: Eine Anthropologin auf dem Mars. Reinbek, Rowohlt, 1995.
Sacks, Oliver: Der Mann, der seine Frau mit einem Hut verwechselte. Reinbek, Rowohlt, 1987.
Oliver Sacks hat wie kein anderer die Methode der Syndromanalyse nach Lurija an zahlreichen Fallstudien sichtbar gemacht. Beide Bände enthalten eine Vielzahl von Beispielen aus unterschiedlichen klinischen Bereichen.

Therapeutik

Dieter Gröschke

Etymologie

Therapie stammt von griech.: „therapeia“, eigentlich „das Dienen, der Dienst“ auch „Achtungsbezeugung“; zu „therapeúein“, „dienen“, „pflegen“. Die Wortbedeutung umfasst später auch andere Dienste, z. B. der Pflege, Wartung und Betreuung von Kindern, Alten und Kranken, auch die Sorge für Leib und Seele (Historisches Wörterbuch der Philosophie, 1995, S. 235). Im Laufe der Begriffsgeschichte konzentrierte sich die Wortbedeutung von Therapie/Therapeutik auf jede Tätigkeit in *heilender Absicht;* dies galt sowohl in Bezug auf den Körper (ärztliche Heilkunde) wie auch in Bezug auf die Seele (Seelenheilkunde). Die Therapie als Heilen der Seele wird seit alters als eine Aufgabe des Philosophen und des Weisen angesehen. In der Antike sind die Philosophen „Therapeuten der Seele“, die in Worten, gutem Zureden, Dialogen und mündlicher Beratung seelische Leiden und geistige Verwirrungen behandeln. Bei Cicero ist die Philosophie „cultura animi“ oder „medicina animi“. Bei den großen Ärzten der griechisch-römischen Antike, Hippokrates und Galenus, sind die Begriffe *Therapie* und *Therapeutik* bereits in die Begriffswelt der systematischen Medizin eingearbeitet. Die Bezeichnung „Therapie“ steht für das jeweils angezeigte Heilverfahren, „Therapeutik“ bezeichnet seine praktische Ausführung; die *Therapie* als Indikation und Heilplan des Arztes gehört zum ärztlichen *Denken; Therapeutik,* also Heilverfahren und Behandlungstechnik, gehört zum ärztlichen *Handeln.* Auf diese relative Unterscheidung zwischen Denken und Handeln werde ich später nochmals zurückkommen, wenn es darum geht, den Stellenwert medizinischer Denkmuster und therapeutischer Handlungselemente im Rahmen einer *heilpädagogischen Methodik* und *Interventionslehre* zu bestimmen (s. auch Beiträge zu Behinderung, Konzept, Handlungstheorie).

Geschichte

Heilpädagogik als „Medicopädagogik“: Praktische Einheit von ärztlicher Heilkunde und pädagogischer Erziehungslehre

Eine wichtige historische Entwicklungslinie in der Herausbildung der Heilpädagogik vom Ende des 18. Jahrhunderts bis weit in das 20. Jahrhundert hinein war die „Medicopädagogik“, die gemeinsam von Ärzten und Pädagogen besonders auf dem Gebiet des Anstaltwesens betriebene praktische Fürsorge und Behindertenhilfe. Die Geschichte der Heilpädagogik als Institutionengeschichte ist eine Geschichte der Gründung von *Anstalten,* von oft vorbildlichem, Beispiel gebendem Charakter (Musteranstalten), die im heutigen Sinne von „Komplexeinrichtungen“ als „Heil-, Pflege- und Erziehanstalten“ gegründet wurden; so z. B. die Anstalt „Levana“ in Baden bei Wien. Diese wurde 1856 von Georgens und Deinhardt gegründet und aus deren Praxis sie ihr Verständnis von „Heilpädagogik“ als „Zwischengebiet zwischen Medizin und Pädagogik“ entwickelten und historisch zum Namensgeber der neu entstehenden Disziplin einer *ärztlich-erzieherischen, pädagogisch-therapeutischen* Behindertenhilfe wurden (siehe Gröschke, 1997). Es fällt auf, dass es von Anfang an in der Reihe der großen Gründergestalten der heilpädagogischen Bewegung eine beträchtliche Anzahl von Ärzten und Medizinern gab, diese reicht von Itard, Guggenbühl, Rösch im 19. Jahrhundert bis Montessori und den Kinderärzten und Kinder- und Jugendpsychiatern Homburger, Isserlin, Asperger und Hellbrügge weit ins 20. Jahrhundert (Gröschke, Behinderung, 2000). Auch wenn spätestens mit Entstehung der Schweitzer Schule der Heilpädagogik definitiv gilt:

- „Sondererziehung ist Erziehung, ausschließlich Erziehung" (Heinrich Hanselmann) und
- „Heilpädagogik ist Pädagogik, und nichts anderes" (Paul Moor), so muss man dennoch feststellen, dass medizinisches Denken und ärztliche Heilkunde in Gestalt der historischen „Medicopädagogik" die Heilpädagogik, besonders die außerschulische, stark und nachhaltig beeinflusst haben – im guten wie auch im weniger guten Sinne.

„Psychopädagogik": Der Einfluss von Psychologie und Psychotherapie auf die Heilpädagogik

Für eine lange Zeit, über viele Jahrhunderte hinweg, galt in der Sorge um den kranken und behinderten Menschen eine Arbeitsteilung: Medizin und Ärzte sind zuständig für die *Heilung des Körpers,* Philosophen und Theologen („Seelsorger") sind zuständig für die *Heilung der Seele.* Dagegen beanspruchte seit Ende des 19. Jahrhunderts die neu entstandene Wissenschaft der *Psychologie* nun die Zuständigkeit für die Erforschung und Behandlung der „Seele" (als Verhalten und Erleben des Individuums) und als psychologische Medizin, d. h. als *Psychotherapie,* die Zuständigkeit für die Behandlung von psychischen Störungen und Krankheiten mit psychologischen Mitteln und Methoden. Mit den Nervenärzten und „Tiefenpsychologen" Freud, Adler und Jung sowie ihren Schülern und Nachfolgern beginnt die Entwicklung einer systematischen Psychotherapie, die sich bald auch auf das Kindes- und Jugendalter und seine psychischen Probleme und Störungen ausweitete (z. B. Anna Freud, Melanie Klein, Hans Zulliger und andere Vertreter der Psychoanalytischen Pädagogik; siehe Gröschke, 2005).

Die ersten Ergebnisse der wissenschaftlich betriebenen Psychologie, vor allem auf dem Gebiet der Entwicklungs-, Lern- und klinischen Psychologie, und die entstehenden Verfahren einer psychologisch begründeten *Kinderpsychotherapie* wurden von der Heilpädagogik bereitwillig aufgegriffen (z. B. bei Hanselmann und Moor) und ersetzten oder relativierten den bis dahin dominierenden Einfluss des an der somatischen Medizin orientierten ärztlichen Denkens und Handelns auf dem Gebiet des Umgangs mit Behinderungen, Störungen und Verhaltensauffälligkeiten. Mit der zunehmenden Ausdifferenzierung der wissenschaftlichen Psychologie in verschiedene theoretische Richtungen (z. B. Tiefenpsychologie, Verhaltens- und Lernpsychologie, humanistische Psychologie) entwickelten sich jeweils auch eigenständige Ansätze und Schulen der Psychotherapie sowohl des Erwachsenen-, wie auch des Kindes- und Jugendalters. Aus der Verhaltens- und Lernpsychologie (Behaviourismus) entstand die *Verhaltenstherapie* bzw. *Verhaltensmodifikation* und auch eine eigene Kinderverhaltenstherapie. Aus der humanistischen Psychologie ging die nicht-direktive, klientzentrierte oder personzentrierte *Gesprächspsychotherapie* (Carl Rogers) hervor sowie die „Kinderspieltherapie im nicht-direktiven Verfahren" seiner Schülerin Virgina Axline. Aus der *Gestalttherapie* (Fritz Perls) entwickelten sich die Verfahren einer Kindergestalttherapie (Violet Oaklander, vgl. Gröschke, 2005). Nach einer langen Phase „wilder Psychotherapie" in der Praxis von Psychiatrie, Psychologie und auch Pädagogik gibt es seit dem Jahr 1999 eine *gesetzliche* Regelung der Ausübung von Psychotherapie für das Erwachsenen- wie auch das Kinder- und Jugendalter: Das *Psychotherapeutengesetz* (PsychThG). Darin ist auch geregelt, wer (als Psychologe oder Pädagoge) welche Psychotherapieausbildung (Richtlinienverfahren: Verhaltens- und Spieltherapie) absolviert haben muss, um den Beruf eines „Kinder- und Jugendlichen-Psychotherapeuten" ausüben zu dürfen.

Für das heil- und sonderpädagogische Fachgebiet der ehemaligen „Psychopathenfürsorge", der „Pädagogik der Schwererziehbaren" bzw. der in den 70er-Jahren des letzten Jahrhunderts entstandenen sonderpädagogischen Fachrichtung einer „Verhaltensgestörtenpädagogik" wurden die Schulen und Methoden der psychologisch begründeten Kinderspieltherapie sehr wichtig. Man erhoffte (und erhofft) sich gerade von ihnen Beiträge zu einer Intensivierung und Wirksamkeitssteigerung der pädagogischen Arbeit mit psychisch auffälligen und verhaltensschwierigen Kindern und Jugendlichen in Familie, Schule oder Heim (siehe Myschker, 1993, siehe Hillenbrand, 2002).

Insgesamt kam es zu einer zunehmenden *Psychologisierung* und *Therapeutisierung* der Heil- und Sozialpädagogik, die immer schon auch kritisch gesehen wurden, da sie den Primat des Pädagogischen nun von Seiten der Psychologie und Psychotherapie in Frage stellten. Besonders in den Zeiten eines exzessiven „Psycho-Booms" und einer expandierenden „Psycho-Szene" in den 70er- und 80er-Jahren des letzten Jahrhunderts waren dies durchaus reale Gefährdungen des *pädagogischen Selbstverständnisses* in Theorie und Praxis von Sozial- und Heilpädagogik (siehe Gröschke, 1997).

Auf dem Gebiet der Psychotherapie kam es übrigens zu einer komplementären Entwicklung einer deutlichen *Pädagogisierung* der psychotherapeutischen Praxis; besonders auf dem Gebiet der Kinder- und Jugendlichen-Psychotherapie. Die empirische Psychotherapieforschung, die Prozess- und Erfolgsforschung, der letzten Jahrzehnte konnte immer deutlicher aufzeigen, dass ziemlich unabhängig von unterschiedlichen theoretischen Begründungen der jeweiligen Therapieverfahren die *Qualität der zwischenmenschlichen Beziehung* zwischen Therapeut und Klient der wichtigste gemeinsame Wirkfaktor erfolgreicher Psychotherapie ist. *Beziehungsgestaltung, Interaktion* und *Kommunikation* erwiesen sich als die wichtigsten Medien psychotherapeutischer Veränderungsprozesse,unabhängig von behandlungstechnischen Besonderheiten (siehe Grawe, 1998 und Kriz, 2001).

Im Bereich der Kindertherapie wurde über alle verschiedenen Schulen hinweg immer schon das *Spiel* als „dominierende Tätigkeit" des Kindesalters, als *Ausdruckssprache* des Kindes, als *Medium* der *Selbst-* und *Welterkundung* wertgeschätzt und dem therapeutischen Prozess zugrunde gelegt. Daher ist die *Spielfähigkeit* des Therapeuten/Pädagogen die zentrale *Behandlungskompetenz* und spielerische Aktivitäten und Tätigkeitsformen des Kindes das wichtigste *Agens* der therapeutischen Veränderungen und der Persönlichkeitsentwicklung des Kindes im Sinne der „heilenden Kräfte im kindlichen Spiel" (Zulliger, 1987). Der Kindertherapeut wie der Pädagoge bedienen sich aller Formen des kindlichen Spiels, dies reicht vom sensomotorischen Bewegungsspiel über das Symbol- und Rollenspiel bis hin zu ästhetischen, kreativ-gestalterischen Spielformen, um konstruktive Veränderungsprozesse in Verhalten, Erleben und in der Persönlichkeit des Kindes zu fördern, zu unterstützen oder zu begleiten (vgl. Köhn, Spiel, 2003). Spielpädagogische und spieltherapeutische Fähigkeiten und Fertigkeiten sind methodische Basisqualifikationen, sei es im Sinne einer *heilpädagogischen Entwicklungsförderung und -begleitung im Spiel* oder einer *pädagogisch-therapeutischen Methodik/Didaktik* auf dem Gebiet der Verhaltensgestörtenpädagogik in Schule oder außerschulischen Lebenswelt.

Ebenso unverzichtbar im heilpädagogischen Handlungsrepertoire sind verhaltenstherapeutische Elemente, wie Verhaltensanalyse, Verstärkertechniken zum systematischen Verhaltensaufbau oder -abbau, Modellierungstechniken, Entspannungsverfahren.

Aktuelle Relevanz und theoretische Ansätze

Wie unser kurzer historischer Exkurs zum Einfluss der „Medicopädagogik“ und später der „Psychopädagogik“ auf die Entstehung der heutigen Heilpädagogik gezeigt hat, kamen Einflüsse der Therapie/Therapeutik im Denken und Handeln der Heilpädagogik entweder aus der *Medizin* oder später aus der *Psychologie*. Im Falle der Medizin waren es (und sind es teilweise noch bis heute) vor allem auf den Körper bezogene, *somatische* Konzepte und Methoden der Heilbehandlung, Wartung und Pflege kranker oder behinderter Menschen. Im Rahmen einer solchen ärztlich verordneten und ärztlich kontrollierten *Heilbehandlung* gibt es eine inzwischen riesige Palette von *Heilmitteln,* das sind die in der gesetzlichen Kranken-, Unfall- und Sozialversicherung festgelegten sächlichen Mittel für die Diagnose oder Therapie einer Krankheit oder ihrer Folgen, die unmittelbar auf den Körper einwirken, entweder über den inneren Organismus (z. B. Arzneimittel) oder von außen (z. B. Chirurgie, Bestrahlung, Massagen). Solche Heilmittel werden in *Heilmittelverordnungen* festgelegt, normiert und standardisiert, aber auch *professionalisiert,* indem nur Ärzte solche Mittel verordnen, anwenden oder die Anwendung an dafür anerkannte so genannte Heilhilfsberufe überweisen dürfen.

In Form von *Ergotherapie, Physiotherapie* und *Logopädie* haben sich solche Berufsausbildungsgänge und Berufssparten seit langem im Gesundheitswesen etabliert. Ihre inzwischen zunehmende Verwissenschaftlichung und Akademisierung (auf Fachhochschulniveau) verschafft diesen Disziplinen zunehmend Eigenständigkeit, fachliche Reputation und Emanzipation von der Medizin, in deren Rahmen und Schatten sie lange Zeit standen. Vor dem Hintergrund dieser Entwicklung wächst auch die Bedeutung der *interdisziplinären* und *interprofessionellen* Zusammenarbeit zwischen der Heilpädagogik (und den Heilpädagogen) und diesen neuen Disziplinen der Ergotherapie, Physiotherapie und Logopädie (ihren Fachvertretern und den professionellen Fachkräften) in den gemeinsamen Praxisfeldern des Gesundheits-, Sozial- und Rehabilitationswesens.

Die *Ergotherapie,* früher auch Arbeits- oder Beschäftigungstherapie genannt, umfasst den gezielten Einsatz von Bewegungsabläufen, Aktivitäten und Tätigkeiten zur Stärkung oder Wiederherstellung psychophysischer Leistungsfunktionen. Die methodische Anwendung ergotherapeutischer Maßnahmen hat dabei in der Regel einen deutlichen funktionellen Übungscharakter. Das von der amerikanischen Psychologin und Ergotherapeutin Jean Ayres (1920–1988) entwickelte Konzept der „sensorischen Integrationstherapie“ wird seit vielen Jahren auch in der heilpädagogischen Praxis rezipiert und Behandlungselemente aus der SIT werden in das heilpädagogische Handeln integriert. Die Theorie der „sensorischen Integration“ und die Praxis der „sensorischen Integrationstherapie“ gelten inzwischen als einer der wichtigsten Ansätze der *Wahrnehmungsförderung* bei Kindern mit Wahrnehmungs-, Lern- und Verhaltensauffälligkeiten (vgl. Fisher u. a. 1998; s. auch Beitrag „Wahrnehmung“). Methodische Elemente aus der SIT lassen sich auch in die Konzepte einer *psychomotorischen Entwicklungsförderung* integrieren.

Die *Physiotherapie,* früher auch Kranken- oder Heilgymnastik genannt, setzt in ihrer Praxis ebenfalls auf den Einsatz planmäßiger körperlicher Bewegungsabläufe als Heilmittel: passive Maßnahmen wie z. B. Lagerungshilfen (bei Körper- und mehrfach Behinderten), Widerstands-, Dehnungs- und Schwungübungen zur Kräftigung psychophysischer Funktionen, Schulung von Gleichgewicht und Geschicklichkeit, Tonus- und Atemübungen etc. Die von Kinderärzten entwickelten neurophysiologischen und neuromotorischen Behandlungskonzepte der Physiotherapie/Krankengymnastik (nach Vojta oder Bobath) werden im Bereich der *Frühförderung* entwicklungsauffälliger oder behinderter Kinder sowie in den Praxisfeldern der Körperbehinderten- und Schwerstbehindertenpädagogik regelmäßig angewendet (von Physiotherapeutinnen und/oder Heilpädagogen). Die körper- und leibbezogenen *basalpädagogischen* Förderkonzepte für Personen mit schweren und komplexen Behinderungen (z. B. basale Stimulation) machen regelmäßig Anleihen bei diesen physiotherapeutischen Ansätzen (s. auch Beitrag „Basale Stimulation" in Band 1).

Die *Logopädie* entstand im Rahmen der medizinischen Phoniatrie (Sprach-, Sprech- und Stimmheilkunde) als so genannter Heilhilfsberuf an Fachschulen des Gesundheitswesens. Die Berufsbezeichnung „Logopäde/Logopädin" ist seit 1980 gesetzlich geschützt; die Berufsausübung in medizinischen, pädagogischen Einrichtungen oder freien Praxen bedarf der behördlichen Genehmigung. Aus der Logopädie werden gelegentlich Elemente der Sprach-, Sprech-, Stimm-, Artikulations-, Atem- und Schlucktherapie in entwicklungsförderliches heilpädagogisches Handeln im Frühförderbereich oder im Bereich der Körperbehindertenpädagogik integriert.

Die Konzepte, Methoden und Behandlungstechniken der Ergo- und Physiotherapie oder Logopädie haben einen ausgeprägt funktionsbezogenen Übungscharakter; es sind Konzepte *funktioneller Übungsbehandlung,* auch wenn ihre Anwender in der Praxis sich natürlich darum bemühen, stets dem ganzen Menschen in seiner Rolle als Patient oder Klient gerecht zu werden.

Wenn also von *Therapeutik* in der Heilpädagogik die Rede ist, dann bedeutet dies zunächst einmal – wie oben aufgezeigt – die Aufnahme einzelner methodischer Behandlungselemente aus den medizinisch ausgerichteten Behandlungskonzepten von Ergo- und Physiotherapie sowie Logopädie in das heilpädagogische Handeln, das sich stets an den Leitideen einer umfassenden *Entwicklungsförderung* und *Erziehungshilfe* auszurichten hat. Insofern kann man in solchen heilpädagogischen Praxiszusammenhängen den dort angetroffenen Handlungstyp *pädagogisch-therapeutisches* Handeln nennen, wobei der Primat des Pädagogischen, nämlich die Leitideen von *Erziehung* und *Bildung,* stets gewahrt bleiben müssen.

Problem- und Erfahrungsfelder

Wenn man den Stellenwert therapeutischer Elemente – sei es aus der *medizinischen* Tradition (Ergo- und Physiotherapie, Logopädie) oder aus der *psychologischen* Tradition (Psychotherapie) – bestimmen will, muss man zunächst zur Kenntnis nehmen, dass sich diese Tätigkeiten inzwischen *professionalisiert* haben; d. h., sie sind unabhängig von der Pädagogik zu eigenständigen Berufen geworden. Der Pädagoge (Sozial- oder Heilpädagoge) muss also bedenken, dass er die genuine Zuständigkeit anderer Berufe tangiert, wenn er sich einzelner methodischer Elemente oder ganzer

Konzepte und Methoden dieser Nachbarberufe bedienen will. In der Praxis kommt es also unter Umständen zu Problemen oder auch Konflikten fachspezifischer Zuständigkeiten und Abgrenzungen oder auch zu interprofessioneller Konkurrenz.

Wenn eine Sozial- oder Heilpädagogin etwa eine *Zusatzausbildung* in einem Verfahren der Kinderpsychotherapie absolviert hat, ergibt sich dieses Problem nicht, wenn sie somit einen professionellen *Rollenwechsel* vollzieht und in einem therapeutischen Kontext als Kinderpsychotherapeutin (z. B. Spiel- oder Verhaltenstherapeutin) agiert.

Auch wenn berufserfahrene Ergo- und Physiotherapeuten oder Logopädinnen anschließend ein Studium der Heilpädagogik absolviert haben, sind sie dadurch legitimiert, im Rahmen ihres pädagogischen Handelns therapeutische Elemente und Methoden ihres früheren Berufes anzuwenden, auch wenn sie sich inzwischen als Heilpädagoginnen verstehen und sich voll und ganz mit dieser Disziplin und Profession identifizieren. Problematisch und potentiell konfliktbeladen wird es hingegen immer, wenn Pädagogen meinen, ohne besondere Zusatzqualifikation auch Therapie betreiben zu können, oder wenn Therapeuten glauben, auch pädagogisch zu wirken (nach dem Motto: „Erziehen kann ja jeder!"). Wechselseitige Anerkennung der Eigenständigkeit und Gleichwertigkeit (nicht: Gleichartigkeit) und gegenseitiger Respekt vor der Fachkompetenz und der professionellen Zuständigkeit der je anderen Berufsvertreter sind zunächst einmal schiere Grundbedingungen auskömmlicher und konstruktiver interprofessioneller Zusammenarbeit und wechselseitiger konzeptioneller und methodischer Anregungen und Bereicherungen. Sind diese Voraussetzungen geklärt, kann man allenfalls hoffen, unverkrampft und konstruktiv die Integration ausgewählter therapeutischer Elemente in das heilpädagogische Handeln und eine zielführende Kombination von Pädagogik und Therapeutik zu bewerkstelligen. Es gibt zwei sonderpädagogische Fachrichtungen, die ihre Praxis- und Handlungsformen in großem Umfang und explizit als *Therapie/therapeutisch* ausweisen, nämlich die *Verhaltensgestörtenpädagogik* und die *Sprachbehindertenpädagogik*. Für den professionellen Umgang mit Verhaltensauffälligkeiten bzw. Verhaltensstörungen im Kindes- und Jugendalter, in Familie, Schule und sozialer Umwelt sind intensive Fachkenntnisse aus der *Entwicklungspsychopathologie* notwendig sowie methodische Kompetenzen aus den verschiedenen Richtungen der Kinder- und Jugendlichen-Psychotherapie (tiefenpsychologische, verhaltenstherapeutische, klientenzentrierte und gestalttherapeutische Ansätze). Ohne Einbeziehung therapeutischer Elemente reichen die pädagogischen und didaktischen Möglichkeiten als Mittel und Medium der Erziehung und Entwicklungsförderung bei gravierenden Störungen des Erlebens und Verhaltens in vielen Fällen nicht aus, so dass die pädagogischen Handlungsformen in Erziehung und Unterricht zu *pädagogisch-therapeutischen* Interventionsformen erweitert werden müssen (siehe Myschker, 2002 und Hillenbrand, 2002).

Die Sprachbehindertenpädagogik bzw. Sprachheilpädagogik zeichnet einen großen Teil ihrer Handlungsformen als *Sprachtherapie* aus; das Studium dieser sonderpädagogischen Fachrichtung qualifiziert neben den Lehrkräften für die Erziehung und den Unterricht sprachauffälliger bzw. -behinderter Kinder auch *Sprachtherapeuten* für die verschiedenen Praxisfelder der Rehabilitation (siehe Grohnfeld, 2003). In dieser, aber im Grunde in allen sonder- und heilpädagogischen Fachrichtungen, die sich explizit therapeutischer und heilkundlicher Elemente und Methoden bedienen, besteht die beständige Notwendigkeit, sich ihres *pädagogischen* Charakters zu vergewissern und den Primat „Pädagogik statt Therapie" aufrechtzuerhalten (siehe Krawitz, 1997). Pädagogische und therapeutische Maßnahmen dürfen einander nicht widersprechen; sie sollten sich sinnvoll integrieren und ergänzen lassen, im Dienste einer umfassenden „ganzheitlichen“ Erziehung, Bildung und Persönlichkeitsförderung.

Pädagogisches und *therapeutisches* Handeln unterscheiden sich in ihren anthropologischen und theoretischen Grundlagen, ihren Intentionen und Vorgehensweisen; sie sind jedenfalls nicht wechselseitig aufeinander reduzierbar: Heilpädagogik ist Pädagogik und nicht Therapie; Therapie ist praktizierte Heilkunde und nicht Pädagogik! Die anthropologische Grundfigur der Therapie/Therapeutik ist der „Homo patiens“, der kranke und leidende Mensch, bei dem es um das Heilen oder Lindern seiner Krankheiten geht, um Gesundung, Erhaltung oder Wiederherstellung seiner Gesundheit. Der anthropologische Ausgangspunkt der Pädagogik hingegen ist der „Homo educandus“, eine umfassende, universal-anthropologische Figur des Menschlichen schlechthin: Erziehung ist immanent und kennt keine Indikation, jeder Mensch ist erziehungsbedürftig und -fähig und kann nur durch Erziehung und Bildung sein volles Menschsein realisieren (Kant). Erziehung ist in ihrem Ausgang und Ergebnis offener, unbestimmter und unbestimmbarer, auch riskanter; sie hat jederzeit mit dem „Unberechenbaren“ zu rechnen; während Therapie nach dem Handlungsschema Diagnostik – Indikation – Behandlung – Abschluss funktioniert. Auch wenn erfolgreich verlaufende Therapie, besonders Psychotherapie, wesentlich Beziehungshandeln ist und sein muss, ändert dies nichts an der Tatsache, dass Therapie im Gegensatz zu Erziehung und Bildung nur nach *Indikation* erfolgt und zeitlich strikt befristet ist (Behandlungsvertrag). Allerdings muss man einräumen, dass Heil- und Sonderpädagogik als Pädagogik unter besonderen, erschwerten Bedingungen in relativer Abgrenzung zur allgemeinen Pädagogik auch nur in besonderen, mit der Begrifflichkeit von „Störung“ oder „Behinderung“ gekennzeichneten Problemlagen mit ihren Medien, Mitteln und Methoden zum Einsatz kommen, also ebenfalls nur nach einer gewissen Indikation. Allerdings ist diese Indikation eine pädagogische, keine psychopathologische wie im Falle der Psychotherapie; und die Medien, Mittel und Methoden der Heil- und Sonderpädagogik müssen stets pädagogische Mittel sein, eingesetzt in pädagogischer, d. h. erzieherischer und bildender Absicht; allenfalls angereichert durch geeignete therapeutische Elemente, die der pädagogischen Zielsetzung jedoch stets untergeordnet und dienstbar zu sein haben.

Ausblick

Wenn man noch einmal auf die ursprüngliche etymologische Bedeutung des griechischen Wortes „therapeia“ zurückkommt, nämlich als „Dienst“ und „Achtungsbezeugung“ kann man methodische Beiträge aus der *Therapeutik,* also *Heilverfahren* aus der medizinischen oder psychotherapeutischen *Heilkunde,* durchaus als wertvolle Beiträge zum heilpädagogischen Handeln gutheißen. Dies setzt voraus, dass sie sich als Dienst und spezielle Dienstleistung verstehen und in das heilpädagogische Praxishandeln integrieren lassen, dessen Primat und Eigenständigkeit sie die gebührende „Achtungsbezeugung“ erweisen. Pragmatisch und ethisch gewendet, sind für die Handlungslehre und Methodik der Heilpädagogik alle Beiträge benachbarter Fachdisziplinen willkommen, sofern sie nachweislich dem Wohle und Wohlergehen des behinderten, kranken oder sonst wie hilfsbedürftigen Menschen dienen.

Kommentierte Literaturhinweise

Eine differenzierte und engagierte Auseinandersetzung mit dem Spannungsverhältnis von Pädagogik und Therapie leistet:
Krawitz, Rudi: Pädagogik statt Therapie. Vom Sinn individualpädagogischen Sehens, Denkens und Handelns. 2. Aufl., Bad Heilbrunn, Klinkhardt, 1995.

Die für die Heilpädagogik besonders wichtigen Ansätze der Kinderpsychotherapie sind in den aktuellen Lehrbüchern der „Entwicklungspsychopathologie" oder der „Klinischen Kinderpsychologie" dargestellt, z. B.:
Oerter, Rolf u. a. (Hrsg.): Klinische Entwicklungspsychologie. Ein Lehrbuch. Weinheim, Beltz, PVU, 1999).
Petermann, Franz (Hrsg.): Lehrbuch der Klinischen Kinderpsychologie und -psychotherapie. 5. Aufl. , Göttingen, Hogrefe, 2002.

Trisomie 21

Barbara Jeltsch-Schudel

Etymologie

Begriff

Im deutschen Sprachgebrauch ist die Bezeichnung „Trisomie 21" nicht so häufig wie im französischen, vielmehr wird öfter „Down-Syndrom" verwendet; im angelsächsischen Sprachraum spricht man von „Down's Syndrome". In diesem Text werden Trisomie 21 und Down-Syndrom (DS) synonym verwendet.

Die Bezeichnung „Trisomie 21" verweist darauf, dass es um einen menschlichen Chromosomensatz geht, der statt wie normalerweise aus 46 Chromosomen bzw. 23 Chromosomenpaaren aus 47 Chromosomen besteht, wobei das 21. Chromosom dreifach vorkommt, mithin schafft diese Bezeichnung zunächst einen medizinischen Bezug. Es ist (noch) nicht bekannt, warum die drei 21. Chromosomen bei der Meiose (Reifeteilung der Eizelle) zusammenbleiben, sondern man weiß lediglich, dass sie es tun, und dass diese Tatsache auf die Entwicklung des Trägers bzw. der Trägerin einen Einfluss hat.

Charakteristika des „klinischen Bildes"

In der (medizinischen) Fachliteratur findet sich zumeist eine Beschreibung des klinischen Bildes, welches durch eine Vielzahl morphologischer und funktioneller Anomalien gekennzeichnet ist. Die am meisten genannten sind in der linken Spalte der folgenden Tabelle aufgelistet. Die rechte Spalte enthält ergänzend dazu Auswirkungen auf die Entwicklung der von Trisomie 21 betroffenen Person, welche auch für die pädagogische Arbeit relevant sind.

Veränderung	Auswirkungen
Augenabstand verbreitert, Epikantus	
Nase klein	*Atmung*
Gaumen hoch, Mundraum eng Tonusminderung auch von Lippen und Zunge	*Probleme der Mundmotorik wirken sich aus auf Nahrungsaufnahme und Sprachentwicklung*
Hinterkopf abgeflacht, Verkürzung des Schädels, kurzer Hals, Nackenfalte	
Hände und Füße kurz und breit	*Grobmotorik z. B. Gehen; Feinmotorik z. B Hand- und Fingergeschicklichkeit*
Hautfurchen	*Haut kann trocken und schuppig werden im Alter, mehr Falten bilden*
Muskuläre Hypotonie, schwächt sich im Alter meist ab	*Motorik allg.; Feinmotorik, Bewegungsfreudigkeit*
Körpergröße deutlich unter dem Durchschnitt	*Alltägliche Verrichtungen: Zugänglichkeit*
Gewicht anfänglich normal, später übergewichtig (Grundumsatz geringer)	*Problematik der Ernährung*

Zu diesen, meist auch äußerlich sichtbaren Kennzeichen der linken Spalte, können Fehlbildungen, Störungen und (spezielle) Erkrankungen kommen:

- Beeinträchtigungen der peripheren Sinnesorgane sowie der Verarbeitung; Hörbeeinträchtigungen (7–70 %) und Sehbeeinträchtigungen;
- angeborene Herz- und Gefäßmissbildungen (40–60 %);
- Fehlbildungen im Magen-Darmtrakt (10–18 %);
- Veränderungen am Skelettsystem und an den Extremitäten;
- Anfälligkeit für Infektionskrankheiten;
- atlanto-axiale Instabilität; vermindertes Wachstum der langen Röhrenknochen;
- Schilddrüsenfunktionsstörungen;
- Leukämie;
- hohes Risiko für Alzheimer/Depression (Differentialdiagnose);
- tief greifende Entwicklungsstörungen.

Sowohl die Kennzeichen wie auch die Fehlbildungen weisen auf Abweichungen hin, die bei Menschen mit Trisomie 21 vorkommen können (aber nicht müssen). Diese defizitorientierte Liste kann weder eine Person mit DS als solche charakterisieren, noch vermag sie irgendwelche Aussagen oder womöglich Prognosen über deren Entwicklung zu geben.
In der (sonder-)pädagogischen bzw. psychologischen Fachliteratur lassen sich, basierend auf verschiedenen empirischen Forschungsarbeiten (bspw. Rauh, 1992; 1997; Wilken, 1997), weitere Charakteristika finden. Diese sind ausführlicher im Abschnitt zur aktuellen Relevanz aufgeführt.

Geschichte

Mongolismus, Down-Syndrom und Trisomie 21

In den meisten Fachbüchern wird erwähnt, dass der englische Arzt John Langdon Haydon Down 1866 als erster die Trisomie 21 beschrieben habe (natürlich ohne Kenntnis des biologischen, also chromosomalen Hintergrundes). Es scheint jedoch so, dass Rudolf Virchow bereits 1852 einen Gänsehirten beschrieb, welcher deutliche Merkmale eines Menschen mit Trisomie 21 trägt (Heller, 1995). Während Virchow einen Bezug zum Kretinismus herstellte, argumentierte Down explizit damit, dass die Trisomie 21 mit der mongolischen Rasse zusammenhänge, im Sinne einer Degeneration (Down, 1968). Da Virchows Beschreibung kaum bekannt war, wurde Down das Verdienst der Erstbeschreibung zugesprochen. In der Folge wurde zunächst lange Zeit von „Mongolismus“ bzw. „Mongoloiden“ gesprochen, bis schließlich diese Bezeichnung als rassistisch abgelehnt und stattdessen der Name des (vermeintlichen) Erstbeschreibers in die neue Bezeichnung „Down-Syndrom“ aufgenommen wurde.

Dennoch ist die Benennung „Down-Syndrom“ nicht unumstritten. Aus der People-First-Bewegung insbesondere kam die Kritik daran, dass es nicht Down-, sondern Up-Syndrom heißen müsse – oder dass die Bezeichnung Trisomie 21 neutraler wäre.

Daraus wird deutlich, dass – wie dies in der Heil- und Sonderpädagogik häufig vorkommt – Bezeichnungen mit der Zeit abgegriffen und mit zunehmend mehr negativen Konnotationen versehen werden. Einstellungen (gegenüber behinderten Menschen bzw. Behinderungen können also (häufig) problematisch sein (siehe Cloerkes, 2001). Dass mit Menschen mit Behinderungen sehr unterschiedlich umgegangen wird, zeigen die Geschichte und interkulturelle Vergleiche.

Menschen mit Trisomie 21 leben mit uns in einer Gesellschaft und Kultur, in der Gesundheit, jugendliche Schönheit und Leistungsstärke einen hohen Stellenwert einnehmen (vgl. Seifert, 1990, S. 104). Wer diese Kriterien nicht erfüllt, wer also krank, alt, hässlich oder leistungsschwach ist, wird an den Rand der Gesellschaft gedrängt.

Oberflächlich gesehen, können Menschen mit DS diesen Kriterien wenig entsprechen; die Einstellung ihnen gegenüber ist davon geprägt. Allerdings werden Einstellungen durch direkte Beziehungen beeinflusst. Reale Kontakte zu einem behinderten Menschen führen viel eher zu einem plastischen, an der Wirklichkeit orientierten Bild (siehe Cloerkes, 2001) als eine vage Vorstellung, die für Phantasien und falsche Zuschreibungen viel Raum lässt.

Kenntnisse über Behinderungen, über behinderte Menschen und deren Alltagsrealitäten oder noch besser gemeinsame Erfahrungen können zu ganz anderen Einstellungen gegenüber Menschen mit Behinderungen führen.

Normen und Wertsysteme – mithin ethische Fragestellung – sind bezüglich Einstellungen gegenüber Behinderungen und behinderten Menschen also relevant. Im Zusammenhang mit der Trisomie 21 ist ein brisantes Thema zu nennen: die Fragen um die pränatale Diagnostik.

Pränataldiagnostik

Eine Trisomie 21 lässt sich anhand verschiedener Indikatoren pränataldiagnostisch mehr oder weniger treffsicher nachweisen. Schwangere Frauen versuchen, sich aus verschiedenen Gründen durch immer differenziertere Methoden der Gesundheit und somit der Qualität ihres wachsenden Kindes zu „versichern“ (was bislang nicht den realen Möglichkeiten entspricht). In den meisten Fällen (zu mehr als 80 %) ziehen sie nach einem „positiven“ Befund die Konsequenz eines Schwangerschaftsabbruchs (siehe auch Jeltsch-Schudel, Beratung, 1991). Dies entspricht der Vorstellung von Verhinderung von Leid und Schmerz, denn Behinderungen werden häufig, oft fälschlicherweise und unbedacht damit gleichgesetzt.

Damit wird deutlich, dass die Thematik einerseits auf der Ebene der einzelnen schwangeren Frau bzw. der werdenden Eltern in ihrer singulären Situation anzusiedeln ist und andererseits in einem gesellschaftlichen Kontext situiert ist, der auf die individuellen Entscheidungen sowie das Marktangebot reagiert. Eine Vermischung beider Ebenen kann dazu führen, dass Mütter mit Kindern mit Trisomie 21 gefragt werden, ob es heutzutage noch opportun sei, ein solches Kind auf die Welt zu bringen.

Aktuelle Relevanz und theoretische Ansätze

Häufigkeit

In der Fachliteratur wird die Auftretenshäufigkeit zumeist mit 1:800 angegeben. Ungefähr 53 % Jungen stehen 47 % Mädchen mit DS entgegen (Wilken, 2004, S. 15).

Verschiedene Untersuchungen an Sonderschulen in Deutschland zeigten in den 1980er-Jahren, dass der Anteil von Kindern mit DS innerhalb der Kinder mit geistiger Behinderung etwa bei 20 % lag. In einer im Jahre 2000 durchgeführten Untersuchung an Sonderschulen und Tagesbildungsstätten in Niedersachsen fand Wilken (2004, S. 14) einen Anteil von 11 %, also ungefähr einer Halbierung innerhalb von etwa zehn Jahren. Während auch in Frankreich und Belgien die Zahlen zurückgehen (Lambert, 2003), ist dies in der Schweiz nicht zu beobachten (Jeltsch-Schudel, 2002).

Charakteristika der Entwicklung

Aus entwicklungspsychologischen und sonderpädagogischen Forschungsarbeiten lassen sich einige diagnostische Charakteristika im Sinne syndromspezifischer Aspekte zusammentragen:

- **Die Entwicklungsbereiche sind unterschiedlich:**
  Kinder mit DS können sich in einzelnen Bereichen unterschiedlich entwickeln. Die geistige Entwicklung verläuft bspw. anfänglich schneller als die motorische; die visuelle Wahrnehmungsfähigkeit ist oft besser als die auditive; simultane Reize können besser verarbeitet werden als sequenzielle. Diese Diskrepanzen können dazu führen, dass die einzelnen Bereiche nicht aufeinander abgestimmt sind. Ein Kind hat bspw. seinen Sehplan so weit entwickelt, dass es zur Auge-Hand-Koordination fähig wäre, aber seine Motorik ist noch nicht weit genug entwickelt.
- **Verlangsamtes Entwicklungstempo:**
  Das Entwicklungstempo ist nicht linear, sondern verlangsamt sich allmählich. Dies ist auch bei sich normal entwickelnden Kindern der Fall, aber auf Dauer verlangsamt sich das Entwicklungstempo der Kinder mit DS stärker und damit nimmt der Unterschied zur durchschnittlichen Entwicklungsgeschwindigkeit von Kindern ohne DS zu. Dies führt zu einer immer größer werdenden Diskrepanz, einem Schereneffekt, der allgemein bei Kindern mit geistiger Behinderung zu beobachten ist. In den ersten fünf Lebensjahren erfolgt die Entwicklung von Kindern mit DS etwa im halben Tempo wie bei nichtbehinderten Kindern.
- **Sprachentwicklungsstörungen:**
  Diese werden durch die Sprechwerkzeuge einerseits bedingt, denn zum klinischen Bild gehört ja eine kleine Nase, ein hoher Gaumen, eine relativ große und raue Zunge, ein enger Mundraum und eine schlaffe Mundmuskulatur. Dies führt zu Sprechschwierigkeiten. Andererseits spielen die auditiven Wahrnehmungsschwierigkeiten sowie die verzögerte kognitive Entwicklung eine Rolle. Dies wirkt sich auf Sprachproduktion und Sprachverständnis aus. Menschen mit Trisomie 21 zeigen also erhebliche Sprachentwicklungsstörungen, wobei das Sprachverständnis deutlich besser ist als die Sprachproduktion. Von den im Mundbereich liegenden Schwierigkeiten sind auch die Atmung sowie die Möglichkeiten der Nahrungsaufnahme betroffen. Kinder mit DS lassen sich oft Zeit damit, feste Kost zu essen.

- **Hypotonie:**
  Die relativ schlaffe Muskulatur wirkt sich auf die gesamte motorische Entwicklung aus. Betroffen davon ist die Fortbewegung, indem Kinder mit Trisomie 21 oft erst spät gehen lernen und ihr Weg dazu nicht immer über das Krabbeln führt, sondern über andere Fortbewegungen (z. B. rutschen auf dem Po). Bereits bei Säuglingen ist die Reaktivität schwächer und langsamer, was sich auf den Sozialkontakt auswirken kann. Kinder mit DS brauchen mehr Zeit, um auf Reize zu reagieren.
- **Hohe soziale Anpassungsfähigkeit:**
  Die soziale Anpassungsfähigkeit bzw. die Sozialkompetenz ist bei Menschen mit Trisomie 21 hoch im Vergleich etwa zur Kognition.
- **Neugierdeverhalten eher auf Gewohntes bezogen:**
  Kinder mit Trisomie 21 zeigen ein besonderes Neugierdeverhalten; sie reagieren bereits auf geringste Anforderungen höchst empfindlich. Sie entwickeln ein Vermeidungsverhalten bei sie überfordernden Aufgaben. Sie verharren auf Gewohntem und wehren Veränderungen als Selbstschutz vor Misserfolg und Frustrationen ab.

Diese Befunde beruhen auf verschiedenen Untersuchungen von Entwicklungsverläufen von Kindern mit Trisomie 21, die nicht ausgelesen wurden, weshalb das ganze Entwicklungsspektrum, die ganze Bandbreite gespiegelt wird.

Anregungen zur syndromspezifischen Entwicklungsförderung

Man kann sich fragen, welchen Nutzen die Kenntnis dieser Besonderheiten bringt: Sie birgt die Gefahr in sich, dass im Kontakt mit einem Kind nur noch das Augenmerk auf das Besondere gerichtet und alles darauf bezogen wird und dass das Kind als Kind zu wenig Beachtung findet.

Die Kenntnis der Besonderheiten kann aber auch eine Hilfe in der Erziehung und Förderung des Kindes sein, indem man ihnen Rechnung trägt: bspw., indem man im Kontakt mit dem Kind dessen Langsamkeit berücksichtigt, also auf seine Reaktionen wartet, ihm Zeit lässt und ihm so Erfolgserlebnisse ermöglichen kann.

Am Beispiel der Förderung der Sprachentwicklung kann dies verdeutlicht werden: Die Feststellung, dass die visuelle Wahrnehmung besser ist als die auditive und dass simultane Reize besser aufgenommen werden können als sukzessive, gibt Impulse für Unterstützungsmöglichkeiten beim Erwerb der Lautsprache. Als Beispiel sei die „gebärdenunterstützte Kommunikation“ (GuK von Etta Wilken) genannt. Die Autorin schreibt hierzu Folgendes:

„Gründe für die positiven Auswirkungen von Gebärden auf die lautsprachliche Entwicklung:
- *Gebärden sind früher und leichter zu lernen als Lautsprache. Die Auswahl der gebärdeten Wörter erfolgt unter entwicklungsentsprechender und subjektbezogener Bedeutung.*
- *Die Aufmerksamkeit und das genaue Hinsehen der Kinder werden unterstützt.*
- *Die visuelle Verdeutlichung der Schlüsselwörter erleichtert das Verstehen der wichtigen Informationen. Die simultane visuomotorische Darbietung ist besser zu erfassen als die auditiv sequenzielle Kodierung.*
- *Viele Gebärden enthalten deutliche Merkmale des Bezeichneten, z. B. bezogen auf die Form, die Tätigkeit oder eine wesentliche Eigenschaft. Gebärdensprache ist deshalb oft bildhaft, und diese Nähe von Zeichen und Bezeichnetem erleichtert das Verständnis.*

- *Gebärden sind nicht so schnell wie gesprochene Sprache. Zudem ermöglicht eine langsame Ausführung der Gebärde ein längeres Betrachten. Das Wort dagegen kann nicht ohne Bedeutungsverlust verlangsamt gesprochen werden.*
- *Die Verbindung von Wort und Gebärde unterstützt die Fähigkeit, sich an die Wörter zu erinnern, und bei ähnlich klingenden Wörtern wird ein Verwechseln vermieden." (Wilken, Förderung, 2002)*

Entwicklung als interaktiver Prozess in Kontexten

Die bislang dargestellten Charakteristika der Entwicklung und syndromspezifischen Entwicklungsförderung sind sehr stark individuumzentriert und vermögen dem aktuellen Verständnis von Behinderung (sensu ICF) und der Sonderpädagogik zwar als Elemente zu genügen, diese müssen jedoch in ein umfassenderes Verständnis eingefügt werden. Entwicklung wird im Folgenden ausgehend von drei Voraussetzungen verstanden:

- einer Aktivität des sich entwickelnden Subjekte,
- einer Umgebung, die das Subjekt mit den ihm zur Verfügung stehenden Möglichkeiten wahrnehmen kann und
- die dem Subjekt zugleich Gelegenheit gibt, sich mit ihr auseinander zu setzen, d. h., durch eigenes Handeln in ihr etwas zu bewirken.

Der Entwicklungskontext von Kindern mit Trisomie 21 ist zumeist seine Familie (Jeltsch-Schudel, 1999). Deshalb soll im Folgenden die Situation von Familien mit Kindern mit DS genauer betrachtet werden.

Zur Situation der Familie mit einem Kind mit Trisomie 21

Eltern von Kindern mit Trisomie 21 sind zunächst Mitglieder der Gesellschaft und mögen somit die gängigen Werte und Normen vertreten. Sie verfügen zumeist über wenig oder keine Erfahrungen mit und Kenntnisse von behinderten Menschen. Mit der Diagnose Trisomie 21 können Familien in zwei Situationen konfrontiert werden, während der Schwangerschaft durch einen positiven Befund nach pränataldiagnostischen Untersuchungen oder nach der Geburt, wenn die Trisomie 21 zuerst als Verdacht und nach entsprechenden medizinischen Untersuchungen, welche ein paar Tage in Anspruch nehmen, als Diagnose vermittelt werden.

Familien, die ein Kind mit Trisomie 21 bekommen, reagieren zunächst mit einem Schock und großer Hilflosigkeit. Sie sind verunsichert, stellen sich viele Fragen und suchen nach Informationen, Handlungsorientierungen und Rollenmustern. Die ungünstige Situation wird häufig noch durch die ersten Fachleute, die sich um solche Familien kümmern, verstärkt, indem diese sich schwer tun damit, den suchenden Eltern die erwünschten und notwendigen Informationen zu geben (vgl. Nippert, 1988, bes. S. 80 ff.).

Gelingende Interaktion in der Entwicklung eines Kindes mit DS in seiner Familie

Wird ein Kind in eine Familie hineingeboren, so stellt sich zunächst für alle Mitglieder der neuen (oder veränderten) Familie die Aufgabe, sich gegenseitig kennen zu lernen und miteinander eine Strukturierung und Gestaltung des Alltages zu finden. Das *Neugeborene* muss sich an eine für es völlig unbekannte Umwelt gewöhnen, die es mit vielen neuen Reizen konfrontiert. Auch Körpergefühle werden wahrgenommen, die als

Wohlbefinden oder Unwohlsein (z. B. Hunger) erlebt werden. Mit sehr viel Neuem, das das Neugeborene möglicherweise auch als Bedrohung erlebt, muss es sich auseinandersetzen. Die *Eltern bzw. familiären Bezugspersonen* sind für ein Wesen verantwortlich, dessen Äußerungen sie nicht kennen und die sie erst verstehen lernen müssen. Auch müssen sie sich mit einer veränderten Partnerbeziehung auseinander setzen. Sofern *Geschwister* vorhanden sind, müssen auch sie sich in einer veränderten Situation zurechtfinden, indem sie sich ihren Platz im neuen Gefüge wieder schaffen müssen.

Damit stellen sich allen Beteiligten Aufgaben: Die Bezugspersonen und der Säugling müssen lernen, sich aufeinander einzustellen. Ihre Interaktionen – damit sind gegenseitige Bezugnahmen gemeint – verändern sich, indem die Mutter oder der Vater immer schneller die Signale des Kindes zu deuten lernt und auf sie konsistent reagiert und indem das Kind immer besser lernt, in bestimmten Situationen bestimmte, ebenfalls zunehmend konsistente Signale zu verwenden.

Wenn es sich um ein Kind mit Trisomie 21 handelt, kann dieses Zusammenspiel durch vielerlei Gründe gefährdet sein:
Es kann sein, dass das Kind Schwierigkeiten mit dem Saugen hat und dass somit seine Ernährung zu einem schwierigen und möglicherweise für alle Beteiligten frustrierenden Erlebnis werden kann. Nähren und Genährtwerden ist jedoch ein wichtiger Teil der gelingenden frühen Interaktion zwischen dem Kind und seinen Bezugspersonen. Es kann auch sein, dass das Kind sehr ruhig ist und wenig auf die Kontaktnahme seiner Bezugspersonen reagiert. Mögliche zusätzliche Schädigungen, wie z. B. ein Herzfehler oder ein Darmverschluss, welche Operationen, Spitalaufenthalte und aufwendige Pflege erfordern, belasten und erschweren den Aufbau einer gelingenden Interaktion ebenfalls.

Kinder mit Trisomie 21 können aber durchaus auch „pflegeleichte“ Säuglinge sein, da ihre Entwicklung anfänglich sehr ähnlich verlaufen kann wie jene nicht behinderter Säuglinge.

Der Beziehungsaufbau zwischen Eltern und Kind mit Trisomie 21 kann aber auch aus ganz anderen Gründen erschwert sein:
Bekanntlich sind Familien, die eine Behinderungsdiagnose erfahren haben, zumeist zuerst in einer Krise, müssen sich mit der Tatsache eines behinderten Kindes auseinander setzen, werden von vielen, verschiedenen Emotionen überschwemmt und stellen sich Fragen nach dem Warum und danach, wie es weitergehen soll. Sie haben sich auch teilweise inadäquaten Reaktionen von Bekannten und Unbekannten zu stellen und damit umzugehen. Diese psychische Situation erschwert den Beziehungsaufbau zum Kind beträchtlich.

Vor dem Hintergrund solcher verschiedenartiger Schwierigkeiten der Passung und des Kompetenzaufbaus ist der Aufbau einer gelingenden Interaktion erschwert, die eine gedeihliche Entwicklung ermöglicht. Behinderte Kinder und Eltern sind gefährdet, in einen Teufelskreis zu gelangen, in dem sie sich gegenseitig missverstehen und aufreiben. Dies führt auch zu einer erhöhten Vulnerabilität (bzw. verminderten Resilienz) von Kindern mit Trisomie 21.
Trotzdem schaffen es sehr viele Eltern, eine gelingende Interaktion mit ihren Kindern mit Trisomie 21 aufzubauen.

Die Überlegungen, welche hier im Bezug auf das kleine Kind mit Trisomie 21 und seine Bezugspersonen in der Familie gemacht wurden, haben in ähnlicher Weise Gültigkeit in anderen sozialen Kontexten, in denen Menschen mit Down-Syndrom leben, nämlich in den Bildungsangeboten, welche an Kinder, Jugendliche und Erwachsene gemacht werden, ebenso wie in jenen des Wohnens, der Arbeit und der Freizeit in all ihren Facetten (siehe hierzu Pueschel/Sustrova, 2002). Die für die professionelle Arbeit konstituierende „pädagogische Beziehung" wird sich außerdem den Kriterien der Selbstbestimmung, Normalisierung und Integration bzw. Inklusion zu stellen haben.

Ausblick

Zum Lebensbeginn eines Menschen mit Trisomie 21 sind im Rahmen der Pränataldiagnostik starke Eliminationstendenzen festzustellen. Diese stehen in einem krassen Gegensatz zur Anerkennung einiger Erwachsener mit Down-Syndrom, die in den Medien, namentlich als Schauspieler in Filmen, bejubelt und geehrt werden. Diese Gegensätzlichkeit, aus verschiedenen Perspektiven wahrnehmbar, steckt gewissermaßen das Feld ab, das bei einer in die Zukunft gerichtete Diskussion des Down-Syndroms beachtet werden muss.

Es wurde bereits darauf hingewiesen, dass die Bandbreite der Entwicklungsmöglichkeiten bei Menschen mit Trisomie 21 sehr groß sei. Dazu mögen verschiedene Faktoren beitragen, bspw. auch die bereits aufgelisteten Fehlbildungen, Störungen und (spezielle) Erkrankungen, insbesondere die dort letztgenannten tief greifenden Entwicklungsstörungen. Bislang wurde stärker jener Gruppe von Menschen mit DS Beachtung geschenkt, welche sich gut entwickelten, welche integrative Schulangebote wahrnehmen können und als Erwachsene ein relativ selbstständiges Leben führen können. Der anderen Gruppe, jenen Kindern, Jugendlichen und Erwachsenen mit „Down-Syndrom-Plus" (Jeltsch-Schudel, Doppeldiagnose, 2003; Leben, 2004) also, deren Entwicklung sehr langsam oder (aus der Außensicht) zuweilen sogar mit Stillständen oder Rückschritten verläuft, muss künftig mehr Gewicht beigemessen werden in Forschung und Praxis der Heilpädagogik.

Immer mehr ins Zentrum des Interesses rücken auch ältere und alte Menschen mit geistiger Behinderung. Darin nehmen Menschen mit Trisomie 21 insofern eine besondere Stellung ein, als ihre Alterungsprozesse einen etwas besonderen, möglicherweise syndromspezifischen Verlauf aufweisen können (Bourquin/Lambert, 1998). Aus Forschungsprojekten gibt es Hinweise, die Alterungsprozesse früher feststellen und eine Häufung von Alzheimer Demenz beobachten. Dass mit solchen Etiketten sorgfältig umgegangen werden muss, stellen Einzelfallanalysen fest, welche mit sorgfältiger Diagnostik auch Störungen herausfinden, welche therapiert werden können (siehe hierzu Lambert, 2000). Auch in diesem Bereich besteht Bedarf an heilpädagogischer Forschung und Entwicklung der heilpädagogischen Praxis.

Kommentierte Literaturhinweise

Wilken, Etta: Menschen mit Down-Syndrom in Familie, Schule und Gesellschaft. Marburg, Lebenshilfe-Verlag, 2004.
Das neue Überblickswerk, in dem sich zu allen relevanten Themen des Down-Syndroms Informationen finden lassen. Einige Kapitel zu speziellen Fragen sind von entsprechenden Fachwissenschaftlern verfasst.

Wilken, Etta: Sprachförderung bei Kindern mit Down-Syndrom. 9. neu bearb. Aufl., Berlin, Edition Marhold, 2003.
Das Standardwerk einer umfassenden Sprachförderung von Kindern mit Trisomie 21. Nach grundlegenden Informationen über die (Sprach-)Entwicklung von Kindern mit DS werden theoretisch fundierte konkrete Möglichkeiten der Förderung gezeigt, welche im Alltag umgesetzt werden können.

Wohlfahrt, Beatrix: Gründe und beeinflussende Faktoren für die Fortsetzung der Schwangerschaft nach der Diagnose eines Down-Syndroms. Osnabrück, Der Andere Verlag, 2002.
Ein interessantes Buch mit einer etwas anderen Sicht pränataldiagnostischer Fragestellungen.

Besonderer Hinweis:

Brederlow, Gerd: Bobby, Herr Bredi und Mister Herr Bendel – Die Geschichte meines Bruders. München, Pieper, 2003.
Die Lebensgeschichte des Schauspielers Bobby Brederlow, geschrieben von seinem Bruder.

Junod, Corinne: Nici's Rose. EDSA Schweiz, 2004.
Ein Bilderbuch, von einer betroffenen Schwester gezeichnet.

Rapp, Conny: Außergewöhn1ich – Kinder mit Down-Syndrom und ihre Mütter. Stuttgart, Edition Jakob van Hoddis, 2004.
Ein Buch mit Fotos von Kindern mit DS und ihren Müttern.

Verhaltensstörungen/ Verhaltensauffälligkeiten

Ernst Wüllenweber

Etymologie

Der Verhaltensbegriff findet als Alltags- wie als Fachbegriff häufige Anwendung. In fachlicher Hinsicht erscheint es sinnvoll, zwischen einem engeren (älteren) und einem weiteren (neueren) Verständnis zu unterscheiden. Der engere Verhaltensbegriff bezieht alle beobachtbaren und damit beschreib- oder messbaren Aktivitäten in den Bereichen Handeln, Sprache, Gestik, Mimik, Blickkontakt und körperliche Reaktionen (z. B. Hautrötungen, Erblassen) ein. Der erweiterte Verhaltensbegriff schließt zusätzlich auch emotionale und kognitive Reaktionen und Aktivitäten ein.

Verhalten lässt sich als Verbindung zwischen Person und Situation definieren. Dementsprechend wird in diesem Beitrag eine Verhaltensstörung als eine die Umwelt belastende und herausfordernde sowie die Entwicklung der Betroffenen gefährdende Störung der Person-Umwelt-Beziehung aufgrund von unangepasstem Verhalten gesehen. Der Begriff „Verhaltensstörung" bezieht sich auf eine intensive, wiederkehrende und längerfristige Abweichung von alterstypischem und sozial anerkanntem Verhalten. Im Vergleich zum Störungsbegriff relativiert der Terminus Verhaltensauffälligkeit die Problemlage, es wird keine Störung, sondern nur eine beobachtbare Besonderheit unterstellt. Beide Begriffe, also Verhaltensstörung und Verhaltensauffälligkeit, werden in der Sozial- und in der Heilpädagogik wie in den jeweiligen Praxisfeldern zumeist, so auch an dieser Stelle, synonym verwandt.

Geschichte

Probleme mit unangepasstem und störendem Verhalten sind zu allen Zeiten und in allen Kulturen bekannt. Dennoch ist von einer starken Zunahme im Laufe der letzten Jahrzehnte insbesondere in den Industrieländern auszugehen.

Im Laufe der Zeit sind verschiedenste Bezeichnungen verwendet worden, wie z. B. erziehungsschwierig, verhaltensbehindert, abweichendes Verhalten, Störungen der Verhaltensentwicklung, Problemverhalten, Gefühls- und Verhaltensstörungen, Verhaltensprobleme, Verhaltensschwierigkeiten, risikoreiches, erwartungswidriges bzw. herausforderndes Verhalten, sozioemotionale Entwicklungsstörung, Störungen der Persönlichkeitsentwicklung, erziehungsschwierige, gemeinschaftsschwierige, psychisch gestörte, psychisch kranke oder psychisch auffällige Kinder und Jugendliche sowie Kinder und Jugendliche in erziehungsschwierigen Verhältnissen. Im KJHG wird von seelisch behinderten Kindern und Jugendlichen gesprochen.

Offensichtlich wurde bisher keine Bezeichnung gefunden, die nicht stigmatisierend wirkt und mit den Betroffenen und ihren Eltern hilfreich kommunizierbar ist. Aus dem Spektrum der aufgeführten Bezeichnungen ist aus Sicht des Autors insbesondere der Begriff „seelisch behindert" im KJHG abzulehnen, da eine Behinderung eine lebenslange Problematik anzeigt. In der Praxis sind jedoch viele Beispiele dafür bekannt, dass sich bei Betroffenen im Laufe der Entwicklung, im Erwachsenenalter oder aufgrund von angemessener pädagogisch-therapeutischer Unterstützung die Probleme „auswachsen".

Aktuelle Relevanz und theoretische Ansätze

Die Begriffe Verhaltensstörung und -auffälligkeit sind schillernd, sie erfreuen sich einer weiten Verbreitung, allerdings häufig unter Verzicht auf eine Präzisierung. Unter anderen aus diesem Grund wird den Termini die disziplinäre Anerkennung teilweise verweigert, so z. B. bei Dörner und Plog (1992, S. 112). Schlee (1989) hält dem Begriff Verhaltensstörung eine heimliche Wertigkeit, einen unklaren Objektbereich, das Prinzip der Selbstanwendung der Beobachter und unterschiedliche Menschenbildannahmen vor. Hillenbrand (2001, S. 144) sieht in dem Begriff keine empirisch-deskriptive Kategorie, sondern eine kommunikative Konstruktion der Fachwelt. Auch Reiser (1999) stellt Verhaltensstörung als Konstrukt des Hilfesystems selbst heraus und Ostermann (1997) betont die Rolle von subjektiven Definitionen, die einer Etablierung als Fachbegriff gegenüberstehen. Als Kernproblem des Konstrukts Verhaltensstörung wurde an verschiedenen Stellen die mangelnde theoretische Grundlegung des Konzepts angesehen, so bei Schlee (1989, S. 44f.). Aus Sicht des Autors leidet die Kategorie Verhaltensstörung jedoch weniger an einer theoretischen Schwäche, sondern vielmehr an dem erwähnten (interdisziplinären) Akzeptanzproblem. Diese Problematik zeigt sich zum Teil in einer rein ideologisch geprägten Ablehnung wie z. B. bei Schneider (2005). Vor allem erscheinen jedoch Abgrenzungsschwierigkeiten zwischen Verhaltensauffälligkeiten und psychischen Krankheiten bzw. Störungen das Akzeptanzproblem zu begründen. Aus psychiatrischer und klinisch psychologischer Sicht, wie unter anderem bei Adam und Peters (2003), werden Verhaltensauffälligkeiten als Persönlichkeitsstörungen pathologisiert. Diese Entwicklung reflektiert auf die generell zu beobachtende Ausweitung des Krankheitsbegriffs (vgl. Vollmoeller, 2001; Remschmidt/Schmidt, 1998; Labisch, 1992; Häfner, 1991; Waller 1997; Wüllenweber, 2003). Dem steht die vielleicht zu wenig offensiv vorgetragene sozial- und heilpädagogische Perspektive gegenüber, die Verhaltensprobleme als soziale und als Erziehungsproblematik bzw. als Vor- oder Nebenform zu psychischen Krankheiten zu sehen (vgl. ausführlich Wüllenweber, 2003).

Zwei Definitionen sollen für den derzeitigen Diskussionsstand in der Heilpädagogik angeführt werden. Myschker definiert Verhaltensstörung so: *„Verhaltensstörung ist ein von den zeit- und kulturspezifischen Erwartungsnormen abweichendes maladaptives Verhalten, das organogen und/oder milieureaktiv bedingt ist, wegen der Mehrdimensionalität, der Häufigkeit und des Schweregrades die Entwicklungs-, Lern- und Arbeitsfähigkeit sowie das Interaktionsgeschehen in der Umwelt beeinträchtigt und ohne besondere pädagogisch-therapeutische Hilfe nicht oder nur unzureichend überwunden werden kann." (Myschker, 1999, S. 41)*

Die Definition von Neukäter und Wittrock rückt die sozialen Aspekte und Folgen von Verhaltensauffälligkeiten in den Vordergrund: *„Kinder und Jugendliche werden als verhaltensauffällig bezeichnet, wenn sie in ihren sozialen Beziehungen erhöht auffällig sind. Sie erscheinen als stark gehemmte Personen, die schüchtern und unsicher wirken, oder als ‚ausagierende' Personen, deren aggressive Konfliktbewältigung als bedrohlich empfunden wird. Die gestörten Beziehungen dieser jungen Menschen führen sie zunehmend in eine Isolation, aus der sie sich nur durch ein sozial nicht statthaftes Verhalten glauben befreien zu können [...]*

Als Folge bilden sich relativ überdauernde Verhaltensmuster heraus." (Neukäter/Wittrock, 2002, S. 254)

Prävalenz

Die Zahlenangaben variieren extrem, so sehen Neukäter und Wittrock (2002, S. 255) nur 1 % eines Altersjahrgangs als verhaltensauffällig an. Myschker (1999, S. 68) hingegen nennt mit Bezug auf eine Hamburger Untersuchung wesentlich höhere Zahlen: 18,7 % sind stark und 1,3 % sehr stark symptombelastet, insgesamt werden damit 20 % als verhaltensgestört definiert. Andere Autoren nennen gar Zahlen von mehr als 30 % (vgl. Myschker, 1999, S. 68ff.; Hillenbrand, 2001, S. 145). Nach Fegert (1999, S. 169) liegt bei „ca. 5 % aller Jungen [...] zum Ende der Grundschulzeit eine Störung des Sozialverhaltens vor" und Remschmidt und Walter (1990) klassifizieren aus kinder- und jugendpsychiatrischer Sicht 12,7 % aller Kinder als behandlungsbedürftig. Die Schwankungsbreite der Angaben zur Prävalenz von Verhaltensauffälligkeiten lässt sich vor allem aus unterschiedlichen Definitionen und Forschungsdesigns sowie regionalen Unterschieden erklären.

Geschlecht

Im Zusammenhang mit Verhaltensauffälligkeiten wird immer wieder der geschlechtsspezifische Zusammenhang herausgestellt. Einigkeit besteht darin, dass Jungen häufiger betroffen sind als Mädchen (vgl. Neukäter/Wittrock, 2002, S. 255). Allerdings ist die Verteilung stark von der Erscheinungsform abhängig: bei Hyperaktivität, Delinquenz und insbesondere bei Aggressionen dominieren Jungen sehr deutlich, während Mädchen stärker Essstörungen und selbstverletzendes Verhalten und „keine sozial störende, lärmende Symptomatik aufweisen" (Ahrbeck, 1994, S. 128). In den Vorschuljahren treten die Unterschiede noch undeutlich hervor, „ab dem Schulalter vertiefen sich die Unterschiede zwischen Jungen und Mädchen bei der Prävalenz von externalisierendem Problemverhalten" (vgl. von Salisch u. a., 2005, S. 86). Insgesamt betrachtet, mangelt es jedoch an Theoriebildung und Forschung unter geschlechtspezifischer Thematik.

Erscheinungsformen von Verhaltensstörungen

Es zeigt sich ein breites Spektrum an Erscheinungsformen von Verhaltensstörungen. Eine grundlegende Differenzierung gliedert in externale bzw. nach außen gerichtete Formen wie Aggression und Delinquenz, und internale bzw. auf die Person bezogene Formen, wie selbstverletzendes Verhalten und soziale Isolierung. Eine andere Differenzierung gliedert die Erscheinungsformen in offene und relationale Formen. Relationale Formen schädigen die Beziehungen zwischen Kindern durch Lügen, Lästern, verletzende Geschichten (siehe Werner/Hill, 2005). An dieser Stelle können aus Platzgründen nur die Formen Aggression und ADS anskizziert werden.

Aggression

Aggressionen lassen sich in Fremdaggressionen gegen Menschen und Tiere, Sachaggressionen und verbale Aggressionen, z. B. Drohungen und Beleidigungen, unterscheiden. Aggressionen stellen in Schule und Freizeitverhalten ein dominantes soziales Problem dar. Für das Auftreten von Aggressionen werden zumeist Frustrationen, Ärger oder Wut vorausgesetzt. Auch wenn dies in vielen Fällen der Fall ist, kann diese

Voraussetzung nicht generalisiert werden, denn ein Teil der betroffenen Kinder und Jugendlichen zeigen Aggressionen anscheinend auch ohne Wut und Ärger, sie passen z. B. eine Situation ab oder wollen vornehmlich eine bestimmte soziale Wirkung erzielen. In anderen Fällen hat die Dynamik der Peer Group eine zentrale Bedeutung, so dass Eckert (1990) sogar von „aggressiven Gruppen“ sprach.

Eine Einteilung aggressiven Verhaltens von Jugendlichen stammt von Nolting (1979): Ärger-Aggression, instrumentelle Aggression und verselbstständigte Aggression. Eine vergleichbare und vor allem in der Praxis der Jugendhilfe bekannte Unterscheidung liefert Dutschmann (1999; 2000; Verhaltenssteuerung 2000):

- **Typ A, der instrumentelle Typus:**
  Hier werden Aggressionen gezielt und teilweise geplant zur Erlangung eines persönlichen Vorteils, z. B. Macht beim gemeinsamen Spiel, eingesetzt.
- **Typ B, der Emotionstyp:**
  Hier werden Aggressionen durch starke emotionale Belastungen hervorgerufen. Die Aggressionen dienen zum Abbau von bedrohlichen Reizen.
- **Typ C, der Erregungstyp:**
  Die Erregung wird durch Frustrationen oder Konflikte hervorgerufen. Man könnte auch von einem Situationstyp sprechen, da eine situativ bedingte Anspannung durch Aggression bewältigt werden soll.

ADS

Die heute zumeist als Aufmerksamkeits-Defizit-Syndrom (ADS)[1] bezeichnete Störung hat in der Fachdiskussion und in Elternkreisen seit Beginn der 1990er-Jahre eine enorme Bedeutung eingenommen. Von den USA ausgehend ist dieses Störungsbild inzwischen bei allen Lehrern und fast allen Eltern bekannt und wird höchst kontrovers diskutiert, bis hin zu der Frage, ob es diese Störung überhaupt gibt.

Als Hauptsymptome werden Unaufmerksamkeit, Impulsivität und Hyperaktivität genannt. Die Prävalenzangaben schwanken extrem, zwischen 3 % und 20 % eines Jahrgangs, Jungen gelten als fünf- bis zehnfach häufiger betroffen als Mädchen.

Das inzwischen zu zweifelhafter Bedeutung und Berühmtheit gelangte Medikament Ritalin gilt als die wirkungsvollste und nebenwirkungsärmste Medikation. Doch es muss Vorsicht gelten. So schreibt Amft:
„Daher legt das derzeitige Ausmaß der Ritalin-Verordnungen den Verdacht nahe, dass hier nicht nur Kinder behandelt werden, bei denen eine gesicherte medizinische Diagnose und Indikation vorliegt, sondern dass in nicht geringem Umfang Ritalin symptombezogen eingesetzt wird, um ein erwünschtes (Schul-)Verhalten auf psychopharmakologischem Wege herzustellen." (Amft, 2002, S. 89) (siehe auch Glaeske/Janhsen, 2003).

Als Ursachen von ADS werden hirnorganische und genetische sowie Stoffwechselstörungen diskutiert und nicht selten als erwiesen deklariert. Die medizinischen Erklärungen widersprechen sich jedoch deutlich (siehe Jantzen, Konstruktion, 2001). Ob in vielen Fällen überhaupt eine medizinische Erklärung in Betracht gezogen werden kann

[1] Andere Bezeichnungen sind: MCD (Minimale Cerebrale Dysfunktion), HKS (Hyperkinetisches Syndrom), ADHD (Aufmerksamkeits-Defizit-Hyperaktivitäts-Dysfunktion) oder ADD (Attention Deficit Disorder).

und welche Bedeutung psychosoziale Faktoren, wie z. B. Leistungsdruck und Lebensweise von Eltern oder eine hektische Umwelt haben, wird unterschiedlich diskutiert.

Verstehens- und Erklärungsansätze

Die Kausalität von Verhaltensauffälligkeiten gestaltet sich komplex, denn unterschiedliche Auffälligkeiten können die gleiche Ursache, z. B. familiäre Belastungssituationen wie Scheidung der Eltern, haben und umgekehrt können unterschiedliche Ursachen die gleiche Auffälligkeit, wie z. B. Aggression, bewirken.

Zudem ist die Bedeutung von Risikofaktoren, die zu einer erhöhten Vulnerabilität führen, zu betonen.
„Mittels der Ergebnisse der Risikoforschung können Wahrscheinlichkeitsaussagen über die Gefährdung einer Gruppe von Personen getroffen werden; eine individuelle Prognose allerdings, welche Kinder also tatsächlich negativ betroffen sein werden und welche sich normal entwick-eln, ist nicht möglich." (Koch/Ellinger, 2002, S. 154)

In der so genannten Mannheim-Studie (Laucht, u. a., 1992) wurden elf Risikofaktoren mit wesentlicher Bedeutung für die kindliche Entwicklung in den ersten beiden Lebensjahren identifiziert: niedriges Bildungsniveau der Eltern, beengte Wohnverhältnisse, psychische Störungen der Eltern, Kriminalität und Herkunft aus zerrütteten Verhältnissen, eheliche Disharmonie mit häufigem und lang anhaltendem Streit, Trennungen, frühe Elternschaft, Ein-Eltern-Familie, unerwünschte Schwangerschaft, mangelnde soziale Integration und Unterstützung, ausgeprägte chronische Schwierigkeiten (wie z. B. Arbeitslosigkeit und chronische Krankheiten), mangelnde Bewältigungsfähigkeit. Die Relevanz von Risikofaktoren differenziert sich unter den Gesichtspunkten der Intensität und Dauer des jeweiligen Faktors, der Kumulation mehrerer Faktoren sowie der gegebenen individuellen Stärken des Einzelnen und dessen sozialen Ressourcen. Als besonders bedeutender Risikofaktor können Erziehungsfehlhaltungen der Eltern bzw. Erziehungspersonen expliziert werden.

Aus der übergroßen Variationsbreite können einzelne hervorgehoben werden: mangelnde Förderung, generelle Unterforderung und zu wenig Anforderungen, geringe Beziehung und Ansprache, zu wenig Zeit und Interesse der Eltern, Tolerieren von Regelverletzungen, Laissez-faire und umgekehrt autoritäre Erziehungshaltungen, zu langes Verhindern und zu frühes Fordern von Verselbstständigung.

Sowohl in der Lernbehinderten- wie in der Verhaltensgestörtenpädagogik ist die Koinzidenz, das gemeinsame Auftreten von Lernstörungen und Verhaltensstörungen, eine herausragende Thematik (vgl. die einzelnen Beiträge in dem Sammelband von Schröder u. a., 2002). So wird an verschiedenen Stellen, unter anderem bei Spiess (2002) die Auffassung vertreten, dass ca. die Hälfte aller Kinder und Jugendlichen mit Lernstörungen gleichzeitig Verhaltensstörungen zeigen. Neukäter und Wittrock stellen fest:
„Da Verhaltensstörungen und Leistungsversagen sich oft wechselseitig bedingen, lässt sich nicht immer deutlich ausmachen, was als primäre und was als konsekutive Beeinträchtigung anzusehen ist." (Neukäter/Wittrock, 2002, S. 257)

Es bleibt der Einzelfallanalyse überlassen, zwischen primärer und konsekutiver Beeinträchtigung zu differenzieren. Wie kann die Verursachung von Verhaltensstörungen aus Lernstörungen expliziert werden? Myschker beschreibt einen möglichen Zusammenhang:

„Lernstörungen führen zu Kompensationsversuchen. Diese Kompensationsversuche können für die Umwelt im Bereich des Akzeptablen liegen und nicht als auffällig gelten. Werden sie jedoch nicht akzeptiert, vielmehr abgelehnt, können sie sich bei dem Betroffenen zu Verhaltensstörungen entwickeln." (Myschker, 2002, S. 57)

Bleidick (Individualpsychologie, 1985) bezieht die Individualpsychologie ein, nach der Lernstörungen zu Minderwertigkeitsgefühlen führen, die sich zu einem gemeinschaftsstörenden Willen zur Macht stilisieren können. Aus schulischer Perspektive kann sich aus der Lernstörung eine Überforderung und Nichtbeteiligung am Unterrichtsgeschehen und daraus wiederum Langeweile ergeben. Verhaltensstörungen können dann dazu dienen, Langeweile aufzuheben und sich selbst und die soziale Umwelt von Überforderung abzulenken. Rolus-Borgward betont unter anderem den Aspekt von „schulischen Frustrationen":
„Die häufige Erfahrung von schulischem Misserfolg stellt für manchen Schüler einen größeren Leidensdruck dar, als er auf Dauer verkraften kann. Emotionale Überreaktionen vor, während oder nach Leistungssituationen oder eine Kompensation der Frustrationserfahrungen durch den Versuch der Aufwertung der eigenen Person durch auffälliges Verhalten (Kaspern, überzogene Lässigkeit, Renitenz, etc.) erscheinen vor dem Hintergrund schulischen Versagens auf diese Weise erklärbar." (Rolus-Borgward, 2002, S. 97)

Neben den erwähnten Faktoren der Kompensation, des Minderwertigkeitsgefühls, der Ablenkung und des Umgangs mit Belastungen als Verursachung von Verhaltensstörungen durch Lernstörungen ist darüber hinausgehend von einer gemeinsamen Verursachung oder einer gegenseitigen Verstärkung der Problematiken auszugehen, Speck (1979, S. 127) spricht von einer „kumulativen Wechselwirkung". Von einer gemeinsamen Verursachung kann z. B. dann gesprochen werden, wenn ein Kind aufgrund von Trennung der Eltern gleichzeitig Lernstörungen und Verhaltensstörungen entwickelt. Eine gegenseitige Verstärkung kommt dann zum Tragen, wenn Lernprobleme und Verhaltensprobleme gegenseitig eskalierend wirken, z. B. weil die Umwelt verständnislos reagiert, und auf diese Weise sich mit der Zeit die anfänglichen Probleme zu gravierenden Störungen entwickeln.

Als ein wichtiger Forschungszweig innerhalb der Verhaltensgestörtenpädagogik hat sich die Resilienzforschung entwickelt. Resilienz beinhaltet eine Schutzfunktion gegenüber der Wirkung von Risikofaktoren.
„Die Resilienzforschung konstatiert, dass Belastungen unterschiedlich wirksam werden, je nachdem, in welchem Umfeld sie auftreten." (Koch/Ellinger, 2002, S. 157)

Werner (1997) benennt als allgemeine Schutzfaktoren überdurchschnittliche Intelligenz und Zugehörigkeit zum weiblichen Geschlecht. Als soziale Ressourcen gibt die Autorin eine stabile und vertrauensvolle Beziehung innerhalb oder außerhalb der Familie an. Fingerle u. a. (1999) haben auf der Grundlage von Untersuchungen verschiedene Merkmale resilienter Kinder herausgestellt, so unter anderem ein hohes Selbstwertgefühl und Selbstvertrauen, hohe Sozialkompetenzen (z. B. Freundlichkeit, wenig stimmungslabil), Einbindung in Freundschaften zu Gleichaltrigen.

In der folgenden Tabelle werden die Resilienz- und die Vulnerabilitätsperspektive aufeinander bezogen. Stärken und Ressourcen vermögen individuelle Probleme und kritische Lebenslagen und -ereignisse zu kompensieren.

	Resilienz	Vulnerabilität
Individuelle Perspektive	Individuelle Stärken, z. B.: – Selbstvertrauen – Schulische Erfolge – Sportliche Erfolge – Intelligenz	Individuelle Probleme, z. B.: – Behinderung – Körperliche Besonderheiten – Schulische Misserfolge
Soziale Perspektive	Soziale Ressourcen, z. B.: – Verlässliche Beziehung zu Eltern/Erziehungspersonen – Einbindung in Peer Group	Kritische Lebenslagen und Lebensereignisse, z. B.: – Armut – Migration – Missbrauch und -handlung

Erklärungsansätze aus der Lebensgeschichte

Verschiedene Ansätze vermögen die Genese von Verhaltensstörungen aus der Lebensgeschichte bzw. Beziehungs- und Lerngeschichte zu beleuchten. Hierzu können die Bindungstheorie (vgl. Schleiffer, 1999), die Individualpsychologie (vgl. Bleidick, Individualpsychologie, 1985; Vernooi, 1998), die Psychoanalyse (vgl. Gerspach, 1998; Göppel, 1997) und die Lerntheorie gezählt werden. Aus Platzgründen kann hier nur die Lerntheorie anskizziert werden.

Auf der Grundannahme, dass jedes Verhalten erlernt ist, rückt der lerntheoretische Ansatz im Zusammenhang mit Verhaltensauffälligkeiten vor allem die so genannte operante Konditionierung und das Lernen am Modell in den Vordergrund. Beim operanten Lernen wird das Verhalten an den zu erwartenden Konsequenzen ausgerichtet, unabhängig davon, ob diese positiv oder negativ interpretiert werden. Dementsprechend orientiert ein Mensch seine Verhaltensweisen an den nachfolgenden Ereignissen und sucht individuell als positiv gesehene Ereignisse zu erreichen und negative zu vermeiden. Erfährt ein Kind wiederholt oder immer wieder bzw. intermittierend eine Verstärkung (gewünschte Reaktionen treten als positive Verstärkung ein oder unerwünschte Situationen werden als negative Verstärkung beendet), so erhöht sich die Wahrscheinlichkeit der Wiederholung des Verhaltens signifikant, unabhängig davon, ob das Verhalten sozial erwünscht oder sozial diskriminiert ist. Beim Lernen am Modell werden nicht nur bestimmte Verhaltensweisen beobachtet und übernommen, es kann zur Übernahme von komplexen Denk-, Reaktions- und Handlungsmustern kommen. So fällt z. B. bei aggressiven Kindern und Jugendlichen auf, dass sie häufig eine demonstrierte positive Einstellung zu körperlicher Macht haben und ihr Mitgefühl gegenüber (möglichen) Opfern wenig ausgeprägt ist. Dies kann neben anderen Erklärungsversuchen dahingehend interpretiert werden, dass diese Haltungen bei Vorbildpersonen beobachtet und von diesen übernommen wurden.

Erklärungsansätze aus der Lebenslage

Neben der lebensgeschichtlichen Perspektive wird in anderen Ansätzen versucht, die Entwicklung von Verhaltensstörungen aus der Lebenslage heraus zu erklären. Im Folgenden sollen die Krisentheorie, die Systemtheorie sowie interaktions- und kommunikationstheoretische Aspekte skizziert werden.

Aus interaktionstheoretischer Sicht sollen zwei Ansätze Erwähnung finden: Verhaltensauffälligkeiten als Signalverhalten sowie die Kausalattribuierung und damit verbunden die Labeling-Theorie. Im Rahmen der Kausalattribuierung wird einem Kind eine bestimmte Eigenschaft zugeschrieben, z. B. es sei nicht belastungsfähig weil es zu Hause keine Unterstützung erfährt. Die Labeling-Theorie greift den Erwartungseffekt noch pointierter auf. Ein abweichendes oder problematisches Verhalten wird etikettiert; zukünftig verhält sich die zuschreibende Person, z. B. der Lehrer entsprechend, das weitere Handeln und Verhalten des Kindes wird auf diese Weise vorgeprägt. Ist eine solche Etikettierung mit einer negativen Erwartung verbunden, z. B. „du bist aggressiv", spricht man von einer „Stigmatisierung", die die Verhaltensvariablen des betroffenen Kindes oder Jugendlichen erheblich einschränkt, bis hin zu einer Self-fulfilling prophecy (vgl. Myschker, 1999, S. 105).

Eine vor allem in der Praxis anzutreffende Interpretation von Verhaltensauffälligkeiten sucht diese positiv als Signalverhalten oder als Appell an die Umwelt zu verstehen (Leinhofer, 1992). Hintergrund ist vor allem die Annahme, dass den betroffenen Kindern und Jugendlichen keine alternative Form von sozial angemessener Kommunikation, z. B. hinsichtlich Hilfesuchverhalten, zur Verfügung steht, sie verdeutlichen bzw. signalisieren ihre Probleme durch sozial problematisches Verhalten. So kann z. B. eine Störung des Unterrichts als Signal verstanden werden, dass die Anforderungen zu hoch sind, oder aggressives Verhalten z. B. als Versuch, Aufmerksamkeit und Anerkennung zu finden oder Hilflosigkeit und Belastung auszudrücken.

Die Systemtheorie sucht das Geschehen als Ergebnis strukturierender und stabilisierender Verbundenheit zu erklären. Systemtheoretisch betrachtet sind Verhaltensauffälligkeiten weniger Ausdruck der Störung des bezeichneten Kindes oder Jugendlichen, sondern als Störung des Systems zu verstehen, dem das Kind bzw. der Jugendliche zugehörig ist. Folgerichtig setzt die Systemtheorie weniger bei dem betroffenen Kind an, sondern interveniert im System der Familie.

Aus krisentheoretischer Sicht kann ein Teil der Verhaltensstörungen als Ausdruck von Belastung und als Bewältigungsversuch einer überfordernden und belastenden Lebenslage, z. B. einer Pubertätskrise, interpretiert werden (Remschmidt, Adoleszent, 1992; Psychiatrie, 1992). In den Mittelpunkt ihrer Betrachtung rückt Vernooij (1991) die so genannte Initialkrise. *„Krisen ergeben sich im Risikofeld Leben immer wieder. Initialkrisen sind jene, welche eine individuelle Entwicklung in eine andere Richtung bringen, sowohl im positiven als auch im negativen Sinne [...] Die Initialkrise ist Gefahr und Chance zugleich, wobei sich mit zunehmender Entwicklung und Kompetenz die Möglichkeit, eine Krise als Initialkrise im positiven Sinne wahrzunehmen und zu bewältigen, erhöht." (Vernooij, 1991, S. 120)* Eine Entwicklung im negativen Sinne stellt z. B. die Herausbildung einer Verhaltensstörung dar. In diesen Fällen wird die Initialkrise zum Ursprung oder Anfang einer Störung im Entwicklungsverlauf. Vernooij unterscheidet „drei Bearbeits- bzw. Prozessformen: 1. die destruktive, 2. die offen regressive und 3. die verdeckt regressive Form" (Vernooij, 1991, S. 121).

Problem- und Erfahrungsfelder

Heterogenes Versorgungssystem

Das Versorgungssystem für Kinder und Jugendliche mit Verhaltensstörungen ist als heterogen und teilweise unübersichtlich zu charakterisieren. Wichtigster Bestandteil ist neben dem Schulsystem und der Jugendhilfe mit ihren unterschiedlichen Funktionsbereichen die Kinder- und Jugendpsychiatrie. Dies führt dazu, dass es in nicht wenigen Fällen fraglich ist, warum bestimmte Kinder und Jugendliche in der offenen

Jugendhilfe, andere jedoch in geschlossenen Heimen oder in der Erlebnispädagogik und wieder andere in der Kinder- und Jugendpsychiatrie versorgt werden. Wer, wann, wie und wo Unterstützung erfährt oder eben nicht, bleibt anscheinend in erster Linie der Sichtweise einzelner Beteiligter, z. B. der Eltern oder eines Sozialarbeiters im Jugendamt, oder auch dem Zufall überlassen. Dies erscheint kaum verwunderlich, denn die einzelnen Bereiche sind nur unzureichend vernetzt und die beteiligten Fachdisziplinen nehmen sich gegenseitig kaum wahr. Selbst innerhalb der Pädagogik, also zwischen Schul-, Sozial- und Heilpädagogik sowie Sozialer Arbeit, findet zu wenig Austausch statt, so dass Warzecha (1999) die Kooperation zwischen Verhaltensgestörtenpädagogik und Kinder- und Jugendhilfe als Qualitätsmerkmal zu etablieren sucht. Folgerichtig spricht Fegert (1999, S. 19) von der „Uneinigkeit der Experten" und sieht die Kooperation kritisch: „Tatsächlich fehlt es an kooperativen multiprofessionellen spezifischen Einrichtungen für diese gefährdeten Jugendlichen" (Fegert, 1999, S. 169).

Schulische Unterstützung

Ein Großteil der Verhaltensauffälligkeiten wird erst in der Schule problematisiert bzw. sie akzentuieren sich dort in spezifischer Weise.

Sonderschulen für Erziehungshilfe

In den meisten Bundesländern stehen seit den 1970er-Jahren so genannte (Sonder-) bzw. (Förder-)Schulen für Erziehungshilfe zur Verfügung. Hier werden entsprechend diagnostizierte Schüler (0,3 % aller Schüler) vergleichbar den anderen Sonderschulformen in Kleinklassen von speziell ausgebildeten Lehrkräften beschult (vgl. Book, 1999). Jungen sind im Vergleich zu Mädchen wesentlich überrepräsentiert (Ettrich u. a., 1999), nach Schöler (1999, S. 233) beträgt ihr Anteil sogar 80 %. Kernbestandteile des Unterrichts sind „innere und äußere Differenzierung bis hin zur Individualisierung" (Greuel/Berka, 1999, S. 163), Gruppenerziehung und Projekt- bis hin zu Werkstattunterricht.

Die Tagesgestaltung und die Erziehungshaltung haben deutlich sozialpädagogische Bezüge, z. B. bei der Zusammenarbeit mit den Eltern, der Unterstützung der Jugendlichen bei außerschulischen Problematiken sowie der Ganztagsgestaltung (vgl. Weidner u. a., 1999).

Integrationsschulen

V

Die Integration von Kindern und Jugendlichen mit Verhaltensstörungen insbesondere gravierender Art gilt als besonders schwierig (siehe Schöler, 1999, S. 232 ff.), daher werden sie nicht selten von der Integration ausgeschlossen (vgl. Goetze, 1990 mit internationaler Perspektive).

Ein Grund für die erschwerte Integration von Kindern mit Verhaltensauffälligkeiten bezieht sich auf die Bedeutung von Anerkennung als Faktor von sozialer Integration. Kinder und Jugendliche mit Verhaltensstörungen entziehen sich jedoch nicht selten dem Streben nach Anerkennung, indem sie sich z. B. gezielt provokativ verhalten. Auch gelingt es ihnen störungsbedingt häufig nicht, entsprechende Anerkennung zu finden oder anzunehmen, ihr Verhalten stört das soziale Miteinander empfindlich. Statt auf Anerkennung stoßen sie häufig auf Nichtverstehen und Ablehnung, daraus folgt Isolierung – das Gegenteil von Integration.

Außerschulische Hilfen

Im Rahmen der Erziehungshilfe stehen Kindern und Jugendlichen nach dem KJHG verschiedenste Hilfen zur Verfügung:

- Erziehungsberatung nach § 28 SGB VIII,
- soziale Gruppenarbeit nach § 29 SGB VIII,
- sozialpädagogische Familienhilfe nach § 31 SGB VIII,
- Erziehungsbeistandschaft gemäß § 30 SGB VIII,
- Tagesgruppen nach § 32 SGB VIII und Tagesheime gemäß § 22 SGB VIII,
- Heimerziehung und öffentliche Erziehung nach § 34 SGB VIII und Vollzeitpflege nach § 34 SGB VIII,
- intensive sozialpädagogische Einzelbetreuung nach § 35 SGB VIII,
- Ausbildung in einem Berufsförderungswerk nach § 13, 41 SGB VIII.

Ausblick

Der weitere Lebensweg von Kindern und Jugendlichen muss als entwicklungsoffen angesehen werden, denn trotz problematischer Verhaltensweisen und gravierender Lernprobleme schlagen manche Kinder und Jugendliche einen sozial akzeptierten und individuell erfolgreichen Lebensweg ein. Dennoch sind Verhaltensstörungen als höchst bedeutsamer Risikofaktor für die Entwicklung anzusehen. Während der Kindheit und Jugendzeit lassen sich unter anderem die folgenden Auswirkungen explizieren. Kinder und Jugendliche sind verstärkt betroffen von:

- Stigmatisierung und Benachteiligung durch Erwachsene, z. B. Lehrkräfte,
- Ablehnung und sozialer Ausgrenzung bei Gleichaltrigen,
- Nichterreichen von schulischen Standards,
- problematischen Erfahrungen im Jugendhilfesystem und
- Pathologisierung ihrer Probleme.

In Hinblick auf den Lebensweg als Erwachsener zeigen sich weitere mögliche Wirkungen:

- verringerte Chancen auf einen Ausbildungs-, Berufs- und Arbeitsplatz,
- erhöhte Abhängigkeit von sozialen und medizinischen Hilfesystemen,
- Armut und Abhängigkeit von staatlichen Transferleistungen,
- erhöhte Anfälligkeit für Delinquenz und Kriminalität,
- Entstehen von psychischen Störungen im Erwachsenenalter.

Kommentierte Literaturhinweise

Amft, Hartmut/Gerspach, Manfred/Mattner, Dieter: Kinder mit gestörter Aufmerksamkeit. ADS als Herausforderung für Pädagogik und Therapie. Stuttgart, Kohlhammer, 2002.
Interdisziplinär verfasste Beiträge zur kritischen Diskussion von ADS.

Myschker, Norbert: Verhaltensstörungen bei Kindern und Jugendlichen. Erscheinungsformen – Ursachen – hilfreiche Maßnahmen. 5. überarbeitete und aktualisierte Auflage, Stuttgart, Kohlhammer, 2005.
Grundlegendes Lehrbuch zur Thematik.

Wittrock, Manfred u. a. (Hrsg.): Lernbeeinträchtigung und Verhaltensstörung. Konvergenzen in Theorie und Praxis. Stuttgart, Kohlhammer, 2002.
Differenzierte Darstellungen zum Zusammenhang zwischen Lern- und Verhaltensstörungen.

Wahrnehmung Dieter Gröschke

Etymologie

Wahrnehmung (von althochdeutsch wara neman, soviel wie „einer Sache Aufmerksamkeit schenken") bezeichnet die grundlegende Weise der Erschließung von Selbst und Welt; sie ermöglicht Existenzerfahrung und Welterfahrung. Sie ist im anthropologischen Sinne Grundbedingung des „Daseins als in-der-Welt-sein" (Heidegger).

Wahrnehmung ist ein allgemeiner anthropologischer Grundbegriff. Man sollte ihn nicht vorschnell und einseitig einer einzigen Wissenschaft – etwa der Psychologie – zuschlagen und Wahrnehmung dann nur noch als Funktionsbegriff zur Bestimmung einer physiologischen und/oder psychologischen Einzelfunktion neben anderen verstehen und damit reduzieren. Die Frage muss von Anfang an offen gehalten werden: Ist Wahrnehmung ein Geschehen, ein Ereignis, eine Disposition, eine Tätigkeit, ein Können, ein Widerfahrnis, eine Gabe? Es geht um das „Leben in der Wahrnehmung" (Merleau-Ponty).

Die etymologische Ableitung von Wahrnehmung als „einer Sache Aufmerksamkeit schenken" stiftet eine begriffliche und funktionelle Verbindung von *Wahrnehmung* und *Aufmerksamkeit:* Aufmerksamkeit ist eine hintergründige Wahrnehmungsbereitschaft, die auf *etwas* gerichtet ist, mit *etwas* rechnet, ein „Ich blick auf etwas" (Waldenfels, 2004, S. 35). *Aufmerksamkeitsstörungen* („ADHS") sind gleichzeitig auch *Wahrnehmungsstörungen* und umgekehrt.

Als gerichtete, konzentrierte, aufmerksame (und methodisch kontrollierte) Wahrnehmung, überwiegend visuell und akustisch, kennen wir die Verhaltens*beobachtung* (teilnehmend oder nicht-teilnehmend) als Basismethodik der *heilpädagogischen Diagnostik* (siehe Gröschke, Mittel, 2004). Als ethische und phänomenologische *Grundhaltung* in der mitmenschlichen Begegnung und Beziehung, eine Haltung der Achtsamkeit, Offenheit und Vorurteilsfreiheit, kann man dagegen die „freischwebende Aufmerksamkeit" benennen, wie sie Sigmund Freud als professionelle Einstellung des guten Psychoanalytikers bestimmt hat; eine Fähigkeit des „Hörens mit dem dritten Ohr" (so der Psychoanalytiker Theodor Reik).

Geschichte

In der Heilpädagogik kommt den Themen Wahrnehmung und Wahrnehmungsförderung immer schon eine besondere Bedeutung zu. Die ersten heilpädagogischen Methoden, die man in der Praxis der Erziehung und Bildung behinderter Kinder entwickelte, waren Methoden der *Sinnesschulung* und *Wahrnehmungsförderung*. Das heilpädagogische Projekt begann historisch im letzten Drittel des 18. Jahrhunderts in Frankreich und England mit der Suche nach Möglichkeiten der Erziehung von sinnesbehinderten Kindern (taubstummen und blinden Kindern und Jugendlichen); einige

Zeit später wurden diese neuen Methoden der Sinnesschulung auch auf „schwachsinnige" Menschen angewandt. Es war das Zeitalter der Aufklärung, in dem in Frankreich und England der *Empirismus* die beherrschende philosophische Erkenntnistheorie war. Der Empirismus (von griech. empeiros „erfahren", „kundig" und Empeira „Erfahrung", „Kenntnis") lehrte, dass jede Erkenntnis, jedes Wissen auf Erfahrung und nur auf Erfahrung beruhe. Da weiterhin die Sinne als einzige Erfahrungsquelle über die Welt gelten, radikalisiert sich der Empirismus zu einem *Sensualismus* (von lat. sensualis „sinnlich"), nach dem alle Erkenntnis auf reiner Sinneswahrnehmung, letztlich auf der Empfindung physiologischer Reize beruhe. In der französischen Aufklärungsphilosophie der zweiten Hälfte des 18. Jahrhunderts, die das Aufkommen der Heilpädagogik von ihren philosophisch-anthropologischen Grundlagen her wesentlich begünstigte, vertrat der Sensualismus eine materialistische Deutung menschlicher Bewusstseinsphänomene (Diderot, Helvétius, d'Holbach, Condillac); man war der Überzeugung, dass alle geistigen Fähigkeiten sich aus Sinnesempfindungen gesetzmäßig aufbauen. Bei John Locke (1632–1704) heißt es bereits programmatisch: „Nichts ist im Verstand, was nicht vorher in den Sinnen gewesen ist". Der menschliche Verstand ist zunächst leer wie ein unbeschriebenes Blatt („tabula rasa"); alle Bewusstseinsinhalte gehen auf die äußere, durch Sinnesorgane, oder die innere, durch Selbstwahrnehmung, vermittelte sensorische Erfahrung zurück. Aus diesen Elementen und Bausteinen bildet der Verstand bzw. die Einbildungskraft durch Assoziation, Kombination, Vergleich und Abstraktion die höheren „zusammengesetzten Ideen". Wenn man also durch äußere Reize systematisch die Sinnesorgane anrege und auf diese Weise Empfindungen auslöse, könnten Lernprozesse gesteuert und geistige Fähigkeiten aufgebaut werden. Der Empirismus und der Sensualismus haben also unmittelbare *pädagogische* Implikationen; sie beschreiben die Bedingungen der Möglichkeit von *Lernen, Lehren* und *Unterrichten.*

In der pädagogischen Praxis stellte sich nun die interessante Frage, wie dann Erziehung, Bildung und Unterricht bei blinden oder gehörlosen (taubstummen) Kindern gestaltet werden müssen, die also nicht mehr „vollsinnig" sind. Man entdeckte die Möglichkeit des „Sinnesvikariats", ein kompensatorisches didaktisches Prinzip, nach dem die Funktion eines nicht vorhandenen Sinnes durch eine umso gründlichere Schulung der übrigen Sinne ausgeglichen werden kann. Für den Ausfall der Sprache und des damit verbundenen Verlustes akustischer Reize erfand der französische Abbé 'de l'Epée (um 1780) die erste Gebärdensprache in der Taubstummenerziehung. Dieser pädagogische Optimismus war eine wichtige Antriebsquelle für die Entwicklung einer heilpädagogischen Praxis. Der französische Arzt und Taubstummenlehrer Jean-Marc Gaspard Itard entwickelte eine sensualistische heilpädagogische Erziehungsmethode während seines berühmten Erziehungsversuchs mit Victor, dem „Wildjungen von Aveyron", (1801–1806 in Paris). *Schwachsinn,* das ist geistige Behinderung, ist nicht Ausdruck einer irreversiblen Hirnschädigung oder eines angeborenen Defektes, wie ihn der Irrenarzt und „Vater der modernen Psychiatrie" Pinel bei Victor annahm, sondern ein Erfahrungsmangelzustand durch Erziehungsmangel, der durch systematische Sinnesschulung behoben werden könne. Um diesen Erziehungsversuch von Itard mit Victor, einer „heilpädagogischen Urszene", herum konstelliert sich der fortdauernde Gegensatz zwischen einer erziehungspessimistischen Defekttheorie des Schwachsinns („Idiotie und Imbezillität") und einer erziehungsoptimistischen Entwicklungs- und Erziehungstheorie, die im Schwachsinn eines Kindes (in seiner „geistigen Behinderung") die Verkörperung von Verwahrlosung, Vernachlässigung und Erziehungsmangel sieht. Der Schüler und Nachfolger von Itard, der Pädagoge und spätere Arzt Edouard Séguin (1812–1880), entwickelte in diesem Geiste seine bahnbrechende „physiologische Methode der Schwachsinnigenerziehung“, an die wiederum zu Beginn des 20. Jahrhunderts die Ärztin und Reformpädagogin Maria Montessori mit ihrer Methodik einer Sinnesschulung als basal- und heilpädagogisches Konzept unmittelbar anknüpfte. Im sensualistischen Ansatz von Itard, Séguin und Montessori bestimmen vor allem zwei methodische Prinzipien den Prozess der Entwicklungsförderung und Heilerziehung durch intensive und systematische Einwirkung auf die Sinne (Sensorik) und die Bewegungsfunktionen (Motorik): Die Isolierung des einzelnen Sinnes beim Training mit einer entsprechenden „Polarisierung der Aufmerksamkeit“ (Montessori) und eine zunehmende Steigerung der Sensibilität und Wahrnehmungsdifferenzierung von zunächst groben Unterscheidungen zu immer feineren fortschreitend. Der Funktionskreis von *Wahrnehmung* und *Bewegung* (Sensomotorik) wird sich für die weitere Entwicklung von Methoden der Wahrnehmungsförderung noch als entscheidendes Stellglied erweisen; wir werden noch darauf zurückkommen.

Für die Entwicklung des heilpädagogischen Gedankens in der Schwachsinnigenfürsorge in Deutschland war eine Programmschrift von Carl Wilhelm Saegert, Leiter einer Taubstummenanstalt in Berlin, von großem Einfluss: „Über die Heilung des Blödsinns auf intellektuellem Wege“ (1845). In ihr erweist sich die große Bedeutung einer sensualistisch angelegten Taubstummenpädagogik für die Entwicklung einer Heilpädagogik bei geistiger Behinderung („Blödsinn, Schwachsinn“). Bei Saegert heißt es:
„Die ganz empirische Auffassung des Blödsinns in seinen Erscheinungen ist die beste Widerlegung der Kantischen Annahme ‚Blödsinn ist Seelenlosigkeit‘. Wo Freude über eine Sache, wo Affekt bis zur Wut möglich ist, wo Leidenschaften existieren, da muss auch etwas sein, was sich freuen und leiden kann. Freude ist ein Seelenzustand, und Affekt bis zur Wut hat ein Verlangen hinter sich, das also auch aus der Seele herzuleiten ist und Erfahrung im Genusse voraussetzt [...] Der Blödsinn erschien mir hiernach nicht als Seelenlosigkeit, vielmehr als Seelenuntätigkeit, als Unfähigkeit, Eindrücke festzuhalten und zu verarbeiten, oder als Mangel an Aufmerksamkeit und Besonnenheit oder besser Besinnungsfähigkeit; es kam also darauf an, die Tätigkeit der Seele herbeizuführen, und es war die Frage, ob dies möglich sei [...] Es wird also nur darauf ankommen, die geeigneten Reizmittel zur allmählichen Stärkung und in der rechten Weise und Stufenfolge anzuwenden, um auch blödsinnige Individuen zur Entwicklung zu bringen.“ (Möckel/Adam u. a., 1997, S. 126 u. 138)

Die in der modernen Heilpädagogik einflussreichen Konzepte *basalpädagogischer Entwicklungsförderung* bei schwerer Behinderung: Basale Stimulation (s. gleichnamiger Beitrag), Basale Kommunikation (s. gleichnamiger Beitrag), Ästhetische Erziehung (s. gleichnamiger Beitrag) wie auch Konzepte und Methoden der Entwicklungsförderung von Kindern mit Wahrnehmungs- und Lernstörungen (z. B. sensorische Integrationstherapie) haben in der sensualistischen Methodik der Taubstummen-, Blinden- und Schwachsinnigenpädagogik ihre frühen historischen Wurzeln.

Der französische Aufklärungsphilosoph Diderot veröffentlichte Mitte des 18. Jahrhunderts zwei berühmte Schriften, die wichtige geistige Grundlagen für die kurze Zeit später beginnende Blinden- und Taubstummenpädagogik vermittelten; „Brief über die Blinden zum Gebrauch der Sehenden“ (1749) und „Brief über die Taubstummen zum Gebrauch derer, welche hören und sprechen können“ (1751). In diesen Briefen entwickelt Diderot eine sensualistisch-materialistische Erkenntnistheorie und weist unter anderem auf die Kompensationsfähigkeit der einzelnen Sinne füreinander hin; außerdem relativiert er die Dominanz des Sehens (visueller Sinn), das in der philosophischen Tradition seit Aristoteles immer als der eigentliche Hauptsinn des Menschen galt. Am Beispiel Diderots erkennt man, dass das heilpädagogische Projekt nicht nur aus karitativen Motiven, einer Hilfe für Vernachlässigte und Benachteiligte, entstand, sondern auch aus einem starken empirischen und anthropologischen Interesse an grundsätzlichen Fragen nach der Natur des menschlichen Geistes, des Verstandes und einer umfassenden, alle Menschen einschließenden Erziehung und Bildung des Menschengeschlechts. Auf diesem universalanthropologischen Hintergrund bekommt das Thema Wahrnehmung, Wahrnehmungstätigkeit und -förderung seine zentrale und grundsätzliche Bedeutung, die weit über die eines Themas unter anderen hinausreicht.

Aktuelle Relevanz und theoretische Ansätze

Was ist (eigentlich) Wahrnehmung? Wie wird heute in den Menschenwissenschaften der mit Wahrnehmung bezeichnete originäre Zugang des Menschen zu sich selbst, zu anderen und zur Welt thematisiert? Wir wollen im Folgenden wesentliche Antwortversuche der modernen *Wahrnehmungspsychologie* und der phänomenologischen *Wahrnehmungsphilosophie* kennen lernen.

Wahrnehmung als psychologischer Grundbegriff

Nach der üblichen Systematik der allgemeinen Psychologie ist Wahrnehmung eine psychische Funktion neben anderen und ein psychologischer Begriff unter anderen (Motivation, Emotion, Kognition, Lernen). Aufgrund dieser analytischen, isolierenden Betrachtungsweise des Phänomens Wahrnehmung in der Psychologie muss man damit rechnen, dass davon abgeleitete Konzepte der Wahrnehmungsförderung tendenziell als spezielle Funktionstrainings angelegt sind, z. B. als Training der visuellen, auditiven oder taktil-kinästhetischen Wahrnehmung. Der weithin empiristische Forschungsansatz der Wahrnehmungspsychologie, die einzelne, eng umschriebene Wahrnehmungsfunktionen unter isolierten, methodisch streng kontrollierten experimentalpsychologischen Laborbedingungen untersucht, begünstigt zusätzlich einen solchen funktionalistischen Förderansatz. Wahrnehmung wird allgemein als Prozess der *Reizaufnahme* (sensorischer und informationeller Input) und der *Informationsverarbeitung* und -nutzung („computation") verstanden. In diesem Sinne gehört das Thema Wahrnehmung heute in den Bereich der Kognitionspsychologie (Kognitivismus). In psychologischer Sichtweise wurde immer schon betont, dass Wahrnehmung nicht nur *Perzeption* (Sinnesrezeption), sondern immer auch *Apperzeption* ist, d. h., von psychischen Beimischungen und aktiven Gestaltungstendenzen des Wahrnehmungssubjekts (Individuum) beeinflusst wird. Die Wahrnehmung insgesamt und die einzelnen Wahrnehmungssysteme haben die Funktion einer Koppelung des Organismus an alle funktionell relevanten Aspekte der Umwelt (dingliche, räumliche, interpersonelle und soziale Aspekte). Den vielfältigen Wahrnehmungsprozessen kommt von daher zunächst eine adaptive Anpassungs-, Bewältigungs- und Nützlichkeitsfunktion zu (siehe Gröschke, 2005).

Die „kognitive Wende" in der Wahrnehmungspsychologie, d. h. die definitive Abkehr von der alten Elementenpsychologie und ihrer Kernannahme einer 1:1-Verbindung zwischen punktuellem Reiz und einzelnen Empfindungen, wurde von der Schule der *Gestaltpsychologie* vollzogen. Die Gestalttheoretiker (Köhler, Koffka, Wertheimer, Lewin, Straus) konnten zweifelsfrei nachweisen, dass spontane Gliederungs- und Organisationstendenzen (Gestaltprinzipien) von Anfang an in allen Wahrnehmungsprozessen, einfachen wie komplexen, wirken, die auf die subjektive Wahrnehmung sinnvoller Ganzheiten, „guter Gestalten", ausgerichtet sind (Prägnanzprinzip). Selbst eine ganz elementare Wahrnehmung ist niemals nur die Registrierung eines isolierten Sinnesdatums, sondern immer die Wahrnehmung von Relationen und Differenzen; das zeigt bereits das fundamentale Gestaltprinzip der Figur-Grund-Wahrnehmung in allen Sinnesgebieten. Auch die in der Antike von Aristoteles grundgelegte Lehre von den fünf Sinnen (Sehen, Hören, Fühlen, Riechen und Schmecken), dazu noch der Lage- und Bewegungssinn, erwies sich als eine zu eng angelegte und letztlich willkürliche Klassifikation. Für komplexe, lebensbedeutsame Wahrnehmungsleistungen ist immer das feine Zusammenspiel der verschiedenen Modalitäten entscheidend. Mit „Wahrnehmungseindrücken" sind immer auch motorische „Ausdrucksbewegungen" verbunden (Sensomotorik als „Gestaltkreis" zwischen „Merkwelt und Wirkwelt"; so bei Jakob von Uexküll und Victor von Weizsäcker). Wahrnehmung und Bewegung gehören unmittelbar zusammen; in kognitiver Hinsicht dient Wahrnehmung letztlich der Handlungsvorbereitung, -ausführung und -regulation; d. h., sie ist intentional, zweckgesteuert und zielgerichtet. Also: Nicht nur Wahrnehmung und Bewegung, sondern auch Wahrnehmung und *Handeln* stehen in einem engen, unauflöslichen Zusammenhang. Eine dem Problem angemessene Wahrnehmungsförderung muss deshalb nicht nur in ein Konzept von Bewegungsförderung (Psychomotorik) eingebettet sein, sondern muss letztlich integraler Teil einer alltagsbezogenen *Handlungsförderung* und *-befähigung* sein. Die verschiedenen Sinnesmodalitäten und die einzelnen, isoliert voneinander gedachten Sinne sind keine eng befestigten Datentransportwege von außen nach innen; sie sind vielmehr Medien der originären „Sinnfindung" und „Sinnstiftung" und lebendige Zwischenglieder zwischen einem Individuum und seiner soziokulturellen Umwelt und interpersonellen Mitwelt.

Ein produktiver Ansatz der neueren Wahrnehmungspsychologie ist als „ökologischer Ansatz" bekannt geworden; entwickelt wurde er von dem amerikanischen Psychologen James J. Gibson. Dieser theoretische Ansatz beschreibt Wahrnehmung nicht als sensorische Erfassung künstlich reduzierter zweidimensionaler Reizobjekte unter Laborbedingungen, sondern er beschreibt den aktiven Prozess der Wahrnehmung eines Organismus in seiner natürlichen oder kulturellen Umwelt mit den „Sinnen in Gebrauch", d. h. solchen Organen, mit deren Hilfe ein Organismus über seinen Lebensraum Kenntnis gewinnt und sich mit den dort angetroffenen Aufgaben auseinandersetzt. Er interessiert sich weniger für die Sinnesempfindungen des Hörens, des Sehens, des Geruchs, des Geschmacks, sondern vielmehr für die „fünf grundsätzlichen Arten", wie Lebewesen ihre Wahrnehmungsapparate zur Orientierung über die Umwelt einsetzen. Das ist: „Zum Horchen, zum Betasten, zum Beriechen und Kosten und zum Ausschauhalten" (Gibson, zit. in Gröschke, 2005, S. 227). Die folgende Tabelle zeigt die funktionalen Wahrnehmungssysteme des Menschen im Überblick.

Bezeichnung	Art der Aufmerksamkeit	Rezeptive Einheiten	Anatomie des Organs	Tätigkeit des Organs	Zur Verfügung stehende Reize	Gewonnene äußere Information
Grundlegendes Orientierungssystem	Allgemeine Orientierung	Mechanorezeptoren	Vestibularorgane	Körpergleichgewicht	Gravitations- und Beschleunigungskräfte	Richtung der Gravitation, nach unten gezogen werden
Gehörsystem	Horchen	Mechanorezeptoren	Innenohr, Mittelohr, äußeres Ohr	Orientierung zur Schallquelle	Luftschwingungen	Art und Lokalisation der Schallereignisse
Haptisches System	Tasten	Mechanorezeptoren und möglicherweise Thermorezeptoren	Haut (Oberflächen- und Tiefenorgane), Gelenksorgane (mit Einschluss der Organe in den Geweben), Muskelorgane (mit Einschuss der Sehnen)	Erkundungstätigkeit vielfacher Art	Deformation von Hautschichten, Stellungsreize der Gelenke, Dehnung der Muskelfasern	Kontakt mit dem Boden, mechanische Eigenschaften, Formen von Objekten, Materialarten, Festigkeit oder Viskosität
Geruchs- und Geschmackssystem	Riechen	Chemorezeptoren	Organe in der Nasenhöhle (Nase)	Beriechen	Zusammensetzung des Mediums	Art der Geruchsquellen
	Schmecken	Chemo- und Mechanorezeptoren	Organe in der Mundhöhle (Mund)	Kosten	Zusammensetzung der aufgenommenen Substanzen	Nährwert und Bekömmlichkeit
Visuelles System	Schauen	Photorezeptoren	Okulare Mechanismen (mit Einschluss der inneren und äußeren Augenmuskeln, der Beziehung zu den Vestibularorganen und zu Kopf- und Körperhaltung)	Regulierung der Akkomodation der Pupillenweite, der Fixation und Konvergenz, Erkundung	Strukturvariable des umgebenden Lichtes	Alles, was sich in der Struktur des umgebenden Lichtes ausdrückt (Information über Dinge, Lebewesen, Bewegungen, Ereignisse und Orte)

Die Wahrnehmungssysteme des Menschen (Gröschke, 2005, S. 230)

In den Umweltsituationen eines Lebewesens haben die Dinge jeweils einen spezifischen „Aufforderungscharakter" (positive oder negative „Valenzen", Wertigkeiten, nach Lewin); Gibson spricht von „Angeboten" („affordances", engl.: to afford, anbieten). Es sind Handlungsmöglichkeiten, die im Arrangement der Umwelt bereitstehen, die der Wahrnehmende entdeckt, um sie zu nutzen. Es besteht also eine Komplementarität von Person und Umwelt im Wahrnehmungsprozess. Die in der Umwelt liegenden Möglichkeiten und die Lebensweisen des Individuums sind untrennbar miteinander verbunden. Jeder Organismus hat seine „ökologische Nische" als seine Wahrnehmungs- und Handlungsumwelt; Wahrnehmung ist ein „Tuchfühlunghalten mit der Welt" (Gibson). Die Wahrnehmungsorgane sind *leiblich-sinnliche* Erkenntniswerkzeuge des Organismus als funktionelle Ganzheit. *„Wahrnehmung ist, sofern sie wahr ist, die Berührung unserer eigenen Wirklichkeit mit der Wirklichkeit der wahrgenommenen Dinge. Die eigene Leiblichkeit lässt die Dinglichkeit der Dinge zum Vorschein kommen." (So die Sicht eines Vertreters der phänomenologischen Psychologie, von Uslar, zit. in Gröschke, 2005, S. 232)*

Ein wichtiges und auch praxisrelevantes Kapitel aus der Wahrnehmungspsychologie ist das Thema soziale Wahrnehmung und Personenwahrnehmung, also Wahrnehmung im sozialen, interpersonellen Kontext. Die sozialpsychologische Theorie der *Personenwahrnehmung* beschreibt Prozesse der wechselseitigen Wahrnehmung, Urteils- und Einstellungsbildung in der sozialen Interaktion; insbesondere zu Beginn einer sozialen Interaktion (z. B. Dominanz des ersten Eindrucks: Primateffekt; implizite Persönlichkeitstheorien und Stereotypisierung; vgl. dazu Gröschke, 2005). Diese Erkenntnisse müssen bei der Gestaltung eines Erstkontakts in der professionellen psychosozialen Arbeit mit Klienten bedacht werden.

Die Phänomenologie der Wahrnehmung

Unter dem Titel „Phänomenologie der Wahrnehmung" veröffentlichte der französische Philosoph Merleau-Ponty (1945, deutsche Übersetzung 1966) eine Abhandlung, die inzwischen als Klassiker der modernen Anthropologie gelten kann (Merleau-Ponty, 1974). Merleau-Ponty, ein maßgeblicher Vertreter der französischen Phänomenologie, bettet die Wahrnehmung in eine umfassende Bestimmung der *Leiblichkeit* des Menschen ein. Wahrnehmung ist die grundlegende Weise, in der das Individuum als „leibliches Selbst" (Waldenfels, 2000) mit seiner Welt verbunden ist. In dieser leibphänomenologischen Perspektive ist Wahrnehmung nicht eine Funktion neben anderen, sondern ein grundlegendes, im Körper als Leib inkorporiertes Vermögen; ein *Organon* unseres Weltzuganges.

In einer solchen „Aisthetik" als allgemeine Wahrnehmungslehre (von griech. „aisthesis", sinnliche Erkenntnis) ist das *leibliche Spüren* die Grundkategorie des Wahrnehmungsprozesses (vgl. Böhme, 2001). Dieses *synästhetische,* d. h. mit allen Sinnen gleichzeitig und leiblich vollzogene Wahrnehmen vermittelt uns unsere „Befindlichkeit" in der Situation, unsere immer auch emotionale „Betroffenheit" und die „Anwesenheit" der Dinge und Personen in der Welt. *„Wahrnehmung ist eine Weise da zu sein – so wie Handeln eine andere. Während im Handeln das eigene Dasein spürbar wird durch Widerstand, den das Handeln erfährt, so wird in der Wahrnehmung das eigene Dasein spürbar dadurch, dass man betroffen wird, dass man der Welt ausgesetzt ist und mit dem Wahrgenommenen mitschwingt. Wir können sagen, dass in der Wahrnehmung der Mensch sich zur Welt, bzw. zu den Dingen in der Welt, in eine Position bringt oder gebracht sieht." (Böhme, 2001, S. 83)*

In dieser Perspektive von Wahrnehmung werden nicht Sinnesdaten wahrgenommen und kognitiv verarbeitet (Perzeption bzw. Apperzeption), sondern *Situationen* und *Atmosphären.* Atmosphären sind Zwischenphänomene, die als etwas Drittes über den Gegensatz von Wahrnehmungssubjekt (Individuum) und Wahrnehmungsobjekt (Umweltdinge) hinausgreifen. Sie sind synästhetisch und emotional „gestimmte Räume" mit ihrem bestimmten „Anmutungscharakter". Phänomenologe Hermann Schmitz, ein neben Waldenfels und Böhme bedeutender Vertreter einer solchen alternativen Wahrnehmungslehre im Gefolge von Merleau-Ponty, schreibt dazu:.

„Jeder vollsinnige Mensch nimmt Dunkelheit, Stille, leeren Raum, Zeit, Atmosphären, Situationen, Sachverhalte und Programme genauso gut und unmittelbar wahr wie Farben, Flächen und Bewegungen." (Schmitz, 1994. S. 3)

Der Ertrag dieser, im *Grundphänomen* der *Leiblichkeit* fundierten Auffassung von Wahrnehmung für neue Ansätze einer heilpädagogischen Wahrnehmungsförderung ist bislang noch weitgehend unausgeschöpft. Der phänomenologische Ansatz ergänzt die konventionelle psychologische Sichtweise von Wahrnehmung als neurophysiologisch basierten Prozess sensorischer und kognitiver Informationsverarbeitung um wichtige *existenzielle* und *lebensweltliche* Dimensionen (vgl. Gröschke, 1997). Das Thema Wahrnehmung und Wahrnehmungsförderung wird so anschlussfähig nicht nur in Richtung Neurobiologie (s. Beitrag „Neurophysiologische Grundlagen der Heilpädagogik"), sondern auch für die Themen einer ästhetischen Erziehung (s. Beitrag „Ästhetische Erziehung"), Kommunikation (s. Beitrag „Kommunikation") sowie Lebenswelt und Daseinsgestaltung (s. gleichnamige Beiträge). Doch wie stellt sich das Thema Wahrnehmungsförderung in der aktuellen pädagogisch-psychologischen Methodenlehre dar? Das soll abschließend in einem kurzen Überblick dargestellt werden.

Problem- und Erfahrungsfelder

Wahrnehmungsförderung

Statt eines umfassenden Konzepts von Wahrnehmungsförderung als komplexe, ganzheitliche *Entwicklungsförderung* einer *Person* in ihrer *Lebenswelt* findet sich unter dem Stichwort „Wahrnehmungsförderung" eine Palette spezieller *sensomotorisch* oder *kognitiv* ausgerichteter Förderkonzepte oder -methoden für Kinder mit so genannten *Wahrnehmungsstörungen, Teilleistungsschwächen* oder *Lernbeeinträchtigungen.* Allenfalls die basalpädagogisch ausgerichteten heilpädagogischen Förderkonzepte für Menschen mit komplexen und schweren Behinderungen – Basale Stimulation bzw. Kommunikation, ästhetische Erziehung – verfolgen eine ganzheitliche Idee von Wahrnehmungsförderung als elementarer Entwicklungsförderung.

Wenn, phänomenologisch betrachtet, der Gegenstand der Wahrnehmung nicht isolierte Sinnesdaten oder Reizmuster sind, sondern *Situationen, Atmosphären* (als „sinnlich-emotional gestimmte Räume") oder *Physiognomien* (siehe Böhme, 2001), verweist diese „Aisthetik als allgemeine Wahrnehmungslehre" (siehe Böhme, 2001) auf die große praktische Bedeutung einer entsprechenden förderlichen Lebensraumgestaltung in heilpädagogischen Einrichtungen: Wohnräume, Arbeitsräume, Freizeit- und Entspannungsräume. Im Konzept des „Snoezelen" als basale Wahrnehmungsförderung ist dieser aisthetische/ästhetische Aspekt des Raumerlebens und einer entsprechenden Raumgestaltung von zentraler Bedeutung.

Wahrnehmungsstörungen als Indikation für Methoden einer speziellen Wahrnehmungsförderung gelten als biopsychosozial komplexbedingte Beeinträchtigungen der Informationsverarbeitung und -nutzung einzelner Sinnesmodalitäten (taktil-kinästhetisch-vestibuläre, visuelle und auditive Wahrnehmungsstörungen) oder als Beeinträchtigungen der für die kindliche Entwicklung wesentlichen Prozesse (sensorische Integration) und sequenziell-serialer Reizverarbeitung. Aus solchen Wahrnehmungsstörungen ergeben sich Teilleistungsschwächen (im Bereich der Sprache, des Lesens, Schreibens und Rechnens), die das schulische Lernen der betroffenen Kinder stark beeinträchtigen und zu partiellen Lernstörungen führen können. Der Prozess der intermodalen Reiz- und Informationsverarbeitung unter dem Aspekt der sensorischen Integration stellt sich dabei wie in der folgenden Tabelle dar:

Die Sinne	**Integration ihrer Reizeinwirkungen**			**Endprodukte**
Auditives System (Hören)			Sprechvermögen	Konzentrationsfähigkeit Organisationsfähigkeit Selbsteinschätzung Selbstkontrolle Selbstvertrauen Akademisches Lernvermögen Fähigkeit zum abstrakten Denken und Verarbeiten von Gedanken Spezialisierung jeder Seite des Körpers und Gehirns (Lateralität)
			Sprache	
Vestibuläres System (Schwerkraft und Bewegung) Propriozeptives System (Muskeln und Gelenke)	Augenbewegungen Haltung Gleichgewicht Muskeltonus Schwerkraftsicherheit	Körperwahrnehmung Koordination der beiden Körperseiten Bewegungsplanung	Augen-Hand-Koordination	
Taktiles System (Berührung, Tastsinn)	Saugen Essen	Aktivitätsniveau Aufmerksamkeitsspanne Emotionale Stabilität	Visuelle Wahrnehmung Zweckgerichtete Aktivität	
Visuelles System (Sehen)	Mutter-Kind-Bindung Wohlbefinden bei Berührung			

Sensorische Integration und ihre Ergebnisse (Gröschke, 1997, S. 210)

Für die funktionell möglichst eng umschriebenen und nach Möglichkeit auch neuropsychologisch begründeten Wahrnehmungsstörungen modalitätsspezifischer oder intermodaler Art liegen in Form von Wahrnehmungsfunktionstests zahlreiche diagnostische Verfahren und Instrumente vor, die in der Eingangsdiagnostik zur Anwendung kommen (für einen Überblick siehe Breitenbach, 2003). In kognitionspsychologischer Perspektive wird zwischen Input-, Integrations- oder Outputstörungen unterschieden (Informationsaufnahme, -verarbeitung und -ausgabe). Verbunden mit den Namen Marianne Frostig, Jean Ayres und Félicie Affolter (und ihren vielen Schülern und Nachfolgern) liegen inzwischen umfangreiche Wahrnehmungstrainings- und Förderprogramme vor, die in der heilpädagogischen Praxis von Frühförderung, vorschulischer und schulischer Förderung recht verbreitet sind. In diesem Zusammenhang erwähnenswert ist auch das Programm einer psychomotorischen Entwicklungsförderung von Eggert und Mitarbeitern, in dessen Rahmen auch systematisch taktil-kinästhetische, visuelle und auditive Wahrnehmungsfunktionen sowohl diagnostisch erfasst (mit entsprechenden Inventaren) wie auch motopädagogisch und spielerisch integriert gefördert werden (siehe Eggert, Theorie, 2000).

Ausblick

Die bislang vorliegenden empirischen Evaluationsstudien zu den verschiedenen Wahrnehmungsförderungsprogrammen zeigen insgesamt ein eher unübersichtliches und alles in allem wenig überzeugendes Bild, was die gemessene empirische Effektstärke betrifft. Das liegt daran, dass diese Förderprogramme entweder tatsächlich wenig empirisch wirksam sind oder dass die empirischen Forschungsmethoden der Wirksamkeitskontrolle dem Gegenstand nicht angemessen sind, weil Wahrnehmungsförderung eher unspezifische, allgemeine und ganzheitliche Entwicklungsimpulse freisetzt. Aus der Perspektive der differentiellen (oder speziellen) Heilpädagogik kommt dem Thema Wahrnehmung eine besondere Bedeutung zu bei den so genannten Sinnesbehinderungen (bei Seh- oder Hörschädigungen). Pädagogisch bedeutsam und handlungsrelevant sind ja nicht die sinnesphysiologisch objektivierbaren sensorischen *Schädigungen,* sondern die veränderten Bedingungen des Weltzugangs, von Entwicklung und Lernen, bei eingeschränkter visueller oder akustischer *Wahrnehmung* („Viersinnigkeit") in einer stark auf *Visualität* (Sichtbarkeit) und *Oralität* (Sprachlichkeit) eingestellten sozialen und ökologischen Umwelt. In den beiden sonderpädagogischen Fachrichtungen der Blinden- und Sehbehinderten- sowie der Gehörlosen- und Schwerhörigenpädagogik geht man inzwischen auch von einem komplexen, ganzheitlichen Begriff von Wahrnehmung aus, der mehr umfasst und bedeutet als die Folgen eines Sinnesdefekts (nicht sehen oder hören können), nämlich: *anders* Sehen oder Hören oder Kommunizieren! (differentiell: „a difference, that makes a difference!"; s. auch Beitrag „Behinderung").

Kommentierte Literaturhinweise

Zur gründlichen Einarbeitung in den anthropologischen Grundbegriff von Wahrnehmung:
Böhme, Gernot: Aisthetik. Vorlesungen über Ästhetik als allgemeine Wahrnehmungslehre. München, Fink, 2001.

Fuchs, Thomas: Leib, Raum, Person. Entwurf einer phänomenologischen Anthropologie. Stuttgart, Klett, 2000.

Als informative Kompendien zu den Methoden und Konzepten einer heilpädagogischen Wahrnehmungsförderung als basale Entwicklungsförderung:
Fröhlich, Andreas/Heinen, Norbert/Lamers, Wolfgang (Hrsg.): Schwere Behinderung in Praxis und Theorie – Ein Blick zurück nach vorn. Düsseldorf, Verlag selbstbestimmtes Leben, 2001.

Theunissen, Georg: Pädagogik bei geistiger Behinderung und Verhaltensauffälligkeit. Ein Kompendium für die Praxis. 4. stark erw. Aufl., Bad Heilbrunn, Klinkhardt, 2005.

Wohnen
Iris Beck

Etymologie

Man wohnt nicht, wo man nicht gewohnt ist, zu sein, wo man sich nicht eingewöhnt hat. Die Verbindung des Wortes „Wohnen" mit Gewohnheit, gewöhnen ist etymologisch belegt: Wohnen geht zurück auf ein „mhd. wonen, ahd. wonân, sich aufhalten, bleiben, gewohnt sein [...] Die eigentliche Bedeutung des Verbs ist [...] ‚nach etwas trachten, gern haben', woraus sich die Bedeutungen ‚Gefallen finden, zufrieden sein, sich gewöhnen' und schließlich die heute allein bestehende Bedeutung ‚wohnen, sich aufhalten' entwickelt haben" (Duden, Herkunftswörterbuch, 2006, Sp. 932 f.).

„Wenn man sich an einen Aufenthaltsort ‚gewöhnt' hatte, dann konnte man auch gleich dort ‚wohnen'. Und auch das Individuum macht ja heute noch diese Entwicklung durch. In der Mietwohnung ‚trachtet' man nach einer Eigentumswohnung oder einem Haus. Ob man nun sein Wunschobjekt findet oder nur eine Kompromisslösung – auch an die eigenen vier Wände muss man sich erst ‚gewöhnen' – bis man dann schließlich wirklich von ‚bewohnen' sprechen kann (www.etymologie.info/~e/d_/de-wohnen.html, Zugriff am 15.6.2005).

Wohnen und Leben fallen im Englischen z. B. im „living room" als dem Zentrum der häuslichen Lebensvollzüge zusammen. Eine Wohnung dient dem langfristigen Aufenthalt, dem Bleiben, und das kann man nur, wenn die Wohnung vor Übergriffen geschützt ist. In kriegsumkämpften Stadtvierteln wird nicht mehr gewohnt, nicht mehr gelebt, sondern es kann nur noch überlebt werden. Das Gewohnte weicht der Unsicherheit, die Häuslichkeit der Unbehaustheit, das Bleiben der Flucht, das Leben der Lebensbedrohung.

Geschichte

Das Wohnen ist „der Niederschlag einer sozialen Einheit im Raume, der Typus ihrer Raumgestaltung eine handgreifliche, eine – im wörtlichen Sinne – sichtbare Repräsentation ihrer Eigenart" (Elias, 1983, S. 70). Wohn- und damit Lebensweisen unterliegen dem historisch-kulturellen Wandel. Die ursprüngliche Verbindung mit einer physischen Raumgestaltung ist die mit dem Haus (engl. housing conditions = Wohnbedingungen).

Dabei wurde mit dem Haus „ein Lebenszentrum (gemeint), das sich sowohl auf den Lebensunterhalt und Beruf [...] als auch auf das Leben im Familien- und Gemeindezusammenhang bezog" (Speck, Wohnen, 1998, S. 19). Die funktionale Differenzierung von Lebensbereichen in modernen Gesellschaften hat das Wohnen überwiegend zum Ort des privaten, „personalen und sozialintimen Lebensvollzugs" (Speck, Wohnen, 1998, S. 19) werden lassen. Doch trotz der Trennung der Lebensbereiche hat sich die Bedeutung des Wohnens vor allem mit Blick auf die Erfüllung psycho-sozialer Bedürfnisse erhöht. Gleichzeitig bleibt das Wohnen als persönlicher Lebensbereich mit eigener Kultur von den gesellschaftlichen Bedingungen geprägt und muss in Abhängigkeit von den anderen Lebensbereichen gesehen werden. Insofern entsteht Wohnkultur auch und vor allem durch die gesellschaftliche Organisation der Produktion und Reproduktion, und die Chancen auf individuelle Bedürfnisverwirklichung sind hiervon beeinflusst (Pieda/Schulz, 1990). Elende Wohnverhältnisse gelten als menschenunwürdig; Armut und Ausgrenzung schaffen Zustände, welche die Identität und Würde des Menschen bedrohen und Ausdruck sozialer Ungleichheit sind. Randständigkeit als eine ihrer Folgen charakterisiert bis heute die soziale Lage der behinderten Menschen. Da das Wohnen als Kristallisationspunkt für die soziale Integration und eine menschenwürdige Lebensführung betrachtet werden kann, lässt sich an der Entwicklung der Wohnmöglichkeiten auch der historische Wandel in den Einstellungen zu Behinderung und zur Lösung sozialer Probleme ablesen. Als ein individueller Anspruch wie als ein eigenständiges Aufgabengebiet pädagogischer und sozialer Dienste wurde das Wohnen erst in den 70er-Jahren des 20. Jahrhunderts breiter erkannt und durchgesetzt. Bis dahin war es gleichsam ein sekundäres und als solches nicht eigens beachtetes Problem der generellen Notlagen derjenigen behinderten Menschen, deren Hilfebedarf ihre eigenen oder die familiären Selbsthilfemöglichkeiten überstieg oder die auf Ablehnung stießen. Historisch wurde Behinderung deshalb in erster Linie als Armut (auch der Familie), Hilflosigkeit, Erziehungs- und Bildungsnot in Folge von Unkenntnis und als Ausgrenzung (als Folge unverständlicher oder bedrohlich erscheinender-Auffälligkeiten) sichtbar. Der Bedarf an Unterstützung, soweit er sozial und gesellschaftlich überhaupt erkannt wurde, wurde als einer nach Behebung der Notlagen, nach Versorgung oder Verwahrung, nicht nach einer Wohnung angesehen. Damit war Behinderung aber bis zum 18. Jahrhundert kein wesentlich anderes Problem als das von Armut bei Krankheit oder Armut im Alter. Entsprechend bezogen sich frühe Formen der sozialen Fürsorge wie die städtischen oder kirchlichen Hospize und Spitäler nicht speziell auf eine dieser Gruppen, sondern generell auf in Not geratene Menschen, sei es aus materiellen, physischen oder psychischen Gründen. Unter diesen frühen Ansätzen finden sich auch Formen der Integration in die allgemeinen Lebensvollzüge (Modell der Lebens- oder Dorfgemeinschaften), die jedoch singuläre Erscheinungen angesichts der Verelendung und Ausgrenzung bildeten. Möckel (1988) skizziert solche Lebensbedingungen der seh- und hörgeschädigten, erziehungsschwierigen, körper- und geistig behinderten Menschen vor Beginn der systematischen und dauerhaften gesellschaftlichen Hilfen im 18. und 19. Jahrhundert. Dann setzte der Prozess der Institutionalisierung als einer der gesellschaftlichen Normierung und Regelung der sozialen Frage ein, der gleichermaßen von Motiven der industriellen Brauchbarmachung und der Disziplinierung wie von Motiven der aufklärerisch bewegten Bildung und Humanität getragen war. Dieser mündete im Wesentlichen in drei historische Denk- und Handlungsmodelle für geistige, physische oder psychische Beeinträchtigungen:

1. Die eher pädagogisch orientierten Formen. Hierunter finden sich neben den Blinden- und Gehörlosenanstalten Beispiele hausgemeinschaftsähnlicher Einrichtungen (wie von Pestalozzi) und die pietistischen Rettungshäuser für „verwahrloste“ Jugendliche neben den ab 1860 stark anwachsenden Heil- und Erziehungsanstalten für im heutigen Sprachgebrauch körper-, lern- oder geistig behinderte Menschen. Die Rettungshäuser waren nach den napoleonischen Kriegen eine Antwort auf die Verarmung vieler Familien und auf Erziehungsnöte. Die Rigidität der Erziehungspraktiken einerseits und die Verbesserung der Lebenslagen der Bevölkerung andererseits bedeuteten jedoch das Ende dieses Modells. Die heutigen Kinder- und Jugendheime nach dem Kinder- und Jugendhilfegesetz stehen in einer anderen Tradition. Die Idee der Lebensgemeinschaften lebt aber z. B. in weltanschaulichen Bewegungen wie den an-

throposophischen Einrichtungen fort, diese bilden heute gleichsam ein Gegenmodell zur gesellschaftlichen Organisation des Helfens durch professionelle Dienste.

2. Neben dieser Linie entwickelte sich die auf Verwahrung, Disziplinierung und Brauchbarmachung setzende Tradition der Toll-, Zucht- und Arbeitshäuser.
3. Es entstand die medizinisch-pflegerische Form der Heil- und Pflegeanstalten und der Psychiatrien.

Dabei finden sich aber auch im Bereich der pädagogisch orientierten Einrichtungen nur selten ausschließlich humanitäre bzw. pädagogische Begründungen und Handlungsansätze. Eher finden sich nebeneinander verwahrende, disziplinierende und fürsorgend-fördernde Motive. Damit ging eine Kategorisierung der Adressaten nach Bildungs- oder Arbeitsfähigkeit und Behandelbarkeit einher. Dies zeitigte eine hierarchische Stufung der Ziele, der Handlungsansätze und der als erforderlich angesehenen Qualifikationen mit den entsprechenden Folgen für die Lebenschancen der Betroffenen in Abhängigkeit von der Statuszuweisung. Insofern muss eher von einem Spannungsfeld zwischen Humanität und Brauchbarkeit gesprochen werden, in dem sich die Heilerziehungsanstalten befanden. Generell dienten Kriterien der unterstellten oder vermuteten Behandelbarkeit oder Bildbarkeit als Leitdifferenzen für die Zuweisungs- und Versorgungspraxis dieser historischen Modelle. Der humanitäre und bildungspraktisch motivierte Anspruch lief aber in den Anfängen dort, wo er zum Tragen kam, den Zeitläufen voraus, denn Bildung zumindest im Sinne der Schulpflicht war vor Ende des 19. Jahrhunderts ja kein gesellschaftlich selbstverständlich für alle durchgesetzter Anspruch. Andererseits wurde mit den Anstalten ein Modell der zentralisierten Organisation aller Lebensvollzüge verwirklicht, das die bereits tradierte Lebensgemeinschaft oder Großfamilie imitierte und damit im Moment der Gründung der eingetretenen funktionalen Differenzierung in der Gesellschaft entgegenstand und ein retardierendes Moment etablierte. Differenzierung und Spezialisierung der Angebote nach Lebensbreichen und Lebensphasen setzten im Wesentlichen erst in den 50er-, verstärkt in den 70er-Jahren des 20. Jahrhunderts ein, ohne aber die etablierten zentralisierten Strukturen infrage zu stellen. Dieses erschwert, neben anderen Problemen, bis heute die Re-Integration der Bewohner von Großeinrichtungen und deren Veränderung und steigert die Abhängigkeit der Betroffenen vom organisierten Hilfesystem erheblich. In dem Maße, wie sich gesellschaftlich die Trennung der Lebensbereiche immer stärker vollzog und zugleich die gegenseitige Abhängigkeit ausprägte, setzten sich individuelle Wohnformen in der Gesamtgesellschaft durch, während die Lebensbereiche in den Anstalten zusammenfielen, ohne deren Funktion für das Individuum zu bestimmen. Zugleich wurde auf sämtliche lebensweltlichen Bedürfnisse mit Mitteln der Organisation reagiert, aber in Form der Unterordnung unter ihre Abläufe und Regeln; Bedürfnisse wurden lange Zeit ausschließlich als defektspezifische oder gar nur auf den Defekt und dessen Behandlung reduziert. Mit dieser Reduzierung des Subjekts auf ein Behandlungsobjekt geriet das Alltagsleben als solches und das „Wohnen" als individuelle Lebensführung gegenüber der Verwahrung und der Therapie dauerhaft aus dem Blick. Für die Arbeit mit den Betroffenen im Alltag, wo sich psychosoziale Bedürfnisse ebenso wie Problemlagen am unmittelbarsten zeigen und die persönliche Lebensführung am breitesten betroffen ist, wurde eine sehr niedrige professionelle pädagogische Qualifikation, aber auch ein Helfer- oder Laienstatus als ausreichend betrachtet. Da das Wohnen so lange Zeit weder als eigenständiger Lebensbereich ausdifferenziert war – allenfalls als Unterbringung – noch seine große Bedeutung für die Realisierung einer menschenwürdigen und individuellen Lebensführung erkannt wurde, konnten sich dehumanisierende Zustände entwickeln, auch ermöglicht durch die Ferne der Anstalten von normalen Lebensvollzügen und die Unanschaulichkeit der Probleme der Betroffenen für die Bevölkerung. Massenunterbringung unter elenden, menschenunwürdigen Umständen, wie sie von der Psychiatrie-Enquête 1974 aufgedeckt wurden (Bundesminister für Jugend, Familie und Gesundheit, 1974, S. 57), bedeutet Verlust von Identität und Biographie und kann den Menschen physisch und psychisch nachhaltig schädigen. Diesen individuellen Verlusten muss historisch auch ein gesellschaftlicher Verlust beigestellt werden, wenn Situationen der Lebensführung im Alter, bei Krankheit oder Behinderung von der Bevölkerung kaum mehr anschaulich und realistisch erlebt und nachvollzogen werden können und Lebensräume eben nicht selbstverständlich auf unterschiedliche und sich über die Lebensspanne hinweg verändernde Bedürfnisse hin geplant und gestaltet werden. Damit aber gehen Chancen auf Integration und Akzeptanz weit über den Personenkreis der behinderten Menschen hinaus verloren.

Die inhumanen Bedingungen in den Anstalten bildeten den zentralen Ansatzpunkt für grundsätzliche sozialpolitische Reformen in Dänemark und Schweden in den 50er- und 60er-Jahren des 20. Jahrhunderts. Mit seinen zentralen Forderungen nach anerkannten Standards für die Lebensführung, wie sie für nicht behinderte Menschen als selbstverständlich gelten, und nach Respektierung des Individuums, seiner Würde und seiner Bedürfnisse konterkarierte das Normalisierungsprinzip (siehe gleichlautenden Beitrag in diesem Band) diese Versorgungspraktiken und entfaltete im Bereich des Wohnens seine größte Kraft als Antidogma und Reformmotor. Seine Umsetzung führte in Skandinavien zu nachhaltigen Veränderungen und zur Entwicklung alternativer Wohnformen bis hin zur Komplettauflösung aller Anstalten in Schweden (Grunewald, 2002). Im Gegensatz dazu kam es in Deutschland weder zu einer umfassenden sozialpolitischen Reform der etablierten vorrangig stationären und zentralisierten Versorgungsstrukturen noch zu einer umfassenden Rezeption und Umsetzung der Ideen des Normalisierungsprinzips oder der Selbstbestimmt-Leben-Bewegung in der Fachwelt. Der Ausbau differenzierter Wohnangebote (Wohnheime, Einzel-, Paar- oder Gemeinschaftswohnen mit Assistenz) vollzog sich nur langsam und nicht flächendeckend. Noch 1990 konstatierte das Bundesministerium für Jugend, Familie und Gesundheit mit Blick auf vermehrte Anfragen über Informationen für das Wohnen außerhalb von Anstalten oder Elternhaus, dass bis auf vereinzelte Publikationen, Erfahrungsberichte und Modelle hierzu dem Ministerium keine Informationen vorlagen. Deshalb wurde eine Fachtagung initiiert, die einen ersten Überblick über in- und ausländische Modelle alternativer Wohnformen schaffen sollte (BMSFSJ, 1990). Doch bis heute dominieren die stationären Großeinrichtungen aufgrund ihrer hohen Platzzahlen das Angebot an Wohnplätzen.

Aktuelle Relevanz und theoretische Ansätze

Das Wohnen weist ein hohes Maß an Möglichkeiten zur freien Gestaltung und zur Erfüllung individueller Ansprüche auf, sei es nach Privatheit und Intimität oder nach sozialen Bindungen und Geselligkeit, nach ländlicher Beheimatung ebenso wie nach urbanem Lebensgefühl, die sich in den vielfältigen Wohnformen und Wohngestaltungen niederschlagen. Dabei ist noch immer das Haus als Lebensmittelpunkt der Wunsch der meisten Menschen. Wohnqualität und Wohnzufriedenheit sind komplexe, nicht durch einzelne Faktoren konstituierte Kategorien. Wohnqualität trägt wesentlich zur Lebensqualität bei, der hohe Einfluss der Wohnzufriedenheit auf die Lebenszufriedenheit und das Wohlbefinden ist empirisch belegt. Gute Wohnbedingungen können ebenso entlastende und stützende Funktionen für den Einzelnen entfalten wie schlechte Verhältnisse sich deutlich negativ niederschlagen können. Objektive Standards (z. B. Größe, Ausstattung) sind notwendige, aber nicht hinreichende Bedingungen für die Wohnzufriedenheit, denn die subjektiven Ansprüche und Vorstellungen sind ebenso wesentlich. Speck (Wohnen, 1998) bemisst hinsichtlich der subjektiven Vorstellungen den affektiven Prozessen, also dem gefühlsmäßigen Erleben, eine größere Bedeutung als den kognitiven zu. Als elementar für Wohnzufriedenheit benennt er die Möglichkeit der eigenen Gestaltung und der Veränderung, die Ausdruck der Kontrolle über einen eigenen Lebensbereich sind, da hierüber symbolische Bedeutungen gegenüber anderen und Orientierung und Identität für sich selbst entwickelt werden. „Wer nur passiv eine Wohnung zu bewohnen hat, verkümmert." (Speck, Wohnen 1998, S. 26) Die unzureichende Bestimmung von Wohnqualität einzig über subjektive Determinanten verdeutlicht allerdings das so genannte Zufriedenheitsparadoxon und das Unzufriedenheitsdilemma der Lebensqualitätsforschung (Glatzer/Zapf, 1984), in der sich Lebensqualität an der Übereinstimmung von subjektiven Zufriedenheiten mit objektiven Standards bemisst. Bei der Untersuchung eben dieses Zusammenhangs zeigen sich bei Befragten neben den Kombinationen „objektiv gut, subjektiv zufrieden" („Wellbeing") und „objektiv schlecht/subjektiv unzufrieden" („Deprivation") auch Unzufriedenheiten bei guten („Dissonanz") und Zufriedenheiten trotz schlechter Standards („Adaption"). Die nähere Aufklärung erweist dann die Gruppe der „Dissonanten" als Personen mit höherem Sozialstatus sowie deutlicher Interessensdurchsetzungsfähigkeit und gehobenen Anspruchsniveaus, während die „Adaptierten" eher einen niedrigen Sozialstatus und herabgesetzte Ansprüche haben, was Folge des Arrangierens mit Unveränderbarem oder auch der Unkenntnis von Alternativen sein kann. Ohne Einbezug der objektiven Bedingungen wäre gesellschaftlich kein Anlass und damit keine Verantwortungsübernahme für deren Verbesserung gegeben. Generell ist davon auszugehen, dass Unzufriedenheiten dort, wo keine Änderungen realisierbar erscheinen, eher abnehmen bzw. Werteverschiebungen und Umdeutungsprozesse stattfinden, um dauerhafte negative Affekte zu vermeiden.

Pieda/Schulz (1990) beziehen sich in ihrer Bestimmung, ab wann überhaupt vom Wohnen gesprochen werden sollte, auf objektive Kriterien. Sie benennen als Definitionsmerkmale das Verfügen über einen eigenen Wohnraum sowie einen Sanitär- und Küchenbereich, welche eindeutig von der Wohnumwelt als autonomer Lebensbereich abgegrenzt sind. Dies mag nun individuell ganz unterschiedlich bewertet werden, doch jenseits der Frage nach der subjektiven Zufriedenheit wird mit der Definition ein Standard vorgeschlagen, der als Mindestvorschrift für objektive Bedingungen verstanden werden kann. Empirisch gewonnene Durchschnittswerte können in die Formulierung des Standards einfließen, doch sagen diese zunächst nichts über die Güte mit Blick auf die Qualität für die Lebensführung aus. Sie müssen sich an normativen Kriterien messen lassen; dies könnten nun neben übergreifenden Wertvorstellungen auch vorhandene Bauvorschriften oder Wohngesetze sein, die als Normierungen ja Ausdruck von gesamtgesellschaftlich entwickelten und anerkannten Ansprüchen an das Wohnen und damit Teil der Auffassungen über die Verwirklichung grundgesetzlicher Werte darstellen. Solche Normierungen entstehen nicht nur mit Blick auf Konfliktregelung, sondern auch mit Blick auf sozial ungleiche Verteilungs- und Zugangschancen zum Wohnen und unterschiedliche Abhängigkeiten bezüglich der Wohnmöglichkeiten. Damit entfalten sie eine schützende Wirkung, wo es dieser bedarf.

Für Wohnqualität und -zufriedenheit ist nicht nur die Wohnung als solche, sondern auch das Wohnumfeld von hohem Einfluss. Ohne das Umfeld ist die Wohnung nicht denkbar, sie konstituiert sich ja erst als Differenz zum Umfeld durch ihre Grenzen. Eine „Strukturierung der Wohnumwelt (lässt sich) auf drei Ebenen vornehmen: der räumlichen, der funktionalen und der psychosozialen Ebene“ (Pieda/Schulz, 1990, S. 20). In psychosozialer Hinsicht spielen vor allem die sozialen Bindungen und das „Beheimatetsein“, die Zugehörigkeit in kognitiver, handlungsbezogener und kultureller Hinsicht eine wichtige Rolle (Speck, Wohnen, 1998). Erzwungene Ortswechsel können deshalb, trotz erhöhter Flexibilität und Mobilität und der Abnahme traditioneller Wertorientierungen in der Gesellschaft, im Einzelfall identitätsgefährdende Prozesse in Gang setzen, deren Bewältigung sich über Jahre, eben bis zur „Neuverwurzelung“ erstrecken kann. Die räumliche Strukturierung der Wohnumwelt lässt sich nach Pieda/Schulz unterteilen in den engsten, unmittelbar mit der Wohnung optisch und akustisch verbundenen Bereich, z. B. das Mehrfamilienhaus; hieran schließt sich der engere Bereich des Wohnmilieus an, der bereits die Schwelle zu anderen Lebensbereichen bildet und ebenso sehr wie die Wohnung und das engste Umfeld ein Mehr oder weniger an Chancen zur Erfüllung von Ansprüchen oder an Schutz (z. B. vor Übergriffen, Lärm, Schadstoffen) und Sicherheit bieten kann. Im weiteren Umfeld finden sich dann die alltagsrelevanten Funktionen wie Einkaufen, Spielplatz, Schule etc. *„Wohnumwelt kann so als ein gesellschaftlich vorstrukturierter Raum beschrieben werden, in dem der einzelne Mensch in Abhängigkeit von Situationen seines Lebenszyklus charakteristische Erfahrungen macht.“ (Pieda/Schulz, 1990, S. 22)*

Dabei expandieren die sozialräumlichen Lebenssituationen und die Nutzung der „Grundfunktionen“ Wohnen, Arbeiten, Versorgung, Bildung, Erholung, Verkehr und Kommunikation (Pieda/Schulz, 1990, S. 22) über die Phase der Kindheit und Jugend bis zum Erwachsenenalter und verringern sich dann im Alter, bis sich die „soziale Existenz zu einer Wohnexistenz wandelt“. Je eingeschränkter die Teilnahmemöglichkeiten und je geringer der Rollenhaushalt einer Person, desto höher wird der Einfluss des Wohnens auf die Lebenszufriedenheit und desto bedeutsamer die Erfahrungen und die Qualität des Wohnens und des Umfelds, und hier sind dann insbesondere die sozialen Beziehungen relevant, die durch räumliche Nähe konstituiert sind und aus denen Bindung und Unterstützung erwachsen können.

Problem- und Erfahrungsfelder

Die allgemeinen Bestimmungsmerkmale und Funktionen des Wohnens sind grundsätzlich an das Wohnen behinderter Menschen anzulegen, dabei muss ihr individueller Bedarf an speziellen Hilfen differenziert und sorgfältig beachtet werden. Die Organisation von Hilfen zum Wohnen für die Menschen, deren eigenes Netzwerk nicht oder nicht mehr ausreicht zur Alltags- und Behinderungsbewältigung, ist eine gesamtgesellschaftliche Aufgabe der Partizipationsförderung, der Gleichstellung und des Ausgleichs von Nachteilen, die rechtlich im Sozialgesetzbuch IX und im Gleichstellungsgesetz verankert ist. Dabei besteht aufgrund der gesellschaftlichen Verursachung der sozialen Lage behinderter Menschen, was ihre mangelnde Anerkennung und Gleichberechtigung betrifft, eine gesellschaftliche Pflicht zur Unterstützung, und umgekehrt haben behinderte Mensch einen Anspruch auf sie. Die Initiativen behinderter Menschen und ihrer Verbände haben ebenso wie wissenschaftliche Erkenntnisse zu den Möglichkeiten und Bedingungen gemeinde-integrierter Wohnformen und innovativer Praxiskonzepte und -modelle die politische Anerkennung und rechtliche Verankerung eines an den Bedürfnissen behinderter Menschen orientierten Wohnens vorangebracht. So sind die Leitziele der Integration, der Individualisierung, der Partizipation und größtmöglichen Selbstbestimmung, der Barrierefreiheit und der Ermöglichung einer selbstständigen Lebensführung weithin anerkannt. Die Realisierung des Wohnens behinderter Menschen als ein eigenständiger und persönlicher Lebensraum stößt jedoch auf erhebliche Problemstellen und scheitert dabei weniger an dem je speziellen Bedarf in sächlicher, finanzieller oder personeller Hinsicht als an dem quantitativ und qualitativ unzureichenden Angebot an Diensten, an Akzeptanzproblemen und an der mangelnden städtebaulichen Planung von barrierefreien und partizipationsförderlichen Lebensräumen.

In Deutschland leben über 8 Millionen behinderte Menschen, von denen 6,6 Millionen einen Schwerbehindertenausweis besitzen. Die Mehrzahl dieser 6,6 Millionen Menschen ist nach der Statistik im mittleren und höheren Lebensalter, hat die Behinderung im Lebenslauf als Krankheitsfolge erworben und ist körperlich beeinträchtigt (Bundesamt für Statistik, 2003, Schwerbehinderte). In Heimen einschließlich ambulant betreuter Wohnformen wurden 160 346 Wohnplätze von Einrichtungen der Behindertenhilfe im Jahr 2001 angeboten (BMGS, Bericht, 2004). Die allermeisten behinderten Menschen leben also allein oder mit der eigenen Familie bzw. einem Partner in der eigenen Wohnung. Die Möglichkeit des eigenständigen Wohnens entscheidet sich an der Frage, wie viel Selbsthilfe im Einzelfall möglich ist, ob im Bedarfsfall Unterstützung durch informelle Beziehungen erfolgt und diese ausreichend ist, wie akzeptierend und unterstützend Umfeld und Gemeinden sind und ob notwendige sächliche und personelle Dienstleistungen finanziert werden. Bei im Lebenslauf erworbenen Behinderungen ist meist sowohl ein soziales Netzwerk als auch eine Wohnung bei Eintritt der Behinderung vorhanden. Dann ist die Frage entscheidend, ob eventuell erforderliche Umbauten vorgenommen werden können und ob und wie die Selbsthilfekräfte ergänzt werden müssen, um die Wohnsituation zu erhalten. Dabei können sich im Lebensverlauf, z. B. mit Blick auf Altersprozesse, neue bzw. veränderte Bedarfslagen ergeben. Bei von Geburt an behinderten Menschen muss ein solches Netz an Hilfen, immer bezogen auf die individuell unterschiedlichen Bedarfslagen, von Beginn an und auf Dauer geknüpft werden und auf die Lebensführung und die Belastungsbewältigung von Familien eingerichtet sein. Im Übergang von der Jugend in das Erwachsenenalter dagegen stehen Ablösungsprozesse vom Elternhaus und die Ansprüche junger Erwachsener mit Behinderung an ihr Wohnen und ihre soziale Integration im Mittelpunkt. Entsprechend der Grundfunktionen des Daseins im Lebenslauf müssen also Art und Ausmaß des Unterstützungsbedarfs eine individuell anzupassende, flexible Entsprechung in den Ressourcen und Reaktionen des Umfeldes und den Angeboten der sozialstaatlichen Leistungsträger finden. Dabei ist besonders bedeutsam, dass Planungen für behindertengerechte und barrierefreie Lebensräume lebenslauforientiert vorgenommen werden.

Das Wohnen in der eigenen Wohnung und das Wohnen von Familien mit behinderten Angehörigen werden durch zahlreiche gesetzliche Vorschriften und Unterstützungsmaßnahmen gefördert (z. B. für barrierefreie Wohnungen, barrierefreie Umfeld- und Infrastrukturgestaltung, behindertengerechte Wohnungsausstattung oder -anpassung, Betreuungsleistungen durch offene Hilfen; (vgl. BMGS, Bericht, 2004)). Die sächlichen und finanziellen Hilfen sind aber ebenso wenig umfassend und bedarfsgerecht vorhanden wie die persönlichen Leistungen durch offene Hilfen. Gerade Letztere, die ein Verbleiben im eigenen Wohnraum bei schweren Behinderungen ermöglichen können, sind bezüglich der Art und des Umfangs der möglichen Leistungen äußerst beschränkt; über begrenzte pflegerische oder Alltagshilfen hinaus können in der Regel keine Hilfen erbracht werden. Es gibt Modelle offener Dienste für ein selbst bestimmtes Wohnen auch bei schwersten Behinderungen, die empirisch belegt zeigen, dass auch bei sehr komplexen Bedarfslagen das Wohnen in einer eigenen Wohnung möglich ist. Ihre Zahl ist allerdings so gering, dass überall dort, wo eine dauerhafte Angewiesenheit auf personelle Hilfen besteht und/oder auf behindertengerechte sächliche und infrastrukturelle Gegebenheiten der Wohnung und des Umfelds und dieser Bedarf nicht oder nicht mehr erfüllt werden kann, der Weg in die Abhängigkeit von den vorhandenen Heimplätzen vorgezeichnet ist. Im Einzelfall kann dies bedeuten, dass bei einem Zusammenbruch der häuslichen Unterstützungssituation, sei es wegen Überlastung oder Ausfall der Hauptpflegeperson oder weil sich der Bedarf erhöht oder verändert hat, es zu sehr abrupten und schmerzlichen Wechseln in ein Heim, und zwar auch in Pflege- oder Altersheim, kommen kann.

Auf dauerhafte und umfängliche auch personelle Hilfen zum Wohnen angewiesen sind viele der geistig behinderten sowie der schwerer körper- oder sinnesbehinderten Menschen. Trotz eines seit Jahren steigenden Ausbaus der Wohnplätze muss ein erheblicher Fehlbedarf konstatiert werden; so leben über 50 % der ca. 200.000 Mitarbeiter von Werkstätten für behinderte Menschen im Elternhaus (Rohrmann, 2004, S. 498) und tausende behinderte Menschen sind fehlplatziert, d.h., sie sind alters- und/oder bedarfsbezogen falsch untergebracht, z. B. in Pflege- oder Altersheimen oder in Langzeitabteilungen der Psychiatrien. Es herrschen insgesamt solche Disparitäten im Angebot zwischen und innerhalb der Bundesländer vor, dass der Erhalt eines bedarfsgerechten und den Wünschen entsprechenden Wohnplatzes zur Schicksalsfrage des „richtigen Wohnorts“ mit entsprechender Infrastruktur wird.

Die Kategorisierung von Wohnangeboten erfolgt sehr uneinheitlich. Die in der Repräsentativuntersuchung der Wohneinrichtungen der Behindertenhilfe in Deutschland von Wacker u. a. (1998) ermittelten Daten weisen nach, dass der überwiegende Teil der Wohnplätze im stationären Bereich und in eher großen Einrichtungen angesiedelt ist. Demnach leben 28 % aller Bewohner in Einrichtungen mit bis zu 49 Plätzen, mehr als die Hälfte in Einrichtungen mit mehr als 100 Plätzen. Die in der Untersuchung vorgenommene Differenzierung der Wohnformen unterteilte nach Platzzahlen, Hilfeform und fachlicher Ausrichtung (z. B. Wohnform für WfB-Mitarbeiter; Wohnen mit Pflegeangebot für körperbehinderte Menschen) und nach dem Grad an Selbstständigkeit, wobei diese einerseits als ein struktureller Rahmen des Angebots zur Ermöglichung selbstständiger Lebensführung und andererseits als Kompetenzen der Bewohner definiert wurde. Zu diesen Formen zählen Wacker u. a. (1998, S. 50) unter rein formalen Gesichtspunkten betreutes Einzel- und Paarwohnen, Außenwohngruppen, Wohngemeinschaften, Trainingswohngruppen und so genannte Servicehäuser. Von den ermittelten Wohnplätzen ließen sich 15 % diesen Formen zurechnen, so dass der überwiegende Teil der Bewohner von den Chancen auf diese Wohnformen ausgeschlossen bleibt. Das Verfügen über einen persönlichen Lebensbereich wird aber im Allgemeinen nicht an einer Kompetenz festgemacht, sondern stellt eine Umsetzung zentraler gesellschaftlicher Werte und Ansprüche dar. Eine andere Möglichkeit der Kategorisierung wäre die nach dem Grad an Autonomie und Normalisierungsnähe; so ist die Stellung des Bewohners grundsätzlich eine andere, wenn er selbst den Wohnraum besitzt oder angemietet hat und Hilfen von ambulanten Diensten erhält, als wenn die Wohnung organisatorisch Teil einer Einrichtung ist und die Kontrolle über den Wohnraum und die zu leistenden Hilfen beim Anbieter liegen. Obwohl nach § 3a des Bundessozialhilfegesetzes ambulante Angebote vorrangig auszubauen sind, zeigt sich eine „Beharrlichkeit muraler Dominanz“ (Rohrmann, 2004, S. 497), die erdrückend ist und die Chance auf ein Wohnen, das so normal wie möglich ist, auch noch in Abhängigkeit von Art und Schwere der Behinderung zumisst. Insbesondere für geistig und schwerstbehinderte Menschen zeigen sich ausgeprägte Benachteiligungen hinsichtlich der Größe der auf sie fachlich ausgerichteten Einrichtungen, der Möglichkeit, über ein Einzelzimmer zu verfügen, und der Ausstattungsstandards (z. B. im Sanitärbereich; Wacker u. a., 1998, S. 85ff.). Die häufigste Gruppengröße liegt bei acht bis elf Bewohnern; insgesamt fallen fast drei Viertel aller Wohngruppen in diese und die nächst größeren Kategorien (zwölf bis 16 bzw. über 16 Personen; siehe Wacker u. a., 1998). Dies lässt klare Rückschlüsse auf das damit mögliche Maß an Privatheit und Selbstverwirklichung und auf das Bild von Wohnen zu, das damit verbunden ist.

Die meisten Heimaufnahmen geschehen aus Not- und Überlastungssituationen heraus, da die Selbsthilfeförderung und -stützung strukturell vollkommen unzureichend verankert ist. Heimaufnahmen entsprechen in aller Regel nicht dem Wunsch der Betroffenen und der Angehörigen. Wenn eine Aufnahme aber erst einmal erfolgt ist, ist sie in der Regel von Dauer; es mangelt an Durchlässigkeit und Kooperation zwischen den Angeboten und vor allem an Angeboten zwischen der „Alles-oder-nichts-Lösung", zwischen der Rundumversorgung und der Selbsthilfe, die allenfalls um die sehr begrenzten offenen Hilfen angereichert wird.

Die objektiven Standards der Mehrheit der Wohnplätze lassen es nicht zu, vom Wohnen im Sinne der Definition von Pieda/Schulz (1990) zu sprechen, wenn dem Bewohner kein autonom gestaltbarer, selbst gewählter und abgegrenzter persönlicher Lebensbereich zur Verfügung steht, der ihm Intimität und Rückzug ebenso ermöglicht wie Begegnung und der in seiner Funktion von anderen Lebensbereichen und dem Wohnumfeld nicht abgrenzbar ist. Auch wenn Einzelzimmer vorhanden sind, so beginnt doch mit deren Verlassen in der Regel eine nicht individuell, sondern von den Bedingungen und Zielen organisierter Hilfe determinierte Raumstruktur. Diese Ambivalenz des institutionellen Wohnens, nämlich zugleich Ort privaten Lebensvollzugs der einen und Arbeitsplatz der anderen zu sein, lässt sich unter den Bedingungen bezahlter und zeitlich sowie inhaltlich begrenzter professioneller Dienstleistung nicht vollständig auflösen. Sie führt in der Regel zu andauernden Spannungsfeldern und Asymmetrien in den Beziehungen, die durch ihre bewusste Wahrnehmung und Bearbeitung verbessert, aber nie ganz aufgehoben werden können. So betonen die Mitarbeiter vor dem Hintergrund des organisationsbezogenen Handelns und dessen Zwängen in der Regel die Gruppenidentität stärker als die individuelle Autonomie und vernachlässigen die eigentlichen Wohnfunktionen und -ansprüche gegenüber den Organisationszielen und Arbeitsinhalten. Die Zwänge wiederum, denen sich die Bewohner aufgrund der Routinen und begrenzten Gestaltungsmöglichkeiten ausgesetzt sehen, können über die Einschränkung auch bei kleinsten Alltagsaktivitäten bis zu sehr schwerwiegenden Eingriffen in die Privatsphäre reichen. Einsamkeit und Isolation aufgrund eingeschränkter oder ganz fehlender vertrauensvoller, enger Bindungen oder Freundschaften werden durch das Gruppenleben in der Regel nicht aufgehoben. Für die Mitarbeiter können sich Rollenkonflikte ergeben, wenn sie sich nicht nur als Dienstleister, sondern auch als persönliche Bezugspersonen gefordert sehen. Hinsichtlich der engeren und weiteren Wohnumwelt liegen oft unzureichende Verknüpfungen vor, so dass auch die umfeldbezogenen Teilhabemöglichkeiten sehr eingeschränkt sein können, insbesondere, wenn keine Trennung der Lebensbereiche vollzogen ist und tagesstrukturierende Beschäftigungsangebote außerhalb des Wohnangebotes nicht zur Verfügung stehen. Probleme der Isolation oder der eingeschränkten Umfeldteilhabe treten aber auch in den betreuten Einzel-, Paar- oder Gruppenwohnformen oder beim eigenständigen Wohnen auf. Sie verweisen auf die Notwendigkeit, das Wohnen nie getrennt von den anderen Lebensbereichen und Grundfunktionen zu konzipieren, vor allem der Kommunikation, der Teilhabe an sozialen Beziehungen und strukturierender Aktivitäten, sei es Arbeit, Bildung, Kultur oder Freizeit. Vor allem aber muss das Wohnen und das Wohnumfeld sorgfältig auf partizipationsförderliche oder hinderliche Bedingungen hin untersucht werden. Nicht jedes Wohngebiet ist per se integrationsförderlich, und ebenso, wie die selbstverständliche Teilhabe ein Ziel darstellt, ist auch im Einzelfall auf spezielle Bedürfnisse und deren Schutz zu achten.

Ausblick

Die Wohnqualität und damit – je nach Ausmaß der Abhängigkeit von Hilfen und deren zeitlichem und inhaltlichem Umfang – auch die Lebensqualität der Bewohner institutionalisierter Wohnangebote ist sehr eng mit den objektiven Standards und vor allem mit der Qualität des professionellen Handelns verknüpft. Erkenntnisse der De-Institutionalisierungs- oder der Risiko- und Resilienzforschung (Flynn/Lemay, 1999; Wustmann, 2004) belegen, dass für die Frage, ob im Einzelfall individuelles Wohlbefinden erreicht wird, die objektiven materiellen Bedingungen zwar notwendige Voraussetzungen bilden, aber nicht allein dafür ausreichen. Von größerem Einfluss sind: die sozialen Beziehungen, insbesondere die soziale Unterstützung und Anerkennung; die Erfüllung psycho-sozialer Bedürfnisse wie die nach Selbstverwirklichung und Persönlichkeitsentwicklung; das Gefühl, Entscheidungen, die das eigene Leben betreffen, auch selbst zu kontrollieren sowie in Bezug auf die materielle und soziale Umwelt selbst gestaltend tätig werden zu können. Die Evaluationsforschung hat bezüglich des individuellen Wohlbefindens und der Kompetenzen der Bewohner schon seit langem aufgezeigt, dass diesbezüglich die Binnen-Unterschiede zwischen einzelnen Wohngruppen desselben Wohnheimes größer sind als die Unterschiede zwischen unterschiedlichen Wohnformen (z. B. Anstalt versus betreute Wohngruppe). Allerdings ist der Grad an selbstständiger Lebensführung, Selbstbestimmung und gesellschaftlicher Teilhabe generell in den kleineren, dezentralisierten und gemeindenahen Angeboten besser, was den in der Regel weniger hierarchischen und bürokratischen Organisationsstrukturen dieser Wohnformen und ihrer größeren Nähe zur Lebenswelt als Chancen- und Anregungsstruktur geschuldet sein kann. Dennoch können sich auch in solchen Wohnangeboten „totale Institutionen" (Goffman, 1973) im Sinne der hochgradigen Verregelung, Entmündigung, Dehumanisierung und Isolation entwickeln. Lebensweltliche Strukturen allein sind nicht hinreichend, und dass physische Integration die soziale nicht bewirkt, ist ein Allgemeinplatz der Integrationsforschung geworden. Als notwendige Bedingungen auf der Ebene des professionellen Handelns können folgende Aspekte benannt werden: Menschenbild und Einstellung des Personals und der Leitungskräfte; Qualifikation, und zwar sowohl für individuelle Problemlagen (z. B. im Bereich erschwerter Kommunikation) als auch mit Blick auf die Gestaltung von Wohnumfeldern und die Förderung der Partizipation; Atmosphäre und zwischenmenschlicher Umgang; Konfliktbewältigung; Bewusstheit für Spannungsfelder und Asymmetrien; strikte Subjektorientierung; Anerkennungsfähigkeit. Deshalb kommt der Qualität des Arbeitslebens und damit der systematischen Qualitätsentwicklung und -beurteilung eine große Bedeutung zu. Ausgehend von der konzeptionellen Fundierung des Wohnens als individueller Lebensführung bedarf es hierbei der Umsetzung einer personalen Orientierung, die von der Beschreibung, Planung und Umsetzung individueller Ansprüche und des speziellen Bedarfs an Unterstützung ihren Ausgang nehmen sollte. Die Biographie und die Identität (Selbsterleben, Rollenhaushalt, Selbstdarstellung) sowie die Wahl-, Kontroll- und Gestaltungsmöglichkeiten von längerfristig institutionalisierten Menschen sind besonders gefährdet, Einschränkungen und Verlusten zu unterliegen. Daher sollten diese Bereiche höchste Beachtung finden. Ebenso bedeutsam sind informelle soziale Kontakte zu Angehörigen oder Freunden und enge vertrauensvolle Beziehungen. Entsprechende Konzepte wie das der „sozialen Netzwerkförderung" (unter anderem Kardoff, 1999) sind bislang noch unzureichend in der Praxis verankert und mit der individuellen Assistenzplanung verknüpft. Ihre Anwendung bedeutet nicht, professionell Beziehungen „herzustellen", vielmehr soll sie das Individuum selbst zur Beziehungsgestaltung befähigen und ihm, wo nötig, Chancenstrukturen für Begegnungen eröffnen. Analog des Wohnumfeld-Konzeptes bezieht sich diese Aufgabe auch und vor allem auf das engste und engere Umfeld (z. B. auf die Beziehungen zwischen den Bewohnern), ohne das weitere Umfeld und die gesellschaftliche Teilhabe zu vernachlässigen. Die Rolle der Mitarbeiter erweitert sich entsprechend im Sinne der Stärkung der Beziehungs- gegenüber der Verwaltungsarbeit und Partizipationsförderung (Hahn u. a., 2004) und auf materielle und soziale Bedingungen im Umfeld. Die konzeptionelle Begründung umfeldbezogener Tätigkeiten findet sich z. B. im Verfahren der sozialen Nahraumanalyse und der Sozialplanung, die Chancen und Grenzen in sozialer, materieller und infrastruktureller Hinsicht erfassbar machen. Die Einstellungsforschung (Cloerkes, 2001) gibt wichtige Hinweise auf die Bearbeitung von Akzeptanzproblemen. Detaillierte und sehr weitreichende Hinweise auf Bedingungsfaktoren für das Gelingen oder Scheitern eines gemeindeintegrierten Wohnens auch schwerst behinderter Menschen geben unter anderem Hahn u. a. (2004). Eine bruchlose Anwendung der Theorie oder der Konzepte ist aber nie möglich, denn „das Wissen muss in jedem Fall und jedem Kontext neu transformiert werden zu einer Problemdeutung, die die Problemlösung oder Lernfähigkeit des Anderen unterstützt" (Dewe u. a., 1993) und dabei muss man das Spannungsfeld zwischen Einzelfall und Theorie aushalten. Jede Anwendung bedarf der erneuten Situationsanalyse, denn jedes Wohnviertel, jedes Wohnen ist anders, jeder Einzelne hat eine andere Biographie und Ausgangssituation. Eine theorielose Anwendung hingegen bleibt bestenfalls rezepthaft, weil dann nicht deutlich würde, dass z. B. die Frage, was ein normales Leben heißt, auch auf eine konkrete gesellschaftliche Situation hin bezogen und diese auf ihre Zuträglichkeit analysiert werden muss. Dabei nicht in Schwarz-Weiß-Denken zu verfallen, Spannungen auch auszuhalten und Alles-oder-nichts-Lösungen zu durchbrechen, das scheint die wesentliche Aufgabe in einem Bereich zu sein, der sowohl die individuelle Daseinsgestaltung (siehe Beitrag „Daseinsgestaltung"), d. h. schlicht das Alltagsleben ermöglichen als auch über fachlich fundierte Unterstützung die Entwicklungs- und Teilhabechancen erweitern soll.

Kommentierte Literaturhinweise

Bundesministerium für Gesundheit und Soziale Sicherheit: Bericht der Bundesregierung über die Lage der Behinderten und die Entwicklung ihrer Teilhabe. Deutscher Bundestag, 15. Wahlperiode, Drucksache 15/4575 vom 16.12.2004. Darstellung der Entwicklung der Teilhabeleistungen und der Lebenssituation behinderter Menschen aus Sicht der Bundesregierung als Teil der Sozialberichterstattung zu jeder Legislaturperiode.

Bundesministerium für Jugend, Familie, Frauen und Gesundheit (Hrsg.): Wohnen Behinderter. Berichtsband. Schriftenreihe des Bundesministeriums für Jugend, Familie, Frauen und Gesundheit, Band 245/2, Kohlhammer-Verlag, 1990.

Überblick über Wohnformen, rechtliche Bedingungen, Fragen der Mitarbeiterqualifikation, der Integration ins Umfeld und der Verknüpfung des Wohnens mit anderen Lebensbereichen, enthält deutsche und viele ausländische Beiträge.

Cloerkes, Günther: Soziologie der Behinderten. Eine Einführung. 2. neu bearb. u. erw. Aufl., Heidelberg, Universitätsverlag C. Winter. 2001.
Kapitel 5 gibt einen Überblick über Einstellungen und Einstellungsveränderung.

Flynn, Robert J./Lemay, Raymond A. (Hrsg): A Quarter-Century of Normalization and Social Role Valorization: Evolution and Impact. Ottawa, University of Ottawa Press.
Internationales Kompendium der weltweiten Konzeptualisierung des Normalisierungsprinzips und der Forschungsstränge und -ergebnisse.

Goffman, Erving: Asyle. Über die soziale Situation psychiatrischer Patienten und anderer Insassen. Frankfurt am Main, Suhrkamp, 1973.
Ein Klassiker der Soziologie, noch immer hochaktuell zum Verständnis von Institutionalisierung, aber gegenüber „Stigma" viel zu wenig rezipiert in der Behindertenpädagogik.

Hahn, Martin u. a. (Hrsg.): Warum sollen sie nicht mit uns leben? Stadtteilintegriertes Wohnen von Erwachsenen mit schwerer geistiger Behinderung und ihre Situation in Wohnheimen. Reutlingen, Diakonie-Verlag, 2004.
Bericht über die empirische Untersuchung zweier Wohngruppen hinsichtlich der Faktoren für Wohlbefinden und Integration.

Möckel, Andreas: Geschichte der Heilpädagogik. Stuttgart, Klett-Cotta, 1988.
Eine Darstellung der Anfänge und Methoden der Heilpädagogik von ca. 1750 bis 1933 aus bildungstheoretischer, sozial-, persona- und ideengeschichtlicher Sicht.

Pieda, Bernd/Schulz, Stefanie: Wohnformen und ihre Wohnumwelten. – In: Bundesministerium für Jugend, Familie, Frauen und Gesundheit (Hrsg.), 1990, S. 19–24. Eine kompakte Darstellung des Wohnumfeldkonzepts.

Zeichen

Christian Mürner

Etymologie

„Zeichen" ist ein gemeingermanisches Substantiv. Das althochdeutsche „zeihhan" besagt ebenso viel wie „(An)zeichen, Merkmal; Sinnbild; Sternbild; Vorzeichen; Wunder" (Duden, Herkunftswörterbuch, 1963, S. 777). Im Gotischen, der ältesten erhaltenen germanischen Sprache, heißt es „taikn", was im Englischen „token" („[An]zeichen, Symbol, Signal") noch unverkennbar ist. „Zeichen" steht in Zusammenhang mit den Verben „zeichnen" („zeihhannen"), dem kaum mehr gebräuchlichen „zeihen" (insbesondere „auf einen Schuldigen hinweisen, anzeigen, beschuldigen") und „zeigen" (einer Ableitung von „Zeiger", Uhrzeiger, Zeigefinger).

Das Deutsche Wörterbuch der Brüder Grimm (2005) legt als Grundbedeutung fest: ein Zeichen sei *„das, was auf etwas weist, die Vorstellung von etwas wachruft"*. Dabei lassen sich verschiedene Perspektiven unterscheiden (vgl. Duden, 1999, S. 4595 f.):

- Etwas Sichtbares oder Hörbares, eine Geste oder ein Laut, die auf etwas hinweisen oder aufmerksam machen, z. B. ein Zeichen zum Aufbruch erklingt oder ein Kopfnicken zum Zeichen des Einverständnisses.
- Etwas kennzeichnen oder markieren, z. B. ein Zeichen oder Namenskürzel setzen.
- Etwas vermittelt eine festgelegte Information, z. B. ein Verkehrszeichen.
- Etwas zeigt jemandem etwas, z. B. einem Jäger Spuren, Fährten und Losung das Vorkommen von Wild oder einem Arzt die Anzeichen einer Erkrankung oder Erholung einer Person.

Die alltäglichste Art und Weise von Zeichen sind Piktogramme, die als Hinweise für Toiletten oder Notausgänge dienen. Sie sind jedoch nicht für jedermann und in jeder Situation allgemein verständlich, werden also auch gelernt (vgl. Scheibner, 2004, S. 93f.). So ist in heil- und medienpädagogischer Hinsicht zu beachten, dass das Piktogramm oder Signet für einen Zugang, Park- oder Sitzplatz für behinderte Menschen nicht generalisiert werden kann in dem Sinn, dass alle Menschen mit Behinderung im Rollstuhl sitzen.

Es gibt auch andere Zeichen der Behinderung, z. B. die drei schwarzen Punkte auf gelbem Grund, die ein auf dem Kopf stehendes Dreieck bilden und manchmal auf einer Oberarmbinde getragen werden. Die Bedeutung dieses so genannten Blindenzeichens ist beschränkt auf Sehende, für die blinde Person hat es keinen Zeichencharakter, wenn es nicht in taktiler Form umgesetzt wird.

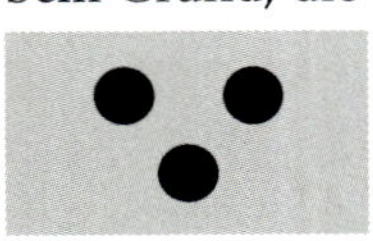

Das griechische Wort für Zeichen heißt „semeion". Dementsprechend heißt die Lehre und Theorie von den Zeichen „Semiotik". Sie gilt als Grundlagenwissenschaft für Kommunikationsprozesse. Sie beschäftigt sich mit Zeichensystemen und dem Zeichenprozess, der „Semiose".

Geschichte

Das früheste zeichenorientierte Interesse hatte medizinischen Charakter. In der griechischen *Medizin* war die Semiotik der Bereich, der sich auf „sinnlich wahrnehmbare Hinweise auf Veränderungen am Zustand des menschlichen Körpers" bezog (vgl. Sebeok, 1979, S. 18). In der Terminologie des Symptoms als Indiz – oder weitergefasst: in der des Syndroms als Gefüge einzelner Zeichen – blieb diese Forschungsrichtung bestehen. Heute zählen auch Laborbefunde zu den Symptomen, aber sie sind stets auch verbunden mit subjektiven Aussagen der Patienten, deren Sicht sich unterscheidet von derjenigen der ärztlichen Beobachter, die unter Umständen die Symptome nach Standardisierungen beurteilen. In der Antike und im Mittelalter war die Deutung der Zeichen kaum von magischen Praktiken zu trennen, in der Neuzeit galten Symptome als „Auswirkungen von Defekten einer Maschine", da man den menschlichen Körper als mechanische Einrichtung begriff, während man sie gegenwärtig als „Antworten lebender Systeme" versteht (vgl. Uexküll, 1984, S. 56; Sebeok, 1984, S. 39, 48; Zieger, 2005) Festzuhalten gilt es, dass das Zeichen und der Leib bzw. der Körper korrelieren und wechselseitig sinnverwandte Strukturen aufweisen. „Wie das Zeichen in der Alltagssprache, so wird der Leib in der Alltagserfahrung vernachlässigt", schreibt der Schweizer Philosoph Elmar Holenstein (1976, S. 60; vgl. Volli, 2002, S. 365).

Der englische Enzyklopädist John Locke (1632–1704), Arzt, Erzieher und Regierungsbeamter, führte 1690 die Semiotik in die *Philosophie* ein. Locke schrieb, dass die „Aufgabe darin besteht, die Natur der Zeichen zu untersuchen, die der Geist verwendet um sich die Dinge verständlich zu machen oder anderen sein Wissen mitzuteilen" (zit. nach Sebeok, 1979, S. 19). Locke ersetzte die Logik durch die „Lehre von den Zeichen", da „Zeichen für unsere Ideen notwendig" und Voraussetzung seien.
Immanuel Kant (1724–1804) (1975, S. 499f.) teilte die Zeichen in seiner „Anthropologie in pragmatischer Hinsicht" 1798 ein in:

- willkürliche (Kunst-)Zeichen, wie Gebärden, Buchstaben, Noten, Ziffern, Standeszeichen, Dienstzeichen, Ehren- und Schandzeichen;
- natürliche Zeichen, wie den Pulsschlag, den Rauch, Grabhügel (Zeichen des Andenkens an Verstorbene), Zeichen einer bevorstehenden Krankheit oder Genesung;
- Wunderzeichen, wie „Missgeburten unter Menschen und Vieh", Kometen, Nordlichter, Sonnen- und Mondfinsternis.

Kants Einteilung der Zeichen lässt sich bei einem der bekanntesten zeitgenössischen Semiotiker, bei Umberto Eco, in differenzierter Form wiederfinden. Eco (1977, S. 37 ff.) unterscheidet natürliche und künstliche Zeichen nach ihrer Quelle oder nach den Absichten, die mit ihnen verfolgt werden. Ferner können Zeichen nach ihrer Einzigartigkeit und Reproduzierbarkeit oder nach der Einfachheit und Komplexität gegliedert werden.

In der zweiten Hälfte des 19. Jahrhunderts setzte der amerikanische Philosoph Charles Sanders Peirce (1839–1914) den Ansatz Lockes fort. Peirce wird von vielen Autoren als der eigentliche Begründer oder Wiederentdecker der modernen Semiotik genannt. Zeichen und Gedanken sind bei ihm identisch und deshalb auch die Logik mit der Semiotik (vgl. Peirce, 1983, S. 42).

Auf Peirce geht die berühmte und anspruchsvolle *triadische Zeichenkonzeption* zurück: Sie besteht aus den Beziehungen zwischen Zeichen (eigentlich Zeichenträger), Gegenstand und Interpretant.

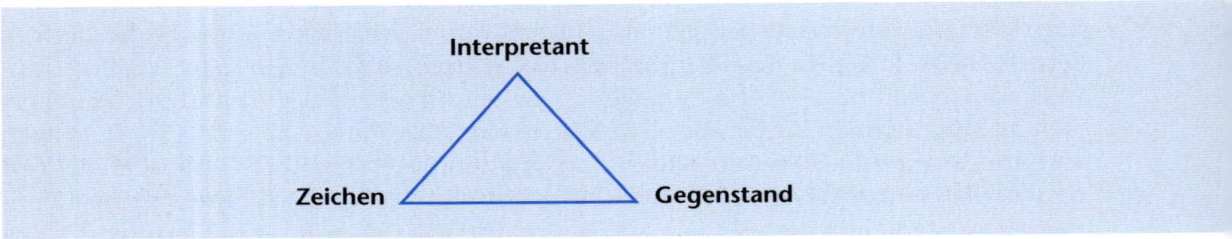

Triadische Zeichenkonzeption (Eco, 1977, S. 30)

Die Eckpunkte dieses semiotischen Dreiecks erfuhren im Laufe der Zeit verwirrend unterschiedliche Bezeichnungen. Der Gegenstand wurde auch Signifikat, Referent oder die bezeichnete Sache genannt, das Zeichen entsprechend Signifikant, Zeichenmittel oder Representamen. Die Beziehung zwischen Zeichen und Gegenstand wird meistens gestrichelt wiedergegeben, als Darstellung eines indirekten Bezugs. Ich folge dem Vorschlag des Semiotikers Ugo Volli (2002, S. 28) und ersetze im Zeichenmodell den Gegenstand durch *Signifikat,* um damit den *Inhaltsaspekt,* sowie das Zeichen durch *Signifikant,* um damit den *Ausdrucksaspekt* des Zeichenträgers zu betonen. Mit dieser Art der Benennung kann der Widerspruch umgangen werden, der darin liegt, dass in der Darstellung des semiotischen Dreiecks, das das Zeichen charakterisieren soll, dessen Begriff selbst auftaucht. Zudem wird der Begriff des Gegenstands vermieden, denn das Signifikat ist kein Ding, sondern eine „psychische Vorstellung" davon (vgl. Barthes, 1979, S. 76)

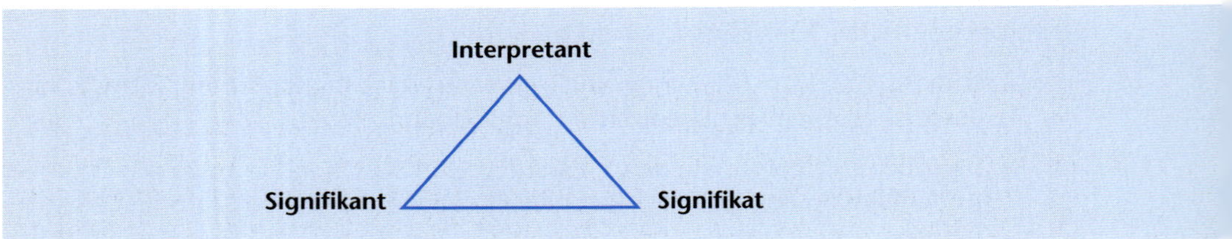

Triadische Zeichenkonzeption (Volli, 2002, S. 28)

Eine zu beachtende Tücke ist, dass der *Interpretant* nicht mit dem Interpreten zu identifizieren ist, sondern dass er einem Zusammenhang von logischen oder kulturellen Gesichtspunkten und Auffassungen entspricht, die in einem Interpreten vorhanden sein oder ausgelöst werden können. Ein Beispiel dazu (zit. nach Volli, 2002, S. 29): „Der Fleck auf der Haut des Patienten *steht* dem Auge des Arztes *für* die Masern." Der Fleck entspricht dem Signifikanten, er bringt etwas zum Ausdruck; die Masern vertreten einerseits das Signifikat, den Inhaltsaspekt der Krankheit, und in anderer Weise zugleich den Interpretanten, den Zusammenhang von Symptom, Ursache und möglichen medizinischen Maßnahmen, den der Interpret, der Arzt, untersucht. Vielleicht lässt sich der Interpretant am ehesten (und vereinfacht) als Bedeutung des Zeichen-Geschehens, der Semiose, als Kontext und Komplex von Wissen, Fähigkeiten und Erfahrungen umschreiben.

Jeden Eckpunkt seiner Zeichenkonzeption hat Peirce wiederum zu einem triadischen Darstellungsschema ausgebaut. „Rhema" heißt die Beziehung des Interpretanten zu einem einzelnen Signifikant, z. B. ein Wort; „Dicent" die Beziehung des Interpretanten zum Signifikat, z. B. ein Satz; „Argument" die Beziehung des Interpretanten zu sich selbst. Unschwer ist dieser Benennung die klassisch-philosophische von Begriff – Urteil – Schluss zuzuordnen (vgl. Peirce, 1983, S. 126). Die Beziehungen vom Signifikanten aus:

- zu sich selbst werden Qualizeichen (qualitative Erscheinung),
- zum Signifikat Sinzeichen (singuläres Zeichen),
- zum Interpretanten Legizeichen (regelhaftes Zeichen) genannt. Am Bekanntesten wurden die Bezeichnungen oder Beziehungen vom Signifikat aus:
- erstens zum Signifikanten als *Ikon* (auf Grund einer Ähnlichkeit),
- zweitens zum Signifikat selbst als *Index* (bzw. direkte Verknüpfung) und
- drittens zum Interpretanten als *Symbol* (bzw. Verabredung oder Konvention) (vgl. Mürner, 1982, S. 14).

Symbol wird heute oft auch synonym mit Zeichen verwendet.

Beinahe gleichzeitig wie Peirce stellt Ferdinand de Saussure (1857–1913) in Genf eine allgemeine Sprachwissenschaft mithilfe einer zeichentheoretischen Argumentation vor. Er nannte sie „Semiologie". Die *Linguistik* kann also neben der Medizin und der Philosophie als dritter geschichtlich bestimmender Teil der Lehre von den Zeichen genannt werden. Auf de Saussure geht die Unterscheidung von Lautbild und Vorstellung, oder anders gesagt, die Einheit von Bezeichnendem (Signifikant) und Bezeichnetem (Signifikat) als Zeichen, zurück. Diese dual-verschränkte Betrachtungsweise wurde leider lange Zeit gegen die triadische von Peirce ausgespielt und in Opposition gebracht (zumindest bis 1969, vgl. Meier-Oeser, 1995, S. 606), während heute eher Gemeinsamkeiten thematisiert werden.

In der ersten Hälfte des 20. Jahrhunderts führte der amerikanische Philosoph Charles William Morris (1901–1979) die drei Dimensionen des Zeichenprozesses ein: die *Syntaktik*, die *Semantik* und die *Pragmatik*. Die Beziehungen der Zeichenträger untereinander, d. h. zu anderen Zeichen, wird syntaktisch, diejenige von den Zeichenträgern zu den Objekten semantisch und diejenige von der bezeichneten Sache zu Personen und Handlungen pragmatisch genannt (vgl. Morris, 1979, S. 94).

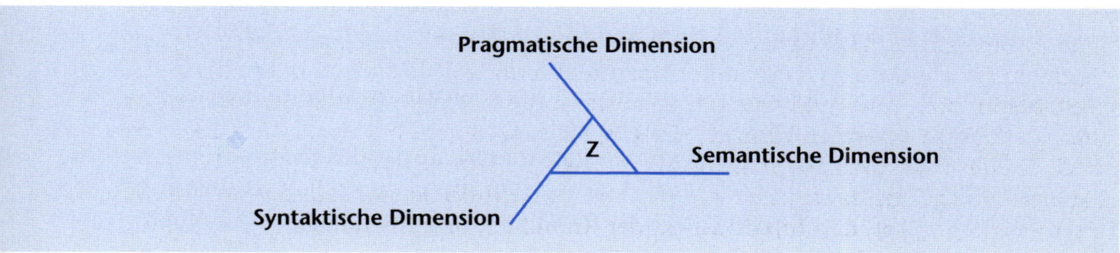

Die drei Dimensionen des Zeichenprozesses (Morris, 1979, S. 94)

Die Abgrenzung der einzelnen Dimensionen ist theoretisch evident, aber die semantische läuft, weil indirekt, über die pragmatische, ist also oft nicht von dieser zu trennen. Auch die syntaktische Dimension hat durch ihren Bezug zur Kollektivität des Interpretanten meistens eine semantische und pragmatische Dimension (vgl. Bentele/Bystrina, 1978, S. 41).

Diese Zeichendimensionen wurden allgemein bekannt und bilden gewissermaßen den Abschluss der historischen Meilensteine der Entwicklung der Semiotik, deren Aktualität in der Folge unterschiedliche Konkretisierungen in der Ästhetik, in der Sozialpsychologie, der Soziologie und der Pädagogik erfuhr.

Aktuelle Relevanz und theoretische Ansätze

Die elementare Konstellation, die pädagogisch maßgebend wird, ist in folgendem Zitat aus dem Jahr 1923 der amerikanischen Sprachforscher C. K. Ogden und I. A. Richards, durch die die oben genannte triadische Zeichenkonzeption von Peirce erst richtig bekannt wurde, zusammengefasst:
„Wenn wir in der Nähe einer Wegkreuzung stehen und einen Fußgänger vor einem Wegweiser mit der Aufschrift ‚Nach Grantchester' beobachten, können wir in der Regel drei Hauptfaktoren der Situation unterscheiden. Wir sind sicher, dass 1) ein Zeichen da ist, das 2) sich auf einen Ort bezieht und 3) von einer Person interpretiert wird. Alle Situationen, in denen Zeichen erwogen werden, ähneln dieser. Von einem Arzt, der feststellt, dass sein Patient Fieber etc. hat, sagt man, er diagnostiziere dessen Krankheit als Grippe. Wenn wir uns so ausdrücken, machen wir nicht deutlich, dass hier auch Zeichen im Spiel sind. [...] Aber wenn wir sagen, der Arzt deute das Fieber etc. als Zeichen von Grippe, sind wir jedenfalls auf dem Weg zu einer Untersuchung, ob die Art, in der der Fußgänger das Objekt an der Kreuzung behandelte, und die, in der der Arzt sein Thermometer und das gerötete Gesicht behandelte, etwas gemeinsam haben." (Ogden/Richards, 1974, S. 29f.)

Diese Differenzierung für die Ausdrucksweise des Arztes gilt auch für Heilpädagogen, wenn sie eine Behinderung klassifizieren oder umschreiben. Denn das Phänomen der Behinderung wird, wie man mit Emil E. Kobi (1993, S. 100) sagen kann, „in kreisförmigen Interaktionsprozessen *erzeugt*". Die Heilpädagogik, die sich lange Zeit allein an der Medizin und Psychopathologie orientierte und deren Zeichen- oder Bezeichnungsverständnis hinsichtlich der Symptome, Defekte und normabweichenden Merkmale übernahm, ist heute ausgerichtet auf Fähigkeiten, Aktivitäten, Ressourcen und Kompetenzen. Ausdrücklich zeichentheoretisch strukturierte heilpädagogische Ansätze liegen jedoch kaum vor. Bevor im nächsten Abschnitt auf die diesbezüglichen Problem- und Erfahrungsfelder eingegangen wird und gefragt werden kann, wofür die Zeichen der Behinderung in Bezug auf die vorwiegend nicht behinderten Interpreten im Rahmen der Pädagogik und deren Terminologie stehen, wird nun zunächst das Zeichen allgemein theoretisch in der Kommunikation und Interaktion lokalisiert und definiert.

Ein Kommunikationsprozess kann schematisch folgendermaßen dargestellt werden:
Quelle – Sender – Kanal – Botschaft – Empfänger.
Eco (1977, S. 25) schreibt: „Von unserem Gesichtspunkt aus ist die Botschaft gleichbedeutend mit Zeichen." Voraussetzung für das Verständnis der Botschaft ist allerdings ein „gemeinsamer Kode" oder (vereinbarter) Zeichenvorrat von Sender und Empfänger.
„Ein Kommunikationsprozess, bei dem es keinen Kode und mithin keine Designation gibt, wird zu einem bloßen Reiz-Reaktions-Prozess. Bei bloßen Reizen fehlt eines der elementarsten Merkmale des Zeichens: es steht für etwas anderes. Der Reiz steht nicht für etwas anderes, sondern ruft dieses andere unmittelbar hervor." (Eco, 1977, S. 26)

Demnach lässt sich, Bezug nehmend auf die zuvor erwähnte Zeichenkonzeption, ein Zeichen wie folgt definieren: *„etwas, das für jemanden in irgendeiner Hinsicht oder auf-*

grund irgendeiner Fähigkeit für etwas anderes steht" (Eco, 1977, S. 31). In „irgendeiner Hinsicht" oder „aufgrund irgendeiner Fähigkeit" lässt sich wie folgt präzisieren, dass das Zeichen keine „Totalität des Gegenstandes repräsentiert", sondern einen bestimmten Aspekt oder eine praktische Absicht wiedergibt. Das heißt mit anderen Worten, ein Zeichen existiert „nie als beobachtbare und stabile körperliche Entität, denn es ist Produkt einer Reihe von Relationen. Was man gewöhnlich als Zeichen beobachtet, ist nur seine Signifikantenseite" (Eco, 1977, S. 169). Der Signifikant bildet erst zusammen mit dem Signifikat und dem Interpretanten eine „kulturelle Einheit" (Eco, 1977, S. 176 f.). Dabei sind bei der Fusion von Signifikant und Signifikat, deren interpretatives Ergebnis das Zeichen darstellt, vor allem die lautsprachlichen Zeichen gemeint, bei denen es zu einem Ineinandergreifen von Sprache und Sprechen kommt. „Kurz die Sprache (langue) ist sowohl das Produkt als auch das Instrument des Sprechens (parole)" (Barthes, 1979, S. 15). Dabei lassen sich zwei Achsen der sprachlichen Zeichen unterscheiden: die *syntagmatische* und *paradigmatische*. Die Wortkombination in dem Beispielsatz „Ich lese ein Buch" bildet die syntagmatische Achse, während die paradigmatische etwa in der Variation des Verbs besteht: „Ich überfliege ein Buch" oder „Ich studiere ein Buch" u. Ä.

Die „innere Konstitution des Zeichens" (Eco, 1977, S. 99), das Ineinander oder die Beziehung von Signifikant und Signifikat bzw. von Ausdrucks- und Inhaltselement, verweist darauf, dass das Zeichen fast nur auf der Ebene der Konnotation vorkommt, d. h., im Bereich der Assoziationen, Implikationen und Nebenbedeutungen, die in der Beziehung zwischen Zeichen und Zeichenbenutzern entstehen. Eco (1977, S. 100 f.) bringt dazu (verkürzt nachgezeichnet) folgendes Beispiel: Die Verkehrsampel zeigt grün, was bedeutet, dass ich als Fußgänger die Straße überqueren kann. Ich habe die freie Wahl, denn ich könnte auch stehen bleiben, das ist es, was konnotativ genannt wird. Schematisch dargestellt:

Signifikant von →		**Signifikat/freie Wahl**	**Konnotation**
Signifikant/grün	**Signifikat/frei**		**Denotation**

Vgl. Eco, 1977, S. 101

Das Beispiel ist übertragbar auf das Signet eines Rollstuhlfahrers auf einer Parkfläche, die für behinderte Menschen reserviert wird. Diese können diesen Parkplatz, der größer ist oder näher am Eingang liegt, benutzen, sie müssen aber nicht unbedingt ihr Auto dort abstellen.

Signifikant von →		**Signifikat/freie Wahl für Menschen mit Behinderung**	**Konnotation**
Signifikant/ Parkplatzmarkierung mit Rollstuhlfahrer	**Signifikat/ reservierte Parkfläche für behinderte Menschen**		**Denotation**

Lässt sich hingegen auf der Seite des Signifikats ein neues Zeichen mit Ausdrucks- und Inhaltsaspekt bilden, handelt es sich um die bedeutungsgebende Möglichkeit der Metasprache, der Kommunikation über die stattgefundene Kommunikation (Eco, 1977, S. 102).

Problem- und Erfahrungsfelder

Die pädagogische Bedeutsamkeit zeichentheoretischer Analysen liegt darin, dass im Wissen um die Zeichen und im praktischen Umgang mit ihnen einerseits individuelle Stabilität zustande kommt und andererseits sich kulturelle Qualität bildet. Peter Rödler (2004, S. 13 f.) spricht von der „ethischen Potenz einer zeichenorientierten Pädagogik", weil es dieser gelinge, die Opposition einer vermeintlich lediglich rationalen Sprache und der angeblich direkteren averbalen Empathie zu umgehen und sie wechselseitig zu verschränken.

Vielleicht kann man behaupten, dass, hätte die Heilpädagogik früher die Zeichenlehre beachtet, es nicht zu der Fehleinschätzung und anhaltenden Unterschätzung der Gebärdensprache in der Pädagogik bei gehörlosen Menschen gekommen wäre (vgl. Biesold, 1984, S. 285; Volkov, 2000). Die so genannte deutsche Methode bestand in der Unterdrückung der Gebärde – was zeichentheoretisch nicht begründbar ist – und der Bevorzugung der Lautsprachanbahnung, die vorwiegend an sozialen Normen und Erwartungen orientiert war.

Der amerikanische Soziologe Erving Goffman hat in seinem Buch „Stigma" (erstmals erschienen 1963/1967, S. 9 ff.) eindrücklich die Techniken beschrieben, die jene anzuwenden gezwungen werden, die gesellschaftlich als „in unerwünschter Weise anders" gelten. Die Griechen, die den Begriff Stigma schufen, verwendeten ihn „als Verweis auf körperliche Zeichen, die dazu bestimmt waren, etwas Ungewöhnliches oder Schlechtes über den moralischen Zustand des Zeichenträgers zu offenbaren". Dagegen argumentiert Goffman (ebd., S. 170), dass es sich sowohl bei „Stigmatisierten" wie bei so genannten „Normalen" nicht um Personen, also um fest gefügte Wesenseinheiten gehe, sondern eher um Perspektiven, d. h. um „Interaktionsrollen".

Ein besonderes und aktuelles Erfahrungsfeld ist der Bereich „Kunst und geistige Behinderung" wie überhaupt der zeichentheoretische Ansatz sich am ehesten in der ästhetischen Erziehung durchsetzte (vgl. Brög, 1977; Theunissen, 2004; Mürner, 2005). Hier kann die Semiotik zur Entideologisierung beitragen, im Sinn der Reflexion der Überhöhung, Mystifizierung oder der Geringschätzung der nun zunehmend Beachtung findenden künstlerischen Arbeiten und Bilder der Menschen mit geistiger Behinderung.

Ausblick

Mit Ausnahme des ästhetischen Bereichs, wie erwähnt, haben semiotische Gesichtspunkte in der Pädagogik und Heilpädagogik bisher wenig Einfluss. Die Zeichendeutung einer Behinderung oder eines Menschen mit Behinderung als unheilvoller Vorbote oder Glücksbringer und die alte Warntafel „Hütet euch vor den Gezeichneten" („cavete signatos") gehören ebenso wie das „Zeichen an Kain" (1. Mose 4, 15), d.h. körperliche Merkmale und Abweichungen als Ausdruck moralischen Fehlverhaltens, der

Vergangenheit an, tauchen allenfalls noch in den populären Massenmedien (siehe Beitrag „Medien“) und unter tyrannischen Regimes auf (Mürner, 2003).

Die Lehre von den Zeichen, die Semiotik, bietet der Pädagogik und Heilpädagogik die Möglichkeit der Analyse ihres Begriffsapparats, der Begründung für Bezeichnungsänderungen und der Perspektive einer kommunikativen Auseinandersetzung, weil man genauer selbst bestimmen kann, was eine Bezeichnung in welchem Bereich (Signifikant, Signifikat – Ausdruck, Inhalt), in welcher Dimension (Syntaktik, Semantik, Pragmatik) und bei welchen Beteiligungen (Sender, Empfänger, Rückmeldung) bedeutet.

Kommentierte Literaturhinweise

Eco, Umberto: Zeichen, Einführung in einen Begriff und seine Geschichte. Frankfurt am Main, Suhrkamp, 1977.
Der bekannteste zeitgenössische Semiotiker und italienische Schriftsteller Umberto Eco hat mehrere Bücher zum Thema Zeichen, Semiotik, Sprache und Sprachphilosophie geschrieben. Das oben erwähnte Buch ist eine handliche und zugleich gründliche Einführung. Ecos Bestseller, der „Name der Rose“ (München, 1982) enthält in literarischer und anschaulicher Form viele Schilderungen zum Zeichen(lesen).

Volli, Ugo: Semiotik, Eine Einführung in ihre Grundbegriffe. Tübingen, Francke, 2002.
Die Einführung des italienischen Sprachphilosophen und Semiotikers Ugo Volli ist zurzeit die aktuellste und ausdrucksvollste Einführung. Sie behandelt auch die Struktur von Erzählungen und deren Interpretation und enthält ein Kapitel Anwendungsfelder zu den verschiedenen Künsten.

Greving, Heinrich/Mürner, Christian/Rödler, Peter: Zeichen und Gesten – Heilpädagogik als Kulturthema, Gießen, Psychosozial-Verlag, 2004.
Gemeinsame Grundlage der gesammelten Aufsätze ist, das Selbstverständnis der Heilpädagogik in Theorie und Praxis anhand semiotischer und mikrologischer Analysen zu erschließen. Dadurch wird der Wandel von Zeichen und Gesten im Kontext und in unterschiedlichen Tätigkeitsfeldern darstellbar. Der Sammelband versteht Heilpädagogik als Kulturthema, in welchem die scheinbar geringsten, in Wirklichkeit aber wichtigsten, Momente pädagogischen Argumentierens, Handelns und vernetzten Nachdenkens Ausdruck finden.

Literaturverzeichnis

o. A.: Art. Etymologie, in: Wörterbuch der phänomenologischen Begriffe, hrsg. v. Helmuth Vetter Hamburg, Felix Meiner Verlag, 2004, S. 175-177.

o. A.: Art. Arbeit, in: Brockhaus Lexikon, Mannheim, Brockhaus-Verlag, 1995, S. 95-96.

o. A.: Art. Institution, online unter http://de.wikipedia.org/wiki/Institution. [08.07.2005]

o. A.: Art. Autismus, online unter http://de.wikipedia.org/w/index.php?title=Autismus&oldid=11144165 [04.12.05].

Aab, Johanna u.a.: Sonderschule zwischen Ideologie und Wirklichkeit. Für eine Revision der Sonderpädagogik, München, Juventa, 1974.

Abé, Ilse (Hrsg.) u.a. : Kritik der Sonderpädagogik, Gießen, Achenbach, 1973.

Accordino, Michael P./Porter, Dion F./Morse, Torrey: Deinstitutionalization of persons with severe mental illness: Context and consequences, in: Journal of Rehabilitation, H. 2, 67 Jg., 2001, S. 16–21.

Achutina, Tatiana: Foundations of Neuropsychology, in: Voices within Vygotsky's non-classical psychology. Past, present, future. Hrsg. von Robbins, Dorothy/Stetsenko, Anna, New York, Nova Science, 2002, S. 27–44.

Adam, Albert/Peters, Monique: Störungen der Persönlichkeitsentwicklung bei Kindern und Jugendlichen. Ein integrativer Ansatz für die psychotherapeutische und sozialpädagogische Praxis, Stuttgart, Kohlhammer, 2003.

Adam, Heidemarie: Das Normalisierungsprinzip und seine Bedeutung für die Behindertenpädagogik, in: Behindertenpädagogik, Heft 16, 1977, S. 73–91.

Adorno, Theodor W.: Zur Logik der Sozialwissenschaften, in: Der Positivismusstreit in der deutschen Soziologie, hrsg. von Theodor W. Adorno u. a., 1. Auflage, Neuwied, Luchterhand, 1969, S. 113-123.

Aebli, Hans: Denken: Das Ordnen des Tuns, 2 Bde., Stuttgart, Klett, 1993.

AFET (Arbeitsgemeinschaft für Erziehungshilfe e. V.): Herausforderung zum heilpädagogischen Handeln. Situation und Perspektiven heilpädagogischer Ausbildung und Praxis in der Bundesrepublik Deutschland, Hannover, Oktober 1991.

Affolter, Felicie D. : Wahrnehmung, Wirklichkeit und Sprache, Villingen, Neckar-Verlag, 1987.

Agamben, Giorgio: Kindheit und Geschichte. Zerstörung der Erfahrung und Ursprung der Geschichte, übersetzt v. Davide Giuriato, Frankfurt a. M., Suhrkamp, 2004.

Agamben, Giorgio: Homo sacer. Die souveräne Macht und das nackte Leben, übersetzt v. Hans Hubert Thüring, Frankfurt a. M., Suhrkamp, 2002.

Aguilera, Donna C.: Krisenintervention. Grundlagen, Methoden, Anwendung, Bern, 2000.

Aguilera, Donna C./Messik, Janice M.: Grundlagen der Krisenintervention. Einführung und Anleitung für helfende Berufe, Freiburg im Breisgau, Lambertus, 1977.

Ahrbeck Bernd: Gehörlosigkeit und Identität – Probleme der Identitätsbildung Gehörloser aus der Sicht soziologischer und psychoanalytischer Theorien, Hamburg, Signum, 1992.

Ahrbeck, Bernd: Die innere und die äußere Realität – Geschlechtsspezifische Aspekte der Entwicklung, Erziehung und Förderung verhaltensgestörter Kinder und Jugendlicher, in: Sonderpädagogik, Heft 3, 1994, S. 128–34.

Aissen-Crewett, Meike: Kinderzeichnungen verstehen, München, Don Bosco, 1988.

Aissen-Crewett, Meike: Kunst und Therapie mit Gruppen: Aktivitäten, Themen und Anregungen für die Praxis, Dormund, Modernes Lernen, 2002.

Aktion Psychisch Kranke (APK): Grundlagen und Gestaltungsmöglichkeiten der Versorgung psychisch Kranker und Behinderter in der Bundesrepublik und auf dem Gebiet der ehemaligen DDR, Bd. 19, Tagung am 29./30. und 1.12.1990 in Berlin, Bonn, 1991.

Albert, Hans: Theorie, Verstehen und Geschichte. Zur Kritik des methodologischen Autonomieanspruchs in den sogenannten Geisteswissenschaften, in: Zeitschrift für allgemeine Wissenschaftstheorie, 1, 1970, S. 3–23.

Albrecht, Gary/Seelman, Katherine/Bury, Michael (Hrsg.): Handbook of Disability Studies, Thousand Oaks, Ca./London/New Dehli, Sage Publications, 2001.

Alexander, Leo: Medical Science under Dictatorship, in: The New England Journal of Medicine, 1949, S. 39-47.

Allensbacher Archiv: IfD – Umfrage 7004, Februar/März 2001

Althusser, Louis: Ideologie und ideologische Staatsapparate, Berlin, Argument, 1977.

Altmeyer-Baumann, Sabine/Herzer, Manfred: Familiale Übergänge im Wandel. Modelle und Hilfsangebote zur Bewältigung familialer Krisen. Wiesbaden, 1992.

Amft, Hartmut: Die ADS-Problematik aus der Perspektive einer kritischen Medizin, in: Hartmut Amft, Manfred Gerspach und Dieter Mattner: Kinder mit gestörter Aufmerksamkeit, Stuttgard, Kohlhammer, 2002, S. 37–121.

Andersen, Tom: Das reflektierende Team. Dialoge und Dialoge über die Dialoge, Dortmund, Borgmann, 1990.

Anochin, Pjotr K.: Beiträge zur allgemeinen Theorie des funktionellen Systems, Jena, Fischer, 1978.

Anochin, Pjotr K.: Biology and neurophysiology of the conditioned reflex and its role in adaptive behaviour, Oxford, Pergamon, 1974.

Antonowsky, Aaron.: Salutogenese. Zur Entmystifizierung der Gesundheit. Dt. Erw. Hrsg. Von Alexa Franke. Deutsche Gesellschaft für Verhaltenstherapie, Tübingen, 1997

Antor, Georg: Lebenswelt – ein neuer Begriff und seine Bedeutung in der Sonderpädagogik, in: Vierteljahresschrift für Heilpädagogik, Heft 58, 1989, S. 243–254.

Antor, Georg: Helfen, Hilfe, in: Bleidick, U. & Antor, G. (Hrsg.): Handlexikon der Behindertenpädagogik. Schlüsselbegriffe aus Theorie und Praxis, hrsg. von Antor, Georg/Bleidick, Ulrich, Stuttgart, Kohlhammer 2001, S. 25-27. 2001.

Antor, Georg/Bleidick, Ulrich: Recht auf Leben, Recht auf Bildung, Heidelberg, Schindele, 1995.

Antor, Georg/Bleidick, Ulrich: Behindertenpädagogik als angewandte Wissenschaft, Bern, Stuttgart und Wien, Kohlhammer, 2000.

Antor, Georg/Bleidick, Ulrich (Hrsg.): Handlexikon der Behindertenpädagogik, Stuttgart, Kohlhammer, 2001.

Appel, Maria/Kleine Schaars, Willem: Anleitung zur Selbständigkeit. Wie Menschen mit geistiger Behinderung Verantwortung für sich übernehmen, Weinheim und Basel, Beltz-Verlag, 1999.

Arnold, Rolf/Siebert, Horst: Konstruktivistische Erwachsenenbildung, Hohengehren, Schneider, 1997.

Arnold, Ulli/Maelicke, Bernd: Lehrbuch der Sozialwirtschaft, 1. Auflage, Baden-Baden, Nomos Verlagsgesellschaft, 1998.

Asperger, Hans: Die Autistischen Psychopathen im Kindesalter, in: Archiv für Psychiatrie und Nervenkrankheiten, 117, 1944, S. 73-136.

Asperger, Hans: Heilpädagogik. Einführung in die Psychopathologie des Kindes für Ärzte, Lehrer, Psychologen, Richter und Fürsorgerinnen, 5. Auflage, Wien/New York, Springer Verlag, 1968.

Attwood, Tony: Das Asperger-Syndrom: Ein Ratgeber für Eltern, Stuttgart, Trias, 2000.

Augustin, Anneliese: Ergotherapie bei überaktiven Kindern, in: Aggressive und hyperaktive Kinder in der Therapie, hrsg. v. Ulrike Franke / Anneliese Augustin, Berlin, Springer, 1988.

Ayres, A. Jean: Bausteine kindlicher Entwicklung, 1. Auflage, Berlin/Heidelberg/New York/Tokio, Springer, 1984.

Bach, Heinz: Sonderpädagogik im Grundriß. 1. Auflage, Berlin, Marhold, 1975.

Bachmann, Helen: Malen als Lebensspur. Die Entwicklung kreativer bildlicher Darstellung. Ein Vergleich mit den frühkindlichen Lösungs- und Individuationsprozessen, Stuttgart, Klett-Cotta, 1985.

Bachmann, Walter (Hrsg.): Gießener Dokumentationsreihe Heil- und Sonderpädagogik Band 3, „Die Heilpädagogik mit besonderer Berücksichtigung der Idiotie und der Idiotenanstalten" von Dr. Georges und H. Deinhardt. Reprint der Edition Leipzig 1861, Gießen, 1979.

Bachmann, Walter: Bausteine zu einer europäischen Geschichte der Heilpädagogik, in: Zeitschrift für Heilpädagogik, Nr. 5, 1992, S. 290-298.

Bachtin, Michail M.: Untersuchungen zur Poetik und zur Theorie des Romans, Berlin, Aufbau, 1986.

Backes, Gertrud, M./Clemens, Wolfgang: Lebensphase Alter. Eine Einführung in die sozialwissenschaftliche Alternsforschung, Weinheim/München, Juventa, 1998.

Baechtold, Andreas: Gemeindenahe Hilfe für Behinderte. Ein Spannungsfeld zwischen System und Lebenswelt, in: Handbuch der Sonderpädagogik, Bd. 10, Sonderpädagogik und Sozialarbeit, hrsg. von Heinz Bach, Ulrich Bleidick, Gustav O. Kantner, Klaus-Rainer Martin und Otto Speck, Berlin, Wissenschaftsverlag Spiess, 1990.

Baecker, Jochen/Borg-Laufs, Michael, Duda, Lothar/Matthies, Ellen: Sozialer Konstruktivismus – eine neue Perspektive in der Psychologie, in: Kognition und Gesellschaft, 4. Auflage, hrsg. von Siegfried Schmidt, Frankfurt a. M., Suhrkamp, 1992, S. 116-145.

Baldus, Marion: Von der Diagnose zur Entscheidung. Entscheidungsprozesse von Frauen im Kontext pränataler Diagnostik, Literatur-Expertise. Heidelberg.

Balgo, Rolf: Vom Defizit zum Profizit – oder: von Lern- und Verhaltensproblemen zu möglichen Lösungen, in: System Schule, Zeitschrift für innovative Schulpraxis, 1997, 1. Jg., Heft 3, S. 90-93.

Balgo, Rolf/Werning, Rolf, (Hrsg.): Lernen und Lernprobleme im systemischen Diskurs, Dortmund, Borgmann, 2003.

Ballew, Julius R./ Mink, George: Was ist Case Management?, in: Wendt, Wolf Rainer: Unterstützung fallweise. Case Management in der Sozialarbeit, 2. Auflage, Freiburg im Breisgau, Lambertus, 1995, S. 56-83. (Original erschienen in: Ballew, Julius R./Mink, George: Case Management in the Human Services, Springfield, Illinois, 1986, S. 3-31).

Baltes, Paul B./Baltes, Margret, M.: Erfolgreiches Altern. Mehr Jahre und mehr Leben, in: Erfolgreiches Altern, Bedingungen und Variationen, hrsg. von Margret, M. Baltes/Martin Kohli/Karl Sames, Bern, Hans Huber, S. 5-10.

Baltes, Paul B./Montada, Leo (Hrsg.): Produktives Leben im Alter. Frankfurt a. M./New York, Campus, 1996.

Balzer, Brigitte/Rolli, Susanne: Sozialpädagogik und Krisenintervention. Argumente für ein psychosoziales Versorgungssystem, Neuwied, Luchterhand, 1981.

Barnes, Colin/Mercer, Geof/Shakespeare, Tom: Exploring Disability. A Sociological Introduction, Cambridge, Polity Press, 1999.

Barthes, Roland: Das semiologische Abenteuer, Frankfurt a. M., Suhrkamp, 1988.

Barthes, Roland: Elemente der Semiologie, Frankfurt a. M., Suhrkamp, 1979.

Barthes, Roland: Fragmente einer Sprache der Liebe, Frankfurt a. M., Suhrkamp, 1984.

Bartsch, Elmar/Marquart, Tobias: Grundwissen Kommunikation, 3. Auflage, hrsg. von Richard Geisen, Stuttgart, Klett, 1999.

Barwig, Gerlinde/Busch, Christiane: Unbeschreiblich weiblich. Frauen unterwegs zu einem selbstbestimmten Leben mit Behinderung, München, AG SPAK, 1993.

Basaglia, Franco: Die negierte Institution oder die Gemeinschaft der Ausgeschlossenen. Ein Experiment der Psychiatrischen Klinik in Görz, übersetzt v. Anneheide Ascheri-Osterlow, Frankfurt a. M., Suhrkamp, 1973.

Basaglia, Franco (Hrsg.): Was ist Psychiatrie? Übersetzt v. Anneheide Ascheri-Osterlow, Frankfurt a. M., Suhrkamp, 1974.

Basaglia, Franco/Basaglia-Ongaro, Franca: Befriedungsverbrechen. Über die Dienstbarkeit der Intellektuellen, übersetzt v. Claudia Honegger, Frankfurt a. M., EVA, 1980.

Bateson, Gregory: Ökologie des Geistes, Anthropologische, psychologische, biologische und epistemologische Perspektiven, 6. Auflage, Frankfurt a. M., Suhrkamp, 1996.

Baudisch, Winfried/Schulze, Marion/Wüllenweber, Ernst: Einführung in die Rehabilitationspädagogik, Stuttgart, Kohlhammer, 2004.

Bauer, Joachim: Warum ich fühle, was du fühlst. Intuitive Kommunikation und das Geheimnis der Spiegelneurone, Hamburg, Hoffmann und Campe, 2005.

Bauman, Zygmunt: Dialektik der Ordnung. Die Moderne und der Holocaust, Hamburg, EVA, 1992.

Bauman, Zygmunt: Postmoderne Ethik. Hamburg, Hamburger Edition HIS Verlagsgesellschaft, 1995.

Baumert, Jürgen (Hrsg.): PISA 2000 – Basiskompetenzen von Schülerinnen und Schülern im internationalen Vergleich, 1. Auflage, Opladen, Leske + Budrich, 2001.

Baumgarten, Alexander Gottlieb: Aesthetica, Hildesheim, Olms, 1961. Unveränderter reprografischer Nachdruck aus dem Jahr 1750.

Baumgartner, Edgar: Assistenzdienste für behinderte Personen. Sozialpolitische Folgerungen aus einem Pilotprojekt, Bern, Peter Lang, 2002.

Bauriedl, Thea: Psychoanalyse ohne Couch. Zur Theorie und Praxis der Angewandten Psychoanalyse, München, BeltzPVU, 1985.

Bayerisches Staatsministerium für Unterricht und Kultus: Lehrpläne für die Fachakademie für Heilpädagogik, Hrsg: Staatsinstitut für Schulpädagogik, München, Hintermaier-Verlag, 1993, S. 137 und 2001, S. 3 und 13.

Bundesverband Evangelische Behindertenhilfe e.V. (BEB): Gesundheit und Behinderung. Expertise zu bedarfsgerechten gesundheitsbezogenen Leistungen für Menschen mit geistiger und mehrfacher Behinderung als notwendiger Beitrag zur Verbesserung ihrer Lebensqualität und zur Förderung ihrer Partizipationschancen, Reutlingen, Diakonie-Verlag, 2001.

Beck, Iris: Norm, Identität, Interaktion: zur theoretischen Rekonstruktion und Begründung eines pädagogischen und sozialen Reformkonzeptes. In: Normalisierung. Behindertenpädagogische und sozialpolitische Perspektiven eines Reformkonzeptes, hrsg. von Iris Beck, Willi Düe und Heinz Wieland, Heidelberg, Winter, 1996, S. 19-43.

Beck, Iris: Die Lebenslagen von Kindern und Jugendlichen mit Behinderung und ihrer Familien in Deutschland: soziale und strukturelle Dimensionen, in: Gesundheit und Behinderung im Leben von Kindern und Jugendlichen, hrsg. v. d. Sachverständigenkommission 11. Kinder- und Jugendbericht, Band 4, München, DJI, 2002, S. 175-315.

Beck, Manfred/Meyer, Barbara (Hrsg): Krisenintervention. Konzepte und Realität. Dgvt- Verlag, Tübingen, 1994

Becker, Roman/Edrissi, Alice: Studie: Aktuelle Herausforderungen in der Verbandswelt, in: Verbändereport, Heft 7, 2002, S. 14-17.

Becker, Susanne/Veelken, Ludger/Wallraven, Klaus Peter (Hrsg.): Handbuch Altenbildung. Theorien und Konzepte für Gegenwart und Zukunft, Opladen, Leske + Budrich Verlag, 2000.

Becker-Schmidt, Regina: Geschlecht, in: Etymologisches Wörterbuch des Deutschen, hrsg. v. Wolfgang Pfeifer, Berlin, Akademie Verlag, 1989, S. 211-212.

Becker-Schmidt, Regina: Geschlechterdifferenz. Geschlechterverhältnis. Soziale Dimensionen des Begriffs Geschlecht, in: Zeitschrift für Frauenforschung, 11. Jg., Heft 1/2, 1993, S. 37-46.

Begemann, Ernst: Die Erziehung der sozio-kulturell benachteiligten Schüler, Hannover, Schroedel, 1970.

Begemann, Ernst: Die Bildungsfähigkeit der Hilfsschüler, 3. Auflage, Berlin, Marhold, 1975

Behr, Michael: Freie Schulen und Internate. Pädagogische Programme und rechtliche Stellung, Düsseldorf/München, Econ, 1990.

Belardi, Nando/Akgün, Lale/Gregor, Brigitte/Pütz, Thomas/Neef, Reinhold/Sonnen, Fritz R.: Beratung. Eine sozialpädagogische Einführung, 3. Auflage, Weinheim/Basel, Juventa, 2001.

Benecke, Georg Friedrich/Müller, Wilhelm/Zarnke, Friedrich: Mittelhochdeutsches Wörterbuch, Universität Trier, online unter http://germazope.uni-trier.de/Projects/WBB/woerterbuecher/bmz/wbgui?lemid=BS04930, 1990 [16.06.2005].

Benkmann, Rainer: Entwicklungspädagogik und Kooperation, 1. Auflage, Weinheim, Beltz, 1998.

Benner, Ditrich: Allgemeine Pädagogik. Eine systematisch-problemgeschichtliche Einführung in die Grundstruktur pädagogischen Denkens und Handelns, 5. Auflage, Weinheim, Juventa, 2001.

Bensch, Camilla/Klicpera, Christian: Dialogische Entwicklungsplanung. Ein Modell für die Arbeit von Behindertenpädagog(inn)en mit erwachsenen Menschen mit Behinderung, Heidelberg, Winter, 2000.

Bentele, Günter/Bystrina, Ivan: Semiotik, Stuttgart, Kohlhammer, 1978.

Bergeest, Harry: Körperbehindertenpädagogik. Prevention, Integration, Rehabilitation. Bad Heilbrunn, Klinkhardt, 2000.

Bergeest, Harry/Hansen Gerd: Theorien der Körperbehindertenpädagogik, Bad Heilbrunn, Klinkhardt, 1999.

Bergeest, Harry/Hansen, Gerd: Sozialisation körperbehinderter Menschen, in: Theorien der Körperbehindertenpädagogik, Bad Heilbrunn, Klinkhardt 1999.

Berger, Peter/Luckmann, Thomas: Die gesellschaftliche Konstruktion der Wirklichkeit, Frankfurt a. M., Fischer, 1969.

Bernheim, J.: Euthanasia in Europe, in: The Lancet, Heft 9261, Jg. 357, 2001, S. 1038.

Bernstein, Nikolai A.: Bewegungsphysiologie. 2. Aufl, Leipzig, Barth, 1987.

Beugen, Marinus van: Agogische Intervention. Planung und Strategie, Freiburg i. B., Lanbertus, 1972.

BGHSt: Entscheidungen des Bundesgerichtshofs in Strafsachen Band 40, 1995, S. 257-272.

BHP e.V. (Hrsg.): Heilpädagogen in Europa – Ziele und Methoden heilpädagogischer Arbeit/4. Symposium, Berlin, April 2000, BHP-Verlag, Kiel, 2000.

BHP e.V. (Hrsg.), BHP-Berufsbild: Heilpädagogin/ Heilpädagoge, Kiel, 2001.

BHP e.V. (Hrsg.), Entwurf der Statuten für eine Internationale Gesellschaft heilpädagogischer Berufsverbände, unveröffentlichtes Manuscript, BHP-Geschäftsstelle, Berlin 2005.

BHP e.V. (Hrsg.), Vereinssatzung, Büdelsdorf, 1985 (mit allen späteren Änderungen bis 2002).

Bieber, Käthi/Burgener, Andrea/Jeltsch-Schudel, Barbara/Lang, Béatrice/Mösle-Hüppi, Susann/ Schlienger, Ines: Früherziehung ökologisch. Aspekte, 31 Edition, SZH Luzern, 1989.

Biene, Elke: Zusammenarbeit mit den Eltern, Arbeitshefte zur heilpädagogischen Übungsbehandlung, Band 5, 1. Auflage, Heidelberg, Edition Schindele, 1988

Bienstein, Christer/Fröhlich, Andreas: Basale Stimulation in der Pflege – die Grundlagen, Seelze-Velber, 2003.

Biermann, Anette: Gestützte Kommunikation im Widerstreit, Berlin, 1999.

Biesalski, Konrad: Was ist ein Krüppel? In: Zeitschrift für Krüppelfürsorge, Heft 1, 1908, S. 11-15.

Biesalski, Peter/Collo, Detlef: Hals-Nasen-Ohren-Krankheiten im Kindesalter, Stuttgart/New York, Thieme, 1991.

Biesold, Horst: Hörschädigung, in Reichmann, Erwin (Hrsg.): Handbuch der kritischen und materialistischen Behindertenpädagogik. Solms-Oberbiel, Jarick Oberbiel, 1984.

Binding, Karl/Hoche, Alfred E.: Die Freigabe der Vernichtung lebensunwerten Lebens – ihr Maß und ihre Form, Leipzig, Felix Meiner, 1920.

Binswanger, Ludwig: Grundlagen und Erkenntnis menschlichen Daseins, 2. Auflage, Zürich, Niehans, 1953.

Bittner Günther: Behinderung oder beschädigte Identität? In: Heese Gerhard; Reinartz Anton (Hrsg.): Aktuelle Beiträge zur Sozialpädagogik und Verhaltensgestörtenpädagogik. Marhold Berlin 1973, S. 7-15

Bleeksma, Marjan: Mit geistiger Behinderung alt werden, Weinheim/Basel, Beltz, 1998.

Bleidick, Ulrich: Pädagogik der Behinderten, 1. Auflage, Berlin, Marhold, 1972.

Bleidick, Ulrich: Lernbehinderte gibt es doch eigentlich gar nicht. Oder: wie man das Kind mit dem Bade ausschüttet in: Zeitschrift für Heilpädagogik, Heft 2 (31), 1980, S. 127-143.

Bleidick, Ulrich: Pädagogik der Behinderten. Grundzüge einer Theorie der Erziehung behinderter Kinder und Jugendlicher, 5. Auflage, Berlin, Marhold, 1984.

Bleidick, Ulrich: Wissenschaftssystematik der Behindertenpädagogik, in: Theorie der Behindertenpädagogik, hrsg. von Ulrich Bleidick, Berlin, Marhold, 1985, S. 48-86.

Bleidick, Ulrich: Individualpsychologie, Lernbehinderungen und Verhaltensstörungen. Hilfen für Erziehung und Unterricht, Berlin, 1985

Bleidick, Ulrich: Lernbehindertenpädagogik in: Einführung in die Behindertenpädagogik, hrsg. von Bleidick, Ulrich/Hagemeister, Ursula/Rath Waldtraut, Stuttgart, Kohlhammer, 1997, Band II, S. 93

Bleidick, Ulrich: Nachdenken über Heilpädagogik – Ein Plädoyer für Kontingenz, in: Vierteljahresschrift für Heilpädagogik und ihre Nachbargebiete, in: VHN 2/1997, S. 140-162.

Bleidick, Ulrich: Die Förderung Schwerstbehinderter durch Arbeit. In: Leben ohne Beruf? Alternative Lebensgestaltung junger Behinderter ohne berufliche Perspektive, hrsg. v. Fritz Butzke und Rudolf Bordel, Heidelberg, 1998, S. 149-173.

Bleidick, Ulrich: Behinderung als pädagogische Aufgabe. Stuttgart, Kohlhammer, 1999.

Bleidick, Ulrich: Konstruktion und Perspektivität behindertenpsychologischer Theoriebildung in: Handbuch der Sonderpädagogischen Psychologie, hrsg. von Borchert, Johann, Göttingen, Hogrefe, 2000, S. 127-134

Bleidick, Ulrich: Behindertenpädagogik, in: Handlexikon der Behindertenpädagogik, hrsg. von Georg Antor und Ulrich Bleidick, Stuttgart, Kohlhammer, 2001, S. 60-63.

Bless, Gérard: Theoriebildung und Theorieprüfung durch Methoden empirischer Forschung, in: Grundfragen der Sonderpädagogik, hrsg. von Annette Leonhardt und Franz B. Wember, 1. Auflage, Weinheim, Beltz, 2003, S. 81-100.

Bless, Gérard: Zur Wirksamkeit der Integration. 1. Auflage, Bern, Haupt, 1995.

Bleuler, Eugen: Dementia praecox oder Gruppe der Schizophrenien, Tübingen, Ed. Diskord 1988. Nachdruck der Ausgabe Leipzig/Wien, Deuticke, 1911.

Bock, Gisela: Zwangssterilisationen im Nationalsozialismus. Studien zur Rassenpolitik und Frauenpolitik, Opladen, Westdeutscher Verlag, 1986.

Böhme, Gernot: Aisthetik. Vorlesungen über Ästhetik als allgemeine Wahrnehmungslehre. München, Fink, 2001.

Bollag, Esther: Assistenz statt Betreuung – was bedeutet das?, in: Zur Orientierung, Heft 1, 1999, S. 16-18.

Böllert, Karin/Gogolin, I.: Stichwort: Professionalisierung. In: Zeitschrift für Erziehungswissenschaft, 2/2002, S. 367-383.

Bollnow, Otto F.: Existenzphilosophie und Pädagogik. Versuch über unstetige Formen der Erziehung. Stuttgart, 1959.

Bollnow, Otto F.: Mensch und Raum, Stuttgart, 1963.

Bollnow, Otto F.: Die pädagogische Atmosphäre, Heidelberg, Die Blaue Eule, 1964.

Bollnow, Otto F.: Sprache und Erziehung, Stuttgart, 1966.

Bollnow, Otto F.: Krise und neuer Anfang. Beiträge zur pädagogischen Anthropologie, Heidelberg, Quelle & Meyer, 1966.

Bollnow, Otto F.: Vom Geist des Übens, Stäfa, Kuglerich Rothhäusler, 1978.

Bollnow, Otto F.: Anthropologische Pädagogik, Bern, 1983.

Bollnow, Otto F.: Vom Geist des Übens, 3. Auflage, Stäfa, Kuglerich Rothhäusler, 1991.

Bollnow, Otto F.: Mensch und Raum. 10. Auflage, Stuttgart, Kohlhammer, 2004.

Book, Karl-Heinz: Rezepte als Konzepte? – Entwicklungsmöglichkeiten konzeptueller Arbeit in der Schule für Erziehungshilfe, in: Erziehungshilfe bei Verhaltensstörungen. Pädagogisch-therapeutische Hilfen bei Verhaltensstörungen, hrsg. v. Sandra Rolus-Borgward und Ulrich Tänzer, Oldenburg, 1999, S. 133-145.

Bopp, Linus: Allgemeine Heilpädagogik in systematischer Grundlegung und mit Erziehungspraktischer Einstellung, Freiburg, Herder, 1930.

Bopp, Linus: Heilerziehung aus dem Glauben, Freiburg, Herder,1958.

Bos, Wilfried/ Lankes, Eva-Maria/ Prenzel, Manfred/ Schwippert, Knut/ Walther, Gerd/ Valtin, Renate: Erste Ergebnisse aus IGLU – Schülerleistungen am Ende des vierten Jahrganges im internationalen Vergleich, 1. Auflage, Münster, Waxmann, 2003.

Bosshardt, Georg/Fischer, Susanne/Bär, Walter: Open regulations and practice in assisted dying-how Switzerland compares with the Netherlands and Oregon, in: swiss medical weekly, Heft 47-38, Jg. 132, 2002, S. 527-534.

Bourdieu, Pierre: Sozialer Sinn – Kritik der theoretischen Vernunft. Frankfurt a. M., Suhrkamp, 1987.

Bourdieu, Pierre: Der Tote packt den Lebenden. Schriften zu Politik & Kultur, 2. Auflage, Hamburg, VSA, 1997.

Bourdieu, Pierre: Die verborgenen Mechanismen der Macht. Schriften zu Politik und Kultur 1. Auflage, Hamburg, VSA, 1997.

Bourdieu, Pierre: Praktische Vernunft. Zur Theorie des Handelns. Frankfurt a. M., Suhrkamp, 1998.

Bourquin, Catherine/Lambert, Jean-Luc: Trisomie 21 et vieillissement. Aspekte 72, Edition SZH Luzern 1998.

Bowlby, John: Bindung. Eine Analyse der Mutter-Kind-Beziehung, München, Kindler-Verlag, 1975.

Bowlby, John: Das Glück und die Trauer. Herstellung und Lösung affektiver Bindungen, Stuttgart, Klett-Cotta, 1982.

Bowlby, John: Mütterliche Zuwendung und geistige Gesundheit, München, Kindler, 1973.

Bracken, Helmut von: Methodologie der Heilpädagogik, in: Heilpädagogische Forschung, 1/1964, S. 3-12.

Brasser, Martin (Hrsg.): Person. Philosophische Texte von der Antike bis zur Gegenwart, Stuttgart, Reclam, 1999.

Braun, Hans/Niehaus, Mathilde: Lebenslagen behinderter Frauen. Eine empirische Studie in Rheinland-Pfalz, Idstein, Schulz-Kirchner, 1992.

Braun, Katharina/Bock, Jörgen: Die Narben der Kindheit, in: Gehirn & Geist, 1, 2003, S. 50-53.

Braun, Reinhold/Ströbele, Thomas: Consulentenarbeit in den Niederlanden und beim Landschaftsverband Rheinland, in: Krisen und Verhaltensauffälligkeiten bei geistiger Behinderung und Autismus, hrsg. v. Georg Theunissen, Stuttgart, Kohlhammer, 2003, S. 101- 109.

Brecht, Berthold: Die Dreigroschenoper. Lied von der Unzulänglichkeit menschlichen Strebens, Frankfurt a. M., Suhrkamp, 1968.

Breitenbach, Erwin: Förderdiagnostik. Theoretische Grundlagen und Konsequenzen für die Praxis. Edition Bentheim, Würzburg, 2003.

Brockhaus: Die Enzyklopädie, Band 1, 20. Auflage, Leipzig/Mannheim, Brockhaus-Verlag, 1996.

Brockhaus: Enzyklopädie, Band 7. Mannheim, Brockhaus-Verlag 1988.

Brockhaus: Lexikon, Mannheim, Brockhaus-Verlag 1995/2002.

Bröcher, Joachim: Lebenswelt und Didaktik, Heidelberg, Universitätsverlag Winter, 1997.

Broedel, Wolfgang: Religiöse Erziehung zur Förderung des entwicklungsgestörten und behinderten Kindes, 1. Auflage, Otto Maier Verlag Ravensburg, 1981

Brög, Hans (Hrsg.): Probleme der Semiotik unter schulischem Aspekt, Ravensburg, Maier, 1977.

Bronfenbrenner, Urie: Die Ökologie der menschlichen Entwicklung, Stuttgart, Klett, 1981

Bronfenbrenner, Urie: Die Ökologie der menschlichen Entwicklung, Frankfurt a. M., Fischer Taschenbuchverlag, 1989.

Buber, Martin: Werke I, Heidelberg, Kösel-Verlag, 1962.

Buber, Martin: Das Dialogische Prinzip, Heidelberg, Schneider, 1962.

Buber, Martin: Reden über Erziehung, Heidelberg, Lambert Schneider, 1962.

Buber, Martin: Das Dialogische Prinzip, Heidelberg, 1965

Buber, Martin: Reden über Erziehung, 9. Auflage, Heidelberg, Schneider, 1969.

Buber, Martin: Urdistanz und Beziehung, 4. Auflage, Heidelberg, Schneider, 1978.

Buber, Martin: Auf die Stimme hören. Ein Lesebuch. Ausgewählt und eingeleitet von Lorenz Wachinger, München, Kösel-Verlag, 1993.

Buber, Martin: Das dialogische Prinzip. 9. Auflage, Gütersloh, Gütersloher Verlagshaus, 2002.

Bublitz, Hannelore: Macht – Diskurs – Körper – Leben. Über die Möglichkeiten weiblicher Gegen-Diskurse im Rahmen der strukturalistischen Theorie, Frankfurt a. M., Suhrkamp, 1993.

Buboltz-Lutz, Elisabeth: Bildung im Alter. Eine Analyse geragogischer und psychologisch-therapeutischer Grundmodelle, 2. Auflage, Freiburg/Br., Lambertus Verlag, 1984.

Buchka, Maximilian: Intuition als individuelle Erkenntnis- und Handlungsfähigkeit in der Heilpädagogik, Luzern, 2000.

Buchka, Maximilian: Ältere Menschen mit geistiger Behinderung. Bildung, Begleitung, Sozialtherapie, München/Basel, Reinhardt, 2003.

Buchka, Maximilian: Geistige Behinderung aus anthroposophischer Sicht. In: Pädagogik für Menschen mit geistiger Behinderung. hrsg. v. Fischer, E. Oberhausen, 2003, S. 229-258.

Buchkremer, Hansjosef: Hilfe, in: Wörterbuch soziale Arbeit: Aufgaben, Praxisfelder, Begriffe und Methoden der Sozialarbeit und Sozialpädagogogik, hrsg. von Dieter Kreft, Weinheim, 1996, S. 281-284.

Buddrus, Volker/Grabbe, Holger/Nahrstedt, Wolfgang: Freizeit in der Kritik. Alternative Konzepte zur Freizeit- und Kulturpolitik, Köln, Pahl-Rugenstein, 1980.

Bühl, Walter L.: Krisentheorien. Politik, Wirtschaft und Gesellschaft im Übergang. Darmstadt, 1984.

Bundesamt für Statistik: Schwerbehinderte 2003. www.destatis.de

Bundesanstalt für Arbeit (Hrsg): Teilhabe durch berufliche Rehabilitation: Beratung, Förderung, Aus- und Weiterbildung, Nürnberg, 2002.

Bundesanstalt für Arbeit: Art. Case Management. In: Bundesanstalt für Arbeit (Hrsg.): Teilhabe durch berufliche Rehabilitation, Nürnberg, 2002, S. 360-362.

Bundesärztekammer (Hrsg.): Weiterbildungsordnung 2003, Berlin, 2003.

Bundesarbeitsgemeinschaft der Werkstätten für behinderte Menschen (BAG – WfbM): Statistik, Frankfurt a. M., Oktober 2004.

Bundesministerium für Familie, Senioren, Frauen und Jugend (BMFSFJ): Elfter Kinder- und Jugendbericht. Bericht über die Lebenssituation junger Menschen und die Leistungen der Kinder- und Jugendhilfe in Deutschland, Februar 2002.

Bundesministerium für Familie, Senioren, Frauen und Jugend (BMFSFJ): Die Politik der frühkindlichen Betreuung, Bildung und Erziehung in der Bundesrepublik Deutschland. Ein Länderbericht der Organisation für wirtschaftliche Zusammenarbeit und Entwicklung (OECD) – Kurzfassung, Berlin, November 2004.

Bundesministerium für Gesundheit und Soziale Sicherung (Hrsg.): Bericht der Bundesregierung über die Lage der Behinderten und die Entwicklung ihrer Teilhabe. Deutscher Bundestag, 15. Wahlperiode, Drucksache 15/4575 vom 16.12.2004.

Bundesministerium für Gesundheit und Soziale Sicherung (Hrsg.): Rehabilitation und Teilhabe behinderter Menschen, Bonn, 2004

Bundesministerium für Gesundheit und Soziale Sicherung (Hrsg.): Übersicht über das Sozialrecht; Nürnberg, 2. Auflage, 2005

Bundesminister für Jugend, Familie und Gesundheit (Hrsg.): Materialsammlung III zur Enquête über die Lage der Psychiatrie in der BRD. Stuttgart, Kohlhammer-Verlag, 1974.

Bundesministerium für Jugend, Familie und Gesundheit (Hrsg.): Freizeit und Behinderung. Schriftenreihe des Bundesministeriums für Jugend, Familie und Gesundheit. Band 47, Stuttgart/Berlin/Köln/Mainz, 1976.

Bundesministerium für Jugend, Familie, Frauen und Gesundheit (Hrsg.): Wohnen Behinderter. Berichtsband. Schriftenreihe des Bundesministeriums für Jugend, Familie, Frauen und Gesundheit Band 245/2. Kohlhammer-Verlag, 1990.

Bundesvereinigung Lebenshilfe (Hrsg.): Alt und geistig behindert. Ein europäisches Symposium 1992, Marburg, Lebenshilfe-Verlag, 1993.

Bundesvereinigung Lebenshilfe (Hrsg.): Materialien zu Wohnstättenfragen, Marburg, Lebenshilfe-Verlag, 1975.

Bundesvereinigung Lebenshilfe (Hrsg.): Altwerden von Menschen mit geistiger Behinderung. Internationaler Workshop 1981, Marburg, Lebenshilfe-Verlag, 1983.

Bundesvereinigung Lebenshilfe (Hrsg.): Normalisierung – eine Chance für Menschen mit geistiger Behinderung. Bericht des Ersten europäischen Kongresses der Internationalen Liga von Vereinigungen für Menschen mit geistiger Behinderung 1985 in Hamburg, Marburg, Lebenshilfe-Verlag, 1986.

Bundesvereinigung Lebenshilfe (Hrsg.): Hilfen für alte und alternde geistig behinderte Menschen. Symposium 1984, 2. Auflage, Marburg, Lebenshilfe-Verlag, 1988.

Bundesvereinigung Lebenshilfe (Hrsg.): Persönlichkeit und Hilfe im Alter. Zum Alterungsprozeß bei Menschen mit geistiger Behinderung. Fachtagung 1998, 2. Auflage, Marburg, Lebenshilfe-Verlag, 2000.

Bunge, Mario: Epistemologie: aktuelle Fragen der Wissenschaftstheorie, 1. Auflage, Mannheim, Bibliographisches Institut, 1983.

Bürli, Alois: Berufliche Identität und Professionalisierung in der Heilpädagogik. Luzern, 1993.

Bürli, Alois: Sonderpädagogik in Europa oder europäische Sonderpädagogik? – Zu einem Vergleich des Unvergleichbaren. In: VHN, Nr. 2/1994, S. 235-252.

Bürli, Alois: Internationaler Stellenwert der Heilpädagogik in der Lehrerbildung. In: Beiträge zur Lehrerbildung. Zeitschrift zu Theorie und Praxis der Grundausbildung, Fort- und Weiterbildung von Lehrerinnen und Lehrern, Nr. 2/1995, S. 131-138.

Bürli, Alois: Heilpädagogik neue definieren oder abschaffen? In: Schweizerische Zeitschrift für Heilpädagogik, Nr. 11/ 2001, S. 18-24.

Bürli, Alois: Bildungserschwernisse in Zahlen und Vergleichen. In: Schweizerische Zeitschrift für Heilpädagogik, Nr. 1, 2001, S. 18-24.

Bürli, Alois: Normalisierung und Integration aus internationaler Sicht. In: Grundfragen der Sonderpädagogik. Bildung, Erziehung, Behinderung. Ein Handbuch, hrsg. v. Annette Leonhardt und Franz B. Wember, Weinheim/Basel/Berlin, Beltz, 2003.

Bürli, Alois: Anspruch und Wirklichkeit. Schulische Förderung von Schülern mit sonderpädagogischem Förderbedarf in Europa. In: Heilpädagogik. Fachzeitschrift der Heilpädagogischen Gesellschaft Österreichs, Nr. 4, 2003, S. 1-16.

Bürli, Alois: Sonderpädagogik in Europa: Anspruch und Wirklichkeit. In: Integrations- und Sonderpädagogik in Europa. Professionelle und disziplinäre Perspektiven, hrsg. von Ada Sasse, Marie Vitkovà, Norbert Störmer, Bad Heilbronn, Klinkhardt 2004, S. 34-60.

Bürli, Alois/Forrer, Barbara: Europäische Gemeinschaft – behindertenfreundlich? Luzern, Reihe Aspekte Nr. 48, Edition SZH, 1993.

Busch, Friedrich W./Nave-Herz, Rosemarie (Hrsg.): Ehe und Familie in Krisensituationen. Oldenburg, Isensee Verlag, 1996.

Busch, H.: Freizeitforschung. In: Becker, Christoph u. a.: Freizeitverhalten in verschiedenen Raumkategorien. Trier, 1979.

Busemann, Adolf: Psychologie der Intelligenzdefekte. München/Basel, Reinhardt, 1959f.

Canova, R./Scazza, C./de Marco, F./Lupo, C.: Der systemische Ansatz in Krisenfällen. In: Zeitschrift für systemische Therapie, 8(4)/1990, S. 257-263.

Cassidy, Jude; Shaver, Phillip R. (Hrsg.): Handbook of attachment. New York, Guilford Press, 2002.

Cassirer, Ernst: Substanzbegriff und Funktionsbegriff. Untersuchungen über die Grundfragen der Erkenntniskritik, Berlin, 1923.

Cassirer, Ernst: Philosophie der symbolischen Formen. Erster Teil: Die Sprache. Darmstadt, WBG, 1994.

Cassirer, Ernst: Substanzbegriff und Funktionsbegriff. Untersuchungen über die Grundfragen der Erkenntniskritik. Darmstadt, WBG, 1980.

Castell, Rolf / Nedoschill, Jan / Rupps, Madeleine/ Bussik, D.: Geschichte der Kinder- und Jugendpsychiatrie in Deutschland in den Jahren 1937 bis 1961. Vandenhoeck & Ruprecht, Göttingen

Chaiklin, Seth: The Zone of Proximal Development in Vygotsky's Theory of Learning and Instruction, in: Vygotsky's Educational Theory in Cultural Context, hrsg. v. Kozulin, Alex u. a., Cambridge, UP, 2003, S. 39-64.

Chaney, R. H.: Psychological Stress in People with Profound Mental Retardation, in: Journal of Intellectual Disability Research, Heft 4, 40. Jg., 1996, S. 305-310.

Chauvet, G.A.: **Theoretical** Systems in Biology. Vol. I-III. New York, Pergamon-Press, 1996.

Christoph, Franz: Behindertenstandpunkt, in: Sozialmagazin, März 1980, S. 56-59.

Ciompi, Luc: Affektlogik. Über die Strukturen der Psyche und ihre Entwicklung, 1. Auflage, Stuttgart, Klett, 1998.

Ciompi, Luc: Krisentheorien heute – eine Übersicht. In: Krisenintervention in der Psychiatrie, hrsg. v. Schnyder,Ulrich/Sauvant, Jean-Daniel, Bern, Hans Huber, 1996, S. 13-26.

Cloerkes, Günther: Soziologie der Behinderten. Eine Einführung, Heidelberg, Edition Schindele, 1997.

Cloerkes, Günther: Soziologie der Behinderten. Eine Einführung. 2. Auflage, Heidelberg, Universitätsverlag Winter, 2001.

Cohn, Ruth: Von der Psychoanalyse zur themenzentrierten Interaktion, Stuttgart, Klett-Verlag, 1997

Combe, Arno/Helsper, Werner: Pädagogische Professionalität: Untersuchungen zum Typus pädagogischen Handelns, Suhrkamp Frankfurt a. M., 1996.

Report of the Committee of Enquiry into the Education of Handicapped Children and Young People: Special Education Needs, London, Her Majesty's Stationery Office, 1978.

Conen, Marie-Luise: Anforderungen an die Elternarbeit in der Heimerziehung. Soziale Arbeit 1990, 7, 246-252

Corn, Anne L.: Visual Function. A Theoretical Model for Individuals with Low Vision, in: Journal of Visual Impairmant & Blindness, Jg. 77, 1983, S. 373-377. (Deutsche Übersetzung: Denninghaus, E./Wendt, K., in: Blind – sehbehindert. Zeitschrift für das Sehgeschädigten-Bildungswesen 105, 1985, S. 2-11).

Cumming, Elaine/Henry, William E.: Growing Old, the Process of Disengagement. New York, Basic Books Verlag, 1961.

Cvetkova, Ljubov' S.: Neuropsychologie und Rehabilitation von Sprache und intellektueller Tätigkeit. Münster, LIT, 1996.

Csocsán, Emmy: Mathematik mit sehbehinderten Kindern. In: Didaktik für den Unterricht mit sehbehinderten Schülern. Krug, Franz-Karl, München, Basel, Reinhardt, 2001.

Dannemann, Adolf (Hrsg.): Enzyklopädisches Handbuch der Heilpädagogik, 2. Auflage, Halle, Marhold, 1934.

Degenhardt, Sven: Qualität sehgeschädigtenspezifischer Prozesse in der Umklammerung sächlicher und personeller Rahmenbedingungen?, In: Kongressbericht zum 33. Kongress der Blinden- und Sehbehindertenpädagogen, hrsg. v. Verband der Blinden- und Sehbehindertenpädagogen, Hannover, 2004, S. 310-327.

Drave, Wolfgang: Die Zukunft der Blinden- und Sehbehindertenpädagogik – die Zukunft eines Auslaufmodells? In: Kongressbericht zum 33. Kongress der Blinden- und Sehbehindertenpädagogen, hrsg. v. Verband der Blinden- und Sehbehindertenpädagogen, Hannover, 2004, S. 272-277.

Crossley, Rosemarie: Gestützte Kommunikation, Weinheim, Beltz, 1997.

Dahrendorf, Ralf: Der moderne soziale Konflikt, Stuttgart, Deutsche Verlags-Anstalt, 1992.

Dahrendorf, Ralf: Auf der Suche nach Ordnung, München, Beck, 2003.

Dalferth, Matthias.: Enthospitalisierung konkret: soziale Eingliederung von lang hospitalisierten, schwer geistig behinderten Menschen mit autistischen in eine heilpädagogische Einrichtung, Heidelberg, Universitätsverlag Winter, 2000.

Damasio, Antonio R.: Der Spinoza-Effekt. Berlin, List, 2005.

Damasio, Antonio R.: Descartes „Irrtum". Fühlen, Denken und das menschliche Gehirn. München, List, 1999.

Damasio, Antonio R.: Ich fühle, also bin ich: Entschlüsselung des Bewusstseins. München, List, 2002.

Damus, Martin: Kunst im 20. Jahrhundert, Reinbek bei Hamburg, Rowohlt, 2000.

Däumling, Adolf M.: Sensitivity-Training, in: Gruppenpsychotherapie und Gruppendynamik, Heft 2, 1968, S. 113-123.

Davis, Lennard J. (Hrsg.): The Disability Studies Reader, New York/London, Routledge, 1997.

Davis, Lennard J.: Enforcing Normalcy: Disability, Deafness and the Body, London/New York, Verso, 1995.

De Saussure, Ferdinand: Grundfragen der allgemeinen Sprachwissenschaft, Berlin, De Gruyter, 1967.

Dederich, Markus (Hrsg.): Behinderung und Bioethik, Bad Heilbrunn, Klinkhardt, 2003.

Dederich, Markus: Behinderung – Medizin – Ethik, Behindertenpädagogische Reflexionen zu Grenzsituationen am Anfang und Ende des Lebens, Bad Heilbrunn, Klinkhardt, 2000.

Dederich, Markus: Menschen mit Behinderungen zwischen Ausschluß und Anerkennung, Bad Heilbrunn, Klinkhardt, 2001.

Degener, Theresia: Behinderte Frauen im Recht der beruflichen Rehabilitation, Kassel, BIFOS, 1994.

Deliens, Luc/Mortier, Freddy/Bilsen, Johan/Cosyns, Marc/Vander Stichele, Robert/Vanoverloop, Johan/Ingels Koen: End-of-life decisions in medical practice in Flanders, Belgium: a national wide survey, in: The Lancet, Heft 9244, Jg. 356, 2000, S. 1806-1811.

Deupmann, Ulrich: Die Macht der Kinder, Frankfurt a. M., S. Fischer, 2005.

Deutsche Gesellschaft für Kinder- und Jugendpsychiatrie und Psychotherapie, Bundesarbeitsgemeinschaft leitender Klinikärzte für Kinder- Jugendpsychiatrie und Psychotherapie und Berufsverband der Ärzte für Kinder- und Jugendpsychiatrie und Psychotherapie (Hrsg.): Leitlinien zu Diagnostik und Therapie von psychischen Störungen im Säuglings-, Kindes- und Jugendalter, 2. Auflage, Deutscher Ärzte-Verlag, Köln, 2003.

Deutsche Gesellschaft zur Förderung der Gehörlosen und Schwerhörigen e.V.: Hörgeschädigte Kinder – gehörlose Erwachsene, Hamburg, Signum, 1989.

Deutsche Heilpädagogische Gesellschaft (DHG): Hilfe nach Maß?! Hilfebedarf – Individuelle Hilfeplanung – Assistenz – Persönliches Budget, Mainz und Düren, Eigenverlag, 2001.

Deutsche Heilpädagogische Gesellschaft (DHG): Individuelle Hilfeplanung. Anforderungen an die Behindertenhilfe. Von Andrea Lübbe und Iris Beck, Bonn, Eigenverlag, 2002a.

Deutsche Heilpädagogische Gesellschaft (DHG): Persönliche Assistenz, Assistierende Begleitung. Veränderungsanforderungen für professionelle Betreuung und für Einrichtungen der Behindertenhilfe. Von Erik Weber; Köln/Düren, Eigenverlag, 2002b.

Deutscher Bildungsrat: Zur pädagogischen Förderung behinderter und von Behinderung bedrohter Kinder und Jugendlicher. (= Empfehlungen der Bildungskommission) Bonn, Deutscher Bildungsrat, 1973.

Deutscher Bundestag: Bericht über die Lage in der Bundesrepublik Deutschland zur psychiatrischen und psychotherapeutisch/psychosomatischen Versorgung der Bevölkerung (Psychiatrie-Enquete), Bundesdrucksache 7/4200, Bonn, 1975.

Deutscher Bundestag, 13. Wahlperiode: Lebenssituation behinderter Mädchen und Frauen, Berlin, Bundestagsdrucksache 13/1508 vom 18.12.1997.

Deutscher Bundestag, 15. Wahlperiode: Unterrichtung durch die Bundesregierung. Bericht der Bundesregierung über die Lage behinderter Menschen und die Entwicklung ihrer Teilhabe, Berlin, Drucksache 15/4575 vom 16.12.2004.

Deutscher Bundestag, 15. Wahlperiode: Unterrichtung durch die Bundesregierung. Bericht der Bundesregierung. Lebenslagen in Deutschland – Zweiter Armuts- und Reichtumsbericht, Berlin, Drucksache 15/5015 vom 03.03.2005.

Deutsches PISA-Konsortium (Hrsg.): PISA 2000. Basiskompetenzen von Schülerinnen und Sonderpädagogische Schülern im internationalen Vergleich, Opladen, Leske + Budrich, 2001.

Dewe, Bernd/Ferchhoff, Wilfried/Radtke, Frank-Olaf: Auf dem Wege zu einer aufgabenzentrierten Professionstheorie pädagogischen Handelns, in: Erziehen als Profession. Zur Logik professionellen Handelns in pädagogischen Feldern, hrsg. v. Bernd Dewe, Wilfried Ferchhoff und Frank-Olaf Radke, Opladen, Leske + Budrich, 1992, S. 7-20.

Dewe, Bernd/Ferchhoff, Wilfried/Scherr, Albert/Stüwe, Gerd: Professionelles soziales Handeln. Weinheim, Juventa, 1993.

Dieckmann, Friedrich: Wohnalltag und Kontaktchancen schwer geistig behinderter Erwachsener. Heidelberg, Asanger, 2002.

Dieckmann, Hans: Träume als Sprache der Seele: Eine Einführung in die Traumdeutung der Analytischen Psychologie C.G. Jungs, Stuttgart, Bonz, 1972.

DiLeo, Joseph H.: Die Deutung von Kinderzeichnungen, Karlsruhe, 1992.

Dilthey, Wilhelm: Einleitung in die Geisteswissenschaften, Leipzig, 1883.

Dilthey, Wilhelm: Der Aufbau der geschichtlichen Welt in den Geisteswissenschaften, Frankfurt a. M., 1910; 1968.

Dittmann, Werner/Klatte-Reiber, Monika: Zur veränderten Lebenssituation von Familien nach der Geburt eines Kindes mit Down-Syndrom. In: Frühförderung interdisziplinär, Jg. 12, Heft 4, 1993, S. 165-175.

Dittrich, Gisela/Dörfler, Mechthild/Schneider, Kornelia: Wenn Kinder in Konflikt geraten. Eine Beobachtungsstudie in Kindertagesstätten, Neuwied/Kriftel/Berlin, Luchterhand, 2001.

Dlugosch, Andrea: Sonderpädagogisches Fallverstehen als Baustein pädagogischer Professionalität? In: Sonderpädagogische Förderung, 49. Jg., Heft 3, 2004, S. 284-300.

Doering, Waltraut/Doering, Winfried: Von der Sensorischen Integration zur Entwicklungsbegleitung, 2. Auflage, Dortmund, Borgmann Publishing, 2002.

Dolto, Francoise: Alles ist Sprache. Kindern mit Worten helfen, Weinheim, 1989.

Doose, Stefan/Göbel, Susanne (Hrsg.): „I want my dream!" Persönliche Zukunftsplanung – Neue Perspektiven und Methoden einer individuellen Hilfeplanung mit Menschen mit Behinderungen – Materialien zur Persönlichen Zukunftsplanung, 7. Auflage, Kassel, Netzwerk People First Deutschland e.V., 2004.

Döpfner, Manfred: Soziale Kompetenztrainings bei selbstunsicheren Kindern, in: Kindertherapie – interdisziplinäre Beiträge aus Forschung und Praxis, hrsg. v. Otto Speck, München/Basel, Reinhardt, 1987.

Dörner, Klaus: Bürger und Irre, Frankfurt a. M., EVA, 1969.

Dörner, Klaus: Tödliches Mitleid. Zur Frage der Unerträglichkeit des Lebens, Gütersloh, Jakob van Hoddis, 1988.

Dörner, Klaus: Wir verstehen die Geschichte der Moderne nur mit den Behinderten vollständig. In: Levithan, Zeitschrift für Sozialwissenschaft, Heft 3, 1994, S. 367-390.

Dörner, Klaus: Ärztliche Ethik als Beziehungsethik, in: Wege zum Menschen, Heft 8, 50. Jg., 1998, S. 512-519.

Dörner, Klaus: Ende der Veranstaltung, 2. Auflage, Gütersloh, Jakob van Hoddis, 1998.

Dörner, Klaus: Gegen die Schutzhaft der Nächstenliebe. Umgang mit Kranken und Behinderten, in: Publik-Forum, 1999. Online abrufbar unter http://bidok.uibk.ac.at/texte/doerner-schutzhaft.html.

Dörner, Klaus/Plog, Ursula: Irren ist menschlich. Lehrbuch Psychiatrie / Psychotherapie. 7. Auflage, Bonn, Psychiatrie-Verlag, 1992.

Douglas, Mary: Wie Institutionen denken, Frankfurt a. M., Suhrkamp, 1991.

Down-Langdon, John, H.: Beobachtungen zu einer ethnischen Klassifizierung von Schwachsinnigen, in: Schriften zur Sonderpädagogik, hrsg. von Erich Beschel, Dortmund, 1968.

Drave, Wolfgang/Rumpler, Franz/Wachtel, Peter (Hrsg): Empfehlungen zur Sonderpädagogischen Förderung. Allgemeine Grundlagen und Förderschwerpunkte (KMK) mit Kommentaren, Würzburg, Ed. Bentheim, 2000.

Dreyer Petra: Ungeliebtes Wunschkind. Eine Mutter lernt ihr behindertes Kind anzunehmen, Frankfurt a. M., Fischer, 1988.

Dudel, Josef/Menzel, Randolf/Schmidt, Robert F. (Hrsg): Neurowissenschaft. Vom Molekül zur Kognition. Berlin/Heidelberg/New York, Springer, 1996.

Duden: Deutsches Universalwörterbuch. CD-ROM-Ausgabe, Mannheim: Duden-Verlag, 2001

Duden: Bd. 5, Fremdwörterbuch, 6. Auflage, Mannheim/Leipzig/Wien, Zürich, Duden-Verlag, 1997.

Duden: Das große Wörterbuch der deutschen Sprache, Band 6, Mannheim, Dudenverlag, 1999.

Duden: Das große Wörterbuch der deutschen Sprache, Band 10, Mannheim, Dudenverlag, 1999.

Duden: Das große Wörterbuch der deutschen Sprache, hrsg. von Günther Drosdowski, Band 1, 2. Auflage, Mannheim, Dudenverlag, 1993.

Duden: Das Herkunftswörterbuch. Etymologie der deutschen Sprache, Band 7, Mannheim, Dudenverlag, 1963.

Duden: Das Herkunftwörterbuch. Etymologie der deutschen Sprache, Band 7, 2. Auflage, Mannheim, 1997.

Duden: Das Herkunftwörterbuch. Etymologie der deutschen Sprache, Band 7, 3. Auflage, Mannheim, Dudenverlag, 2001.

Duden: Das Herkunftwörterbuch. Etymologie der deutschen Sprache, Band 7, 4. Auflage, Mannheim, Dudenverlag, 2006.

Dumazedier, Joffre: Sociology of Leisure, Amsterdam/Oxford/New York, 1974

Durkheim, Emile: Erziehung, Moral und Gesellschaft, Frankfurt a. M., Suhrkamp, 1984.

Dutschmann, Andreas: Aggressivität und Gewalt bei Kindern und Jugendlichen. Steuerung fremdgefährdenden Verhaltens. Tübingen, Dgvt-Verlag, 1999.

Dutschmann, Andreas: Aggressionen und Konflikte unter emotionaler Erregung. Deeskalation und Problemlösung. Tübingen Dgvt-Verlag, 2000.

Dutschmann, Andreas: Verhaltenssteuerung bei aggressiven Kindern und Jugendlichen. Der Umgang mit gezielten – instrumentellen – Aggressionen. Tübingen, Dgvt-Verlag, 2000.

Ebert, Harald: Menschen mit geistiger Behinderung in der Freizeit. Bad Heilbrunn, Klinkhardt-Verlag, 2000.

Ebbinghaus, Angelika/Dörner, Klaus (Hrsg.): Vernichten und Heulen. Der Nürnberger Ärzteprozess und seine Folgen, Berlin, 2001.

Eberwein, Hans: Zur Kritik des sonderpädagogischen Paradigmas und des Behinderungsbegriffs, in: Zeitschrift für Heilpädagogik, 46 (10), 1995, S. 468-476.

Eckert, Roland: Aggressive Gruppen, in: Mehrfachauffällige – Mehrfachbetroffene Erlebnisweisen und Reaktionsweisen, hrsg. v. der Deutschen Vereinigung für Jugendgerichte und Jugendgerichtshilfen e.V., Bonn, 1990, S. 190-201.

Eco, Umberto: Zeichen, 1. Auflage, übersetzt v. Günter Memmert, Frankfurt a. M., Suhrkamp, 1977.

Eco, Umberto: Was es bedeutet, zwei Sprachen zu sprechen, in: Jeder spricht anders, Normen und Vielfalt in Sprache und Schrift, Faude, hrsg. v. Heiko Balhorn und Hans Brügelmann, Konstanz, Faude, 1989.

Edelman, Gerald, M.: Unser Gehirn. Ein dynamisches System, Piper, München/Zürich, 1993.

Edelman, Gerald M./Tononi, Giulio: Gehirn und Geist. Wie aus Materie Bewusstsein entsteht, München, dtv, 2004.

Edelman, Gerald M: Topobiology. An Introduction to Molecular Embryology, New York, Basic Books, 1988.

Edelmann, Walter: Lernpsychologie, 6. Auflage, Weinheim, PVU, 2000.

Egger, Bettina: Malen als Lernhilfe: Malen und bildnerisches Gestalten in der Schule und mit geistig und körperlich behinderten Kindern, Zyglotte, Bern, 1982.

Eggers, Christian/Fegert, Jörg M./Resch, Franz (Hrsg.): Psychiatrie und Psychotherapie des Kindes- und Jugendalters, Berlin-Heidelberg-New York, Springer Verlag, 2005.

Eggert, Dietrich: Theorie und Praxis der psychomotorischen Förderung. Textband, Arbeitsbuch u. Inventare. Dortmund, Borgmann, 1994.

Eggert, Dietrich: Psychologische Theorien der geistigen Behinderung, in: Geistige Behinderung, Grundlagen, Klinische Syndrome, Behandlung und Rehabilitation, 2. Auflage, hrsg. v. Gerhard Neuheuser und Hans-Christoph Steinhausen, Stuttgart, Kohlhammer, 1999, S. 42-59.

Eggert, Dietrich, unter Mitarbeit von Ratschinski, Günter: DMB – Diagnostisches Inventar motorischer Basiskompetenzen bei lern- und entwicklungsauffälligen Kindern im Grundschulalter, 3. Auflage, borgmann publishing, 2000.

Eggert, Dietrich: Von den Stärken ausgehen. Individuelle Entwicklungspläne (IEP) in der Lernförderungsdiagnostik, Dortmund, Borgmann, 2000.

Eggert, Dietrich / Reichenbach, Christina: Was kann Psychomotorik heute leisten? – Eine öko-systemische Sicht auf Theorie und Praxis, in: Praxis der Psychomotorik, 29. Jhrg., 2004, H. 2, S. 99-108.

Egli, Jakob: Enthospitalisierung, in: Lexikon Wissenswertes zur Erwachsenenbildung unter besonderer Berücksichtigung von geistiger Behinderung, Neuwied, Luchterhand, 1998.

Ehrenzweig, Anton: Ordnung im Chaos. Das Unbewusste in der Kunst. München, Kindler, 1974.

Eichel, Elisabeth: Gestützte Kommunikation bei Menschen mit autistischen Störungen, Dortmund, borgmann publishing, 1996.

Eidgenössisches Departement des Innern (EDI): Familienbericht 2004. Strukturelle Anforderungen an eine bedürfnisgerechte Familienpolitik, Bern, 2004. Online abrufbar unter http://www.bsv.admin.ch/forschung/publikationen/familienbericht_d.pdf

Eisenburger, Marianne: Zuerst muss die Seele bewegt werden... Psychomotorik im Pflegeheim, in: Praxis der Psychomotorik, Heft 1, 29. Jg., 2004, S. 4-11.

Eisenburger, Marianne: Psychomotorik im Alter, in: Psychomotorik, hrsg. v. Köckenberger, Helmut/ Hammer, Richard, 2004, S. 531-570.

Eisenstadt, Shmuel Noah: Die Antinomien der Moderne. Die jakobinischen Grundzüge der Moderne und des Fundamentalismus. Heterodoxien, Utopismus und Jakobinismus in der Konstitution fundamentalistischer Bewegungen, übersetzt v. Georg Stauth, Frankfurt a. M., Suhrkamp, 1998.

Elias, Norbert: Die höfische Gesellschaft, Frankfurt a. M., Suhrkamp, 1983.

Eliot, Lise: Was geht da drinnen vor? Die Gehirnentwicklung in den ersten fünf Lebensjahren. Berlin, Berlin-Verlag, 2001.

Enquete-Kommission Recht und Ethik der modernen Medizin: Zwischenbericht „Verbesserung der Versorgung Schwerstkranker und Sterbender in Deutschland durch Palliativmedizin und Hospizarbeit", Bundestagsdrucksache 15/5858, 22.6.2005.

Enzensberger, Hans Magnus: Kursbuch 20, Frankfurt a. M., Suhrkamp, 1970.

Ericsson, Kent: Der Normalisierungsgedanke. Entstehung und Erfahrungen in skandinavischen Ländern. In: Bundesvereinigung Lebenshilfe (Hrsg.), 1986, S. 33-44.

Erikson, Erik H.: Identität und Lebenszyklus. Ex libris Zürich 1978

Erpenbeck, John /Heyse, Volker: Die Kompetenzbiographie, Münster, Waxmann, 1999.

Ettrich, Christine / Herbst, Monika / Nürnberger, Hannelore: Förderschule für Erziehungshilfe. Ort integrativer Bemühungen von Pädagogik und Kinder- und Jugendpsychiatrie, in: Zeitschrift für Heilpädagogik, Heft 6, 1999, S. 285-293.

Etymologisches Wörterbuch der deutschen Sprache, 23. Auflage, Berlin, New York, Walter de Gryter, 1995.

Europäischer Leitfaden für empfehlenswerte Praktiken. Auf den Weg zur Chancengleichheit für behinderte Menschen. HELIOS II, hrsg. v. der Europäischen Kommission, Brüssel, 1996.

Everstine, Diana S./Everstine, Louis: Krisentherapie. People in crisis. Stuttgart, Klett-Cotta, 1985.

Ewinkel, Carola/Hermes, Gisela (Hrsg.): Geschlecht: behindert – besonderes Merkmal: Frau, München, AG SPAK, 1985.

Eysenck, Hans-Jürgen: Wege und Abwege der Psychologie, Reinbek bei Hamburg, rororo, 1956.

Faby, Susanne: Theoretische Grundlagen der Rehabilitation nach Hirnschädigung. Münster, LIT, 2001.

Fachbereichstag Heilpädagogik (Hrsg.): Berufs- und Selbstverständnis von Diplom-Heilpädagogen/-innen, in: Jahrbuch Heilpädagogik 2004, Berlin, BHP-Verlag, 2004, S. 211-222.

Falt, Theodor: unveröff. Brief der STK an die KMK vom 10. Feb.1979.

Faulstich, Werner: Medien zwischen Herrschaft und Revolte, Göttingen, Vandenhoeck & Ruprecht 1998.

Fegert, Jörgen M.: Was ist seelische Behinderung? Anspruchsgrundlage und kooperative Umsetzung von Hilfen nach § 35a KJHG, 3. Auflage, Münster, Votum, 1999.

Fegert, Jörgen M./Schrapper, Christian (Hrsg.): Handbuch Jugendhilfe – Jugendpsychiatrie. Interdisziplinäre Kooperation, Weinheim-München, Juventa, 2004.

Feigenberg, Josef: Wahrscheinlichkeitsprognostizierung im System der zielgerichteten Aktivität. Butzbach-Griedel, AFRA, 2000.

Fend, Helmut: Theorie der Schule, 1. Auflage, München, Urban & Schwarzenberg, 1980.

Fengler, Christa/Fengler, Thomas (Hrsg.): Alltag in der Anstalt. Bonn, Psychiatrie-Verlag, 1994.

Ferber, Christian/Thimm, Walter: Integration geistig Behinderter durch Normalisierung der Hilfen. Oldenburg, BIS-Verlag, 1982.

Ferring, Dieter: Krankheit als Krise des Erwachsenenalters. Zur Rolle wahrgenommener Kausalität und Kontrolle in der Befindlichkeitsregulation. Regensburg, Roderer, 1987.

Fetterman, David M.: Foundation of Empowerment Evaluation, Thousand Oaks, Sage, 2001.

Feudel, Elfriede: Durchbruch zum Rhythmischen in der Erziehung, 2. Auflage, Stuttgart, Klett, 1965.

Feuser, Georg: Grundlagen zur Pädagogik autistischer Kinder, Weinheim, Beltz, 1979.

Feuser, Georg: Autistische Kinder: Gesamtsituation, Persönlichkeitsentwicklung, schulische Förderung Solms-Oberbiel, Jarick Oberbiel, 1980.

Feuser, Georg: Heilpädagogik/Psychiatrie, in: Handbuch der kritischen und Materialistischen Behindertenpädagogik und ihrer Nebenwissenschaften, hrsg. v. Erwin Reichmann, Solms-Oberbiel, Jarick Oberbiel, 1984, S. 263-270

Feuser, Georg: Zwischenbericht: Gemeinsame Erziehung behinderter und nichtbehinderter Kinder im Kindertagesheim. Bremen, Diak. Werk Bremen e.V., 1984.

Feuser, Georg: Allgemeine integrative Pädagogik und entwicklungslogische Didaktik, in: Behindertenpädagogik, Heft 1, 28. Jg., 1989, S. 4-48.

Feuser, Georg: Wider die Unvernunft der Euthanasie. Grundlagen einer Ethik der Heil- und Sonderpädagogik. Luzern, Edition SZH, 1992.

Feuser, Georg: Behinderte Kinder und Jugendliche zwischen Integration und Aussonderung. Darmstadt, WBG, 1995.

Feuser, Georg: Ich bin, also denke ich! Allgemeine und fallbezogene Hinweise zur Arbeit im Konzept der SDKHT, in: Behindertenpädagogik, Heft 3, 2001, S. 268-350.

Feuser, Georg: „Austherapiert" und „gemeinschaftsunfähig" gibt es nicht! Die „Substituierend Dialogisch-Kooperative Handlungs-Therapie SDKHT". Eine Basistherapie, in: Erkennen und Handeln. Momente einer kulturhistorischen (Behinderten-) Pädagogik und Therapie, hrsg. v. Georg Feuser/Ernst Berger, Berlin, Pro-Business, 2002, S. 349-378.

Feuser, Georg: Erkennen und Handeln – Integration – eine conditio sine qua non humaner menschlicher Existenz; in: Behindertenpädagogik, Heft 2, 2004, S. 115-139.

Feuser, Georg/Berger, Ernst (Hrsg.): Erkennen und Handeln. Momente einer kulturhistorischen (Behinderten-) Pädagogik und Therapie. Berlin, Pro-Business, 2002.

Feuser, Georg/Jantzen, Wolfgang: Die Entstehung des Sinns in der Weltgeschichte, in: Am Anfang war der Sinn, hrsg. v. Jantzen, Wolfgang, Marburg, BdWi, 1994, S. 79-113.

Feuser, Georg / Meyer, Heike: Integrativer Unterricht in der Grundschule – Ein Zwischenbericht. Solms/Lahn, Jarick-Oberbiel, 1987.

Feyerabend, Paul: Widerstreit und Harmonie, Trentiner Vorlesungen, Wien, Passagen Verlag, 1998.

Field, Tiffany: Attachment and separation in young children, in: Annual Review of Psychology, 47. Jg., 1996, S. 541-561.

Filipp, Sigrun-Heide: Krisenprävention, in: Entwicklungspsychologie, hrsg. v. Rolf Oerter und Leo Montada, München, Urban & Schwarzberg, 1983, S. 220-230.

Fingerle, Michael/Freytag, Andreas/Julius, Henri: Ergebnisse der Resilienzforschung und ihre Implikationen für die (heil)pädagogische Gestaltung von schulischen Lern- und Lebenswelten, in: Zeitschrift für Heilpädagogik, Heft 6, 1999, S. 302-309.

Fink, Eugen: Grundphänomene des menschlichen Daseins, Freiburg i. Br., Alber, 1979.

Finkielkraut, Alain: Verlust der Menschlichkeit, Stuttgart, Klett-Cotta, 1998.

Fischer, Klaus: Der Beitrag der Psychomotorik zur aktuellen Bildungs- und Förderdiskussion – eine Hefteinführung, in: motorik, 26. Jg., Heft 4, 2003.

Fisher, Anne/Murray, Elizabeth/Bundy, Anita: Sensorische Integrationstherapie. Theorie und Praxis. Berlin, Springer, 1998.

Fisseni, Hermann J.: Persönlichkeitspsychologie, Göttingen, Hogrefe, 1998.

Flitner, Andreas: Spielen-Lernen. Praxis und Deutung des Kinderspiels, 7. Auflage, München, Piper, 1982.

Flosdorf, Peter/Patzelt, Harald (Hrsg.): Therapeutische Heimerziehung, in: Europäische Studien zur Jugendhilfe, Band 5, Mainz,Eigenverlag des Instituts für Kinder- und Jugendhilfe – Bundesverband katholischer Einrichtungen und Dienste der Erziehungshilfen e.V. (BVkE), 2003.

Flosdorf, Peter: Heilpädagoge/Heilpädagogin, in: Blätter zur Berufskunde, 3. Aufl., hrsg. v. der Bundesanstalt für Arbeit, Nürnberg, 1982.

Flosdorf, Peter: Heilpädagogische Beziehungsgestaltung, Freiburg, Lambertus, Freiburg, 2004.

Flynn, Robert J./Lemay, Raymond A.: A Quarter-Century of Normaliszation and Social Role Valorization: Evolution and Impact. Ottawa, University of Ottawa Press, 1999.

Flynn, Robert J./Nitsch, Kathleen E. (Hrsg.): Normalization, Social Integration, and Human Services. Baltimore, Univ. Park Press, 1980.

Foerster, Heinz von: Entdecken oder Erfinden – Wie lässt sich Verstehen verstehen? In: Erziehung und Therapie in systemischer Sicht, hrsg. v. Wilhelm Rotthaus, Dortmund, Verlag modernes Lernen, 1987, S. 22-60.

Foerster, Heinz von: Wissen und Gewissen, 4. Auflage, Frankfurt a. M., Suhrkamp, 1997.

Foerster, Heinz von: Das Konstruieren einer Wirklichkeit, in: Die erfundene Wirklichkeit, Wie wissen wir, was wir zu wissen glauben? Beiträge zum Konstruktivismus, hrsg. v. Paul Watzlawick, München, Piper, 2000, S. 39-60.

Foerster, Heinz von/Pörksen, Bernd: Wahrheit ist die Erfindung eines Lügners, Gespräche für Skeptiker, Heidelberg, Carl Auer, 1998.

Forum! GmbH, Mitgliederforum Deutschland, in: Verbändereport, Heft 4, 2002, S. 20-33.

Foucault, Michel: Wahnsinn und Gesellschaft. Frankfurt a. M., Suhrkamp, 1969.

Foucault, Michel: Die Geburt der Klinik. Eine Archäologie des ärztlichen Blicks. Frankfurt a. M., Fischer, 1988.

Foucault, Michel: In Verteidigung der Gesellschaft, Frankfurt a. M., Suhrkamp, 2001

Franke, Ulrike/Augustin, Anneliese: Aggressive und hyperaktive Kinder in der Therapie, Berlin, Springer, 1988.

Frankl, Victor E.: Ärztliche Seelsorge, 11. Auflage, Wien, Deuticke im Paul Zsolnay Verlag, 2005.

Franz, D.: De-Institutionalisierung in der Behindertenpädagogik. Zum Problem asymmetrischer Beziehungen in Wohneinrichtungen für Menschen mit geistiger Behinderung. Diplomarbeit Universität Hamburg, Inst. f. Behindertenpäd., 2004.

Frehe, Horst: Persönliche Assistenz. Eine neue Qualität ambulanter Hilfen, in: Qualitätssicherung und Deinstitutionalisierung, hrsg. von Wolfgang Jantzen u. a., Berlin, Edition Marhold, 1999, S. 271-284.

Frehe, Horst: Persönliche Assistenz. Politik in der Verantwortung. Aussonderung behinderter Menschen oder Leben in Gleichberechtigung? Vortrag, gehalten am 01.02.2001 in Würzburg, 2001, http://www.forsea.de/in_11_5_b.html (26.06.2005).

Frerichs, Hajo/Neppert, Joachim: Grundlagen und Modelle für den Hörgerichteten Spracherwerb. Villingen-Schwenningen, Neckar, 1995.

Frewer, Andreas/Eickhoff, Clemens (Hrsg.): Euthanasie und die Aktuelle Sterbehilfe-Debatte. Die historischen Hintergründe medizinischer Ethik, Frankfurt a. M., Campus-Verlag, 2000.

Frey, Hans-Peter: Stigma und Identität – Eine empirische Untersuchung zur Genese und Änderung krimineller Identität bei Jugendlichen, Weinheim, Beltz, 1983.

Frey, Hans-Peter/Haußer, Karl (Hrsg.): Interaktion und Erziehung – Entwicklungen psychologischer und soziologischer Forschung, Enke, Stuttgart, 1987.

Freytag, Regula: Podiumsdiskussion: Krisenintervention – Kooperation und/oder Konkurrenz? In: Grenzgänge zwischen Selbstzerstörung und Selbstbewahrung. Suizidprävention als Hilfe in Lebenskrisen, hrsg. v. Regula Freytag, Hildesheim, 1990, S. 198-213.

Frindte, Wolfgang: Einführung in die Kommunikationspsychologie, Weinheim/ Basel, Beltz- Verlag, 2001.

Friske, Andrea: Als Frau geistig behindert sein, München, Reinhardt, 1995.

Frith, Uta/Hill, Elisabeth: Autism. Mind and Brain, Oxford, 2004.

Frith, Uta: Autism. Explaining the Enigma, Malden, Oxford, Carlton, 2003.

Fröhlich, Andreas D.: Probleme der Förderung von Schwerst- und Mehrfachbehinderten. In: Beiträge zur Pädagogik der Schwerstbehinderten, Hartmann, Nikolaus, Heidelberg, Schindele, 1983.

Fröhlich, Andreas D.: Pädagogik bei schwerster Behinderung, Berlin, Ed. Marhold im Wissenschaftsverlag Spiess, 1991.

Fröhlich, Andreas D.: Basale Stimulation, Düsseldorf, Verlag Selbstbestimmtes Leben, 1991.

Fröhlich, Andreas D.: Basale Stimulation: Das Konzept. Düsseldorf: Verlag selbstbestimmtes Lernen, 1998

Fröhlich, Andreas D.: Die Entstehung eines Konzeptes. Basale Stimulation, in: Schwere Behinderung in Praxis und Theorie. Ein Blick zurück nach vorn, hrsg. v. Andreas Fröhlich, Norbert Heinen/Wolfgang Lamers, Düsseldorf, Verlag Selbstbestimmtes Leben, 2001, S. 5-21.

Frohne-Hagemann, Isabelle: Rhythmisches Prinzip, in: Lexikon Musiktherapie, hrsg. v. Hans-Helmut Decker-Voigt, Götttingen, 1996, S. 328-341.

Fromm, Erich: Anatomie der menschlichen Destruktivität, Stuttgart, DVA, 1974.

Fthenakis, Wassilios E.: Der Bildungsauftrag in Kindertageseinrichtungen. Ein umstrittenes Terrain? Online unter http://www.familienhandbuch.de/cmain/f_Aktuelles/a_Kindertagesbetreuung/s_739.html, 2004 [16.05.2005].

Fuchs, Arno: Schwachsinnige Kinder: ihre sittlich-religiöse, intellektuelle und wirtschaftliche Rettung; Versuch einer Hilfsschulpädagogik. 3. Auflage, Gütersloh, Bertelsmann, 1922.

Fuchs, Marianne: Funktionelle Entspannung: Theorie und Praxis einer organismischen Entspannung über den rhythmisierten Atem. 4. Auflage, Stuttgart, Hippokrates, 1989.

Fuchs, Peter/Göbel, Andreas (Hrsg.): Der Mensch – das Medium der Gesellschaft?, Frankfurt a. M., 1994.

Fuchs, Peter: Die Form beratender Kommunikation. Zur Struktur einer kommunikativen Gattung; in: Beratungsgesellschaft, hrsg. v. Peter Fuchs und Eckart Pankoke, Schwerte, 1994, S. 13-25.

Fuchs, Thomas: Leib, Raum, Person. Entwurf einer phänomenologischen Anthropologie. Stuttgart, Klett-Cotta, 2000.

Fuerst, Kurt A.: Die psychologische Intervention, Stuttgart, Enke, 1982.

Fukuyama, Francis: Our posthuman future. Consequences of the biotechnology revolution, London, 2002.

Fürst, Walter: Die Erlebnisgruppe, Freiburg, Lambertus-Verlag, 1992

Gablers Wirtschaftslexikon, Wiesbaden, Betriebswirtschaftlicher Verlag Dr. Th. Gabler, 2004.

Gaebel, Wolfgang/Möller, Hans-Jürgen/Rössler, Wulf (Hrsg.): Stigma – Diskriminierung – Bewältigung. Der Umgang mit sozialer Ausgrenzung psychisch Kranker, Stuttgart, Verlag W. Kohlhammer, 2005.

Gaedt, Christian: Einrichtungen für Ausgeschlossene der „Orte zum Leben" – Überlegungen zur Betreuung geistig Behinderter, in: Jahrbuch für Kritische Medizin, 7. Jg., 1981, S. 96-109.

Galtung, Johan: Gewalt, in: Vom Menschen. Handbuch Historische Anthropologie, hrsg. v. Christoph Wulf, Weinheim, Beltz, 1997, S. 913-926.

Galtung, Johan: Die Zukunft der Menschenrechte. Frankfurt a. M., Verlag, 2000

Gängler, Herbert: Hilfe, in: Einführung in Grundbegriffe und Grundfragen der Erziehungswissenschaft, hrsg. v. Heinz-Hermann Krüger und Werner Helsper, 4. Auflage, Opladen, Leske + Budrich, 2000, S. 131-138.

Gängler, Herbert: Hilfe, in: Handbuch der Sozialarbeit/Sozialpädagogig, hrsg. v. Hans-Uwe Otto und Hans Thiersch, 2. Auflage, Neuwied, Luchterhand, 2001, S. 772-786.

Garbe, Herbert: Grundlinien einer Theorie der Blindenpädagogik. Dissertation, Göttingen, 1959.

Gastpar, Markus T./Kasper, S./Linden, M.: Psychiatrie und Psychotherapie, 2. Auflage, Wien/New York, Springer, 2003.

Gehlen, Arnold: Der Mensch. Seine Natur und seine Stellung in der Welt, Berlin, 1940.

Gehrmann, Petra: Die Allgemeine Schule als Lernort für alle Kinder und Jugendlichen, in: Grundfragen der Sonderpädagogik, 1. Auflage, hrsg. von Annette Leonhardt und Franz B. Wember, Weinheim, Beltz, 2003, S. 711-742.

Geiser, Christiane: Die Perspektive der Humanistischen Psychologie. Skript eines Vortrags an der Universität St. Gallen im Wintersemester 1998/99 im Rahmen der Vortragsreihe „Psychotherapie: Die Vielfalt der therapeutischen Konzepte", in: GFK Texte 4, 1999, S. 1-8, online abrufbar unter http://gfk.freepage.de/Texte/hum.html [14.01.2005].

Geislinger, Rosa (Hrsg.): Experten in eigener Sache – Psychiatrie, Selbsthilfe und Modelle der Teilhabe, München, Zenit-Verlag, 1998.

Geißler, Karlheinz/Hege, Marianne: Konzepte Sozialpädagogischen Handelns, 3. Auflage Stuttgart, Kohlhammer, 1985.

Georgens, Jan-Daniel /Deinhardt, Heinrich Marianus: Die Heilpädagogik mit besonderer Berücksichtigung der Idiotie und der Idiotenanstalten, 2 Bände, Leipzig, Friedrich Fleischer, 1861/1863.

Gergen, Kenneth: Das übersättigte Selbst. Identitätsprobleme im heutigen Leben, Heidelberg, Carl Auer, 1996.

Gergen, Kenneth: Konstruierte Wirklichkeiten, Eine Hinführung zum sozialen Konstruktionismus, Stuttgart, Kohlhammer, 2002.

Gerlach, Manfred/Warnke, Andreas/Wewetzer, Cnristoph (Hrsg.): Neuro-Psychopharmaka im Kindes- und Jugendalter – Grundlagen und Therapie, Wien/New York, Springer, 2004.

Gerner, Berthold (Hrsg.): Personale Erziehung, Darmstadt, WBG, 1965.

Gerspach, Manfred: Kritische Heilpädagogik: Überlegungen zu einer Neuorientierung aus psychoanalytischer Sicht, Frankfurt a. M., Fachbuchhandlung für Psychologie, 1981.

Gerspach, Manfred: Wohin mit den Störern? Zur Sozialpädagogik der Verhaltensauffälligen, Stuttgart, Kohlhammer, 1998.

Giarini, Orio/Liedtke, Patrick M.: Wie wir arbeiten werden. Der neue Bericht an den Club of Rome, Hamburg, Hoffmann und Campe, 1998.

Giesecke, Hermann: Arbeit, Freizeit und Emanzipation, Göttingen, 1971.

Gieseke, Wiltrud: Professionalität und Professionalisierung. Bad Heilbrunn, Klinkhardt, 1988.

Girgensohn-Marchand, Bettina: Der Mythos Watzlawick und die Folgen, Weinheim, Deutscher Studien Verlag, 1994.

Glaeser, Fridrich: Existenzielle Erziehung, München, Reinhardt-Verlag, 1963.

Glaeske, Gerd/Janhsen, Katrin: Ritalin für Kinder, in: Dr. med. Mabuse, 142. Jg., Heft 3-4, 2003, S. 51-54.

Glaser, Barney G./Strauss, Anselm L.: Grounded Theory Strategien qualitativer Forschung, Bern, Hans Huber, 1998.

Glasersfeld, Ernst von: Radikaler Konstruktivismus. Ideen, Ergebnisse, Probleme, Frankfurt a. M., Suhrkamp, 1997.

Glasersfeld, Ernst von: Radikaler Konstruktivismus. Ideen, Ergebnisse, Probleme, 2. Auflage, Frankfurt a. M., Suhrkamp, 1998.

Glasersfeld, Ernst von: Einführung in den radikalen Konstruktivismus, in: Die erfundene Wirklichkeit, Wie wissen wir, was wir zu wissen glauben? Beiträge zum Konstruktivismus, hrsg. v. Paul Watzlawick, München, Piper, 2000, S. 16-38.

Glasersfeld, Ernst von: „Was im Kopf eines anderen vorgeht können wir nie wissen", Ernst von Glasersfeld über Wahrheit und Viabilität, Sprache und Erkenntnis und die Prä,issen einer konstruktivistischen Pädagogik, in: Abschied vom Absoluten, Gespräche zum Konstruktivismus, hrsg. v. Pörksen, Bernd, Heidelberg, Carl Auer, 2001, S. 46-69.

Glasersfeld, Ernst von: Abschied von der Objektivität, in: Das Auge des Betrachters, Beiträge zum Konstruktivismus, hrsg. v. Peter Krieg und Paul Watzlawick, Heidelberg, Carl Auer, 2002, S. 17-30.

Glathe, Brita/Krause-Wichert, Hannelore (Hrsg.): Rhythmik. Grundlagen und Praxis. Seelze-Velber, Kallmeyer, 1989.

Glatzer, Wolfgang/Zapf, Wolfgang: Lebensqualität in der Bundesrepublik. Objektive Lebensbedingungen und subjektives Wohlbefinden, Frankfurt a. M./New York, Campus, 1984.

Goergens, Jan-Daniel/Deinhardt, Heinrich Marius/von Gayette, Jeanne-Marie (Hrsg.): Medizinisch-pädagogisches Jahrbuch der Levana für das Jahr 1858, Bd. 1, Wien, 1858.

Goetze, Herbert: Personenzentrierte Spieltherapie, Göttingen, Hogrefe, 1981.

Goetze, Herbert: Verhaltensgestörte in Integrationsklassen – Fiktionen und Fakten. In: Zeitschrift für Heilpädagogik 41/1990, S. 832-840.

Goetze, Herbert/Neukäter Heinz: Zur Geschichte der Pädagogik bei Verhaltensstörungen, in: Handbuch der Sonderpädagogik. Pädagogik bei Verhaltensstörungen, Bd. 6, 1. Auflage, hrsg. v. Herbert Goetze und Heinz Neukäter, Berlin, Wissenschaftsverlag Volker Spiess (Edition Marhold), 1989.

Goetze, Herbert/Neukäter, Heinz (Hrsg.): Handbuch der Sonderpädagogik Bd. 6: Pädagogik bei Verhaltensstörungen, 3. Auflage, Berlin, Marhold, 1993.

Goffman, Erving: Stigma. Über Techniken der Bewältigung beschädigter Identität, Frankfurt a. M., Suhrkamp, 1967.

Goffman, Erving: Asyle. Über die soziale Situation psychiatrischer Patienten und anderer Insassen, Frankfurt a. M., Suhrkamp, 1972.

Goffman, Erving: Asyle. Über die soziale Situation psychiatrischer Patienten und anderer Insassen, Frankfurt a. M., Suhrkamp, 1973.

Goffman, Erving: Stigma. Über Techniken der Bewältigung beschädigter Identität, Frankfurt a. M., Suhrkamp, 1975.

Goffman, Erving: Stigma. Über Techniken der Bewältigung beschädigter Identität, 4. Auflage, Frankfurt a. M., Suhrkamp, 1980.

Golan, Naomi: Krisenintervention: Strategien psychosozialer Hilfen, Freiburg i. B., Lambertus, 1983.

Göppel, Rolf: Eltern, Kinder und Konflikte, Stuttgart, Kohlhammer, 1997.

Grampp, Gerd: Berufsbildung und Arbeit als soziales Problem von Menschen mit geistiger Behinderung. In: Soziale Probleme von Menschen mit geistiger Behinderung. Fremdbestimmung, Benachteiligung, Ausgrenzung und soziale Abwertung, hrsg. v. Ernst Wüllenweber, Stuttgart, Kohlhammer, 2004, S. 335-344.

Graumann, Sigrid/Grüber, Katrin/Nicklas-Faust, Jeanne/ Schmidt, Susanna/Wagner-Kern, Michael (Hrsg.): Ethik und Behinderung. Ein Perspektivenwechsel, Frankfurt a. M., Campus, 2004.

Grawe, Klaus: Psychologische Therapie, Göttingen, Hogrefe, 1998.

Grawe, Klaus/Donati, Ruth/Bernauer, Friederike: Psychotherapie im Wandel, Göttingen/Bern/Toronto/Seattle, Hogrefe, 1994.

Greenfield, Susan A.: Reiseführer Gehirn, Heidelberg/Berlin, Spektrum Akademischer Verlag, 2003.

Greisbach, Michaela / Kullik, Udo / Souvignier, Elmar: Von der Lernbehindertenpädagogik zur Praxis schulischer Lernförderung, 1. Auflage, Lengerich, Pabst, 1998.

Greuel, Norbert/Berka, Gabriele: Vernetzung von Schul- und Werkstattunterricht. Das Schulprogramm der Martin-Luther-King-Schule – Schule für Erziehungshilfe Sekundarstufe I in Aachen in: Erziehungshilfe bei Verhaltensstörungen. Pädagogisch-therapeutische Hilfen bei Verhaltensstörungen, hrsg. v. Sandra Rolus-Borgward und Ulrich Tänzer, Oldenburg, 1999, S. 163-170.

Greving, Heinrich: Heilpädagogische Organisationen im Wandel. Organisationsanalyse – Beratung – Qualitätsmanagement, Freiburg, Lambertus, 2000.

Greving, Heinrich: Heilpädagogische Organisationen. Eine Grundlegung. Freiburg, Lambertus, 2000.

Greving, Heinrich (Red.): Heilpädagogik an den Grenzen, hrsg. v. Fachbereichstag der Heilpädagogik, Freiburg im Breisgau, Lambertus 2002.

Greving, Heinrich/Gröschke, Dieter (Hrsg.): Geistige Behinderung – Reflexionen zu einem Phantom. Ein interdisziplinärer Diskurs um einen Problembegriff, Bad Heilbrunn, Klinkhardt, 2000.

Greving, Heinrich/Gröschke, Dieter (Hrsg.): Das Sisyphos-Prinzip: Gesellschaftsanalytische und gesellschaftskritische Dimensionen der Heilpädagogik. Bad Heilbrunn / OBB, Klinkhardt, 2002.

Greving, Heinrich/Mürner, Christian/Rödler, Peter (Hrsg.): Zeichen und Gesten – Heilpädagogik als Kulturthema, Gießen, Psychosozial-Verlag, 2004.

Griebel, Wilfried/Niesel, Renate: Transitionen. Fähigkeiten von Kindern in Tageseinrichtungen fördern, Veränderungen erfolgreich zu bewältigen, Weinheim, Basel, Beltz Verlag, 2004.

Grimm, Jacob/Grimm, Wilhelm: Deutsches Wörterbuch, Band 1, München, Deutscher Taschenbuch-Verlag, 1984. (Nachdruck der 1. Auflage von 1854)

Grimm, Jacob/Grimm, Wilhelm: Deutsches Wörterbuch, Der digitale Grimm, Frankfurt a. M., 2005.

Grimm, Rüdiger: Perspektiven der Therapeutischen Gemeinschaft in der Heilpädagogik. Ein Ort gemeinsamer Entwicklung, Bad Heilbrunn, Klinkhardt, 1995.

Grimm, Rüdiger: Wo stehen wir in der Zusammenarbeit von Eltern und Mitarbeitern? Seelenpflege in Heilpädagogik und Sozialtherapie, Heft 2, 17. Jg., 1998, S. 2-11 und Heft 3, 17. Jg., 1998, S. 3-20.

Grimm, Rüdiger: Erstaunen, Mitgefühl und Gewissen. Chancen und Gefährdungen der Alltagsethik in den helfenden Berufen, in: Spirituelle Ethik, hrsg. v. Michaela Glöckler, Dornach, Goetheanum, 2002.

Grimm, Rüdiger: Sozialtherapeutische Gemeinschaft. Normalisierung, Salutogenese und Individualisierung in der Lebensgestaltung, in: Seelenpflege, 23. Jg., 2004, S. 5-20.

Grimm, Rüdiger: Der innere Dialog mit dem Kind, in: Beiträge zu einer Pädagogik der Achtung, hrsg. v. Hartmut Sautter, Heidelberg, 2004, S. 77-82.

Grimm, Rüdiger: Phänomene des Wandels. Anthroposophische Heilpädagogik in acht Jahrzehnten, in: Phänomene des Wandels, hrsg. v. Angelika Gäch, Luzern, Edition SZH, 2004, S. 31-42.

Groddek, Norbert: Carl Rogers. Wegbereiter der modernen Psychotherapie, Darmstadt, Primus, 2002.

Grohnfeldt, Manfred (Hrsg.): Lehrbuch der Sprachheilpädagogik und Logopädie, Bd. 1 Selbstverständnis und theoretische Grundlagen, Stuttgart, Kohlhammer, 2003.

Gromann-Richter, Petra (Hrsg.): Was heißt hier Auflösung? Die Schließung der Klinik Blankenburg. Bonn, Psychiatrie-Verlag, 1991.

Grond, Jörg: Früherziehung behinderter Kinder. SZH Luzern, 1977.

Grond, Erich: Sozialmedizin. Handbuch für soziale Berufe. Hilfen für Behinderte und Kranke in ihrer Umwelt, Band 1, Dortmund, Verlag modernes lernen, 1984.

Gröschke, Dieter: Praktische Ethik der Heilpädagogik, Individual- und sozialethische Reflexionen zu Grundfragen der Behindertenhilfe, Bad Heilbrunn, Klinkhardt, 1993.

Gröschke, Dieter: Praxiskonzepte der Heilpädagogik. Anthropologische, ethische und pragmatische Dimensionen. 2. Auflage, München/Basel, Reinhardt, UTB, 1997.

Gröschke, Dieter: Das Normalisierungsprinzip: Zwischen Gerechtigkeit und gutem Leben. Eine Betrachtung aus ethischer Sicht. In: Z. f. Heilpäd. 4, 2000, S. 134-140.

Gröschke, Dieter: Geistige Behinderung – Unbegrifflichkeit oder Unbegreiflichkeit? In: Geistige Behinderung – Reflexionen zu einem Phantom. Ein interdisziplinärer Diskurs um einen Problembegriff. hrsg. v. Heinrich Greving und Dieter Gröschke, Bad Heilbrunn, Klinkhardt, 2000, S. 104-125.

Gröschke, Dieter: Die Heilpädagogik und einige ihrer Prinzipien. In: Jahrbuch Heilpädagogik. Freiburg, Lambertus, 2001, S. 13-25.

Gröschke, Dieter: Leiblichkeit und Zwischenleiblichkeit. Grund heilpädagogischer Ethik und Grenze menschlicher Machenschaften, in: Fachbereichstag Heilpädagogik (Hrsg.): Jahrbuch Heilpädagogik, Bd. 2, Freiburg, Lambertus, 2002, S. 22-36.

Gröschke, Dieter: Entwicklungsdiagnostik im Überblick: Befragen, Beobachten, Inventarisieren und Testen kindlicher Entwicklungsprozesse. In: Deutsche Gesellschaft für Sprachheilpädagogik (Hrsg.): Sprache für alle! Neue Möglichkeiten der Sprachheilpädagogik. Karlsruhe, Loeper, 2003, S. 108-123.

Gröschke, Dieter: Individuum, Gemeinschaft oder Gesellschaft? Heilpädagogik zwischen individualistischer Subjekt- und kollektivistischer Gesellschaftswissenschaft, in: Soziologie im Kontext von Behinderung. Theoriebildung, Theorieansätze und singuläre Phänomene, hrsg.v. Rudolf Förster, Bad Heilbrunn, Klinkhardt, 2004, S. 80-102.

Gröschke, Dieter: Psychologische Mittel und heilpädagogische Zwecke? Zur Diagnose der heilpädagogischen Diagnostik; in: Jahrbuch Heilpädagogik, 2004, S. 9-31.

Gröschke, Dieter: Psychologische Grundlagen für Sozial- und Heilpädagogik. Ein Lehrbuch zur Orientierung für Heil-, Sonder- und Sozialpädagogen, 3. Auflage, Bad Heilbrunn, Klinkhardt, 2005.

Grossmann, Karin/Grossmann, Klaus E.: Bindungen, in: Wenn aus Partnern Eltern werden. Handbuch Elternbildung, Bd. 1, hrsg. v. Deutschen Familienverband, Leske+Budrich, Opladen, 1999, S. 507-532.

Grossmann, Karin/Grossmann, Klaus E./Becker-Stoll, Fabienne/Kindler, Heinz: Die Bindungstheorie, Modell, entwicklungspsychologische Forschung und Ergebnisse, in: Handbuch der Kleinkindforschung, Keller, Heidi, Bern/Göttingen/Toronto/Seattle, Hans Huber, 1997, S. 51-260.

Grunewald, Karl: Der Abbau der Anstalten für Behinderte in Schweden, in: Geistige Behinderung; Heft 3, 41. Jg., 2002, S. 243-254.

Gruntz-Stoll, Johannes: Erziehung, Unterricht, Widerspruch. Pädagogische Antinomien und Paradoxe, Bern, 1999

Gührs, Manfred/Nowak, Claus: Das konstruktive Gespräch. Ein Leitfaden für Beratung, Unterricht und Mitarbeiterführung mit Konzepten der Transaktionsanalyse, 5. Auflage, Meezen, Christa Limmer-Verlag, 2002.

Günther, Klaus-Burkhard (Hrsg.): Bilingualer Unterricht mit gehörlosen Grundschülern. Zwischenbereicht zum Hamburger bilingualen Schulversuch, Hamburg, Verlag hörgeschädigte Kinder, 1999.

Haas, Ruth: Spiel- und Dialogräume für erwachsene Menschen, eine theoretische und praxeologische Betrachtung, in: motorik, Heft 1, 26. Jg., 2003, S. 2-11.

Haaser, Albrecht: Wohnstätten für geistig behinderte Erwachsene im Literaturüberblick, in: Richtlinien für die Einrichtung von Wohnstätten für erwachsene geistig Behinderte, hrsg. v. Institut für Sozialrecht der Ruhr-Universität Bochum, Bochum, 1975.

Habermas, Jürgen: Arbeit, Erkenntnis, Fortschritt. Aufsätze 1954-1970, de Munter, Amsterdam, 1970.

Habermas, Jürgen: Legitimationsprobleme im Spätkapitalismus. Frankfurt a. M., Suhrkamp, 1973.

Habermas, Jürgen: Theorie des kommunikativen Handelns, Bd. 1, Frankfurt a. M., Suhrkamp, 1981.

Habermas, Jürgen: Theorie des kommunikativen Handelns, Bd. 2, Frankfurt a. M., Suhrkamp, 1981.

Habermas, Jürgen: Moralbewusstsein und kommunikatives handeln, Frankfurt a. M., Suhrkamp, 1983.

Habermas, Jürgen: Die Zukunft der menschlichen Natur – auf dem Wege zu einer liberalen Eugenik, Frankfurt a. M., Suhrkamp, 2001.

Hackenberg, Waltraud: Die psychosoziale Situation von Geschwistern behinderter Kinder, Heidelberg, Edition Schindele, 1983.

Hackenberg, Waltraud: Die psychosoziale Situation von Geschwistern behinderter Kinder, 2. Auflage, Heidelberg, Edition Schindele, 1987.

Haeberlin,Urs: Das Menschenbild für die Heilpädagogik; Bern/Stuttgart, Paul Haupt, 1985.

Haeberlin, Urs: Die Verantwortung der Heilpädagogik als Wissenschaft, in: Zeitschrift für Heilpädagogik, 44, 1993, S. 170-182.

Haeberlin, Urs: Heilpädagogik als wertgeleitete Wissenschaft. Ein propädeutisches Einführungsbuch in Grundfragen einer Pädagogik für Benachteiligte und Ausgegrenzte, 1. Auflage, Bern/Stuttgart/Wien, Paul Haupt, 1996.

Haeberlin Urs: Identität, in: Handlexikon der Behindertenpädagogik, Schlüsselbegriffe aus Theorie und Praxis, hrsg. v. Georg Antor und Ulrich Bleidick, Stuttgart, Kohlhammer, 2001, S. 191-193.

Haeberlin, Urs: Allgemeine Heilpädagogik, 6. Auflage, Bern/Stuttgart/Wien, Paul Haupt, 2002.

Haeberlin, Urs: Wissenschaftstheorie für die Heil- und Sonderpädagogik, in: Grundfragen der Sonderpädagogik, hrsg. von Annette Leonhardt und Franz B. Wember, 1. Auflage, Weinheim, Beltz, 2003, S. 58-80.

Häcker, Hartmut u. Stapf, Kurt H. (Hrsg.): Dorsch. Psychologisches Wörterbuch, Bern, 1994.

Haefele, Bettina/Wolf-Filsinger, Maria: Aller Kindergarten-Anfang ist schwer. Hilfen für Eltern und Erzieher, 5. Auflage, München, Don Bosco, 1994.

Häfner, Heinz: Psychiatrie. Ein Lesebuch für Fortgeschrittene, Stuttgart/Jena, Fischer, 1991.

Hähner, Ulrich (Hg.): Vom Betreuer zum Begleiter, Lebenshilfe-Verlag, Marburg, 1999.

Hagel, Hans-Jürgen: Zum Problem des gegenwärtigen Verständnisses der Heilpädagogik als Handlungswissenschaft. In: Evangelische Fachhochschule Rheinland-Westfalen-Lippe [Hrsg.], Bochum, 1981.

Hagemann-White, Carol: Die Konstrukteure des Geschlechts auf frischer Tat ertappen? Methodische Konsequenzen einer theoretischen Einsicht, in: Feministische Studien, Jg. 11, Heft 2, 1993, S. 68-78.

Hagen, Jutta: Ansprüche an und von Menschen mit geistiger oder mehrfacher Behinderung in Tagesstätten. Aspekte der Begründung und Anwendung lebensweltorientierter pädagogischer Forschung, Marburg, Lebenshilfe-Verlag, 2001.

Hahn, Martin: Behinderung als soziale Abhängigkeit, München, Reinhardt, 1981.

Hahn, Martin: Selbstbestimmung im Leben, auch für Menschen mit geistiger Behinderung, in: Geistige Behinderung, Heft 2, 1994, S. 81-94.

Hahn, Martin/Fischer, Ute/Klingmüller, Bernhard/Lindmeier, Christian/Reimann, Bernd/Seifert, Monika (Hrsg.): Warum sollen sie nicht mit uns leben? Stadtteilintegriertes Wohnen von Erwachsenen mit schwerer geistiger Behinderung und ihre Situation in Wohnheimen, Reutlingen, Diakonie-Verlag, 2004.

Hahn,Victor F.: Handlungsorientierung als didaktischer Kern der Anschauung im Mathematikunterricht mit blinden Kindern – ein Theorie-Praxis-Exemplar. In: Lebensperspektiven. Kongressbericht zum 32. Kongress der Blinden- und Sehbehindertenpädagogen, Hrsg. Verband der Blinden- und Sehbehindertenpädagogen, Hannover, 1999, S. 336-345.

Haiden, Martin: Spiel und Mimicry (Seminararbeit), Institut für Publizistik und Kommunikationswissenschaft, Hochschule der Universität Wien, Archivnummer V4926, Wien, 2002.

Haisch, Werner: Verhaltensauffälligkeiten und strukturelle Bedingungen in der Betreuung, in: Behindert und verhaltensauffällig. Zur Wirkung von Systemen und Strukturen, hrsg. v. Werner Strubel und Horst Weichselgartner, Freiburg i. Br., Lambertus, 1995, S. 28-68.

Hamm, Margret (Hrsg.): Lebensunwert zerstörte Leben. Zwangssterilisation und „Euthanasie", Frankfurt a. M., VAS, 2005.

Hanselmann, Heinrich: Einführung in die Heilpädagogik, Zürich, Rotapfel, 1930.

Hanselmann, Heinrich: Grundlinien zu einer Theorie der Sondererziehung (Heilpädagogik). Zürich, Rotapfel, 1941.

Hanselmann, Heinrich: Wer ist normal? In: Schweizerische pädagogische Zeitschrift, 38. Jg., Heft 18 und 20, 1928, S. 251-259 und 283-287.

Hanselmann, Heinrich: Einführung in die Heilpädagogik. Praktischer Teil für Eltern, Lehrer, Anstaltserzieher, Jugendfürsorger, Richter und Ärzte, 4. Auflage, Zürich, Rotapfel, 1953.

Hanselmann, Heinrich: Die psychologischen Grundlagen der Heilpädagogik (1923). Histor. Beiträge zu Behinderung und Rehabilitation, Bd. 1, Berlin, 1997.

Hanswille, Reinert: Familientherapie, in: Lexikon der Sozialpädagogik und der Sozialarbeit, hrsg. v. Franz Stimmer, München, Oldenbourg, 2000, S. 230-235.

Hartwig, Helmut/Menzen, Karl-Heinz (Hrsg.): Kunst-Therapie, Berlin, Verl. Ästhetik u. Kommunikation, 1984.

Hauck, Karl/Haines, Hartmut: SGB – Kommentar/Loseblattwerk; Berlin 1976 ff.;

Haupt, Ursula: Kinder mit cerebralen Bewegungsstörungen im Spannungsfeld von eigenen Entwicklungsimpulsen und fremdbestimmter Anleitung, in: Neue Perspektiven in der Sonderpädagogik, hrsg. v. Günther Dörr, Verlag selbstbestimmt lernen Düsseldorf, 1998, S. 95-116.

Hausotter, Annette: Die Förderung von Schülerinnen und Schülern mit sonderpädagogischem Forderbedarf in Europa. In: Gemeinsam leben, Nr. 4, 1998, S. 152-156.

Hausser, Karl: Identitätsentwicklung, New York, UTB Harper & Row Publishers, 1983.

Häußler, Anne: Der TEACCH Ansatz zur Förderung von Menschen mit Autismus, Dortmund, Borgmann Media, 2005.

Havemann, Meindert/Stöppler, Reinhilde: Altern mit geistiger Behinderung. Grundlagen und Perspektiven für Begleitung, Bildung und Rehabilitation, Stuttgart, Kohlhammer, 2004.

Havighurst, Robert J.: Ansichten über erfolgreiches Altern, in: Altern – Probleme und Tatsachen, hrsg. von Hans Thomae/Ursula Lehr, Frankfurt a. M., Akademische Verlagsanstalt, S. 567-571.

Hedderich, Ingeborg: Schulische Situation und kommunikative Förderung Schwerstkörperbehinderter. Regionale Totalerfassung und kritische Situationsanalyse aufgrund empirischer Erhebungen bei Kindern und Jugendlichen mit schwersten cerebralen Bewegungsstörungen und Dys- oder Anarthrie. Berlin, Wissenschaftsverlag Spiess, 1991.

Hedderich, Ingeborg: Schulische Situation und kommunikative Förderung schwerstbehinderter Kinder und Jugendlicher, in: Zeitschrift für Heilpädagogik, Jg. 46, Heft 4, 1995, S. 182 ff.

Hedderich, Ingeborg: Burnout bei Sonderschullehrerinnen und Sonderschullehrern. Eine vergleichende empirische Untersuchung, durchgeführt in Schulen für Körperbehinderte und in Hauptschulen, auf der Grundlage des Maslach-Burnout-Inventory, Berlin, Edition Marhold, 1997.

Hedderich, Ingeborg: Burnout bei Sonderschullehrerinnen und Sonderschullehrern, Berlin, Wissenschaftsverlag Spiess, 2002.

Hedderich, Ingeborg: Einführung in die Montessori-Pädagogik: theoretische Grundlagen und praktische Anwendung, 2. Auflage, München; Basell, E Reinhardt, 2005.

Hedderich, Ingeborg: Einführung in die Körperbehindertenpädagogik, 2. Auflage, München, Reinhardt/UTB, 2006.

Hedderich, Ingeborg/Loer, Helga: Körperbehinderte Menschen im Alter. Lebenswelt und Lebensweg, Bad Heilbrunn, Klinkhardt, 2003.

Heekerens, Hans-Peter: Familientherapie, Wartezeit und Krisenintervention in der Erziehungsberatungsstelle, in: Familie in der Krise. Sozialer Wandel, Familie und Erziehungsberatung, hrsg. v. Klaus Menne und Knud Alter, Weinheim, Juventa-Verlag, 1988, S. 174-190.

Hegel, Georg Friedrich Wilhem: Phänomenologie des Geistes. HW 3. Frankfurt a. M., Ullstein, 1970.

Hegel, Georg Friedrich Wilhem: Vorlesungen über die Ästhetik II. HW 15. Frankfurt a. M., Suhrkamp, 1970.

Hegel, Georg Friedrich Wilhem: Werke in 20 Bänden und Register, Suhrkamp, Frankfurt a. M., 1986.

Hegel, Georg Friedrich Wilhelm: Werke in 20 Bänden und Register, Bd.7, Grundlinien der Philosophie des Rechts oder Naturrecht und Staatswissenschaft im Grundrisse, 8. Auflage, Suhrkamp, Frankfurt a. M., 2000.

Heidegger, Martin: Sein und Zeit, 12. Auflage, Tübingen, Niemeyer, 1972.

Heidegger, Martin: Sein und Zeit, 15. Auflage, Tübingen, Mohr, 1984 (1927).

Heiden, H.-Günter: Unsere Zukunft. Selbstbestimmung durch Unterstützung und Assistenz. Ein Film über die People First Tagung vom 21.-24. September 2000 in Frankfurt a. M., realisiert v. JoB.-Medienbüro, Kassel, „Wir vertreten uns selbst!", 2000.

Heiland, Helmut: Friedrich Fröbel in Selbstzeugnissen und Bilddokumenten, Reinbek, Rowohlt, 1982.

Heilbrügge, Theodor: Klinische Sozialpädiatrie, Berlin, Springer, 1981.

Heim, Ernst: Der Bewältigungsprozeß in Krise und Krisenintervention. In: Krisenintervention in der Psychiatrie, hrsg. v. Ulrich Schnyder, Jean-Daniel Sauvant, Bern, Hans Huber, 1996, S. 27-44.

Heimlich, Ulrich: Behinderte und nichtbehinderte Kinder spielen gemeinsam, Konzept und Praxis integrativer Spielförderung, 1. Auflage, Bad Heilbrunn, Klinkardt, 1995.

Heiner, Maja: Professionalität in der sozialen Arbeit. Theoretische Konzepte, Modelle und empirische Perspektiven. Stuttgart, Kohlhammer, 2004.

Heller, Max: Rudolf Virchow und der Gänsehirte Paulus Friedel. Zur deutschsprachigen Erstbeschreibung, zur Aetiologie und zum Namen des Downsyndroms, in: Vierteljahresschrift für Heilpädagogik, 64, 1995, 4, S. 381-385.

Henschel, Angelika (Hrsg.): Weiblich – /un/beschreiblich. Zur Lebenssituation von Frauen mit Behinderung, Bad Segeberg, C.H. Wäser, 1997.

Hentig, Hartmut von: Spielraum und Ernstfall, Stuttgart, Klett, 1969.

Hentig, Hartmut von: Systemzwang und Selbstbestimmung, Stuttgart, Klett, 1970.

Herbart, Johann F.: Systematische Pädagogik. Johann Friederich Herbart. Eingeleitet, ausgewählt und interpretiert von D. Benner, Stuttgart, Dt. Studien-Verlag, 1986.

Hermes, Gisela/Köbsell, Swantje (Hrsg.): Disability Studies in Deutschland. Behinderung neu denken! Dokumentation der Sommeruni 2003, Kassel, Bifos, 2003.

Herpertz-Dahlmann, Beate (Hrsg.): Entwicklungspsychiatrie. Biopsychologische Grundlagen und die Entwicklung psychischer Störungen, Stuttgart/New York, Schattauer, 2003.

Herriger, Norbert: Empowerment in der Sozialen Arbeit, 2. Auflage, Stuttgart, 2002.

Herzog, Walter: Praxis und Subjektivität. Handeln als kreativer Prozeß, in: Psychologie als Humanwissenschaft. Ein Handbuch, hrsg. v. Gerd Jüttemann, Göttingen, Vandenhoeck & Ruprecht, 2004, S. 289-301.

Hesse, Hans A.: Berufe im Wandel. Ein Beitrag zum Problem der Professionalisierung, Stuttgart, Enke, 1986.

Hessl, David u. a.: Cortisol and Behavior in Fragile X Syndrome, in: Psychoneuroimmunlogy, Heft 7, 27. Jg., 2002, S. 855.

Hessl, David u. a.: The Influence of Environmental and Genetic Factors on Behavior Problems and Autistic Symptoms in Boys and Girls with Fragile X Syndrome, in: Pediatrics, Heft 5, 108. Jg., 2001, S. E88.

Hiebel, Heinz H.: Kleine Medienchronik, München, Beck, 1997.

Hillenbrand, Clemens: Integration bei Verhaltensstörungen in Bayern – Organisation und Konzeption der Mobilen Erziehungshilfe, in: Erziehungshilfe bei Verhaltensstörungen. Pädagogisch-therapeutische Hilfen bei Verhaltensstörungen, hrsg. v. Sandra Rolus-Borgward und Ulrich Tänzer, Oldenburg, 1999, S. 223-231.

Hillenbrand, Clemens: Paradigmenwechsel in der Sonderpädagogik? Eine wissenschaftstheoretische Kritik, in: Zeitschrift für Heilpädagogik, Heft 5, 50. Jg., 1999, S. 240-246.

Hillenbrand, Clemens: Verhaltensstörung, Verhaltensgestörte, Verhaltensgestörtenpädagogik, in: Handlexikon der Behindertenpädagogik, hrsg. v. Georg Antor und Ulrich Bleidick, Stuttgart, Kohlhammer, 2001, S. 144-148.

Hillenbrand, Clemens: Einführung in die Verhaltensgestörtenpädagogik, 2. Auflage, München/Basel, Reinhardt, 2002.

Hinz, Andreas: Von der Integration zur Inklusion – terminologisches Spiel oder konzeptionelle Weiterentwicklung? In: Zeitschrift für Heilpädagogik, Nr. 9, 2002, S. 354-361

Hinze, Dieter: Väter und Mütter behinderter Kinder, Heidelberg, Edition Schindele, 1992.

Hobbes, Thomas: Leviathan, Stuttgart, Reclam, 1970.

Hobsbawn, Eric J.: Das Zeitalter der Extreme. Weltgeschichte des 20. Jahrhunderts, dtv, München, 1998.

Hochschulrektorenkonferenz (Hrsg.): Bologna-Reader. Texte und Hilfestellungen zur Umsetzung der Ziele des Bologna-Prozesses an deutschen Hochschulen, 2. Auflage, Bonn, 2004.

Höffe, Otfried: Lexikon der Ethik, 4. Auflage, München, Beck, 1992.

Hoffman, Donald D.: Visuelle Intelligenz. Stuttgart, Klett-Cotta, 2000.

Hoffmann, Bernward: Medienpädagogik, Paderborn, Schöningh, 2003.

Hoffmann, Claudia/Theunissen, Georg: Helfen, in: Wörterbuch Heilpädagogik, hrsg. v. Konrad Bundschuh, Ulrich Heimlich und Rudi Krawitz, Bad Heilbrunn, Klinkhardt, 2002, S. 131-133.

Hoffmann, Claudia: Enthospitalisierung oder Umhospitalisierung? Am Beispiel der Neuen Länder, in: Enthospitalisierung – ein Etikettenschwindel? Hrsg. v. Georg Theunissen, Bad Heilbrunn, Klinkhardt, 1998, S. 109-153.

Hoffmann, Claudia: Enthospitalisierung und Deinstitutionalisierung – Einführung in die Leitterminologie, in: Wohnen und Leben nach der Enthospitalisierung, hrsg. v. Georg Theunissen, und Albert Lingg, Bad Heilbrunn, Klinkhardt, 1999, S. 16-27.

Hoffmann, Lotte: Vom schöpferischen Primitivganzen zur Gestalt, München, Beck, 1944.

Hofmann, Wilhelm: Besondere Fragen der Hilfsschule, in: Handbuch für Lehrer, Band 2, hrsg. von Alfred Blumenthal/Johannes Guthmann, Walter Horney, Franz Seilnacht und Karl Stöcker, 1. Auflage, Gütersloh, Bertelsmann, 1961, S. 673-688.

Höhne, Gisela: Theater trotz Therapie, in: Kunst, ästhetische Praxis und geistige Behinderung, hrsg. v. Georg Theunissen, Bad Heilbrunn, Klinkhardt, 1997, S. 234-250.

Holenstein, Elmar: Linguistik, Semiotik, Hermeneutik, Frankfurt a. M., Suhrkamp, 1976.

Hölter, Gerd (Hrsg.): Mototherapie mit Erwachsenen – Sport, Spiel und Bewegung in Psychatrie, Psychosomatik und Suchtbehandlung, Schondorf, Verlag Karl Hofmann, 1993.

Holthaus, Hanni: Brief einer Mutter, in: Frühförderung mit den Eltern, hrsg. v. Otto Speck und Andreas Warnke, 2. Auflage, München/Basel, Reinhardt, 1989.

Honneth, Alex: Kampf um Anerkennung. Zur moralischen Grammatik sozialer Konflikte, Frankfurt a. M., Suhrkamp, 1994.

Hörisch, Jochen: Der Sinn und die Sinne: eine Geschichte der Medien, Frankfurt a. M., Eichborn, 2001.

Hörisch, Jochen: Theorie-Apotheke, Frankfurt a. M., Eichborn, 2004.

Hörmann, Georg / Nestmann, Frank (Hrsg): Handbuch der psychosozialen Intervention, Opladen, Westdt. Verlag, 1988.

Hörmann, Georg: Psychosoziale Aspekte medizinischer Intervention, in: Handbuch der psychosozialen Intervention, hrsg. v. Georg Hörmann und Frank Nestmann, Opladen, Westdt. Verlag, 1988.

Hornstein, Wolfgang/Lüders, Christian: Professionalisierungstheorie und pädagogische Theorie. Verberuflichung erzieherischer Aufgaben und pädagogische Professionalität, in: Zeitschrift für Pädagogik, 6, 1989, S. 749-769.

Hornung, Claudia/Wacker, Elisabeth/Wetzler, Rainer/Metzler, Heidrun: Wohn- und Betreuungseinrichtungen der Behindertenhilfe. Strukturergebnisse einer bundesweiten Stichprobenerhebung. Untersuchung im Auftrag des BMFSFJ Tübingen, Univ. Forschungsst. Lebenswelten, 1995.

Horster, Detlef: Postchristliche Moral. Eine sozialphilosophische Begründung, Hamburg, Junius, 1999.

Huber, Günter L./Schlottke, Peter F.: Prävention und Intervention, in: Pädagogische Psychologie, hrsg. v. Andreas Krapp und Bernd Wiedenmann, 3. Auflage, Weinheim, 1993, S. 667-702.

Hughes, Bill/Paterson, Kevin: The Social Model of Disability and the Disappearing Body: Towards a Sociology of Impairment, in: Disability & Society, 12. Jg., Nr. 3, 1997, S. 325-340.

Hülshoff, Thomas: Sinneswelten. Die Förderung sensorischer Wahrnehmung im Wohn- und Freizeitbereich von Menschen mit Sinnes- und geistiger Behinderung, Münster, Selbstverlag, 2001.

Hülshoff, Thomas: Wut im Bauch. Was in uns vorgeht, wenn wir vor Ärger kochen, in: Gehirn und Geist/Spektrum der Wissenschaft, Heft 2, 2002, S. 28-32.

Hülshoff, Thomas: Das Gehirn. Funktionen und Funktionseinbußen, Bern/Göttingen, Hans Huber, 2002.

Hülshoff, Thomas: Kindliche Entwicklungsstörungen, in: Lehrbuch der Sozialmedizin für Sozialarbeit, Sozial- und Heilpädagogik, hrsg. v. Wolfgang Schwarzer, Dortmund, Modernes Leben, 2002, S. 85-124.

Hülshoff, Thomas: Neue Erfahrungen. Bildungs- und Freizeitangebote für Menschen mit Behinderung, Freiburg, Lambertus, 2004.

Hülshoff, Thomas: Biologische Grundlagen der Psychiatrie, in: Psychiatrie und Psychotherapie für psycho-soziale und pädagogische Berufe, hrsg. v. Alexander Trost und Wolfgang Schwarzer, Dortmund, Borgmann, 2004.

Hülshoff, Thomas: Medizinische Grundlagen der Heilpädagogik, München, Reinhardt, 2005.

Hülshoff, Thomas: Emotionen. Eine Einführung für beratende, therapeutische, pädagogische und soziale Berufe, 3. Auflage, München/Basel, Reinhardt, 2006.

Hülshoff, Thomas/Pöhler, Stefan (Hrsg.): Der Weg entsteht im Gehen. Praktische Projektarbeit in der Behindertenpädagogik. Freiburg, Lambertus, 2002.

Humboldt, Wilhelm von: Bildung und Sprache, Paderborn, Schöningh, 1985.

Humphrey, Jill C.: Researching Disability Politics. Or Some Problems with the Social Model in Practice, in: Disability & Society, 15. Jg., Nr. 1, 2000, S. 63-85.

Hurrelmann, Klaus/Ulich, Dieter (Hrsg.): Neues Handbuch der Sozialisationsforschung, Weinheim/Basel, Beltz, 1991.

Husserl, Edmund:, Phänomenologie der Lebenswelt. Ausgewählte Texte, Ditzingen, Reclam, (1936) 2002.

Hüther, Gerald: Bedienungsanleitung für ein menschliches Gehirn, Göttingen, Vandenhoeck & Ruprecht, 2001.

Hüther, Gerald: Biologie der Angst. Wie aus Stress Gefühle werden. Göttingen, Vandenhoeck & Ruprecht, 2001.

Hüwe, Birgit/Roebke, Christa/Rosenberger, Manfred: Leben ohne Aussonderung. Eltern kämpfen für Kinder mit Beeinträchtigungen, 1. Auflage, Neuwied, Luchterhand, 2000.

Iben, Gerd (Hrsg.): Das Dialogische in der Heilpädagogik, Mainz, Matthias Grünewald Verlag, 1988.

Iben, Gerd: Armut als Thema der Sonderpädagogik in: Zeitschrift für Heilpädagogik, Heft 11, 1996, S. 450-454.

ICF: Internationale Klassifikation der Funktionsfähigkeit, Behinderung und Gesundheit (ICF) der Weltgesundheitsorganisation (WHO), hrsg. v. Deutschen Institut für medizinische Dokumentation und Information, DIMDI, Februar 2002.

Included in Society: Ergebnisse und Empfehlungen der europäischen Studie für gemeindenahe Wohnangebote für Menschen mit Behinderungen. o. O., 2003, online unter http://ec.europa.eu/employment_social/index/socinc_de.pdf

Institut Frau und Gesellschaft: Frauen in der beruflichen Rehabilitation. Eine empirische Untersuchung zur Partizipation von Frauen an beruflichen Rehabilitationsmaßnahmen, hrsg. v. Bundesministerium für Arbeit, Bonn, 1988.

Irblich, Dieter / Stahl, Burkhard (Hrsg.): Menschen mit geistiger Behinderung. Psychologische Grundlagen, Konzepte und Tätigkeitsfelder. Göttingen, Hogrefe, 2003.

Izard, Carroll E.: Die Emotionen des Menschen, Weinheim/Basel, Beltz, 1999.

Jackman, Mary: The velvet glove. Paternalism and conflict in gender, class and race relations. Berkeley, Univ. of California Press, 1996.

Jacobi, Jolande: Vom Bilderreich der Seele: Wege und Umwege zu sich selbst, Olten, Walter Verlag, 1969.

Jakobs, Hajo: Heilpädagogik zwischen Anthropologie und Ethik, Bern/Stuttgart/Wien, Haupt Verlag, 1997.

Jänicke, Martin (Hrsg): Herrschaft und Krise. Opladen, Westd. Verlag, 1973.

Jänicke, Martin: Krisenbegriff und Krisenforschung, in: Herrschaft und Krise, hrsg. v. Martin Jänicke, Opladen, Westd. Verlag, 1973, S. 10-23.

Jansen, Bernd/Jung, Christian/Schrapper, Christian/Thiesmeier, Monika (Hrsg.): Krisen und Gewalt: Ursachen, Konzepte und Handlungsstrategien in der Jugendhilfe. Münster, Votum-Verlag, 1993.

Jantzen, Wolfgang: Aufbewahrung oder Therapie? In: Zeitschrift für Heilpädagogik, Heft 4, 23. Jg., 1972, S. 267-271.

Jantzen, Wolfgang: Behinderung und Gesellschaft, in: Behindertenpädagogik in Hessen, Heft 1, 12. Jg., 1973, S. 2-5.

Jantzen, Wolfgang: Sozialisation und Behinderung. Studien zu sozialwissenschaftlichen Grundfragen der Behindertenpädagogik, Gießen, Focus Verlag, 1974.

Jantzen, Wolfgang: Materialistische Erkenntnistheorie, Behindertenpädagogik und Didaktik, in: Demokratische Erziehung, Heft 1, 2. Jg., 1976, S. 15-29.

Jantzen, Wolfgang: Zur begrifflichen Fassung von Behinderung aus der Sicht des historischen und dialektischen Materialismus, in: Zeitschrift für Heilpädagogik, Heft 7, 27. Jg., 1976, S. 428-436.

Jantzen, Wolfgang: Grundriss einer allgemeinen Psychopathologie und Psychotherapie, Köln, Pahl-Rugenstein, 1979.

Jantzen, Wolfgang: Schafft die Sonderschule ab! In: Demokratische Erziehung, Heft 2, 7. Jg., 1981, S. 96-103.

Jantzen, Wolfgang: Sozialgeschichte des Behindertenbetreuungswesens, München, DJI Verlag, 1982.

Jantzen, Wolfgang: Materialistische Theorie der Behindertenpädagogik, in: Theorie der Behindertenpädagogik, hrsg. von Ulrich Bleidick, Berlin, Marhold, 1985, S. 322-342.

Jantzen, Wolfgang: Allgemeine Behindertenpädagogik, Bd. 1, Sozialwissenschaftliche und psychologische Grundlagen, Weinheim, Beltz, 1987.

Jantzen, Wolfgang: Allgemeine Behindertenpädagogik, Bd. 2, Neurowissenschaftliche Grundlagen, Diagnostik, Pädagogik und Therapie, Weinheim, Beltz, 1990.

Jantzen, Wolfgang: Mensch, in: Europäische Enzyklopädie zu Philosophie und Wissenschaften, Bd. 3, hrsg. v. Hans J. Sandkühler, Hamburg, Meiner, 1990, S. 336-358.

Jantzen, Wolfgang: Psychologischer Materialismus, Tätigkeitstheorie, Marxistische Anthropologie. Berlin, Argument Verlag, 1991.

Jantzen, Wolfgang: Das Ganze muß verändert werden... Zum Verhältnis von Behinderung, Ethik und Gewalt. Berlin, Edition Marhold, 1993.

Jantzen, Wolfgang: Am Anfang war der Sinn. Zur Naturgeschichte, Psychologie und Philosophie von Tätigkeit, Sinn und Dialog, Marburg, BdWi, 1994.

Jantzen, Wolfgang (Hrsg): Geschlechterverhältnisse in der Behindertenpädagogik. Subjekt/Objekt-Verhältnisse in Wissenschaft und Praxis, Luzern, Schweizerische Zentralstelle für Heilpädagogik, 1997.

Jantzen, Wolfgang: Die Zeit ist aus den Fugen... Behinderung und postmoderne Ethik. Aspekte einer Philosophie der Praxis. Marburg, BdWi, 1998.

Jantzen, Wolfgang: Zur Neubewertung des Down-Syndroms, in: Geistige Behinderung, Heft 3, 1998, S. 224-238.

Jantzen, Wolfgang: Die Zeit ist aus den Fugen, Marburg, BdWi, 1998.

Jantzen, Wolfgang: Behinderung und Feld der Macht. Bemerkungen zur Methodologie einer Soziologie der Behinderung, in: Perspektiven der Sonderpädagogik. Disziplin- und professionsbezogene Standortbestimmungen, hrsg. v. Friedrich Albrecht u. a., Neuwied/Berlin, Luchterhand, 2000, S. 58-73.

Jantzen, Wolfgang: Unterdrückung mit Samthandschuhen. Über paternalistische Gewaltausübung (in) der Behindertenpädagogik, in: Sonderpädagogik provokant, hrsg. v. Armin Müller, Luzern, Ed SZH/SPC, 2001, S. 57-68.

Jantzen, Wolfgang: Vygotskij und das Problem der elementaren Einheit der psychischen Prozesse, in: Jeder Mensch kann lernen – Perspektiven einer kulturhistorischen (Behinderten-)Pädagogik, hrsg. v. Wolfgang Jantzen, Neuwied/Berlin, Luchterhand, 2001, S. 221-243.

Jantzen, Wolfgang: Über die soziale Konstruktion von Verhaltensstörungen. Das Beispiel „Aufmerksamkeitsdefizitsyndrom" (ADS), in: Zeitschrift für Heilpädagogik, 6, 2001, S. 222-231.

Jantzen, Wolfgang: Nelly – oder die freie Entwicklung eines jeden. Zum Problem der „Nichttherapierbarkeit", in: Geistige Behinderung, Heft 4, 40. Jg., 2001, S. 325-338.

Jantzen, Wolfgang: Schwerste Beeinträchtigung und die „Zone der nächsten Entwicklung", in: Es gibt keinen Rest! Hrsg. v. Peter Rödler/Ernst Berger und Wolfgang Jantzen, Neuwied/Berlin, Luchterhand, 2001, S. 102-126.

Jantzen, Wolfgang: Identitätsentwicklung und pädagogische Situation behinderter Kinder und Jugendlicher, in: Gesundheit und Behinderung im Leben von Kindern und Jugendlichen. Materialien zum 11. Kinder und Jugendbericht, Bd. 4, hrsg. v. d. Sachverständigenkommission des 11. Kinder- und Jugendberichts, München, DJI, 2002, S. 317-394.

Jantzen, Wolfgang: A.N. Leont'ev und das Problem der Raumzeit in den psychischen Prozessen, in: Ein Diamant schleift den anderen – Evald Vasil'evic Il'enkov und die Tätigkeitstheorie, hrsg. v. Wolfgang Jantzen und Birger Siebert, Berlin, Lehmanns Media, 2003, S. 400- 462.

Jantzen, Wolfgang: Materialistische Behindertenpädagogik als basale und allgemeine Pädagogik, in: Kritische Erziehungswissenschaft und Bildungsreform. Programmatik – Brüche – Neuansätze. Bd. 1: Theoretische Grundlagen und Widersprüche, hrsg. v. Armin Bernard, Baltmannsweiler, Schneider Verlag Hohenegehren, 2003, S. 104-125.

Jantzen, Wolfgang: „... die da dürstet nach der Gerechtigkeit" – Deinstitutionalisierung in einer Großeinrichtung der Behindertenhilfe. Berlin, Edition Marhold, 2003.

Jantzen, Wolfgang: Die soziale Konstruktion von schwerer Behinderung durch die Schule, in: Alle Kinder alles lehren ..., Grundlagen der Pädagogik für Menschen mit schwerer und mehrfacher Behinderung, hrsg. v. Theo Klauß und Wolfgang Lamers, Heidelberg, Univ.-Verlag Winter, 2003, S. 51-72.

Jantzen, Wolfgang: Überlegungen zur Zukunft der Behindertenhilfe und Psychiatrie, in: Marxistische Blätter, Heft 4, 42 Jg., 2004, S. 60-68.

Jantzen, Wolfgang: Soziologie der Behinderung und soziologische Systemtheorie. Kritische Anmerkungen zur Systemtheorie von Niklas Luhmann und ihrer Rezeption in der Behindertenpädagogik, in: Soziologie im Kontext von Behinderung, hrsg. v. Rudolf Forster, Bad Heilbrunn, Klinkhardt, 2004, S. 49-77.

Jantzen, Wolfgang: Behinderung, Identität und Entwicklung – Humanwissenschaftliche Grundlagen eines Neuverständnisses von Resilienz und Integration, in: Behindertenpädagogik, Heft 3, 43. Jg., 2004, S. 280-298.

Jantzen, Wolfgang: Materialistische Anthropologie und postmoderne Ethik. Methodologische Studien, Bonn, Pahl-Rugenstein-Nachfolger, 2004.

Jantzen, Wolfgang: Maik: vier Perspektiven, in: AGL-Bulletin, Heft 4, 2004, S. 21-23.

Jantzen, Wolfgang: Die Dominante und das Problem der „niederen psychischen Funktionen" im Werk von Vygotskij. Mitteilungen der Luria Gesellschaft 11, 2004, 1/2, S. 62-79.

Jantzen, Wolfgang: „Es kommt darauf an, sich zu verändern ..." – Zur Methodologie und Praxis rehistorisierender Diagnostik und Intervention. Gießen, Psychosozial-Verlag, 2005.

Jantzen, Wolfgang: Die „Zone der nächsten Entwicklung" – neu betrachtet, in: Der kritisch-konstruktive Beitrag der Sonderpädagogik zu den Ergebnissen der PISA-Studi, hrsg. v. Christiane Hofmann und Elisabeth von Stechow, Bad Heilbrunn, Klinkhardt, 2005.

Jantzen, Wolfgang: Genesis und Zerfall von sozialem Sinn, in: Philosophie und Politik. Festschrift für Robert Steigerwald, hrsg. v. Willi Gerns u. a., Essen, Neue Impulse, 2005, S. 163-180.

Jantzen, Wolfgang: Methodologische Aspekte der Behindertenpädagogik als synthetische Humanwissenschaft, in: Sonderpädagogische Professionalität. Beiträge zur Entwicklung der Sonderpädagogik als Disziplin und Profession, hrsg. v. Detlef Horster u. a., Wiesbaden, VS Verlag für Sozialwissenschaften, 2005, S. 69-85.

Jantzen, Wolfgang/Hütter, Eva/Kondering, Agnes: Schulische Integration in der Sekundarstufe I: Sozialer Kredit als Grundlage entwickelnden Unterrichts, in: Sonderpädagogik in der Regelschule, hrsg. v. Stephan Ellinger und Manfred Wittrock, Oberhausen, Athena-Verlag, 2005.

Jantzen, Wolfgang/Lanwer-Koppelin, Willehad (Hrsg.): Diagnostik als Rehistorisierung. Methodologie und Praxis einer verstehenden Diagnostik am Beispiel schwer behinderter Menschen, Berlin, Edition Marhold, 1996.

Jantzen, Wolfgang/Lanwer-Koppelin, Willehad/ Schulz, Kristina (Hrsg.): Qualitätssicherung und Deinstitutionalisierung – Niemand darf wegen seiner Behinderung benachteiligt werden. Berlin, Edition Marhold, 1999.

Jantzen, Wolfgang/Reichmann, Erwin: Behindertenpädagogik – Theorien, in: Handbuch der kritischen und Materialistischen Behindertenpädagogik und ihrer Nebenwissenschaften, hrsg. v. Erwin Reichmann, Solms-Oberbiel, Jarick Oberbiel Verlag, 1984, S. 88-103.

Jeltsch-Schudel, Barbara: Erschwerte Erziehungssituationen: Aspekte der Zusammenarbeit zwischen Eltern und Fachleuten. Jahresbericht 1990 des Instituts für Heilpädagogik Luzern, Stans, 1991.

Jeltsch-Schudel, Barbara: Genetische Beratung von Eltern mit „positivem Befund" nach pränataler Diagnostik. Anregungen aus sonderpädagogischer Sicht, in: Ethik, Genetik, Behinderung – Kritische Beiträge aus der Schweiz, hrsg. v. Christian Mürner, Edition SZH Luzern , 1991, S. 149-170.

Jeltsch-Schudel, Barbara: Zur Situation von Menschen mit Down-Syndrom in der deutschsprachigen Schweiz. In: Vierteljahresschr. für Heilpäd. und ihre Nachbargebiete, 1, 1999, S. 48-65.

Jeltsch-Schudel, Barbara: Zwischen Auszeichnung und Abtreibung. Einige Anmerkungen zur Situation von Menschen mit Down-Syndrom, besonders in der deutschsprachigen Schweiz aus sonderpädagogischer Sicht, in: Die Verbesserung des Menschen. Von der Heilpädagogik zur Humangenetik. Kritische Sichtweisen aus der Schweiz, hrsg. v. Christian Mürner, Luzern, Edition SZH, 2002, S. 91-112.

Jeltsch-Schudel, Barbara: Doppeldiagnose Down-Syndrom und autistische Störungen, in: Leben mit Down-Syndrom, Heft 44, 2003, S. 30-36.

Jeltsch-Schudel, Barbara: Elternschaft von Menschen mit geistiger Behinderung in der deutschsprachigen Schweiz. Vierteljahreschr.für Heilpäd., 3, 2003, S. 266-272.

Jeltsch-Schudel, Barbara: Zusammenarbeit von Eltern und Fachleuten – zur Erkennung vom Down-Syndrom-Plus. In: Eltern behinderter Kinder: Empowerment – Kooperation – Beratung, hrsg. v. Udo Wilken und Barbara Jeltsch-Schudel, Stuttgart, Kohlhammer, 2003, S. 102-116.

Jeltsch-Schudel, Barbara: Die Identität von Menschen mit einer Seh-, Hör- oder Körperbehinderung – Betroffene erwachsene Menschen blicken auf die eigene Biographie unter dem Aspekt der Identitätsentwicklung zurück. Habilitationsschrift zur Erlangung der Venia Legendi der Philosophischen Fakultät der Universität Freiburg/Schweiz, Mai 2004.

Jeltsch-Schudel, Barbara: Down-Syndrom-Plus: Zu den Elternberichten. In: Leben mit Down-Syndrom, Heft 46, 2004, S. 40-42.

Jervis, Giovanni: Kritisches Handbuch der Psychiatrie, Frankfurt a. M., Syndikat, 1978.

Jetter, Karlheinz: Gedanken zu einer Theorie der kognitiven Entwicklung bei körperbehinderten Kindern, in: Theorien der Körperbehindertenpädagogik, hrsg. v. Harry Bergeest und Gerd Hansen, Bad Heilbrunn, Klinkhardt, 1999, S. 165-178.

Joas, Hans: Die Kreativität des Handelns. Frankfurt a. M., Suhrkamp, 1992.

Jochheim, Kurt-Alphons/ Lucke, Ch./Andre, G. (Hrsg.): Alte Menschen mit Behinderungen – behinderte Menschen im Alter. Bericht über die Arbeitstagung der Deutschen Vereinigung für die Rehabilitation Behinderter e.V. 1987 in Düsseldorf, Heidelberg, Selbstverlag, 1988.

Johannes Paulus (Papst Johannes Paul II): Enzyklika Laborem exercens Seiner Heiligkeit Papst Johannes Paul II. an die verehrten Mitbrüder im Bischofsamt, die Priester und Ordensleute, die Söhne und Töchter der Kirche und an alle Menschen guten Willens „Über die menschliche Arbeit" zum neunzigsten Jahrestag der Enzyklika Rerum novarum am 14. September 1981, Bonn, Sekretariat d. Dt. Bischofskonferenz, 1981.

Jödecke, Manfred: Die „offene Entwicklungsperspektive" als kulturhistorischer Ausgangspunkt sonderpädagogischer Aus-, Fort- und Weiterbildung, in: Behindertenpädagogik, Heft 1, 1994, S. 88-93.

Jonas, Monika: Behinderte Kinder – behinderte Mütter? Frankfurt a. M., Fischer, 1990.

Jonas, Monika: Trauer und Autonomie bei Müttern schwerstbehinderter Kinder. Ein feministischer Beitrag, Mainz, Matthias Grünewald, 1988.

Jonas, Doris F./Jonas, David A.: Das erste Wort. Wie die Menschen sprechen lernten, Frankfurt a. M./Berlin/Wien, Ullstein, 1982.

Jouhy, Ernest: Bleiche Herrschaft – dunkle Kulturen, Frankfurt a. M., Suhrkamp, 1985.

Jugendministerkonferenz: Integrative Erziehung in Kindertageseinrichtungen unter Einbeziehung der Problematik der ambulanten Frühförderung, Beschluss vom 6./7. Juni 2002, TOP 13, online abrufbar unter http://www.kindergartenpaedagogik.de/827.html [17.06.05].

Julius, Henri/Schlosser, Ralf W./Goetze, Herbert: Kontrollierte Einzelfallstudien, 1. Auflage, Göttingen, Hogrefe, 2000.

Jung, Carl Gustav: Die transzendente Funktion, in: Geist und Werk, 1916, S. 182-211.

Jussen, Heribert/Claussen, Hartwig (Hrsg.): Chancen für Hörgeschädigte. Hilfen aus internationaler Perspektive, München/Basel, Reinhardt, 1991.

Jüttemann, Gerd (Hrsg): Psychologie als Humanwissenschaft. Ein Handbuch, Göttingen, Vandenhoeck & Ruprecht, 2004.

Kaas, Susanne: Persönliches Budget für behinderte Menschen. Evaluation des Modellprojektes „Selbst bestimmen – Hilfe nach Maß für behinderte Menschen in Rheinland-Pfalz", Baden Baden, Nomos, 2002.

Kaiser, Joseph H.: Crisis Management, in: Planung, hrsg. v. Helmut Coing und Joseph Kaiser, Baden-Baden, 1971, S. 347 ff.

Kallenbach, Kurt: Väter schwerstbehinderter Kinder, Münster, Waxmann, 1997.

Kanner, Leo/Eisenberg, Leon, Early Infantile Autism 1943-1955, in: American Journal of Orthopsychiatry, 26, 1956, S. 55-65.

Kant, Immanuel: Anthropologie in pragmatischer Hinsicht, Werke Bd. 10, Darmstadt, WBG, 1975.

Kant, Immanuel: Kritik der reinen Vernunft, Felix Meiner Verlag, Hamburg, 2003.

Kanter, Gustav O.: Sonderpädagogik auf dem Wege vom Heurismus zur Realwissenschaft, in: Interaktionskompetenz als didaktische Dimension, hrsg. von Gustav O. Kanter und Friedrich Masendorf, Berlin, Marhold, 1979, S. 4-18.

Kanter, Gustav O.: Lernbehinderung und die Personengruppe der Lernbehinderten, in: Pädagogik der Lernbehinderten. Handbuch der Sonderpädagogik, hrsg. von Gustav Kanter und Otto Speck, Bd. IV, Berlin, Marhold, 1980, S. 34-75

Kanter, Gustav O.: In Zusammenhängen denken und handeln. Zu Schlüsselqualifikationen für sonderpädagogisches Arbeiten. In: Heilpädagogische Forschung, Heft 1, 1997, S. 3-10.

Kanter, Gustav O.: Lernbehinderung, Lernbehinderte, Lernbehindertenpädagogik in: Handbuch der Behindertenpädagogik, hrsg. v. Georg Antor und Ulrich Bleidick, 1. Auflage, Stuttgart, Kohlhammer, 2001, S. 119-124.

Kardoff, Ernst von: Soziale Netzwerke und gemeindebezogene Strategien zur gesellschaftlichen Eingliederung von Menschen mit geistiger Behinderung, in: Das Normalisierungsprinzip, vier Jahrzehnte danach. Veränderungsprozesse stationärer Einrichtungen für Menschen mit geistiger Behinderung, hrsg. v. Martin Hahn, u. a., Reutlingen, Diakonie-Verlag, 1999, S. 264-288.

Kardoff, Ernst von: Intervention: Kritik und Perspektiven, in: Handbuch der psychosozialen Intervention, hrsg. v. Georg Hörmann und Frank Nestmann, Opladen, Westdt. Verlag, 1988.

Karmiloff-Smith, Annette: Beyond Modularity. A Developmental Perspective on Cognitive Science, Cambridge/Mass., MIT-Press, 1993.

Kastl, Jörg / Metzler, Heidrun: Modellprojekt Persönliches Budget für Menschen mit Behinderung in Baden-Württemberg. Sachstandsbericht der wissenschaftlichen Begleitforschung zum 31.3.2004, online unter http://sozialministerium.baden-wuerttemberg.de [30.06.2005].

Katzenbach, Dieter: Das Problem des Fremdverstehens. Psychoanalytische Reflexion als Beitrag zur Professionalisierung geistigbehindertenpädagogischen Handelns, in: Soziale Probleme von Menschen mit geistiger Behinderung, hrsg. v. Ernst Wüllenweber, Stuttgart, Kohlhammer, 2004, S. 322-334.

Kaufhold, Trudlinde: Bildnerisches Gestalten, zur Förderung des entwicklungsgestörten und des behinderten Kindes, 1. Auflage, Ravensburg, Otto Maier Verlag, 1979.

Kautter, Hansjürg/Klein, Gerhard/Laupheimer, Werner/Wiegand, Hans/Breuniger, Ina: Das Kind als Akteur seiner Entwicklung – Idee und Praxis der Selbstgestaltung in der Frühförderung, Heidelberg, Ed. Schindele, 1988.

Keck, Anette/Pethes, Nicolas (Hrsg.): Mediale Anatomien. Menschenbilder als Medienprojektionen, Bielefeld, Transcript, 2001.

Kerkhoff, Winfried: Behindert in die Freizeit, in: Freizeitchancen und Freizeitlernen für behinderte Kinder und Jugendliche, hrsg. v. Winfried Kerkhoff, Berlin, Marhold, 1982, S. 1-14.

Kerlen, Dietrich: Einführung in die Medienkunde, Stuttgart, Reclam, 2003.

Kernberg, Otto F.: Borderline Störungen und pathologischer Narzissmus, Frankfurt a. M., Suhrkamp, 1978.

Keupp, Heiner: Riskante Chancen, Heidelberg, Asanger, 1988.

Keupp, Heiner/Ahbe, Thomas/Gmür, Wolfgang: Identitätskonstruktionen. Das Patchwork der Identitäten in der Spätmoderne, Rowohlt, Reinbek b. Hamburg, 1999.

Keys, Christopher B./Dowrick, Peter W. (Hrsg.): People with Disabilities: Empowerment and Community Action, New York, Haworth, 2001.

Kiefl, Walter/Kummer, Ingeborg: Paare in der Krise, Wiesbaden, Bundesinstitut für Bevölkerungsforschung, 1992.

Kiphard, Ernst J.: Psychomotorik in Praxis und Theorie – Ausgewählte Themen der Motopädagogik und Mototherapie, Gütersloh, Flöttmann, 1989.

Kiphard, Ernst J.: Wie weit ist ein Kind entwickelt. Eine Anleitung zur Entwicklungsüberprüfung, 11. Auflage, Dortmund, Modernes Leben, 2002.

Kiphard, Ernst J.: Entstehung der Psychomotorik in Deutschland, in: Psychomotorik, hrsg. v. Köckenberger, Helmut/ Hammer, Richard, 2004, S. 27-43.

Kiphard, Ernst J./Schulling, Friedhelm: Körperkoordinationstest für Kinder (KTK), Weinheim, Beltz, 1974.

Kirkpatrick, Lee A.: Attachment, evolution, and the psychology of religion, New York, Guilford Press, 2005.

Kißgen, Rüdiger/Drechsler Julia/Fleck, Stefan/ Lechmann, Claus/Schleiffer, Roland: Autismus, Theory of Mind und figurative Sprache, in: Heilpädagogische Forschung, Heft 2, 2005, S. 81.

Kitwood, Tom: Demenz. Der person-zentrierte Ansatz im Umgang mit verwirrten Menschen. übersetzt v. Michael Herrmann, Bern/Göttingen/Toronto/ Seattle, Hans Huber, 2000.

Klafki, Wolfgang: Neue Studien zur Bildungstheorie und Didaktik. Zeitgemäße Allgemeinbildung und kritisch-konstruktive Didaktik, Weinheim/Basel, Beltz Verlag, 1993.

Klafki, Wolfgang: Neue Studien zur Bildungstheorie und Didaktik. Zeitgemäße Allgemeinbildung und kritisch-konstruktive Didaktik, 4. Auflage, Weinheim/Basel, Beltz, 1994.

Klauer, Karl J.: Das Experiment in der pädagogischen Forschung, 1. Auflage, Düsseldorf, Schwann, 1973.

Klauer, Karl J.: Erkenntnismethoden der Lernbehindertenpädagogik, in: Pädagogik der Lernbehinderten, Handbuch der Sonderpädagogik, Bd. 4, hrsg. v. Gustav O. Kanter/Otto Speck, 1. Auflage, Berlin, Marhold, 1977, S. 76-89.

Klauer, Karl J.: Experimentelle Unterrichtsforschung, in: Unterrichtswissenschaft, 8, 1980, S. 61-72.

Klauer, Karl J.: Erzieherische Einwirkung und Selbstbestimmung. Wie haben wir uns vorzustellen, dass pädagogische Einflüsse wirksam werden? In: Deutsche Pädagogen der Gegenwart, Band 1, hrsg. v. Rainer Winkel, Düsseldorf, Schwann, 1984, S. 163-185.

Klauer, Karl J.: Denktraining für Jugendliche. 1. Auflage, Göttingen, Hogrefe, 1993.

Klee, Ernst: Was sie taten – was sie wurden, Frankfurt, Fischer, 1986.

Kleiber, Anne: Kleine Datensammlung Altenhilfe. Ausgewählte Zahlen und Fakten zu Alter, Altern und Alten, Köln, Kuratorium Deutsche Altershilfe e.V., 2003.

Klein, Gerhard: Kritische Analyse gegenwärtiger Konzeptionen der Sonderschule für Lernbehinderte, in: Sonderpädagogik, Heft 1, 1971, S. 1-13.

Klein, Gerhard: Die Schule für Lernbehinderte im Rahmen des Schulsystems, in: Die Schule für Lernbehinderte, hrsg. von Herwig Baier und Gerhard Klein, 1. Auflage, Berlin, Marhold, 1980, S. 1-24.

Klein, Gerhard: Sozialer Hintergrund und Schullaufbahn in: Zeitschrift für Heilpädagogik, Heft 2, 2001, S. 51-61.

Klein, Joachim/Knab, Eckhard/Fischer, Klaus: Forschungsbericht zur Evaluation Psychomotorischer Effekte, in: motorik, 28. Jg., 2005, Heft 1, S. 64-66.

Klein, Johann W.: Lehrbuch zum Unterrichte der Blinden, um ihnen ihren Zustand zu erleichtern, sie nützlich zu beschäftigen und sie zur bürgerlichen Brauchbarkeit zu bilden. Wien, 1819.

Klein Jäger, Wilma: Fröbel Material, Arbeitshefte zur Heilpädagogischen Übungsbehandlung, Band 4, 1. Auflage, Heidelberg, Edition Schindele, 1987.

Kluge, Friedrich: Etymologisches Wörterbuch der deutschen Sprache. Berlin/New York, De Gruyter, 1999.

Konietzko, Christa: Sing-, Kreis-, Finger- und Bewegungsspiele, Universitätsverlag Winter, Edition Schindele, 1978.

Köckenberger, Helmut/Hammer, Richard (Hrsg.): Psychomotorik. Ansätze und Arbeitsfelder, Dortmund, 2004.

Kleine Schaars, Willem: Anleitung zur Selbständigkeit. Eine Methodik aus den Niederlanden zur Begleitung von Menschen mit geistiger Behinderung in Wohneinrichtungen, in: Geistige Behinderung, Heft 1, 2000, S. 49-55.

Klenner, Wolfgang: Heilpädagogische Ausbildung, AFET-Mitglieder-Rundbrief 4, Hannover, 1983.

Klenner, Wolfgang: Heilpädagogische Übungsbehandlung, in: Methodensuche – Methodensucht in der Heilpädagogik? Eine Standortbestimmung, hrsg. v. BHP Berufsverband der Heilpädagogen e.V., Rendsburg, 1996.

Klingenberger, Hans Hubert: Ganzheitliche Geragogik. Ansatz und Thematik einer Disziplin zwischen Sozialpädagogik und Erwachsenenbildung. Bad Heilbrunn/Obb., Klinkhardt, 1992.

Klingenberger, Hans Hubert: Handbuch Altenpädagogik. Aufgaben und Handlungsfelder der ganzheitlichen Geragogik, Bad Heilbrunn/Obb., Klinkhardt, 1996.

Klostermann, Bernd (Hrsg.): Hand in Hand – Unterricht, Erziehung, Förderung und Therapie mit mehrfachbehindert-sehgeschädigten Kindern, Würzburg, Ed. Bentheim, 1996.

Kluge, Friedrich: Etymologisches Wörterbuch der deutschen Sprache, 20. Auflage, Berlin/New York, De Gruyter, 1989.

Kluge, Friedrich: Etymologisches Wörterbuch der deutschen Sprache, 21. Auflage, Berlin/New York, De Gruyter, 1995.

Kluge, Friedrich, Etymologisches Wörterbuch der deutschen Sprache, 22. Auflage, Berlin/New York, De Gruyter, 1999.

Kluge, Fridrich/Seebold, Elmar: Etymologisches Wörterbuch der deutschen Sprache, 25. Auflage, Berlin/New York, De Gruyter, 2004.

Knop, Jürgen: Lasst mich wie ich bin, Bonn, Reha Verlag, 1988.

Knorr-Cetina, Karin: Die Fabrikation von Erkenntnis, Zur Anthropologie der Naturwissenschaft, Frankfurt a. M., Suhrkamp, 1984.

Kobi, Emil E.: Personorientierte Modelle in der Heilpädagogik, in: Theorie der Behindertenpädagogik. Handbuch der Sonderpädagogik Bd. 1, hrsg. v. Ulrich Bleidick, Berlin, Marhold, 1985.

Kobi, Emil E.: Überlegungen zu einer holistisch-subjektorientierten Beziehungswissenschaft. Dargestellt am Beispiel der Heilpädagogik. In: Fremdverstehen sozialer Randgruppen, hrsg. v. Hans Eberwein, Berlin, Marhold, 1987, S. 57-81.

Kobi, Emil E.: Heilpädagogische Daseinsgestaltung, Luzern, Ed. SZH, 1988.

Kobi, Emil E.: Grundfragen der Heilpädagogik: Eine Einführung in heilpädagogisches Denken, 5. Auflage, Stuttgart/Bern, Haupt, 1993.

Kobi, Emil E.: Art. Person, in: Handlexikon der Behindertenpädagogik, hrsg. v. Georg Antor und Ulrich Bleidick, Stuttgart, Kohlhammer, 2001, S. 210-214.

Kobi, Emil E.: Grundfragen der Heilpädagogik: Eine Einführung in heilpädagogisches Denken, Berlin, BHP, 2003.

Kobi, Emil E.: Pädagogische Vor- und Rücksichten auf fort schreitende Fortschritte einer materialisierten Menschenbildung, in: Bioethik und Behinderung, hrsg. v. Markus Dederich, Bad Heilbrunn, Klinkhardt, 2003.

Kobi, Emil E.: Diagnostik in der heilpädagogischen Arbeit; 5. Auflage, Luzern, Ed. SZH/SPC, 2003.

Kobi, Emil E.: Grundfragen der Heilpädagogik. Eine Einführung in heilpädagogisches Denken, 6. Auflage, Berlin, BHP-Verlag, 2004.

Kobi, Emil E.: Kulturhindernde Existenzen und Leiden als kultureller Stimulus in: Zeichen und Gesten – Heilpädagogik als Kulturthema, hrsg. v. Heinrich Greving/Christian Mürner/Peter Rödler, Gießen, Psychosozial-Verlag, 2004.

Kobi, Emil E.: Sinn, Wert und Zweck als Konstituenten heilerzieherischer Daseinsgestaltung. In: Verhalten als subjektiv-sinnhafte Ausdrucksform, hrsg. v. Sybille Kannewischer, Bad Heilbrunn, Klinkhardt, 2004, S. 29-44.

Koch, Katja/Ellinger, Stephan: Milieu- und Lebensstilkonzepte als Grundlage pädagogischer Interventionen bei Lernbehinderung – Kann die Resilienzforschung einen Beitrag liefern? In: Sonder- und Heilpädagogik in der modernen Leistungsgesellschaft. Krise oder Chance, hrsg. v. Bundschuh, Konrad, Bad Heilbrunn, Klinkhardt, 2002, S. 151-160.

Kohl, Marvin (Hrsg.): Beneficient Euthanasia, New York, Prometheus Books, 1975.

Köhn, Wolfgang: Heilpädagogische Erziehungshilfe und Entwicklungsförderung, 2. Auflage, Heidelberg, Universitätsverlag C. Winter, 2001.

Köhn, Wolfgang: Heilpädagogische Begleitung im Spiel – Ein Übungsbuch zur heilpädagogischen Erziehungshilfe und Entwicklungsförderung (HpE), Heidelberg, Universitätsverlag C. Winter, 2003.

Köhn, Wolfgang: Heilpädagogische Erziehungshilfe und Entwicklungsförderung (HpE) – Ein Handlungskonzept, 3. Auflage, Heidelberg, Universitätsverlag Winter Edition Schindele, 2003.

Köhn, Wolfgang: 20 Jahre Fachbereichstag Heilpädagogik (FBT-HP), Konferenz der Studiengänge Heilpädagogik an Fachhochschulen in Deutschland … eine unvollständige Gesichte …, in: Jahrbuch Heilpädagogik 2005, hrsg. v. Fachbereichstag Heilpädagogik, Berlin, BHP-Verlag, 2005, S. 9-27.

Kollbrunner, Jürg: Das Buch der humanistischen Psychologie: eine ausführliche einführende Darstellung und Kritik des Fühlens, Denkens und Handelns in der humanistischen Psychologie, 3. Auflage, Eschborn bei Frankfurt a. M., Klotz, 1995.

Kombrink, Ursula: Bildnerisches Gestalten als Entwicklungsförderung bei geistig Behinderten, Giessen, 1987.

Kommunale Gemeinschaftsstelle für Verwaltungsvereinfachung (KGSt): Das neue Steuerungsmodell. Begründung, Konturen, Umsetzung, Köln, 1993.

Konferenz für Heilpädagogik und Sozialtherapie: Internationales Verzeichnis der Einrichtungen, 2005 (erhältlich bei der Konferenz für Heilpädagogik und Sozialtherapie, Ruchti-Weg 9, CH-4143 Dornach).

König, Karl: Heilpädagogische Diagnostik, 2./3. Auflage, Arlesheim, Natura-Verlag, 1983/1984.

König, Rene: Soziologie. Fischer Lexikon Bd. 10, Frankfurt a. M., Fischer, 1958.

Königswieser, Roswitha/Exner, Alexander: Systemische Interventionen, Architekturen und Designs für Berater und Veränderungsmanager, Stuttgart, Klett-Cotta, 1998.

Koring, Bernhard: Die Professionalisierungsfrage der Erwachsenenbildung, in: Erziehen als Profession. Zur Logik professionellen Handelns in pädagogischen Feldern, hrsg. v. Bernd Dewe/Wilfried Ferchhoff/Frank-Olaf Radtke, Opladen, Leske + Budrich, 1992, S. 171-199.

Kornbeck, Jakob: Sozialpädagogische Inhalte, unterschiedliche Formen. Drei Ansätze zum Standort der Sozialpädagogik in Europa, in: Standpunkt Sozial, 3, 2001, S. 80-88.

Kornmann, Reimer: Menschen mit Lernbehinderungen in: Handbuch der heilpädagogischen Psychologie, hrsg. v. Jörg Fengler und Gerd Jansen, 1. Auflage, Stuttgart, Kohlhammer, 1987, S. 99-130.

Kornmann, Reimer: Zur Überrepräsentation von ausländischen Kindern und Jugendlichen in Schulen für Lernbehinderte in: Zeitschrift für Heilpädagogik, Heft 3, 1999, S. 106-109.

Kösel, Edmund: Die Modellierung von Lernwelten, Elztal, Laub, 1993.

Kowietzko, Christa: Sing-, Kreis-, Finger- und Bewegungsspiele: Material zur Förderung des entwicklungsgestörten und des behinderten Kindes, 1. Auflage Heidelberg, Schindele, 1985.

Kozljanic, Robert J.: Lebensphilosophie. Eine Einführung, Stuttgart, Kohlhammer, 2004.

Krämer, Sybille: Erfüllen Medien eine Konstitutionsleistung? In: Medienphilosophie, hrsg. v. Stean Münker u. a., Frankfurt a. M., Fischer, 2003.

Krappmann, Lothar: Neuere Rollenkonzepte als Erklärungsmöglichkeit für Sozialisationsprozesse. In

Seminar: Kommunikation, Interaktion, Identität, hrsg. v. Manfred Auwärter/ Edit Kirsch und Klaus Schröter, Frankfurt a. M., Suhrkamp, 1976, S. 307-331.

Krappmann, Lothar: Soziologische Dimensionen der Identität, 7. Auflage, Stuttgart, Klett, 1988.

Krause, Christina/Fittkau, Bernd/Fuhr, Reinhard/Thiel, Heinz-Ulrich (Hrsg.): Pädagogische Beratung. Grundlagen und Praxisanwendung, Paderborn/München/Wien, Schöningh, 2003.

Krawitz, Rudi: Pädagogik statt Therapie. Vom Sinn individualpädagogischen Sehens, Denkens und Handelns, Bad Heilbrunn/OBB, Klinkhardt, 1992.

Krawitz, Rudi: Pädagogik statt Therapie. Vom Sinn individualpädagogischen Sehens, Denkens und Handelns, Bad Heilbrunn/OBB, Klinkhardt, 1997.

Kretschmer, Ernst: Medizinische Psychologie, Leipzig, Thieme, 1925.

Kreuzer, Max: Aspekte aus der europäischen Geschichte der Heilpädagogik und der Behindertenhilfe. Ein Beitrag zum Europäischen Jahr von Menschen mit Behinderungen, in: Gemeinsam leben, Heft 2, 2003, S. 56-65.

Krimm-von Fischer, Catherine: Rhythmik und Sprachanbahnung, Arbeitshefte zur heilpädagogischen Übungsbehandlung, Band 2, Heidelberg, Edition Schindele, 1986.

Kris, Ernst: Die ästhetische Illusion: Phänomene der Kunst in der Sicht der Psychoanalyse, Frankfurt a. M., Suhrkamp, 1977.

Kristen, Ursi: Praxis Unterstützte Kommunikation. Eine Einführung, Düsseldorf, 1994.

Kriz, Jürgen: Humanistische Psychologie, in: Das Lexikon der Psychologie auf CD-ROM, Heidelberg, Berlin, Spektrum Akademischer Verlag, 2000.

Kriz, Jürgen: Konzepte der Psychotherapie, Weinheim, Beltz/PVU, 2001 .

Krug, Franz-Karl: Didaktik für den Unterricht mit sehbehinderten Schülern. München, Basel, Reinhardt, 2001.

Kruckenberg, Peter/Fabian, Agnes S./Henning, Jörg: Modellprojekt Integration von Patienten einer psychiatrischen Langzeitklinik in dezentrale gemeindenahe Versorgungseinrichtungen, Baden-Baden, Nomos, 1995.

Kruse, Christiane: Bild- und Medienanthropologie, in: Positionen der Kulturanthropologie, hrsg. v. Aleida Assmann/Ulrich Gaier und Gisela Trommsdorff, Frankfurt a. M., Suhrkamp, 2004.

Krystek, Ulrich: Unternehmungskrisen, Wiesbaden, Gabler, 1987.

Kryzhanovsky, G. N.: Central Nervous System Pathology. New York, Consultants Bureau, 1986.

Kübler-Ross, Elisabeth: Interviews mit Sterbenden, Stuttgart, Kreuz-Verlag, 1971.

Küenzelen, Gottfried: Person. In: Lexikon der Sekten, Sondergruppen und Weltanschauungen, hrsg. v. Hans Gasper, Joachim Müller und Friederike Valentin, Freiburg, Herder, 1994.

Kugel, Robert B./Wolfensberger, Wolf (Hrsg.): Geistig Behinderte. Eingliederung oder Bewahrung? Stuttgart, Thieme, 1974. (Originaltitel: Changing Patterns in Residental Services for the Mentally Retarded, Washington D.C, 1969)

Kuhn, Thomas: Die Struktur wissenschaftlicher Revolutionen, Frankfurt a. M., Suhrkamp, 1967.

Kuhse, Helga/Singer, Peter: Muss dieses Kind am Leben bleiben? Erlangen, Fischer, 1993.

Kuklau, Horst: unveröffentl. Arbeitsbericht, November 1982.

Kulmer, Ursula: Erfolgskonstruktionen – Strategie-Interviews mit körperbehinderten Frauen, Münster, LIT, 2000.

KMK: Empfehlungen zur sonderpädagogischen Förderung. Allgemeine Grundlagen und Förderschwerpunkte, Würzburg, 2000.

KMK: Rahmenprüfungsordnung für die Diplomprüfung im Studiengang Heilpädagogik an Fachhochschulen, hrsg. v. Sekretariat der Ständigen Konferenz der Kultusminister der Länder in der Bundesrepublik Deutschland (KMK), Bonn, 2000.

Beschluss der Kultusministerkonferenz vom 5./6. Mai 1994. Empfehlungen der Kultusministerkonferenz zur sonderpädagogischen Förderung in den Ländern in der Bundesrepublik Deutschland, in: Zeitschrift für Heilpädagogik, 44, 1994, S. 484-494. Wiederabdruck in: Empfehlungen zur sonderpädagogischen Förderung: Allgemeine Grundlagen und Förderschwerpunkte (KMK) mit Kommentaren, hrsg. von Wolfgang Drave, Franz Rumpler und Peter Wachtel, 1. Auflage, Würzburg, edition bentheim, 2000, S. 25-39.

Ständige Konferenz der Kultusminister der Länder in der Bundesrepublik Deutschland (KMK): Sonderpädagogische Förderung in Schulen 1993 bis 2002. Statistische Veröffentlichungen der Kultusministerkonferenz, Dokumentation Nr. 170, Bonn, 2003.

Ständige Konferenz der Kultusminister der Länder der Bundesrepublik (KMK): Empfehlungen zur sonderpädagogischen Förderung in den Schulen der Bundesrepublik Deutschland. Beschluss der Kultusministerkonferenz vom 6. Mai 1994, Bonn. Online abrufbar unter http://www.kmk.org/doc/beschl/sopae94.pdf

Ständige Konferenz der Kultusminister der Länder der Bundesrepublik (KMK): Empfehlungen zum Förderschwerpunkt Lernen. Beschluss der Kultusministerkonferenz vom 1. Oktober 1999, in Ergänzung zu den Empfehlungen zur sonderpädagogischen Förderung in den Schulen in der Bundesrepublik Deutschland. Online abrufbar unter http://www.kmk.org/doc/beschl/sopale.pdf

Ständige Konferenz von Ausbildungsstätten für Heilpädagogik in der Bundesrepublik Deutschland (Hrsg.): unveröffentl. Handbuch 4/1997, Dortmund/Würzburg/Großburgwedel/Kassel, 1997.

Ständigen Konferenz der Kultusminister der Länder in der Bundesrepublik Deutschland (KMK): Rahmenvereinbarung über Fachschulen (Beschluss der Kultusministerkonferenz vom 07.11.2002) Beschlusssammlung der KMK, Beschluss-Nr. 429.

Ständige Konferenz von Ausbildungsstätten für Heilpädagogik in der Bundesrepublik Deutschland (Hrsg.): Dialog, Dortmund/Würzburg/Großburgwedel/Kassel, 2003.

Kultusministerkonferenz: Empfehlungen zum Förderschwerpunkt: „körperliche und motorische Entwicklung", Bonn, 2002.

Laake, van Maria: Erfahrungen mit einem Casemanagement-Projekt. In: Multiprofessionelle Zusammenarbeit in der Geistigbehindertenhilfe. Projekte und Konzepte, hrsg. v. Detlef Petry und Christian Bradl, Bonn, Psychiatrie-Verlag, 1999, S. 205-222.

Labisch, Alfons: Homo Hygienicus. Gesundheit und Medizin in der Neuzeit, Frankfurt a. M., Campus, 1992.

Lachwitz, Klaus: 50 Years of Human Rights, Marburg, Lebenshilfe, 1998.

Lambert, Jean-Luc: Altern und Depression bei Menschen mit einem Down-Syndrom, in: Vierteljahresschr.f. Heilpäd., 2, 2000, S. 145-58.

Lambert, Jean-Luc: Persönliche Mitteilung, Freiburg, 2003.

Lamers, Wolfgang/Klauß, Theo (Hrsg.): ...Alle Kinder alles lehren! – Aber wie? Theoriegeleitete Praxis bei schwer- und mehrfachbehinderten Menschen, Düsseldorf, Verlag Selbstbestimmtes Leben, 2003.

Lang, Hermann: Die Sprache und das Unbewußte: Jacques Lacans Grundlegung der Psychoanalyse. Frankfurt a. M., Suhrkamp, 1973.

Lang, Markus: Haptische Wahrnehmungsförderung mit blinden Kindern. Möglichkeiten der Hinführung zur Brailleschrift, Regensburg, 2003.

Lanwer, Willehad: Assistenz und Unterstützung zwischen Teilhabe und Ausgrenzung – Überlegungen zur Klärung dieser Begriffe aus pädagogischer Sicht und zu deren Relevanz für Menschen, die als behindert bezeichnet werden; in: Behindertenpädagogik, Heft 1, 2005, S. 23-37.

Lanwer-Koppelin, Willehad/Vierheilig, Jutta: Martin Buber. Anachronismus oder neue Chance für die Pädagogik, Butzbach, 1996.

Laszlo, Ervin: Die inneren Grenzen der Menschheit, Rosenheim, Horizonte, 1988.

Latash, Mark L.: Control of Human Movement, Champaign, Illinois, Human Kinetic Publ., 1993.

Laucht, M. u.a.: Risikokinder. Zur Bedeutung biologischer und psychosozialer Risiken für die kindliche Entwicklung in den beiden ersten Lebensjahren, in: Praxis der Kinderpsychologie und Kinderpsychiatrie, 41, 1992, S. 274-285.

Laucken, Miriam/Bruysten, Frauke/Wüllenweber, Ernst: Krisen, Krisenprävention und Krisenintervention im Prozeß der Enthospitalisierung. In: Handbuch Krisenintervention, Bd. 1., Theorie, Praxis Vernetzung, hrsg. v. Ernst Wüllenweber und Georg Theunissen, Stuttgart, Kohlhammer, 2001, S. 295-313.

Lauth, Gerhard W.: Ein Mediatorenprogramm zur Verminderung sozialer Isolierung in der Schule: In: Pädagogik: Theorie und Menschlichkeit, hrsg. v. Wiebke Ammann, Klaus Klattenhoff und Heinz Neukäter, Oldenburg, Bis Verlag, 1986, S. 417-436.

Lauth, Gerhard/Grünke, Matthias/Brunstein, Joachim (Hrsg.): Interventionen bei Lernstörungen, 1. Auflage, Göttingen, Hogrefe, 2004.

Lauth, Gerhard/Schlottke, Peter: Training mit aufmerksamkeitsgestörten Kindern, 1. Auflage, Weinheim, PVU, 1993.

Lazarus, Richard S.: Stress und Stressbewältigung – ein Paradigma; in: Kritische Lebensereignisse, 3. Auflage, hrsg. v. Sigrun-Heide Filipp, Weinheim, Beltz, 1995, S. 198-232.

Legewie, Heiner/Ehlers, Wolfram: Knaurs moderne Psychologie, München, Droemer Knauer, 1992.

Lehmbruch, Gerhard: Dilemmata verbandlicher Einflusslogik im Prozess der deutschen Vereinigung, in: Staat und Verbände, hrsg. v. Wolfgang Steeck, Opladen, Westdeutscher Verlag, 1994.

Lehr, Ursula: Psychologie des Alterns, 8. Auflage, Heidelberg/Wiesbaden, Quelle&Meyer Verlag, 1996.

Leinhofer, Gerhard: Verhalten als Botschaft. Auffälliges Verhalten von Kindern als Problem und Appell, 2. Auflage, Donauwörth, 1992.

Leiris, Michel: Die eigene und die fremde Kultur, Frankfurt a. M., Suhrkamp, 1977.

Lenz, Karl/Rudolph, Martin/Sickendiek, Ursel: Alter und Altern aus sozialgerontologischer Sicht, in: Die alternde Gesellschaft. Problemfelder gesellschaftlichen Umgangs mit Altern und Alter, hrsg. v. Karl Lenz,Martin Rudolph,Ursel Sickendiek, Weinheim/München, Juventa Verlag, 1999, S. 7-96.

Leo, Alexander: Medical Science under Dictatorship, in: The New England Journal of Medicine, 331. Jg., Heft 3, 1994, S. 44.

Leonhardt, Annette/Wember, Franz B.: Grundbegriffe der Sonderpädagogik. Bildung, Erziehung, Behinderung, 1. Auflage, Weinheim, Beltz Verlag, 2003.

Leonhardt, Annette: Einführung in die Hörgeschädigtenpädagogik. München/Basel, Reinhardt, 1999.

Leontjew, Alexej Nikolajewitscb: Sprache, Sprechen, Sprechtätigkeit, Stuttgart, 1971.

Leontjew, Alexej Nikolajewitscb: Tätigkeit, Bewußtsein, Persönlichkeit. Berlin, Volk und Wissen, 1979.

Leppla, Hans Georg: Erfahrungsbericht des Teilnehmers der Weiterbildungsmassnahme Personzentriertes Arbeiten mit Elementen der Prä-Therapie bei Menschen mit geistiger Behinderung und/oder Altersdemenz, Glanbrücken, 2004 (unveröffentlicht).

Leutner-Ramme, Sibylla/Schaack, Ernst: Medien, in: Handlexikon der Behindertenpädagogik, hrsg. v. Georg Antor und Ulrich Bleidick, Stuttgart, Kohlhammer, 2001, S. 182-184.

Leyendecker, Christoph: Motorische Behinderungen. Grundlagen, Zusammenhänge, Fördermöglichkeiten, Stuttgart, Kohlhammer, 2005.

Leyendecker, Christoph/Kallenbach, Karl-Heinz: Studienbrief: Motorische Störungen, Tübingen, DIFF, 1989.

Lichtenberg, Andreas: Bildnerisches Gestalten von schwerst- und mehrfach behinderten Menschen in der Kunsttherapie, in: Zur Orientierung, 1, 1987, S. 24-25.

Lilienthal, Georg: Der „Lebensborn e.V.". Ein Instrument nationalsozialistischer Rasenpolitik, Frankfurt a. M., Fischer, 2003.

Lindemann, Holger/Vossler, Nicole: Die Behinderung liegt im Auge des Betrachters, Konstruktivistisches Denken für die pädagogische Praxis, Luchterhand, Neuwied, 1999

Lindmeier, Christian: Behinderung – Phänomen oder Faktum? Bad Heilbrunn, Klinkhardt, 1993.

Lindmeier, Christian: Heilpädagogische Professionalität, in: Sonderpädagogik, 2000, Heft 3, S. 166-180.

Lingenauber, Sabine: Integration, Normalität und Behinderung. Eine normalismustheoretische Analyse der Werke (1970-2000) von Hans Eberwein und Georg Feuser, Opladen, Leske + Budrich, 2003.

Link, Jürgen: Versuch über den Normalismus. Wie Normalität produziert wird, 2. Auflage, Opladen, Westdeutscher Verlag, 1998.

Linton, Simi: Claiming Disability: Knowledge and Identity. New York, N.Y. University Press, 1998.

Löckenhoff, Uta: Der Beitrag der Sozialpädagog/innen in der Altenbildung, in: Handbuch Altenbildung. Theorien und Konzepte für Gegenwart und Zukunft, hrsg. von Susanne Becker/Veelken, Ludger/Wallraven, Klaus P., Opladen, Leske+Budrich, 2000, S. 61-73.

Loos, Gertrud Katja: Vorwort, in: Musiktherapeutische Umschau, Band 3, Göttingen, 1982.

Lotz, Dieter: Heilpädagogische Übungsbehandlung als Suche nach Sinn, 1. Auflage, Bielefeld, Kleine, 1993.

Lotz, Dieter: Heilpädagogische Übungsbehandlung, in: Methodensuche – Methodensucht in der Heilpädagogik? Eine Standortbestimmung, hrsg. v. BHP Berufsverband der Heilpädagogen e.V., Rendsburg, 1996, S. 66 ff.

Lotz, Dieter: Heilpädagogische Übungsbehandlung als Suche nach Sinn, Bielefeld, Kleine, 1997.

Luder, Reto: Medienkompetenz im sonderpädagogischen Unterricht, in: Schweizerische Zeitschrift für Heilpädagogik, Heft 4, 2004, S. 16-22.

Luhmann, Niklas: Soziale Systeme. Grundriss einer allgemeinen Theorie, 1. Auflage, Frankfurt a. M., Suhrkamp, 1987.

Luhmann, Niklas: Die Realität der Massenmedien, Opladen, Westdeutscher Verlag, 1996.

Luhmann, Niklas: Die Gesellschaft der Gesellschaft, Frankfurt a. M., Suhrkamp, 1997.

Luhmann, Niklas/Schorr, Karl Eberhard: Reflexionsprobleme im Erziehungssystem, 1. Auflage, Stuttgart, Klett-Cotta, 1979.

Lurija, Alexander R.: Reduktionismus in der Psychologie, in: Lernen und Verhalten. Bd. 1: Lerntheorien, hrsg. v. Hans Zeier, in: Kindlers Psychologie des 20. Jahrhunderts, Weinheim, Beltz, 1984, S. 606-614.

Lurija, Alexander R.: Der Mann, dessen Welt in Scherben ging. Reinbek, Rowohlt, 1991.

Lurija, Alexander R./Artëm'eva, E. J.: Zwei Zugänge zur Bewertung der Reliabilität psychologischer Untersuchungen (Reliabilität eines Tatbestands und Syndromanalyse) in: Kulturhistorische Humanwissenschaft, Ausgewählte Schriften, hrsg. v. Wolfgang Jantzen und Alexandr R. Luria, Berlin, Pro Business, 2002, S. 186-196.

Lurija, Alexander R./Lurija, F. Ja.: Die Funktion der Sprache in der geistigen Entwicklung des Kindes, Frankfurt a. M., 1982.

Lutz, Petra/Macho, Thomas/Staupe, Gisela/Zirden, Heike (Hrsg.): Der (im-)perfekte Mensch. Metamorphosen von Normalität und Abweichung, Köln/Weimar, Böhlau, 2003.

Maas, Thodorus: Community Care in der Evangelischen Anstalt Alsterdorf, in: Inklusion von Menschen mit geistiger Behinderung, hrsg. v. Georg Theunissen und Kerstin Schirbort, Kohlhammer, Stuttgart, 2006, S. 141-169.

Maas van der, P.J./Van der Wal, G./Haverkate I./de Graaff, C.L./Kester, J.G./Onwuteaka-Philipsen, B.D./Van der Heide, A./Bosma, J.M./Willems, D.L.: Euthanasia, physician assisted suicide, and othermedical practices involving the end of life in the Netherlands, 1990-1995, in: The New England Journal of Medicine, Heft 22, Jg. 335, 1996, S. 1699-1705.

Mackensen, Lutz: Ursprung der Wörter, Wiesbaden, VMA-Verlag, 2004.

Maisch, Günter/Wisch, Fritz-Helmut: Gebärdenlexikon (Bde. I/II/II/IV). Hamburg, hörgeschädigte Kinder, 1987-1994.

Malaguzzi, Loris: 16 Thesen zum pädagogischen Konzept der Ausstellung, Berlin, 1984.

Mall, Winfried: Entspannungstherapie mit Thomas – erste Schritte auf einem neuen Weg, in: Praxis der Kinderpsychologie und Kinderpsychiatrie, Heft 8, 29. Jg., 1980, S. 298-301.

Mall, Winfried: Fragebogen zur Erfassung von Lücken in der sensomotorischen Wahrnehmungsentwicklung. Manuskript. Mühlheim, vgl. Veröff. Schindele Verlag, 1982.

Mall, Winfried: Sensomotorische Lebensweisen, 2. Auflage, Heidelberg, Universitätsverlag Edition Schindele, 2003.

Margreiter, Reinhard: Medien/Philosophie, in: Medienphilosophie, hrsg. v. Stefan Münker u. a., Frankfurt a. M., Fischer, 2003.

Markowetz, Reinhard/Cloerkes, Günter: Freizeit in Leben behinderter Menschen. Theoretische Grundlagen und sozialintegrative Praxis, Heidelberg, Winter, Programm Ed. Schindele, 2000.

Markowetz, Reinhard: „Integration" und „Freizeit". Behindertensoziologische Überlegungen zu zwei Begriffen der Heilpädagogik, in: Forum Freizeit, 2, 1999, S. 3-14.

Markowetz, Reinhard: Freizeit von Menschen mit Behinderungen. In: Freizeit in Leben behinderter Menschen. Theoretische Grundlagen und sozialintegrative Praxis, hrsg. v. Reinhard Markowetz und Günter Cloerkes, Heidelberg, Winter, 2000, S. 9-38.

Markowetz, Reinhard: Freizeit im Leben behinderter Menschen – Zusammenfassung, Ausblick und Forderungen. In: Freizeit in Leben behinderter Menschen. Theoretische Grundlagen und sozialintegrative Praxis, hrsg. v. Reinhard Markowetz und Günter Cloerkes, Heidelberg, Winter, 2000, S. 363-374.

Markowetz, Reinhard: Konturen einer integrativen Pädagogik und Didaktik der Freizeit. In: Freizeit in Leben behinderter Menschen. Theoretische

Grundlagen und sozialintegrative Praxis, hrsg. v. Reinhard Markowetz und Günter Cloerkes, Heidelberg, Winter, 2000, S. 39-66.

Markowetz, Reinhard: Soziale Integration von Menschen mit Behinderungen, in: Soziologie der Behinderten. Eine Einführung. Unter Mitwirkung von Reinhard Markowetz, 2. Auflage, hrsg. v. Günter Cloerkes, Heidelberg, Winter, 2001, S. 171-232.

Markowetz, Reinhard: Freizeit behinderter Menschen. In: Soziologie der Behinderten. Eine Einführung, 2. Auflage, hrsg. v. Günter Cloerkes, Heidelberg, Winter, 2001, S. 259-293.

Markowetz, Reinhard: Die Werkstätten für Behinderte neu denken und neu machen! In: Behindertenpädagogik 41, 2002, S. 134-161.

Markowetz, Reinhard: Soziale Integration, Identität und Entstigmatisierung. Behindertensoziologische Aspekte und Beiträge zur Theorieentwicklung in der Integrationspädagogik, Heidelberg, 2005.

Marotzki, Winfried/Nohl, Arnd-Michael/Ortlepp, Wolfgang: Einführung in die Erziehungswissenschaft. Wiesbaden, VS Verlag für Sozialwiss., 2005.

Marotzki, Winfried: Allgemeine Erziehungswissenschaft: Wissenslagerung und professionstheoretische Bezüge. In: Bildung und Erziehung 4/2004, S. 403–414.

Marquard, Odo: Apologie des Zufälligen, Stuttgart, Reclam, 1986.

Marquard, Odo: Abschied vom Prinzipiellen, Stuttgart, Reclam, 1991.

Marquard, Odo: Apologie des Zufälligen, Stuttgart, Reclam, 2001.

Martin, Klaus Rainer: Zum Selbstverständnis des Heilpädagogen im Hinblick auf die Uneinheitlichkeiten in Lehre und Praxis, in 25 Jahre heilpädagogische Ausbildung in der Bundesrepublik Deutschland. Neue Schriftenreihe AFET e.V., Hannover, Heft 42, 1988, S. 54-56.

Marx, Karl: Das Kapital. MEW Band 23., Berlin, Dietz, 1970.

Marx, Rita: Sonderpädagogik, in: Pädagogische Grundbegriffe, Band 2, hrsg. von Dieter Lenzen, 1. Auflage, Reinbek, Rowohlt, 1989, S. 1342-1356.

Masendorf, Friedrich: Experimentelle Sonderpädagogik, 1. Auflage, Weinheim, Deutscher Studien Verlag, 1997.

Maskos, Rebecca: Der Versuch zur Enthinderung der Wissenschaft. Ein Überblick über die Disability Studies in den USA aus der Sicht einer Gaststudentin, in: Psychologie & Gesellschaftskritik, 29. Jg., Heft 1, 2005, S. 127-139.

Maturana, Humberto: Was ist Erkennen? 2. Auflage, Scherz/Bern/München/Wien, Piper, 1997.

Maturana, Humberto: Biologie der Realität, Frankfurt a. M., Suhrkamp, 1998.

Maturana, Humberto/Pörksen, Bernhard: Vom Sein zum Tun, Die Ursprünge der Biologie der Erkenntnis, Heidelberg, Carl Auer, 2002.

Maturana, Humberto/Varela, Francesco: Der Baum der Erkenntnis. Die biologischen Wurzeln menschlichen Erkennens, 1. Auflage, Bern/München, Goldmann, 1987.

Mayer, Otto: Hilfsschulen für Schwachbefähigte, in: Encyklopädisches Handbuch der Pädagogik, Band 4, 2. Auflage, hrsg. von Wilhelm Rein, Langensalza, Beyer, 1906, S. 385-395.

Mayntz, Renate: Policy-Netzwerke und die Logik von Verhandlungssystemen, in: Politische Vierteljahresschrift, Sonderheft 24, 1993.

Mead, George H.: Geist, Identität und Gesellschaft, Frankfurt a. M., Suhrkamp, 1991.

Meadow, Dennis: Die Grenzen des Wachstums, Reinbek, Rowohlt, 1973

Meier-Oeser, Stephan: Zeichen, in: Historisches Wörterbuch der Philosophie, in: Morris, Charles W.: Grundlagen der Zeichentheorie, Basel/Frankfurt a. M., 1979, S. 423-424.

Meijer, Cor J. W./Soriano, Victoria/Watkins, Amanda (Hrsg.): Sonderpädagogische Förderung in Europa. Thematische Publikation. Hrsg. v. Europäische Agentur für Entwicklungen in der Sonderpädagogischen Förderung, in Zusammenarbeit mit EURYDICE, das Informationsnetz zum Bildungswesen in Europa, 2003.

Meijer, Cor J. W./Watkins, Amanda (Hrsg.): Special Needs Education: European Perspectives. Proceedings on the International Conference, organized by the European Agency for Development in Special Needs Education, Brussels 25-26 October 2001, eReport European Agency, 2001.

Meixner, Johanna/Müller, Klaus (Hrsg.): Konstruktivistische Schulpraxis, Beispiele für den Unterricht, Neuwied, Luchterhand, 2001.

Menge, Hermann (Hrsg.): Langenscheidts Taschenwörterbuch Latein, 5. Auflage, Berlin, Langenscheidt, 2003.

Mennemann, Hugo: Sozialpädagogik als theoriestiftende Disziplin für die soziale Altenarbeit – subjekttheoretische Überlegungen, in: Alter und Soziale Arbeit. Theoretische Zusammenhänge, Aufgaben und Arbeitsfelder, Hohengehren, Schneider, 2005, S. 47-63.

Menzen, Karl-Heinz: Der ganzheitliche Ansatz in der Heilpädagogik, in: Auf der Suche nach dem Verbindenden in der Heilpädagogik, hrsg. v. Wolfgang Köhn, Köln, 1991.

Menzen, Karl-Heinz: Eine kleine illustrierte Geschichte der Kunsttherapie, Butzbach-Griedel, Afra, 2000.

Menzen, Karl-Heinz: Grundlagen der Kunsttherapie. 2. Auflage, München, Reinhardt UTB, 2004.

Menzen, Karl-Heinz: Kunsttherapie mit altersverwirrten Menschen, München, Reinhardt, 2004.

Menzen, Karl-Heinz: Kunsttherapie mit wahrnehmungsgestörten und geistig behinderten Menschen. In: Die neuen Kreativitätstherapien, Bd. 1, hrsg. v. Hilarion Petzold und Ilse Orth, Paderborn, Junfermann, 1990, S. 499-514.

Menzen, Karl-Heinz: Vom Umgang mit Bildern. Wie ästhetische Erfahrung pädagogisch und therapeutisch nutzbar wurde, Köln, Richter, 1990.

Merchel, Joachim: Qualität in der Jugendhilfe. Kriterien und Bewertungsmöglichkeiten, 2. Auflage, Münster, Votum, 1999.

Merkens, Hans: Tatsachenforschung, pädagogische, in: Enzyklopädie Erziehungswissenschaft, Band 1, hrsg. v. Dieter Lenzen und Klaus Mollenhauer, 1. Auflage, Stuttgart, Klett-Cotta, 1983, S. 564-568.

Merkens, Luise: Fürsorge und Erziehung bei Körperbehinderten. Eine historische Grundlegung zu Körperbehindertenpädagogik bis zu 1920, Berlin, Marhold, 1981.

Merleau-Ponty, Maurice: Phänomenologie der Wahrnehmung. Berlin, De Gruyter, 1974.

Mersi, Franz: Geschichte der Erziehung Sehbehinderter, in: Handbuch der Sonderpädagogik II. Pädagogik der Blinden und Sehbehinderten, hrsg. v. Waltraud Rath und Dieter Hudelmayer, Berlin, Marhold Verlag, 1985, S. 36-46.

Merten, Roland/Olk, Thomas: Sozialpädagogik als Profession. Historische Entwicklung und künftige Perspektiven. In: Pädagogische Professionalität, hrsg. v. Arno Combe und Werner Helsper, Frankfurt a. M., Suhrkamp, 1996, S. 570-613.

Merz, Friedrich: Die Eliten müssen Vorbild sein, in: Rheinischer Merkur, 13.01.2005.

Metzler, Heidrun: Hilfebedarf und Selbstbestimmung. Eckpunkte des Lebens im Heim für Menschen mit Behinderung, in: Zeitschrift für Heilpädagogik, 1997, S. 406-411.

Meumann, Ernst: Abriss der experimentellen Pädagogik. 1. Auflage, Leipzig, Engelmann, 1914.

Meyers Großes Konversations-Lexikon, 6. Auflage, Erster Band, Leipzig/Wien, 1904.

Microsoft: Encarta Enzyklopädie Professional, Microsoft Corporation, 2004.

Mieskes, Hans: Geragogik – Pädagogik des Alters und des alten Menschen, in: Pädagogische Rundschau, 24, S. 90-101.

Miles-Paul, Otmar/Frehse, Ulrich: Persönliche Assistenz. Ein Schlüssel zum selbstbestimmten Leben Behinderter, in: Gemeinsam Leben, Heft 2, 1994, S. 12-16.

Miller, Nancy B.: Mein Kind ist fast ganz normal, Stuttgart, Trias im Thieme, 1997.

Ministerium für Arbeit, Soziales, Frauen und Gesundheit des Landes Rheinland-Pfalz (MASFG): Bericht an den Landtag, 2004, online abrufbar unter http://www.masfg.rlp.de/Soziales/Dokumente/Bericht_HilfenachMaß.pdf [30.06.2005].

Mittag, Oskar: Sterbende begleiten. Ratgeber und praktische Hilfen, Stuttgart, 1994.

Mitchell, David T. / Snyder, Sharon L. (Hrsg.): The Body and Physical Difference. Discourses of Disability in the Humanities. Ann Arbor, The University of Michigan Press, 1997.

Mitscherlich, Alexander/Mielke, Fred: Medizin ohne Menschlichkeit, Frankfurt a. M., 1960.

Mittelstraß, Jürgen: Erfahrung, in: Enzyklopädie Philosophie und Wissenschaftstheorie, Band 1, 1. Auflage, hrsg. v. Jürgen Mittelstraß, Stuttgart, Metzlersche Verlagsbuchhandlung, 1995, S. 568-571.

Möckel, Andreas: Geschichte der Heilpädagogik. Stuttgart, Klett-Cotta 1988.

Möckel, Andreas: Geschichte der Behindertenpädagogik, in: Handlexikon der Behindertenpädagogik. Schlüsselbegriffe aus Theorie und Praxis, hrsg. v. Georg Antor, Ulrich Bleidick, Stuttgart, Kohlhammer, 2001, S. 68-71.

Möckel, Andreas: Geschichte der besonderen Grund- und Hauptschule, 4. Auflage, Heidelberg, Winter, 2001.

Möckel, Andreas/Adam, Heidemarie/Adam, Gottfried (Hrsg.): Quellen zur Erziehung von Kindern mit geistiger Behinderung, 19. Jahrhundert, Bd. 1, Würzburg, Bentheim, 1997.

Mogel, Hans: Psychologie des Kinderspiels, 2. Auflage, Berlin, Springer, 1994.

Mogel, Hans: Spiel- ein Fundamentales Lebenssystem des Kindes, in: Personzentrierte Psychotherapie mit Kindern und Jugendlichen, Bd.1, 2. Auflage, hrsg. v. Claudia Boeck-Singelmann, Beate Ehlers, Thomas Hensel, Franz Kemper und Christiane Monden-Engelhardt, Göttingen, Hogrefe, 2002, S. 237-257.

Mollenhauer, Klaus: Theorien zum Erziehungsprozess, München, Juventa, 1972.

Möllers, Josef: Psychomotorik, Methoden in Heilerziehungspflege und Heilpädagogik, 2. Auflage, Troisdorf, Bildungsverlag EINS, 2006.

Moor, Paul: Erziehung der Erzieher, in: Lobpreisung der Musik, Nr. 80, Zürich, Oktober 1947, S. 50-62.

Moor, Paul: Umwelt, Mitwelt, Heimat, Hausen a.A., Morgarten, 1947.

Moor, Paul: Heilpädagogische Psychologie, Bd. 1 und 2, Bern, Hans Huber, 1960.

Moor, Paul: Heilpädagogik. Ein pädagogisches Lehrbuch. Bern/Stuttgart, Hans Huber, 1965.

Moor, Paul: Heilpädagogik: ein pädagogisches Lehrbuch, Studienausgabe, Luzern, Ed. SZH, 1994.

Morgenstern, Bernhard: Feste und ihre Gestaltung zur Förderung des entwicklungssgestörten und des behinderten Kindes, 1. Auflage, Ravensburg, Otto Maier, 1979.

Morgenstern, Milan/Löwe Beer, Helena/Morgenstern, Franz: Heilpädagogische Praxis, 1. Auflage, München, Reinhardt, 1973.

Morris, Charles W.: Grundlagen der Zeichentheorie, Basel/Frankfurt a. M., 1979.

Mosen, Günter/Scheibner, Ulrich (Hrsg): aus „Arbeit, Erwerbsarbeit, Werkstattarbeit“ der Bundesarbeitsgemeinschaft Werkstätten für behinderte Menschen e.V., Frankfurt a. M., Ausg. 2003, „Die Arbeit – Mythos und Geschichte, S. 13-17.

Moser, Vera: Geschlecht: behindert? Geschlechterdifferenz aus sonderpädagogischer Perspektive, in: Behindertenpädagogik, Jg. 36, Heft 2, 1997, S. 138-149.

Moser, Vera: Konstruktion und Kritik. Sonderpädagogik als Disziplin, Opladen, Leske + Budrich, 2003.

Moser, Vera: Konstruktion und Kritik, Sonderpädagogik als Disziplin, Opladen, Leske + Budrich, 2004.

Moser, Vera: Sonderpädagogik als Profession: Funktionalistische, system- und strukturtheoretische Aspekte. In: Forster, R. (Hrsg.): Soziologie im Kontext von Behinderung. Theoriebildung, Theorieansätze und singuläre Phänomene. Bad Heilbrunn, 2004, S. 302-314.

Mrozynski, Peter: SGB IX Teil 1 – Regelungen für behinderte und von Behinderung bedrohte Menschen –, Kommentar; München, 2002.

Müllensiefen, Dietmar: Intervention, in: Fachlexikon der Sozialen Arbeit, 4. Auflage, hrsg. v. Deutscher Verein für öffentliche und private Fürsorge, Frankfurt a. M., Deutscher Verlag für Öffentliche und Private Fürsorge, 1997, S. 506-507.

Müller, Albert: unveröffent. Protokoll der Mitgliederversammlung der STK in Mainz 20.04.2005.
Müller, Burkhard: Sozialpädagogische Interaktions- und Klientenarbeit, in: Erziehungswissenschaft. Professionalität und Kompetenz, hrsg. v. Hans-Uwe Otto, Opladen, Leske+Budrich, 2002, S. 79-90.
Müller, Hildegard: Das Gutachten und die Stellungnahme, in: System Schule, Systemische Pädagogik in der Schulpraxis, 2004, S. 42-49.
Müller, Markus: Denkansätze in der Heilpädagogik. Eine systematische Darstellung heilpädagogischen Denkens und der Versuch einer Überwindung der ‚unreflektierten Paradigmenkonkurrenz'. Heidelberg, HVA/Ed. Schindele, 1991.
Müller, Siegfried (Hrsg.): Handlungskompetenz in der Sozialarbeit/Sozialpädagogik. 2 Bände. Bielefeld, AJZ-Druck-u.-Verlag, 1984.
Müller-Braunschweig, Hans: Aspekte einer psychoanalytischen Kreativitätstheorie, in: Psyche, 9, 1977, S. 821-843.
Müller-Wiedemann, Hans: Heilpädagogik und Sozialtherapie. Idee und Auftrag, in: Menschenbild und Menschenbildung. Aufsätze und Vorträge zur Heilpädagogik, Menschenkunde und zum sozialen Leben, Stuttgart, Freies Geistesleben, 1994.
Mürner, Christian (Hrsg.): Die Verbesserung des Menschen. Von der Heilpädagogik zur Humangenetik, Luzern, Ed. SZH, 2002.
Mürner, Christian: Normalität und Behinderung, Weinheim, Beltz, 1982.
Mürner, Christian: Pädagogik und Semiotik. Semiotische Probleme in der Pädagogik beim Zusammenziehen von Lernen und Behinderung, unveröffentlichtes Manuskript, Hamburg 1983.
Mürner, Christian: Philosophische Bedrohungen. Kommentare zur Bewertung der Behinderung, Frankfurt a. M., Peter Lang Verlag, 1996.
Mürner, Christian: Medien- und Kulturgeschichte behinderter Menschen, Weinheim, Beltz Verlag, 2003.
Mürner, Christian: Malerische Kompetenz, Herzogenrath, Murken-Altrogge Verlag, 2005.
Mutzeck, Wolfgang: Kooperative Beratung. Grundlagen und Methoden der Beratung und Supervision im Berufsalltag; Weinheim/Basel, Beltz Verlag, 1999.
Myschker, Norbert: Lernbehindertenpädagogik, in: Geschichte der Sonderpädagogik, 1. Auflage, hrsg. v. Svetluse Solarovà, Stuttgart, Kohlhammer, 1983, S. 120-166.
Myschker, Norbert: Verhaltensstörungen bei Kindern und Jugendlichen. Erscheinungsformen Ursachen Hilfreiche Maßnahmen, Stuttgart, 1993.
Myschker, Norbert: Verhaltensstörungen bei Kindern und Jugendlichen. Erscheinungsformen Ursachen Hilfreiche Maßnahmen. 3. Auflage, Stuttgart, 1999.
Myschker, Norbert: Verhaltensstörungen bei Kindern und Jugendlichen. Erscheinungsformen Ursachen Hilfreiche Maßnahmen, 4. Auflage, Stuttgart, 2002.
Myschker, Norbert: Verhaltensstörungen bei Kindern und Jugendlichen. Erscheinungsformen Ursachen Hilfreiche Maßnahmen, 5. Auflage, Stuttgart, 2005.
Nagode, Claudia: Grenzenlose Konstruktionen – konstruierte Grenzen? Behinderung und Geschlecht aus Sicht von Lehrerinnen in der Integrationspädagogik, Münster, LIT, 2002.
Nahrstedt, Wolfgang: Die Entstehung der Freizeit. Dargestellt am Beispiel Hamburg. Ein Beitrag zur Strukturgeschichte und zur strukturgeschichtlichen Grundlegung der Freizeitpädagogik. Göttingen, Vandenhoeck & Ruprecht, 1972.
Nahrstedt, Wolfgang: Freizeitpädagogik in der nachindustriellen Gesellschaft, Band 1, Neuwied/Darmstadt, Luchterhand, 1974.
Nahrstedt, Wolfgang: Freizeitpädagogik in der nachindustriellen Gesellschaft, Band 2, Neuwied/Darmstadt, Luchterhand, 1974.
Nahrstedt, Wolfgang: Über die „Freizeitgesellschaft" zu einer „Freien Gesellschaft"? Grundlagen für eine neue Gesellschaftstheorie – Zur Kritik eines forschungsrelevanten gesellschaftlichen Tabus, in: Freizeit in der Kritik. Alternative Konzepte zur Freizeit- und Kulturpoliti, hrsg. v. Volker Buddrus, Köln, Pahl-Rugenstein, 1980, S. 21-54.
Nahrstedt, Wolfgang u. a.: Freizeit als Thema der Schulen, Bielefeld, Bielefelder Hochschulschriften, 1979.
Neubauer, Aljoscha C.: Jäten im Gehirn, in: Gehirn & Geist 2, 2002, S. 44-46.
Neubert, Dieter / Cloerkes, Günther: Behinderung und Behinderte in verschiedenen Kulturen, Eine vergleichende Analyse ethnologischer Studien, 2. Auflage, Heidelberg, Schindele, 1994.
Neuhäuser, Gerhard, Steinhausen, Hans-Christoph (Hrsg.): Geistige Behinderung. Grundlagen, klinische Syndrome, Behandlung und Rehabilitation, 3. Auflage, Stuttgart, W. Kohlhammer, 2003.
Neuhäuser, Gerhard: Syndrome bei Menschen mit geistiger Behinderung. Ursachen, Erscheinungsformen und Folgen. Marburg, Lebenshilfe, 2004.
Neukäter, Heinz (Hrsg.): Verhaltensstörungen. Vernetzung der sozialen, pädagogischen und medizinischen Dienste, Oldenburg, 1996.
Neukäter, Heinz/Wittrock, Manfred: Verhaltensstörungen, in: Teilhabe durch berufliche Rehabilitation. Handbuch für Beratung, Förderung, Aus- und Weiterbildung, hrsg. v. d. Bundesanstalt für Arbeit, Nürnberg, BW, 2002, S. 254-265.
Neumann, Franz: Demokratischer und autoritärer Staat. Frankfurt a. M., Fischer, 1986.
Neumann, Klaus: Körperbehindertenpädagogik als empirische Wissenschaft, in: Theorien der Körperbehindertenpädagogik, hrsg. v. Harry Bergeest und Gerd Hansen, Bad Heilbrunn, Klinkhardt, 1999, S. 131-151.
Niedecken, Dietmut: Namenlos. Geistig Behinderte verstehen, Neuwied/Berlin, Luchterhand Verlag, 1998. Leitlinien und Empfehlungen zur Behindertenpolitik in Niedersachsen. Bericht der Fachkommission, hrsg. vom **Niedersächsischen Sozialministerium**, Hannover, 1993.
Niemejer, M./Bars, E. Bildgestaltende Diagnostik der Kindlichen Konstitution. Ein Messinstrument, Driebergen, Louis Bolk Instituut, 2004.
Nippert, Irmgard: Was kann aus der bisherigen Entwicklung der Pränataldiagnostik für die Entwick-

lung von Qualitätsstandards für die Einführung neuer Verfahren wie der Präimplantationsdiagnostik gelernt werden? In: Fortpflanzungsmedizin in Deutschland. Referate und wissenschaftliche Vorträge, Podiums- und Plenumsdiskussionen, wissenschaftliches Symposium des Bundesministeriums für Gesundheit in Zusammenarbeit mit dem Robert-Koch-Institut vom 24. bis 26. Mai 2000 in Berlin, hrsg. v. Arndt Dietrich, Baden-Baden, Nomos, 2001, S. 293-321.

Nippert Irmgard: Die Geburt eines behinderten Kindes. Belastung und Bewältigung aus der Sicht betroffener Mütter und ihrer Familien, Stuttgart, Enke, 1988.

Nippert, Irmgard/Horst, Jürgen: Die Anwendungsproblematik der pränatalen Diagnose aus der Sicht von Beratenen und Beratern – unter besonderer Berücksichtigung der derzeitigen und zukünftig möglichen Nutzung der Genomanalyse. Gutachten im Auftrag des Büros für Technikfolgenabschätzung beim Deutschen Bundestag, TAB-Hintergrundpapier Nr. 2, 1994.

Nirje, Bengt: The Normalization Principle and its Human Management Implication, In: Changing Patterns in Residential Services for the Mentally Retarded, hrsg. v. Kugel, Robert/Wolfensberger, Wolf, 1969, S. 179-195.

Nissen, Gerhard/Fritze, Jürgen U./Trott, Götz E.: Psychopharmaka im Kinde- und Jugendalter, Ulm/Stuttgart/Jena/Lübeck, Gustav Fischer, 1998.

Nittel, Dieter: Von der Mission zur Profession? Stand und Perspektiven der Verberuflichung in der Erwachsenenbildung, Bielefeld, Bertelsmann, 2000.

Nittel, Dieter: Professionalität ohne Profession? „Gekonnte Beruflichkeit" in der Erwachsenenbildung im Medium narrativer Interviews mit Zeitzeugen, in: Biographie und Profession, hrsg. v. Margret Kraul, Winfried Marotzki und Cornelia Schweppe, Bad Heilbrunn, Klinkhardt, 2002, S. 253-286.

Nolan, Ann/Regan, Colm: Direct payments schemes for people with disabilities. A new and innovative policy approach tp providing services to disabled people in Ireland, Bray Partnership, Disability Research Steering Committee, 2003.

Nolting, Hans P.: Lernfall Aggression. Wie sie entsteht, wie sie zu verhindern ist, Reinbek, Rowohlt, 1979.

Nüse, Rolf u.a.: Über die Erfindungen des Radikalen Konstruktivismus, Kritische Gegenargumente aus psychologischer Sicht, 2. Auflage, Weinheim, Deutscher Studien Verlag, 1995.

OECD: Early Childhood. Policy Review 2002-2004. Hintergrundbericht Deutschland, Fassung vom 22.11.2004, online abrufbar unter http://www.bmfsfj.de/RedaktionBMFSFJ/Abteilung5/Pdf-Anlagen/oecd-hintergrundbericht,property=pdf.pdf [17.06.2005]

Oelschlägel, Dieter: Ambulante soziale Dienste, in: Handbuch der Sonderpädagogik, Bd. 10, hrsg. v. Heinz Bach, Berlin, Marhold, 1990, S. 223 ff.

Oerter, Rolf: Psychologie des Spiels: ein handlungstheoretischer Ansatz, 1. Auflage München, Quintessenz, 1993.

Oerter, Rolf: Spieltherapie. Ein handlungstheoretischer Ansatz, in: Entwicklung und Risiko. Perspektiven einer Klinischen Entwicklungspsychologie, hrsg. v. Gisela Röper, Cornelia von Hagen und Gil Noam, Stuttgart, Kohlhammer, 2001, S. 118-138.

Oerter, Rolf/Montada, Leo (Hrsg.): Entwicklungspsychologie, 5. Auflage, Weinheim, Beltz PVU, 2002.

Oevermann, Ulrich: Theoretische Skizze einer revidierten Theorie professionalisierten Handelns, in: Pädagogische Professionalität, hrsg. v. Arno Combe und Werner Helsper, Frankfurt a. M., Suhrkamp, 1996, S. 70-182.

Ogden, Charles K./Richards, Ivor A.: Die Bedeutung der Bedeutung, Frankfurt a. M., Suhrkamp, 1974.

Ohlmeier, Gertrud: Frühförderung behinderter Kinder, 3. Auflage, Dortmund, Modernes Leben, 1997.

Oliver, Michael: The Politics of Disablement. A Sociological Approach, New York, St. Martin's Press, 1990.

Ondracek, Petr: Personzentriertes Arbeiten und Kontaktförderung – Ansatz zur Wirksamkeitserfassung. In: Jahrbuch Heilpädagogik 2004. Aktuelle Entwicklungen und Tendenzen in der Heilpädagogik, hrsg. v. Fachbereichstag Heilpädagogik, Berlin, BHP-Verlag, S. 2004, S. 75-124.

Ondracec, Petr/Trost, Alexander: Berufs- und Selbstverständnis von Diplom-HeilpädagogInnen (FH); in: Jahrbuch Heilpädagogik 2004. Aktuelle Entwicklungen und Tendenzen in der Heilpädagogik, Berlin, hrsg. v. Fachbereichstag Heilpädagogik, Bundesgeschäftsstelle des Berufsverband der Heilpädagogen e. V.

Ondracek, Petr/Trost, Alexander: Berufsidentität und Berufsfeld von Diplom-Heilpädagogen. Ein Beitrag zum Selbstverständnis der Heilpädagogik, in: Sonderpädagogik, 28, 3, 1998, S.132-139.

Ongaro Basaglia, Franca: Gesundheit. Krankheit. Das Elend der Medizin, Frankfurt a. M., Fischer, 1985.

Onwuteaka-Philipsen, Bregje D./van der Heide, Agnes/ Koper, Dirk/Keij-Deerenberg, Ingeborg/ Rietjens, Judith A. C./ Rurup, Mette L./Vrakking Astrid M./Georges, Jean Jacques/Muller Martien T./Van der Wal, Gerrit/Van der Maas, Paul J.: Euthanasia and other end-of-life decisions in the Netherlands in 1990,1995 and 2001, in: The Lancet, Heft 9381, Jg. 362, 2003, S. 395-399

Opaschowski, Horst W.: Freizeitpädagogik in der Leistungsgesellschaft, Bad Heilbrunn, Klinkhard, 1977.

Opaschowski, Horst W.: Pädagogik und Didaktik der Freizeit, Opladen, Leske + Budrich, 1990.

Opaschowski, Horst W.: Einführung in die Freizeitwissenschaften, Opladen, Leske + Budrich, 1994.

Opaschowski, Horst W.: Freizeit und Pädagogik. In: Pädagogik. Handbuch für Studium und Praxis, hrsg. v. Roth, Leo, Studienausgabe, München, Ehrenwirth Verlag, 1994, S. 933-945.

Opaschowski, Horst W.: Pädagogik der freien Lebenszeit. Opladen, Leske + Budrich, 1996.

Opaschowski, Horst W.: Freizeiterziehung und Freizeitbildung. In: Handlexikon der Behindertenpädagogik. Schlüsselbegriffe aus Theorie und Praxis, hrsg. v. Georg Antor, und Ulrich Bleidick, Stuttgart, Kohlhammer, 2001, S.186-188.

Opp, Günther/Peterander, Franz (Hrsg.): Focus Heilpädagogik – „Projekt Zukunft", München, Reinhardt, 1996.

Ostermann, Jürgen: Ist „Verhaltensstörung" ein spezifischer Fachbegriff? Subjektive Definitionen von Lehrern, in: Sonderpädagogik, 1, 1997, S. 20-28.

Ostner, Ilona: Frauen, in: Handwörterbuch zur Gesellschaft Deutschlands, hrsg. v. Bernhard Schäfers und Wolfgang Zapf, Opladen, Leske + Budrich, 1998, S. 210-221.

Otto, Hans-Uwe/Rauschenbach, Thomas/Vogel, Peter: Zur Einführung, in: Erziehungswissenschaft: Professionalität und Kompetenz, hrsg. v. Hans-Uwe Otto/ Thomas Rauschenbach, und Peter Vogel, Opladen, Leske + Budrich, 2002, S. 7-10.

Otto, Hans-Uwe/Thiersch, Hans (Hrsg.): Handbuch Sozialarbeit Sozialpädagogik, Neuwied, Luchterhand, 2001.

Oy, Clara Maria von: Montessori-Material, Arbeitshefte zur heilpädagogischen Übungsbehandlung, Band 3, 2. Auflage, Heidelberg, Edition Schindele, 1993.

Oy, Clara Maria von: Erinnerungen an eine geschenkte Zeit, Ergänzende Gedanken zum Lehrbuch der heilpädagogischen Übungsbehandlung, Heidelberg, Edition S, 2002.

Oy, Clara Maria von/Sagi, Alexander: Lehrbuch der heilpädagogischen Übungsbehandlung, Hilfe für das geistig behinderte Kind, 1. Auflage, Ravensburg, Otto Maier Verlag, 1975.

Oy, Clara Maria von/Sagi, Alexander: Lehrbuch der heilpädagogischen Übungsbehandlung, Hilfe für das geistig behinderte Kind, 5. Auflage, Heidelberg, Edition Schindele, 1984.

Oy, Clara Maria von/Sagi, Alexander: Lehrbuch der heilpädagogischen Übungsbehandlung, Hilfe für das behinderte und entwicklungsgestörte Kind, 11. Auflage, Heidelberg, Edition Schindele, 1997.

Padden, Carol/Humphries, Tom: Eine Kultur bringt sich zur Sprache. Hamburg, Signum, 1991.

Palmowski, Winfried: Behinderung ist eine Kategorie des Beobachters, in: Sonderpädagogik, Heft 3, 1997, S. 147-157.

Palmowski, Winfried: Sonderpädagogik als Dialog, in: ZfH, Heft 11, 52. Jg., 2001, S. 450-455.

Palmowski, Winfried: Der Anstoß des Steines, Systemische Beratung im schulischen Kontext, 5. Auflage, Dortmund, Borgmann, 2002.

Palmowski, Winfried: Anders Handeln. Lehrerverhalten in Konfliktsituationen, 4. Auflage, Dortmund, Borgmann, 2003.

Palmowski, Winfried/Heuwinkel, Matthias: Normal bin ich nicht behindert. Wirklichkeitskonstruktionen bei Menschen die behindert werden. Unterschiede, die Welten machen, 2. Auflage, Dortmund, Borgmann, 2002.

Papousek, Mechthild/Schieche, Michael/Wurmser, Harald (Hrsg.): Regulationsstörungen der frühen Kindheit, Bern, Hans Huber, 2004.

Pattison, E. M.: The experience of dying, in: Am. J. Psychotherapie, 21, 1967, S. 32-43.

Pawel, Barbara von: Körperbehindertenpädagogik, Stuttgart/Berlin/Köln, Kohlhammer, 1984.

Payk, Theo R.: Psychiater. Forscher im Labyrinth der Seele, Stuttgart, Kohlhammer, 2000.

Peccei, Aurelio: Die Zukunft in unserer Hand. Gedanken und Reflexionen des Präsidenten des Club of Rome, 4. Auflage, Wien, Molden, 1981, S.78-80

Peirce, Charles S.: Phänomen und Logik der Zeichen, Frankfurt a. M., Suhrkamp, 1983.

Peirce, Charles S.: Über die Klarheit unserer Gedanken, Frankfurt a. M., Suhrkamp, 1985.

Perrez, Meinrad (Hrsg.): Krisen der Kleinfamilie? Bern, Hans Huber, 1979.

Petermann, Franz (Hrsg.): Lehrbuch der Klinischen Kinderpsychologie und –psychotherapie. 5. Auflage, Göttingen/Bern/Toronto/Seattle, Hogrefe, 2002.

Petermann, Franz/Niebank, Kay/Scheithauer, Herbert: Entwicklungswissenschaft. Entwicklungspsychologie – Genetik – Neuropsychologie, Berlin/ Heidelberg/New York, Springer, 2004.

Petermann, Franz/Petermann, Ulrike: Training mit aggressiven Kindern, 5. Auflage, Weinheim, PVU, 1991.

Petermann, Franz/Petermann, Ulrike: Training mit aggressiven Kindern, 6. Auflage, Weinheim, PVU, 1993.

Petersen, Peter/Petersen, Else: Die pädagogische Tatsachenforschung, Paderborn, Schöningh, 1965.

Petry, Detlef/Bradl, Christian (Hrsg.): Multiprofessionelle Zusammenarbeit in der Geistigbehindertenhilfe. Projekte und Konzepte. Bonn, 1999.

Petry, Detlef/Faarts, H.: Erfolgreiche Kooperation von Psychiatrie und Behindertenhilfe. In: Multiprofessionelle Zusammenarbeit in der Geistigbehindertenhilfe. Projekte und Konzepte, hrsg. v. Detlef Petry und Christian Bradl, Bonn, 1999, S. 178- 204.

Petschel-Held, Gerhard/Reusswig, Fritz: Syndrome des Globalen Wandels. Ergebnisse und Strukturen einer transdisziplinären Erfolgsgeschichte, in: Nachhaltigkeit und Transdisziplinarität – Forschungstheoretische Erfahrungen, Modelle und wissenschaftspolitische Erfordernisse, hrsg. v. K.W. Brandt, Berlin, Analytica, 2000, S. 37-58.

Petzold, Hilarion/Orth, Ilse (Hrsg.): Die neuen Kreativitätstherapien. Handbuch der Kunsttherapie, 2 Bde., Paderborn, Junfermann, 1990.

Pfeifer, Wolfgang (Hrsg.): Etymologisches Wörterbuch des Deutschen, Berlin, Akademie Verlag, 1989.

Piaget, Jean: Das Erwachen der Intelligenz beim Kinde. Gesammelte Werke 1, Studienausgabe, Stuttgart, Klett, 1975.

Piaget, Jean: La construction du reel chez l'enfant, Neuchatel, 1937, Deutsch: Der Aufbau der Wirklichkeit beim Kinde, Stuttgart, Klett, 1975.

Piaget, Jean: Nachahmung, Spiel und Traum, Stuttgart, Klett, 1969.

Pieda, B./Schulz, S.: Wohnformen und ihre Wohnumwelten, in: Wohnen Behinderter – Literaturstudie. Schriftenreihe des Bundesministers für Jugend, Familie, Frauen und Gesundheit, hrsg. v. R. Mackensen, B. Pieda und S. Schulz, Stuttgart/Berlin/Köln, Kohlhammer, 1990, S. 19-24.

Pieper, Annemarie: Einführung in die philosophische Ethik, Studienbrief der Fernuniversität Hagen, Hagen, 1980.

Pinel, Ph.: Philosophisch-Medizinische Abhandlungen über Geistesverwirrungen oder Manie. Wien, 1801.

Pirella, Agnostino: Sozialisation der Ausgeschlossenen. Praxis einer neuen Psychiatrie. Reinbek, Rowohlt, 1975.

Pitsch, Hans-Jürgen: Zur Entwicklung von Tätigkeit und Handeln Geistigbehinderter. Oberhausen, Athena, 2002.

Pitsch, Hans-Jürgen: Zur Theorie und Didaktik des Handelns Geistigbehinderter, Oberhausen, Athena, 2002.

Pixa-Kettner, Ursula u. a. (Hrsg): Dann waren sie sauer auf mich, dass ich das Kind haben wollte ... Eine Untersuchung zur Lebenssituation geistigbehinderter Menschen mit Kindern in der BRD, Baden, Nomos, 1996.

Pohl, Annet: Frausein mit Behinderung. Identität und postmoderne Denkfiguren, Butzbach-Griedel, AFRA, 1999.

Pohl, Herbert: Krisen in Organisationen, Mannheim, 1977.

Polivanova, K. N.: Psychological analysis of the crises in mental development, in: Journal of Russian and East European Psychology, Heft 4, 39. Jg., 2001, S. 47-65.

Pöppel, Ernst: Wo bin ich? Orientierung in Zeit und Raum. In: Funkkolleg „Der Mensch. Anthropologie heute". Studienbrief 7,Studieneinheit 20, 5-41.DIFF, Tübingen, 1993.

Popper, Karl R.: Logik der Forschung. Tübingen, Mohr, 1934.

Popper, Karl R.: Logik der Forschung. Tübingen, Mohr, 1935.

Popper, Karl R.: Die Logik der Sozialwissenschaften, in: Der Positivismusstreit in der deutschen Soziologie, hrsg. von Adorno Theodor W. u. a., 1. Auflage, Neuwied, Luchterhand, 1969, S. 113-123.

Popper, Karl R.: Logik der Forschung, 8. Auflage, Tübingen, Mohr, 1984.

Portmann, Adolf: Geist und Werk. Aus der Werkstatt unserer Autoren. Zum 75. Geburtstag von D. Brody., Zürich, Rhein-Verlag, 1958, S. 139-173.

Pörtner, Marlis: Ernstnehmen, zutrauen, verstehen. Personzentrierte Haltung im Umgang mit geistig behinderten und pflegebedürftigen Menschen, Stuttgart, Klett-Cotta, 1996.

Poustka, Fritz/Bölte, Sven/Feineis-Matthews, Sabine/Schmötzer, Gabriele: Autistische Störungen, Göttingen/Bern/Toronto/Seattle, Hogrefe, 2004.

Prahl, Hans-Werner: Soziologie der Freizeit, Paderborn, Schöningh, 2002.

Praschak, Wolfgang: Sensumotorische Kooperation mit Schwerstbehinderten, in: Behinderte in Familie, Schule und Gesellschaft, 2, 1992, S. 13-22.

Prengel, Annedore: Pädagogik der Vielfalt. Verschiedenheit und Gleichberechtigung in Interkultureller, Feministischer und Integrativer Pädagogik, Opladen, Leske + Budrich, 1993.

Prengel, Annedore: Schulversagerinnen. Versuch über diskursive, sozialhistorische und pädagogische Ausgrenzungen des Weiblichen, Gießen, Focus, 1984.

Prenzel, Manfred u. a.: PISA 2003, Der Bildungsstandard der Jugendlichen in Deutschland – Ergebnisse des zweiten internationalen Vergleichs, Münster, Waxmann, 2004.

Priestley, Mark: Worum geht es bei den Disability Studies? Eine britische Sichtweise, in: Kulturwissenschaftliche Perspektiven der Disability Studies, hrsg. v. Anne Waldschmidt, Kassel, Bifos, 2003, S. 23-35.

Prillwitz, Siegmund (Hrsg.): Zeig mir beide Sprachen. Elternbuch Teil II, Vorschulische Erziehung gehörloser Kinder in Laut- und Gebärdensprache. Hamburg, Signum, 1991.

Prillwitz, Siegmund/Wisch, Fritz-Helmut/Wudtke, Hans Hubert: Zeig mir Deine Sprache. Elternbuch Teil I, Früherziehung gehörloser Kinder in Lautsprache und Gebärden. Hamburg, Verlag Hörgeschädigte Kinder, 1991.

Prisching, Manfred: Krisen. Eine soziologische Untersuchung, Wien/Köln/Graz, Böhlau Verlag, 1986.

Pritchard, D.C.: Foundations of Developmental Genetics. London, Taylor & Francis, 1986.

Pschyrembel. Klinisches Wörterbuch, bearb. Von der Wörperbuch-Red. des Verl. unter Leitung von Helmuth Hildebrandt, 258. Auflage, Berlin, de Gruyter, 1998.

Pudzich, Volker/Stahlmann, Martin: Auf dem Bildungsweg begleiten, Kiel, BHP Verlag, 2003.

Pueschel, Siegfried M./Sustrova Maria (Hrsg): Thema Down-Syndrom: Erwachsenwerden, Zirndorf, Edition 21, 2002.

Quack-Klemm, Monika / Kersting-Wilmsmeyer, Andreas / Klemm, Michael, (Hrsg.): Lebenskandidaten, Wir lassen uns nicht begraben, ehe wir tot sind, 3. Auflage, Tübingen, Attempto, 1994.

Quante, Michael (Hrsg): Personale Identität, Paderborn, Schöningh, 1999.

Quine, Willard V.: Unterwegs zur Wahrheit. Paderborn, Schöningh, 1995.

Quint, Josef/Meister Eckehart: Deutsche Predigten und Traktate, Zürich, Diogenes, 1979.

Radtke Peter: Heilpädagogik und Selbstbestimmung – Ergänzung oder Widerspruch? In: Voneinander lernen – Hauptreferate des Schweizer Heilpädagogik-Kongresses 1999, hrsg. v. Alois Bürli, Luzern, Edition SZH, 2000, S. 9-18.

Radtke, Dinah: Unsere Normalität ist anders – Behinderte Frauen und Sexualität, in: Sexualität und Behinderung, Umgang mit einem Tabu, hrsg. v. Hans-Peter Färber, Wolfgang Lipps und Thomas Seyfarth, Tübingen, Attempto, 1998, 2000, 2. Auflage, S. 104-111.

Ramcharan, Paul/Roberts, Gwyneth/Grant, Gordon/Borland, John: Empowerment in Everyday Life. Learning Disability, London, Kingsley, 2002.

Rapp, Norbert / Strubel, Werner (Hrsg.): Behinderte Menschen im Alter, Freiburg/Br., Lambertus, 1992.

Rappaport , J.: Ein Plädoyer für die Widersprüchlichkeit. Ein sozialpolitisches Konzept des ‚empowerment' anstelle präventiver Ansätze, in: Verhaltenstherapie und psychosoziale Praxis 1985, S.

108-120.

Rath, Waltraud: Blindenpädagogik, in: Geschichte der Sonderpädagogik, hrsg. v. Svetluse Solarová, Stuttgart, Kohlhammer, 1983, S. 49-83.

Rath, Waltraud: Geschichte der Erziehung Blinder, in: Handbuch der Sonderpädagogik, Bd. 2, Pädagogik der Blinden und Sehbehinderten, hrsg. v. Waltraud Rath und DieterHudelmayer, Berlin, Marhold Verlag, 1985, S. 21-35.

Rauh, Hellgard: Entwicklungsverläufe bei Kleinkindern mit Down-Syndrom, In: Geistige Behinderung, 3, 1992, S. 206-221.

Rauh, Hellgard: Kleinkinder mit Down-Syndrom: Entwicklungsverläufe und Entwicklungsprobleme. In: Frühförderung und Frühbehandlung, hrsg. v. Christoph Leyendecker und Tordis Horstmann, Heidelberg, Edition Schindele, 1997, S.212- 236.

Rauh, Hellgard: Thesen zur Früherfassung und Frühförderung, in: Institut für Entwicklungsplanung und Strukturforschung Hannover. Konzepte der Früherkennung und Frühförderung behinderter oder von Behinderung bedrohter Kinder. Organisation, Personal, Finanzierung unter Aspekten einer regionalen Versorgung, (Ergebnisse eines Expertenkolloquiums am 5. Juni 1984 in Hannover), Hannover, 1985, S.35-38.

Reich, Kersten: Systemisch-konstruktivistische Pädagogik. Einführung in Grundlagen einer interaktionistisch-konstruktivistischen Pädagogik, 2. Auflage, Luchterhand, Neuwied, 1997.

Reich, Kersten: Die Ordnung der Blicke, 2 Bände, Luchterhand, Neuwied, 1998.

Reich, Kersten: Systemisch-konstruktivistische Pädagogik, Weinheim, Beltz, 2002.

Reil, J. Chr.: Rhapsodien über die Anwendung der psychischen Kurmethode auf Geisteszerrüttungen. Halle, 1803.

Reiser, Helmut: Sonderpädagogik als Serviceleistung? Perspektiven der sonderpädagogischen Berufsrolle. Zur Professionalisierung der Hilfsschul- bzw. Sonderschullehrerinnen, in: Zeitschrift für Heilpädagogik, 2, 1998, S. 46ff.

Reiser, Helmut: Förderschwerpunkt Verhalten, in: Zeitschrift für Heilpädagogik, 4, 1999, S. 144-148.

Remmelink-Report (Commissie Onderzoek Medische Praktijk inzake Euthanasie, Medische beslissingen rond hat levenseinde, Onderzoek en Rapport, 's – Gravenhage. Sdu, 1991.

Remschmidt, Helmut: Psychiatrie der Adoleszenz, Stuttgart/New York, Thieme, 1992.

Remschmidt, Helmut: Adoleszent. Entwicklung und Entwicklungskrisen im Jugendalter. Stuttgart/New York, Thieme, 1992.

Remschmidt, Helmut/Schmidt, Martin H. (Hrsg.): Kinder- und Jugendpsychiatrie in Klinik und Praxis. Band I: Grundprobleme, Pathogenese, Diagnostik, Therapie. Band II: Entwicklungsstörungen, organisch bedingte Störungen, Psychosen, Begutachtung. Band III: Alterstypische, reaktive und neurotische Störungen, Stuttgart/New York, Thieme, 1985/1988.

Remschmidt, Helmut/Schmidt, Martin H.: Kinder- und Jugendpsychiatrie in Klinik und Praxis. Stuttgart/New York, Thieme, 1988.

Remschmidt, Helmut/Schmidt, Martin H. (Hrsg.): Multiaxiales Klassifikationsschema für psychische Störungen des Kindes- und Jugendalters nach ICD-10 der WHO, 3. Auflage, Bern, Hans Huber, 1994.

Remschmidt, Helmut/Walter, Reinhard: Psychische Auffälligkeiten bei Schulkindern, Hogrefe, Göttingen, 1990.

Rest, Franco: Sterbebeistand, Sterbebegleitung, Sterbegeleit. Handbuch für Pflegekräfte, Ärzte, Seelsorger, Hospizhelfer, stationäre und ambulante Begleiter, 4. Auflage, Stuttgart/Berlin/Köln, 1998.

Richter, Hans-Günter: Ästhetische Erziehung und moderne Kunst, Ratingen, Henn, 1975.

Richter, Hans-Günter (Hrsg.): Therapeutischer Kunstunterricht, Düsseldorf, Schwann, 1977.

Richter, Hans-Günter: Zur Didaktik eines pädagogisch-therapeutischen Kunstunterrichts, in: Kunst als Lernhilfe, hrsg. v. Hans-Günter Richter und Günter Waßerme, Frankfurt a. M., Diesterweg, 1982, S. 63-69.

Richter, Hans-Günter: Pädagogische Kunsttherapie, Düsseldorf, Schwann, 1984.

Richter, Hans-Günter: Die Kinderziehnung: Entwicklung – Interpretation – Ästhetik, Düsseldorf, Schwann, 1987.

Richter, Hans-Günter: Pädagogische Kunsttherapie, 2. Auflage, Hamburg, 1999.

Richter-Reichenbach, Katrin-Sophie: Identität und ästhetisches Handeln, Weinheim, Deutscher Studien Verlag, 1992.

Ricoeur, Paul: Das Selbst als ein Anderer, München, Fink, 1996.

Ricoeur, Paul: Die lebendige Metapher, 3. Auflage, München, Fink, 2004.

Riedel, Klaus: Schulpädagogik, in: Pädagogische Grundbegriffe, Band 2, hrsg. von Dieter Lenzen, 1. Auflage, Reinbek, Rowohlt, 1989, S. 1342-1356.

Rieß, Olaf/Schöls, Ludger (Hrsg.): Neurogenetik. Molekulargenetische Diagnostik neurologischer und psychiatrischer Erkrankungen, 2. Auflage, Stuttgart, Kohlhammer, 2002.

Riley, Matilda/Riley, John, W. Jr.: Individuelles und gesellschaftliches Potential des Alterns, in: Zukunft des Alterns und gesellschaftliche Entwicklung, hrsg. von Paul B. Baltes und Jürgen Mittelstraß, Berlin/New York, de Gruyter, 1992, S. 58-64.

Ringel, Erwin: Fliehen hilft nicht. Vom richtigen Umgang mit Problemen, Freiburg i.B., Herder, 1993.

Ritter, Joachim: Historisches Wörterbuch der Philosophie, Bd. 2, Basel/Stuttgart, Schwabe, 1972.

Ritter, Joachim/Gründer, Karlfried: Historisches Wörterbuch der Philosophie, Bd. 4, Basel, Schwabe, 1976.

Ritter Joachim/Gründer Karlfried: Historisches Wörterbuch der Philosophie, Bd. 9, Basel, 1995.

Ritter-Gekeler, Mariele: Lebens- und Sterbekrisen. Untersuchungen zur Entwicklung der Bewältigungskonzepte in Psychologie und Sterbeforschung, Weinheim/München, Juventa, 1992.

Roche-Lexikon Medizin, hrsg. von der Hoffmann-LaRoche AG und Urban & Schwarzenberg, 2. Auflage, München, Urban & Schwarzenberg, 1987.

Rock, Kerstin: Sonderpädagogische Professionalität unter der Leitidee der Selbstbestimmung, Bad Heilbrunn, Klinkhardt, 2001.

Rödler, Peter: Geistig behindert. Menschen lebenslang auf Hilfe anderer angewiesen? Berlin/Neuwied, Luchterhand, 2000.

Rödler, Peter: „Die Theorie des Sprachraums als methodische Grundlage der Arbeit mit ‚schwerstbeeinträchtigten' Menschen, in: Es gibt keinen Rest! Hrsg. v. Peter Rödler/Ernst Berger/Wolfgang Jantzen, Neuwied/Berlin, Luchterhand, 2001.

Rödler, Peter: Zur ethischen Potenz einer zeichenorientierten Pädagogik, in: Zeichen und Gesten – Heilpädagogik als Kulturthema, hrsg. v. Heinrich Greving, Christian Mürner und Peter Rödler, Gießen, Psychosozial-Verlag, 2004, S. 13-28.

Rödler, Peter/Berger, Ernst/Jantzen, Wolfgang (Hrsg.): Es gibt keinen Rest! Basale Pädagogik für Menschen mit schwersten Beeinträchtigungen. Für Georg Feuser zum 60. Geburtstag. Beiträge zur Integration, Neuwied/Berlin, Luchterhand, 2001.

Roesler, Alexander: Medienphilosophie und Zeichentheorie, in: Medienphilosophie, hrsg. v. Stefan Münker, Alexander Roesler und Mike Sandbothe, Frankfurt a. M., Fischer, 2003.

Rogers, Carl R.: Die nicht-direktive Beratung, Counseling and Psychotherapie, München, Kindler, 1972.

Rogers, Carl R.: Eine Theorie der Psychotherapie, der Persönlichkeit und der Zwischenmenschlichen Beziehung. Ins Deutsche übertragen von Gerd Höhner und Rolf Brüsecke, 3. Auflage, Köln, Gesellschaft für wissenschaftliche Gesprächspsychotherapie, GwG, 1991.

Rohr, Barbara: Mädchen – Frau – Pädagogin, Köln, Pahl-Rugenstein, 1984.

Rohr, Barbara: Sexismus, in: Handbuch der kritischen und materialistischen Behindertenpädagogik und ihrer Nebenwissenschaften, hrsg. v. Erwin Reichmann, Solms-Oberbiel, Jarick-Oberbiel Verlag, 1984, S. 558-564.

Rohrmann, Eckhardt: Zwanzig Jahre Vorrang ambulanter Hilfen und die Beharrlichkeit muraler Dominanz. – In: Zeitschrift für Heilpädagogik 11, 2004, S. 497-502.

Rolus-Borgward, Sandra: Der Einfluss metakognitiver und motivationaler Faktoren auf die schulische Leistung von Kindern und Jugendlichen mit Lern- und Verhaltensstörungen, in: Lernbeeinträchtigung und Verhaltensstörung. Konvergenzen in Theorie und Praxis, hrsg. v. Ulrich Schröder, Manfred Wittrock, Sandra Rolus-Borgward, und Uwe Tänzer, Stuttgart, Kohlhammer, 2002, S. 96-107.

Rolus-Borgward, Sandra/Tänzer, Uwe (Hrsg.): Erziehungshilfe bei Verhaltensstörungen. Pädagogisch-therapeutische Erklärungs- und Handlungsansätze, Oldenburg, 1999.

Rorty, Richard: Menschenrechte, Rationalität und Gefühl, in: Die Idee der Menschenrechte, hrsg. v. S. Shute und Susan Hurley, Frankfurt a. M., Fischer, 1996, S. 144-170.

Rösner, Hans-Uwe: Jenseits normalisierender Anerkennung, Reflexionen zum Verhältnis von Macht und Behindertsein, Frankfurt a. M., Campus, 2002.

Rösnick, Marita: Heilpädagogische Übungsbehandlung/Heilpädagogisches Spiel, in: Spielort: Heilpädagogische Praxis. Ein Werkstattbuch, hrsg. v. Kornelia Krause, 1. Auflage, Dortmund, verlag modernes lernen, 1998, S. 41-49.

Rössel, F.: Das Helfen in der heilpädagogischen Arbeit. Halle, 1931.

Roth, Heinrich: Pädagogische Psychologie des Lehrens und Lernens, Hannover, Schroedel, 1976.

Roth, Heinrich: Pädagogische Psychologie des Lehrens und Lernens, 14. Auflage, Hannover, Schroedel, 1982.

Roth, Gerhard, Das konstruktive Gehirn, Neurobiologische Grundlagen von Wahrnehmung und Erkenntnis, in: Kognition und Gesellschaft, hrsg. v. Siegfried Schmidt, Frankfurt a. M., Suhrkamp, 1992, S. 277-336.

Roth, Gerhard, Erkenntnis und Realität, in: Der Diskurs des radikalen Konstruktivismus, hrsg. v. Siegfried Schmidt, Frankfurt a. M., Suhrkamp, 1994, S. 229-255.

Roth, Gerhard, Das Gehirn und seine Wirklichkeit, Kognitive Neurobiologie und ihre philosophischen Konsequenzen, , 3. Auflage, Frankfurt a. M., Suhrkamp, 1997.

Roth, Karl-Heinz/Aly, Götz: Das Gesetz über Sterbehilfe bei unheilbar Kranken, in: Erfassung zur Vernichtung. Erfassung zur Vernichtung. Von der Sozialhygiene zum Gesetz über Sterbehilfe, hrsg. v. Karl-Heinz Roth, Berlin, 1984.

Roth, Klaus: Freiheit und Institutionen in der politischen Philosophie Hegels, Rheinfelden/Freiburg/Berlin, 1989.

Rotthaus, Wilhelm: Die Auswirkungen systemischen Denkens auf das Menschenbild des Therapeuten und seine therapeutische Arbeit, in: Praxis der Kinderpsychologie und Kinderpsychiatrie, 38. Jg., 1989, S. 10-16.

Rotthaus, Wilhelm: Wozu Erziehen? Entwurf einer systemischen Erziehung, Heidelberg, Auer, 1998.

Ruhnau-Wüllenweber, Marion/Wüllenweber, Ernst: Krisenintervention und Case Management. In: Handbuch krisenintervention Bd. 2. Praxis und Konzepze zur Krisenintervention, hrsg. v. Ernst Wüllenweber und Georg Theunissen, Stuttgart, Kohlhammer, 2004, S. 29-44.

Saal, Fredi: Behinderung = Selbstgelebte Normalität, Überlegungen eines Betroffenen, in: Miteinander, Heft 1, 1992.

Saal, Fredi: Ist der Behinderte wirklich bedauernswert? Versuch einer Antwort auf ein weitverbreitetes Mißverständnis, in: Therapie, Hilfe – Ersatz – Macht, hrsg. v. Niels Pörksen, Rehburg/Loccum, Psychiatrie-Verlag, 1980, S.125-140.

Sachs-Hombach, Klaus: Das Bild als kommunikatives Medium, Köln, Von Halem, 2003.

Sächsisches Landesamt für Familie und Soziales, Landesjugendamt: Zusammenfassung der Ergebnisse aus den Untersuchungen des Sächsischen Landesjugendamtes zum Einsatz und zur Inanspruchnahme von Fachberatung in Kindertageseinrichtungen, 2001, S. 13/14, online abrufbar unter http://www.kita-bildungsserver.de/includes/do_download.php?id=28 [16.06.2005].

Sack, Rudi, Ich bin unheilbar, in: Vom Betreuer zum Begleiter, Eine Neuorientierung unter dem Paradigma der Selbstbestimmung, hrsg. v. Ulrich Hähner, Ulrich Niehoff, Rudi Sack, Rudi und Helmut Walther, Marburg, Lebenshilfe Verlag, 1997, S. 15-25.

Sacks, Oliver: Der Mann, der seine Frau mit einem Hut verwechselte, Reinbek, Rowohlt, 1987.

Sacks, Oliver: Eine Anthropologin auf dem Mars, Reinbek, Rowohlt, 1995.

Saleebey, Dennis: The Strengths Perspective in Social Work Practise, 2. Auflage, New York, Allyn & Bacon, 1997.

Salisch, Maria von/Ittel, Angela: Geschlechtsunterschiede bei externalisierendem Problemverhalten von Kindern. In: Lügen, Lästern, Leiden lassen. Aggressives Verhalten von Kindern und Jugendlichen, hrsg. v. Angela Ittel und Maria von Salisch, Stuttgart, Kohlhammer, 2005, S. 67-91.

Sander, Klaus: Personenzentrierte Beratung. Ein Arbeitsbuch für Ausbildung und Praxis; Weinheim/Basel, Beltz, 1999.

Sarimski, Klaus: Entwicklungspsychologie genetischer Syndrome, Göttingen, Hogrefe, 1997.

Savater, Fernando: Tu, was du willst. Ethik für die Erwachsenen von morgen, Frankfurt a. M., Campus, 1993.

Savater, Fernando: Darum Erziehung, Frankfurt a. M., Campus, 1998.

Schäfer, Gerd E.: Bildungsprozesse im Kindesalter. Selbstbildung, Erfahrung und Lernen in der frühen Kindheit, Weinheim/München, Juventa, 1995.

Schandry. Rainer: Biologische Psychologie, Weinheim/Basel/Berlin, Beltz, 2003.

Schanze, Helmut (Hrsg.): Handbuch der Mediengeschichte, Stuttgart, 2001.

Scheibner, Ulrich: Zeichen. Sprache. Verständigung und Sprachlosigkeit. Kommunikation im besonderen Sprachraum der Werkstatt für behinderte Menschen, in: Zeichen und Gesten – Heilpädagogik als Kulturthema, hrsg. v. Heinrich Greving, Christian Mürner und Peter Rödler, Gießen, Psychosozial-Verlag, 2004, S. 82-97.

Scheithauer, Herbert (Hrsg.): Entwicklungswissenschaften. Berlin, Springer, 2004.

Scherer, Petra: Entdeckendes Lernen im Mathematikunterricht der Schule für Lernbehinderte, 1. Auflage, Heidelberg, Edition Schindele, 1995.

Scherpner, Martin: Richtlinien für die heilpädagogische Arbeit im Heim und Richtlinien für die Fachschulausbildung, Prüfung und staatliche Anerkennung von Heilpädagogen im Bereich der Jugendhilfe. Sonderdruck der Arbeitsgemeinschaft für Erziehungshilfe (AFET) e.V. – Bundesvereinigung- Hannover, 1975.

Scheuch, Erwin K.: Soziologie der Freizeit, in: Handbuch der empirischen Sozialforschung, hrsg. v. Rene König, Band 11, Stuttgart, Enke, 1969, S. 735-833.

Scheuerl, Hans: Showfreaks & Monster, Köln, Sammlung Felix Adanos, 1974.

Scheuerl, Hans: Theorie des Spiels, Weinheim, Beltz, 1975.

Scheuerl, Hans: Das Spiel. Untersuchungen über sein Wesen, seine pädagogischen Möglichkeiten und Grenzen, Weinheim, Beltz, 1979.

Scheugl, Hans: Showfreaks und Monster, Köln, Sammlung Felix Adanos, 1994.

Schiepek, Günther: Systemtheorie der klinischen Psychologie, Braunschweig, Vieweg, 1991.

Schildberg, Henriette, Ressourcenorientierte und reflexive Beratung – Erfurter Moderationsmodell – Zur theoretischen Grundlegung und Reflexion systemisch-konstruktivistischer und postmoderner Beratungspraxis in (sonder-)pädagogischen Kontexten, Dissertation, Uni Erfurt, EW-Fakultät, 2005.

Schildmann, Ulrike: Lebensbedingungen behinderter Frauen, Gießen, Focus, 1983.

Schildmann, Ulrike: Integrationspädagogik und Normalisierungsprinzip – ein kritischer Vergleich, in: Zeitschrift für Heilpädagogik, H. 3, 48. Jg., 1997, S. 90-96.

Schildmann, Ulrike: 100 Jahre allgemeine Behindertenstatistik. Darstellung und Diskussion unter besonderer Berücksichtigung der Geschlechterdimension, in: Zeitschrift für Heilpädagogik, Jg. 51, Heft 9, 2000, S. 354-360.

Schildmann, Ulrike (Hrsg.): Normalität, Behinderung und Geschlecht. Ansätze und Perspektiven der Forschung, Opladen, Leske + Budrich, 2001.

Schildmann, Ulrike: Leistung als Basis-Normalfeld der (post-)modernen Gesellschaft – kritisch reflektiert aus behindertenpädagogischer und feministischer Sicht, in: Sonder- und Heilpädagogik in der modernen Leistungsgesellschaft. Krise oder Chance?, hrsg. v. Konrad Bundschuh, Bad Heilbrunn/Obb., Klinkhardt, 2002, S. 125-131.

Schildmann, Ulrike: Verhältnisse zwischen Geschlecht und Behinderung im Werk Annedore Prengels, in: Demokratische Perspektiven in der Pädagogik, hrsg. v. Heinzel, Friederike/ Geiling, Ute, Wiesbaden, VS Verlag für Sozialwissenschaften, 2004, S. 73-81.

Schildmann, Ulrike: Normalismusforschung über Behinderung und Geschlecht. Eine empirische Untersuchung der Werke von Barbara Rohr und Annedore Prengel, Opladen, Leske + Budrich, 2004.

Schildmann, Ulrike/Bretländer Bettina (Hrsg.): Frauenforschung in der Behindertenpädagogik. Systematik – Vergleich – Geschichte – Bibliographie. Ein Arbeitsbuch, Münster, LIT Verlag, 2000.

Schiller, Friedrich: Über die Ästhetische Erziehung in einer Reihe von Briefen (1795), in: Schillers sämtliche Werke in 10 Bänden, Bd. 19, Leipzig, Knaur, o. J.

Schiller, Heinrich: Gruppenpädagogik (Social Group Work) als Methode der Sozialarbeit, Wiesbaden-Dotzheim, Haus Schwalbach, 3, 1966, S. 93-98.

Schilling, Jürgen: Anthropologie. Menschenbilder in der Sozialen Arbeit, Neuwied, Luchterhand, 2000.

Schindele, Rudolf: Didaktik des Unterrichts bei Sehgeschädigten. In: Handbuch der Sonderpädagogik, Bd. 2, Pädagogik der Blinden und Sehbehinderten, hrsg. v. Waltraud Rath und Dieter Hudelmayer, Berlin, Marhold Verlag, 1985, S. 91-123.

Schindler, Hans/Wetzels, Peter: Arbeitslosigkeit als Familienkrise, in: Wege zum Menschen, 41, 4, 1989, S. 243-253.

Schlack, Hans G.: Interventionen bei Entwicklungsstörungen. Bewertende Übersicht, in: Monatszeitschrift für Kinderheilkunde, 142, 1994, S. 180-184.

Schlack, Hans G.: Neue Konzepte in der Frühbehandlung und Frühförderung, in: Frühförderung und Frühbehandlung, hrsg v. Christoph Leyendecker und Tordis Horstmann, Heidelberg, 1997, S. 15-22.

Schlack, Hans G.: Paradigmenwechsel in der Frühförderung, In: Frühförderung Interdisziplinär, 8, 1989, S. 13-18.

Schlee, Jörg: Zur Problematik der Terminologie in der Pädagogik bei Verhaltensstörungen, in: Handbuch der Sonderpädagogik, hrsg. v. Herbert Goetze und Heinz Neukäter, 1989, S. 36-49.

Schleiffer, Roland: Bindungstheoretische Aspekte dissozialen Verhaltens, in: Erziehungshilfe bei Verhaltensstörungen. Pädagogisch-Therapeutische Erklärungs- und Handlungsansätze, hrsg. v. Sandra Rolus-Borgward und Uwe Tänzer, Oldenburg, 1999, S. 343-355.

Schlippe, Arist von: Familientherapie im Ueberblick – Basiskonzepte, Formen, Anwendungsmöglichkeiten, Paderborn, Junfermann, 1985.

Schlippe, Arist von/Schweitzer, Jochen, Lehrbuch der systemischen Therapie und Beratung, 7. Auflage, Göttingen, Vandenhoek&Ruprecht, 2000.

Schmeichel, Manfred: Geschichtliche Determinanten und heutige Ansätze, in: Handbuch der Sonderpädagogik, Bd. 8, Pädagogik der Körperbehinderten, hrsg. v. Ursula Haupt und Gerd Jansen, Edition Marhold, Berlin, 1983, S. 4-41.

Schmid, Johannes: Handbuch Verbändewesen, Opladen, 2001.

Schmidt, Martin: Körperbehinderungen bei Kindern aus medizinischer Sicht, in: Handbuch der Sonderpädagogik, Bd. 8, Pädagogik der Körperbehinderten, hrsg. v. Ursula Haupt und Gerd Jansen, Edition Marhold, Berlin, 1983.

Schmidt, Siegfried, Vorwort zur deutschen Ausgabe, in: Radikaler Konstruktivismus, Ideen, Ergebnisse, Probleme, hrsg. v. Ernst von Glasersfeld, Frankfurt a. M., Suhrkamp, 1997, S. 11-15.

Schmidt-Atzert, Lothar: Lehrbuch der Emotionspsychologie. Stuttgart/Berlin/Köln, Kohlhammer, 1996.

Schmidtchen, Stefan: Klientenzentrierte Spieltherapie, Weinheim, Beltz, 1974.

Schmidtchen, Stefan: Allgemeine Psychotherapie für Kinder, Jugendliche und Familien. Ein Lehrbuch, 1. Auflage, Stuttgart, Kohlhammer, 2001.

Schmitt, Carl: Politische Theologie, 4. Auflage, Berlin, Duncker & Humblot, 1985.

Schmitz, Hermann: Leib und Gefühl. Materialien zu einer philosophischen Therapeutik. Paderborn, Junfermann Verlag, 1992.

Schmitz-Scherzer, Reinhard: Freizeit. Frankfurt a. M., Akadem. Verl.-Ges., 1974.

Schmuhl, Hans-Walter, Rassenhygiene, Nationalsozialismus, Euthanasie. Von der Verhütung zur Vernichtung „lebensunwerten Lebens", Göttingen, Vandenhoeck & Ruprecht, 1987.

Schnabel, Ulrich: Kentmasse der Kultur, in: Die Zeit, 10.02.2005, S. 43.

Schnädelbach, Herbert: Erkenntnistheorie zur Einführung, Hamburg, Junius, 2002.

Schneider, Käthe: Alter und Bildung. Eine gerontagogische Studie auf allgemeindidaktischer Grundlage. Bad Heilbrunn/Obb., Klinkhardt, 1993.

Schneider, Regine Krisen als Chancen. Zur Bewältigung scheinbar auswegloser Situationen. Frankfurt a. M., Fischer, 1998.

Schneider, Wolfgang: Verhaltensstörungen gibt es nicht, in: alice – Magazin der Alice-Salomon-Fachhochschule Berlin, Heft 10, 2005, S. 36-42.

Schnurr, Stefan: Partizipation, in: Handbuch der Sozialarbeit/Sozialpädagogik, hrsg. v. Hans-Uwe Otto und Hans Thiersch, Neuwied/Kriftel, Beltz, 2001, S. 1330-1345.

Schnyder, Ulrich/Sauvant, Jean-Daniel (Hrsg): Krisenintervention in der Psychiatrie, 2. Auflage, Bern, Hans Huber, 1996.

Schöler, Jutta: Integrative Schule – integrativer Unterricht. Ratgeber für Eltern und Lehrer. 2. Auflage, Reinbek, Rowohlt, 1999.

Schön, Elke: Frauen mit Behinderung auf dem Arbeitsmarkt, in: Unbeschreiblich weiblich. Frauen unterwegs zu einem selbstbestimmten Leben mit Behinderung, hrsg. v. Gerlinde Barwig und Christiane Busch, München, AG SPAK, 1993, S. 41-46.

Schönwiese, Volker: Behinderung und Pädagogik. Eine Einführung aus Sicht behinderter Menschen, Studienbrief der Fernuni Hagen, Hagen, 1997.

Schönwiese, Volker: Die Selbstbestimmt-Leben-Bewegung. Grundsätze und Hinweise zu ihrer Bedeutung für die Unterstützung von Menschen mit schwersten Beeinträchtigungen, in: Es gibt keinen Rest! Basale Pädagogik für Menschen mit schwersten Beeinträchtigungen, hrsg. von Peter Rödler, Ernst Berger und Wolfgang Jantzen, Neuwied, Luchterhand, 2001, S. 128-141.

Schore, Allan: Affect regulation and the origin of the self. The neurobiology of emotional development, Hillsdale, LEA, 1994.

Schore, Allan: The effects of early relational trauma on right brain development, affect regulation, and mental health, in: Infant Mental Health Journal, 22. Jg., 2001, S. 201-269.

Schore, Allan: The effects of secure attachment relationship on right brain development, affect regulation, and mental health, in: Infant Mental Health Journal, 22. Jg., 2001, S. 7-66.

Schottenloher, Gertraud: Kunst- und Gestaltungstherapie, 2.Auflage, München, Kösel, 1989.

Schramek, Renate: Alt und schwerhörig? Hörgeschädigtengeragogik – eine rehabilitativ orientierte Bildungsarbeit, Oberhausen, Athena Verlag, 2002.

Schröder, Siegfried: Historische Skizzen zur Betreuung schwerst- und mehrfachgeschädigter geistigbehinderter Menschen, in: Beiträge zur Pädagogik der Schwerstbehinderten, 1. Auflage, hrsg. von Nikolaus Hartmann, Heidelberg, Schindele, 1983, S. 17-61.

Schröder, Ulrich: Die Sonderschule als Lernort für Kinder und Jugendliche mit besonderem Förderbedarf, in: Grundfragen der Sonderpädagogik, hrsg. von Annette Leonhardt und Franz B. Wember, 1. Auflage, Weinheim, Beltz, 2003, S. 743-769.

Schröder, Ulrich/Wittrock, Manfred/ Rolus-Borgward, Sandra/Tänzer, Uwe: Lernbeeinträchtigung und Verhaltensstörung. Konvergenzen in Theorie und Praxis, Stuttgart, Kohlhammer, 2002.

Schroer, Barbara: Das Spiel als Symbol der kindlichen Entwicklung. Ein heilpädagogisches Handlungskonzept zur Entwicklungsbegleitung und -förderung im Spiel, unveröffentlichte Diplomarbeit, vorgelegt am 14. Juni 2005, KFH NW, Abteilung Münster.

Schuchardt, Erika: Biographische Erfahrung und wissenschaftliche Theorie. Soziale Integration Behinderter, Bd. 1, Bad Heilbrunn, Klinkhardt, 1990.

Schuchardt, Erika: Lernen als Krisenverarbeitung am Beispiel behinderter Menschen und ihrer Begleitpartner, in: Identitätslernen in der Diskussion, hrsg. v. Horst Siebert, Frankfurt a. M., Deutscher Volkshochschul-Verband e.V., 1985, S. 80-83

Schuchardt, Erika: Weiterbildung als Krisenverarbeitung. Soziale Integration Behinderter, 2. Bd., Bad Heilbrunn, Klinkhardt, 1990.

Schulte, Ernst: Organisation der beruflichen Aus- und Fortbildung, in: Chancen für Hörgeschädigte, hrsg. v. Heribert Jussen und Hartwig Claussen, München/Basel, Reinhardt, 1991, S. 172-176.

Schulz, Kristina/Burkhardt, Susanne: Rehistorisierende Qualitätsentwicklung. Eine individuelle kompetenzorientierte Hilfebedarfsplanung ist auch mit Menschen, die als schwer geistig behindert bezeichnet werden, möglich, in: Qualitätssicherung und Deinstitutionalisierung, hrsg. von Wolfgang Jantzen, Berlin, Edition Marhold, 1999, S. 253-261.

Schulz von Thun, Friedemann: Miteinander reden, Bd. 1, Störungen und Klärungen, Reinbek bei Hamburg, Rowohlt, 1981.

Schulz von Thun, Friedemann/Ruppel, Johannes/Stratmann, Roswitha: Miteinander reden. Kommunikationspsychologie für Führungskräfte, 2. Auflage, Reinbek bei Hamburg, Rowohlt, 2001.

Schumann, Wolfgang: Therapie und Erziehung. Zum Verständnis beider Begriffe und zu ihrem Verhältnis zueinander unter schulischen Aspekten, Bad Heilbrunn/OBB, Klinkhardt, 1993.

Schütz, Alfred: Der sinnhafte Aufbau der sozialen Welt. Eine Einleitung in die Verstehende Soziologie, Frankfurt a. M., Suhrkamp, 1974.

Schütz, Alfred/Luckmann, Thomas: Strukturen der Lebenswelt, Frankfurt a. M., Suhrkamp, 2003.

Schütze, Fritz: Sozialarbeit als „bescheidene" Profession, in: Erziehen als Profession. Zur Logik professionellen Handelns in pädagogischen Feldern, hrsg. v. Bernd Dewe, Wilfried Ferchhoff und Frank-Olaf Radke, Opladen, Leske + Budrich, 1992, S. 132-170.

Schwabe, Mathias: „Tun Sie etwas – sofort!" Systemisch-konstruktivistische Perspektiven auf Krisen und Krisenintervention in der sozialen Arbeit, in: Handbuch der Krisenintervention, hrsg. v. Ernst Wüllenweber und Georg Theunissen, Stuttgart, Kohlhammer, 2001, S. 116- 140.

Schwarte, Norbert/Oberste- Ufer, Ralf: LEWO II. Lebensqualität in Wohnstätten für erwachsene Menschen mit geistiger Behinderung, 2. Auflage, Marburg, Lebenshilfe Verlag, 2001.

Schwarting, Jutta: Musik und Musikinstrumente zur Förderung des entwicklungsgestörten und des behinderten Kindes, 1. Auflage, Ravensburg, Otto Maier, 1979.

Schwarzer, Ralf/Jerusalem, Matthias (Hrsg.): Gesellschaftlicher Umbruch als kritischer Lebensereignis. Psyosoziale Krisenbewältigung von Übersiedlern und Ostdeutschen. Weinheim/ München, Juventa, 1994.

Schweitzer, Albert: Aus meinem Leben und Denken, Leipzig, Meiner, 1931.

Schweitzer, Albert: Kultur und Ethik, in: Gesammelte Werke, hrsg. v. Rudolf Grabs, Bd. 2, München, Beck, 1990, S. 377-390.

Schweppe, Cornelia (Hrsg.): Soziale Altenarbeit. Pädagogische Arbeitsansätze und die Gestaltung von Lebensentwürfen im Alter. Weinheim/München, Juventa, 1996.

Schweppenhäuser, Gerhard/Klampen, Dietrich/Johannes, Rolf: Krise und Kritik. Zur Aktualität der Marxschen Theorie, Lüneburg, zu Klampen, 1989.

Schwingel, Markus: Pierre Bourdieu zur Einführung, Hamburg, Junius, 1995.

Sebeok, Thomas A.: Symptome, systematisch und historisch, in: Zeitschrift für Semiotik, Bd. 6, Heft 1-2, 1984, S. 37-52.

Sebeok, Thomas A.: Theorie und Geschichte der Semiotik, Reinbek bei Hamburg, Rowohlt, 1979.

Seewald, Jürgen: Entwicklung in der Psychomotorik, in: Praxis der Psychomotorik, 18. Jg., Heft 4, 1993, S.188-193.

Seewald, Jürgen: Gesundheit – ein Thema für die Motologie? In: motorik, 26. Jg., Heft 3, 2003, S. 134-142.

Seidler, Dietlind: Integration heißt: Ausschluß vermeiden. Umwandlung einer Sonderkindertagesstätte in eine Integrationseinrichtung, Münster, LIT, 1992.

Seifert, Monika: Zur Situation der Geschwister von geistig behinderten Menschen, in: Geistige Behinderung, 2, 1990, S. 100-109.

Seifert, Monika: Hilfe nach Maß für Menschen mit hohem Assistenzbedarf. Vorläufige Ergebnisse einer Studie zur Lebensqualität von schwer mehrfachbehinderten Erwachsenen in Institutionen, in: Hilfe nach Maß?! Hilfebedarf – Individuelle Hilfeplanung – Assistenz – Persönliches Budget, hrsg. von der DHG, Mainz/Düren, Eigenverlag, 2001.

Seifert Monika: Unser Kind ist behindert – zur Situation einer Familie nach der Geburt eines behinderten Kindes, in: Regards croisés sur la naissance et la petite enfance. Geburt und frühe Kindheit. Interdisziplinäre Aspekte. Beiträge der Vortragsreihe „Geboren im Jahr 2001", hrsg. v. Véronique Dasen, Freiburg/Schweiz, Universitätsverlag, 2002, S. 88-106.

Senat der Freien und Hansestadt Hamburg: Verordnung zur Durchführung eines Modellversuchs zur Pauschalierung von Eingliederungshilfeleistungen und zur Erprobung persönlicher Budgets für behinderte Menschen, in: Hamburgerisches Gesetz- und Verordnungsblatt, Nr. 56, Teil I, Dezember 2002, S. 362-364.

Sershantow, Wassili Filipowitsch: Organismus, Persönlichkeit, Krankheit. Ein Beitrag zu den philosophischen und biologischen Grundlagen der Medizin, Jena, G. Fischer, 1980.

Sevening, Heinz: Materialien zur Kommunikationsförderung von Menschen mit schwersten Formen cerebraler Bewegungsstörungen, Düsseldorf, Verlag Selbstbestimmtes Leben, 1994.

Shakespeare, Tom (Hrsg.): The Disability Reader. Social Science Perspectives, London, Cassell, 1998.

Shorter, Edward : Geschichte der Psychiatrie, Berlin, Alexander Fest, 1999.

Siebert, Horst: Pädagogischer Konstruktivismus, Eine Bilanz der Konstruktivismusdiskussion für die Bildungspraxis, Neuwied, Luchterhand, 1999.

Siebert, Horst: Der Konstruktivismusstreit, Eklektizismus, Realitätsleugnung und Beliebigkeit, in: System Schule. Systemische Pädagogik in der Schulpraxis, 7. Jg., Heft 3, 2003, S. 68-72.

Sievers, Mechthild: Frühkindlicher Autismus, Köln, Böhlau, 1982.

Siminski, Peter: Patterns of Disability and Norms of Participation through the Life Course: Empirical Support for a Social Model of Disability, in: Disability & Society, Heft 6, 18. Jg., 2003, S. 707-718.

Simon, Barbara: The Empowerment Tradition in American Social Work. A History, New York, 1994.

Simon, Fritz: Die Kunst, nicht zu lernen, Heidelberg, Carl Auer, 1997.

Simon, Walter: GABALs großer Methodenkoffer. Grundlagen der Kommunikation, Offenbach, GABAL, 2004.

Singer, Peter: Praktische Ethik, Stuttgart, Reclam, 1984.

Singer, Peter: Praktische Ethik, Stuttgart, Reclam, 1994.

Singer, Wolf: Gehirn und Kognition. Spektrum der Wissenschaft, Heidelberg, 1990.

Six, Bernd: Einstellungen, in: Das Lexikon der Psychologie auf CD-ROM, Heidelberg/Berlin, Spektrum Akademischer Verlag, 2000.

Skiba, Alexander: Fördern im Alter. Integrative Geragogik auf heilpädagogischer Grundlage, Bad Heilbrunn, Klinkhardt, 1996.

Slack, Jonathan M.: From Egg to Embryo. Regional Specifation in Early Development. Cambridge, Cambridge UP, 1991.

Slavich, Antonio: Mythos und Realität des harten Kerns, in: Sozialpsychiatrische Informationen, Heft 1, 13. Jg., 1983, S. 34-38.

Sledziewski, Elisabeth: Fortschritt, in: Europäische Enzyklopädie zu Philosophie und Wissenschaften, Bd. 2, hrsg. v. Hans Jörg Sandkühler, Hamburg, Meiner, 1990, S. 95-104.

Sloterdijk, Peter: Regeln für den Menschenpark, Ein Antwortschreiben zu Heideggers Brief über den Humanismus, Frankfurt a. M., Suhrkamp, 1999.

Sluzalek-Drabent, Ralf: Berufliches Helfen und freiwilliges soziales Bürgerengagement. Hamburg, Dr. Kovac Verlag, 2005.

Sodoge, Armin: Belastung und Professionalisierung von Sonderschullehrern. Fallstudie an einer Schule für Sprachbehinderte, Osnabrück, 2001.

Sohns, Armin: Frühförderung entwicklungsauffälliger Kinder in Deutschland, Weinheim/Basel, Beltz, 2000.

Sohns, Armin: Rahmenbedingungen und Qualitätsstandards der Frühförder- und Beratungsstellen in Mecklenburg-Vorpommern – eine Bestandsaufnahme, Neubrandenburg, 2001.

Solarovà, Svetluse (Hrsg.): Geschichte der Sonderpädagogik, Stuttgart, Kohlhammer, 1983

Sonneck, Gernot (Hrsg.): Krisenintervention und Suizidverhütung. Ein Leitfaden für den Umgang mit Menschen in Krisen, Wien, Facultas, 1985.

Spaemann, Robert: Personen. Versuche über den Unterschied zwischen „etwas" und „jemand". Stuttgart, Klett, 1986.

Spaemann, Robert: Personen, Versuche über den Unterschied zwischen „etwas" und „jemand", Stuttgart, Klett-Cotta, 1996

Specht-Tomann, Monika/Tropper, Doris: Zeit des Abschieds. Sterbe- und Trauerbegleitung; Düsseldorf, 2000.

Speck, Otto: „Früherkennung und Frühförderung behinderter Kinder", in: Deutscher Bildungsrat, Behindertenstatistik; Früherkennung; Frühförderung, hrsg. v. Jacob Muth, Stuttgart, 1973, S. 11-150.

Speck, Otto: Frühförderung entwicklungsgefährdeter Kinder, München, Reinhardt, 1977.

Speck, Otto: Verhaltensstörungen, Psychopathologie und Erziehung. Berlin, Marhold,1979.

Speck, Otto: Zur Komplementarität ganzheitlicher und einzelheitlicher Sichtweisen in der Heilpädagogik – Eine aktuelle Thematik, in: Sonderpädagogik, 17, 1987, S. 145-157.

Speck, Otto: Frühförderung entwicklungsauffälliger Kinder unter ökologisch-integrativem Aspekt, in: Frühförderung in Europa, hrsg. v. Franz Peterander und Otto Speck, München, 1996, S. 15-23.

Speck, Otto: Menschen mit geistiger Behinderung und ihre Erziehung, 6. Auflage, München/Basel, Reinhardt, 1990.

Speck, Otto: System Heilpädagogik, Eine ökologisch reflexive Grundlegung, 3. Auflage, München, Reinhardt, 1996.

Speck, Otto: Wohnen als Wert für ein menschenwürdiges Dasein, in: Wohlbefinden und Wohnen von Menschen mit schwerer geistiger Behinderung, hrsg. v. Ute Fischer, Reutlingen, Diakonie-Verlag, 1998, S.19-42.

Speck, Otto: System Heilpädagogik. Eine ökologisch-reflexive Grundlegung, 4. Auflage, München, Reinhardt, 1998.

Speck, Otto: Menschen mit geistiger Behinderung und ihre Erziehung. Ein heilpädagogisches Lehrbuch, 9. Auflage, München, Reinhardt, 1999.

Speck, Otto: System Heilpädagogik. Eine ökologisch-reflexive Grundlegung, 5. Auflage, München, Reinhardt, 2003.

Spiegel, Hiltrud von: Methodisches Handeln in der Sozialen Arbeit. Grundlagen und Arbeitshilfen für die Praxis, München, Reinhardt UTB, 2004.

Spiess, Walter: Gruppen- und Teamsupervision in der Heilpädagogik, Bern/Stuttgart, Haupt, 1991.

Spiess, Walter: Lern- und Verhaltensstörungen bei ein- und demselben Kind: Koinzidenz oder Komorbidität? In: Lernbeeinträchtigung und Verhaltensstörung. Konvergenzen in Theorie und Praxis.

Hrsg. v. Ulrich Schröder, Manfred Wittrock, Sandra Rolus-Borgward und Uwe Tänzer, Stuttgart, Kohlhammer, 2002, S. 39-52.

Spitz, Rene A.: Eine genetische Feldtheorie der Ichbildung, Frankfurt a. M., Fischer, 1972.

Spitzer, Manfred: Geist im Netz. Modelle für Lernen, Denken und Handeln, Heidelberg/ Berlin, Spektrum Akademischer Verlag, 2000.

Spitzer, Manfred: Lernen. Gehirnforschung und die Schule des Lebens, 1. Auflage, Heidelberg/ Berlin, Spektrum Akademischer Verlag, 2002.

Spitzer, Manfred: Nervensachen. Perspektiven zu Geist, Gehirn und Gesellschaft, Stuttgart, Schattauer Verlag, 2003.

Spranger, Eduard: Psychologie des Jugendalters, Leipzig, Quelle&Meyer, 1924.

Spranger, Eduard: Der Eigengeist der Volksschule, Heidelberg, Quelle&Meyer, 1955.

Spranger, Eduard: Gedanken zur Daseinsgestaltung, ausgewählt von H. W. Bähr, München, 1962.

Sroufé, Alan: Psychopathology as an Outcome of Development, in: Development and Psychopathology, 9. Jg., 1997, S. 251-268.

Stabe-Hillmer, Eva R.: Rhythmik mit Geistigebehinderten, Diss. Universität Dortmund, 1991.

Stadter, Ernst Andreas: Wenn Du wüsstest, was ich fühle, in: Einführung indie Beziehungstherapie, Freiburg, Herder, 1992.

Stahlmann, Martin: Der Schlüssel zum Erfolg. Metakompetenzen in der Heilpädagogik, in: Von der Frühförderung bis zur Geragogik. Heilpädagogische Handlungsfelder zwischen Tradition und Innovation, hrsg. v. BHP, Tagungsband, Kiel, 2005.

Statistisches Bundesamt: Bericht über „Bevölkerung Deutschlands bis 2050. Ergebnisse der 10. koordinierten Bevölkerungsberechnung" von Olga Pötzsch und Bettina Sommer, Wiesbaden, Pressestelle Statistisches Bundesamt, 2003.

Statistisches Bundesamt: Bevölkerungsstatistik 3.16, Juli 1996.

Stavemann, Harlich, H.: Sokratische Gesprächsführung, in: Verhaltenstherapiemanual, 5. Auflage, hrsg. v. Michael Linden und Martin Hautzinger, Heidelberg, Springer, 2005, S. 200-208.

Stegemann, Wolfgang: Tätigkeitstheorie und Bildungsbegriff. Köln, Pahl-Rugenstein, 1983.

Stein, Anne-Dore: Integration und Inclusive Education – Aspekte der Entwicklung eines neuen Begriffsverständnisses in der internationalen Diskussion, in: Soziale Verantwortung in Europa. Analysen und professionelles Handeln in verschiedenen Hilfesystemen, hrsg. v. Winfried Seelisch, Darmstadt, Bogen, 2004, S. 117-135.

Steiner, Rudolf: Theosophie, Dornach, Rudolf Steiner, 1973.

Steiner, Rudolf: Heilpädagogischer Kurs. Zwölf Vorträge aus dem Jahr 1924, Dornach, Rudolf Steiner, 1995.

Steinhausen, Hans-Christoph: Psychische Störungen bei Kindern und Jugendlichen, 5. Auflage, München/ Jena, Urban und Fischer, 2002.

Steinvorth, Ulrich: Klassische und moderne Ethik. Grundlinien einer materialen Moraltheorie, Reinbek bei Hamburg, Rowohlt, 1990.

Stiker, Henri-Jacques: A History of Disability, Ann Arbor, The University of Michigan Press, 1999.

Stock, Gregory: Redesigning Humans. Our Inevitable Genetic Future of man, Boston, 2002.

Stöcker, Kerstin/Suess, Gerhard/Wensauer, Miriam/Zimmermann, Peter: Die Bindungstheorie. Modell, entwicklungspsychologische Forschung und Ergebnisse, in: Handbuch der Kleinkindforschung, 3. Auflage, hrsg. v. Heidi Keller, Bern, Hans Huber, 2003, S. 223-251

Stötzner, Heinrich Ernst: Schulen für schwachbefähigte Kinder. Erster Entwurf und Begründung derselben, 1. Auflage, Leipzig, Winter'sche Verlagsbuchhandlung, 1864.

Straus, Erwin: Vom Sinn der Sinne, Berlin, Springer, 1956.

Strobel, H.: Aktive Imagination als Krisenintervention, in: Kurzpsychotherapie und Krisenintervention in Sozialarbeit, Seelsorge und Therapie, hrsg. v. Peter-Michael Pflüger, Fellbach, Bonz, 1978, S. 39-56.

Stryker, Sheldon: Die Theorie des Symbolischen Interaktionismus: Eine Darstellung und einige Vorschläge für die vergleichende Familienforschung, in: Kölner Zeitschrift für Soziologie, Sonderheft 14, 1970.

Student, Johann-Christoph (Hrsg.), Das Hospizbuch, Freiburg, Lanbertus, 1989.

Stürzer, Monika: Trotz besserer Leistungen der Mädchen noch keine Geschlechtergleichheit in der Schule, in: DJI Bulletin, 65, 2003, S. 3.

Swain, John / French, Sally: Towards an Affirmation Model of Disability, in: Disability & Society, Nr. 4, 15. Jg., 2000, S. 569-582.

Taylor, Christopher C.W.: Sokrates, übersetzt v. Katja Vogt, Freiburg i. Br., Panorama Verlag, 2004.

Tent, Lothar: Grundlagen und Funktion einer Allgemeinen Theorie der Behindertenpädagogik, in: Heilpädagogische Forschung, 12, 1985, S. 131-150.

Tepperwein, Kurt: Krise als Chance. Wie man Krisen löst und zukünftig vermeidet, 4. Auflage, Landsberg am Lech, mvg, 1998.

Tervooren, Anja: Der ´verletzliche` Körper als Grundlage einer pädagogischen Anthropologie, in: Lesarten des Geschlechts. Zur De-Konstruktionsdebatte in der erziehungswissenschaftlichen Geschlechterforschung, hrsg. v. Doris Lemmermöhle, Opladen, Leske + Budrich Verlag, 2000, S. 245-255.

Textor, Martin R. (Hrsg.): Integrative Erziehung in Kindertageseinrichtungen unter Einbeziehung der Problematik der ambulanten Förderung, Jugendministerkonferenz, 2002, online abrufbar unter http://www.kindergartenpaedagogik.de/827.html [17.06.2005].

Textor, Martin R./Blank, Brigitte: Elternmitarbeit: Auf dem Wege zur Bildungs- und Erziehungspartnerschaft, hrsg. v, Bayrischen Staatsministerium für Arbeit und Sozialordnung, Familie und Frauen, München, 2004.

Theunissen, Georg: Ästhetische Erziehung bei Verhaltensauffälligen, Frankfurt a. M., Lang Verlag, 1980.

Theunissen, Georg: Wege aus der Hospitalisierung: Ästhetische Erziehung mit schwerstbehinderten Erwachsenen, Bonn, Psychiatrie-Verlag, 1989.

Theunissen, Georg: Empowerment und Professionalisierung – unter besonderer Berücksichtigung der Arbeit mit Menschen, die als geistig behindert gelten, in: Heilpädagogik online, 4, 2003, S. 45-81.

Theunissen, Georg: Heilpädagogik im Umbruch: Über Bildung, Erziehung und Therapie bei geistiger Behinderung, Freiburg i. Br., Lambertus, 1991.

Theunissen, Georg: Pädagogik bei geistiger Behinderung und Verhaltensauffälligkeiten, Ein Kompendium für die Praxis, 1. Auflage, Bad Heilbrunn, Klinkhardt, 1995.

Theunissen, Georg: Pädagogik bei geistiger Behinderung und Verhaltensauffälligkeiten, Ein Kompendium für die Praxis, Bad Heilbrunn, Klinkhardt, 1997.

Theunissen, Georg (Hrsg.): Enthospitalisierung ein Etikettenschwindel? Bad Heilbrunn, Klinkhardt, Bad Heilbrunn, 1998.

Theunissen, Georg: Empowerment und „verstehende Einzelhilfe", in: Multiprofessionelle Zusammenarbeit in der Geistigbehindertenhilfe, hrsg. v. Detlef Petry und Christian Bradl, Bonn, Psychiatrie-Verlag, 1999, S. 132-159.

Theunissen, Georg: Pädagogik bei geistiger Behinderung und Verhaltensauffälligkeit. Ein Kompendium für die Praxis. Bad Heilbrunn, Klinkhardt, 2000.

Theunissen, Georg: Einführung zum Begriff der Assistenz unter besonderer Berücksichtigung von Menschen, die als geistig behindert bezeichnet werden, in: Von der Betreuung zur Assistenz? Professionelles Handeln unter der Leitlinie der Selbstbestimmung. Tagungsbericht des Vereins für Behindertenhilfe Hamburg, hrsg. vom Verein für Behindertenhilfe e.V., Hamburg, Eigenverlag, 2000, S. 59-64.

Theunissen, Georg: Wege aus der Hospitalisierung. Empowerment mit schwerstbehinderten Menschen, 2. Auflage, Bonn, 2000.

Theunissen, Georg: Altenbildung und Behinderung. Impulse für die Arbeit mit Menschen, die als lern- und geistig behindert gelten, Bad Heilbrunn, Klinkhardt, 2002.

Theunissen, Georg: Krisen und Verhaltensauffälligkeiten bei geistiger Behinderung und Autismus. Forschung – Praxis – Reflexion. Stuttgart, Kohlhammer, 2003.

Theunissen, Georg: Kunst und geistige Behinderung. Bildnerische Entwicklung, Ästhetische Erziehung, Kunstunterricht, Kulturarbeit, Bad Heilbrunn, Klinkhardt, 2004.

Theunissen, Georg: Pädagogik bei geistiger Behinderung und Verhaltensauffälligkeiten, 4. Auflage, Bad Heilbrunn, Klinkhardt, 2005.

Theunissen, Georg: Empowerment – als Konzept für die Behindertenarbeit kritisch reflektiert, hekt. Manuskript, Halle, 2005.

Theunissen, Georg/Hoffmann, Claudia: Assistenz. Ein Schlüsselbegriff nicht nur für Menschen mit einer Körperbehinderung, in: Zur Orientierung, Heft 3, 1999, S. 8-11.

Theunissen, Georg/Plaute, Wolfgang: Handbuch Empowerment und Heilpädagogik. Freiburg/Br., Lambertus, 2002

Theunissen, Georg/Schirbort, Kerstin (Hrsg.): Inklusion geistig behinderter Erwachsener zwischen Anspruch und Wirklichkeit. Zeitgemäße Wohnformen – Soziale Netze – Bürgerschaftliches Engagement – Unterstützungsangebote, Stuttgart, Kohlhammer, 2006.

Thiele, Gisela: Soziale Arbeit mit alten Menschen. Handlungsorientiertes Grundwissen für Studium und Praxis, Köln/Wien, Fortis, 2001.

Thiesmeier, Monika: Anforderungen an die Leitung von Jugendhilfeeinrichtungen in der Bearbeitung von Krisen, in: Krisen und Gewalt, hrsg. v. Bernd Jansen, Münster, Votum, 1993.

Thimm, Walter: Das Normalisierungsprinzip. Eine Einführung, 5. Auflage, Marburg, Lebenshilfe, 1984.

Thimm, Walter: Familienentlastende Dienste. Ein Beitrag zur Neuorientierung der Behindertenhilfe, in: Geistige Behinderung, 2, 1991, S. 130-145.

Thimm, Walter: Leben in Nachbarschaften, Freiburg, Herder Spektrum, 1994.

Thimm, Walter (Hrsg.): Das Normalisierungsprinzip. Ein Lesebuch zur Geschichte und Gegenwart eines Reformkonzeptes, Marburg, Lebenshilfe, 2005.

Thimm, Walter: Behinderung und Gesellschaft. Texte zur Entwicklung einer Soziologie der Behinderten, Heidelberg, Universitätsverlag Winter, 2005.

Thimm, Walter/Akkermann, A./Hupasch-Labohm, M./Krauledat, S./Meyners, Ch./Wachtel, Grit: Quantitativer und qualitativer Ausbau Familienentlastender Dienste (FED), Baden-Baden, Nomos, 1997.

Thimm, Walter/Ferber, Christian, von/Schiller, Burkhard/Wedekind, Rainer: Ein Leben so normal wie möglich führen. Zum Normalisierungskonzept in der Bundesrepublik Deutschland und in Dänemark, Marburg, Lebenshilfe, 1985.

Thimm Walter/Wachtel, Grit: Familien mit behinderten Kindern. Wege der Unterstützung und Impulse zur Weiterentwicklung regionaler Hilfssysteme, Weinheim/München, Juventa, 2002.

Tiefel, Sandra Bratung und Reflexion. Eine qualitative Studie zu professionellem Beratungshandeln in der Moderne, Wiesbaden, VS, 2004.

Tietze, Wolfgang: Pädagogische Qualität in Tageseinrichtungen für Kinder, 2. Auflage, Weinheim, Beltz, 2005.

Tietze-Fritz, Paula: Handbuch der heilpädagogischen Diagnostik. Konzepte zum Erkennen senso- und psychomotorischer Auffälligkeiten in der interdisziplinären Frühförderung, 3. Auflage, Dortmund, Modernes Lernen, 1996,

Tietze-Fritz, Paula: Wahrnehmungs- und Bewegungsentfaltung, Heilpädagogische Förderung des Kindes in seinen ersten 24 Monaten, 3. Auflage, Heidelberg, Edition Schindele, 1995.

Tokarew, Sergej A.: Die Religion in der Geschichte der Völker, Köln, Pahl-Rugenstein, 1968.

Tokarski, Walter/Schmitz-Scherzer, Reinhard: Freizeit, Stuttgart, Kohlhammer, 1985.

Toulmin, Stephan: Voraussicht und Verstehen. Ein Versuch über die Ziele der Wissenschaft, Frankfurt a. M., Suhrkamp, 1981.

Trevarthen, Colwyn/Aitken, Kenneth J.: Brain Development, Infant Communication, and Empathy Disorders: Intrinsic Factors in Child Mental Health, in: Development and Psychopathology, 6. Jg., 1994, S. 597-633.

Trevarthen, Colwyn /Aitken, Kenneth J.: Self/other organization in human psychological development, in: Development and Psychopathology, 9. Jg., 1997, S. 653-677.

Trevarthen, Colwyn /Aitken, Kenneth J.: Infant intersubjectivity: Research, theory, and clinical applications, in: Journal of Child Psychology and Psychiatry, Heft 1, 42. Jg., 2001, S. 3-48.

Trommsdorff, Gisela: Behinderte in der Sicht verschiedener Kulturen, in: Vergleichende Sonderpädagogik, Handbuch der Sonderpädagogik, Band 11, hrsg. v. K.-J. Klauer und W. Mitter, W., Berlin, Marhold, 1987, S. 23-47.

Trüb, Hans: Heilung aus der Begegnung, Stuttgart, Klett, 1971.

Tsvetkova, Ljubov S.: Aphasietherapie bei örtliche Hirnschädigungen, Tübingen, Narr, 1982.

Turnbull, Ann P./Turnbull, H. Rutherford: Families, Professionals, and Exceptionality: A special partnership, 3. Auflage, Upper Saddle River, Merrill, 1997.

Turnbull, H. Rutherford: Fifteen questions: Ethical inquiries in mental retardation, in: Stark, J.A. u. a. (Hrsg.): Mental Retardation and Mental Health. Classification, Diagnosis, Treatment, Services. New York, Springer Verlag, 1988. S. 368-377.

Uchtomskij, Alexej A.: Die Dominante als Arbeitsprinzip der Nervenzentren, in: Mitteilungen der Luria-Gesellschaft, Heft 1,2, 11. Jg., 2004, S. 25-38.

Uexküll, Thure v.: Symptome als Zeichen für Zustände in lebenden Systemen, in Zeitschrift für Semiotik, Band 6, Heft 1-2, 1984, S. 53-58.

Ulich, Dieter/Haußer, Karl/Mayring, Philipp/Strehmel, Petra/Kandler, Maya/Degenhardt, Bianca: Psychologie der Krisenbewältigung. Eine Längsschnittuntersuchung mit arbeitslosen Lehrern. Weinheim, Beltz, 1985.

Ulich, Dieter: Krisen und Entwicklung, München, Weinheim, PVU, 1987.

Universität Stettin (Institut für Pädagogik) und **Europäische Akademie für Heilpädagogik im Berufsverband der Heilpädagogen e.V. (Hrsg.)**; Heilpädagogische Diagnostik; Stettin, 2002.

Urban, Wolfgang: Selbstbestimmung als Lebensqualität und der Beitrag ambulanter Hilfen, in: Erfahrungsaustausch ambulanter Dienste: Ambulante Hilfen zum selbständigen Leben für Menschen mit (geistiger) Behinderung. Dokumentation der Tagesveranstaltung vom 31.03.2000 in Marburg, hrsg. von FIB e.V., Marburg, Eigenverlag, 2000, S. 5-13.

VDH (Verband Deutscher Hilfsschulen): Denkschrift zum Ausbau des heilpädagogischen Schulwesens in: Zeitschrift für Heilpädagogik, Heft 1, 1955, S. 1-55.

Veelken, Ludger: Geragogik. Das sozialgerontologische Konzept, in: Handbuch Altenbildung. Theorien und Konzepte für Gegenwart und Zukunft, hrsg. von Susanne Becker, Ludger Veelken und Klaus-Peter Wallraven, Opladen, Leske+Budrich, 2000, S. 87-94.

Veelken, Ludger: Reifen und Altern. Geragogik kann man lernen. Oberhausen, Athena Verlag, 2003.

Vernooij, Monika: Prävention von Verhaltensstörungen. Verhindern psychischer Fehlentwicklungen? In: Verhaltensstörungen verhindern. Prävention als pädagogische Aufgabe. Bericht über die Fachtagung in Oldenburg vom 15.-17.03.1990, hrsg. v. Herbert Goetze und Heinz Neukäter, Universität Oldenburg, Zentrum für Pädagogische Berufspraxis, Oldenburg, 1991, S. 118-127.

Vernooij, Monika: Individualpsychologischer Ansatz, in: Verhaltensstörungen als Herausforderung. Pädagogisch-therapeutische Erklärungs- und Handlungsansätze, hrsg. v. Manfred Wittrock, Oldenburg, 1998, S. 39-61.

Volkov, Shulamit: Zeichendiskurs und Gebärdensprache, in: Kultur der Zeichen, hrsg. v. Werner Stegmaier, Frankfurt a. M., Suhrkamp, 2000.

Volli, Ugo: Semiotik, Tübingen, Francke, 2002.

Vollmoeller, Wolfgang: Was heißt psychisch krank? Der Krankheitsbegriff in Psychiatrie, Psychotherapie und Forensik, 2. Auflage, Stuttgart, Kohlhammer, 2001.

Voss, Anne/Hallstein, Monika (Hrsg.): Menschen mit Behinderungen. Berichte, Erfahrungen, Ideen zur Präventionsarbeit, Ruhnmark, Donna Vita, 1993.

Voß, Reinhard, (Hrsg.), Die Schule neu erfinden, Neuwied, Luchterhand, 1996.

Voß, Reinhard, (Hrsg.), Schul-Visionen, Heidelberg, Carl Auer, 1998.

Vygotskij, Lev S.: Ausgewählte Schriften, Bd. 1, Köln, Pahl-Rugenstein, 1985.

Vygotskij, Lev S.: Ausgewählte Schriften, Bd. 2, Köln, Pahl-Rugenstein, 1987.

Vygotskij, Lev S.: Konkrete Psychologie des Menschen, in: Sinn als gesellschaftliches Problem. Materialien über die 5. Arbeitstagung zur Tätigkeitstheorie A. N. Leontjews vom 20.-22.1.1989 in Bremen, hrsg. v. Manfred Holodynski, Bielefeld, Universität, 1989, S. 292-307.

Vygotskij, Lev S.: The diagnostics of development and the pedological clinic for difficult children, in: The Fundamentals of Defectology. Collected Works, Bd. 2, hrsg. v. L. S. Vygotskij, New York, Plenum-Press, 1993, S. 241-291.

Vygotskij, Lev S.: Die Lehre von den Emotionen. Eine psychologiehistorische Untersuchung. Münster, LIT-Verlag, 1996.

Vygotskij, Lev S.: Das Problem des geistigen Zurückbleibens, in: Jeder Mensch kann lernen – Perspektiven einer kulturhistorischen (Behinderten-)Pädagogik, hrsg. v. Wolfgang Jantzen, Neuwied/ Berlin, Luchterhand, 2001, S. 135-163.

Vygotskij, Lev S.: Zur Frage kompensatorischer Prozesse in der Entwicklung des geistig retardierten Kindes, in: Jeder Mensch kann lernen – Perspektiven einer kulturhistorischen (Behinderten-)Pädagogik, hrsg. v. Wolfgang Jantzen, Neuwied/Berlin, Luchterhand, 2001, S. 109-134.

Vygotskij, Lev S.: Denken und Sprechen, Weinheim, Beltz, 2002.

Wacker, Elisabeth/Wansing, Gudrun/Schäfers, Markus: Personenbezogene Unterstützung und Lebensqualität. Teilhabe mit einem Persönlichen Budget, DUV, Wiesbaden, 2005.

Wacker, Elisabeth/Wetzler, Reiner/Metzler, Heidrun/Hornung, Claudia: Leben im Heim. Angebotsstrukturen und Chancen selbständiger Lebensführung in Wohneinrichtungen der Behindertenhilfe. Schriftenreihe des Bundesministeriums für Gesundheit Band 102, Baden-Baden, Nomos-Verlagsgesellschaft, 1998.

Wagner-Stolp, Wilfried: Case Management, in: Fachdienst der Lebenshilfe, 4, 1996. S. 19-21.

Wahl, Hans-Werner/Schulze Hans-Eugen (Hrsg.): On the Special Needs of Blind and Low Vision Seniors, Amsterdam/Berlin/Oxford/Tokyo/Washington DC, 2001.

Waldenfels, Bernhard: Das leibliche Selbst. Vorlesungen zur Phänomenologie des Leibes, Frankfurt a. M., Suhrkamp, 2000.

Waldenfels, Bernhard: Phänomenologie der Aufmerksamkeit, Frankfurt a. M., Suhrkamp, 2004.

Waldschmidt, Anne (Hrsg.): Kulturwissenschaftliche Perspektiven der Disability Studies, Kassel, Bifos, 2003.

Waldschmidt, Anne: „Behinderung" revisited – das Forschungsprogramm der Disability Studies aus soziologischer Sicht, in: Vierteljahresschrift für Heilpädagogik und ihre Nachbargebiete, Heft 4, 73. Jg., 2004, S. 365-376.

Waldschmidt, Anne: Disability Studies. Individuelles, soziales und/oder kulturelles Modell von Behinderung? In: Psychologie & Gesellschaftskritik, Heft 1, 29. Jg., 2005, S. 9-31.

Waller, Heiko: Sozialmedizin. Grundlagen und Praxis, 4. Auflage, Stuttgart, Kohlhammer, 1997.

Walter, Jürgen: Einer flog über das Kuckucksnest, in: Zeitschrift für Heilpädagogik, Heft 11, 2002, S. 442-450.

Walter, Jürgen/Suhr, Kristina/Werner, Birgit: Experimentell beobachtbare Effekte zweier Formen von Mathematikunterricht in der Förderschule, in: Zeitschrift für Heilpädagogik, 52, 4, S. 143-151.

Walthes, Renate u. a.: Gehen, Gehen, Schritt für Schritt ... Zur Situation von Familien mit blinden, mehrfachbehinderten oder sehbehinderten Kindern, Frankfurt a. M., New York, Waxmann, 1994.

Walthes, Renate: Behinderung aus konstruktivistischer Sicht. Dargestellt am Beispiel der Tübinger Untersuchung zur Situation von Familien mit Sehschädigung, in: Behinderung. Von der Vielfalt eines Begriffes und dem Umgang damit, hrsg. v. Johannes Neumann, 2. Auflage, Tübingen, Attempto, 1997, S. 89-104.

Walthes, Renate: Einführung in die Blinden- und Sehbehindertenpädagogik, 1. Auflage, Weinheim/Basel, Reinhardt, 2003.

Wanecek, Ottokar: Geschichte der Blindenpädagogik. Berlin, Marhold, 1969.

Wannagat, Gudrun u.a.: SGB – Kommentar/Loseblattwerk; Köln, 1977ff.

Wansing, Gudrun: Kontrolle über das eigene Leben. Förderliche und hinderliche Bedingungen für die Umsetzung Persönlicher Budgets im Kontext europäischer Modelle und Erfahrungen, in: Kerbe – Forum für Sozialpsychiatrie, Heft 2, 2004, S. 31-33.

Wansing, Gudrun: Teilhabe an der Gesellschaft. Menschen mit Behinderung zwischen Inklusion und Exklusion, Wiesbaden, VS, 2005.

Warnke, Andreas / Lehmkuhl, Gerd: Kinder- und Jugendpsychiatrie und Psychotherapie in der Bundesrepublik Deutschland. Die Versorgung von psychisch kranken Kindern, Jugendlichen und ihren Familien, 3. Auflage, Stuttgart/New York, Schattauer-Verlag, 2003.

Warnke, Andreas/Trott, Götz-Erik/Remschmidt, Helmut (Hrsg.): Forensische Kinder- und Jugendpsychiatrie. Ein Handbuch für Klinik und Praxis, Bern, Hans Huber, 1997.

Warzecha, Birgit (Hrsg.): Geschlechterdifferenz in der Sonderpädagogik. Forschung – Praxis – Perspektiven, Hamburg, LIT, 1997.

Warzecha, Birgit: Qualitätsentwicklung: Kooperation zwischen Verhaltensgestörtenpädagogik und der Kinder- und Jugendhilfe. In: Zeitschrift für Heilpädagogik, Heft 2, 1999, S. 46-52.

Wasel, Wolfgang/Dettling-Klein, Gabriele: Was zur Hölle ist Beratung? In: Beratung aktuell, Heft 3, 2003, S. 179-190.

Waters, Everett/Sroufe, Alan L.: Social Competence as a Developmental Construct. Developmental Review, 3, 1995, S. 79-97; zitiert nach: Entwicklungspsychologie. Ein Lehrbuch, 4. Auflage, hrsg. v. Rolf Oerter, Rolf und Leo Montada, Weinheim, Beltz/PVU, 1998, S. 127.

Watson, James D.: Die Ethik des Genoms. Warum wir Gott nicht mehr die Zukunft des Menschen überlassen dürfen, in: Frankfurter Allgemeine Zeitung, 26.9.2000, S. 55.

Watzlawick, Paul: Münchhausens Zopf. München, Piper, , 2005.

Watzlawick, Paul/Beavin, Janet H./Jackson, Don D.: Menschliche Kommunikation. Formen, Störungen, Paradoxien, 6. Auflage, Stuttgart/Bern/Wien, Hans Huber, 1982.

Watzlawick, Paul/Beavin, Janet H./Jackson, Don: Menschliche Kommunikation. Formen, Störungen, Paradoxien, 9. Auflage, Bern, Hans Huber, 1996.

Watzlawick, Paul/Nardome, Giorgio: Kurzzeittherapie und Wirklichkeit; übers. von Michael von Kilisch- Horn, München, Piper, 1999.

Weber, Samuel M: Rückkehr zu Freud: Jacques Lacans Entstellung der Psychoanalyse, Frankfurt a. M./ Berlin/Wien, Ullstein, 1978.

Wegler, Helmut: Das „neue Phänomen" der Depression im Kindesalter. Erkennung, Prävention und pädagogische Hilfen, in: Focus Heilpädagogik. Projekt Zukunft, hrsg. v. Günter Opp und Franz Peterander, München, Reinhardt, 1996, S. 325-337.

Weick, Ann: A Strengths Perspective for Social Work Practise, in: Social Work, 7, 1989, S. 350-354.

Weidner, G./Müller, H./Hürten, M./Schmucker, K.: Schule – Werkstatt – Freizeit. Ganztagskonzept einer Sonderschule für Erziehungshilfe und Kranke, in: Erziehungshilfe bei Verhaltensstörungen, hrsg. v. Sandra Rolus-Borgward und Uwe Tänzer, Oldenburg, 1999, S. 199-210.

Weil, Simone: Schwerkraft und Gnade, München, Piper, 1989.

Weinberger, Sabine: Kindern spielend helfen, Weinheim, Beltz, 2001.

Weinmann, Ute: Normalität und Behindertenpädagogik. Historisch und normalismustheoretisch konstruiert am Beispiel repräsentativer Werke von Daniel Georgens, Heinrich Marianus Deinhardt, Heinrich Hanselmann, Linus Bopp und Karl Heinrichs, Opladen, Leske + Budrich, 2003.

Weisman, A. D.: A Model for Psychosocial Phasing in Cancer, in: Gen. Hosp. Psychiatry, 1, 1979, S. 187-195.

Weiss, Hans: Hans Würtz, in: Lebensbilder bedeutender Heilpädagoginnen und Heilpädagogen im 20. Jahrhundert, hrsg. v. Maximilian Buchka, Rüdiger Grimm und Ferdinand Klein, München, Reinhardt, 2000, S. 385-41.

Weiß, Hans/Neuhäuser, Gerhard/Sohns, Armin: Soziale Arbeit in der Frühförderung und Sozialpädiatrie, München/Basel, Reinhardt, 2004.

Weisser, Jan/Renggli, Cornelia (Hrsg.): Disability Studies. Ein Lesebuch, Zürich/Luzern, Edition SZH, 2004.

Wellmitz, Barbara: Körperbehinderung aus medizinischer Sicht, in: Körperbehinderung, hrsg. v. Barbara Wellmitz und Barbara von Pawel, Berlin, Ullstein Mosby, 1993, S. 31-110.

Wellmitz, Barbara: Zur Theoriebildung der Körperbehindertenpädagogik in der DDR, in: Theorien der Körperbehindertenpädagogik. Festschrift für Ursula Haupt, hrsg. v. Harry Bergeest, Bad Heilbrunn/Obb., 1999, S. 101-118.

Wellmitz, Barbara/Pawel, Barbara von: Körperbehinderung, Berlin, Ullstein Mosby, 1993, S. 31-59.

Welsch, Wolfgang: Topoi der Postmoderne, in: Das Ende der großen Entwürfe, hrsg. v. Hans-Rudi Fischer, Arnold Retzer und Jochen Schweitzer, Frankfurt a. M., Suhrkamp, 1992, S. 35-55.

Welsch, Wolfgang: Ästhetisches Denken, Stuttgart, Reclam, 1990.

Wember, Franz B.: Die quasi-experimentelle Einzelfallstudie als Methode der empirischen sonderpädagogischen Forschung, in: Vierteljahresschrift für Heilpädagogik und ihre Nachbargebiete, 58, 1989, S. 176-189.

Wember, Franz B.: Forschungsprobleme im Bereich der Förderung schwerstbehinderter Menschen, in: Pädagogik bei schwerster Behinderung, 1. Auflage, hrsg. v. Andreas Fröhlich, Berlin, Edition Marhold, 1991, S. 89-110.

Wember, Franz B.: Über Möglichkeiten und Grenzen des Einfühlenden Verstehens als Methode der sonderpädagogischen Forschung I. Versuch einer Explikation, in: Vierteljahresschrift für Heilpädagogik und ihre Nachbargebiete, 61, 1992, S. 353-375.

Wember, Franz B.: Über Möglichkeiten und Grenzen des Einfühlenden Verstehens als Methode der sonderpädagogischen Forschung II: Versuch einer Evaluation. Vierteljahresschrift für Heilpädagogik und ihre Nachbargebiete, 61, 1992, S. 451-475.

Wember, Franz B.: Möglichkeiten und Grenzen der empirischen Evaluation sonderpädagogischer Interventionen in quasi-experimentellen Einzelfallstudien, in: Heilpädagogische Forschung, 20, 1994, S. 99-117.

Wember, Franz B.: Der Heilpädagoge als Homo Faber? Kleine Provokationen über Mängel des Redens und den Segen des Tuns, oder: Interventionsforschung als zentrale Aufgabe einer wertgeleiteten wissenschaftlichen Heilpädagogik, in: Heilpädagogik und ihre Nachbargebiete im wissenschaftstheoretischen Diskurs, 1. Auflage, hrsg. von Christine Amrein und Gérard Bless, Stuttgart, Haupt Verlag, 1997, S. 122-148.

Wember, Franz B.: Besser lesen mit System. Ein Rahmenkonzept zur individuellen Förderung bei Lernschwierigkeiten, 1. Auflage, Berlin, Luchterhand, 1999.

Wember, Franz B.: Bildung und Erziehung bei Behinderungen – Grundfragen einer wissenschaftlichen Disziplin im Wandel, in: Grundfragen der Sonderpädagogik, ein Handbuch, 1. Auflage, hrsg. v. Anette Leonhardt/Franz Wember, Weinheim, Beltz, 2003, S. 12-57.

Wendt, Wolf R. (Hrsg.): Unterstützung fallweise. Case Management in der Sozialarbeit, 2. Auflage, Freiburg i. B., Lambertus-Verlag, 1995.

Wendt, Wolf R. Entwicklung des Case Management im amerikanischen Gesundheitssystem. In: Betreuungsdienste für chronisch Kranke, hrsg. v. Schräder, W.F. Schriftenreihe des Instituts für Gesundheits- und Sozialforschung GmbH, Berlin, 1995, 54-70.

Wendt, Wolf R.: Case Management im Sozial- und Gesundheitswesen. Eine Einführung. Freiburg i. B., Lambertus, 1997.

Wermke, Jutta: Medienpädagogik, in: Handbuch der Mediengeschichte, hrsg. v. Helmut Schanze, Stuttgart, Kröner, 2001, S. 140-164.

Werner, Emmy: Gefährdete Kinder in der Moderne: Protektive Faktoren, in: Vierteljahresschrift für Heilpädagogik und ihre Nachbargebiete, 2, 1997, S. 192-203.

Werner, Nicole/ Hill, L.G.: Motivationale Untermauerung relationaler und körperlicher Aggression im Jugendalter. In: Lügen, Lästern, Leiden lassen. Aggressives Verhalten von Kindern und Jugendlichen, hrsg. v. Angela Ittel und Maria Salisch, Stuttgart, Kohlhammer, 2005, S. 45-63.

Werning, Rolf/Balgo, Rolf/Palmowski, Winfried/ Sassenroth, Martin: Sonderpädagogik, Lernen, Verhalten, Sprache, Bewegung und Wahrnehmung, München/Wien, Oldenbourg, 2002.

Werning, Rolf: Integration zwischen Überforderung und Innovation – eine systemisch-konstruktivistische Perspektive in: Lernen und Lernprobleme im systemischen Diskurs, hrsg. v. Rolf Balgo und Rolf Werning, 1. Auflage, Dortmund, Borgmann, 2003, S. 115-130.

Wess, Ludger: Die Träume der Genetik. Gentechnische Utopien vom sozialen Fortschritt, Frankfurt a. M., Suhrkamp, 1998.

Weygand, Z.: Der Blindenfreund, Düren/Hannover, 1881ff.

Widlöcher, Daniel: Was eine Kinderzeichnung verrät, München, Kindler, 1974.

Wieland, Heinz: Altern in seiner Bedeutung für geistig behinderte Menschen, in: Alt und geistig behindert. Ein europäisches Symposium, Marburg, Bundesvereinigung Lebenshilfe Verlag, 1993, S. 19-28.

Wiesing, Lambert: Artifizielle Präsenz, Frankfurt a. M., Suhrkamp, 2005.

Wilken, Etta: Syndromspezifische Förderbedürfnisse, in: Neue Perspektiven für Menschen mit Down-Syndrom, hrsg. v. Etta Wilken, Hannover, 1997, S. 14-27.

Wilken, Etta: Förderung des Spracherwerbs durch Gebärden unterstützte Kommunikation (GuK) bei Kindern mit Down-Syndrom. o.J. Auszug aus dem Internet, http://www.down-sydrom-netzwerk.de/bibliothek/wilken1.html, 25. April 2002.

Wilken, Etta: Kinder mit Down-Syndrom und ihre Familien. Aktuelle Ergebnisse zur Prävalenz, zu syndromspezifischen Problemen und zur Familiensituation. Geistige Behinderung, 2, 2002, S. 137-148.

Wilken, Etta: Menschen mit Down-Syndrom in Familie, Schule und Gesellschaft. Lebenshilfe-Verlag, Marburg, 2004.

Wilken, Udo: Körperbehindertenpädagogik, in: Geschichte der Sonderpädagogik, hrsg. v. Svetluse Solarova, Stuttgart, Kohlhammer, 1983.

Willenbring, Monika: Systemdiagnostische Begleitung von Lern- und Lehrprozessen und schulischen Problemsituationen in: Lernprobleme im systemischen Diskurs, 1. Auflage, hrsg. von Rolf Balgo und Rolf Werning, Dortmund, Borgmann, 2003, S. 153-171.

Willensky, Harold L. Jeder Beruf eine Profession. In: Berufssoziologie, hrsg. v. Luckmann, Thomas/Sprondel, Walter M., Köln, Kiepenheuer und Witsch Verlag, 1972, S. 198-218.

Williams, Paul / Shoultz, Bonnie: We Can Speak for Ourselves. Self-Advocacy by Mentally Handicapped People, Bloomington, Indiana University Press, 1984.

Wimmer, Rudolf, Organisationsberatung, Neue Wege und Konzepte, Wiesbaden, Gabler, 1992.

Windheuser, Jochen/Amman, Wiebke/Warnke, Wiebke: Zwischenbericht der wissenschaftlichen Begleitung des Modellvorhabens zur Einführung persönlicher Budgets für Menschen mit Behinderung in Niedersachsen, 2005, online abrufbar unter http://www.kath-fh-nord.de/zwischenbericht.pdf [30.06.2005].

Winkler, Michael: Sozialpädagogik im Ausgang der Freiheit. Versuch einer Annäherung an üblicherweise nicht gestellte Fragen, in: Alter und Soziale Arbeit. Theoretische Zusammenhänge, Aufgaben- und Arbeitsfelder, hrsg. v. Cornelia Schweppe, Hohengehren, Schneider, 2005, S. 6-31.

Winnicott, Donald W: Die therapeutische Arbeit mit Kindern, München, Kindler, 1973.

Winnicott, Donald W.: Vom Spiel zur Kreativität, 4. Auflage, Stuttgart, Klett-Cotta, 1987.

Wisch, Fritz-Helmut: Lautsprache und Gebärdensprache. Die Wende zur Zweisprachigkeit in Erziehung und Bildung Gehörloser, Hamburg, Signum-Verlag, 1990.

Wittgenstein, Ludwig: Tractatus Logico-Philosophicus, Tagebücher 1914-1916, Philosophische Untersuchungen, Werkausgabe, Band 1, Frankfurt a. M., Suhrkamp, 1984.

Wittrock, Manfred (Hrsg.): Verhaltensstörungen als Herausforderung: Pädagogisch-therapeutische Erklärungs- und Handlungsansätze. Oldenburg, 1998.

Wittrock, Manfred: Professionalisierung sonderpädagogischen Handelns im Arbeitsfeld des schulischen Sonderpädagogen. Oldenburg, 1994.

Wohlfahrt, Norbert/Dahme, Heinz-Jürgen: Sozialraumbudgets in der Kinder- und Jugendhilfe. Eine verwaltungswissenschaftliche Bewertung, Stiftung Sozialpädagogisches Institut, Berlin, 2002.

Wolfensberger, Wolf: The Principle of Normalization in Human Services, Toronto, 1972.

Wolfensberger, Wolf: Social Role Valorization. A proposed new term for the principle of Normalization, in: Mental Retardation, Heft 21, 1985, S. 234-239.

Wolfensberger, Wolf: Die Bewertung der sozialen Rollen. Eine kurze Einführung zur Bewertung der Sozialen Rollen als Grundbegriff beim Aufbau von Sozialdiensten, Genf, 1991.

Wolf, Hans: Behinderungen, in: Enzyklopädie der Sonderpädagogik, der Heilpädagogik und ihrer Nachbargebiete, hrsg. von Gregor Dupuis und Winfried Kerkhoff, Berlin, Edition Marhold, 1992, S. 71.

Wolfensberger, Wolf/Glenn, L.: Program Anbalysis of Service Systems (PASS). A Method for Quantitative Evaluation of Human Services, 3. Auflage, Toronto, 1973.

Wolfensberger, Wolf/Thomas, S.: PASSING (Program Analysis of Service Systems' Implementation of Normalization Goals), 2. Auflage, Toronto, 1983.

Wolff, Johannes D.: Ausbildungsrichtlinien für eine heilpädagogische Zusatzausbildung, AFET-Mitglieder-Rundbrief Nr. 6/7 1962, S. 35/36, Hannover.

Wolfgart, Hans: Grundaspekte einer Didaktik der Schule für Körperbehinderte, in: Einführung in die Sonderschuldidaktik, hrsg. v. K.-J. Kluge, Darmstadt, 1976, S. 237-256.

World Health Organisation (WHO): International Classification of Impairments, Disabilities and Handicaps. A Manual of Classification Relating to the Consequences of Disease. Genf, World Health Organization, 1980.

World Health Organisation (WHO): International Classification of Functioning, Disability and Health: ICF. Genf, World Health Organization, 2001.

World Health Organisation (WHO): ICF. Internationale Klassifikation der Funktionsfähigkeit und Behinderung, Genf, 2002.

Wüllenweber, Ernst: Krisen und Behinderung. Entwicklung einer praxisbezogenen Theorie und eines Handlungskonzeptes für Krisen bei Menschen mit geistiger Behinderung, 1. Auflage, Bonn, Psychiatrie Verlag, 2000.

Wüllenweber, Ernst: Behindertenpädagogische Krisenintervention, in: Handbuch Krisenintervention, Bd. 1, Hilfen für Menschen mit geistiger Behinderung. Theorie, Praxis, Vernetzung, hrsg. v.

Ernst Wüllenweber und Georg Theunissen, Stuttgart, Kohlhammer, 2001, S. 141-160.

Wüllenweber, Ernst: Krisen und Behinderung. Entwicklung einer praxisbezogenen Theorie und eines Handlungskonzeptes für Krisen bei Menschen mit geistiger Behinderung, 2. Auflage, Bonn, Psychiatrie Verlag, 2003.

Wüllenweber, Ernst: Krisen und Verhaltensauffälligkeiten. Einleitende Anmerkungen zu den zentralen Begriffen. In: Krisen und Verhaltensauffälligkeiten bei geistiger Behinderung und Autismus. Forschung – Praxis – Reflexion, hrsg. v. Georg Theunissen, Stuttgart, Kohlhammer, 2003, S. 1-16.

Wüllenweber, Ernst: Skizzen zu Fragen der Professionalisierung. In: Handbuch Pädagogik bei Menschen mit geistiger Behinderung, hrsg. v. Ernst Wüllenweber, Georg Theunissen und H. Mühl, Stuttgart, 2005.

Wüllenweber, Ernst/Theunissen, Georg: Handbuch Krisenintervention, Bd. 1, Hilfen für Menschen mit geistiger Behinderung. Theorie, Praxis, Vernetzung. Stuttgart, Kohlhammer, 2001.

Wüllenweber, Ernst/Theunissen, Georg: Handbuch Krisenintervention, Bd. 2, Praxis und Konzepte zur Krisenintervention bei Menschen mit geistiger Behinderung. Stuttgart, Kohlhammer, 2004.

Würtz, Hans: Zerbrecht die Krücken, Leipzig, Volksverlag 1932.

Wustmann, Corina: Was Kinder stärkt – Ergebnisse der Resilienzforschung und ihre Bedeutung für die pädagogische Praxis, in: Elementarpädagogik nach PISA. Wie aus Kindertagesstätten Bildungseinrichtungen werden können, hrsg. v. W. E. Fthenakis, Freiburg, Herder, 2003, S. 106-135.

Wustmann, Corina: Resilienz: Widerstandsfähigkeit von Kindern in Tageseinrichtungen fördern, Weinheim/ Basel, Beltz, 2004.

Wygotski, Lew S.: Denken und Sprechen, Frankfurt a. M., Fischer, 1979.

Yoniss, James: Soziale Konstruktion und psychische Entwicklung, Frankfurt a. M., Suhrkamp, 1994.

Zeier, Hans. (Hrsg): Lernen und Verhalten, Bd. 1, Lerntheorien, in: Kindlers Psychologie des 20. Jahrhunderts, Weinheim/ Basel, Beltz, 1984.

Zemp, Aiha/ Pircher, Erika: Weil das alles so weh tut mit Gewalt, Sexuelle Ausbeutung von Mädchen und Frauen mit Behinderung, Wien, Bundeskanzleramt, 1996.

Zieger, Andreas: Selbstorganisation und Subjektentwicklung ontologische und ethische Aspekte neuropädagogischer Förderung schwerstbehinderter Menschen, in: Behindertenpädagogik, Heft 2, 1992, S. 118.

Zieger, Andeas: Das Komaproblem als wissenschaftliche, geistige und praktische Herausforderung einer integrierten Human- und Neurowissenschaft im 21. Jahrhundert. in: Erkennen und Handeln. Momente einer kulturhistorischen (Behinderten-) Pädagogik und Therapie hrsg. Georg Feuser und Ernst Berger, Berlin, Pro Business Verlag, 2002, S. 379-418.

Zieger, Andreas: Medizinisches Wissen und Deutung in der „Beziehungsmedizin". Konsequenzen für Transplantationsmedizin und Gesellschaft, in: Transplantationsmedizin. Kulturelles Wissen und gesellschaftliche Praxis. Darmstädter Interdisziplinäre Beiträge, hrsg. v. Alexandra Manzei und Werner Schneider, Münster, Agenda Verlag, 2006, S. 157-181.

Ziemen, Kerstin: Das bisher ungeklärte Phänomen der Kompetenz – Die Kompetenz von Eltern geistig behinderter Kinder, Butzbach-Griedel, Afra, 2002.

Zimmer, Renate: Handbuch der Psychomotorik. Theorie und Praxis der psychomotorischen Förderung von Kindern, Freiburg i. Br., 1999.

Zimmermann, Ralf Bruno: Theorien und Methoden psychiatrischer Krisenintervention, in: Handbuch der Krisenintervention, hrsg. v. Ernst Wüllenweber und Georg Theunissen, Stuttgart, Kohlhammer, 2001, S. 95- 139.

Zimpel, André F.: Der Wille zur Norm. Zur Rolle der Eigenzeit in der geistigen Entwicklung, in: Behinderte in Familie, Schule und Gesellschaft, Heft 2, 21. Jg., Graz, 1998, S. 29-50.

Zimpel, André F.: Zeichen und Zeit, in: Zeit und Eigenzeit als Dimensionen der Sonderpädagogik, hrsg. v. Hofmann, Christiane, Luzern, Ed. SZH/SPC Verlag, 2001, S. 167-177.

Zöller, Dietmar: Wenn ich mit euch reden könnte... Ein autistischer Junge beschreibt sein Leben, Bern/ München, Scherz, 1989.

Zulliger, Hans: Heilende Kräfte im kindlichen Spiel, Stuttgart, Klett, 1952.

Zulliger, Hans: Heilende Kräfte im kindlichen Spiel, Frankfurt a.M., Fischer, 1987.

Autorenverzeichnis

Beck, Prof. Dr. Iris, Universität Hamburg, Sedanstraße 19, 20146 Hamburg

Biene-Deißler, Elke, Katholische Fachhochschule NW, Abt. Münster, Piusallee 89, 48147 Münster

Buchka, Prof. Dr. Maximilian; Katholische Fachhochschule NW, Abt. Köln, Wörtstraße 10, 50668 Köln

Bürli, Dr. Alois, Bifangstraße 14, CH-6210 Sursee, Schweiz

Dederich, Prof. Dr. Markus, Universität Dortmund, Emil-Figge-Straße 50, 44227 Dortmund

Flosdorf, Dr. Peter, Boßletstraße 1, 97074 Würzburg

Fröhlich, Prof. Dr. Andreas, Universität Koblenz-Landau, Xylanderstraße 1, 76829 Landau

Göbel, Susanne/**Göthling**, Stefan/**Nolte**, Henrik, Netzwerk People First Deutschland e. V., Kölnische Straße 99, 34119 Kassel

Greving, Prof. Dr. Heinrich, Katholische Fachhochschule NW, Abt. Münster, Piusallee 89, 48147 Münster

Grimm, Dr. Rüdiger; Konferenz für Heilpädagogik und Sozialtherapie, Ruchti-Weg 9, CH-4143 Dornach, Schweiz

Gröschke, Prof. Dr. Dieter, Katholische Fachhochschule NW, Abt. Münster, Piusallee 89, 48147 Münster

Gulijk, Wolfgang van, Berufsverband der Heilpädagogen (BHP) e. V., Michaelkirchstraße 17/18, 10179 Berlin

Hedderich, Prof. Dr. Ingeborg, Hochschule Magdeburg-Stendal, Breitscheidstraße 2, 39114 Magdeburg

Heer, Werner, Waterfohr 19, 48653 Coesfeld

Huisken, Johannes, Werninghoker Straße 37, 48493 Wettringen

Hülshoff, Prof. Dr. Thomas, Katholische Fachhochschule NW, Abt. Münster, Piusallee 89, 48147 Münster

Jantzen, Prof. Dr. Wolfgang; Universität Bremen, FB 12, Studiengang Behindertenpädagogik, Enrique-Schmidt-Straße, 28334 Bremen

Jeltsch-Schudel, PD Dr. Barbara; Heilpädagogisches Institut der Universität Freiburg, Petrus-Kanisius-Gasse 221, CH-1700 Freiburg, Schweiz

Kobi, PD Dr. Emil E., Unter-Geissenstein 8, CH-6005 Luzern, Schweiz

Köhn, Wolfgang, Katholische Fachhochschule NW, Abt. Münster, Piusallee 89, 48147 Münster

Krug, Prof. Dr. Franz-Karl, Pädagogische Hochschule Heidelberg, Zeppelinstraße 1, 69121 Heidelberg

Lotz, Prof. Dr. Dieter; Evangelische Stiftungsfachhochschule Nürnberg, Bärenschanzstr. 4, 90429 Nürnberg

Mall, Winfried, Neustraße 22, 79312 Emmendingen

Markowetz, Prof. Dr. Reinhard, Katholische Fachhochschule Freiburg, Karlstraße 63, 79104 Freiburg

Menzen, Prof. Dr. Karl-Heinz, Katholische Fachhochschule Freiburg, Karlstraße 63, 79104 Freiburg

Möllers, Josef, Kolpingstraße 17, 48703 Stadtlohn